清　史

鄭天挺　等編著

緒論

目錄

清史　上編

緒論

一、要研究清代的全史

清朝是我國最後一個封建王朝，道光年間爆發了鴉片戰爭之後，中國由完整的封建社會逐漸淪入半殖民地半封建社會，因此，清朝的歷史還包含有中國半殖民地半封建社會的開端的意義。處在這樣的重大轉折點上的歷史地位，使關於清朝歷史的研究被分成兩段：在關於中國古代史的研究領域裏，鴉片戰爭前的清朝歷史，被當成研究的下限，而在中國近代社會的研究領域裏，鴉片戰爭後的清朝歷史則成爲其開端。這樣的劃分是必要的，對於反映中國社會的發展規律和歷史進程，具有很重要的作用，但是，這是問題的一方面。另方面，對於清代全部歷史作統一的斷代史的研究，同樣也是很有意義的，而且是很必要的。二者應都有其存在的意義，是不應相互取代的。鴉片戰爭前後，中國社會的性質雖然截然不同，然而事情的發展不是憑空進行的，鴉片戰爭後的半殖民地半封建社會是由鴉片戰爭前的完整的封建社會變化而來的。因此，要想徹底了解鴉片戰爭後的任何事情，弄清其起源，就必須把研究的視野擴展到鴉片戰爭之前，反過來，要想了解鴉片戰爭前的任何事情，弄清其影響和意義，也必須把研究的視野延伸到鴉片戰爭之後。此外，清朝作爲一個封建王朝，具有自己獨特的興起、發展、衰落和滅亡的全過程，它與其他封建王朝的興衰史相比，除了矛盾的普遍性之外，還有矛盾的特殊性，它是以自己的矛盾特殊性和個性來反映矛盾的普遍性和共性的。這樣，爲了加深和豐富對於封建王朝興衰規律的認識和了解，也有必要把鴉片戰爭前後的清朝歷史作爲一個完整的過程去進行研究。

二、研究清史的意義

清史是我國整個歷史的一部分，清史研究除了一般歷史研究的作用外，值得特別注意的是它的意義與作用要更爲直接、更爲顯著。這主要是由於清代距離我們今天的社會時間較近。清朝之滅亡距今天不過八十多年。雖然今天的中國社會絕非清代之可同日而語。但是，今天和清代在具有本質性區別的同時，還有密切聯繫，今天的一切都是從清代直接、間接演變來的，要想認識今天政治、經濟、軍事、文化、民族、外交等是如何演變成今天的樣子的，就必須追溯到清代的歷史。這樣的事例不勝枚舉，例如今天省、地、縣的行政劃分，與清代省、府、縣的設置有密切關聯；今天的許多現代化工業部門，其起源乃在清代後期的各種近代工業的開辦；清朝滅亡後中國外交關係的變化，其基礎正是清代歷史上外國帝國主義所強加中國人民的一個個不平等條約。可見，清代的歷史與今天息息相關。在一定意義上講，百年來中國之近代化努力，其目的均是在掃除清代以來所遺留下來的貧困落後的面貌，使我們的民族爲世界的發展作出無愧的貢獻。

研究清代歷史除了具有上述現實意義之外，還有不可輕視的理論意義。中國的封建社會發展到清代，已經進入了晚期階段，如果沒有外力的干涉，將要逐步進入資本主義階段。但由於外國侵略勢力來到中國後，與中國封建勢力相結合，阻止了這個發展過程；中國沒能向資本主義階段發展，而是逐步陷入了半殖民地半封建社會。這樣的歷史狀況，既包括有一種社會形態的自然發展過程，又包括有一種社會形態在外力干擾下的另一類型的發展進程；對其進行研究，就可既從中體會到人類社會的一般發展規律，又可探討出外力干擾下的特殊規律。

三、清史研究的發展

我國古代有悠久的修史傳統，清朝建立後繼承了這種傳統，當時不僅大規模地展開了對於清朝以前各代歷史的撰寫或改寫，而且用很大的精力探討當代史。所以，關於清朝歷史的研究，早在清朝存在之日即已開始。一方面許多學者，根據自己的條件，編寫出一些著作，如《東華錄》、《聖武記》、《碑傳集》、《國朝耆獻類徵》等，另方面政府設有「國史館」等專門的修史機構，纂修更多的本朝史書，諸如歷朝實錄、《大清會典》、多種方略和紀略、國史館國史列傳等等。這些著作記述了一些重大事件的來龍去脈、有影響的人物的事跡和各種典章制度的規定與演變，對於人們了解清代的歷史提供了資料。但是，私人修史有見聞上的局限性，並且在當時文字獄不斷發生的情況下，作者撰寫時又不能不有所顧忌；至於官修史書，政治上的忌諱就更爲繁多，其實錄的纂修皆曾一改再改，便充分說明了這類著作的不甚可靠。翻開清修當代史，不管私撰還是官修，無論短篇抑或巨著，無不充塞對清朝統治者阿諛奉承、歌功頌德之詞；一般封建史書的階段局限性在這裏在所難免更是不言而喻。所以，清修當代史在今天來說，有其創建之功，貢獻不可泯滅；但不可全信。以上可以算做關於清史研究的第一階段。

清朝滅亡後，政治上的禁忌解除，因而清史研究之風空前興盛。自一九一一年清朝滅亡到一九四九年國民黨政府撤退至台灣，可以劃爲關於清史研究的第二階段。在這一階段裏，出版了不少關於清史的著作，如汪榮寶、許國英撰有《清史講義》、吳曾祺撰有《清史綱要》、劉法曾撰有《清史纂要》、黃鴻壽撰有《清史紀事本末》、許國英撰有《清鑒易知錄》、金兆豐撰有《清史大綱》、印鸞章撰有《清鑒綱目》等。在上述清史著作中，許多是從資產階級政治鬥爭的需要出發而編寫的，其觀點已衝出了封建史學的藩籬，標榜民族革命，對清朝的黑暗和腐朽痛加揭露，這是應予肯定的。但是，在這些書裏夾雜了大量流傳甚廣但卻不符實際的奇聞異說，混淆了是非，有失史學的嚴肅性。在這一階段裏的史學研究，最有代表性的事情是《清史稿》的編纂、蕭一山《清代通史》的出版、孟森及其他一些人的辛勤努力，和清朝檔案的初步整理。

《清史稿》是關於清代全史的唯一紀傳體史書。一九一四年，北洋政府設立清史館，由趙爾巽任館長，開始《清史稿》的編纂。先後參加編寫工作的有柯劭忞等一百多人，到一九二七年大體完稿。此書根據清朝國史館所修的國史、清代列朝實錄、會典和一些檔案撰成，把大量資料彙集起來，並做了整理，這便給後人提供了一部詳細而有系統的關於清代史事的素材，因而在研究清史時，很有參考價值。但是，此書的編者中有許多清朝遺老，他們編寫此書時雖已身處民國，而立場觀點卻是站在清朝統治者一邊。除了一般的封建史書的唯心觀點外，書中處處爲清朝統治者辯護，對於太平天國革命運動和辛亥革命等則公然誣衊攻擊。全書修撰歷時只有十幾年，極爲倉卒，修成後也未作統一的修訂，參加編寫的人也不全是對歷史研究有素的學者，因此這部書在內容上存在問題甚多。如目錄即有與內容不相一致之處，時間不清之處比比皆是，甚至有的一個人竟作兩傳。而其取材排斥私人著述，均以官書爲準，對於清朝的大量檔案由於時代的局限也未能充分利用。總之，《清史稿》是一部有一定的價值，另方面又有嚴重問題的史籍，它是清亡後用封建主義觀點編寫的清代史籍的代表作。

蕭一山的《清代通史》是一部用章節體撰寫的一部清代史籍。作者在一九二三年首次出版這部書時只有二十二歲。一九六一年至一九六三年，他把這部書增訂為五冊出版，共計四百二十萬字。它本是一部斷代史，但名稱卻作「通史」。這裏的「通史」不是指通貫古今，而是指包括清代歷史的各個方面，猶如「全史」，是與「專史」相對立的概念。這部書集當時有關清史著作的大成，內容相當豐富，有一定的學術價值。但其思想觀點有些是錯誤的，在史料的抉擇上也有不當之處。

孟森於一九三七年去世，他曾長期擔任大學教授，對明清史鑽研極深。關於清史的著作，除《清史講義》外，還有《明元清系通紀》、《八旗制度考實》、《清史列傳彙編》、《心史叢刊》及《清初三大疑案考實》等。他反對對歷史捕風捉影、追求奇聞異說，主張廣泛搜集資料、進行認真的考證。由於他的學風踏實，治學孜孜不倦，所著史書和論文，將清史上的許多隱幽不清的事實真相加以澄清。其中，尤其是清朝統治者所極力隱諱的清朝先世史，被原原本本披露於世；辛亥革命前後有關著作中所誤收的有關清朝皇室的不實傳聞，也一一得到了糾正。孟森的成績，不僅使他成為有名的清史專家，而且為研究清史開拓了門徑。他生前和身後，有不少清史研究者深受其影響，讚賞和效法他的態度與方法，從而使當時的清史研究中認真核實史料、去偽存真的作風形成風氣，推動了清史研究的深入發展。不過。孟森畢竟是一個舊學者，對於一些歷史事件的真相可以澄清，而對於揭示歷史發展進程中的客觀規律方面則難以要求了。

為了在施政時參考「祖宗成法」，也為了積累編寫國史的資料，清朝統治者對文書檔案的保管相當注意，在其二百多年的統治中形成了數量龐大的檔案。這是研究清史最豐富、最寶貴的材料。清末，由於庫房需要翻修，密藏於紫禁城中的檔案開始佚出，流散民間。在清朝滅亡後，由於當時政府的腐敗，佚出大內的檔案曾險些被當成造紙原料，後來又成爲輾轉易手的商品，最後分散到許多大學、博物館、圖書館和私人的手中。一些有識之士，對於這些檔案的價值有深刻的了解，在他們的努力下，不僅從造紙商的手中挽救出了瀕臨粉身碎骨的檔案，而且對佚出大內的以及仍舊保存在紫禁城中的檔案作了初步整理。當時經過整理而出版的檔案史料有《文獻叢編》、《史料旬刊》、《清代文字獄檔》、《順治元年內外官署奏疏》、《崇禎存實疏抄》、《明清史料》、《史料叢編》、《清史料零拾》等。這些整理工作，存在許多缺點，如有些原來滿漢合璧的文件被拆開了，有些分類存在欠斟酌之處，還有的在整理中不是從檔案的客觀情況出發確定整理先後和整理辦法，而是從自己的研究興趣出發，或者單純重視文物價值，對內容的重要與否注意不夠。但這些缺點並不能掩蓋這件工作的深遠意義。除了爲清史研究提供了一些資料之外，這些整理活動還起了示範作用，引起了人們對清史研究中檔案作用的高度重視。可以說，初步整理檔案是這一階段中清史研究方面最應注意的成果之一，對以後的清史研究有著重大的意義。

四、解放後的清史研究

解放後，關於清史的著作和論文像雨後春筍般地湧現出來。其中關於清後期的論文著作尤多，可說是成千上萬；對於清朝前期和中期的研究，論文也有幾千篇之多。即以專門刊物而論也有數種問世，如《清史論叢》、《清史研究集》、《清史研究通訊》以及《近代史研究》等，就是其中發行比較廣泛的幾種。在清史研究蓬勃發展的基礎上，關於清史的學術討論會不斷召開，有的會議還是國際性的。學術討論會的頻繁舉行，既是清史研究空前活躍的反映，也有利於學者的切磋交流，反過來又有力地推動著清史研究的深入發展。

對於清朝檔案的整理，解放後也有進一步加強。一九五一年，故宮博物院根據需要，改所屬文獻館爲檔案館，將其原來負責的宮廷歷史文物，移交院內其他部門，使檔案館成爲專門收集和保管明清檔案（其中主要是清代檔案）的專業部門，這個檔案館的名稱和從屬後來幾經改變，現在稱爲中國第一歷史檔案館，其作爲明清檔案專業機構的性質和任務則始終如一。隨著這個專業機構的建立，分散在國內各地各部門的明清檔案四百多萬件陸續集中起來，加上原故宮文獻館時期保存的五百多萬件，全館檔案儲量達到九百多萬件。對於這些檔案，逐漸做了一些清理。專題檔案的編輯和出版也做了不少工作，諸如《義和團檔案史料》、《宋景詩檔案史料》、《戊戌變法檔案史料》、《清代地震檔案史料》、《關於江寧織造曹家檔案史料》、《李煦奏摺》、《清代檔案史料叢編》、《天地會》等。這種專題檔案的編輯和出版工作，在一九七八年之後也呈現了日益發展之勢。在解放前夕，有些清代檔案被運到了臺灣，最近三十多年中，這些檔案也作了一些選編和公佈。

解放以後的清史研究工作，成績雖然很大，而就現有資料和客觀需要來看，這項工作還應做得更廣泛深入。一方面，尚未整理或尚未分整理的浩如煙海的檔案資料以及文集、方志以至外文資料，需要大力進行徹底清理；另方面，政治、軍事、經濟、文化、風俗、階級、民族、外交等各方面的專門史，需要分別做出更深入的研究。此外，不斷地總結專史的研究成果，進一步對整個清代全史進行綜合性的研究和敘述，也將是經常擺在清史工作者面前的一項任務。

五、關於本書的編寫

本書是一部上起清代先世，下至辛亥革命前，包括整個有清一代的歷史。全書分兩編，上編和下編的分界是鴉片戰爭。

本書編寫本是爲了應高等學校教學之需，爲之提供一種份量適中的選修課教材。因之，本書在編寫過程中，除了注意保持自身的特色外，在史實的敘述和觀點的闡發上，力求全面可靠和系統。

我們在編寫這部書的時候，除了以鄭天挺的《探微集》、《清史簡述》及其其他論著作爲基本依據之外，還就我們所知，努力將研究清史的成果吸收進來，根據我們的理解，進行系統的敘述。

本書為了綱目清楚，有利於充分表現清代歷史的發展線索，在編寫時基本上以本代各朝逐一安排章節依次加以敘述。有關本書的具體編寫經過在後記中有說明，這裏就不再涉及了。

第一章　滿族的祖先

第一節　東北地區的自然概貌

清朝的建立者滿族，具有悠久的歷史。先秦時期稱爲肅愼，東漢時期改稱挹婁，北魏時期爲勿吉，隋唐時期爲靺鞨，宋明時期爲女真或女直。

自古以來，滿族的先世就勞動、生息在中國東北的廣大地區裏；東北的自然環境對其生活和發展產生了不可忽視的影響。

我國今日之東北地區，北起黑龍江，南達遼東半島，西自長城，東至烏蘇里江，形近一個大的三角形，爲一古陸區。境內高山疊障，江河縱橫。陰山山系環抱於西北，長白山系屏蔽於東南。屬於陰山山系的燕山山脈，進入東北地區後分爲三支：一支東南行，西與北京郊區的西山相接；一支東北行，爲松嶺山、醫巫閭山，與海岸之間的狹長地帶，是自古以來東北地區同中原地區的重要通道；一支北行，爲大興安嶺，是嫩江與額爾古納河的分水嶺。自大興安嶺北端東行，橫亙黑龍江以南者，爲伊勒呼里山。自伊勒呼里山東端折趨東南，爲小興安嶺與大興安嶺東西遙遙相對，是黑龍江與嫩江、松花江之分水嶺。長白山系支脈四出：東北走的主幹叫英額嶺，分支爲完達山脈、張廣才嶺；西南走的主幹叫伊爾哈雅範山，分支爲吉林哈達山脈、千山山脈。長白山的主峰爲白頭山，是松花江、鴨綠江、圖們江的發源地。山頂有由火山噴發而形成的火口湖，名天池。在天池周圍羅列有十六座海拔二五〇〇公尺以上的奇峰，其中的白雲峰，聳立在天池西側，海拔二六九一公尺，是我國東北地區的第一高峰。此外，原屬我國，後爲沙俄割占的錫霍特山，東瀕韃靼海峽與日本海，長約一千二百公里，平均海拔八百至一千公尺，盛產雲松和銀松，一直是從肅慎至女真族人的東部居住區。

在大小興安嶺和長白山系的環抱之中，是我國最大的平原——松遼平原，南北長達一千公里，東西最寬處約四百公里，包括：在大小興安嶺和伊勒呼里山之間由嫩江沖積而成的嫩江平原；位於完達山脈、張廣才嶺和大小興安嶺之間有松花江沖積而成的松江平原；介於吉林哈達嶺、千山山脈與醫巫閭山之間由遼河沖積而成的遼河平原。山脈與平原之間的過渡地帶是波浪起伏的丘陵地區。

全區氣候，南溫北寒。北起北緯五三度半，南迄北緯三八度半。由於區域遼闊，地勢懸殊，東南瀕海，西連蒙古高原，因而氣候變化劇烈。黑龍江流域地區冬季嚴寒，嚴冬占全年之半，最低溫度至攝氏零下三〇度以下。南部受海洋影響，氣候溫和。全區無霜期短，一般只有一百五十至二百日不等，年平均降雨量只有四〇至五〇公釐。但夏季高溫，日照時間長，全年雨量有半數集中於七八兩月，適於農作物生長。平原地區為有名的黑土地帶，腐植層厚，有機質含量高，土壤表層疏鬆，底土黏重，土壤結構好，為農業發展提供了有利條件。環衛松遼平原之長白山、大小興安嶺、濱海之錫霍特山及其周圍的丘陵地帶，遍佈森林，綿綿延延，橫亙數千里，萬木參天，蔭密幽深，自古有窩集（滿語 weji，意為「密林」）之稱。有些地帶就是以窩集命名的，如新賓東北的納魯窩集、撫松東南的納秦窩集、汪清西北的瑪勒呼里窩集等。樹種多為針葉林和針闊混合林，其中的紅松著名於近世。山高林密，野果豐多，野豬、獐、鹿、貂鼠之類棲息其間，為採集、狩獵生活提供了取之不竭的資源。鴨綠、松花、黑龍諸江盛產魚類，興凱湖所產鰉魚、鮭魚，大者至數百斤，成為湖濱居民的主要衣食之源。另外，林間的人參、江湖的東珠等珍貴特產，更是同鄰區進行貿易的傳統貨品。

山區、平原以及江畔湖濱自然條件的差異，再加上其他因素，造成了東北地區社會發展的不平衡。深山老林使當地居民在鄰族壓迫時，可以避居其中，免於擾害；但由於地域懸隔，孤居一隅，缺少同先進地區的交往，長期局限於以採獵為生的狀態之中。而居住在平原地區，特別是與漢族住區毗鄰地區的居民，由於接受先進文化的影響，在發展農業的同時，還進行了具有相當水平的手工業生產，創建過封建制的地方政權。

第二節　明代以前的滿族先世

一、肅慎 挹婁 勿吉 靺鞨

(1)、同中原地區的交往

肅慎，亦稱息慎。他們的居住區域是北至弱水（黑龍江）、南達不咸山（長白山），東濱大海（韃靼海峽），西與貊爲鄰。在這廣闊的山、陵、平原間，居住著肅慎族的各支。

早在傳說中的虞舜時代，肅慎已同中原地區有來往。舜承堯禪，「肅慎、北發、渠搜、氐羌來服」。（《史記・五帝本紀》；《大戴禮記》卷一一〈少間〉）「二十五年，息慎氏來朝，貢弓矢。」（《竹書紀年》卷上）以後更多次來朝：公元前一○二七年，周武王克商，肅慎來「貢楛矢石砮」；（《國語・魯語》）成王伐東夷，「息慎來賀，王賜榮伯作賄息慎之命」；（《史記・周本紀》）「康王之時，肅慎復至」。（《後漢書・東夷列傳》）來貢、來賀，不只是經濟文化上的交流，也包括政治方面的隸屬關係。貢，就是地方居民對中央政權隸屬關係的一種體現。周景王還曾使詹桓伯辭於晉：「肅慎、燕、亳，吾北土也」，（《左傳》昭公九年）這更明確宣佈了肅慎住地是中央政權的轄區。

兩漢時期，肅慎的後裔改稱挹婁。在此期間，西鄰貊族的後人建立起強大的夫余政權，挹婁長期遭受夫余的沉重剝削，並被割斷了同中原人民的直接交往。但是，以出產「赤玉、好貂」聞名的挹婁人，仍然把他們的貂皮輾轉輸送到中原，被用作皇帝近侍官員的冠飾。曹魏黃初中（二二〇—二二六年），挹婁人奮起反抗夫余的統治，以後更進一步恢復了同中原地區的交流，景元末（二六三年）「貢楛矢石砮、弓甲、貂皮之屬」，受到魏政權的厚待，並贈以「雞、錦罽、綿帛」，往來不絕。東晉時期，北方民族混戰，交通阻塞，挹婁派遣的人員經過四年的時間才到達後趙的鄴（今河南安陽市北），爲了兄弟族之間交往歷盡艱辛。

北魏時期，挹婁改稱勿吉。公元五世紀末勿吉人推翻了夫余政權，一部分勿吉人西遷至夫余故地以後，同中原各族人民的直接交往更加頻繁，規模愈大。北魏太和初（四七七年），勿吉族人至京師平城（今山西大同）一次就貢馬五百匹，太和十七年（四九三年），以婆非爲首的朝貢團達五百人。除了傳統的楛矢、方物外，他們把自己培育的優種馬輸送到中國的北方，促進了那裏畜牧業的發展。在他們的帶動下，「其傍有大莫盧國、覆鐘國、莫多回國、庫婁國、素和國、具弗伏國、匹黎眾國、拔大何國、鬱羽陵國、庫伏真國、魯婁國、羽真侯國，前後各遣使朝獻」。（《北史》九四〈勿吉傳〉）。太和初年，勿吉同鄰族高句麗發生衝突並準備聯合百濟進攻高句麗時，曾遣乙力支徵求北魏的意見，北魏詔敕：「三國同是藩附，宜共和順，勿相侵擾。」

隋唐時期，勿吉改稱靺鞨。當時的靺鞨族共分七大部：粟末、白山、伯咄、安居骨、拂涅、號室、黑水。其中粟末、黑水最強大。隨著中原地區統一王朝的重建，靺鞨各部同中央政權的關係愈加密切。隋開皇（五八一—六〇〇年）初，靺鞨各部相率遣使貢獻，文帝視之親如家人，並調解其與契丹族的矛盾。誡「勿相攻擊」「宜各守土境」。隋末，一部分粟末靺鞨人，在酋長突地稽的率領下遷居營州（今遼寧朝陽），煬帝授以金紫光祿大夫、遼西太守。靺鞨人民「與邊人往來」，羨慕中原的風俗文化，「請被冠帶」。這一願望，受到隋政權的鼓勵，「賜以綿綺而褒寵之」。突地稽並曾「從帝幸江都（今揚州市）」，目睹了中原地區先進的經濟文化風貌。

黑水靺鞨散居於黑龍江中下游及沿海一帶。唐武德五年（六二二年），渠長阿固郎首次來朝。開元十年（七二二年），酋長倪屬利稽再至，被任命爲勃利州刺史。開元十三年，更於其地設置黑水府，統領各部。其都督還取得了漢式姓名李獻誠。

⑵、渤海政權

唐初，粟末首領乞乞仲象組織部眾於奧婁河（牡丹江）畔東牟山修築敖東城。乞乞仲象卒，其子大祚榮於聖曆元年（六九八年）建立政權，初稱振國，亦稱震國。先天二年（七一三年），大祚榮接受唐中央政權的「忽汗州都督」、「渤海郡王」封號，從此，這個地方政權名曰渤海。天寶十四載（七五五年），渤海自「舊國」（吉林敦化之敖東城）遷都上京龍泉府（今黑龍江省寧安縣東京城）。後唐天成元年（九二六年），爲契丹所併。共傳十五王，歷二二九載。

在二百餘年期間，渤海始終同中央政權保持密切的聯繫，是中央政權的一個轄區。歷代新王襲位時，均報請唐王朝批准、冊封，並經常派遣朝唐人員，先後達一百三十二次。這些人員除了貢獻方物、領受回賜禮品外，有的更申請「就市交易，入寺禮拜」、（《冊府元龜》卷九七一〈外臣部・朝貢〉）抄寫《三國志》、《晉書》、《三十六國春秋》、《唐禮》等。還多次「遣諸王詣京師太學，習識古今制度」。唐王朝也經常派遣官員至渤海傳達中央政令。開元二年，宣勞使崔忻於歸途中在旅順黃金山下鑿井刻石永爲紀念。爲開展同渤海地區的貿易，唐王朝於山東青州設「渤海館」，專司其事。（《冊府元龜》卷九九一〈外臣部・朝貢〉）有的唐朝官員還曾連續多次來購渤海名馬。同中原地區的密切聯繫，促進了渤海社會的全面發展。

渤海政權的一套完密的組織機構就是模仿唐制、稍異其名而建立起來的。在渤海王之下設三省、一臺、七寺、一院、一監、一局、十衛。於府置都督、州置刺史、縣置縣丞。軍政制度的完善，加強了渤海政權的實力，促進了靺鞨族各部的統一，先後收編拂涅部爲東平府，鐵利部爲鐵利府，越喜部爲懷遠、安遠府，虞婁部爲定理、安邊府，最後收服了遠處黑龍江下游兩岸的黑水部。在其全盛時期，共設五京、十五府、六十二州。南起長白山南麓，北抵黑龍江兩岸，東至大海，西與契丹爲鄰。在這遼闊的地域中，除靺鞨各部外，還居住著一部分高麗的後裔及契丹人。首府上京龍泉府是渤海地區政治、經濟、文化的中心。

渤海的都城建築、公文典籍、宗教信仰、官員服飾以及生活用具等等，無不帶有崇尚中原文化的印跡。根據龍泉府城基遺址可以判定，當時這座都城共分外城、內城和宮城三部分，外城周長約三十華里，略當唐朝都城長安城周之半。宮城內自南而北有五重宮殿，依次排列在正南北向的中軸線上。完全是仿照長安京城的模式進行建造的。在遺址中發現的銅印，（〈渤海上京龍泉府發現銅印〉，《文物》一九六三年三期）及其附近收集到有文字的瓦片和舊京遺址附近出土的「貞惠公主」墓碑（〈渤海「貞惠公主墓碑」的研究〉，《考古學報》一九五六年二期）等，從中可看出，漢文是渤海人使用的通行文字；掌握儒學訓導的「胄子監」（國子監），有效地培養出了一批熟悉中原典故、熟悉唐代文化的人才。

二、遼金元時期的女真族

(1)、契丹統治下的女真

公元九一六年（後梁貞明二年），契丹族的耶律阿保機建立政權。九二六年（遼太祖天顯元年），滅渤海政權。隨後，遼把大批渤海人遷往東平（今遼陽）。九三六年，耶律德光占燕雲十六州。遼王朝逐漸發展成爲當時我國北方境內的一個強大的多民族政權。爲了適應轄區各民族的不同情況，遼王朝採用了「因俗而治」的辦法，設北面官以管理契丹和其他遊牧民族；設南面官以管理漢族和渤海人。正是統一的地方政權的出現，促進了這一地區內各民族的交往和融合。由於大批漢人不斷被遷徙到遼內地居住，帶來了中原地區先進的農業手工業技術，而漢語則成爲當地各族人民交往時使用的共同語言。渤海人（其中包括粟末靺鞨人）除一部分流入朝鮮成爲以後的高麗人外，大部分經過長期的共同生活和共同鬥爭，逐漸同當地的漢人和其他族人融合起來。

原來附屬於渤海政權的黑水靺鞨人，在遼滅渤海之後，又附屬於遼，契丹人稱他們爲女真

（後避遼興宗宗眞諱，改稱女直）。爲了削弱女真的實力，契丹統治者把其中漢化較深的強宗大姓數千戶移置遼陽之南，編入遼的戶籍之內，加以直接控制，稱作「合蘇款（館）」（合蘇館，滿語為hashan，意為籬笆柵），即所謂「熟女真」。（《三朝北盟會編》卷三）熟女真後來逐漸同當地人民融合起來。其留居在粟末江（今松花江）之北和寧江州（今吉林扶余縣境）之東北者，不編入遼的戶籍之內，號「生女真」。他們「自推雄豪爲酋長」，分爲許多不相統屬的部落，處於原始氏族社會，過著遊牧、採集生活。

生女真中有一完顏部，在十世紀中葉以後綏可爲酋長時，開始定居於按出虎水（今阿什河）畔，種植五穀，刳木爲器，製造舟車，建造室宇，並燒炭煉鐵。十一世紀烏古乃爲部長時，以重價向鄰境大量購鐵，用以「修弓矢，備器械」，社會生產力得到迅速發展，先後征服了鄰近部落，並藉遼王朝的力量，襲擊五國部（今吉林省依蘭以東、烏蘇里江以西），逐漸形成了以完顏部爲中心的部落聯盟。烏古乃受遼封爲「生女真部族節度使」，同遼王朝建立起比較密切的聯繫，受到契丹和漢族文化的影響，於是「有官屬，綱紀漸立矣。」隨著生產力的提高，完顏部內部出現了私有制和個體家庭，「生子年長即異居」；同時出現了階級分化。十一世紀末，完顏部人在攻破烏古論部的留可城時，殺其首領，「取其孥累貲產而還」，（《金史》卷六七〈留可傳〉）進行著掠奪財產和奴隸的戰爭。公元一一〇九年，歲不登，「貧者不能自活，賣妻子以償債」，出現了債務奴隸。這時的完顏部已處原始社會逐漸解體奴隸制漸漸形成的歷史發展階段。原來的部落聯盟時期，女真族人壯者皆兵，成年男子，平時漁獵，有警從軍，以氏族、部落為單位，氏族首領為百夫長（謀克），部落首領為千夫長（猛安）。隨著個體家庭的確立和進行族外戰爭的需要，公元一一一四年，阿骨打在保留原有組織形式的基礎上，改為以戶為單位，三百戶為一謀克，十謀克為一猛安。（《金史》卷四四〈兵志〉）逐漸由氏族血緣組織改變為地域性的軍事組織，成為女真貴族對內進行鎮壓、對外進行掠奪戰爭的工具。

在遼王朝的統治下，生女真長期遭受契丹的奴役和剝削，並多次遭到其軍事進攻。遼聖宗統和三年（九八五年）八月，耶律斜真等進擊女真，一次就擄女真牲口十餘萬、馬二十餘萬。生女真地區盛產北珠、人參、生金、松實、白附子、蜜蠟、麻布、貂鼠等物，除定期向遼朝進貢外，遼朝東北邊境的官吏、商人還低價強購，甚且加以拘辱，稱作「打女真」。遼朝末年，契丹貴族、官僚對女真族的剝削壓迫愈加橫暴，經常派遣「銀牌天使」到女真地區強迫女真人民冒著生命危險去捕搏捉海東青並採珠，這些官僚還對女真人肆行敲詐勒索，甚至強迫女真婦女「薦枕」（伴宿）。契丹貴族的壓迫，激起了女真人的反抗，並使女真各部在反遼鬥爭中逐漸形成了統一。公元一一一四年，阿骨打起兵抗遼，奪取了寧江州（今吉林省扶余縣東南五家站）、賓州（今吉林省農安縣境）、咸州（今遼寧開原）等地。一一一五年，阿骨打稱帝，建國號曰金，定都會寧府（今黑龍江省阿城縣南白城）。一一二〇年，攻克遼的上京臨潢府；一一二五年俘遼天祚帝，滅遼。次年，攻陷開封，滅北宋政權。女真族的歷史進入了新的發展階段。

(2)、金代的女真人

建立政權之前，女真族社會中已存在著大量奴隸。一一一四年，阿骨打率兵抗遼時就曾宣佈：「汝等同心盡力，有功者，奴婢部曲爲良。」這些奴隸大多來自本族內部的「同姓之人」；或因「歲凶民飢，多附豪族，因陷爲奴隸」；或因「犯法，徵償莫辦，折身爲奴」；或因「私約立限，以人對贖，過期則以爲奴。」（《金史》卷四六〈食貨〉）其中的債務奴隸爲數眾多，天會元年（一一二三年），僅「以官粟贖上京路新遷置寧江州戶口貧而賣身者」，即達六百餘人。隨著對遼、對北宋戰爭的勝利，俘擄了大量人口，「軍中盡俘壯健，而殺老弱」，（王寂《拙軒集》卷六〈先君行狀〉）「劫掠財物，驅擄婦人。」這些被擄的人口，也轉化爲奴隸。例如，攻下開封後，俘虜的「貴戚子弟，降爲奴隸，執炊牧馬，皆非所長，無日不撄鞭撻」；被擄的婦女，包括宋宗室的一些婦女，則被賣爲娼。一個鐵工曾「以八金買娼婦，實爲親王女孫。」有些人後來則被賣到鄰境，建炎四年（一一三〇年），「粘罕驅所掠宋人至夏國易馬，以十易一；又賣高麗、蒙古爲奴，人二金」。（《呻吟語》，見《己卯叢編》）隨同主人反抗金朝統治的契丹富家奴隸，俘獲後、轉作女真人的奴隸。金世宗完顏雍即位前，即擁有「奴婢萬數，孳畜數千。」這些奴婢除用於家內雜役、執炊牧馬外，主要從事農耕。（《金史》卷四六〈食貨・户口〉：大定二十年，上京路女直人户，為了「規避物力，自賣其奴婢，致耕田者少」。）

女真族野蠻的掠奪政策和落後的奴隸制生產方式，同中原地區的生產、生活方式形成鮮明的對比，始終遭到中原地區各族人民的激烈反抗。爲了消弭中原地區人民的反抗、充實自己的實力，女真貴族多次把新占區的漢人、契丹人強制遷徙於其內地（在今白城縣一帶）。天輔六年（一一二二年），「既定山西諸州，以上京爲內地，則移其民實之」；天輔七年取燕京路，二月「盡徙六州氏族富強工技之民於內地」；同年四月，又「命習古乃、婆盧火監護長勝軍及燕京豪族工匠，由松亭關徙之內地」。（《金史》卷二〈太祖紀〉）這些被強遷的移民把先進的生產技術和文化帶入東北地區。

爲了緩和統治區內不斷激化的矛盾，金朝統治者在把敵方人民掠擄爲奴的同時，還曾多次被迫宣佈：「軍興以來，良人被擄爲驅者，聽其父母夫妻子贖之」；「權勢之家毋買貧民爲奴」；山西、陝西、河南等處「流民典僱爲奴婢者，官給絹贖爲良」，「丁男三匹，婦人幼小二匹」。（《金史》卷四六〈食貨・户口〉）這表明金朝統治者也在逐漸改變著其落後的剝削方式。

爲了加強鎮壓中原人民的力量和緩和女真族內部階級分化的矛盾，金王朝把許多女真的猛安謀克戶遷徙到華北地區。如天會十一年（一一三三年），東北的女真族人根據金政權指令，「比屋連村，屯結而起」地遷入華北。在這裏「棋佈星列，散居四方」。以後金政權又曾多次把猛安謀克戶口徙入中原，與當地百姓雜處。（《大金國志》卷三六〈屯田〉）被遷入中原地區的猛安謀克戶，金政權都「計其戶口，給以官田」。由於計口授地，擁有眾多奴婢的猛安謀克上層分子獲得大量土地。後來，他們爲了逃避「物力」（資產稅）負擔，而「自賣其奴婢」，土地「盡令漢人佃莳，取租而已」，（《金史》四七〈食貨・田制〉）逐漸演化爲封建地主。而其餘的在遷入者中居於多數的一般猛安謀克戶，遷到華北後成爲占有一小塊私有土地的農民。他們負擔著繁重的兵役和錢物負擔，因而逐漸貧困。有的「家貧輒賣所種屯地」，（《金史》卷九〇〈張九思傳〉）有的「擷野菜以濟艱食，而軍中舊籍馬死，則一村均錢補買，往往鬻妻子、賣耕牛以備之。」（《金史》卷九二〈曹生之傳〉）這些猛安謀克戶同漢族農民雜居，共同從事農業生產；還同漢族農民一樣，遭受著封建剝削；又有不少人「與契丹漢人」互通婚姻。這種長期的共同生產和共同生活，使他們不但學習了漢人的先進的生產技術，而且逐漸放棄了本族的語言、習俗，改爲說漢語、穿漢服、改漢姓。對此金朝統治者三令五申加以禁止，並極力提倡女真人要保持「國語（女眞語）騎射」，（《金史》卷七〈世宗紀〉）但終究阻擋不住歷史發展的必然趨勢。進入中原地區的女真族，同契丹族一樣，逐漸同當地的人民融合在一起了。

留居東北地區的女真族，同被掠遷入的大批漢族和其他各族人民一道，共同開發中國的邊疆，推進了當地社會經濟的發展。爲了管理王朝的發祥地，金王朝於其地設上京路，治所爲阿什河畔的上京會寧府，下轄「蒲與」、「恤品」、「胡里改」、「合懶」等路。蒲與路治所在今黑龍江省克東縣金城。（〈黑龍江流域歷史的新見證〉，《光明日報》一九七七年二月九日）其轄區北界直抵治所以北三千里的外興安嶺一帶的火魯火疃謀克；恤品路治所設於雙城子（今蘇聯烏蘇里斯克），其轄區東至於海；胡里改路治所在今依蘭縣，其轄區北抵一千五百里之合里賓忒（今蘇聯阿紐依河口附近）。據明昌四年（一一九三年）統計，上京、蒲與、速頻（

即恤品）、曷懶（即合懶）、胡里改等路共有猛安謀克民戶十七萬六千餘，除他項歲貢外，每年向金政權交納粟稅二十萬五千餘石。這同號稱經濟文化繁盛的渤海時期相比，（《冊府元龜》卷九七四：開元十六年（渤海仁安九年），唐賜粟三百石；《渤海國志長編》一七：粟為渤海之所產，而唐賜之者，其產量至少不敷民食故也。）黑龍江松花江一帶的農業取得了空前的發展。而鐵製農具的使用，則是農業發展的重要條件。黑龍江肇東縣八里城、伊春大青川等地出土的金代鐵製農具，種類繁多，例如，耕地用的犁就有犁、鏵、犁鏡、蹚頭等。鏵又有大小、形制的不同，以適應開荒、翻地、起壟、播種、中耕等不同作業的需要。此外還有鑁、鎬、鋤、鍬等，其造型與北宋的同類農具無大差別，顯然是受到了中原地區的影響。收穫使用的鐮刀，有裝柄鐮和無柄手鐮兩種，它們能適應收割不同作物的需要。八里城出土的鍘草刀及金上京遺址附近駙馬城、烏爾科邊城等地出土的同類農具，均呈魚型，具有地方民族的特色。八里城出土的馬具，有鐙、銜、馬撓子、烙馬火印及各種馬具卡子等；車具則有六稜、六爪、五爪、三爪車輨，表明已有軸徑不同、載重量不同的各種型號，以適應不同的道路和不同的需要。此外還出土了裝卸、晒晾莊稼用的垛叉。（〈黑龍江省阿城縣小嶺地區金代冶鐵遺址〉，《考古》一九六五年三期，〈從出土文物看黑龍江地區的金代社會〉，《文物》一九七七年四期。）

農業、軍事裝備製造業等部門鐵製工具和鐵製產品的增多，依賴於鐵礦採掘業和冶鐵業的發展。近年來我國考古工作者在黑龍江省阿城縣小嶺地區的五道嶺發現金代中期以後的鐵礦洞十餘處、冶鐵遺址五十餘處。礦洞深四十米左右。據估計，從這些故洞中已採出赤鐵礦、磁鐵礦礦石四五十噸。礦洞中還遺留有鐵錘、鐵鑽等工具。在冶鐵遺址中，除大量的煉鐵渣子、木炭和鐵礦石外，還發現有九處建築遺址，大約是監工的官署和冶鐵工人的住房。另外，在金上京故城的中城牆內也發現了用鐵渣與黃土混合夯築的一段城牆和城牆附近的煉鐵爐遺址。（〈黑龍江省阿城縣小嶺地區金代冶鐵遺址〉，《考古》一九六五年三期；〈從出土文物看黑龍江地區的金代社會〉，《文物》一九七七年四期）

考古發掘出的許多金代文物，強烈地反映著中原文化對東北文化的影響。阿城附近出土的銀鐲、銀錠上，打印有「翟家記」、「上京翟家」等戳記，由此可以判定，這當是金上京城中所存在的既鑄銀錠又製造金銀器的作坊的產品，而「翟」是漢姓，這家金銀作坊顯然是漢人或漢人參加經營的店鋪。綏濱中興出土的金代鎏金銀鞍飾和金列牒（腰佩），都是中原地區唐宋以來的傳統式樣。中興、奧里米出土的定窯白磁碗、盤，是由黃河流域傳入的；出土的絲織物是金宋商人轉貿而來的商品。各地金人墓葬中出土的銅錢，以宋錢為最多，泰來縣塔子城一次出土的金代窖藏的銅錢達七百餘斤，其中金鑄銅錢只二種，而宋錢則有二十五種。（〈從出土文物看黑龍江地區的金代社會〉，《文物》一九七七年四期）金初曾創製女真文字（阿骨打令完顏希尹所製文字，後稱女眞大字；金熙宗時又製新字，後稱女眞小字），頒行境內。但出土的金代銅印「蒲峪路印」、「胡里改路之印」、「恤品路艾河謀克印」等，均為唐宋官印通用的九疊篆書；出入皇帝禁宮的信符「得入第一重門」的銅牌，以及金鑄銅錢「正隆通寶」、「

大定通寶」、「泰和重寶」均為漢字楷書;官署檢驗銅鏡於銅鏡背面邊緣簽押的文字,多為漢字行書。這些禁宮、官署專用的和廣泛流傳於民間的器物,不用女真字而用漢字,說明包括女真在內的各族官員都能通曉漢文、書寫漢字。因此,不但遷入中原地區的猛安謀克戶逐漸漢化,說漢語、穿漢服、改漢姓,即使留居故土的女真人也在漢化,有的也改用了漢姓,中興墓出土的「郎」字石印,就是女真女奚烈氏改的漢姓。

在中原文化的影響和遠道遷來的中原各族人民同女真族人民的共同努力下,金代東北地區社會經濟取得了巨大的發展。但是,這種發展極不平衡,邊遠地區的女真族仍然處於原始氏族社會;而進入階級社會的地區,經濟發展的成果則被女真統治階級所霸占。從黑龍江省綏濱縣境內幾處金代墓群的考古發掘中可以看出,永生平民墓群同中興、奧里米墓的隨葬品存在著巨大的差別。永生墓群中不但金銀玉器極罕見,沒有一件瓷器和銅器,在鐵器方面也有明顯的差別。這裏出土的炊煮器,是一些較大的陶罐、陶缽,而沒有其他墓中常見的鐵鍋;木棺仍採用榫結構,而未發現其他墓中常見的大量的鐵釘。對於墓主人來說,鐵器還是一種不可多得的奢侈品,因此除了負擔兵役時必備的鐵刀、鐵箭鏃和駕馭戰馬必用的鐵銜鑣外,他們甚至無力購置一副鐵馬鐙。從中興墓群內部來看,其中的三、七、八號墓出土了大量的金花、金列牒、金耳墜、鎏金鞍飾、銀釧、銀碗、玉魚、玉飛天、水晶嘎拉哈等豪華的隨葬品,而一、二、十、十一、十二號墓的隨葬品則極為簡陋,有的僅有一枚銅錢和幾個小陶罐。這些墓主人生前顯然屬於不同的階級。

女真貴族的殘暴統治，激起了境內人民的不斷反抗。金朝後期各族人民的反抗鬥爭風起雲湧。公元一一六〇年撒八、移剌窩斡領導契丹人進行起義；一一八三年大名府猛安人馬和尚「謀叛」；一二一一年楊安兒領導著名的紅襖軍起義於山東，被女真貴族直接奴役的家奴、驅口也大批加入這次起義的行列；（《金史》卷一〇二〈仆散安貞傳〉）一二一二年耶律留哥領導契丹人民再一次發動大規模起義。近年出土的「上京路軍馬提控盈字號之印」和「上京路安撫副使印」，正是女真貴族爲了鎮壓耶律留哥起義而頒發的兩顆官印。（〈從出土文物看黑龍江地區的金代社會〉，《文物》一九七七年四期）

金王朝的防禦北方蒙古貴族的進攻，從金世宗天眷元年（一一三八年）起直至金章宗期間，曾動用大量人力物力，修築一條長達三千餘里的界壕邊堡，東起嫩江左岸的布西城（今黑龍江省呼倫貝爾盟莫力達瓦旗境內），西南經遼慶州（今遼寧省昭烏達盟林西縣西北）北境，沿陰山（今內蒙大青山），直抵河套西曲之北。（〈金東北路界壕邊堡調查〉，《考古》一九六一年五期）這一巨大工程，不但沒有達到防禦蒙古的目的，反而由於徵調繁重的勞役和賦稅激化了女真統治者同各族人民的矛盾，加速了金王朝的滅亡。一二一四年金政權遷都南京（今河南開封），一二三四年即爲蒙古南宋聯軍所滅。

(3)、元朝統治下的女真人

蒙古統治者在向中原地區進軍覆滅金王朝的同時，公元一二三三年，元太宗窩闊台又遣皇子貴由出師遼東，滅金遼東宣慰使蒲鮮萬奴建立的割據政權東真國，「師至開元、恤品，東土悉平」。（《元史》五九〈地理〉）從此，留居東北地區的女真族人，又被置於蒙古貴族的統治之下。一二三五年，元政權設開元（原在吉林農安，後移琿春東）、南京（吉林延吉）二萬戶府，一二八一年改爲開元路；又設合蘭府水達達等路，下轄桃溫（湯原）、胡里改（依蘭）、斡朵憐（依蘭西）、脫斡憐（樺川）、勃苦江（富錦）五個萬戶府，以統治散居在「混同江南北之地」的女真各部。這些居民「各仍舊俗，無市井城郭，逐水草爲居，以射獵爲業」。其中居住在水邊以捕魚爲生的居民，包括女真人、吉烈迷人、吾者人、骨嵬人等，在元代被統稱作水達達人。據〈管軍上百戶張成墓碑〉記載：至元二十二年（一二八五年），統所部軍「往水達達地面屯田鎮守。明年三月，至黑龍江東北極邊而屯營焉。」（《滿洲金石志》五）這裏的東北極邊，即指黑龍江下游的奴兒干、庫頁島一帶之地。《元史・地理志》水達達路條記載：「有俊禽曰海東青，由海外飛來，至奴兒干，土人羅之，以爲土貢。」居住在奴兒干地區的水達達人以捕獲的海東青作爲向中央政權的貢品。元朝在奴兒干設有東征元帥府。在松花江上游也居住著水達達人。一九七七年六月在金上京故城中出土的元世祖至元十五年（一二七八年）「中書禮部造」的一顆八思巴文的「管水達達民戶達魯花赤之印」，證明松花江上游南岸居住的女真人也被稱作水達達人。金上京故城則是開元路屬下的管理水達達人的行政中心，與金上京故城隔江相對的、松花江北岸的肇州（今黑龍江省肇東縣八里城），盛產鰉魚，該城中曾出土許多鐵製魚叉，可見當時漁業之發達。（〈跋出土元代管水達達民户達魯花赤之印〉，《南開大學學報》一九七九年二期）

至元二十四年（一二八七年），諸王乃顏、哈丹等叛亂，其附近的「女真水達達官民與乃顏連結」（《元史》卷一三三〈塔出傳〉）參與了乃顏的活動。叛亂平定後，元政權於其地築城，名曰肇州，並設立肇州屯田萬戶府，把那些參加了叛亂活動的「打魚水達達」，編爲屯田戶，嚴加控制，「於肇州旁近地開耕」。（《元史》卷一〇〇〈兵志〉）另外，在浦峪路屯田萬戶府下，也有一百九十戶女直人被編爲屯田戶。這部分女直水達達人逐漸改變了舊的漁獵生活。同女真人一起屯田的，還有來自中原地區的罪犯。元政權規定：凡犯充軍罪者，色目、高麗人發赴湖廣；漢兒、蠻子發赴遼東。（《元典章》卷四九〈刑部〉）發往遼東的又根據情節的不同，區別對待。罪重的發往奴兒干地面充軍；罪輕的發肇州屯種。元政權對於充軍的罪犯，因爲「投戍遠邊，欲其自效」，除「免刺」外，「妻子願從者聽」，許攜帶家屬。（《元典章》〈新集・刑部〉）除家屬外，有時友人也可伴行，例如，元統間，新城地主駱長官充軍奴兒干，其友孫子耕就曾一路相送至黑龍江地面。（楊瑀《山居新語》）而屯種肇州的罪犯，事實上也可攜帶家屬，例如廣東人陳瀏流肇州期間，其子陳韶孫就曾留住當地陪侍，直至大德六年（一三〇二年）瀏亡故。（《元史》卷一九七〈孝友傳〉）這些攜帶家屬來自中原及江南的罪犯，帶來了漢人的習俗和文化。他們同被強制編爲屯戶女直水達達人一道，共同墾種了松花江上游的土地。元末，合蘭府水達達路向元政權交納錢糧的戶數達二〇，九〇六戶。（《元史》卷五九〈地理〉）

此外，女真人還負擔沉重的兵役和其他雜役。元政權在進攻南宋、征骨嵬、征日本時，曾多次「簽女直水達達軍」出征，「不出征者，令隸民籍輸賦」。征日本、征骨嵬均需大量船隻，因此，「百姓及諸投下民俱令造船於女直，而女直又復發爲軍，工役繁甚」。至元二十一年（一二八四年）四月，「命開元等路宣慰司造船百艘」，二十二年六月，「命水達達造船二百艘及造征日本迎風船」。爲加強對東北地區人民的控制，元政權於延祐二年（一三一五年）五月，復置「海西、遼東鷹坊萬戶府」。（《元史》卷二五〈仁宗紀〉）

隨著蒙古統治者的奢侈腐化，對人民的剝削也日益加重。在中原各族人民相繼起義的過程中，至正六年（一三四六年）四月，「遼陽爲捕海東青煩擾，吾者野人及水達達皆叛」。（《元史》卷四一〈順帝紀〉）至正八年三月，遼東鎖火奴反，並「詐稱大金子孫」；與此同時，遼陽的兀顏撥魯歡也「妄稱大金子孫，受玉帝符文作亂」。這些女真族人民的起義雖然先後遭到鎮壓，但是，在全國各族人民起義的洪流的沖蕩中終於推翻了蒙古族的統治。

第三節　明代的女眞

明代是滿族發展史上極爲重要的時期。它分爲三大部：野人女真、建州女真和海西女真。其中建州女真發展水平最高，並由它統一了女真各部，終於形成滿族，後來建立起清朝，揭開了中國歷史上新的一頁。

一、奴兒干都司

洪武元年（一三六八年）八月，徐達率兵佔領元大都（今北京），元順帝脫歡帖木兒北走。洪武二十年，明朝遣馮勝爲征虜大將軍率師二十萬往征盤據在金山（今吉林省雙遼縣東北）一帶的故元太尉納哈出，六月，納哈出降，明政權的實力逐漸到達松花江上游地區。洪武二十一年，明政權徙置三萬衛於開元，（《明太祖實錄》卷一八九）作爲進一步統一東北各地的基地。對黑龍江地區，洪武年間雖曾「遣使」至其地，但一直未獲成功。明太祖之後，明成祖朱棣及其他明初統治者，在社會經濟恢復和發展的基礎上，在加強北方兵力、打擊蒙古貴族騷擾勢力的同時，對黑龍江流域及東北其他地區更加緊了經營。這些活動，建立和鞏固了明朝對東北地區的管轄，密切了明政權同東北各族，其中包括同女真族的關係。在朱棣及其後繼者們對東北地區的經營中，最引人注目的是他們對黑龍江流域及附近沿海地區的經營，這導致了著名的奴兒干都司的設置。

永樂元年（一四〇三年），明「遣行人邢樞偕知縣張斌往諭奴兒干，至吉烈迷諸部落，招撫之。」（《殊域周咨錄》卷二四〈女直〉）永樂二年，特林附近的酋長把剌答哈首先來朝，明政權遂於其地置奴兒干衛。（《明太宗實錄》卷二六；參見《清史論文選集》頁一九）隨後，永樂四年，撒爾古湖附近的顏赤不花等四十人來朝，置扎童、撒兒忽、罕答河三衛。永樂五年，於烏的河流域置烏的河衛、恆滾河流域置朵兒必河衛、黑龍江口北岸置野木河衛。永樂六年三月，暖暖河（即端端河）等處女直頭目普速等百二十人來朝，命普速等爲指揮千戶。永樂七年四月，「奴兒干韃靼頭目忽剌東奴等六十五人來朝，置伏里其、乞勒尼二衛、敷答千戶所」等等。就這樣，經過短短的六年，明政府即先後在黑龍江流域及附近沿海地區的女真各部設置了一百多個衛。隨著形勢的發展，明政權於黑龍江下游東岸的特林地方設置了「奴兒干都指揮使司」，選調東寧衛指揮康旺爲奴兒干都指揮同知、千戶王肇州爲都指揮僉事。同年六月，設立隸屬辦事機構奴兒干都司經歷司，以劉興爲經歷。奴兒干都司的職責主要是招諭、撫恤屬地的女真各族，並於他們到明朝「朝貢」時，「往還護送，率以爲常」。（《全遼志》卷六）爲減輕當地人民的負擔，又因交通不便、給養運輸困難，這些官員並非常川駐守，而是在地方各衛所寄俸帶支，例如，佟答剌哈就是在「三萬衛帶支百戶俸」。他們根據中央的指令，不時蒞任視事。可見，奴兒干都司不同於當時西南地區的土司，而是設置流官進行管理。（《史學集刊》一九八二年八期鄭天挺〈明代在東北黑龍江的地方行政組織—奴兒干都司〉）通過奴兒干都司的大力招撫，東北各地的女真族同中央政權的政治隸屬關係和經濟文化交流得到進一步發展。永樂十年八月，在庫頁島的「苦夷」也來朝貢，於是在庫頁島北端設囊哈兒衛。永樂十二年在庫頁島中部兀列河流域設置兀列河衛。到永樂末年，明政權在東北地區設立的衛達一七九個。後來經過不斷變化和發展，天順時，增至一八四衛，萬曆時達三八四衛。

奴兒干都司的各衛的首領均由明王朝授以誥印、冠帶和敕書，直接受中央政權的管轄，一切政令不必通過都司。他們按期派出大批人員向中央朝貢，貢品有海青、皂雕、黑狐、白兔、貂鼠等土特產。明王朝也經常派遣官員至奴兒干地區視察，有時還渡過海峽深入到庫頁島上慰問「海外苦夷諸民」，「贈男婦以衣服、器用，給以米穀，宴以酒食」。（〈敕修奴兒干永寧寺碑記〉）內官亦失哈就是其中一位著名的巡視大員。永樂、宣德年間，他先後七次奉命出巡，每次都帶領大批官軍，最多的一次達三千人。這些軍隊隔年輪換，戍守邊疆並護送往返的官員和朝貢人員。爲便利人員往還、物資運送和傳遞文報，明政權開闢了以開原爲起點的「開原北陸路」和與之相銜接的「海西東水陸城站」兩條驛路，直達奴兒干都司附近的「滿涇站」。海西東水陸城站沿線共設四十五站。在設置驛站的同時，明政權還在今吉林市附近開設船廠。遼東都司都指揮使劉清先後於永樂十八年、洪熙元年、宣德七年多次領兵於其地造船。（參見李健吾〈從阿什哈達摩崖談到永寧寺碑〉，《文物》一九七三年八期）亦失哈每次巡視所率領的眾多官軍就是乘坐這些巨船，裝載賞賚物資浮江而下直抵其地（奴兒干都司）的。宣德七年那次巡視，曾使用巨舡五十艘。中央政權派遣的撫慰官員受到當地人民的熱烈歡迎，「皆踴躍歡忻，無一人梗化不率者」。（〈敕修奴兒干永寧寺碑記〉）爲了「柔化斯民」，明政權還調撥大批物資先後於永樂十一年、宣德七年在奴兒干都司附近的黑龍江東岸秀麗的山端興建和重修永寧寺，並在寺前用漢、女真、蒙古、西藏四種文字刻石立碑。在碑文的題名中，除明朝和當地的各級官員外，還記錄了參加建寺刻碑的工匠的名字，其中絕大多數是漢族勞動人民。他們把中原地區先進的技藝帶到了奴兒干地區，無疑地促進了邊疆的開發。永樂〈敕修奴兒干永寧寺碑記〉、宣德〈重建永寧寺記〉忠實地記錄下明王朝關於奴兒干地區的開發史，有力地證明，奴兒干地區和庫頁島是明朝的轄區、生活在黑龍江流域的乞里迷人、庫頁島上的苦夷人，當時都是中華民族大家庭中的成員。

明英宗正統後，蒙古族的瓦剌和韃靼部經常襲擾北邊，明政權的實力大大削弱，無力對奴兒干地區繼續進行大規模的巡視，黑龍江和東海一帶的女真族同明政權的直接聯繫逐漸減少，「朝貢不常」，在明中葉以後的記載中，常常被稱作「野人女真」（《明會典》〈禮部・東北夷〉）

二、建州女真和海西女真

明政權在經營黑龍江地區的同時，大力招徠圖們江、綏芬河流域等地區的女真人。永樂元年六月，明政權以女真文書寫敕諭招撫吾都里、兀良哈、兀狄哈等部，（《朝鮮實錄》太宗三年六月辛未）取得了積極效果。同年十一月，「女真野人頭目阿哈出等來朝，設建州衛軍民指揮使司，以阿哈出爲指揮使，餘爲千百戶所鎮撫，賜誥印冠帶襲衣及鈔幣有差。」（《明太宗實錄》永樂元年十一月辛丑）經阿哈出的推薦，明政權又授另一名女真頭目猛哥帖木兒爲建州衛都指揮使。阿哈出和猛哥帖木兒原爲元末松花江中游三萬戶府中的胡里改、斡朵憐兩個萬戶府的世襲萬戶，居住在牡丹江松花江合流處。他們迫於鄰部的襲擾（《朝鮮實錄》太宗五年五月庚戌：「猛哥帖木兒等始緣兀狄哈侵擾，避地到來本國」）和明政權的強制遷徙，於洪武年間相繼南徙。猛哥帖木兒率領一部分屬下遷移到圖們江南今朝鮮境內的會寧一帶，阿哈出率領一部分屬下遷移到綏芬河流域的今黑龍江東寧一帶。據考證，東寧縣境的大城子古城爲元初的開元城，（明代稱「東開元」，朝鮮稱「巨陽」、「開陽」，又稱「奉州」、「鳳州」）（郭毅生：〈明建州衛新探〉，《北方論叢》一九七九年三期）即唐代渤海地方政權率賓府轄的「建州」故地。阿哈出首先歸附於明，明政權即於其地設「建州衛」，這就是建州女真一詞的來源。居住在建州南方（左側）的斡朵里部酋長猛哥帖兒歸附於明，初授建州衛都指揮，永樂十四年，又設「建州左衛」以處之。正統七年（一四四二年），猛哥帖木兒之子董山與其叔凡察爭衛印，又分設建州右衛，令凡察領右衛事，是爲建州三衛。

在女真各部中，建州女真對明朝除朝貢外，還存在特殊的關係。據朝鮮文獻記載，朱棣的妃子中，有兩位就是來自建州女真的女性。一位是阿哈出的女兒，另一位是猛哥帖木兒的親屬。同皇帝結親，無疑地促進他們對明王朝的向心力，「宣力效勞，守禦邊境」，也有助於他們抵禦鄰部、鄰境的侵擾和發展自己的實力。阿哈出曾多次入京朝貢，明賜姓名李誠善。其子釋家奴、莽哥不花先後率子弟部屬參加過朱棣對蒙古的征伐。釋家奴以功被賜姓名李顯忠，屬下千戶咎卜賜姓名張志義、百戶阿刺失姓名爲李從善、可捏姓名爲郭以誠。釋家奴妻康氏也曾入京貢馬及方物，明王朝回贈以大量的「鈔綵幣絹布及綷絲襲衣」。釋家奴子李滿住爲繼承先志、表示效忠明朝，曾「奏請入朝充侍衛」；又「曾往北京，自請扈從」，以抵禦瓦剌也先犯遼東；他還親自進入深山密林「捕土豹」向明朝進貢：遵照明朝的指令，將搶奪遼東軍馬的卜哈禿擒拿解京。猛哥帖木兒爲了效忠明朝、保護明政權派赴女真地區詔諭叛軍楊木答兀的欽差裴俊，爲楊木答兀勾結各處野人所殺害。

李滿住祖孫三代都受到明王朝的贊許和倚重。永樂六年，忽的河、法胡河、卓兒河、滿利河等處女真野人頭目哈剌等來朝，明王朝「遂併其地入建州衛」。（《明太宗實錄》永樂六年三月辛酉）永樂十五年，釋家奴奏報「顏春地面月兒速哥願率家屬歸附居建州」，（同上，永樂十五年十二月戊申）也得到明王朝的批准。甚至當新附於建州衛的塔溫部缺糧時，一經奏請，明王朝「即遣人發粟賑之，毋令失所」。（同上，永樂十年六月辛酉）在毛憐衛首領把兒遜被鄰國殺害後，明王朝更任命釋家奴之弟猛哥不花等人爲毛憐衛的指揮使千百戶。明政權的大力扶持，促進了建州女真的發展和內向。明初以來，建州女真屢次遷徙住地。永樂九年，猛哥帖木兒率部自阿木河遷往鳳城，與阿哈出共居。永樂二十一年，因韃靼軍馬侵掠，經明政府批准，建州衛指揮李滿住（阿哈出之孫）率部西遷婆豬江（今渾江）居住；建州左衛指揮猛哥帖木兒則率部南返阿木河故地。由於經常同朝鮮發生衝突，正統三年（一四三八年），建州衛李滿住又報請明朝批准，西北遷至渾河上游竈突山一帶。隨後，正統五年董山、凡察衝破重重阻力，也西遷至佟家江（婆豬江）一帶，再度與李滿住部會合。從此，建州女真定居於「水草便利」、「土地沃饒」的蘇子河、佟家江流域。因地處遼東都司和朝鮮之間，便於同內地的經濟文化交流和貿易，爲此後女真族的社會發展創造了有利的條件。

由於女真族所處的社會發展階段，獲取鄰人的財富已成爲他們的經常行動。在效忠明王朝和同遼東、朝鮮進行貿易的同時，一有機會便進行搶掠。特別是土木堡之役以後，明朝的衛所制遭到破壞，邊備力量削弱，蒙古貴族時時南擾，女真族也乘機對遼東地區肆行騷擾。據明代文獻記載：「建州等衛女真都督李滿住、董山等自正統十四年以來，乘間竊掠邊境，遼東爲之困蔽。」（《明英宗實錄》景泰二年十月乙酉）而明政權對朝貢貿易的限制和遼東邊吏的貪暴進一步激化了這一地區的民族矛盾，「海西、建州等夷人結構（兀良哈）三衛，屢擾邊疆，」（《明憲宗實錄》成化二年十月甲寅）「自開原以及遼陽，六百餘里，數萬餘家，率被殘破。」（同上，成化三年七月甲子）明政權爲了消弭邊患，成化三年七月「桀驁無禮」「逞凶肆詈」的建州左衛都督董山，被捕殺於入貢途中。隨後，又聯合朝鮮軍隊殺害了建州衛「解蕃漢語言字義」、「剽悍好亂」的著名領袖李滿住。女真族的勢力一度被削弱。嘉靖後期，建州右衛都指揮王杲崛起，「歲掠東州、惠安、一堵牆諸堡無虛日」，深入撫順、遼陽一帶，大肆擄掠，先後俘殺明邊將多人。萬曆二年（一五七四年），王杲被鎮遼總兵李成梁擊潰後，走匿哈達部，爲哈達首領王臺縛獻於明。女真部的勢力再一次遭到嚴重打擊。

海西作爲地域的名稱，始見於元代。元政權曾設置「遼東海西提刑按察使」、「海西右丞」、「海西宣慰司」等官職、機構。明朝人則把居住在松花江流域的女真人統稱作海西女真。據考證，海西地區的範圍，係指上自伊通河口、下至伊蘭的松花江地區。（見蔣秀松〈海西和海西女眞〉，《民族研究》一九八一年五期）但是，在明代的記載中，有時把黑龍江流域的女真人也包括在內。例如，把富錦縣南窩金山附近的吉灘衛稱作「海西吉灘衛」、樺川縣東北鶴立地方的弗思木衛稱作「海西弗思木衛」。（見王鍾翰〈明代女眞人的分佈〉，《清史論文選集》第一輯）在《明實錄》中這類記載頗多，如「海西奴兒干衛」，海西哈兒蠻、考郎兀、札真、葛林等衛，把這些居住在黑龍江中下游地區的女真人也冠以「海西」字樣。這是由於海西地區地處遼東都司與奴兒干都司之間，是明政權經營黑龍江地區的基地；而黑龍江中下游地區的女真各部也經由海西入貢、貿易。因此，明王朝有時把海西地區的女真衛所和經由海西南來朝貢的女真衛所統稱爲海西衛或海西女真。（見蔣秀松〈海西和海西女眞〉，《民族研究》一九八一年五期）

在海西女真各部中最先設置衛所的是忽剌溫等處女真。在清人記載中，忽剌溫寫作「扈倫」、（《清太祖武皇帝實錄》卷一）「呼倫」或「胡籠」。忽剌溫即今哈爾濱市以北呼蘭河一帶。永樂元年十二月，「忽剌溫等處女真野人頭目西陽哈、鎖失哈等來朝，貢馬百三十匹。」明朝遂於其他「置兀者衛，以西陽哈爲指揮使、鎖失哈爲指揮同知、吉里納等六人爲指揮僉事，餘爲衛鎮撫、千百戶所鎮撫，賜誥印冠帶襲衣及鈔幣有差」。（《明太宗實錄》永樂元年十二月辛巳）永樂二年，分設「兀者左衛」、「兀者右衛」和「兀者後衛」。與此同時，又在呼蘭河東方的湯旺河一帶居住的較小的部落中分設千戶、百戶所，隸屬於兀者衛。如永樂二年四月，「托溫江野人頭目甫魯胡等來朝，授以兀者百戶等官」（同上，永樂二年四月庚辰）。同年十月，「兀者托溫野人頭目喚第等來朝，授兀者托溫千戶所，以喚第等爲千百戶等官」。（

同上，永樂二年十月癸未）「兀者」是滿語 weji 的對音，意爲「密林」，大約以其地多叢林，故以「兀者」爲其衛所名稱。兀者衛是海西女真衛所中最大的一個，以呼蘭河爲中心，東達湯旺河流域。由於呼蘭河流域的女真人最早歸服於明，設置衛所，並成爲明政權進一步經營黑龍江的前進基地，因此，如同「海西」一樣，在明代的記載中，有時又把黑龍江流域的女真人稱作忽刺溫。

此外，明初在海西地區設置的若干衛所，如永樂四年九月在蜚克圖河流域設立的肥河衛、永樂六年正月在倭肯河流域設立的嘔罕河衛等，也是當時比較著名的。由於他們「倚山作寨」，在明人的記載中，又往往稱他們爲「山夷」、「山場女直」（《皇明四夷考・女直考》；《明英宗實錄》天順六年六月壬辰；蔣秀松〈海西與海西女直〉）

在建州女真南遷後，由於受到野人女真的騷擾，海西女真各部也先後南遷，其中的忽刺溫的一部分，遷徙到松花江上游和開原東北邊外，有的還同東來的蒙古族人相融合，明代中葉以後，逐漸形成烏拉、哈達、葉赫、輝發四部，在清人的記載中，稱之爲「扈倫四部」。他們定期向明王朝朝貢，接受封敕，並按照指定地點通過開原馬市同內地進行貿易。哈達的貢市在廣順關，地處於南面，故明朝人又稱哈達爲「南關」；葉赫的貢市在鎮北關，地處北面，故稱「北關」。南關和北關處於蒙古朵顔三衛和建州女真之間，成爲明王朝抵禦蒙古、牽制建州的重要屏蔽。

三、貢市和邊關

明初強大的武力曾使東北地區的元王朝的遺兵和女真各部懾服；而中原地區先進的經濟文化對他們更具有持久的吸引力。明政權對前來獻貢的女真各部等酋長，分別授以指揮使、指揮同知、鎮撫等職，給以「誥」（又稱「敕」、「貢敕」，即任命憑證）、「印」（即「官印」，為權力的象徵）、「冠帶」（即制服，按照不同官階，授以不同式樣和顏色的帽子、袍子和腰帶）。他們憑藉官印，即可代表皇帝管轄所屬人民，發號施令；持有敕書，即可入京朝貢和到遼東指定地點進行互市貿易。朝貢、互市均受到明政權的嚴格控制。

朝貢，是隸屬關係的體現。按照明政權的規定：海西、建州女真每年一次於十月初至十二月終入邊；遲期者，需邊官上報朝廷並獲批准才許驗放入關。入貢有「貢道」（即指定路線），海西女真由遼東開原、建州女真由撫順入關，（《明會典》卷一〇七〈禮部・朝貢〉；《全遼志》卷一）不得改變進入路線。成化十四年，海西兀者前衛都指揮散赤哈率所部十餘輩由撫順入關，「守將以非故道，卻之」。（《東夷考略・女直》）入貢人數有定員。初，建州等衛每衛歲許一百人，後限額爲海西每貢一千人、建州五百人。貢使到京後，宿於會同館，由禮部主客司官員接待，朝見和進獻貢品（如馬、貂鼠皮、猞猁猻皮、海東青、兔鶻、黃鷹、阿膠、殊角等）。明政權按照進貢人員的不同官職給以「年例」（女眞人自稱「領賞」，如絲織衣料、衣服、錢鈔等物）。在朝貢領賞之後，對其所帶的土特產，在明朝官員的監督下，許於會同館開市三日。但嚴禁收買「史書及玄黃紫皂大花西番蓮段匹並一應違禁器物」。有明一代，女真貢使在京的「互市」，始終受著嚴格的限制。

另外，在遼東地區設有馬市，「初，外夷以馬鬻於邊，命有司善價易之」。至永樂四年三月，由於來者眾，明政權遂在開原、廣寧設置馬市。據《遼東志》載：「一於開原城南，以待海西女直，一於開原城東、一於廣寧，以待朵顏三衛。各去城四十里。」（《遼東志》卷三〈兵食〉）明初，建州與海西的貢道同在開原。天順八年（一四六四年）四月，始令建州女真貢道改由撫順關（在撫順所東三十里）入；同年七月，更設撫順馬市，作為建州女真的互市地點。萬曆四年（一五七六年），應建州首領王兀堂等人的請求，明政權又於清河、寬甸、靉陽立市。

明王朝設立馬市，主要是為了保持邊境地區的安定。「以不戰為上兵，羈縻為奇計」，（《遼東志》卷九〈兵食〉）即通過貿易，允許周邊少數民族「以馬易鹽米」，使「彼得食用之物」，實行經濟籠絡，減少民族矛盾；同時，「我得攻戰之具」，（《明孝宗實錄》弘治十六年正月甲午）又可獲得戰備馬匹資源。實現「有無相濟，各安生理」的政治經濟雙重的目的。因此，遼東馬市是明政權控制朵顏三衛和女真各部等少數民族的一種經濟手段。

明政權於開原城設專門機構「提督馬市公署」，置馬市官一員，「夷人入貢互市，責其撫待關防」。入貢「專辨驗」，交易「主抽分」。下設馬市通市若干人，以通曉「夷語」的千百戶充任。女真各部前來互市，同入貢一樣，均須持有敕書，至指定關口，經該管官員「盤驗明初五日一次，廣寧每月初一日至初五日一次、十六日至二十日一次。

部・朝貢通例〉）馬市周圍又設有「市圈」，無貨人禁止入內。市有定期，開原每月初一日至

白，方許放入」。若敕內「有洗改、詐僞字樣，即便省諭阻回」。（《明會典卷》一〇八〈禮

馬市有官市、民市之分。初期以官市爲主。貨物價格，由明政權規定。例如，永樂三年所定馬價爲：上上馬每匹絹八匹、布二十匹，上馬絹四匹、布六匹，中馬絹三匹、布五匹，下馬絹二匹、布四匹。永樂十五年又重定馬價：上上馬每匹米五石、布絹各五匹，中馬米三石、布絹各三匹，下馬米二石、布絹各二匹。入市馬匹有定額，每年開原額驗一千；撫順額驗五百。共一千五百匹。這些馬匹，由遼東缺馬官軍照例收買。在「官買之餘，聽諸人爲市」。（《明宣宗實錄》宣德九年十月）除馬匹以外，女真各部還以其土特產貂皮和其他各種獸皮、人參、松榛等在馬市上同漢族人民交換布絹、鍋、鏵等生產和生活用品。但對於鐵器的交易，明政權則進行限制。「舊例，許五十人共買一鍋」，後又規定，「或二年三年許買鏵一次」。（《明孝宗實錄》弘治十六年正月甲午）入市貨物均交納一定的商稅，即「馬市抽分」。例如，騙馬一匹抽稅銀六錢、兒馬五錢、緞一匹銀一錢、貂皮一張銀二分、鍋一口銀一分。這些市稅，被明政權用作撫賞前來朝貢互市、沿邊報事、住牧換鹽米討酒食的女真族人的經費。同內地的交易，促進了女真族社會經濟的進步。由於物質上的吸引，更多的女真族人前來馬市進行貿易，並「以市爲命」；而明政權則不需國家開支，「無他賞，賞即以市稅。無他市本，聽商民與之交易」。因此，這種「有利於民，不費於官」的民市，在明中葉以後得到迅速發展。從弘治元

年纂成的《遼東志》和嘉靖四十四年刊行的《全遼志》二書所載馬市抽分可以看出，上市的貨物品類由十六種增至三十二種。按察副使李貢對當時馬市貿易的繁榮景象有著生動的記錄：「累累椎髻捆載多，拗轆車聲急如傳，胡兒胡婦亦提攜，異裝異服徒晾眴。朝廷待夷舊有規，近城廿里開官廛。夷貨既入華貨隨，譯使相通作行貼。華得夷貨更生殖，夷得華貨即歡忭。」（《全遼志》卷六，李貢〈廣寧馬市觀夷人交易〉）

據明代《遼東殘檔》的記錄，萬曆初期，馬市貿易得到進一步發展。無論市期、來市人員名額和交易量都突破了舊的規定，特別是鐵製農具的交換，更加明顯。例如，萬曆十二年×月十八日，葉赫人在開原馬市上就易換鏵子一千零三件。三天之後，二十一日，又易換鏵子三百五十三件。（《廣順、鎮北、新安關進入夷人易換貨物抽收及撫賞銀兩冊》）大量鐵製農具的交換，是明中葉後遼東馬市最重要的變化之一。明政權一向嚴格限制鐵器輸往邊境地區，因而也往往成為周邊少數民族入掠的藉口。成化十三年，海西、建州等部襲擾靉陽時就聲稱：明朝「禁制我市買，使男無鏵鏟，女無針剪，因是入寇」。當他們買到鐵器後，往往將「所易鍋鏵，出關後盡毀碎融液」，鑄造箭鏃。朝鮮史書記載，女真人使用的箭鏃是「貿大明鐵自造」。可見，女真人貿易買鍋鏵，除作生產、生活用品外，還為了改進軍事裝備。萬曆時期遼東馬市上大量鍋鏵的交換，促進了女真族社會經濟以及軍事力量的增長。

敕書是入邊進行貿易的必備的證明文件，因此，擁有敕書的各部的酋長，事實上壟斷了該部同內地的貿易權，成為最大的獲利者。而擁有敕書的多寡常常成為他們政治、經濟以及軍事實力的一種標誌。對馬市貿易中物質利益的覬覦，引起了各種激烈的鬥爭。爲取得同內地的貿易權，女真各部酋長之間，「日以爭敕構兵」；遼東邊將、勢家對來市的女真人的貨物則「縱令頭目僕從減價賤市，十償三四」，使女真人「懷怨殊深，往往犯邊」。但是，由於「互市相通」，「其服用皆中國（內地）是賴」，所以，「雖有寇掠，原無聚眾反叛謀」，只是由於「邊臣往往誘殺熟虜以爲功，所以結怨虜人，致啓大釁」。（《全邊紀略》卷一〇〈遼東略〉）逐漸激化了已進入奴隸制社會從而本來就富於掠奪性的女真各部大大小小酋長們對遼東地區的襲擾。而明王朝國力的逐漸衰弱、邊備廢弛，更給這些酋長們的襲擾以可乘之機。

爲了控制前來朝貢貿易的女真各部等少數民族，並對其藉口復仇而入邊襲擾的活動加以抵禦以及防範他們與內地的其他衝突，明政權不斷修築邊關墩堡。

明初，遼東都司的轄境，北達東西遼河會合處以北的金山地區。據《遼東志》載：「宣德年間，本鎮初無邊牆，唯嚴瞭望、遠烽堠」而已。（《遼東志》卷七〈藝文〉）後來隨著蒙古、女真諸部來朝者的增加，及與之相伴而來的各種衝突事件的不斷發生，明政權下令加強入境盤驗，並於「正統二年，始立邊牆」。（《全邊紀略》卷一〇〈遼東略〉）其後，凡察、董山爭印事起，李滿住操縱其間，而瓦剌也先方興，陰結女真，誘脅朝鮮，遼東地區形勢日益緊張。在巡撫王翺、都指揮僉事畢恭的領導主持下，於正統六、七年間「開設迤西邊堡牆壕，增置烽堠」。（《全遼志》卷四〈畢恭傳〉）西起山海關，東至開原，利用遼河天險，隨河之彎曲，築壘設墩，延長八百餘里，而把遼河套的大片土地置諸邊外。成化初年，明政權殺害建州首領董山和討平李滿住之後，為預防女真的報復，成化四年，副總兵韓斌又在開原南迄撫順、東州、馬根單、清河、鹻場、靉陽諸堡築壘，逐漸形成了西自山海關，東抵鴨綠江北的鎮江，延袤二千三百餘里，（《東夷考略・女直》；《遼東志》熊廷弼〈務求戰守長策疏〉）略呈M形的邊牆。這樣，中間以遼河為界，把遼東地區劃作河東、河西兩部分，而三汊河口附近的東昌堡成為東西邊牆的聯結點。

畢恭所築邊牆，最初是「踐山因河，編木為垣。久之乃易以版築」。（《全遼志》卷二〈邊防〉）實際上，除版築土牆為主外，個別地段還間以石牆、木柞牆和依山為牆。而韓斌所築開原以南的邊牆，則多劈山為牆，間以木柞牆和土牆。土牆一般高一丈二尺。

在長達二千餘里的邊牆上，開設有若干關口，作為周邊少數民族朝貢入市的通道，其著者有：白土廠關（廣寧城北七十里）、新安關（開原城西六十里）、鎮北關（開原城東北七十里）、廣順關（開原城東六十里）和撫順關（撫順城東三十里）等。（《遼東志》卷二〈關梁〉）沿邊以內，不斷修築城堡，據《全遼志》載，嘉靖年間，共有邊堡九十座。在邊堡之間，復設墩臺，「量地緩衝，緩者五里一臺，衝者二三里一臺」，共設邊臺一一三七座。每臺派駐瞭守官軍五名、每堡派駐官軍三、五百名不等。在全遼約計十萬名官軍中，駐守邊臺邊堡的達三分之一以上。這些邊牆、城堡和守軍，對抑制蒙古、女真各部的襲擾曾起過重要作用。但沿河一帶，由於「土脈鹹鹵」，所築土牆每年都需徵夫四五萬名進行修補，動費巨萬，而「秋修春頹」。隨著年久失修，沿邊墩臺，亦大半坍塌。（《籌遼碩畫》，熊廷弼〈務求戰守長策疏〉

）當時更兼吏治敗壞，邊將剋扣糧餉，軍士逃亡，「尺籍雖存，乃按而數之，不足十之六七」。（《全遼志》卷二〈兵政〉）而現存軍隊爲了維持生計又「皇皇焉日謀朝夕之不暇」，士氣低落。因此，前來擄掠的少數族人甚至竟然告誡瞭守的臺軍：「爾勿舉烽，舉則殺爾，舉早亦殺爾。」臺軍無以自恃而畏見殺，往往待敵人搶畢退走後，才舉烽報警，完全失去了防守的作用。僅建州女真在嘉靖末年就曾三次進襲灑馬吉、險山、靉陽等堡，「地方人畜被其搶掠者，難以悉數」。（《明經世文編》卷三六三〈遼東善後處分疏〉）爲了防禦、控扼日益強大的建州女真，在遼東總兵李成梁的建議下，明政權於萬曆初期，又將險山等六堡移建於邊外的寬奠等地，駐兵防守，並設關開市，「許寬佃等處東夷易換米布豬鹽，即以市稅充撫賞」。明代的邊牆城堡並未隔斷女真族人民同漢族人民之間的往來。通過撫順、清河、寬佃、靉陽的互市，聯繫愈益密切，促進了建州女真的社會經濟進展，爲後來滿族統一東北地區打下一定的基礎。

四、明代女真族的社會形態

(1)、社會生產

明代散居白山黑水流域的女真族，由於所處地區自然條件的差異和一部分南遷後所受先進文化影響程度的不同，各地區的社會經濟生活仍存在著很大差別。據明朝人記載：建州、毛憐等衛「樂住種，善緝紡，飲食服用，皆如華人」。（《遼東志》七，盧瓊〈東戍見聞錄〉）海西等部「俗尚耕稼，婦女以金珠爲飾，倚山作寨」。北山野人則「不事耕稼，惟以捕獵爲生」。（《皇明九邊考》卷二〈遼東鎮邊夷考〉）但是東北地區漫山遍野的原始森林和蜿蜒各地的江河支流，又爲他們提供了共同的取之不竭的自然資源，因此，「諸夷皆善馳獵」，狩獵和採集始終在女真各部的社會經濟生活中占有重要地位。

人參、蜂蜜、松子、木耳、蘑菇之類是女真人採集的主要品種，也是他們同內地人民貿易的重要交換物，蜂蜜有時甚至被儲作糗糧。採集多在秋季進行，較早者在秋初即已開始，例如，有的於「七月十八日入山採人參」，八九月間進入高潮。因此，每當「秋成參實時」，他們「貪於採取，空落而出」。這些「傾落採參」的人，「非聚一處」，而是分散地進行生產。由於遠離住所，他們往往三五人一道在「林藪間結幕採參」。在同朝鮮毗鄰的地區，他們所攜帶的也「只有糧物，無有兵器」。正統三年（一四三八年）五月，女真族婦女三人入山採樺迷路，其中二人，一年多以後才被狩獵者救還。樺皮，是女真人製作樺皮桶、樺皮船以至屋頂等的重要材料。婦女入山採樺，說明她們仍然是採集生產的參加者。

捕魚、狩獵也仍是女真人的重要生產活動。「採參田獵」往往並稱。獵貂是女真族自古以來世代相傳的狩獵項目。居住在烏蘇里江下游的可木部就長於捕貂，並「以貂鼠爲貢」。（《遼東志》卷九）長白山地區的女真族更以獵貂著稱，建州「東多茂松，貂巢其上，張弓焚巢，則貂墜於羅」。（《博物典匯》卷二六）哨鹿、捕熊、捕土豹，以及張羅捕獐、入江採珠等都是狩獵、漁獵的重要內容。居住在黑龍江下游的乞列迷部依然以「捕魚爲食」，並獵取「海青、皂雕、白兔、黑兔、黑狐、貂鼠」。（《遼東志》卷九）漁獵、狩獵在各地區的社會經濟中占有不同的地位。有的「自三月至於五月，又自七月至於十月」，進行全年生產，顯然還是作爲主要生產部門，有的則在秋收之後或「因雨失農」時進行，例如一四〇五年九月，「吉州疊入殷實管下千戶者安等十四戶男女並一百餘人，節晚失農，每戶一二人欲往舊居處捕魚資生」，顯然已經是作爲農業的補充而進行的生產了。

狩獵不同於採集，在生產中需要群策群力，特別是捕捉猛獸，需要集中眾多的獵手，因此，女真人的狩獵一般多爲集體活動，「群聚以獵」，但規模不等，有的「人數多不過三十，少亦不下十餘」，一般「率以二十餘人爲群」；有的則多達「六十餘人，或騎或步」，而且「持牛二十頭，載網出獵，遮列坪路」。他們外出漁獵時，也搭蓋帳棚，「皆於鬱密處結幕，每一幕三四人共處，晝則漁獵，夜則困睡」。爲了驅除野獸的襲擊，夜間「積柴燃火」，「燔柴就寢」。點燃篝火這種共同的習俗，卻往往爲來襲的敵人提供目標。爲了搜尋、捕獲野獸和防止敵人襲擊，他們進行漁獵時，多攜帶獵犬作爲自己的助手。在狩獵中，酋長，有時包括大酋長也同部屬一起共同勞動，例如有名的建州衛首領李滿住就曾「入深處捕土豹」。

狩獵不同於遊牧，明代的女真族已經過著定居的生活，他們的採獵生產已經逐漸形成了一定的活動範圍，各自占有固定的地盤，「胡人之風，分山而守之，利其山產焉。若棄舊守之山，則無可依居處。」有的還是通過明王朝的批准而占有的，例如，毛憐衛的王山赤下的所居之地，就是在他朝京時，「蒙有旨賜與地方，許令田獵」的，這些舊守的山林中的自然資源是不許他人染指的，有的主人就曾警告鄰人，「毋橫行於我畋獵之地。我若見之，則當拘執不送。」但是在一些共同活動的邊界地帶，他們則彼此友好相處，例如，在鴨綠江兩岸，女真族人民同朝鮮人民「互相越江漁獵」，「夏月則結幕，挈妻子往來江邊，人皆熟知之，至呼爲某也某也」，而這種相互「雜處漁獵，其來久矣」。

採獵經濟不但爲女真族人提供天然形態的生活資料，成爲他們物質生活的重要來源，而且使他們可以將之使用於對外交換。原來對他們只具有使用價值的天然產品轉化爲商品，在遼東馬市和其他市場上，通過以物易物的方式換取到大量手工業製品。這種交易，除了與明朝的遼東地區交換外，還與相鄰的朝鮮相交換。貂皮一向是同朝鮮進行貿易的重要物資。朝鮮社會「所尙在貂」，「中外貴賤爭尙豐侈」。（《朝鮮實錄》中宗九年十月壬寅）上自國君、朝臣，下至富家巨室，其「衣裘衾席之屬，亦皆以此爲之」，甚至「鄉閭小會，婦女無貂衣者，恥不肯赴」。（同上中宗十二年九月乙未）貂皮成爲朝鮮市場上的高檔緊俏商品。雖然朝鮮政府一再申令禁止朝人以牛馬鐵器交換貂皮，但利之所在，不但一般商人「潛與野人貿賣。」邊境居人「與彼人潛相買賣」，甚至朝鮮邊將也參加「貿易貂鼠皮」的行列。而女真人「以鐵物爲貴」，「非牛馬農器，則不與之易」。朝鮮人爲了獲取貂皮，他們「有以二鋤易鼠皮二張者」，有的則「以箭鏃四個貿鼠皮一領」，甚至有的「深入虜地往來交易」，「將牛馬鐵物市於深遠兀狄哈」。因此，大量「鐵物多入於彼地」，包括女真腹里地區的「兀狄哈家，多有我國（朝鮮）農器」。

依靠山林中的自然資源，憑藉傳統的採獵生產，通過交換，獲得新的生產工具，促進了農業的發展，逐漸改變了女真族的社會經濟面貌。西遷至佟家江地區的建州女真的一部分人，雖仍保持「好田獵」的習慣，但已經以「田業以資其生」，以農業爲主了。公元一四三七年，朝鮮人至兀剌山北隅的吾彌府一帶，「見水兩岸大野，率皆耕墾，農人與牛布散於野」，有十八家人戶居住於河畔；在兀剌山南麓，亦「見人家二戶，有男婦十六，或耕或耘，放養牛馬」。有的家族甚至已經有餘糧出售。一五七八年五月，努爾哈赤的祖父覺昌安（叫場）就曾在撫順市場上以麻布糧食易換漢族商人的豬牛。

但是，對女真族的農業發展水平不宜作過高估計。迄今尙未發現女真人利用河水進行灌溉或修築簡單河堤的記載，因此可以判斷，他們所播種的莊稼，是無法抵抗旱澇災害的，他們的農業生產尙處於不穩定的狀態。

造成農業不穩定的另一個重要因素是各部落之間以至同鄰國之間的矛盾和鬥爭。例如朝鮮爲了對付女真族一些部落的搶掠、騷擾，曾採用「當耕種時往征，以害汝農，又於秋斂往征，以害汝穡」（《朝鮮實錄》世宗十五年二月乙亥）的策略，嚴重地影響了女真族農業的發展。由於屢被鄰國「軍馬搶殺，不得安穩」，以李滿住爲首的建州部不得不放棄佟家江「兩岸大野率皆耕墾」的農田，西遷至竈突山東南的渾河上游。但是，「滿住自移渾河之後，猶畏見討，竄居山谷。其地多虎豹，屢害牛馬，不能安業，糧餉匱乏。其管下人或持土物往來開原買賣覓糧，或往遼東取保寄住、或買糧米鹽醬，如此者絡繹不絕。」（《朝鮮實錄》世宗二十年八月庚申）可見，由於戰爭的影響，使建州衛的農業發展也遭到嚴重的阻礙，仍需依靠採獵獲得的土產做爲換取生活資料的主要來源。此後，雖然恢復了農業生產，但因「常恐加兵，每春秋登山而避」。而女真族內各部之間更長期處於「世相仇殺，此來彼往，殆無寧歲」的局面。如建州部的凡察對嫌真、巨節、南訥等部也曾有意識地選擇春播秋收時節進行攻伐，這也阻礙了女真族農業的正常進行和發展。

另外，對當時農業發展具有決定性意義的鐵器，也因數量的有限，其作用相對縮小。明政權和朝鮮對鐵器的貿易均實行嚴格的限制政策。明政權對鐵器的限制，一度使女真人「男無鏵鏟，女無針剪」。在獲得有限的鐵器後，女真人又「盡毀碎融液」，改造成兵器。有的地方，如綏芬河流域的造山部，爲了備戰，「箭鏃甲冑，日夜打造」。本來數量就有限的鐵器，被大量地用於製造兵器，這對農業的發展顯然也是不利的。

把鍋、鏵等鑄鐵器，打造成箭鏃、甲冑，說明女真人已掌握了一定的冶鐵技術。在十五世紀中葉，從事這種手工業的「冶工」，在建州部中已「多有之」。（同上成宗十四年十月戊寅）在一個只有六戶人家的村落中，就居住有冶匠、弓人。綏芬河流域的女真人，在十五世紀末葉就已知「設風爐」以提高爐溫，並且「造箭鏃，皆淬之」，掌握了淬火技術。鐵器的輸入和冶鐵技術的掌握，逐漸改變了女真族「箭鏃昔皆用骨」及「屈木爲鐙、削鹿角爲鏃」的原始狀態。本來就長於漁獵、射箭著稱的民族，而今裝備以鐵鏃，極大地提高了獵獲率和戰鬥力。這對防止外來的襲擊、保護本族的農業生產起了重大作用，同時，對鄰人及其財富也構成了更大的威脅。

(2)、社會形態

明代女真都族各部所處的社會發展階段頗不一致。同建州、海西相比，黑龍江下游一帶女真人的社會發展水平要低得多。如「不識五穀六畜」、以「捕魚爲食」的乞烈迷部，「男耳垂珠、項鐵圈，以有無知貧富」，顯然在他們之中已出現了私有財產。在婚姻制度方面，「若娶其姊，則姊以下皆隨爲妾」、「父子不親，夫婦無別」，這又表明他們的婚姻中明顯地帶有對偶婚制的跡象。這部分女真人，大約仍處於原始氏族的社會形態。而松花江、長白山等地的海西、建州女真的氏族制度則早已解體，進入奴隸制社會。

如公元一四四〇年建州左衛西遷後，留居圖們江中下游會寧、鍾城、穩城、慶源地區的女真人，據一四五五年朝鮮邊將的調查，共約八百戶、壯丁二千餘人，他們分住在五十多個村落中。除三個村落外，其餘絕大多數村落已非由同一姓氏的人所組成。例如住在會寧鎮西二十里吾弄草的四十餘戶，就有李、童、浪以及朴、文等姓人；會寧鎮西五十里上甫乙下的七戶人家，則是由兀良哈部的浪、愁兩姓和斡朵里部的童姓所組成。他們不但不同姓，而且是不同的部。而斡朵里部內最占支配地位的凡察所屬童姓一族，則又分居於五個不同的村落，父子兄弟分別與他姓、他族雜居。可見此時建州女真社會內部，已由親屬性質的聯繫讓位於地區性質的聯繫，以血緣爲紐帶的氏族組織已過渡到按地區而劃分的村落。（《朝鮮實錄》端宗三年三月己巳；參見莫東寅〈明初女眞族的社會經濟形態〉；薛虹〈明代初期建州女眞的社會形態〉）

構成女真村落的最小單位是戶，即家庭。這些家庭早已從「包括一個父親所生的數代子孫和他們的妻子」所組成的家庭公社分解爲父子、兄弟異居各有其獨立經濟的個體家庭。例如，一四八五年李滿住的後裔沙乙豆向朝鮮請求鞍馬時轉述其父李達罕的一段話云：「前者（長）子包羅大、（次子）李多乙之介受大國鞍馬而來，不勝感戴。然皆別居，無益於我。汝（指沙乙豆）則同居一家，幸蒙上恩，又受鞍馬而來，則我得而資之矣。」（《朝鮮實錄成宗十六年十二月壬午》）年長的兒子們同父母分居另組家庭，而每個家庭都有自己的財產。在他們的財產中，除牲畜、家舍等外，奴隸已經成爲他們財產的重要組成部分。

建州及海西女真社會中，早在明初已經存在著大量奴隸。在公元一四二三——一四三三此十年間，逃往朝鮮的女真人的男女奴僕就達五八〇人，其中朝鮮人一四名、漢人五六六名。到一四三七年，逃至朝鮮被遣送回遼東的女真族的漢人奴婢已達千餘人。這些奴婢主要來自搶擄，據《朝鮮實錄》記載：「野人（指女眞）剽掠上國（指明王朝）邊氓，做奴使喚，乃其俗也。」建州左衛首領猛哥帖木兒就曾擄掠漢人徐士英爲奴。一四六八年，毛憐衛勾結尼麻察部大舉入犯遼東，「擄人畜並一千餘」，其中「男女五百餘人。」建州衛的柳尚冬哈更聲稱：他們曾出兵二百人，就「人各擄七八人以來」。朝鮮特進官韓允亨於正德五六年（一五一〇——一五一一年）間赴京，「途聞遼東人物連年被擄，多至千餘人」。這些數字未必信實，但反映出女真社會的奴隸很大一部分是擄掠所得的漢人。

由於朝鮮同明政權存在著密切的政治經濟聯繫和友好往來，他們總是把逃至自己境內、被女真擄掠為奴的漢人遣還遼東，「由是野人積忿」，常常前往攻掠朝鮮邊境。女真人也公開聲稱：「我等奴婢，汝節制使解送京師，使我等不得存接，」因此「剽掠江邊農民，可以賞（償）吾所亡」。凡察就多次對朝鮮邊將說：「我的使喚人口逃往汝國，盡行解送。我亦捉獲汝國邊民使喚。」一四三二年冬，忽刺溫女真至閭延、江界等處，「掠男婦六十四名」；一四六一年九月，建州女真至義州江邊「擄掠大小男婦共一百三十八名口」；同年冬，「蒲州人等與火剌溫連兵，所擄頭匹不可勝計，人口擄來者亦多，人各執二三名以去。」

在被擄為奴的人中，除「農民」、「軍丁」、「行路之人」外，朝鮮滿浦鎮撫孝根、遼東開原三萬衛的百戶宋全、指揮僉事苦失帖木、遼東副總兵孫文毅之子孫三甚至明朝皇帝派赴女真地區「打海專去的指揮」也被「拿做奴婢使喚」。其中還有一些「讀書鄉學」、「稍解文字」和「粗知醫術」的漢人。

此外，在女真族內部也互擄為奴。所傳「野人之俗，不相為奴」的說法，大約是指同姓、同部而言。因為吾都里（斡朵里）部的阿乙加茂曾說：鄰部虧知介諸姓，「待我類如蚊虻，見之則捉去為奴婢」。一四三五年，嫌真兀狄哈曾掠斡朵里部，「擄壯男女八十六、弱男女六十三」。而斡朵里兀良哈部也曾「擄掠兀狄哈人物，或作妾，或作奴婢」。不過女真人擄掠的主要對象還是漢人和朝鮮人。

女真奴婢的另一來源是通過交換，以牛馬等物購買他人的擄獲物。居住在圖們江左岸愁州的柳尙冬哈就曾以牛馬交換另一女真人擄獲的漢族婦三之、莫只為奴。漢人「柳貴、黃原曾為三衛韃子所擄，轉賣兀狄哈」；朝鮮人權愛山「被擄於毛憐衛野人，轉賣建州衛韃子」。一個被擄多年已忘記漢語的女真奴僕多士哈，「年十一、二歲時被擄於東良北兀良哈羅吾寬，爲奴三年。羅吾寬轉賣於甫青浦兀良哈余禾」。居住在建州左右兩衛之間、自稱「岐州衛」的奴隸主們，更以擄賣人畜爲生，他們「不事農業，以作賊爲事。所擄人馬，轉賣深處，以爲生利」。他們以「人俘爲奇貨，轉相買賣，輒得厚利」。在買賣奴婢時，女真人已使用契紙，他們曾多次「持劵來示（朝鮮）邊將曰：『某本我所買奴也』。……又聞野人持劵奏於（明朝皇）帝，請還賜與，帝亦可之」。奴婢的價格頗不一致。歸順朝鮮的一些女真人，應朝鮮政府的要求，以牛馬等物贖買被擄爲奴的漢人和朝鮮人，「一人刷還之價，牛馬不下十餘頭，或至十五」；有的「一人之價，牛馬則二十餘頭」；爲了緩和同女真人的矛盾、減少邊釁，有時朝鮮政府爲逃來的奴婢付給其主人以身價，「人各計正布二十匹、綿布四匹、鹽三石」，或「綿布三十匹」。這種奴婢買賣不但在女真內部和朝鮮之間進行，而且有的女真人的奴婢還買自蒙古族。土木之役中被俘於蒙古族的漢人汪仲武就被「轉賣爲豆里（李滿住之子）家奴」。

另外，還有一些漢人、朝鮮人由於不堪各自政府的沉重賦役負擔，自動逃至女真地區而被轉化爲奴僕。

這些奴僕，除被用於家內雜役「爲奴使喚」、「作婢聽使」、「作媳聽使」外，還用於「砍木負米」、「入山採人參」等項勞動。也被「驅使耕作」（《明英宗實錄》正統八年四月庚戌）使用於農業生產。凡察在向朝鮮討還逃奴時就曾強調說：「如今農忙時月，被奪轉解，深以爲悶。」（《朝鮮實錄》世宗二十三年正月丙戌）另一個奴隸主柳尚冬哈也說：「我以牛馬購奴婢，若不及還，親操耒耜必矣。」

這些主要擄自漢族、朝鮮而被轉化爲奴的人，無疑地帶來了先進的文化和生產技術，推進了女真族的社會發展。但他們卻被主人無情役使，「有小過失，侵責無已」，不但被當作牲畜任意買賣，而且可以任意殺害。一個擄自朝鮮的奴僕，因艱苦勞動「手足皆流血」，而稍有悲泣，主人「則將殺之」；當主人同敵人遭遇，「或值勢窮，則射殺之」；李滿住之子李古納哈曾酒後興奮，隨意使用鐵器打死男奴柳亞虧。

殘酷的剝削壓迫，激起了奴隸們的反抗。反抗的主要方式是逃亡。而當地的原始森林和草莽彌野的自然環境，爲奴隸們的逃亡提供了有利條件。例如，有的奴隸就是乘主人忙於出戰準備，利用夜幕爲掩護。「潛逃登山出來」，躲入密林中，逃脫了原主人的追捕。有的利用茂密森林的有利條件，在「入山採人參」時逃走了；有的在主人外出圍獵，令其「看守家小」時逃走了；有的在主人外出搶掠，「留屯輜下看直」時逃走了；有的在「農忙時月」田間農作時逃走了。有的夫妻同逃；有的率領妻子兒女全家逃走。他們在逃亡時，有的乘男主人外出之機，殺了主人的妻子、有的同主人進行過激烈的武裝格鬥。李滿住的兒子李豆里及其子胡赤就是在追捕逃亡家奴的過程中，被家奴用斧子擊殺的。

女真地區的茂密森林既是奴隸逃亡的有利條件，同時也是散處林莽的女真各部難於統一的客觀因素。大大小小的奴隸主們四散佔據各自的一塊山林後，既可「利其山產」，採集狩獵，衣食其中，具有自己的獨立經濟；又可「恃山林之險阻，藉弓矢以憑陵」（《全遼志》六，趙輔〈平夷賦〉）各自「稱王爭長」。為了擄奪鄰人的財富，他們互相攻殺，甚至家族內部骨肉相殘，「強凌弱，眾暴寡」。但是，在農業經濟獲得比較穩定的發展、提供較多的餘糧作為軍餉之前，對四散佔據山林險處的鄰部，奴隸主們均無力進行長期的大規模的兼併戰爭，無力改變分散割據的狀態。直到十六世紀末，建州左衛猛哥帖木兒的後裔努爾哈赤崛起，才逐漸結束了這種紛爭局面，把女真族的歷史又推向一個更新的階段。

第二章　努爾哈赤的興起與後金政權的建立

第一節　努爾哈赤統一女眞和後金政權的建立

一、努爾哈赤起兵

明朝萬曆年間（一五七三年—一六一九年），東北女真地區陷入極大的混亂之中。萬曆初年，海西女真哈達部勢力曾一度強盛，「東盡灰扒、兀喇等江，南盡清河、建州，北盡逞、仰，延袤幾千里」。（《明史紀事本末補遺》卷一，〈遼左兵端〉）但是其首領王臺不善於治理，他生前內部就不穩定，因而王臺在萬曆十年（一五八二年）死去以後，該部馬上陷於紛爭之中。位居開原北關的海西女真葉赫部首領逞加奴、仰加奴乘機進攻哈達。明朝統治集團害怕葉赫部強大對自己不利，遂出兵支持哈達，並於萬曆十一年（一五八三年）擊殺逞加奴和仰加奴二人。但這二人的兒子卜寨和納林卜錄繼續和哈達爭鬥不已。同時，哈達本身也被王臺的子孫弄得四分五裂。建州女真這時亦因混戰而分成蘇克蘇滸部、渾河部、完顏部、棟鄂部和長白山等部，其中各部又各分爲若干小部落。當時的女真地區確實是「各部蜂起，皆稱王爭長，互相殘殺，甚至骨肉相殘，強凌弱、眾暴寡」。這種狀況給女真社會的發展和人民生活帶來了很大的危害。史載，當時人人自危，「凡有出入，必佩持弓矢，以避相侵害、搶掠之患」。（《朝鮮李朝實錄》宣祖朝，卷七一）人們到處逃亡，田地荒蕪，農業和手工業生產遭到很大破壞，商業貿易也經常被迫中斷。海西女真哈達部甚至出現「人皆無食……各以妻子、奴僕、牲畜易而食之」的悲慘情況。這時的明王朝已經腐朽，無力整頓東北地區混亂的局面，統一女真的歷史任務，落到建州女真首領努爾哈赤身上。

努爾哈赤（一五五九年—一六二六年）姓愛新覺羅，出生在明朝建州左衛。其祖父覺昌安、父親塔克世，（明朝人稱之為場和塔失）和明朝的關係很密切。覺昌安擔任建州左衛都指揮的職務，不僅經常帶領屬下前往撫順馬市和漢人貿易，而且萬曆二年還協助明總兵官李成梁，攻滅了侵擾遼東的另一女真首領王杲。

努爾哈赤受其先輩的影響，和明朝來往也很頻繁。早在幼年時期，他就被父親送往明將李成梁家「侍候」。在那裏，他讀書識字，好看《三國演義》和《水滸》。年長後回到建州，因繼母虐待，十九歲就分家自立。爲了生活的需要，他時常上山採集人參、松子，並拿到撫順馬市上去出售。艱苦的生活磨鍊出他堅韌不拔的性格。由於和漢族民眾的接觸，也使他對明朝社會的狀況及民眾生活的困苦有了較多的了解。

王杲死後，其子阿臺思爲報父仇，繼續與明朝爲敵。一五八三年（明萬曆十一年）覺昌安和塔克世引導明朝軍隊進攻阿臺思。在激烈的戰鬥中，覺昌安和塔克世爲明軍誤殺。明政府爲此給努爾哈赤「敕書三十道，馬三十匹，復給都督敕書」（《清太祖武皇帝實錄》卷一），封他爲指揮使。努爾哈赤遂將其父祖被害的責任歸咎於建州女真另一個首領尼堪外蘭身上，打出爲父祖報仇的旗號，於一五八三年五月，以塔克世「遺甲十三副」，數十兵卒，向尼堪外蘭佔據的圖倫城發起進攻，尼堪外蘭棄城出逃。這不僅是努爾哈赤獨立行動的開始，也拉開了女真統一戰爭的序幕。

二、統一女真各部

(1)、統一戰爭的進程

努爾哈赤開始進行統一女真活動時，力量微弱，沒有被其他部族所重視，甚至自己家族的人也不滿意。但是他採用「恩威並行，順者以德服，逆者以兵臨」的策略，努力爭取明朝的支持，避免與明朝發生衝突，在一五八三－一六一九年長達三十六年的時間內，經過了三個階段，終於統一了女真各部。

努爾哈赤首先致力於建州本部的統一。他先後攻占了蘇克蘇滸部的薩爾滸城和渾河部的兆嘉城。一五八四年（萬曆十二年）經過激烈的戰鬥，又佔領了董鄂部的翁科洛城。一五八五年努爾哈赤以少勝多，挫敗了界凡、馬爾達、薩爾滸、加哈、托漠河五城聯軍八百人的進攻，聲威始壯。一五八六年他攻克了貝琿城，降服了渾河部。然後揮軍進攻鄂勒琿城，戰鬥中，努爾哈赤受箭傷三十處，仍然奮勇不退，取其城，後殺死仇人尼堪外蘭，蘇克蘇滸部落入他的掌握之中。接著在一五八七年努爾哈赤又征服了哲陳部。一五八八年董鄂部首領何和里率部歸順。同年，完顏部亦被征服。這樣，努爾哈赤用五年的時間，統一了建州五部，形成一個穩固的勢力，「環滿洲而居者皆爲削平，國勢日盛」。這是統一女真的第一個階段，是努爾哈赤興起的階段。

努爾哈赤勢力的發展使海西部大爲恐慌。一五九一年（萬曆十九年）海西葉赫部首領納林卜錄派人向努爾哈赤要求劃出一個城給他，遭到拒絕，雙方關係開始緊張。葉赫見努爾哈赤不順從，遂在明萬曆二十一年糾合哈達、烏拉、輝發、科爾沁、錫伯、瓜爾佳、朱舍里、訥殷等九部，出兵三萬，向努爾哈赤發動了大規模的進攻。在強敵壓境，實力懸殊的險惡形勢下，努爾哈赤冷靜地分析了敵我雙方的狀況，認爲「來兵部長甚多，雜亂不一。諒此烏合之眾，退縮不前。領兵前進者必頭目也。吾等即接戰之，但傷其一二頭目，彼兵自走。我兵雖少，並力一戰，可以勝矣。」（《清太祖武皇帝實錄》卷一）他集中兵力在古勒山據險佈陣，以逸待勞，抓住有利時機發動進攻。在其打擊下，聯軍陣腳大亂，紛紛潰逃。努爾哈赤乘勝追擊，活捉了烏拉部首領滿泰之弟布占泰，繳獲三千匹馬和大批其他物資。古勒山之役是一次關鍵性的戰役。它嚴重地削弱了海西女真的力量，標誌著努爾哈赤已成爲女真各部中的一支強大的勢力。

隨後努爾哈赤開始向邊遠地區進軍。他遣軍征服了朱舍里部和訥殷部。而長白山鴨綠江部早在一五九一年就已被努爾哈赤降服了，於是建州部統一遂告完成。這以後，明萬曆二十六年（一五九八年）努爾哈赤之子褚英領軍攻打東海女真瓦爾喀部的安褚拉庫路（松花江上游二道河一帶）和內河路（松花江上游）。第二年，東海女真的虎爾哈路酋長王格、張格前來降附，「貢黑、白、紅三色狐皮，黑、白二色貂皮，自此渥集部之虎爾哈路每歲朝謁」。（《清太祖武皇帝實錄》卷三）努爾哈赤的勢力逐步向黑龍江流域擴展。

古勒山戰役之後，海西女真葉赫部和哈達部爲爭奪霸權又陷入紛爭之中。哈達抵擋不住葉赫的進攻，就向努爾哈赤求援。努爾哈赤乘機在萬曆二十九年（一六〇一年），吞併了哈達，「奴酋（指努爾哈赤）自此益強，遂不可制」。（《明神宗實錄》卷三六六）這是統一女真的第二個階段，也是努爾哈赤逐步強大的階段。

在節節勝利的形勢下，努爾哈赤加緊對海西女真的征服。萬曆三十五年（一六〇七年）東海女真瓦爾喀部斐優城（吉林省琿春一帶）首領策穆德黑，爲了擺脫烏拉部的控制，自願歸順努爾哈赤。於是努爾哈赤之弟舒爾哈齊、子褚英就帶領軍隊前去迎接策穆德黑的部屬。在回歸途中，遭到被努爾哈赤釋放的烏拉部首領布占泰的截擊，雙方在烏碣岩展開激烈的戰鬥，烏拉軍大敗，損失士兵三千餘人、馬五千匹和甲三千副。同年，努爾哈赤乘輝發內部動亂之際，發兵將之攻滅。萬曆四十一年（一六一三年），努爾哈赤再次率軍進攻烏拉。布占泰面臨生死存亡，領兵三萬拼命抵抗，「兩軍之矢如風發雪落，聲如群蜂，殺氣沖天」（《清太祖武皇帝實錄》卷二），但布占泰終於戰敗，隻身逃往葉赫，烏拉遂亡。這樣，海西女真僅剩葉赫部還在依仗明朝的支持與努爾哈赤對抗。

在與海西女真激烈爭奪的同時，努爾哈赤對東海女真的征伐也在步步加緊。一六〇九年（明萬曆三十七年）攻取興凱湖以東瑚葉河畔（今蘇聯濱海地區刀畢河）的滹野路。一六一〇年（明萬曆三十八年）招撫渥集部之那木都魯、綏芬、寧古塔、尼馬察四路（在綏芬河流域及烏蘇里江上游，明雙城衛、速平江衛）。一六一一年奪取渥集部之烏爾古宸（今蘇聯比金河一帶）、穆棱（今穆棱河流域）二路。一六一四年（萬曆四十二年），努爾哈赤派軍征服雅攬（明牙魯衛）、西臨（今蘇聯蘇祖赫河一帶，明薛列路衛，又作失里衛）二路。一六一五年，攻占渥集部東額黑庫倫城（今蘇聯納塔赫河地方）。一六一六年努爾哈赤命大臣扈爾漢、安費揚古率兵兩千征討位於黑龍江中游的薩哈連部、「行至兀爾简河，刳舟二百，水陸並進，取河南北諸寨，凡三十有六」。以後渡黑龍江，取薩哈連十一寨。同年，還招服了陰達琿塔庫喇喇（即使犬部，今撫遠與蘇聯哈巴羅夫斯克附近）、諾羅（今撓力河附近）、石喇忻（今七顯河一帶）等三路。一六一七年（明萬曆四十五年）努爾哈赤的軍隊又攻占庫頁島及附近島嶼。至此，散居在黑龍江和烏蘇里江流域的東海女真大部分已被統一起來。

一六一九年（萬曆四十七年）努爾哈赤在力量進一步強大的條件下，兵分兩路大舉進攻葉赫。經過一番激戰，葉赫敗亡。海西女真全部統一於努爾哈赤的麾下。這樣，「滿洲國自東海至遼邊，北自蒙古、嫩江，南至朝鮮鴨綠江，同一音語者俱征服，是年諸部始合爲一」（《清太祖武皇帝實錄》卷三）。至此，女真統一的第三個階段——統一完成階段便宣告結束。

(2)、女真統一的原因

努爾哈赤起兵統一女真雖然是爲擴大新興的女真貴族的利益，但在客觀上卻適應了當時社會要求統一的需要，這是他能完成統一的社會歷史條件。也就是說在社會發展的浪潮中，努爾哈赤跟上了時代，跟上了發展，促成了女真的統一。

實行征討招撫並用的政策是統一事業順利完成的重要原因。努爾哈赤在統一過程中除了用武力征服外，十分注意採用招撫的辦法。凡是率部歸順的首領，總要委以重任，給予獎賞。如萬曆十六年（一五八八年），建州女真蘇完部長索爾果率部歸附努爾哈赤，其子費英東因此被任命爲大臣，努爾哈赤還將自己的孫女嫁他爲妻。同年，位居佟家江流域的董鄂部，兵強馬壯，實力雄厚，其部長何和里亦率本部前來歸順。努爾哈赤大喜過望，特以長女嫁彼爲妻，授爲大臣。天命三年（一六一八年），東海女真呼爾哈部長納哈答率百戶來降，努爾哈赤要他們分成兩行，願留下的一行，願回去的一行，給願留下的八名頭目每人男女僕人二十名，馬十匹，牛十頭，以及其他許多東西。這樣一來，原先願意走的也不走了，他們並且捎信給家鄉的人說，「汗以撫聚人民爲念，收爲羽翼，不意施恩至此」。（《清太祖武皇帝實錄》卷二）努爾哈赤實行的招撫政策大大減少了統一的阻力，加快了統一的進程。

運用靈活的策略，處理好與明朝的關係，也是努爾哈赤統一女真得以實現的要素之一。明朝對東北少數民族歷來採取「分而治之」的政策，因而對努爾哈統一女真是不會允許的。對此，努爾哈赤竭力維護與明朝的隸屬關係，履行作爲地方官應盡的職責，爭取明政府的信任和支持。他執行明政府的指令，不僅陸續把其部屬掠奪的漢人和牲畜送還明廷，而且還爲捍衛明朝疆域的安寧而盡力。萬曆十六年（一五八八年）女真部的一個小頭目克五十率其屬下搶掠柴河堡，射殺明軍指揮劉斧。努爾哈赤接到明朝要他消滅克五十的命令後，立即部署對他們的圍剿，殺死了克五十，將其首級獻給了明政府。同時，當明朝舉行軍事行動時，努爾哈赤還主動請戰。萬曆二十年（一五九二年）日本關白豐臣秀吉侵略朝鮮，佔據不少地方。朝鮮國王向明朝要求援助。明政府準備徵調軍隊赴朝鮮作戰。聽到這個消息，努爾哈赤特地派遣部下，藉到北京朝貢的機會，請求明朝准許建州的軍隊去朝鮮，和明軍協同作戰。此事雖未獲明廷批准，但也顯示了努爾哈赤對明朝的忠誠。

此外，努爾哈赤還按照明政府的規定，經常派遣部下到北京進貢。其中，他本人還曾在萬曆十八年（一五九〇年），萬曆二十六年，萬曆二十九年和萬曆三十六年等四次親赴北京朝貢，每次都受到明政府的款待。

努爾哈赤的忠順和在捍衛邊境安寧中所立下的汗馬功勞，使明政府多次提升他的職務。一五八九年（萬曆十七年）努爾哈赤晉升爲都督僉事。一五九五年（明萬曆二十三年），又被封爲龍虎將軍。

努爾哈赤爭取明政府信賴和支持的努力，獲得了很大的成功。這不僅使他有了顯赫的身分和地位，在與海西和東海女真的鬥爭中處於優勢，而且也使明政府在他起兵著手進行統一後的相當一段時間內不感到威脅，甚至還誤以爲其力量的增長對穩定遼東局勢是有利的，從而沒有公開阻止努爾哈赤的統一行動。

但是，後來努爾哈赤勢力的膨漲還是引起了明政府的疑懼，於是明政府開始限制他的行動了。面臨這種形勢，努爾哈赤又採用了巧妙的「條順條逆」、「咋吐咋吞」的策略，避免與明政府發生公開衝突，盡量減少統一的阻力。這在圍繞海西女真哈達部的存亡上表現的很突出。當萬曆二十七年（一五九九年），努爾哈赤統兵攻占哈達城，生擒其首領孟格布祿，並將他殺死時，就引起明政府極大的不滿。明政府害怕努爾哈赤併吞哈達會危及自己的統治，強令努爾哈赤使哈達「復國」。在高壓和威脅面前，努爾哈先是「退避三舍」，以迷惑明政府。他把自己的女兒嫁給孟格布祿之子吳兒戶代爲妻，並送其回哈達。但後來又乘明朝不備和哈達發生饑荒之機，將「復國」的哈達滅掉了。努爾哈赤對付明政府的這種「條順條逆」的策略，在萬曆四十一年（一六一三年）還有典型的一例。這一年努爾哈赤糾結蒙古宰賽等二十四營，屯兵於遼東清河，準備騷擾明朝遼東地區。明朝見努爾哈赤來勢凶猛，急忙徵調薊鎮軍隊五千餘人赴援，又下令停止與努爾哈赤的馬市貿易。努爾哈赤見明朝真的要動武，又狡猾地採取退讓的策略，曾「請以第七子巴卜海入撫順關爲質……，示無鯁中朝」。明朝果然中計，放鬆了戒備，努爾哈赤又乘機向明朝支持的葉赫部發動襲擊，「嚴兵圍燒金、白十九寨」。努爾哈赤巧妙地利用了明朝後期朝政腐敗，上下姑息的弊端，使明政府陷入舉棋不定的窘地。努爾哈赤遂排除了明政府的阻撓，實現了統一女真的宏圖。

(3)、統一女真的意義

努爾哈赤統一女真的成功對於以後的發展有著巨大的影響。首先它實現了女真族自金朝以後的又一次全民族統一，這就促進了民族的發展，標誌新的民族共同體——滿族的形成。在統一之前，女真各部之間雖也互相通婚或交換物產，但更多的是相互仇殺，並沒有密切的關係。努爾哈的統一使女真民族突破了這種狀態。就在他進行統一的初期，爲了便於管理，避免爭奪和叛逃，就把歸附的人全部遷到自己的住地周圍，加以編排。萬曆十六年（一五八八年）對蘇完部和董鄂部的一部分；萬曆二十六年（一五九八年）對安褚拉庫路；萬曆三十五年（一六〇七年）對瓦爾喀部蜚優城；萬曆三十九年（一六一一年）對虎爾哈路扎庫塔城都是如此。後來歸附的越來越多，介於歸附者與努爾哈赤住地之間的部族也被統一過來了，也沒有必要再集中了。如渥集部東額黑庫倫（萬曆四十三年）和東海薩連部（萬曆四十四年）等就是這樣。集中居住，進行編排，爲擴大民族中融合、密切關係提供了條件。

其次，它結束了女真族長期分裂混戰的局面，爲生產力的發展開闢了道路，這就爲實現女真社會由奴隸制向封建制的過渡創造了條件。

第三，女真的統一也加強了東北地區各族之間的政治經濟聯繫，這對鞏固邊疆，促進統一的多民族國家的發展是十分有利的。

三、創立八旗制度　建立後金政權

(1)、八旗制度的創立

在進行統一女真的過程中，爲了更好地把民眾組織起來提高戰鬥力，並便於管理，努爾哈赤建立了八旗制度。

「滿州舊俗，凡出獵行圍，不論人之多寡，照依旗寨而行。每人各出箭一支，十人中立一總領，管率九人而行，各照方向不許錯亂，此總領呼爲牛彔額真」。牛彔，漢語是大箭的意思，額真是主的意思。可見牛彔額真是出師行獵的臨時性的十人之長。努爾哈赤起兵以後，歸順的人日益增多，但還沒有統一的組織，於是就將上述舊有的制度加以改造，於一六〇一年（明萬曆二十九年）把原來的十人爲一單位擴大成三百人爲一單位，稱牛彔，立一牛彔額真（後來叫佐領）、旗分黃、白、紅、藍四色。到一六一五年（萬曆四十三年），努爾哈赤的勢力更爲壯大，就確立了八旗制度，每三百丁立一牛彔額真，五牛彔爲一甲喇，設甲喇額真（後之參領），五甲喇爲一固山，設一固山額真（後之都統），固山額真左右置梅勒額真（即後來的副都統），將原來旗幟的周圍鑲上一道邊（黃、白、藍三色旗鑲紅邊，紅色旗鑲白邊），從而形成八種不同的旗幟。不鑲紅邊的黃色旗稱爲整黃旗，就是整幅的黃旗，簡稱正黃旗；鑲紅邊的黃色旗稱邊黃旗，簡稱鑲黃旗，俗稱廂黃旗。其他三色也一樣，合起來稱爲八旗。

八旗制是滿族「以旗統人，即以旗統兵」的兵民一體、軍政合一的社會組織形式，這種制度將滿族全部人口都編入了八旗之內。牛彔是最基層的單位，而固山則是戶口編制的最大單位。以後即使人口增加了也不添旗，基層單位也不變動；爲適應變化的情況，只將中間單位——甲喇（即參領）的數目加以調整。每旗的參領數目可以增加到八、九、十個。旗民在各級額真統轄下，「出則備戰，入則務農」（《明清史料》丙編，第一本，一五頁）平時耕獵爲民，戰則披甲當兵。每個滿族壯丁都有出征作戰的義務。

這時，滿族對義務的負擔和權利的分配都以八旗爲單位。凡有任務就由八個單位（旗）分擔，八旗再分別往所屬的參領分派，最後則落在最基層單位——牛彔（佐領）之上。從要人、要馬、要錢乃至要人參和狐皮，都是平均負擔。所以史稱「凡有雜物收合之用，戰鬥力役之事，奴酋（努爾哈赤）令於八將（八旗主），八將令於所屬柳累將（牛彔），柳累將令於所屬軍卒，令出不少遲緩。」（《建州聞見錄》）一切權利也按八旗平分。土地按八旗平分，搶來的人口、錢財和牲畜同樣要按八份分。這種平均分配的辦法是滿洲歷來的習慣。

八旗制度是在氏族聯盟制殘餘的基礎上發展起來的一種制度。努爾哈赤是高踞於八旗之上的最高統治者，而八旗的旗主都是由努爾哈赤的子侄及孫輩等宗室貴族擔任。從努爾哈赤到旗主、參領以至佐領、一般民眾，形成了階梯式的等級統治，所以這是具有封建性質的一種政治制度，同時還有氏族殘餘和畜奴成分。

八旗制度把渙散的女真各部聯結起來，形成一個組織嚴密的社會整體。這不但鞏固了女真統一事業的成果，而且還消除了各部之間的差異，促進了滿族的形成。廣大滿族民眾統一在八旗之下進行生產和戰事，發展了社會經濟，增強了軍隊戰鬥力，爲建立後金政權奠定了基礎。

(2)、創製滿文

滿文的創製在努爾哈赤興起中也是值得注意的一件大事。

歷史上，女真族在金代曾仿照漢字創製了女真文。那時，此種文字在金統治區域內廣泛使用。但是，隨著金朝滅亡和元朝建立，蒙古文字在女真地區逐漸流行起來，而女真文卻反而衰落下去。明朝中葉以後，女真人一般使用蒙古文字。如正統九年（一四四四年），明玄城衛指揮、女真人撒升哈、脫脫木答魯等在奏文中說：「『臣等四十衛無識女真字者，乞自後敕文之類第用達達字』，從之。」（《明英宗實錄》，卷一一三）達達字，即蒙古文字。

努爾哈赤興起以後，這種狀況仍在繼續，「時滿洲未有文字，文移往來，必須習蒙古書，譯蒙古語通之」（《滿洲實錄》卷三）。說女真語，用蒙古文，對鞏固和發展女真各部的政治經濟聯繫，發展社會生產是極不利的。爲此，努爾哈赤決定創製滿族自己的文字。

萬曆二十七年（一五九九年），努爾哈赤任用巴克什額爾德尼和噶蓋從事這件事。開始這兩人有畏難情緒，努爾哈赤遂和他們一起確定了製字的原則，「上（指努爾哈赤）曰：『無難也！但以蒙古字，合我國之語音，聯綴成句，即可因文見義矣。』」（《太祖武皇帝實錄》卷三）。於是額爾德尼和噶蓋就仿照蒙古文字母，根據滿語語音，創製了滿文。從此，滿族開始有了自己的文字。

但是，這種文字在女真地區推行的過程中，發現了不少問題。主要是由於蒙、滿語音有差別，借用的蒙古文字母不能完整地表達滿族語言，因而往往造成「上下字雷同無別，人名、地名必致錯誤」（《清太宗實錄》卷一一）的現象，於是明崇禎五年（一六三二年），努爾哈赤的繼承者皇太極又命巴克什達海加以改進，將借用的蒙古字母加上「圈」或「點」，區別了原來容易混淆的語言。經過達海改造的滿文稱為「有圈點的滿文」或新滿文。而原來的滿文則相應地被稱為「無圈點滿文」或「老滿文」。

這樣，經過努爾哈赤和皇太極兩個時期三十三年的創製、推行和改進，滿族終於建立起了能夠準確表達自己思想和意志的文字，從而為自身民族文化教育事業的發展提供了重要的條件。

努爾哈赤利用滿文書寫歷史，記載當時的政治、經濟、軍事等事件，這方面最顯著的成果是《滿文老檔》。滿文創製後不久，努爾哈赤即建立了檔案制度，不僅有專門記述他本人言行的檔案，各旗也都有記述本旗事務的檔案。努爾哈赤之後，皇太極又繼續派人進行這一工作。於是便形成了流傳至今的《滿文老檔》。它是用無圈點老滿文和有圈點新滿文兩種字體書寫的清努爾哈赤和皇太極兩朝的編年體史料長編，起一六〇七年（明萬曆三十五年）止於一六三六年（明崇禎九年），共一百八十冊。按月日記事，內容涉及軍國大政、宮廷生活及社會情況等。早期的滿文著述除《滿文老檔》外，還有《滿洲實錄》等。

滿文的創製也促進了滿族學校教育的發展。一六二一年（明天啓元年）努爾哈赤下令在八旗中設巴克什（清入關前，賜讀書識文墨者之普通稱號叫巴克什，與勇武之稱巴圖魯同，見《

探微集》一五六頁。），以鍾堆、博布赫、薩哈連、吳巴泰、雅興噶、闊貝、扎海、洪岱等八人爲之，並要他們對入學的八旗青少年「認真地教書，使之通文理」。（《滿文老檔・太祖》卷二四）一六三一年（明崇禎四年），其子皇太極更令諸貝勒大臣子弟八歲以上，十五歲以下全要入學讀書。學校的創興和發展爲滿族社會的進步起了很大的推動作用。

(3)、建立後金政權

在統一女真的過程中，努爾哈赤還逐步建立起政權機構。一五八七年（明萬曆十五年）努爾哈赤在呼蘭哈達山（即煙筒山）下的南崗，「築城三層，啓建樓臺」（《清太祖武皇帝實錄》卷一）修築費阿拉城，建立根據地。同時「定國政，凡作亂，竊盜、欺詐，悉行嚴禁」。不許女真民眾「犯上作亂」，不許侵犯滿洲貴族的私有財產，至此國家政權的雛型已經產生。

一六〇三年（明萬曆三十一年）努爾哈赤由費阿拉遷到赫圖阿拉（在今遼寧省新賓縣）居住。經過女真夫役的多次營建，赫圖阿拉城已初見規模，「城高七丈，雜築土石，或用木植橫築之」「內城居其親戚，外城居其精悍卒伍」，城外有「人家約二萬餘戶。北門外則鐵匠居之，專治鐵甲；南門外則弓人箭人居之，專造弧矢；東門外則倉廒一區，共計一十八照，每照各七、八間，乃是貯穀之所」。（《籌遼碩畫》卷首〈東夷努爾哈赤考〉）顯然它已成爲努爾哈赤轄區的政治、經濟和軍事中心，一個強大的根據地建立起來了。在此基礎上，一六一六年（萬曆四十四年）正月努爾哈赤在赫圖阿拉即汗位，建元天命，國號「大金」（史稱後金）。這樣努爾哈赤就正式建立了國家政權，脫離了與明朝的隸屬關係，開始了和明朝對抗的時期。

第二節　薩爾滸之戰及遼瀋地區之戰

一、薩爾滸之戰

努爾哈赤勢力的發展使明朝越來越憂懼。早在一五八八(明萬曆十六年)，遼東巡撫顧養謙就稱努爾哈赤為「建州黠酋」。一六〇八年(明萬曆三十六年)明朝禮部在奏文中說：「更聞努爾哈赤與弟速爾哈赤皆多智習兵，信賞必罰，妄自尊大，其志不小。」(《明神宗實錄》卷四四四)一六〇九年明朝內閣首輔葉問高更憂心忡忡地說：「竊念今日邊疆之事，惟以建州夷最為可患。」(《國榷》卷七八)為了對付這股可怕的勢力，明朝統治者從政治、經濟、軍事等方面施加各種手段，企圖阻止事態的進一步惡化。這就更激化了兩者的矛盾。後來，遂在萬曆四十七年(一六一九年)發生了著名的薩爾滸之役，並在以後雙方的戰爭中日漸升級。

萬曆四十六年(一六一八年)，努爾哈赤以「七大恨」誓師，向明朝正式開戰。所謂「七大恨」即是：

一、明朝無故殺害努爾哈赤父、祖；二、明朝偏袒葉赫、哈達，欺壓建州；三、明朝違反雙方劃定的範圍，強令努爾哈赤抵償所殺越境人命；四、明朝派軍隊保衛葉赫，抗拒建州；五、葉赫由於明朝的支持，背棄盟誓，將其「老女」轉嫁蒙古；六、明當局逼迫努爾哈赤退出已墾種之柴河、三坌、撫安之地，不許收穫莊稼；七、明朝遼東當局派遣守備蕭伯芝赴建州，作威作福。

「七大恨」主要反映了滿族對明朝政治壓迫和經濟剝削的憤恨，是討伐腐朽明朝的檄文。四月十四日，努爾哈赤率兵分兩路進軍，令左翼四旗兵進攻東州、瑪哈丹二堡，另一路則命「市夷」五十人（撫順的商隊）先發，他本人親領右翼四旗兵，潛隨其後，直趨撫順。駐守撫順之明游擊李永芳不戰而降，東州、瑪哈丹及許多堡寨都爲後金攻占。爲了擴大影響，努爾哈赤將「七大恨」文交給山東、山西、河南等地來撫順貿易的商人帶回。明廣寧總兵張承蔭急忙領兵援救撫順，也被努爾哈赤打得大敗，全軍覆沒，張本人亦陣亡。隨之，清河亦爲努爾哈赤所攻占。

撫順、清河失守傳到北京之後，明朝野上下，驚惶失措。爲了挽回遼東敗局，遂命楊鎬爲遼東經略，集兵進攻努爾哈赤。然而明朝財政困難，兵餉遲遲不能籌齊，直到一六一九年（明萬曆四十七年）二月，始得以預定的兵力出師。楊鎬制定了四路進兵方略：

一、杜松、趙夢麟、王宣等帶兵三萬人由瀋陽出撫順關，沿渾河左岸，入蘇子河河谷，爲左翼中路軍；

二、馬林、痲岩等軍合葉赫軍共約一萬五千人，由開原、鐵嶺方面出三岔口，入蘇子河流域，這爲左翼北路軍；

三、李如柏、賀世賢領兵二萬五千人，沿太子河流域，出清河，從鴉鶻關入興京老城，這爲右翼中路軍；

四、劉綎軍一萬人及朝鮮援軍一萬人從寬甸出佟家江流域，入興京老城，爲右翼南路軍。

楊鎬爲四路總指揮，駐瀋陽。明軍號稱四十七萬，但實際上，除朝鮮援軍外，僅有兵力八萬八千五百九十餘名。

努爾哈赤獲取明軍大舉進犯的消息之後，對敵情進行了判斷和估計。努爾哈赤看穿了明朝聲東擊西的策略，決定集中兵力打擊明之主力——中路軍杜松部，而僅以數百兵力抵禦明之南路軍劉綎部。這樣努爾哈赤就親自率領八旗勁旅六萬人西向迎敵，雙方遂在薩爾滸一帶發生了遭遇戰。

三月初一日，明將杜松等率兵結大營於薩爾滸山岡。當獲悉後金兵在界凡修城時，就命兩萬人留守大營，另外一萬兵去進攻界凡。而努爾哈赤根據明軍陣形，命代善、皇太極率領兩旗兵援界凡，自率六旗攻薩爾滸山明軍大營。明兵恃槍砲以攻，出營列陣，天大霾晦，咫尺不能辨，槍砲皆打柳林。後金兵乘機進攻，破其營壘。而努爾哈赤所遣助界凡之兵自山馳下，合力夾擊，明軍遂大敗。主將杜松、王宣和趙夢麟皆陣亡，「明兵死者，漫山遍野，血流成渠，軍器與屍沖於渾河者，如解冰旋轉而下」。（《清太祖武皇帝實錄》卷三）

三月初二日，馬林所率明軍聞知杜松戰敗的消息後，就據守尚間崖，而潘宗顏軍則據斐芬山，龔念遂軍屯斡琿鄂漠。努爾哈赤率兵北進，先擊潰明軍龔念遂部，龔陣亡。隨後又攻打尚間崖，明軍又大敗，副將麻岩等戰死，惟總兵馬林率部分官兵遁開原。後金軍緊跟著又馳往斐芬山，攻潘宗顏軍。經過激戰，潘軍亦全軍覆沒。

努爾哈赤擊敗明中路和北路軍之後，就回師對付南路劉綎軍。而劉綎此時已率軍進至距赫圖阿拉僅五十里地方。努爾哈赤只留四千兵抵禦李如柏，其餘精壯盡數抵寬甸劉綎來兵。並派明降兵持杜松令箭，詭言杜松軍已得勝深入，誘之速進。劉綎因不知明軍薩爾滸戰敗消息，又怕杜松奪取首功，竟自率精銳爲前軍，先進至阿布達里崗。後金兵分左右翼夾擊之，明軍大敗，劉綎力戰而死，其餘部相繼被殲，南路亦敗。明經略楊鎬聞三路兵敗，急檄李如柏回兵，明廷只有這一支軍隊逃脫了覆滅的命運。

薩爾滸之戰，後金在軍隊數量和武器裝備等方面處於劣勢，但士氣高昂，上下團結，八旗官兵浴血奮戰；同時努爾哈赤又採取了「憑爾幾路來，我只一路去」的戰略，以逸待勞，充分利用有利的地形，終於取得殲滅明軍四萬五千餘人的輝煌勝利。

與之相反，明朝則兵民厭戰，將帥不和，士氣低落；加之統領作戰的楊鎬又是個常打敗仗的庸才，運用的是分兵合擊的戰略，致使明軍在戰場上處於被動挨打的局面，終歸爲後金各個擊破，幾至全軍覆沒的慘敗結局。

薩爾滸之戰是明清興亡史上的一次關鍵性戰役。後金的勝利不僅粉碎了明朝一舉消滅後金的企圖，保衛了滿族的生存和發展；而且還衝破了明朝遼東防線，使後金軍轉守爲攻，爲進占遼瀋地區，爲統一東北全境奠定了基礎。

二、遼瀋地區的戰役

努爾哈赤在薩爾滸戰勝明軍後，繼續擴大戰果，於一六一九年六月攻破開原，七月佔領鐵嶺。兵鋒所至，明軍望風潰逃。瀋陽、遼陽諸城堡岌岌可危。面對遼東危急狀況，明廷起用熊廷弼為遼東經略，以其曾巡按遼東，熟悉邊疆事務。熊廷弼日夜兼程出山海關之後，遍閱形勢，看到的是人心渙散，逃亡相繼，一片混亂的局面。為了穩定軍心，他到任後的第五天，就將臨陣脫逃的三名明軍將領審問處斬。他深知在明朝新敗，力量對比不利於明的情況下，不宜對後金採取攻勢，而應該專心防守，使努爾哈赤不敢輕易進犯。為此，他採取「堅守進逼」之策，招撫流亡，修繕戰具，訓練軍隊，整頓軍紀。並把十八萬明軍分別佈置在靉陽、清河、撫順、柴河、三岔、鎮江（今遼寧丹東）等地，固守城池，不輕易和後金軍開戰，只派小股人馬騷擾。這樣做的結果，僅一年功夫就穩定了遼東局勢，努爾哈赤因此也不敢貿然發動進攻。

但是熊廷弼的這些做法，卻遭到明朝一些官員的攻擊，說他膽小，不敢出戰，因而被迫離職。換上來的是缺乏軍事才能的袁應泰。袁「歷官精敏強毅」但「用兵非所長，規畫頗疏。」（《明史》卷二五九）明朝用這樣的人物來與具有卓越軍事才能的努爾哈赤對抗，顯然是很大的失策。袁應泰任遼東經略後，對熊廷弼的以守為主的策略「多所更易」。在條件不成熟的情況下，甚至還佈置對後金的反攻，致使明軍的防禦體系有所削弱。同時他還輕率地把大批蒙古災民，安置在遼陽和瀋陽城內，使得爲數不少的後金「奸細」乘機混入。所有這些均給努爾哈赤以可乘之機。

一六二一年（明天啓元年，後金天命六年）努爾哈赤親自率領大軍，「將板木雲梯戰車順渾河而下，水陸並進」，直取瀋陽。明朝爲了保衛瀋陽，設置了堅固的防線，「城外有品坑，內插尖樁，上覆秫秸，以土掩之；又壕一道，於內邊豎柵木，近城復有壕二道，闊五丈，深二丈，皆有尖樁；內築攔馬牆一道，間留炮眼，排列戰車槍砲」。同時還將大批明軍士兵布署在城上守衛。後金大軍到達城下後，先用計誘使明朝總兵官賀世賢出城迎戰，射殺了他；然後又用楯車攻城，從東北角挖土填壕。城上明軍發炮還擊；但發炮過多造成炮身過熱，裝藥即噴。後金軍乘機渡過壕溝，猛攻東門。在這關鍵的時刻，混在蒙古災民中的後金奸細，砍斷橋繩，放下吊橋，後金軍蜂擁而入，攻占了瀋陽城。

但是戰鬥並沒有結束，隨之後金軍又在瀋陽城外和前來援救瀋陽的明軍一萬餘人展開了激烈的戰鬥。面對數萬後金軍，明軍並不畏懼，他們拚死作戰，一度使後金軍「卻而復前，如是者三」，最後雖因寡不敵眾而全軍覆沒，但後金損失也很大，傷亡了數千人之多。《明史》評論說：「自遼左用兵，將士率望風奔潰，獨此以萬餘人當數萬眾。雖力絀而覆，時咸壯之。」（《明史》卷二七一）

瀋陽攻克以後，努爾哈赤召集諸王大臣開會決定：「瀋陽已拔，敵兵大敗，可率大兵，乘勢長驅，以取遼陽。」（《清太祖武皇帝實錄》卷三）明朝遼東經略袁應泰得知。後金將要進攻遼陽，急忙把奉集、威寧的明軍撤到遼陽，以加強防守力量。同時還放太子河水，「引水注壕」，「沿濠列火器」（《明史》卷二五九）設法固守。一六二一年三月十九日努爾哈率領大軍到達遼陽城外，袁應泰隨即督明軍出城五里迎戰。雙方經過一番激烈的交鋒後，明軍敗退，後金軍追擊六十里，至鞍山始回。第二天，後金軍分兵兩路，其左翼兵掘城西閘以洩濠水，其右翼兵囊土運石堵塞城東水口。明軍三萬人亦出東門安營，連續向後金軍施放槍砲。後來水口被堵，城壕逐漸乾涸，後金軍遂乘勢渡過濠溝，明軍陣腳動搖，敗歸城內，與此同時，後金右翼兵也冒著明軍密集的炮火，登上西城城牆，佔據兩角樓。明軍並不氣餒，當天晚上，他們舉起火把與後金軍一直鏖戰到天亮。三月二十一日，後金軍發動了更爲猛烈的攻勢，袁應泰亦督率明軍苦戰，但終歸失敗。袁應泰自殺，遼陽失守。後金軍隨之席捲遼河以東，海州、蓋州、金州、復州和耀州等七十餘城都被佔領。

努爾哈赤於是召集群臣商議遷都遼陽。諸王大臣都說應回舊都，而努爾哈赤卻說：「若我兵還，遼陽必復固守，凡城堡之民逃散於山谷者俱遺之矣。棄所得之疆土而還國，必復煩征討，且此處乃大明、朝鮮、蒙古三國之中要地也，可居天與之地。」（《清太祖武皇帝實錄》卷三）於是，後金就從薩爾滸城遷都到遼陽。這件事充分反映努爾哈赤的進取精神。他並不滿足攻占瀋陽和遼陽的勝利，也不是出外搶掠一番就跑回老家的眼光短淺之輩。他要把遼瀋地區變爲繼續進攻明朝的基地和橋頭堡。

瀋陽、遼陽相繼失守使明朝大爲震動，於是又重新起用熊廷弼爲遼東經略，同時任命王化貞爲廣寧巡撫，以收拾遼東殘局。可是熊王二人從一開始就發生矛盾。熊廷弼倡三方佈置策：集中兵力於廣寧，對付強敵；而於登萊、天津則建立水師，擾亂遼東半島沿岸；經略駐山海關，指揮全局。其策略的中心仍是以守爲攻。而王化貞則大言輕敵，一意進攻，且分兵屯守遼河，處處和熊廷弼唱反調。熊的職位雖在王化貞之上，可是熊僅有兵四千，而王卻擁軍十餘萬。明朝中央政府對於攻與守亦採取模棱兩可態度，舉棋不定。

善於捕捉戰機的努爾哈赤，遂在一六二二年（明天啓二年，後金天命七年）率領大軍渡過遼河，進攻遼西。後金軍首先圍攻西平。王化貞聽從其親信孫得功的計謀，大發廣寧明軍前往救援。而雙方甫一交鋒，明軍就潰敗下來。而孫得功竟陰爲內應，逃回廣寧後大呼後金軍已到，城內軍民驚惶失措，四處逃奔。王化貞也狼狽而逃，與熊廷弼同退入山海關。廣寧遂爲後金所攻陷，其他城堡不戰而降者四十餘處。

努爾哈赤又集議從遼陽遷都瀋陽，諸王大臣都反對，努爾哈赤說：「瀋陽四通八達之處，西征大明，從都兒鼻渡遼河，路直且近；北征蒙古，二三日可至；南征朝鮮，自清河路可進，瀋陽渾河通蘇蘇河，於蘇蘇河源頭處伐木順流而下，伐木不可勝用，出游打獵，山近獸多，且河中之利亦可兼收矣。吾籌慮已定，故欲遷都，汝等何故不從」（《清太祖武皇帝實錄》卷三），於是遷都瀋陽。這也爲後金入主中原打下了堅固的基礎。

三、遼東人民反抗後金的鬥爭

努爾哈赤進占遼瀋，取代明朝成為遼河東西廣大地區的統治者以後，為了滿足滿洲貴族的財富慾望，對漢族民眾實行了民族歧視和壓迫的政策。

第一，搶掠財物，屠殺漢人。萬曆四十六年（一六一八年）努爾哈赤攻取撫順時將所得「人畜三十萬散給眾軍」；第二年六月陷開原，「屠殺人民亡慮六、七萬口，子女財帛之搶來者，連絡五、六日」。一六二五年（明天啓五年，後金天命十年）十月，努爾哈赤還下令殺戮漢族知識分子，史載「太祖令察出明紳衿盡行處死，謂種種可惡皆在此輩，遂悉誅之」。（《清太宗實錄》卷五）

第二，大批遷徙漢民。努爾哈赤為了鞏固滿洲貴族的統治，防止漢人反抗，多次強迫漢人遷徙。一六二一年（明天啓元年，後金天命六年）他下令將鎮江、寬甸、靉河、湯山、鎮東、鎮西和新城等地的漢民遷往薩爾滸。第二年又把廣寧等九衛漢民遷往遼東。錦州二衛遷往遼陽，右屯衛遷往金州、復州，義州二衛遷往蓋州、威寧營，廣寧四衛遷往瀋陽、蒲河和奉集堡。漢民不願前往，努爾哈赤竟派軍鎮壓，僅大貝勒代善在義州就殺死三千人。強迫遷徙不僅使漢民流離失所，妻離子散，而且造成田園荒蕪赤地千里的悲慘景象。

第三，強迫漢人與滿人合村生活。為了安插大量進入遼瀋地區的滿人，努爾哈赤下令滿人與漢人在村屯同住。於是不少滿人遂利用其戰勝者的優越地位，對漢人備加欺辱。諸如搶占漢人的田地和財物；侮辱漢人妻女等事情屢有發生，對漢族民眾擾害甚大。

起。

努爾哈赤錯誤的政策使遼瀋地區的民族矛盾和階級矛盾異常激化，反抗後金的鬥爭此伏彼起。

逃亡是漢民鬥爭的重要方式，他們爲擺脫後金貴族的控制和奴役，紛紛逃亡。天啓二年（一六二二年）廣寧被後金攻占後，據明人記載，遼民逃入山海關的有二百八十萬人。（《三朝遼事實錄》卷一〇）這個數字雖係誇大，但也可看出逃民之多。天命十年（一六二五年），逃民甚多，社會秩序混亂，迫使努爾哈不得不在城門上安置雲版、銅鑼、鼓，並規定若有逃人出城內，要敲銅鑼，以便遣軍追捕。

投毒也是遼民鬥爭的手段。他們有的將毒藥投入八旗官兵用的吃水井內；有的將毒藥撒在獵肉、蔬菜和雞鴨等食品中，賣給滿族官員和士兵。天命六年（一六二一年）五月　努爾哈赤到海州視察，在衙門舉行宴會時，有八個漢人向井中投毒，企圖毒死努爾哈赤，但被發覺。由於中毒的不少，努爾哈赤只得下令各莊主必須將自己的名字刻在石頭或木頭上，立在店前，八旗官兵買食物時要記住店主姓名，以便中毒後容易追查。

暴動和起義是漢民鬥爭的更爲激烈的方式。天命六年七月，鎮江民眾配合明將毛文龍的軍隊舉行起義，一舉抓獲駐守該地的後金游擊佟養真父子和隨從六十餘人。湯站、險山民眾也起而暴動，捉拿了該城的後金官員。天命八年（一六二三年）復州城一萬多民眾揭竿而起，英勇地抗擊後金軍隊，失敗後幾乎全部被殺。據《滿文老檔》不完全的記載，從一六二一——一六二六五年期間較大的起義多達數十次，涉及地區有遼陽、海州、鞍山、耀州、蓋州、復州、岫岩

、靉河、新城，鎮江、清河和撫順等地，基本上遍及後金的全部轄區。（參見周遠廉：《清朝開國史研究》）

遼東漢民的英勇鬥爭沉重地打擊了後金的統治，使努爾哈赤在一六二一年攻占廣寧後，不得不集中力量鞏固內部，從而在一段時期內無力對明發動新的進攻，明朝得以從容整頓遼東防線。

四、寧遠之役和努爾哈赤之死

廣寧的失守對明朝的震動很大，它不僅宣告明朝對遼河以西地區的控制權的喪失，而且意味著關外最後一道防線——山海關也將直接暴露在後金軍面前。面臨如此危急的形勢，明朝統治集團內部對如何有效地保衛山海關，遏制後金軍攻勢產生了分歧。以代替熊廷弼出任遼東經略的王在晉爲代表的一些官員，主張專力防守山海關，放棄關外，在距關八里地的八里鋪修築城池，置兵四萬防守。而兵部主事袁崇煥等部分官員則反對王在晉的重兵守護八里鋪的意見，主張堅守寧遠（今遼寧興城）。袁崇煥，字元素，廣西藤縣人。他曾任邵武知縣，知兵有謀略，勇氣過人。一六二二年（天啓二年，天命七年）正月，任兵部職方主事。廣寧師潰袁崇煥單騎出關，夜行於荊棘叢生、虎豹潛伏之地，遍閱形勢。回京上報朝廷說：「予我軍馬錢穀，我一人足守此」（《明史》卷二五九）明廷遂擢其爲僉事，使監軍關外；並發帑金二十萬，以招集散亡。袁崇煥堅守寧遠的主張受到大學士孫承宗的贊許。不久，孫承宗代替王在晉經略遼東，傾全力佈置寧遠的防禦，並以覺華島（在寧遠西南海中）作爲貯積糧餉的地方。一六二三年孫承宗見祖大壽築的寧遠城牆不合規格，命袁崇煥重加修築。第二年寧遠城建成。此城高三丈二尺，雉高六尺，址廣三丈，上二丈四尺，異常高大堅固。同時，其「四角臺皆照西洋法改之，形如長爪，以自相救。」（《明熹宗實錄》卷六三）這種敵臺三面突出於城外，火炮可三面施放，能給敵方造成嚴重的殺傷。在袁崇煥的苦心經營下，寧遠屹然爲明之關外重鎮。一六二五年，孫承宗又遣將分據錦州、松山、杏山、右屯及大小凌河等地，並修繕了城郭。自此，復關外地二百里，明之寧錦防線形成，成爲努爾哈赤向關內進犯的巨大障礙。不過，同年九月，孫承宗因受魏忠賢的排擠，被迫去職。代之者是毫無才幹和膽小如鼠的高第。他畏敵如虎，竟然盡撤錦州、右屯、大小凌河及松山和杏山的守軍入關，委棄米粟十餘萬。他還欲撤寧遠、前屯二城守軍。袁崇煥誓死不去，堅守寧遠。努爾哈赤見明經略易人，形勢變化，以爲有機可乘，遂決定發兵進攻。

一六二六年（明天啓六年，後金天命十一年）正月，努爾哈赤率兵十三萬征明，連下錦州、松山、大小凌河、杏山、連山和塔山等七城，進而圍攻寧遠城，致書袁崇煥要他投降。在大兵壓境，外無援兵的緊急關頭，袁崇煥毫不畏懼，他和總兵滿桂、參將祖大壽嬰城固守，刺血誓師。他們把城外民眾遷入城內，所遺住房全部燒毀，堅壁清野以待後金軍。努爾哈赤見袁崇煥不降，便指揮軍隊猛攻寧遠，但明軍「槍砲藥罐雷石齊下，死戰不退」。袁崇煥還令福建士兵施放紅夷大砲，擊斃不少後金士兵。後金軍連續攻城兩日，都不能得手，只得解圍而去。寧遠之戰是明金交戰以來，明軍所獲得的第一次大勝仗。它遏止了後金對關內的進攻，挫傷了他們的銳氣，穩固了明朝寧錦防線。從此，明朝和後金在寧遠、錦州一帶形成了長期對峙的局面。

寧遠之役的失利使努爾哈赤很惱怒，「帝（指努爾哈赤）自二十五歲征戰以來，戰無不勝，攻無不克，惟寧遠一城不下，遂大懷忿恨而回。」（《清太祖武皇帝實錄》卷四）他回到瀋陽以後，心情仍然很不好。其間，他雖曾一度出征蒙古喀爾喀巴林部，並取得勝利，但還是不能把他從沮喪中解脫出來，在這種情況下，他癰疽突發，療養治療均無效，於一六二一年八月在離瀋陽四十里的靉雞堡死去，時年六十八歲。

第三節　滿族封建制的確立和發展

努爾哈赤時期滿族不僅在政治上由分裂走向統一，在經濟上也處於大發展的變革之中。

一、生產力的迅速發展

這一時期經濟發展的重要表現是農業有明顯的發展。首先耕地面積擴大了。赫圖阿拉附近「無野不耕，至於山上亦多開墾」。攻滅哈達後，努爾哈赤在其地大力開墾耕地，「群驅耕牧，磬墾猛酋舊地」。萬曆三十三年（一六〇五年）明朝撤出寬甸六堡後，努爾哈赤在這塊延袤八百里的膏腴地區，種植莊稼。萬曆四十二年（一六一四）努爾哈赤還派五百餘人進入漢區汛河、劉家、孤山等地擴耕，雖屢爲明官驅逐，但倏去復來，堅持耕種。農作物品種也很齊全，「旱田諸種無不有之」，（《建州聞見錄》）不僅有小麥，而且有高粱，後者一直是東北的著名作物。還種植山稻，兵士常常炒米，作爲行軍用糧。天命元年（一六一六年）努爾哈赤佈告國中，開始養蠶，播種棉花，產量提高得很快。萬曆二十三年（一五九五年）十二月，朝鮮申忠一往建州會見努爾哈赤，他記載說：「田地品膏，則落粟一斗種，可獲八九石；瘠則僅收一石云。」（《李朝實錄・宣祖》卷七一）這個記載，有些誇大，在當時的技術水平下，不可能下種量和收穫量達到一比八、九、十。但它在一定程度上反映出當時滿族農業生產量確實提高了。從當時滿語中關係農業生產辭彙之多，和它所反映的複雜，也可以推想當時農業發展的狀況。例如：耕、耙、栽、種都不相同；耘草、分苗、秀穗、作粒，都有術語；生莠、生蟲、黃疸、黑疸，都有區別；犁杖、犁身、犁薦、犁鏡、犁鏵、犁挽鉤、蕩頭，都有專稱。

傳統的漁獵、採集生產繼續發展。萬曆十六年（一五八八年）《清太祖武皇帝實錄》記載說：「本地所產有明珠、人參、黑狐、玄狐、紅狐、貂鼠、猞狸猻、虎豹、海獺、水獺、青鼠、黃鼠等皮，以備國用。」這裏提到的都是滿族傳統的漁獵和採集生產。

畜牧業已相當興旺。如申忠一就見到努爾哈赤轄區，家家都養雞、豬、鵝、鴨、羊、犬等。天命四年（一六一九年）朝鮮人李民寏也說後金，「六畜惟馬最盛，將胡之家，千百爲群，卒胡家亦不下十數匹」。（《建州聞見錄》三二頁）

在手工業中，開採、冶煉和鑄造業的發展很是突出。萬曆二十三年（一五九五年）朝鮮通事何世國報告他在建州的見聞說，努爾哈赤部下有「甲匠十六名、箭匠五十餘名、弓匠三十餘名、冶匠十五名，皆是胡人，無日不措矣」。（《李朝實錄・宣祖》卷六九）萬曆二十七年（一五九九年）三月，建州開始大規模炒鐵和開採金銀礦。這更加促進了鐵製農具和兵器的製造。據記載萬曆四十年（一六一二年）努爾哈赤征烏拉時，「盔甲鮮明」；萬曆四十一年征葉赫，所統四萬軍率「盔甲鮮明，如三冬冰雪」。（《清太祖武皇帝實錄》卷二）這些記載，雖不免誇張，但足以說明滿族當時已經有了專業的大規模的手工業作坊。努爾哈赤進入遼東以後，接管了明朝在當地的鐵礦、冶鐵設備和大批「炒鐵軍」，更使滿族的製鐵業有了新的發展，天命八年（一六二三年）四月試驗焊接技術成功。就是一個很好的證據。（《滿文老檔・太祖》卷五〇）

此外，如造船、煮鹽等業也有所發展。天命元年（一六一六年）七月，努爾哈赤曾派六百人在兀爾簡河發源處密林中，造船二百艘。食鹽向來是滿洲缺少之物，努爾哈赤爲解決此問題，於天命五年（一六二〇年）六月開始在海邊煮鹽，十月命每牛彔各派四人前往搬取。

在農業、漁獵、採集和手工業蓬勃發展的基礎上，商業貿易隨之繁盛。貿易的地區在逐漸擴大。萬曆十六年（一五八八年）努爾哈赤統一建州本部後，即在撫順、清河、寬甸、靉陽四處關口與明朝互市。用女真傳統的人參、貂皮等物品來換取耕牛、農具等生產資料和糧食、布匹、綢緞等生活用品，同時他還派人到海西、哈達和烏拉部去收買貂皮和海珠，然後在撫順馬市上轉賣。（《籌遼碩畫》卷二）萬曆四十四年（一六一六年）他甚至派三十人到黑龍江邊三十六村去購買貂皮。貿易的規模也很大。以撫順馬市爲例，天命三年（一六一八年），努爾哈赤曾聲言有三千人赴撫順馬市。這雖是他襲擊撫順的計策，但明朝方面卻信以爲真，並不懷疑，可見平時參加貿易的人數也不比努爾哈赤這次說的少。怪不得明朝人要說僅撫順一市，努爾哈赤就可「歲市貂、參，利不下數萬」金了（《籌遼碩畫》卷三）。這時還改進了人參的保管技術。「曩時賣參與大明國，以水浸潤。大明人嫌濕推延。國人恐怕水參難以耐久，急售之，價又甚廉。太祖（指努爾哈赤）欲煮熟晒乾。諸王臣不從，太祖不徇眾言，遂煮晒，徐徐發賣，果得價倍常」。（《清太祖武皇帝實錄》卷二）這表明，在人參大量進入市場的情況下，能否妥善地保管，是增強商品競爭力，獲取更大商業利益的重要手段。此種技術的產生，恰恰說明商業貿易的發展。在商業貿易迅速發展的情況下，鑄幣也開始了。天命元年（一六一六年）努爾哈赤「鑄天命通寶錢」（《清文獻通考》卷一三），並在轄區內通行。

二、封建生產關係的確立

在生產力發展的基礎上，努爾哈赤時期舊有的奴隸制的生產關係更加不符合客觀情況，奴隸的反抗鬥爭出現了新的高潮。努爾哈赤的祖父覺昌安、父親塔克世都是有勢力的奴隸主。而殺害覺昌安、塔克世的恰恰是他們家中的奴隸尼堪外蘭。依仗明朝總兵官李成梁的扶植，尼堪外蘭甚至還要做建州的首領，還要壓迫努爾哈赤往附屬下。奴隸背叛主人說明這時舊有的奴隸制度發生了危機，不能再維持下去了。這種奴隸制的危機，同時也出現於哈達，其首領王臺因「爲人殘暴，黷貨無厭，……其民多叛投葉赫」（王氏《天命東華錄》一，二一頁）。也出現於輝發，「貝勒拜音達里族眾叛投葉赫。部眾亦有叛謀」（《天命東華錄》一，二四頁）。在這種情況下，努爾哈赤必須對舊有的剝削方式進行某些改變，才能適應當時社會發展的需要。

滿族的先人曾在淮河以北地區建立過封建制的金朝（一一一五—一二三四年），更早的粟末靺鞨也建立過渤海國（六九八—九二六年）。雖然遼在滅渤海國之後，把渤海國人南遷遼河流域，元滅金後，入居中原的金人久留不返，金和後來的滿族沒有直接關係，但封建制生產方式對他們還是比較熟悉的。

更爲重要的是，努爾哈赤時期，滿族和漢族的文化、經濟交流比以前更爲加強。不僅傳統的朝貢、馬市等聯繫方式有了新的發展，而且兩族還在寬甸六堡長期雜居。在寬甸六堡移建之前，這一帶是女真「射獵之區」，漢族和女真族已經雜居。移建之後，更多的漢族農民和商人相隨而來，這就出現了寬甸六堡周圍滿漢進一步雜居的局面。兩族民眾通過不斷的交往，彼此間的了解進一步加深，感情也逐漸調融，所謂「寬奠新疆居民六萬餘口逼奴酋穴住種，參貂市易漸狎」，（《東夷考略・建州》）正是說的這種情況。萬曆三十三年（一六〇五年）李成梁等遼東官員強迫漢族民眾內遷，「居民安土重遷，幾至激變」，於是命參將韓宗功「率軍數千人焚其室驅之」，許多漢族居民被迫遷走。但是「凡壯勇之人（壯勞力）皆逃入建州，腴地遂爲建州所得」。（《國榷》卷八〇）壯勇之人既然逃入建州，其生產技術一定也同時帶了進去，腴地既爲建州所得，其生產方式也一定產生影響。不同民族長期雜居，必然促進上層建築的調融，這是無可懷疑的。從六堡移駐到所謂棄地，中間凡三十三年，再到努爾哈赤建立政權，又經過十二年，這四十五年的滿漢雜居，雖然人數比例懸殊，但年代很長，他們相互之間的生產、生活交流聯繫之久，影響之大是可以想見的。

努爾哈赤在上述前提下，對女真社會進行了一系列的改革，使滿族逐漸建立起新的封建制的剝削方式。

這在女真統一過程中就已經體現出來。史載萬曆十六年（一五八八年）四月，「蘇完部主索爾果率本部軍民來歸，……又董鄂部主……亦率本部軍民來歸，……是時上招徠各路，歸附益眾。」（《王氏《天命東華錄》一）萬曆二十七年九月，「率兵征哈達，……盡服哈達屬城，器械財物無所取，室家子女完聚如故。悉編入戶籍，遷之以歸」。萬曆三十五年（一六〇七年），「東海瓦爾喀部蜚悠城長乞移家來附，命往徙之，遂至蜚悠城，盡收環城屯寨凡五百戶，護之先行。」這些記載中所說的「戶」、「戶籍」和一般的「民戶」、「家」一樣，在滿文都作「包衣共」（boigon），「民」作「伊爾根」（irgen），「本部軍民」作「諸申、伊爾根」（jusen irgen）。可以看出，無論是自願歸附，或是戰爭降順，都同樣待遇，編為民戶，顯然和戰敗淪為奴隸不同。

同時努爾哈赤還建立屯田制，實行勞役地租。早在萬曆二十四年（一五九六年）申忠一在建州就發現「奴酋於各處部落，例置屯田，使其部酋長掌治耕獲。」萬曆四十一年（一六一三年）努爾哈赤下令每一牛彔出丁十人，牛四頭，開始於空地耕種。兩年之後，他又重申，每一牛彔出十丁四牛耕種空地，收穫糧穀，充實倉庫。顯然，這種屯田制是以牛彔的組織為基礎單位，要求出丁出牛，在空地上耕種，全部收穫作為課賦——勞役地租。至於牛彔的其他丁壯則在本牛彔分得的土地上從事耕種，自己食用。即所謂家田。這樣，滿族民眾即諸申就被固著於土地上，為封建政權提供勞役，成為依附農民，而八旗的各級額真則成為大小封建主。

努爾哈赤進入遼瀋地區以後，面對該地封建經濟已高度發展的條件，繼續實行封建制。萬曆四十六年（一六一八年），後金攻占撫順，對於降附的一千戶漢民，沒有把他們降為奴僕即阿哈，而是「仍依明制」，並給以田廬、牛馬、衣糧等，令降金的明游擊李永芳管轄。明天啓元年（後金天命六年，一六二一年）七月十四日，他又頒佈「計丁授田」令，將海州、遼陽一帶明朝官僚丟棄的土地三十萬日（一日合田六畝）收歸後金所有，分給滿族人丁耕種。每丁種糧五日，種棉一日，每三丁種官田一日，每二十丁以一丁充兵役，一丁服差役。（《滿文老檔・太祖》卷二四）。這裏，所謂「計丁授田」制，其土地所有權歸後金政權所有，整個土地分爲官田和份地兩種。滿族人丁要在官田上爲後金政權提供無償勞役，而份地則可經營自己的經濟。這和努爾哈赤進入遼瀋前，所實行的「牛彔屯田」一樣，也是一種封建勞役地租形式。不過，這種辦法具體實行起來困難不小，因而不久便改爲徵收實物，每三丁一年徵收糧二石。（《滿文老檔·太祖》卷四五）具體辦法雖有改變，但賦役徵收還是以授田的人丁爲基礎的。

值得注意的是在努爾哈赤發佈「計丁授田」命令前不久，他還在明朝棄地上設立八貝勒拖克索，由撥什庫管理。拖克索就是漢語的田莊，《清文鑒》譯爲莊屯，早見於朝鮮記載。天命十年（一六二五年），努爾哈赤下達「按丁編莊」的命令：「一莊男子十三人、牛七頭、田百日，其中二十日爲貢賦的東西，八十日是自己食用的東西。……總兵官以下，備禦以下，每備禦給一莊。」（《滿文老檔·太祖》卷六六）此種田莊的土地分爲納糧和自食兩部分。十三丁占有自食的土地八十日，這和「計丁授田」下一丁授田六日差不多，但二十日納糧卻比以前的剝削重了四、五倍。雖然如此，它仍是勞役地租，直接勞動者的身份也仍是封建依附農民。

總之，努爾哈赤採取的「牛彔屯田」、「計丁授田」和「按丁編莊」等封建化措施，不僅使滿族社會由奴隸制過渡封建制，而且在進入封建經濟高度發展的遼瀋地區的條件下，還使封建制有了初步的發展。

但是，社會發展是有過程的，社會分期也不可能成爲整齊的分界。而滿洲各部族的發展又是極不平衡的，同時社會生產關係的變更又是急遽的，所以在努爾哈赤時期，仍存在舊制度的殘餘，存在著和平民身份不同的奴僕。天啓五年、天命十年（一六二五年）正月，韓潤降金，努爾哈赤給他「妻奴、房田、牛馬、財帛、衣服一切應用之物。」這裏妻奴的奴，《滿洲實錄》滿文作阿哈，即漢語之奴僕。可知努爾哈赤建國後十年，奴僕身分依然同時存在。直至崇禎九年，清崇德元年（一六三六年）十月，仍可看到「賜陣獲總兵官巢丕昌奴僕三十戶」的記載（王氏《崇德東華錄》一，一五頁）。

這種奴僕的來源主要是戰爭中的俘獲。萬曆三十九年（一六一一年）十二月，努爾哈赤命將征渥集部虎爾哈路，圍扎庫塔城，「遽拔其城，殺兵一千，獲人畜二千，相近之衛皆招服，將……人民五百戶收之而回」；萬曆四十一年（一六一三年）正月，滅烏拉，烏拉兵「有覓妻子投來者，盡還其眷屬，約萬家，其餘人畜散與眾軍」（《清太祖武皇帝實錄》卷二）；萬曆四十二年十一月，遣兵征渥集部雅攬、西臨二路，「收降民二百戶、人畜一千而還」；萬曆四十三年，征額赫庫倫，「攻取其城，殺人八百，俘獲萬餘，收降五百戶而回」。這些記載，「降民」和「人畜」分列，顯然兩種人一定有區別，而在用語上「收」和「獲」又互異，說明兩種人的身份一定也有不同。在滿文，「收」一般作「達哈哈」（dahaha），就是收撫；「獲」一般作「鄂勒吉、巴哈」（olji baha），就是俘獲。收撫的人口編爲民戶（boigon），俘獲的人口分給眾軍，這說明當時在滿洲族下層同時存在有兩種高下不同的身分。

不過，奴僕儘管存在，但它不是當時整個社會最主要的生產者，它主要用於爲貴族生活服務的部門，因而這時滿族社會已進入封建制是確定無疑的了。

三、封建主義上層建築的建立

伴隨封建生產關係的確立，後金社會的政治制度和思想意識也發生了變化。

(1)、嚴格的封建等級制度

努爾哈赤時期，後金形成了封建等級制度，它在社會生活中愈益顯示其作用。八旗中等級是鮮明的。努爾哈赤是最高統帥，其子侄作爲他的代表，分統八旗，稱爲八和碩貝勒。和碩爲滿語 hoso 的對音，是角的意思。他們是每一旗的所有者，也是最高管理人。每旗的固山額真是管理本旗事務的最高官員，其左右立梅勒額真，作爲副手。以下依次爲甲喇額真和牛彔額真。牛彔額真以下又設二代子（daise ）漢語副職，或代理後取消，四章京（janggin，辦事員），四村領催。三百男丁分編四達旦（ tatan，漢語住處，窩鋪，後取消，相當於班），由章京分領。（《滿文老檔·太祖》卷四）等級森嚴，上下有序。

同時，努爾哈赤還設立理政聽訟大臣五人，都堂（扎爾固齊）十人，「凡事，都堂先審理，次達五臣，五臣鞫問再達諸王（貝勒），如此循序問達。令訟者跪於太祖（努爾哈赤）前，先聞聽訟者之言，猶恐有冤抑者，更詳問之，將是非剖析明白」。（《清太祖武皇帝實錄》卷二）這就是說，凡是遇有軍國大事或刑事案件，都堂先審理，然後上達五大臣，五大臣復核後再上報諸貝勒，最後由努爾哈赤定奪。而努爾哈赤則五日一朝，聽取彙報，發佈指示，下達命令。這種行政和司法程序清楚地顯現出封建等級制的特點。

後金的等級制受漢族封建制影響頗大。天命五年（一六二〇年）努爾哈赤襲用明朝軍職名稱，設總兵官、副將、參將、游擊、備禦等。但這些是作爲爵位而加授的。總兵官爲第一等，內又分三級，從副將至游擊，每一等也都分三級。牛彔額真都改爲備禦，下設四員千總。（《清太祖實錄》卷三）名稱的改變標誌著滿族封建化的加深。

封建等級制在後金社會多次顯示其作用。天命四年（一六一九年），後金軍攻占明朝開原城以後，就是分八等進行慶功賞賜的：「第一等，管轄眾人的額真諸大臣各銀二百兩、金五兩；第二等，固山額真諸大臣各銀百兩，金二兩；第三等，大臣一級各銀三十兩；第四等，大臣二級各銀十五兩；第五等，大臣三級各銀十兩；第六等，大臣四級各銀五兩；第七等，牛彔額真各銀三兩；第八等，巴牙喇的小旗額真和牛彔章京各銀二兩。」（《滿文老檔・太祖》卷一〇）天命六年（一六二一年）三月，後金軍攻下遼陽後的慶功賞賜，分的等級甚至更細。從總兵官、副將、參將加游擊、牛彔額真等各級官員，直至披甲士兵和村領催都按等級領賞。應該指出的是，這兩次頒賞雖然發生在努爾哈赤建立後金政權的數年內，但如果沒有多年實行等級制的習慣基礎，也決不會在政權建立後的五、六年就執行得這樣細密順利。

(2)、封建思想成爲統治思想

社會經濟政治制度的變遷，總要在思想領域內得到反映。努爾哈赤時期的滿族社會，封建主義思想逐漸佔據了統治地位。

宣揚「天命」、鼓吹「君權神授」，是以努爾哈赤爲首的統治集團，維護封建貴族利益，強化對人民控制的思想武器。萬曆四十三年（一六一五年），努爾哈赤對後金諸大臣說：「天任命汗，汗任命諸大臣。」（《滿文老檔・太祖》卷四）第二年，當後金政權建立時，他被群臣尊為「天任命的撫育諸國的英明汗」，並建元天命。天命三年（一六一八年），他在訓諭中說：「人君即天之子也，貝勒諸臣即君之子也，民即貝勒諸臣之子也。」（《清太祖高皇帝聖訓》卷一）在後金封建統治集團看來，天是有意志的，它是人間萬物的主宰，而努爾哈赤則是代表天意行事的，理應掌握一切權力，凌駕於臣民之上。同時八旗的各級額真、各級官吏則是奉天承運的努爾哈赤任命的，所以民眾也要聽從指揮，服服貼貼。顯然，這是把封建君主——封建統治階級的最高代表和封建政權神聖化，以便欺騙和愚弄民眾忍受封建統治，以使封建政權長治久安。它是適應封建統治階級需要的封建理論。

體恤民情，注重掌握統治和剝削民眾要有限度的「民本」思想也出現了。《清太祖武皇帝實錄》記載說，甲申歲（一五八四年，明萬曆十二年）五月一夜，有賊逼近，太祖「以刀背擊其首，昏絕於地，遂縛之。有兄弟親族俱至，言撻之無益，不如殺之。太祖曰：我若殺之，其主假殺人為名，必來加兵，掠我糧石，糧石被掠，部屬缺食，必至叛散，部落散則孤立矣。……不如釋之為便」。奴隸社會的掠奪行動是常見的，自己被掠轉而掠奪旁人以取償，更是數見不鮮。努爾哈赤這裏害怕自己糧食被掠，聯想到部屬逃散，並不想掠奪旁人以取償，這就不是奴隸主思想意識的反映了。類似上述以民生為念，關心下層民眾生活的思想和行為在努爾哈赤身上多有體現。萬曆三十一年（一六〇三年）努爾哈赤移赫圖阿拉，「築城居住，宰牛羊三次犒勞夫役」（《清太祖武皇帝實錄》卷二）。萬曆三十三年三月在赫圖阿拉城外復築大郭，宰牛羊犒賞工役五次」。天命元年（一六二一年）努爾哈赤還說：「築城之夫最苦，可賜牛以勞之。」看到築城夫役勞動很苦，就殺牛宰羊予以犒勞，這種「善政」雖然是爲了維持民眾最起碼的生存條件，更好地榨取他們的血汗，但是比起奴隸主不把奴隸當人看畢竟是一種進步。

特別值得注意的是，民本思想的範圍也把處在社會最底層的奴僕包括在內。萬曆三十九年（一六一一年）二月，「太祖（努爾哈赤）查本國寒苦曠夫（無妻男子）千餘皆給配（選擇女子作其配偶）。中有未得者，發庫財與之，令其自娶。於是民皆大悅。」（《清太祖實錄》卷二）天命三年（一六一八年）十月，東北虎爾哈部首領八人歸附，撥給他們每人奴僕二十人，《滿文老檔》作「給供使役的阿哈（奴僕）各十對」，說明奴僕都有配偶。顯然，這種配偶是主人爲他們選定的。這種關心到奴僕家庭生活的思想，它只能屬於封建主義思想的範疇。

封建主義民本思想不是努爾哈赤偶然產生的，而是社會變化的一種反映，不會是他個人所獨有。雖然這種思想的出發點是爲了鞏固封建統治，但它緩和了統治階級與被統治階級的矛盾，有利於生產的發展和社會的進步，還是應該肯定的。

第三章　皇太極時期後金（清）政權的發展與強大

第一節　皇太極初期的內外政策及第一次侵朝之役

一、即位及其內外政策

(1)、汗位之爭

努爾哈赤生前曾規定後金國應實行八和碩貝勒共議國政，不要立強有力者為主。努爾哈赤又沒有留下立嗣的遺囑，所以由誰來繼承後金國汗位，便成為當時滿州貴族內部一個很尖銳的問題。努爾哈赤在稱汗以前曾仿照漢族立嫡長子的制度，立長子褚英為繼承人，協助他執掌國政。在立褚英之前，他曾考慮到褚英為人「從幼心胸狹隘，肯定不會寬大為懷地撫養國人」，但為了避免廢長立幼引起的麻煩，仍希望褚英執政之後有所改正。但是，褚英反而利用他執政的權力，強迫他的四個弟弟（代善、阿敏、莽古爾泰、皇太極）與五大臣（費英東、額亦都、何和禮、扈爾漢、安費揚古）向他立誓，共同對付努爾哈赤。後來，甚至於暗中書寫咒語，咀咒努爾哈赤出征失敗或早死，終被處死。於是努爾哈赤又打算指定次子代善爲自己的繼承人，佐理國政。代善也是恃強凌眾，諸貝勒大臣都非常怕他，甚至於努爾哈赤的寵妃大福晉烏拉納喇氏也要向他討好，並且關係曖昧，天命五年（一六二〇年）被努爾哈赤的小福晉岱因札告發，納喇氏被逐，代善也被取消了繼承人的地位。天命六年（一六二一年）九月，努爾哈赤又打算立皇太極爲自己的繼承人，但皇太極爲人內多猜忌，引起諸貝勒對他的戒心，終因阿敦阿哥從中挑撥諸貝勒之間的關係而作罷。天命七年（一六二二年）三月，努爾哈赤規定八和碩貝勒共議國政的辦法，所謂八和碩貝勒共議國政，就是一切軍國大事，均由八和碩貝勒共同議處，國汗只能服從，不能反對，連國汗也應由八和碩貝勒任命。並特別告誡，不要選豪強之人爲主。其目的是防止諸子中強有力者繼承汗位後恃強自恣，不採納眾人的意見，欺凌其他幼小兄弟。實際上這樣的意旨很難實行。雖然努爾哈赤在位時有八和碩貝勒共議國政之制，但努爾哈赤以父汗的地位進行統治，形成一個自然的向心力，能有效地處理各項軍政事務，應付迅速變幻的形勢。但在努爾哈赤死後，後金國選擇一個怎樣的君主，是由有雄才大略者爲君，還是選擇一個無所作爲者主其位，就成了面臨著的重要抉擇。

當時八貝勒中，勢力最強者爲代善，其次便是皇太極。代善與其兄弟褚英爲努爾哈赤元妃佟佳氏所生，他很早就隨父東征西戰，曾賜號古英巴圖魯（朝鮮稱貴榮介或貴盈哥），在八旗中領有兩紅旗。皇太極爲努爾哈赤第八子，葉赫納喇氏所生，勇敢善戰，長於計謀，爲諸貝勒所不及，亦因其母早死，很受努爾哈赤的鍾愛，領有正白一旗。代善本可以繼承汗位，但他爲人庸劣，在與大福晉的關係被揭露後，本人已無奢望，轉而擁戴皇太極。史載於努爾哈赤身死的當日，代善的長子岳托、三子薩哈廉找他說：「國不可一日無君，大貝勒皇太極才德冠世，深得人心。」代善當即表示：「此吾夙心也，汝等之言，正合吾意」，遂與二子共議作書。次日諸貝勒大臣聚於朝，代善以擁戴皇太極爲君之書出示大貝勒阿敏、莽古爾泰及諸貝勒等，眾皆稱善，「議遂定」。（《清三朝實錄采要》）

當時對皇太極之繼位威脅最大的是努爾哈赤的大妃烏拉納喇氏，她曾爲努爾哈赤生下三個兒子阿濟格、多爾袞和多鐸。努爾哈赤在敕諭八和碩貝勒共議國政時，特別偏愛這幾個幼子立爲八王，晚年曾爲之分撥牛彔。爲了掃除這個障礙，努爾哈赤於天命十一年（一六二六年）八月十一日未時在離瀋陽四十里之靉雞堡逝世，享年六十八歲。於當夜初更靈柩運進瀋陽後，諸貝勒便宣稱努爾哈赤遺言妃納喇氏爲人心術不正，必有擾亂國政之憂，令於自己身死之後「必以之爲殉」。大妃遲疑不肯，諸貝勒便相逼說：「先帝有命，雖欲不從，不可得也。」（《滿洲實錄》卷七）就這樣於十二日辰時大妃被迫自殉，前後歷時僅一日。次日代善即與阿敏、莽古爾泰等擁立皇太極繼承了汗位。

皇太極在接受汗位時曾說：「皇考無立我爲君之命，若舍兄而嗣立，既懼弗克善承先志，又懼未能上契天心，且統率群臣，撫綏百姓，其事綦難。」（《清太宗實錄》卷一）此雖是虛與謙讓之辭，但皇太極是在代善父子及諸貝勒擁立下繼承後金汗位的則是事實。努爾哈赤死後一天，後金便選擇了一個有力的領袖，來繼承努爾哈赤的事業，這對以後的發展有很大的關係。天命十一年九月初一日，皇太極宣佈正式即汗位，明年改元天聰。

(2)、內外政策

皇太極即位以後，面臨的形勢是，內部遼東地區的民族矛盾特別尖銳，廣大漢民包括漢官不堪後金的戰爭屠殺和野蠻的掠奪政策，大量逃亡和反抗，遼東地區長期處於動亂不安之中。外部則是「四臨逼處，素皆不協」。西方的蒙古喀爾部在與後金訂盟以後，又背盟接受明朝的賞金，屢次襲擊後金，掠奪財物牲畜，察哈爾部林丹汗正在揮兵西向，橫行漠南，企圖統一蒙古諸部與後金抗爭，也接受了明的賞金，曾聲稱要助明收復廣寧。東方的朝鮮國，始終與明站在一起反對後金，自天啓二年明遼東巡撫王化貞派游擊毛文龍從海上襲了鎮江以後，據有了皮島（今鴨綠江口東南之朝鮮椵島），成爲明朝在海上對後金鬥爭的另一條戰線。朝鮮給明兵提供基地、糧食，接納遼東逃人，使後金喪失大量的勞動力。在明朝方面，寧遠之役後，明兵乘勝進據錦州、右屯衛、大凌河諸城，圖謀收復遼東。針對這一系列的問題，皇太極採取了如下幾項重大措施。

第一，調整漢滿關係。皇太極在他即位後的第五天即下令：凡國中漢官漢民從前有私欲潛逃與奸細往來者，事屬已往，雖有舉首，概置不論。今後惟有已經在逃而被緝獲者論死，欲逃而未行雖被舉首，亦置不論。兩天後又宣佈：停止一切築城興工之役，以後凡有頹壞者止令修補，不復興築，使人民專勤南畝。其屯莊田土，八旗移居已定，今後不再遷徙。務使各安本業，無荒耕種。滿洲漢人毋得異視，凡訟獄、差役須畫一均平，諸貝勒大臣並在外駐防之人及貝勒下牧馬管屯人，有事往屯莊，各宜自備行糧，不許擅取民間牛羊雞豚，取者罪之，禁止邊外行獵。不久更宣佈：按滿洲官品級，每一備禦只給八名壯丁，以供使令，其餘漢民分屯別居，編爲民戶，令漢官清正者管轄，禁止滿官屬下人無故勒索漢官馬匹鷹犬等物。這些措施使一度緊張的滿漢關係，得到了緩和，「由是官民大悅」。

第二，重新任命八旗大臣，規定八旗大臣的權限，加強汗對八旗的指揮權力。原先八旗每一旗設固山額真一，梅勒額真二。在八旗之外又有議政聽訟五大臣，札爾固齊即斷事官十人。現在每旗仍設總管大臣一人爲固山額真，總管一旗事務，稱八大臣，參加八貝勒會議國政，每旗佐管大臣二人爲梅勒額真，協助總管大臣贊理旗務，審理訴訟。每旗增設調遣大臣二人，專門負責出兵駐防，隨時聽取調遣任務。

皇太極通過重新任命八旗大臣，將自己原先爲和碩貝勒時所領的正白旗改爲正黃旗，將鑲白旗改爲鑲黃旗，由他這位國汗自領。將阿濟格、多爾衮、多鐸從努爾哈赤繼承下來的鑲黃旗改爲正白旗，正黃旗改爲鑲白旗。皇太極通過這個改變擴大了汗的勢力。

第三，東征朝鮮和暫時與明議和。

後金是在對四圍勢力的鬥爭不斷取得勝利的基礎上發展壯大起來的，要鞏固它的統治，也必須不斷對外進行新的征服，以通過俘虜人口、掠奪財物來進一步充實自己。皇太極就曾公開說：「滿洲蒙古向以資取他國之物爲生。」（《清太宗實錄》卷一七）所以皇太極在處理了國內急待解決的一些問題之後當即向外出兵。當時他首先征討的目標是朝鮮。對明則提出了議和的主張。不過對明之議和，只是爲了掩蓋出兵朝鮮的軍事行動，對明進行痲痺，使之不能及時援助朝鮮，並藉以刺探明朝的內部情況，向明勒索財物。他是準備在征服朝鮮以後再西與明爭。努爾哈赤在取廣寧以後未能進軍山海關，皇太極認爲這是一個很大的失策。努爾哈赤在寧遠的失敗也被認爲是下遼東後三年沒有出征，致使兵驕將惰，喪失鬥志的結果（《滿文老檔・太祖》卷七一，劉學成上書）。皇太極即位三十五歲，正當年富力強，有很大的進取精神。

二、第一次征朝鮮之役

(1)、朝鮮與明朝以及後金的關係

在明代，李氏朝鮮是明皇朝的屬國，對明形式上奉正朔、請冊封，實際上明朝對朝鮮的內部事務很少干涉，朝鮮完全是一個獨立的國家，雙方友好往來並進行著經濟和文化方面頻繁交流。在萬曆二十年（一五九二年）朝鮮遭到日本豐臣秀吉十五萬大軍的侵略，王京淪陷，全國八道盡失，國王李昖逃至義州，向明廷求救。明朝即派兵援朝，抗擊倭寇，前後歷時七年「喪師數十萬，糜餉數百萬」。（《明史》卷三二〇，〈朝鮮傳〉）自此以後朝鮮與明朝的關係就更爲密切了。李氏王朝稱明爲「父母之邦」，重要國事必請命明朝，一方面爲了表示對明朝的尊重，一方面也是假藉大國的名義，以加強他對國內的統治。所以當努爾哈赤起兵反抗明朝時

，朝鮮也能和明朝站在一起箝制努爾哈赤。萬曆四十七年（一六一九年）薩爾滸之戰，西路明軍大敗，南路朝鮮軍隊在富察之野被迫投降，投降後都元帥姜弘立副元帥金景瑞等被扣留，兵卒大部被屠殺，由此後金與朝鮮由「本無仇怨」也形成了嚴重的對立。努爾哈赤很想利用朝鮮戰敗的機會，把朝鮮拉過去共同反對明朝，卻遭到了朝鮮的拒絕。在後金下遼瀋以後，大量遼民逃往朝鮮。天啓元年（一六二一年）七月，明將毛文龍又從朝鮮西部襲擊了後金據有皮島後，招誘遼民前後約十數萬，在朝鮮西部鐵山一帶屯種，並不斷派兵從沿海各島或沿鴨綠江深入遼東內地進行襲擊。後金與朝鮮的關係更進一步惡化。後來後金曾幾次派兵進入朝鮮境內，恐嚇朝鮮交出毛文龍，與明斷絕關係。朝鮮雖然自知國小力弱，但仍把希望寄託在明朝對後金的鬥爭獲勝上，沒有答應後金的這些條件，繼續給駐在朝鮮的毛文龍軍隊以各種糧餉接濟。明政府便利用這種情況，將朝鮮直接置於自己對後金的整個戰略部署之內。當時明朝由於陸上在後金的進攻面前節節敗退，一籌莫展，相當一部分人把希望寄託在朝鮮援助毛文龍從海上出奇制勝上。所以明廷先後派欽差大員監軍副使梁之垣、翰林院編修姜曰廣、工科給事中王夢尹和內官王敏政、胡良輔等去朝鮮頒詔和去皮島視察，要朝鮮積極配合明軍作戰。

(2)、皇太極的征朝鮮之役

在努爾哈赤時期，後金由於當時自身的內部矛盾，並沒有對朝鮮採取軍事行動。而皇太極即位以後，急於改變後金的不利處境，決定征朝鮮。天命十一年（一六二六年）十月，努爾哈赤死後不久，漢人劉興祚（亦名劉愛塔）就密報給在朝鮮的明將徐孤臣說：「奴酋死後，第四子黑還勃烈（皇太極）承襲，吩咐先搶江東以除根本之憂，次犯山海關、寧遠等城。」（《李朝實錄》仁祖卷一四）天聰元年（一六二七年）正月初八日，皇太極乘江水冰合時期，派阿敏和濟爾哈朗、岳托等統兵三萬，以朝鮮叛臣韓潤與降將姜弘立為嚮導出征朝鮮。出兵時皇太極說：「朝鮮屢世獲罪我國，理宜聲討，然此行非專攻朝鮮，明毛文龍近彼海島，納我叛民，故整旅往征，爾等兩圖之。」（《清太宗實錄》卷一）所以此次出兵，並不是單純為了征服朝鮮，也是為了驅逐毛文龍，是服從於後金對明鬥爭的總方針的。

初八日後金兵從瀋陽出發，十三日夜渡鴨綠江，第二天襲取了義州。然後兵分三路，一路向鐵山攻毛文龍，一路從宣州攻郭山、定州，直南向平壤，一路沿江而上至昌城。當時毛文龍在義州昌城安州都有駐兵。對後金此次進兵，朝鮮政府與毛文龍都絲毫沒有防備，所以損失慘重。如義州城內明兵及朝鮮兵被殺者數萬。鐵山的明兵和屯種的遼民也大遭殺戮。據滿人記載，俘明參將一、游擊一、都司三。（《舊滿洲檔譯注》太宗朝一，一九七七，臺北）據毛文龍報稱，十六日十七日後金軍攻雲從島，雖未能進入，而明兵傷亡也達七百餘名，都司毛有見、毛有德著箭身亡。十八日後金即攻克了朝鮮北部的軍事要地郭山郡的凌漢山城，二十日渡清川江，進攻安州。安州節制使南以興，防禦使金浚嬰城固守，後城陷自焚死。平壤城守官兵六七千人，見安州城陷，縋城而逃殆盡。後金軍在安州休息了四天，二十六日即至平壤，同日南渡大同江，二十七日至中和，二月初五日至黃州，初七日又進至距朝鮮王京漢城二百里之平山。

面對這種情況，朝鮮王廷大懼。國王李倧讓一部分官吏護送世子到南方的全羅道全州去，自己則逃入王京西海之江華島中，一方面派人向明廷告急，一方面遣使與後金講和，以緩其師。最後則在外無援兵可恃，內已無險可守，兵民四處逃散的情況下，與後金訂立了城下之盟。最初後金要求的條件是朝鮮與明朝斷交，驅逐毛文龍，與後金修好，結爲兄弟之邦，稱金國爲兄，並向後金贈送大量犒軍禮物，然後後金退兵。朝鮮則堅持不肯與明斷絕關係，至於犒軍禮物則答應盡其所有進行搜刮。並提出了「事大以誠，交鄰以睦」的政策，事大即尊奉明朝，交鄰即與後金交好，它認爲兩者是「並行不悖」的。結果在後金的談判使者漢人劉興祚（劉愛塔）的折衷與斡旋下達成協議：朝鮮與明朝的關係不變，朝鮮國王送宗室一人入質，保證與後金和好，年贈歲幣，雙方各守封疆。於是朝鮮派宗室原昌君李覺帶馬一百匹、虎豹皮一百張、綿紬絹四百匹、布一萬五千匹，於二月十四日送於平山後金營中，作爲議定和好之禮。

三月三日劉興祚、庫爾纏代表後金諸貝勒和八旗大臣與朝鮮國王諸大臣誓於江華島，此即所謂江都之約。其中主要內容爲：兩國和好，各遵誓約；各守封疆，不許計仇，不得互相興兵侵犯，朝鮮不得整理兵馬，興建城堡等。和議既成，後金即開始退軍。但當時後金軍內部意見並不統一。岳托、濟爾哈朗等慮及久在朝鮮，深恐明軍乘虛而入，所以急於議和後退軍。而阿敏則意欲久留。阿敏藉口自己並未親自與盟，在退軍時縱兵大掠三日，抵平壤後又強迫朝鮮王弟李覺與之盟誓，此即所謂平壤之約。其主要內容爲：朝鮮每年應送後金禮物，對待後金的使者應與明朝使者同等恭敬，不得鞏固城廓整頓兵馬對後金懷有惡意，後金所獲剃髮逃人，如逃來朝鮮不得容留。違背上述條款，後金將再度討伐朝鮮。由於江都之約與平壤之約出入很大，後金執平壤之約，朝鮮執江都之約，發生了很大爭執。

後金以防毛文龍爲名，在義州駐防兵一千，蒙古兵二千，其餘大軍於四月初八日擕朝鮮王弟李覺渡江撤離，十八日回至瀋陽。後金通過第一次征朝鮮之役，獲得了大量的財物和人口。當時遼東大飢，斗米值銀八兩，人相食，後金把從朝鮮奪來的東西運回遼東。據朝鮮官員於當年五月報稱，僅在清川以南、平壤、江東、肅州，三登六邑被虜人口男婦可查出者爲四千九百八十六人，清川以北，毛文龍屬下被俘者，還未統計在內（《李朝實錄》仁祖五年），其牲畜財物被掠者更不計其數。從此後金每年都可以從朝鮮獲得大量財物作爲年禮。後金還藉盟約，要求開市貿易，從而緩和了它因與明朝戰爭貿易停止所造成的物資奇缺的狀況。

這次戰役之後，朝鮮便成爲一個不許設防的國家，後金可以隨時進入進行箝制和監視。朝鮮處於後金與明朝兩大之間，一方面要通和於後金，忍受後金的各種勒索與騷擾，一方面要事大於明朝，供應毛文龍的各種不時需求。在後金深入朝鮮時，毛文龍號稱擁眾十幾萬，躲在皮島，不敢出來援助，反而說朝鮮人勾引後金來謀害他。在後金軍退出朝鮮以後，毛文龍又大肆殺掠被剃髮的朝鮮人，詭稱陣殺金兵以冒功。朝鮮的處境更困難了。

這次戰役也削弱了明朝的力量。原在義州、昌城和安州等地駐守的明兵全被後金摧毀。天聰元年九月後金從義州撤兵時又提出不許毛兵上岸。此後後金幾次過鴨綠江從義州進入鐵山，襲擊明兵，使明兵無法在朝鮮西部立足，只能退居海島。

朝鮮稱此役爲「丁卯虜亂」。它與後金訂約是被迫的，爲了緩一時之禍。從此後金與朝鮮的矛盾不是緩和了，而是進一步尖銳了，朝鮮仍然希望依靠明朝的力量以雪此大辱，所以對後金的態度時有變化。在通市、明兵上岸、索還逃人、歲幣等問題上雙方經常發生尖銳的爭執。這種狀況直至崇德元年（一六三六年）第二次戰爭將朝鮮完全降爲清的屬國才發生了變化。

三、與袁崇煥的議和活動

皇太極與明朝議和，開始於明遼東巡撫袁崇煥派人弔唁努爾哈赤之死。寧遠之役以後，明朝開始了遼東的整頓和恢復工作。努爾哈赤之死，明朝認爲這是一個大好機會，又聽說努爾哈赤死後幾個兒子也有矛盾，便想乘機探測後金的虛實，十月，袁崇煥就派了五台山僧李喇嘛和都司傅有爵、守備田成等一行三十四人到瀋陽，以弔唁努爾哈赤之死爲名執行這一計畫。袁崇煥的這一行動，出乎皇太極的意料之外，後金與明交戰十年，雙方完全處於敵對之中，明朝把後金視爲叛逆，拒絕一切往來。現在袁崇煥突然遣使來瀋陽弔喪，皇太極便認爲這是明朝在屢戰屢敗喪師失地之後願意講和的一種表示，也想藉此了解一下明朝的真正意圖，所以對待明使非常禮遇。十一月，皇太極即派方吉納、溫臺什等七人隨李喇嘛往報致謝，書稱「大滿洲國（**應為大金國**）皇帝致書於大明國袁巡撫……。」正式提出了兩國議和的主張。

十二月中旬，後金的使者到達寧遠，據明人記載，後金的使者態度非常恭順，「一如遼東受賞時，三步一叩頭」、「跪投夷稟」，稱袁崇煥爲「老大人」（王在晉：《三朝遼事實錄》

卷一六）），但國書仍用金國年號。袁崇煥依照過去建州屬夷朝貢舊例，賞以酒食，將書退回，令其更改。後金使者往返於瀋陽與寧遠之間者三次，將國書中大金國「皇帝」改爲「汗」，與蒙古虎墩兔（林丹信佛，自稱呼圖克圖，明人呼之謂虎墩兔或虎酋）對明自稱者相同，但仍未去掉金國年號。天聰元年（一六二七年）正月初八日，後金派阿敏率兵三萬征朝鮮的當天，又遣使齎書至明。書中主要內容有：一、申明後金興師反明是由於歷來備受明駐遼東官員的欺凌，所謂七大恨所致。所以明金之間的戰爭，曲在明，直在金，後金據有遼東是出自天賜，是合法的，明朝應該承認。二、若兩國和好，明應以金十萬兩、銀百萬兩、緞百萬匹、毛青布千萬匹作爲和好之禮。然後每年後金給明東珠十顆、貂皮千張、人參一千斤，明給後金，金十萬兩，銀十萬兩，緞十萬匹，毛青布三十萬匹。後金的這些要求，反映了後金國的內急需物資和傳統的對外掠奪政策。袁崇煥接信後，於三月五日又派杜明忠隨金使方吉納、溫臺什到瀋陽，致書皇太極，承認「往事七宗，汗家抱爲長恨者」事出有因，但是這些不愉快的過去，皇上與汗應並忘之。後金如果要與明朝議和，應該歸還遼東土地，送回被虜男女人口。至於要求的歲幣，明朝可以給，但數量應該裁減。後金還應即速撤回征朝鮮師，以表示和議之誠。此後後金應該「恭敬大明皇帝」，「宣揚聖德，治理邊務」（《明清史料》丙編第一本〈袁崇煥致金國汗書〉），即一如往昔，替大明看邊，朝廷自有優厚賞賜。雙方的條件相距太遠，議和不能成功。

四月，當後金軍在朝鮮完全獲勝，朝鮮國王被迫與之訂立城下之盟後，皇太極對明的態度便突然強硬了。四月初八日復書袁崇煥一一駁斥了明方提出的條件，信中說歲幣可以酌減一半，但遼東的土地不能退，人口不能還。又說關於往返書信的格式可以規定為明帝比天低一格，後金汗比明帝低一格，明官比後金汗低一格，若用其它寫法，後金將拒絕明方來信。此外，後金兵進入朝鮮，事實上首先是尋找毛文龍與明兵作戰，征朝鮮是其計畫征明的一個重要部分，但信中卻稱後金出兵朝鮮與明無關。正在這時，後金發現了明兵在修築塔山、大淩河、錦州諸城，立即停止遣使，只讓明使給袁崇煥帶了一封信，指責明朝一方面遣使假意講和，一方面乘機修築城廓，是「不願和平而願戰爭！」「如戰爭不休，天眷佑我將賜我北京，明朝的皇帝自己敗走南京，他的名聲會怎樣」。四月十八日，征朝鮮大軍回到遼東，五月初三日，皇太極便親率大軍開往錦州與明兵作戰，此次議和終告停止。

這次議和是明金交戰以來的第一次議和，對當時的形勢以及以後都有相當的影響。在後金方面，努爾哈赤新故，內部矛盾重重，皇太極即位以後欲有一番新的更張，但立刻大舉出師仍有一定的困難，故爾遣使議和。在明朝方面，袁崇煥欲藉寧遠之勝以後，努爾哈赤新死之機，先鞏固寧錦，再相機進圖遼東。袁崇煥沒有想到後金乘此機會東征朝鮮，所以在朝鮮向明告急時，袁崇煥便受到了朝臣們的彈劾，後來錦寧之役明朝雖取得了勝利，而袁崇煥卻被迫去職。

四、錦州寧遠之役

(1)、錦、寧地位之重要

錦州、寧遠在明金之間的軍事鬥爭中有特殊重要的地位。因爲這一地區是遼東通往關內的交通要道，其地西北依山，東南面海，爲一狹長走廊，無論是後金繼續南下進攻，或是明朝東進恢復遼東，都要通過這一地區，故爲雙方必爭之地。最初明軍在廣寧之役失敗以後，是劃關而守還是出關而守，意見極不一致。自從袁崇煥在寧遠築城於天啓六年（一六二六年）春打退了努爾哈赤的進攻，升任遼東巡撫，明朝便加強了在山海關外的軍事部署。當時在寧遠、前屯衛、中右所、中後所四城屯兵六萬，馬三萬，商民數十萬。袁崇煥根據明軍不利於野戰但又長於火器的特點，提出了「憑堅城、用大砲」，以守爲主，「且守且戰，且築且屯」，「以實不以虛」的漸進政策。（《明史》卷二五九〈袁崇煥傳〉）但是從寧遠以南至山海關長二百餘里，寬不過三四十里，到山海關附近寬才四五里。兵民數十萬，地險人稠，無以爲耕，給養全靠內地供應。而中左所（塔山）以東漸寬，與錦州、大凌河、右屯衛四城相連，可以容納大量兵民屯種，減少內地供應。所以袁崇煥在遣喇嘛僧給努爾哈赤弔喪與後金議和時，便申奏朝廷，要求調班軍四萬，修築錦州、中左所、大凌河諸城。當後金軍侵入朝鮮，朝鮮告急求援、袁崇煥被彈劾以和議誤國時，他還是申奏朝廷，堅持乘後金兵東出無暇西顧之機，在錦州、中左、大凌河迅速築城，「令彼掩耳不及，待其警覺而我險已成」。（《三朝遼事實錄》卷一七）當時明派總兵趙率教駐兵錦州，監護板築，四月初明廷又增派總兵杜文煥駐寧遠，尤世祿駐錦州，侯世祿駐前屯，左輔駐大凌河，以加強正在築城的寧錦軍事力量。

(2)、錦、寧之戰的失利

天聰元年（一六二七年）五月初十日，皇太極所率征明之師抵達廣寧，得知明對大凌河、小凌河修築未完，錦州修繕已畢，即兵分幾路連夜行軍。皇太極直趨大凌河、小凌河，代善、阿敏直趨錦州，莽古爾泰直趨右屯衛。大凌河、小凌河、右屯衛方面因城未修完，明兵見勢棄城而逃走，錦州方面後金軍於十一日到達後即行包圍。後金遣使諭令錦州城中守將投降，說：「此我家地方，爾等在此修城何爲！」明將趙率教不肯屈服，回答說：「城可攻，不可說也。」（《明史紀事本末補遺》卷四，錦寧戰守）十二日後金軍開始大舉攻城，馬步兵輪番作戰，分兩路攻城西北二面，趙率教與太監紀用，副將左輔、朱梅等嬰城固守，身披甲胄，親冒矢石，力督各營將士，並力攻打，炮火矢石交下如雨，殺傷頗多。後金軍屢攻不克，最後只好退兵五里結營。

皇太極本來以爲乘東征朝鮮之勝，錦州可一鼓而下，結果卻被明兵打退。他不甘心失敗，即於十四日派人回瀋陽增調援軍，令每牛彔先已出十甲兵者，再增送四十甲兵，先已出二十甲兵者，再送三十甲兵，先已出三十甲兵者再送二十甲兵，先已出四十、五十甲兵者，再送十五甲兵；另給先來之兵每人送箭三十枝，增派者每人再攜箭五十枝；每牛彔還要再送攻城工具鐵鋌三個、斧頭三把、鑿子三個、鐵鍬一把。按後金制度，每牛彔三百丁，征戰時三丁抽一，此次每牛彔抽五十甲兵，當是已抽滿洲軍兵之半，據明人記載，此役後金軍約四萬人。（《明熹宗實錄》卷七九，又《山中聞見錄》云十萬，《明史紀事本末補遺》卷五，「錦寧戰守」云十

五萬）

當時明軍被後金軍截爲兩段，前鋒精銳被圍於錦州城中，其餘集於寧、前四城。袁崇煥認爲寧遠大兵若正面出援錦州，敵將乘機來襲寧遠，會危及山海關的安全。故仍採取堅壁清野的政策，固守寧遠，只派奇兵繞出敵後，進行襲擊。五月二十二日，後金軍與明山海關總兵滿桂及尤世祿之援軍戰於錦州南七十里之笊籬山，殺傷相當，明兵退入寧遠。二十五日後金從瀋陽增調的援兵到來，二十八日皇太極復率大軍圍攻寧遠，袁崇煥與內官劉應坤督將士登陴而守，滿桂、尤世祿、祖大壽出戰城東二里，排列火炮、鳥槍，並力射打，後金軍不能近城而退。見此情景，皇太極大怒，說：「昔皇考取寧遠不克，今我攻錦州又未克，似此野戰之兵尚不能勝，其何以張我國威耶！」於是復率諸貝勒揮兵進擊，直至城下，結果城上炮發，矢石俱下，貝勒濟爾哈朗、薩哈廉及瓦克達俱被重創，退軍至寧遠東二十里之雙樹鋪，明軍滿桂亦身中數箭，尤世祿馬被射傷。在皇太極攻寧遠的當天，錦州明兵亦出城作戰，後金軍游擊拜山、備禦巴希被打死。二十九日皇太極自寧遠退軍，三十日至錦州，六月初一日祭陣死之拜山和巴希，大哭，故明人記載說「王長子召力免貝勒中箭死，次子浪蕩寧古亦歿於陣」。（《山中聞見錄》卷四，《明史紀事本末補遺》卷五「錦寧戰守」）六月初四日，皇太極再次強攻錦州，但明兵火炮矢石俱下，加之天氣炎熱，後金軍死傷甚多，皇太極無可奈何，只好連夜退兵東還，錦州圍始解。退軍途中初五日毀小凌河城，初六日毀大凌河城。又將沿途廣寧諸城盡拆，十二日回至瀋陽。

據明人所記，此役「奴圍錦州，大戰三次，大勝三捷，小戰二十五日，無日不戰」。寧遠亦是「十年來盡天下之兵，未嘗敢與奴戰合馬交鋒，今始一刀一槍拼命，不知有夷之凶狠驃悍。」（《三朝遼事實錄》卷一七）此役明軍之所以取勝是由於將士用命，城廓堅固，儲備充足，並且充分發揮了西洋火炮的作用。而後金之所以失敗則是由於過低估計了明軍的戰鬥力，主客之勢有了變化。此役明人稱之為「寧錦大捷」。

錦寧之役是後金繼寧遠之役之後的又一次嚴重挫折，明朝鞏固了在遼東的防守，並從寧遠而前移到錦州，這是袁崇煥在抵抗後金鬥爭中的大貢獻。從此以後，明金之間進入了錦寧的軍事相持階段。

第二節　皇太極對漠南蒙古的統一

一三六八年蒙古貴族被逐出中原後分裂為韃靼、瓦剌和兀良哈三部。兀良哈部有朵顏、泰寧、福余三衛，與明朝在開原、廣寧進行馬市貿易，定期朝貢。瓦剌與韃靼則互相爭雄朔漠，戰亂不已，為有明一代北部的嚴重邊患，明王朝先後築九邊以禦之。明朝中葉，達延汗（一四七四——一五四三年）興起，蒙古各部復歸統一。

達延汗將整個蒙古分為六個萬戶。分左右翼：左翼三萬戶為察哈爾萬戶（今內蒙錫林科勒盟一帶），烏梁海（即兀良哈）萬戶（今內蒙昭烏達盟和河北承德一帶），喀爾喀萬戶（今蒙古人民共和國喀爾喀河一帶）；右翼三萬戶爲鄂爾多斯萬戶（今內蒙伊克昭盟），土默特萬戶（今內蒙烏蘭察布盟和呼和浩特一帶），永謝布萬戶（今張家口北一帶）。大汗駐於察哈爾萬戶內，統率左翼三萬戶，派副汗即濟農駐鄂爾多斯萬戶境內統率右翼三萬戶。達延汗有子十一人，分別執掌六個萬戶。而察哈爾萬戶實爲蒙古各部之首。明朝後期，右翼三萬戶中的土默特萬戶俺答汗興起，向西發展，攻取青海，並派兵侵入西康與西藏，向東兼併了朵顏衛，逼使察哈爾部東遷至遼東拉木倫河以北，吞併了福余泰寧衛，駐牧於從寧前廣寧到開原一帶。自努爾哈赤興起，即與蒙古各部發生了矛盾。

後金天命四年（一六一九年）七月，後金軍進入鐵嶺村，蒙古喀爾喀五部貝勒宰賽父子和札魯特部的巴克兄弟，還有科爾沁部的明安之子桑噶爾寨率兵一萬，伏擊後金軍，結果大敗，宰賽父子等人被俘。

天命四年十月（萬曆四十七年，一六一九年），察哈爾部林丹汗即遣使致書努爾哈赤，聲稱「四十萬蒙古國主巴圖魯成吉思汗詔旨，問水濱三萬人諸申主昆都侖庚寅汗平安無恙」，警告後金不要西向廣寧方面發展，否則「我將阻止你」（《滿文老檔・太祖》卷一三）。當時林丹汗已憤於女真的強大，開始了統一蒙古內部的鬥爭。

天命十年（天啓五年，一六二五年）十月，察哈爾派兵攻取科爾沁珠爾根城，科爾沁被迫向後金求援。蒙古科爾沁部從此倒向後金，反對察哈爾。

天命十一年正月，努爾哈赤在寧遠被袁崇煥打得大敗而回，喀爾的巴林部便乘努爾哈赤敗退之際進行截殺。努爾哈赤二月末回瀋陽後，稍事休整，四月初便親率大軍出十方寺堡西渡遼河，分兵八路，征巴林，遇炒花（巴林部酋）於陽石木河，殺其侄台吉囊努克，並追炒花於西拉木倫河以北，獲人畜五萬六千餘。此時正當努爾哈赤在寧遠受挫，本來是蒙古各部遏制後金的一大好機會，但喀爾喀部恐怕察哈爾吞併自己，不敢請察哈爾助兵。喀爾喀各部又不能與明朝聯合一致行動，反而被努爾哈赤打敗。

皇太極即位後，和蒙古的矛盾進一步尖銳了。因爲後金據有整個遼東以後，原來在開原、鐵嶺、廣寧、遼西一帶蒙古諸部與明通貢接受撫賞之地全被後金所奪，同時明廷也加強了對蒙古的聯絡工作，增加獎金，用蒙古來抵禦後金，實行所謂「以西夷制東夷」的政策。但是，此時蒙古內部形勢發生了很大的變化。林丹汗在從事統一蒙古的戰爭中，對所屬各部過於殘暴，遭到了各部的強烈反抗。他在征討首先倒向後金的科爾沁失敗以後，便移兵西向，征討喀爾喀、喀喇沁和右翼土默特俺答汗後裔諸部，內部矛盾空前尖銳。這給皇太極征服漠南蒙古造成了可乘之機。

天命十一年（一六二六年）八月努爾哈赤死，十月，皇太極即汗位不到二月就派代善、德格類、濟爾哈朗等「率精騎萬人」征札魯特，並遣副將楞格哩率兵襲擊巴林，使之不能與札魯特互相策應。札魯特與巴林原係達延汗子阿爾楚博羅特之後，左翼三萬戶喀爾喀萬戶之一五衛喀爾喀或喀爾喀五部。札魯特之祖烏把什亦稱偉征諾顏，明人稱曰委正，與巴林之祖蘇巴亥明人稱曰速不亥者係親兄弟，同爲泰寧衛酋長，是喀爾喀中的強部，屢次反對後金，劫殺後金使者，並將所殺之人獻首於明。在努爾哈赤寧遠之役失敗以後的退軍過程中，札魯特又出兵助明，進行殺掠。此次，皇太極乘其不備，俘札魯特貝勒巴克、戴青、多爾濟、桑噶爾寨等十四人，盡俘人民牲畜而還。往巴林之偏師亦大勝而回，俘人二百七十，馬羊千餘。不久，札魯特與巴林因遭察哈爾林丹汗的侵襲，舉部北投了科爾沁。次年，兩部又分別從科爾沁出來投降了後金。

天聰元年（天啓七年，一六二七年）二月，皇太極利用察哈爾與屬下喀爾喀等部的矛盾，致書於敖漢與奈曼議和，共敵察哈爾。敖漢與奈曼原爲達延汗長子圖魯博羅特之後，服屬於察哈爾其孫貝瑪土謝圖（明人稱鬼麻）長子岱青杜稜（明人稱小歹青）號所部爲敖漢，次子額桑偉征諾顏（明人稱額參委正）號所部爲奈曼，同駐牧於義州邊外、老哈河左岸。岱青子索諾木杜稜（明人稱都令）、額桑偉征諾顏子袞出斯巴圖魯亦稱洪巴圖魯（明人稱為黃把都兒）受賞於義州大康堡。廣寧、義州失而移於寧遠前屯衛。天聰元年三月，林丹汗以兵相逼喀爾喀與喀喇沁，喀喇沁被迫從原牧地叫耆兒城遷出，向明廷求援。明廷以「我兵若助哈酋（喀喇沁），插（察哈爾）必肆螫，不助則哈復致怨，合令邊臣選敏辦通官，和解而罷之。」（《明熹宗實錄》卷七八）敖漢與奈曼也被迫從原牧地遷出，都令與黃把都兒本來打算投降明朝，明廷也曾派人前去招撫，但是迫於察哈爾的兵威，怕明朝不能保護，便於天聰元年五月舉部三萬餘人投降後金，（《三朝遼事實錄》卷一七）聲稱「我們的察哈爾汗，不認兄弟，敗壞道統，所以來求淑勒汗（皇太極），我們要住在什麼地方，隨汗的意見。」（《舊滿洲檔譯注・太宗》一九七七，臺北）當時皇太極在寧遠、錦州被袁崇煥打得大敗，留守瀋陽的諸貝勒對敖漢與奈曼的投降疑信參半，不令其渡河。其部眾不願東投者，一部分西奔察哈爾，一部分南下投降了明朝。六月初皇太極回瀋陽後，親率諸貝勒將士一千五百餘人，出城西渡遼河十里外迎接，行抱見禮、大宴、准其入境，隨處駐牧。同年十二月，皇太極將其妹哈達公主嫁給敖漢的索諾木杜稜。從努爾哈赤臨終到天聰元年，正是後金兩次在寧遠受挫時期，蒙古各部本可與明聯合起來遏制後金。但是由於蒙古內部的矛盾，敖漢與奈曼卻舉部投降了後金，使蒙古失去了統一的可能。

在後金與明、察哈爾的鬥爭中，喀喇沁居於較重要的地位，它界於後金、明與察哈爾之間，察哈爾若征服了喀喇沁，即可東與後金抗衡，後金若據有喀喇沁，即可越過寧前，直達薊鎮邊牆，進至明境北邊。喀喇沁原爲達延汗右翼三萬戶永謝布萬戶之一部分，俺答汗之弟巴雅思哈喇（亦稱老把都）所統永謝布七鄂朵克（部）喀喇沁，後向南發展，據有朵顏衛，故明末與朵顏衛同稱，有三十六部，故稱喀喇沁三十六家。其強酋有蘇布地，駐牧於薊鎮喜峰口邊外會州（青城）諸處。天啓七年（一六二七年）春，察哈爾在吞併了喀爾喀五部之後，又西擊喀喇沁、俺答順義王卜失兔諸部，克歸化城，虜順義王妻，奪金印，順義王走避河套。崇禎元年（一六二八年），喀喇沁糾卜失兔，鄂爾多斯濟農以及西北卲卜諸部（俺答從子永卲卜大成駐甘鎮邊外）與察哈爾汗戰於土默特之趙城，（今張北縣北）殺其兵四萬，使察哈爾的統一事業大受挫折。崇禎二年（一六二九年）二月，蘇布地與其弟萬旦偉征便遣使致書皇太極，請求歸附，說察哈爾根本已經動搖，求後金發兵共擊察哈爾。皇太極得信後，當即選少數精騎破察哈爾多羅特部兵於敖木林（大凌河上源），俘獲萬餘人。當時塞外蒙古大飢，喀喇沁向明請粟。崇禎皇帝認爲：對蒙古各部的撫賞是徒費金錢，又得知喀喇沁與後金相通，堅不與粟，又盡革其賞金。喀喇沁在與察哈爾的鬥爭中，屢向明朝請援而得不到幫助，在遭受饑荒時又得不到糧食，天聰三年（一六二九年）六月其首領蘇布地遂攜同族左翼土默特台吉善巴與右翼土默特，台吉俄木布楚虎爾投降了後金。喀喇沁投降後金以後，大大孤立了察哈爾，使明薊鎮邊外千餘里失去了屏障。自此，後金便以蒙古人爲嚮導，南入明邊進行騷擾，西擊察哈爾，取得了一個接一個的勝利。

天聰五年（一六三一）十一月，皇太極剛從大凌河班師回來，得知察哈爾派兵至西拉木倫河北侵擾阿魯蒙古部落（阿魯山陰之意，曾居於杭愛山之北者），即派貝勒薩哈廉、豪格率兵五百前往。隔日皇太極又親率大兵兩千繼後。結果，察哈爾只得退兵。後金軍前鋒曾追過興安嶺，不及而還。天聰六年，由於蒙古諸部反對林丹汗者紛紛與後金相聯絡，皇太極遂決定利用這種機會大規模討伐察哈爾，下令歸降的蒙古各部科爾沁、敖漢、奈曼、札魯特、巴林、喀喇沁、土默特、阿魯等皆以兵相從。四月一日皇太極與代善、莽古爾泰、阿濟格、濟爾哈朗、岳托、多爾袞率大軍從瀋陽出發。四月二日西渡遼河，當時正值河水泛漲，人馬浮水而過者兩晝夜始盡。此役內外兵數計約十萬，四月十七日兵至哈喇木倫河（西拉木倫河支流，黑河）哈納崖地方，有兩蒙古兵私逃，向察哈爾報告了滿洲大軍來征的消息。林丹汗聞訊後大懼，遍諭諸部，令民凡有二牛以上，盡攜之去，棄故土，渡黃河西奔。其部屬多不願往，十散七八。皇太極率軍過興安嶺至達爾湖後，得知林汗丹遠逃至庫里得勒地方，至達爾湖約爲一月程，便轉向歸化城進軍。途中軍糧殆盡，黃羊遍野，便命軍士圍殺黃羊數萬隻以充軍食。時值炎暑，其地無水，士卒渴甚，多有仆於道者，行至深夜始得泉水。有次日至者，以黃羊一隻易水一碗而飲。五月甲子至歸化城，順義王卜失兔子俄木布與其部頭目古祿格、杭高舉眾投降並獻明朝賜封的順義王印信。此役皇太極追襲林丹汗四十一日，稱雄於宣雲塞外的林丹汗不戰而逃。所部在奔逃途中，一部分投降了後金，一部分南下投降了明朝。皇太極爲了使軍士有所俘獲，便乘機南略明邊宣府大同，於七月旋軍。這是皇太極對察哈爾最大的一次用兵。從此漠南蒙古的主體察哈爾部被基本摧毀，宣府、大同塞外均歸入了後金的版圖之內。

天聰七年（一六三三年）六月，皇太極以征明及朝鮮、察哈爾何者爲先令諸貝勒各陳所見。諸貝勒爲了掠奪明朝的財物，多數主張朝鮮已在掌握之中，察哈爾遠遁，應以征明爲先，從山海關進軍或入腹裏，直取北京。但皇太極卻決定進軍宣大，兼收散處於明邊的察哈爾餘部。天聰八年五月戊申（二十三日）皇太極與代善、阿巴泰、阿濟格、多爾袞以及新投降的孔有德、耿仲明、尚可喜等率大兵，備一月糧，從瀋陽出發，仍沿西拉木倫河前進，途中收撫察哈爾餘部。七月初直抵宣大，分別從上方堡、得勝堡、獨石口進入明邊，大掠宣、大、朔、代各州，並致書明臣，不許收降察哈爾餘部。當時林丹汗已逃至青海大草灘地方，病痘而死。其部屬聞後金軍復至，紛紛率眾前來投降，其中有察哈爾汗的土巴濟農，四大宰桑、察哈爾的八大福晉之一高爾土門福晉等約四、五萬口。此役，蒙古的茂明安部、四子部落、克西克騰部、浩齊特部見察哈爾衰敗，亦紛紛舉部來投，曾爲其子娶努爾哈赤所聘葉赫老女之喀爾喀貝勒巴噶達爾汗也棄察哈爾前來投降了後金。

林丹汗雖死，部眾離散，而林丹汗的兒子額哲（明人稱黃鵝兒）仍盤據在黃河以西，所以在天聰九年（一六三五年）二月，皇太極又派多爾袞、岳托、薩哈廉、豪格四貝勒率精兵萬人往收額哲。二月二十六日從瀋陽出發，三月十日過西拉木倫河，四月二十日西渡黃河，二十八日至額哲駐地托裏圖地方。當時天昏黑，額哲國中無備，多爾袞恐其警覺而逃，伏於近處，按兵不動，派葉赫金臺什貝勒之孫南褚去見其姐——察哈爾林丹汗妻蘇泰太后與子額哲，告以滿洲貝勒派大兵來招之意。蘇泰太后在大兵壓境的情況下，便率子額哲及部眾一千餘戶投降了。時河套的鄂爾多斯濟農已與額哲盟誓，令其受己約束。早晨剛剛離開，多爾袞即派大軍往追，拘鄂爾多斯濟農額琳臣，令其送還察哈爾降民一千餘戶，額琳臣懼，亦請內附。鄂爾多斯明稱套部，東西北三面距黃河，東西廣袤二千餘里，南北八、九百里，邊城雄固，有魚鹽之利。達延汗三子巴爾斯博羅特之後，吉囊有九子分牧而住，爲塞外西北強部。至此，亦歸屬後金。

在多爾袞收降林丹汗子額哲時，又得到了元朝的傳國玉璽「制誥之寶」。據傳此璽爲元順帝從北京逃亡時攜出，元順帝死於應昌，此印遂失。後爲俺答汗之後卜失兔所得，卜失兔爲林丹汗所滅，此璽又爲林丹汗所有。林丹汗死，在蘇泰太后所。多爾袞收降蘇泰太后時，便索取了此印。這件事對後金的統治者以及歸降的蒙古諸部影響很大，他們認爲這是天命所歸的象徵。所以，多爾袞攜玉璽與林丹汗子額哲返瀋陽時，約定九月六日皇太極率諸貝勒大臣大獵於遼河以西的陽石木河，迎接這塊玉璽與額哲。給額哲以崇高的禮遇，並將次女馬喀塔公主嫁給他。由於皇太極對察哈爾的勝利，是年十二月稱雄於漠北的喀爾喀車臣汗也遣使通好。天聰十年（一六三六年）初，來朝的漠南蒙古十六部四十九貝勒在瀋陽召開大會，決議承認金國汗皇太極繼承蒙古大汗的大統，奉上博克達、徹辰汗（Bokda-Secen-Qagan，寬溫仁聖皇帝）的尊號。

皇太極之所以能夠統一漠南蒙古，第一是由於蒙古內部處於四分五裂的狀態，林丹汗雖想統一蒙古，但其強暴壓榨，反而加速了蒙古內部的瓦解，使之紛紛倒向後金。第二是由於蒙古各部尤其是林丹汗不但不想與明朝實行真正的聯合，反而藉後金之威脅，向明朝挾賞，既削弱了明朝，也毀滅了自己。第三是由於皇太極善於抓住有利時機，實行了「懾之以兵，懷之以德」的軟硬兼施政策。崇德元年（一六三六年）七月，皇太極同大學士希福、剛林、范文程的談話中曾說：「科爾沁國土謝圖額駙有名馬，號曰杭愛，我曾以甲一副易之，彼不與。蒙古察哈爾汗向彼索馬，勢如搶奪，止予一胄，竟取之，從此科爾沁諸貝勒爲之解體。察哈爾汗又以一胄送阿祿部濟農，索馬千匹。阿祿濟農曰：豈有一胄而易馬千匹者乎！此直欲起釁而來侵犯我耳，不可不與。遂與馬五百匹，從此阿祿諸貝勒亦爲解體。科爾沁卓禮克圖親王有一鷹，能橫撲飛鳥，察哈爾汗又遣人往索，卓禮克圖親王欲不與，土謝圖額駙勸令與之。既取其鷹，一無所償，並送鷹之人，亦不令見。如此貪橫，人心安得服耶？今各處蒙古每次來朝，厚加恩賞。因此俱不忍離我而去。」（《清太宗實錄》卷三〇）這雖是皇太極的自詡和矜誇之詞，但也確實反映了後金國主與林丹汗二人之優劣以及造成勝敗不同結局的原因所在。皇太極在征服了漠南蒙古以後，即將原來的蒙古左右翼兩旗，仿滿洲八旗擴大改編爲蒙古八旗，與滿洲八旗同成爲清王朝的主要軍事力量。

第三節　松錦的軍事相持與幾次深入腹地的鬥爭

後金自錦州、寧遠之役以後，鑒於明朝鞏固了山海關外寧錦一帶的防線，自知在短時間之內難以突破，所以在把主力轉向對蒙古用兵的同時，多次乘間從山海關以西長城各口入犯內地，進行騷擾和掠奪。這一活動從天聰三年（一六二九年）的己巳之役一直持續到崇德八年（一六四二年）的壬午之役。在此期間，後金勢力得到了很大的發展，後金改國號爲大清，皇太極稱帝。這爲一六四四年的清兵入關奪取中原準備了條件。

一、己巳之役及其影響

(1)、糾集蒙古朵顏三衛侵入明邊

明崇禎帝即位後，起用袁崇煥為薊遼督師，兼督天津、登、萊等處軍務，負責全面的對遼戰事。袁崇煥提出了「守為正著，戰為奇著，和為旁著」，「法在漸不在驟，在實不在虛」（《明史・袁崇煥傳》）的復遼戰略，並期以五年成功。這樣就進一步加強了明在寧錦的防守力量。但是皇太極不能容忍袁崇煥這樣經營，他曾說：「我屢次欲和而彼不從，我豈可坐待，定當整旅西征」（《清太宗實錄》卷六）於是，便決定採取迂迴的辦法，繞過錦州寧遠一路，從遼西進入蒙古草原。轉而南下，直達薊鎮邊牆，乘明軍不備進行突襲，越過長城，進入北京近郊，威脅明都，或佔據近京城邑，掠取財物，或大敗明軍，迫使明廷結城下之盟。後金當時之所以決定採取這樣一種戰略，還因為原在薊鎮邊外住牧服屬明朝的朵顏三衛蒙古的喀喇沁部，廣寧邊外的喀爾喀部巴林、札魯特和敖漢、奈曼，當時都已投降了後金，察哈爾部也已西徙，這一地帶處於空虛狀態，後金的軍隊可以毫無阻攔地進至長城腳下。天聰三年（一六二九年）皇太極便進行了第一次按這條路線進軍的行動。因為路線較遠，他先派人造船，將糧由遼河運至遼西，以濟陸運。並下令歸降的蒙古各部科爾沁、喀爾喀、巴林、札魯特、敖漢和奈曼各部貝勒率兵從征。十月二日皇太極親率大軍從瀋陽出發，以喀喇沁部台吉布爾噶都為嚮導（因為他曾多次到北京朝貢，熟識路徑）。大軍由西拉木倫河之支流納裏特河經喀喇沁之青城（會州），行軍近一月，進至薊鎮長城腳下。而後兵分三路，二十六日夜半右翼從薊鎮中協之大安口，左翼從龍井關，二十七日中路從洪山口，越邊進入長城。先後降漢兒莊、馬蘭營等邊城。十一月三日克遵化，明巡撫王元雅兵敗自殺。十二日（壬辰）即西向北京進發。十三日至薊州，十四日至三河，十五日降順義，抵通州城北，十七日抵達北京近郊。這次皇太極進軍，其策略與上次在錦州寧遠一樣，先到處投書，聲言後金起兵反明是由於七大恨所致，這次進兵是由於明朝拒絕議和而好戰爭。其言要和，其行在戰。在此之先，袁崇煥曾上疏明廷，要防備後金從薊鎮闌入，明廷未予足夠重視，所以後金軍入邊以後，沒有遇到什麼抵抗就直達北京城下。面對突然來到的後金軍，明廷驚慌失措，急招各路軍兵入衛，但入援者多逡巡不前，只有袁崇煥率領的祖大壽關寧軍一萬五千人皆精銳敢戰。當皇太極越邊進入長城時，袁崇煥適在寧遠，聞訊以後即趨山海關，急調錦州總兵祖大壽等率兵入援，十一月四日袁與祖兵入關，尾追後金軍西行，當十七日後金軍到達距北京二十里之牧馬場時，袁崇煥所率的祖大壽軍也到達了忠京的左安門，二十日（辛丑）皇太極率兵進攻德勝門，宣府總兵尤世祿避敵，大同總兵滿桂獨戰。時袁崇煥與祖大壽屯於沙窩門，自午至酉，鏖戰三個時辰，大創後金軍，阿巴泰避敵，阿濟格馬被創死。蒙古札魯特、喀爾喀諸部兵皆被打敗而歸。北京經此一戰，人心始定。二十六日後金兵攻南城外羅城，被袁崇煥軍打退。二十七日袁崇煥紮營於城東南與後金軍相逼；皇太極欲進攻袁軍。至陣前巡視，看到袁陣非常堅固，不易攻入，說：「路隘且險，若傷我軍士，雖勝不足多也。」遂還營。

(2)、設間殺袁崇煥與囚禁阿敏

皇太極此次進兵，本來是一種嘗試，並無一定要攻取北京的決定，內部意見不一，在行至喀剌沁之青城時，大貝勒代善與莽古爾泰就主張退兵，怕深入內地被明軍堵截。皇太極通過岳托、阿濟格諸年輕貝勒與八固山額真再議後才得以決定繼續進軍。皇太極對此次行動，採取很靈活的態度，他看到北京城守堅固，袁崇煥所率遼軍不易戰勝時，便放棄進攻北京，但又決定施用反間計，除掉袁崇煥。他知道明朝皇帝寵信太監，於是利用前幾天俘獲的太監楊春和王德成來實現這一陰謀，他令兩個部屬故意在他們附近悄悄地議論說：「今日撤兵乃上計也，傾見上單騎向敵，敵有二人來見上，語良久乃去，意袁巡撫有密約，此事可立就矣。」（《清太宗實錄》卷六）。第二天又故意縱楊歸去。楊太監自以爲得到了重要情報。進京後便將這些話密告崇禎帝，致使第三天袁崇煥就被逮捕下獄，時爲十二月一日。袁被下獄後，遼兵憤憤不平，祖大壽怕禍連及己，便率遼兵潰逃而東，出山海關，遠近大震。明廷又任大同總兵滿桂爲武經略，統領各路入衛援軍。

皇太極在北京沒有得逞，便西去良鄉，在房山祭了金太祖金世宗的陵墓，十七日又在北京永定門外與滿桂軍大戰，陣斬滿桂和孫祖壽，擒總兵黑雲龍和麻登雲等，大掠而東，打算在京東尋找立足之地。於天聰四年（一六三〇年）正月初四日取永平，初八日取灤州，後來又取了遷安、建昌營等處。同時東向山海關進發，至距關三十里之鳳凰店，被明兵擊退。轉而攻昌黎、撫寧，遭到激烈抵抗，皆連攻數次不下，昌黎之抵抗尤其英勇，知縣左應選率全城軍民登陴而守。皇太極先派蒙古諸部兵去攻時說：「若攻克其城，城中財物任爾等取之。」攻之不克，又增派滿洲兵一千助之，晝夜連攻，亦不克，最後皇太極集八旗滿洲兵和蒙古兵在城下布列雲梯，全力進攻，激戰五日，亦未攻克。從正月初九至十三日，昌黎軍民擊退了後金軍的三次猛攻。其他三屯營、漢幾莊、潘家口、喜峰口等處亦降而復叛。在這種情況之下，皇太極一方面讓喀喇沁首領蘇布地向明廷上書請和，一方面派兵留守永平、灤州、遷安、遵化四城，自己則於二月十四日率大兵出冷口關北歸，並向明人散發告示稱：「今且抽兵回來，打開山海，通我後路，遷都內地，作長久之計，爾等無謂我歸去也。」三月初二日至瀋陽，派阿敏、碩托前來永平更代。他自己則準備到秋天草長馬肥時再來，與明軍周旋。

在袁崇煥下獄以後，明廷起用舊輔孫承宗督理遼東軍務。孫承宗素知遼兵與袁崇煥有舊，即派人從獄中取袁崇煥手書撫慰祖大壽。復集遼兵入關。五月十二日，孫承宗指揮各路援軍攻克灤州、遷安。據永平、遵化的後金軍將領阿敏、碩托見明兵勢大不能抵抗，於十三日屠永平降官和漢民，盡掠財物俘獲，棄城而逃，落在後面的兵卒被明兵砍殺者達五百餘人。這是後金繼錦州寧遠之役後又一次慘重的失敗。皇太極此次入邊的計畫因阿敏的逃歸而被打亂。因此，非常氣憤，他列舉了阿敏的十六條罪狀，奪其牛彔屬人，將其囚之高牆，一直到死。

(3)、己巳之役的影響

經過己巳之役，皇太極看到了內地虛實和明朝政府的腐敗，但也看到了人民的反抗力量，認識到由於山海關阻隔在長城之內找一個立足地是不可能的，所以以後的幾次進入內地，他自己都不親自統率，只是派其他貝勒，乘機進行掠奪一番。自此，進邊掠奪便成爲後金對明鬥爭的一項重要手段，給京畿一帶人民帶來了很大災難。

從明朝來說，自己巳之役始，國勢日衰，一蹶不振。袁崇煥不久被殺，明朝損失了一個能與後金抗爭的得力統帥。由於明朝的財政困難，入衛的援軍得不到給養，己巳之役後便散而成爲「流寇」，與農民起義軍相匯。自此農民起義軍蓬勃發展，勢不可擋，明政府在兩面作戰中顧此失彼，捉襟見時，一步步走上滅亡的道路。

二、大凌河之役與孔有德、耿仲明、尚可喜之投降後金

(1)、大凌河之役

在己巳之役以後，明金雙方的矛盾進一步尖銳了。在後金方面，皇太極預計到明朝會利用這一勝利對後金步步緊逼，窺復遼東。所以他在處分了阿敏之後，即召集諸貝勒和八旗大臣暨蒙漢官員說：「爾等將士之意，得毋謂干戈未息，厲兵秣馬，無有已時，以從征勞瘁爲慮？不知敵國侵陵，仇怨所積，義當征伐，豈彼實無罪而我好爭戰耶？倘按兵不動，我雖欲靜。敵豈能相安無事。」（《清太宗實錄》卷七）這說明皇太極認爲後金與明朝的戰爭短時間是不會完結的。要隨時準備新的戰鬥。他便加緊整頓內部，天聰四年（一六三〇年）十月編審壯丁，不許隱匿。天聰五年正月命佟養性仿照明軍火器監造紅夷大砲，編立漢兵，專門練習火炮鳥槍，後金從此便有了新式火器。二月頒定軍律，加強邊境的傳烽報警制度，嚴防逃人。並不時派兵去明錦州一帶捉生（俘掠漢人），刺探明軍的活動情況。在明朝方面，恢復遵、永四城以後，

復設遼東巡撫與登萊巡撫，企圖兩方並進恢復遼東。登萊巡撫孫元化主張撤東江島兵進復廣寧、義州和金州、海州、蓋州三衛。遼東巡撫邱禾嘉主張復廣寧、義州和右屯衛。兵部尚書梁廷棟根據孫承宗的意見，認爲廣寧、義州道遠，難以陸運，應先據近海之右屯衛，聚兵積粟而後進逼廣寧。但右屯被毀，必先築大凌河城，與松山、杏山、錦州相接。大凌河西距錦州四十里，東距右屯衛二十五里，南距海三十里，海路可與寧遠外覺華島相濟，溯流而上可至廣寧義州，是寧、錦通往廣、義的交通要道。於是明便決定在大凌河築城，命駐錦州前鋒總兵祖大壽與副將何可剛率馬步兵進據其地，發班軍一萬四千人供版築。七月二十日興工後，工程便晝夜不息地進行起來。但當時祖大壽與邱禾嘉不和，邱禾嘉又與孫承宗不和，工將成，兵部尚書梁廷棟去職。明廷又盡反前議，認爲大凌荒遠，不當築城，於八月一日下令停工。八月五日祖大壽以城工不數日可完。乞假班兵二三日，工完即撤。正在這裏，皇太極得到了明築大凌河城的消息，急令大軍出征，並諭諸將說：「瀋陽遼東之地，原非我有，乃天所賜也，今不事征討，坐視漢人開拓疆土，修建城廓，繕治甲兵，使得完備，我等豈能安處耶」？（《清太宗實錄》卷九）於此可見，皇太極對明無論是議和，或是戰爭，目的都是要保有遼東。在這個問題上後金與明的矛盾是針鋒相對。後金軍七月二十七日（己亥）從瀋陽出發，二十八日渡遼河，八月初一日（壬寅）至舊遼陽，蒙古各部遵令以兵來會，兵分兩路並進，於六日（丁未）晨，俱抵大凌河。當夜即圍其城。皇太極知道祖大壽所統之兵是明兵的精銳，己巳之役的廣渠門之戰，明收復灤永四城，亦多賴祖大壽之兵，故不可輕易與戰，他怕攻城士卒被傷，便決定用掘長壕築牆的辦法長期圍困。環城四周掘壕三道，將城內城外完全隔絕。又命佟養性載紅衣大砲擋住通往錦州的大道，以阻擊明朝的援兵。對此，皇太極很得意地說：「明人善射精兵盡在此矣，他處無有也。」在後金軍圍城之初，祖大壽曾幾次突圍而戰，於八月十二日（癸丑）近城一戰，使後金軍遭受很大損失，兩藍旗避敵，莽古爾泰軍被傷者甚多。後皇太極設伏，誘明兵出戰，明兵中伏，自此不敢再出，只是困守城中。

在明與後金的鬥爭中，後金往往能夠吸收經驗教訓，吃一塹，長一智。上次錦州寧遠之役，袁崇煥乘機築錦州城，皇太極率兵前來後城守已經非常鞏固，這次當他聽到明人築大凌河城時，便以迅雷不及掩耳的速度進兵，突然包圍了大凌河城，沒有給祖大壽棄城逃跑的機會，也沒有給明朝增運糧草入城可以長期固守的時間。而明朝方面勝則爭功，敗則推諉，門戶之見愈演愈烈。在大凌河築城以前，議論不一，在大凌河被圍以後，仍不能棄卻前嫌和衷共濟，意見反而越來越大。當時明廷調遵化總兵吳襄（吳三桂之父）與山海關總兵宋偉集關內外兵四萬（或云三萬）去解大凌之圍，但邱禾嘉藉口持重，屢易師期，而宋偉與吳襄又不相協。宋偉主進，吳襄堅持不可。九月二十七日移營於距大凌河十五里之長山，皇太極已揮滿漢蒙古兵進擊。先攻宋營，不能入，又移兵吳營。吳營中有黔兵四百，號苗卒之銳，但從未見過後金軍。一見敵騎來衝，吳營遂潰。後金兵又轉而攻宋營，及炮熱不能裝藥，亦潰。後金兵追奔三十里，獲駝馬車輛甲冑器械無數。明監軍張春副將張弘謨等被俘，副將滿庫等戰死。在長山激戰時，城中祖大壽聞槍砲聲，怕又是計，無人敢出，後金軍至暮安然還營。

大凌河城北五十里有于子章臺，爲邊界重要前哨，城堡堅固，儲糧充實，從未失陷。在長山之戰以後，皇太極派人招降祖大壽，祖大壽不從，即於十月初九（己酉）派佟養性率漢兵載紅夷大砲六位，將軍炮五十四位，連攻于子章臺，三日而下，獲臺內儲糧可供後金軍士馬一月之餉，從而解決了後金軍繼續圍困大凌河的糧餉問題。于子章臺被攻下以後周圍百餘烽臺聞風相繼而下，從此大凌河成爲孤城，明軍處境越來越難，先是糧斷薪盡，夫役商賈多餓死，最後力竭計窮，決定出降。時副將何可剛堅執不從，十月二十八日祖大壽等將何可剛掖出城外，殺於後金軍前，全城兵民投降，大凌河築城時騎步兵及工役商賈共三萬人，出降時存者止一萬一千六百八十三人，馬三十二匹。投降後祖大壽等答應以子爲質，僞裝逃脫，爲後金賺取錦州。於十一月二日率廝卒二十六人，奔還錦州。明廷知其曾納款於金，爲羈縻計，亦未追究。

通過大凌河之役，不僅使明朝的遼兵精銳祖大壽軍投降，而且獲大小炮三千五百多位，鳥槍火藥鉛子不計其數，又俘虜了一大批遼兵的骨幹將領。大凌河城內除祖大壽一人回到錦州，其餘副將張存仁等將領三十餘人，全部投降。皇太極對這一批降將一反過去的殺戮政策，命八旗每牛彔出牛馬一匹，每甲喇出騾馬駕車一輛，而後按官品等級給與騎乘。回瀋陽後又每日款宴，命八貝勒家輪番設宴，並給予房屋田莊奴婢。爲了籠絡這批降將，貝勒岳托又建議用聯姻的辦法，一品官以諸貝勒女妻之，二品以大臣女妻之。並規定不許女欺凌其夫「使其婦翁衣食與共，雖故土亦可忘也」。上述一系列拉攏政策，使這一批人不久成爲後金政權中漢官的主要成員、清兵進攻松錦和入關奪取中原的策畫者和嚮導。

明朝經過大凌河之役後，在松、錦完全處於被動地位，已沒有力量再向前推進一步了。而反對劃關而守、積極主張恢復關外地方的孫承宗再次被劾去職，這更使遼東的局勢，難以重新振作起來。

(2)、吳橋之變與孔有德、耿仲明、尙可喜投降後金

正當後金軍圍困大凌河之際，明登萊巡撫孫元化派參將孔有德和李九成之子千總李應元率兵千人援大凌河，行至吳橋發生兵變，回據登州，最後導致了對明清雙方軍事力量的消長有很大影響的孔有德、耿仲明以及尙可喜之降金事件。

孔有德，遼東東寧衛人，李九成、孫仲明遼東遼陽衛人。在後金下遼瀋以後，他們相繼從遼東逃出，投奔皮島毛文龍。毛文龍爲集聚個人勢力，多將親信部下收爲義子（永字輩）義孫（有字輩），皆稱毛姓，孔有德稱毛永詩，李九成稱毛有功，耿仲明稱毛有傑，故後金方面統稱爲毛氏。崇禎二年（一六二九年）毛文龍因私與後金通款，專制一方，不受節制被薊遼督師袁崇煥所殺，三人被調至寧遠，屬寧前兵備道孫元化麾下。崇禎三年六月孫元化調任登萊巡撫後，主張恢復遼東宜用遼人，所以孔有德得爲參將，李九成爲偏裨，耿仲明爲中軍。大凌河圍急，明廷檄孫元化派兵從海上趕援。孔有德以風逆難往，改從陸路趕寧遠。閏十一月末，兵至吳橋，時值天大雨雪，士兵乏食，地方官又故意閉門，迫使士兵出掠。有一士兵捉食新城鄉紳王象春（薊督王象乾之弟）莊雞犬，象春子假借父伯的勢力告於孔有德，孔將士兵捆打貫耳，兵遂大嘩，將王氏莊焚毀。恰好這時李九成奉孫元化之命出塞買馬，馬價蕩盡歸至吳橋，遂與

其子李應元乘士兵嘩變之機脅孔有德叛變。變兵東返連破凌縣、臨邑、商河、濟東、青城、新城諸縣，官軍不能抵擋。十八日圍萊州，二十二日即抵登州。崇禎五年正月初三日登州城內耿仲明舉眾內應，孔有德即進據登州。此事發生前孫元化在登州招用葡萄牙人製紅夷大砲，訓練士兵演習。登州城內積有紅夷大砲二十餘位，西洋炮三百餘位，舊兵六千，援兵千餘，馬三千匹，餉銀十萬兩，戰船百餘艘，這時完全爲孔有德所有，不久旅順副將陳有時（毛有侯）、廣祿島副將毛文龍義子毛承祿等亦率眾叛趕登州，擁孔有德爲都元帥，並鑄印置官，李九成爲副元帥，耿仲明爲總兵官，聲勢大振，明南北海運停止，旅順東江餉道不通，海外士兵久不得餉，勢甚危急。

吳橋之變與明政府的腐敗有很大關係。自後金下遼瀋以後，遼民航海南逃集於登萊者十數萬，生活非常艱苦。而在明政府當中，相當一部人對遼人持有偏見，認爲遼人多與叛將有舊，不可用，因而引起遼人官兵的很大反感，這是激起叛亂的重要原因。叛亂發生以後，明政府主撫主剿意見不一，又使事態不斷擴大，孫元化主撫，在登州爲叛軍所執後縱歸。明廷即將之逮治論死，繼任登萊巡撫謝連亦在萊州被叛軍所殺。萊州長期被圍，關內督撫官將一籌莫展，最後明廷被迫從錦寧前線抽調了祖大壽之關寧軍夷漢兵丁四千八百餘人，由總兵金國奇，參將祖大弼（祖大壽之弟）、祖寬（祖大壽之侄）及原任總兵吳襄吳三桂父子率領，入關赴山東，這才改變了戰局。八月明軍大敗孔有德於新河縣之沙河，萊州圍解，九月初一日進圍登州。十二月李九成突圍時被打死。崇禎六年（一六三三年）二月孔有德、耿仲明率兵船一百八十餘艘，擄登州物貨子女從海上逃走，游弋於旅順、廣鹿諸島間，屢被明兵截殺，兵船損失過半，李應元被打死，毛承祿被俘。四月在明軍追擊之下，投降了後金，擄船六十餘艘，官將兵丁家口共一萬三千餘人。崇禎七年二月廣鹿島副將尙可喜（毛永喜）亦率兵丁家口三千餘人投降了後金，自此皮島孤懸海外，明軍在海上的勢力大衰。

孔、耿、尙投降後，大大增強了後金的軍事力量，從此後金不僅有了一支精銳的水師，而且還得到一批製造西洋火器紅夷大砲的技術人員。因此皇太極給予崇高的禮遇：出迎十里外，行抱見禮；授孔有德爲都元帥，耿仲明尙可喜爲總兵官，並許仍各領其眾；號令、鼓吹、儀衛亦如其舊，位僅列諸貝勒之次；除出兵用刑必須奏請外，其餘一切自主；號孔有德耿仲明軍爲天佑軍，尙可喜軍爲天助軍，旗色用白鑲皂，它們成爲後金內部別於八旗的一支重要武裝力量。崇德元年，皇太極稱帝時，封孔有德爲恭順王、耿仲明爲懷順王、尙可喜爲智順王。

三、皇太極稱大清皇帝與第二次進攻朝鮮

(1)、皇太極稱帝及與朝鮮矛盾的發展

天聰十年（一六三六年）四月十一日，皇太極在統一漠南蒙古及接納了孔有德、耿仲明、尙可喜等人投降的勝利聲中，在瀋陽宣佈稱帝，用滿、蒙、漢三種表文祭告天地，改國號爲大清，改年號爲崇德（四月以前為天聰十年，以後為崇德元年）。先一年十月改族稱諸申（女眞

）爲滿洲。皇太極稱帝這件事，表明他認爲自己已不再是一個地處一隅的女真族的首領，而是統治著一個大國的君主，稱帝之舉，是皇太極向人們進一步表明自己的政治抱負的重要步驟。

皇太極在稱帝之先，曾於天聰十年二月，先讓八和碩貝勒和歸降的蒙古十六部四十九貝勒，派一百七十多人去通報朝鮮，希望朝鮮也加以擁戴，以此增加自己的力量。但是朝鮮舉國上下要求與後金決裂，掌令洪翼漢甚至於要求「戮其使而取其書，函其首，奏聞於皇朝」。（《李朝實錄》仁祖十四年二月）朝鮮之所以如此，是因爲自丁卯之役之後，後金對朝鮮進行了各種勒索：一、每年朝鮮必須交納歲幣正木綿五千匹、雜色木棉二千匹、白布四百匹、白苧布二百匹、雜色紬六百匹、豹皮五十張、水獺皮四百張等，比原額增加了十倍。二、後金藉口互市，低價強買朝鮮貨物，而且每次派去互市人員兵丁多達千人，強迫朝鮮供應食物，朝鮮屢欲絕市而不能。三、強迫早就移居於朝鮮境內之瓦爾喀人（女眞族之一部）還後金。朝鮮對於這種勒索早已無法忍受，雙方矛盾極端尖銳。在皇太極舉行稱帝登極大典時，滿洲蒙古諸貝勒及漢官大臣即將皇帝的寶璽獻上，然後行三跪九叩之禮，而朝鮮使者卻仍堅持「兄弟之邦」的平等禮節，拒絕下拜。滿洲貴族對朝鮮的使者拳打腳踢。皇太極也勃然大怒，登極典禮完畢即向朝鮮下了最後通牒，要朝鮮國王在規定的限期之內送來子弟爲質，否則即發兵征討。一場新的戰爭，已不可避免。

(2)、皇太極親征朝鮮

皇太極在出兵之前，爲了痲痺朝鮮，決定採用聲東擊西的辦法。崇德元年（一六三六年）

十月，傳令軍士秣馬厲兵，修整器械，待冰合時大舉出征，並傳蒙古諸部於十二月初會兵瀋陽，揚言征明。朝鮮將後金的表面姿態信以爲真，認爲皇太極要朝鮮送王世子及大臣子弟爲質否則將兵臨其境只是一種恐嚇，所以沒有作認真的準備。加之國小力弱，這便使清軍的勝利成了定局。

十二月初一日，蒙古各部兵會於瀋陽，初二日皇太極命令大軍出發。清軍的許多將領私帶家僕、廝養卒，想乘機多搶些東西。兵分兩路，左翼由多爾袞、豪格率領，由寬甸入長山口取道昌城，南下平壤。皇太極與代善親率右翼，從東京大路經鎮江進入朝鮮。先命馬福塔率三百人偽裝成商人，直奔朝鮮王京漢城，又派多鐸率千人繼後往援。十四日清軍大隊已達安州，朝鮮國王才得知清朝出兵的消息，這天馬福塔所率領的偽裝商賈的三百人已到了王京。朝鮮國王打算逃到江華島，但由於清軍吸取了第一次征朝鮮之役的教訓，先已截斷到江華島的通路，他只好逃到了距王京僅四十里的漢江南岸的南漢山城（廣州）。二十七日，皇太極率大軍渡臨津江，二十九日進入王京，同日南渡漢江，包圍了南漢山城。

皇太極此次出兵朝鮮的目的，一爲使之俯首聽命。二是要襲取皮島。皇太極認爲朝鮮之所以敢於與清公開對抗，是因爲有明軍駐紮在皮島。互爲犄角。所以在清軍包圍了南漢山城以後，即派多爾袞從陸路用車將船運到江華島渡口，襲取江華，俘取朝鮮國王及其大臣的家屬。另外，又派人回遼東造船，準備攻取皮島。朝鮮國王進入南漢山城以後，號召各道兵勤王，並派人飛速前往登州，向明朝求援。這時明朝內部的農民起義如火如荼，根本無力救援朝鮮，朝鮮各地勤王的軍隊也陸續被清軍截擊於中途。崇德二年（一六三七年）正月二十二日，在多爾袞攻破江華，俘虜了朝鮮國王及其大臣的家屬以後，朝鮮國王被迫按照皇太極的條件，先將主戰派的代表人物洪翼漢等綁送清營，任其處分，然後出城投降。當時清朝提出的條件非常苛刻。

一、去明之年號，奉大清正朔，交出明朝所賜印敕誥命，永爲大清臣屬。與明斷絕一切往來。

二、國王以長子及另一子爲質，大臣亦以子弟爲質，送往瀋陽。

三、一切禮儀，仍照明國舊制，清帝萬壽節、中宮千秋、皇子千秋、冬至、元旦，行貢獻禮。

四、清征明時，朝鮮得奉調出兵，不得違期。

五、出船五十艘，從攻皮島。

六、新舊城垣，不許再築。

七、每年進貢黃金百兩，白金（銀）千兩，水牛角二百對，豹皮百張，鹿皮百張，茶千包、水獺皮四百張、青鼠皮三百張、胡椒十斗、好腰刀二十六把、順腰刀二十把、蘇木二百斤、好大紙一千卷、好小紙一千五百卷、各色細布萬匹、各色綿紬二千匹、布一千四百匹、米一萬包。

正月三十日，皇太極在漢江東岸三田渡地方築受降臺，朝鮮國王李倧率世子大臣出南漢山城西門，步行五里向皇太極行君臣三拜九叩之禮，當時即命世子李溰爲質。崇德二年二月初二，皇太極從朝鮮退兵，命多爾袞隨後押解朝鮮世子及大臣子弟等人員送往瀋陽。從此朝鮮正式成爲清朝的屬國，國王即位、世子受封等重大內政外交，都必須得到清王朝的許可。皇太極解除了他對明戰爭的後顧之憂。後來清命朝鮮在三田渡地方立了一塊「大清皇帝功德碑」，記述皇太極征朝鮮之役的「功績」。碑文正面爲滿、蒙文，背面爲漢文，崇德四年（一六三九年）立。到中日甲午戰爭朝鮮脫離清朝後，此碑才被毀掉。

(3)、取皮島

皇太極退兵時，二月命碩托與孔有德耿仲明尙可喜等漢兵，脅朝鮮出船五十艘，並水手、水兵，於四月初八日在朝鮮將領的指引下乘霧將船突入水中，「漢人以爲北軍飛渡，不能抵抗而致敗」。（《李朝實錄》仁祖十五年四月〈陽九紀事〉卷三）皮島守將沈世魁被俘不屈而死。守島明軍二萬餘人，死者萬餘人。清軍從島中獲得大量財物，包括蟒素緞四萬二千八百匹。衣服三千四百領，銀三萬一千兩，布匹毯條十九萬一千件，大船七十二艘，紅衣炮、西洋炮等十位，另有婦女兒童三千四百餘名。明朝在皮島前後經營了十五年，至是全被清軍所得。

四、丙子、戊寅再次深入內地

(1)、丙子之役

皇太極對明朝的政策並未因稱帝而有多大的改變。在崇德元年（一六三六年）四月稱帝，五月即派武英郡王阿濟格與饒余貝勒阿巴泰率兵入犯明邊。在大兵出發時，皇太極曾囑咐說，此次進兵，對於攻取城池，「度可取則取，度不可取則勿取」，得到俘虜以後，不論多少，應迅速派人送回，可見此次出兵仍然是爲了進行軍事騷擾和掠奪財物人口。六月二十七日，清兵從獨石口分三路進入明邊，大掠赤城、雲州等地，第八日三路相會於延慶州。俘獲人畜一萬七千九百八十九，其中人口三千四百二十五（《漢譯滿洲老檔拾零》，《故宮周刊》四三二期），即派人送回，然後從天壽山西灰嶺、賢莊、錐石、德勝等口進入長城，攻取昌平。昌平爲明諸帝陵寢所在。距北京僅九十里，因降丁二千人內應，巡關御史王肇坤戰死，總兵曹丕昌投降。明廷大震，即傳檄山東、山西、保定、關寧各鎮總兵率兵勤王。此次清軍入邊，本無意進攻北京，所以在西山遭到明將黑雲龍的阻擊後，即南下趨良鄉，先後攻克寶坻、定興、房山、文安、永清、安肅、容城、順義、東安、雄縣等處，大掠子女玉帛。九月初一日從建昌路冷口關出邊，滿載而歸。據說「俱豔妝乘騎，奏樂凱歸」，浩浩蕩蕩，四日始盡。俘獲人畜十九萬六千八百五十一，其中人口七萬三千二百九十三，牛、驢、駝、羊九萬七千六百九十一，馬、騾二萬五千八百六十八。（《漢譯滿洲老檔拾零》，《故宮周刊》四四三—四四八），清兵大書「各官免送」四字木牌，遺於道旁。明兵尾追而不敢近，待清軍出邊遠去後，明各路援軍總監內官高起潛始出邊，報斬三級以聞。（《國榷》卷九五）兵部尚書張鳳翼、宣大總督梁廷棟日服大黃藥求死，清兵退後，二人皆懼罪憂憤而卒。此役明人稱爲丙子之役。

(2)、戊寅之役

崇德三年（一六三八年）正月，漠北喀爾喀蒙古札薩克圖汗率兵南至歸化城，皇太極聞訊後即率兵往征。札薩克圖汗不戰而退，並遣使通好。皇太極在認爲自己確已無後顧之憂以後，便決定再次大規模派兵深入明朝腹地，進行騷擾掠奪，並用偏師襲擊山海關外的錦州、寧遠。八月底，皇太極命多爾袞、豪格、阿巴泰統左翼軍，岳托、杜度統右翼軍，兩路出師征明，在出發前用滿蒙漢三種語言發佈軍律，並說，「朕常欲和而明不從，是以興師耳」。九月二十二日右翼岳托軍從薊鎮西協密雲東北牆子嶺口入邊，二十八日左翼多爾袞軍從中協董家口東青山關入邊。時明薊遼總督吳阿衡、守牆子路西協總兵陳國俊正在給監視太監鄧希詔祝壽，聞訊後倉卒應戰，均被清軍所殺。兩路清軍便從遷安豐潤會於通州河西，直抵北京近郊，然後攻掠良鄉、涿州，直指山西，並兵分數路南下，一趨滄州霸縣，一沿運河南下山東濟南，一趨彰德衛輝。在清軍大規模深入腹地的情況之下，明廷內部卻意見不一。兵部尚書楊嗣昌、監軍太監高起潛主和，宣大總督盧象升主戰，崇禎皇帝先是主和，後又主戰。因而舉措無當，互相掣肘，不能對清軍組織有力的抵抗。盧象升兵不滿萬戰死於巨鹿賈莊，全軍敗沒。運河之樞紐臨清，是當時明軍的防守重點，而崇德四年正月清軍卻乘虛攻陷了濟南，俘德王朱由樞，太監馮允升等，兵鋒直達兗州，明派大學士劉宇亮督師，「援師雖集，但退怯不敢戰」，「觀望縱敵」直至三月清軍自己退走，這場戰事才告結束。這就是所謂「戊寅之役」。在這次戰役中清軍先後攻陷直隸順天府的順義、慶雲、保定府的博野、慶都、蠡縣、深澤、高陽，河間府的獻縣、青縣、任邱等縣，真定府的獲鹿、萊城、靈壽、元氏等縣，順德府的沙河、南和、平鄉、唐山等縣。山東兗州府的平陰，東昌府的博平，以及濟南府等共七十餘城，（《國榷》卷九七）「轉戰二千餘里」，俘虜人口四十七萬三千三百有奇，黃金四千零三十九兩，白銀九十七萬四百六兩。（《清太宗實錄》卷四五、四六）許多城鎮慘遭燒殺蹂躪，濟南一城被殺者積屍達十三萬具；（《國榷》卷九七）趙州一城被殺者有名籍可查者二萬五千二百餘軀，被掠者四千八百餘名口（《明清史料》甲編第一〇本九三九頁，〈兵部行「原任兵科都給事中王猷奏稿」〉）而清軍也有很大損失，右翼統帥岳托及其弟馬瞻死於濟南。岳托係代善長子，主管兵部，是清王朝代善兩紅旗的首領。岳托之死對清王朝是一個很大打擊。

崇德三年十月，在多爾袞和岳托進入長城之後，皇太極便親率多鐸、濟爾哈朗和孔有德、耿仲明、尚可喜、石廷柱等部漢軍，又集蒙古各部軍，乘明山海關外軍奉調入援之際，進攻山海關，命濟爾哈朗、多鐸先行向前屯衛寧遠進發。十一月，多鐸兵至中後所，被祖大壽軍所包圍，多鐸「僅以百餘騎突陣而出，而軍兵折損者過半，被擒者亦多」。此次皇太極以冒進失敗而歸。崇德四年（一六三九年）二月，皇太極又乘入邊清軍出邊之機，率代善、孔有德、耿仲明、尚可喜及外藩蒙古十三旗兵，進攻松山，明將金國鳳死守，復從松山周圍攻城二十餘日，亦未攻下。四月，出邊清軍攜岳托、馬瞻骸骨而還，皇太極與代善很傷心地率軍回到了瀋陽。為了追究這次失敗的責任，五月，處分了多鐸，降其王爵。

五、松、錦之戰與第一次明清議和之失敗

(1)、祖可法，張存仁關於松錦之戰的建議

通過丙子、戊寅之役，皇太極予明朝以很大的軍事打擊和經濟破壞，但明朝山海關外的錦、寧防線卻仍然十分牢固，清軍雖能深入腹地一千餘里，攻城略地，但最後還得退回關外。因此，對清朝來說，無論是要長期確保遼東，或者要進一步入據中原，錦寧勢在必取。崇德五年（一六四〇年）正月，大凌河之役降清的漢官都察院參政祖可法、張存仁、理事官馬國柱等向皇太極陳奏了一篇治國進取大計，提出了三條建議。一、治國之要。當時清王朝已是鐵騎如雲，進取天下足足有餘，必須乘此良機勘定中原。二、進取之計。進取中原有三策：第一是刺心之術，派兵直搗燕京，割據河北。第二是斷喉之術，山海關是北京與錦、寧之間的咽喉，直取山海關，則將關外等城置於絕地，可唾手而得。第三是剪枝之術，屯兵廣寧，使明兵不得耕種，乘機攻取錦、寧。三、講和之策。講和對明有利而對清不利，清朝即使必須講和，也要先破山海關，使明北京陷於孤立狀態，才可進行。（《清太宗實錄》卷五〇）祖可法、張存仁的這些建議本來是許多降清漢官們的一貫主張，像副將高鴻中、游擊佟整，生員楊名顯、楊譽顯都多次有類似建議，但以前皇太極著眼於收撫蒙古和鞏固內部，顧不上考慮這些意見。這時則情況與以前大不相同了，這些意見，正好爲解決這一當務之急提供了重要措施。皇太極決定採納其中的「剪枝之術」。屯兵關外，先取錦州、寧遠。同年二月他命人徵用朝鮮水師五千，米一萬包，限四月二十五日運至錦州地方的大凌河小凌河口。三月又派鄭親王濟爾哈朗與多羅、貝

勒多鐸率兵前往錦州北九十里之義州屯田，修理城堡，逼臨錦、寧，使明山海關外不得耕種。五月皇太極更親至義州，察看屯田築城情形，並將清軍分爲兩批，每批三個月，輪番屯駐義州，企圖對錦州實行圍困。這些措施，爲清軍在松錦打一場曠日持久的戰爭作好了準備。

(2)、洪承疇的對策

清軍屯駐義州，令明廷非常吃驚，即命薊遼總督洪承疇出關禦敵。洪承疇字亨九，福建南安人，萬曆四十四年（一六一六年）進士。原爲陝西三邊總督，長期在陝西鎮壓農民起義，很得明廷賞識，崇禎十一年（一六三八年）戊寅之役奉調入衛京師。崇禎十二春改任薊遼總督。洪承疇對錦、寧防線進行了新的調整，首先從各營中抽出部分兵力，進行團練，提高士卒的戰鬥力；其次將防守的重點放在山海關外的前屯衛和中後所，即可以外援寧遠錦州又可以內援薊邊關內，主要的目的是吸取了過去的經驗，用以防止清兵從山海關以西長城各口入邊。當年十月，清派豪格與多鐸襲擊錦州寧遠，明寧遠總兵全國風戰死，洪承疇即行連營節制之法，凡是巡撫、監軍、兵備道所屬營兵，在城守和作戰時，要統一歸鎮將總兵指揮，以集中事權，互不援助以致作戰失利者，各營將領要連坐處分。當時明在遼東的守將在錦州爲前鋒總兵祖大壽，寧遠爲團練總兵吳三桂，前屯衛爲署分練總兵劉肇基。主兵約六萬五千餘人，分駐於松、錦、杏、塔、寧、前、中後、中前八城之間。面對清軍突然屯駐義州企圖對錦州實行包圍的局面，洪承疇即調東協總兵曹變蛟、山海關總兵馬科與劉肇基、吳三桂等所部四萬人前往松、杏阻擊清軍。崇禎十三年五月十八日、七月十一日兩次戰於杏山城北，明軍先敗後勝，但仍然不能接近錦州。洪承疇看到這一場戰爭的艱巨性，認爲應作長期準備，「先運糧食入城，以固根本，爲目前第一要著」。(《明清史料》甲編第十本九八九頁，〈薊遼總督洪承疇題本〉)他便組織軍隊沿途紮營，將塔山、杏山之糧護送至松山，再由松山護送至錦州，而錦州派兵於中途迎接。經過晝夜不息的運輸，至九月初，運至錦州的糧食已足支到次年三月，松山糧食足支到次年二月。明軍原計畫於九月十日，由松山杏山向錦州推進，但清軍突於九月九日來攻，雙方戰於松山城西之黃土嶺，明兵損傷很多，但未成敗局，清將多爾袞亦退屯義州。雙方成對峙局面。當時清軍大隊屯於義州，前鋒駐於錦州西二十里之錦昌堡、大勝堡等外，不時出沒於錦州周圍，阻擊明軍於松、杏之間，經過此戰，洪承疇看到清軍勢盛，便向明廷建議，須集兵十五萬，存一年糧才能與清再戰。

崇德五年(一六四〇年)十二月，張存仁又上奏皇太極，說清軍圍錦州不嚴，建議來年春天攻錦州，不克不止。皇太極立即採納了張存仁的這個建議，並處分了多爾袞，降其親王爲郡王，罰銀一萬兩，奪兩牛彔戶口，即派濟爾哈朗前去代替。清軍即在錦州城外每面立八營，繞營俱掘深壕，壕內又修築垛口，將錦州團團圍住，使內外不得相通，同時又對城內的蒙古人進行策反。錦州守將祖大壽起家遼左，部伍中有相當一部分蒙古人，勇敢善戰，攻取多賴其力。當時錦州城中有蒙古兩營，一爲降夷右營那木氣，即清人所說的諾木齊，一爲降夷左營桑昂，即清人所說的桑阿兒寨。諾木齊駐錦州東關外城，看到清軍環城掘壕，志在必得，受到策反後，遂於崇德六年三月二十四日率蒙古兵丁男女幼小六千餘人叛降於清。自東關蒙古降清以後，清軍對錦州的包圍更加嚴密，這對城內的士氣是一個很大的挫傷。因爲當時明朝援軍的最大困難是糧餉不繼，明朝在遼東的糧餉全靠關內，儲於寧遠，然後從寧遠送於塔山，再經塔山輸於松、杏、錦州。自錦州被圍以後，洪承疇的援兵每次至杏山松山，必與清軍交戰，又不得不再回寧遠就食。從崇德六年春，錦州已經完全與外界隔絕，明廷屢促洪承疇出師解圍，四月二十五日洪承疇率七總兵與濟爾哈朗戰於錦州東南十五里之東西石門，互有殺傷，明軍「雖未卻虜，原係實實血戰」，（《明清史料》乙編第四本三一〇頁薊遼督師洪承疇揭貼）基本上堵住了清兵南進松杏的企圖。這時，根據明清雙方的情況，祖大壽從錦州城中傳出消息說「城內糧食足支半年，宜以車營逼之，毋輕戰；」洪承疇也認爲「久持松杏，以資轉運，且錦守頗堅，未易撼動，若敵再越今秋，不但敵窮，即朝鮮亦窮矣，此可守而後可戰之策也。」但是明朝廷中有一部分人懼怕籌餉的困難，見明軍稍有斬獲，便認爲圍可立解，督催洪承疇進兵，洪承疇不得已於七月二十六日誓師援錦，二十八日進抵松山。

(3)、皇太極臨陣決戰

洪承疇率八總兵、步騎共十三萬、馬四萬進到松山後，見清兵屯於錦州東南五里之乳峰山東，即令曹變蛟登乳峰山之西，其他七鎮兵結營於松山與乳峰山之間，掘壕，環以木城，騎兵布於松山東西北三面，其勢直逼錦州。清將多爾袞沒有想到這麼多的明兵突然出現在清軍面前，火速派人到瀋陽報告。八月初六日皇太極得到多爾袞的報告，當即派人告訴多爾袞，若敵人來犯可相機擊之，「不來，切勿輕動各當固定汛地」。初八日又下令，每牛彔派兵十名，往援錦州。十一日再次接到多爾袞要求增派援軍的報告，遂傳檄各路兵馬，星夜集於瀋陽，決定親征，並迫朝鮮世子同行。據朝鮮人所見，「時清人與漢兵相持，自春徂夏清國大將三人降，二人戰死，汗聞之憂憤嘔血，遂悉索瀋中人丁」，（《李朝實錄》仁祖十九年九月）「空國而往」，皇太極原擬十一日起行，因流鼻血，暫緩三日，起行三日血方止。當時阿濟格與多鐸曾建議皇太極「聖駕徐行，臣當先往」。而皇太極說：「行軍制勝，利在神速，朕如有翼可飛，即當飛去，何可徐行也。」清軍晝夜兼程，六日後（即十九日）到達松山。

時洪承疇急於解錦州之圍，將十三萬明軍密集於松、錦之間。松山距錦州十八里，杏山在松山和塔山之間，相距都是三十里。但洪承疇在松山與杏山之間卻未佈置兵力。皇太極到達松山以後，看到了明軍的這個弱點，即將自己所率的援軍駐於松杏之間，自烏欣河（即女兒河）南至海，橫截大路，將松杏隔開，切斷了松山明軍的後路，當日明軍發現了皇太極的儀仗出現在松山陣前，軍心大為動搖，「欲戰則力不支，欲守則糧已竭，遂合謀退遁」。二十日、二十一日明軍連續出戰兩日，未能取勝，皇太極估計明軍由於缺餉可能於當夜南逃，命令諸軍從其營地列陣直到海邊，並於杏山、塔山、小凌河口諸要險處設伏，準備激擊明軍。當晚，洪承疇集諸將議來日戰策，洪說：「雖糧盡被圍，宜明告吏卒，守亦死，不戰亦死，若戰或可幸萬一。」但議論未定，「總兵王朴怯甚，已先遁，於是將帥爭馳」。是夜初更，吳三桂、王朴、唐通、馬科、白廣恩、李鋪明等六總兵率馬步兵沿海而逃，奔往杏山、塔山，這正落入皇太極的圈套。清軍乘夜追擊，明軍昏夜不辨方向，「馬步自相蹂踐，弓甲遍野」，時值漲潮，自杏山迤南至塔山，一路赴海死者，不可勝計」。王朴、吳三桂二十二日逃入杏山，二十六日由杏山逃至寧遠，僅以身免。曹變蛟王廷臣與洪承疇則奔還松山。據清人所記，此役明先後喪亡士卒五萬三千七百八十餘人，失馬七千四百四十四匹，駝六十六，甲冑九千三百三十六。「海中浮屍漂蕩，多如雁鶩。」據朝鮮世子所見，「清人搜殺三日，極其慘酷。而漢人視死如歸，鮮有乞降者。擁荷其將，立於海中，伸臂翼蔽，俾不中箭，不失禮敬，死而後已。」（《沈館錄》卷三）

(4)、松錦之戰的結束

明軍從松山敗遁之後，清軍乘勝進圍杏山、塔山。自此松、錦、塔、杏四城完全陷於清軍重圍之中。九月十三日（丙戌），皇太極聞其所寵宸妃有病，奔回瀋陽。並命清軍加緊圍攻松山、錦州。又派孔有德、耿仲明、尚可喜運紅衣大砲助攻松山、錦州。洪承疇在松山屢次突圍而不能出，於崇德七年（一六四二年）二月十八日城陷被俘。送往瀋陽後投降。祖大壽困守錦州，糧盡人相食，聞松山陷亦於三月八日出降。繼而塔山、杏山亦陷。塔山城陷時，士民自焚廬舍，無一人投降。從崇德五年三月開始，歷時兩年的松錦之戰至此結束。

松錦之戰是明清之間最大的一次戰役，皇太極全力以赴，終於打敗了明朝洪承疇的十三萬援軍，奪取了關外的軍事重鎮錦州，消滅了明朝北方的軍事主力的絕大部分，再加上明末的兩個著名的將領洪承疇和祖大壽投降了清朝。從此，明朝再也沒有能力組織有力的部隊與清軍抗衡了。

五、明清議和失敗

皇太極對付明朝的策略，除進行戰爭而外，還採用議和手段。而明朝由於腐敗和虛驕心理作怪，自從袁崇煥被殺以後，上下忌諱與清議和，他們認為皇太極屢次致書提議議和，乃是沿襲金人愚宋之計，下令禁邊吏接受與議和有關的片紙隻字。明王朝之所以採取這種態度，實無自強之策，對清鬥爭已完全喪失信心。在戊寅之役時，崇禎皇帝就曾表示過同意楊嗣昌和高起潛與清議和的主張，但當盧象升出而堅決主戰以和議為非時，他又突然改變了態度，說：「原來未云撫，撫乃外廷議耳。」（《明史紀事本末補遺》卷八〈東兵入口〉）崇禎十四年（一六四一年）十月，明軍在松山潰敗以後，洪承疇和祖大壽被圍已陷於絕境，寧前道石鳳臺也曾派人與清聯繫，企圖通過議和，救出松錦被圍明軍，但是當遼東巡撫葉廷珪將石鳳臺的行動上奏明廷時，崇禎皇帝內心雖同意議和，而表面上卻仍然裝做不許議款，斥責葉廷珪是「漫令道臣誤國」，「有失體威」。（《明清史料》乙編四本三三八頁）後來由於形勢更加危險，在大學士謝陞的建議下，崇禎皇帝便命令兵部尚書陳新甲祕密主持與清議和，崇禎十五年三月，派職方郎中馬紹愉、兵部司務朱濟之等九十九人往瀋陽執行。雙方經過反覆磋商，六月初皇太極賜馬紹愉宴，致書明朝，提出了兩國議和的條件：

一、兩國如遇有婚喪大事，須互相遣使慶弔。

二、明朝每年送清國黃金萬兩、銀百萬兩，清國送明人參千斤、貂皮千張。

三、清人叛人（滿洲、蒙古、漢人、朝鮮人）逃入明境者，須捕送於清。明之叛人逃入清境者，須捕送於明。

四、劃定國界，以寧遠雙樹堡中間土嶺爲明朝國界，以塔山爲清國界。以連山爲適中地點，進行互市貿易。

五、自寧遠雙樹堡中間土嶺沿海至黃城島以西爲明界，以東爲清界，互相越境妄行者，察出處死。

六、明清雙方的尊卑關係，清方並不計較。

皇太極提出的這個條件並不算苛，明朝若持積極態度達成協議後將得到一個喘息機會。但是在馬紹愉回北京覆命，陳新甲的家僮將其密報當作塘報發付傳抄以後，言路紛紛上書攻擊議和，崇禎皇帝不敢公開堅持議和的主張，爲了維護自己的尊嚴，竟將陳新甲當作替罪羊，把議和責任全推在他一人身上，並下獄議死。這次議和便由此告吹。這是明清交戰以來最高級的第一次正式議和，這次議和的失敗，對明王朝的影響極大，大大加速了它的滅亡過程。

六、第四次深入內地的壬午之役

崇德七年（一六四二年）十月至八年五月，清軍又進行了一次深入明朝內地的騷擾掠奪戰役，史稱「壬午之役」。這是皇太極發動的最後一次大規模深入腹地的戰爭。崇德七年九月，漢軍固山額真李國翰、佟圖賴、祖澤潤與梅勒章京祖可法、張存仁等建議皇太極乘松錦之勝直取北京定鼎中原。皇太極表示反對他說：「取北京如伐大樹，須先從兩旁斫削，則大樹自仆，朕今不取關外四城，豈能克山海，今明國精兵已盡，我國四圍縱略，彼國勢日衰，我兵力日強，從此燕京可得矣。」（《清太宗實錄》卷六二）可見此時他認為明朝仍是一根大樹，不會馬上便倒，他發動壬午之役就是以這種認識為前提的。崇德七年十月皇太極派貝勒阿巴泰為奉命大將軍，統率八旗滿州、蒙古、漢軍二十四旗將士之半，以及外藩蒙古喀喇沁、巴林、札魯特等部共約八萬餘騎，兵分兩路，向長城以內進犯，在出發時，他曾特別囑咐兩件事：一、明朝若遣使求和，應該回答他們「我等奉命來征，惟君命是聽，他無所言，爾如有言，其向我君言之，必吾君諭令班師，方可退兵」。二、如果碰到關內農民起義軍，「宜云爾等見明政紊亂，激而成變，我國來征，亦正如此。以善言撫諭之。申戒士卒，勿誤殺彼一二人，致與交惡。如彼欲遣使見朕，即攜其使來。或有奏朕之書，爾等即許轉達齎書來奏」。（《清太宗實錄》卷六三）這說明皇太極這時仍然沒有完全放棄與明朝議和的希望，同時還制定了與農民起義軍交好共同打擊明朝的政策。十一月五日左翼清軍從界嶺口（河北遷安與撫寧交界外）毀邊牆而入，十一月八日右翼從黃崖口（古北口西段）進入長城。明自松錦之役大敗以後，為了防止清兵再次入邊，在關內外並建兩總督，又在昌平、保定設兩總督，在寧遠、永平、順天、保定、密雲、天津設六巡撫，在寧遠、山海關、薊鎮中協西協、昌平、通州、天津、保定設八總兵，真是星羅棋佈，無地不防。但這時的明軍由於屢次失敗，士氣低落，已無任何防禦能力。清軍進入長城以後，如入無人之境，烽火寂然，一晝夜行百餘里，因行軍過於疲勞，「有牽馬而鼾者」。（陳泰來：《陳節愍公奏稿》卷下〈界嶺失事情形疏〉）當警報傳來，明朝急忙徵調援軍時，清軍已攻克薊州，分道南下，連克霸州、河間、永清、衡水，直奔當時的漕運中心山東臨清。閏十一月十二日攻下臨清，然後兵分五道趨東昌、館陶。十二月初八陷兗州，魯王朱以派被俘自殺。半年之內，清軍縱橫山東、直隸、河南三省，克三府十八州六十七縣八十八城，獲黃金一萬二千二百五十兩，銀二百二十萬五千二百七十兩，珍珠四千四百四十兩，緞五萬二千二百三十匹，俘獲人民三十六萬九千，駝馬騾牛驢羊五十五萬一千三百，其他財物無數。（《東華錄》崇德八）直至崇德八年五月才陸續從牆子嶺出關而歸。

這次清軍入邊，對內地再次進行了嚴重的破壞。如薊州，「全城被屠」，霸州、文安士民屠僇殆半，在臨清「盤據十六日，殺擄百姓幾盡」。（《明清史料》乙編五九四頁）因而在許多地方遭到了激烈的抵抗。皇太極本來計畫要與農民軍交好，但結果在海州卻遇到了農民軍袁時中部的堅決抵抗。不過通過這次入邊，清軍探清了明王朝內部災荒頻仍，農民起義如火如荼的情景。

第四節 皇太極的改革與後金政治經濟的進一步封建化

皇太極即位後，在進行大規模的軍事行動的同時，還進行了一系列的重大改革，使政權內部的各種矛盾得到了一些調整，經濟有所發展，軍事力量不斷增強，封建化的程度大大加深。

一、鼓勵增殖人口與限制滿洲貴族利益

⑴、獎勵滋生人丁

滿洲社會視人丁爲財富，早已規定凡所俘獲投降人丁無妻者，該管牛彔章京要配以妻室，以便滋生人口。天聰二年（一六二八年）三月皇太極下令說：「國家疆域日開，首重生聚，國中貧乏無妻室者，可給資，令其婚娶。」（《清太宗實錄》卷四）崇德三年（一六三八年）明皮島總兵沈志祥投降後，曾命各官按世職每四個牛彔章京出牛一、婦女二。八貝勒家各出婦女十口，牛二百，並在官婦女七十五口，賞給來投所屬兵丁。皇太極統治時期獎勵滋生人丁，規定三年編審一次人口，凡所屬人口增長者賞，減少者罰。如天聰九年（一六三五年）進行了一次檢查，從滿漢分莊算起，一等甲喇章京李思忠原管壯丁六百一十五名，凡七年增丁一百一十三名，升三等梅勒章京。牛彔章京楊于渭，原管壯丁九百八十六名，凡七年增丁一百六十一名，升爲三等甲喇章京。高鴻中、金玉和、吳守進等就因所管壯丁減少，各罰銀一百兩。高拱極、蒲時擁因壯丁減少革職爲民。（《清太宗實錄》卷二四）

(2)、修改離主條例

滿族在邊外有一習慣，盛行告訐法，子可以告父，妻可以告夫，奴婢可以告主人。所謂離主，就是奴僕與牛彔下人告訐主人審實後，按律治主人以應得之罪，而原告可以離開主人，撥與其他牛彔，在一般情況之下，原告只是改換了自己的主人，其身份並未改變。努爾哈赤下遼東後，此法仍然沿襲未改。皇太極即位以後，於天聰三年（一六二九年）八月，重新頒佈了離主條例，規定：「八貝勒等包衣牛彔下食口糧之人，及奴僕之首告離主者，准給諸貝勒家，至於外牛彔下人及奴僕之首告離主者，不准給諸貝勒之家，有願從本旗內某牛彔者，聽其自便。」（《清太宗實錄》卷五）這就是說只有屬於八貝勒家包衣牛彔下的奴僕，告發主人被判離後，可以撥給其他貝勒家。而旗分牛彔下人及奴僕告發主人被判離後，不能撥給八貝勒家，可由原告自願隨本旗內其他牛彔。這個新規定對八貝勒的權力是明顯的限制。

天聰五年（一六三一年）又公佈了離主條例六條，其中除首告私行採獵、隱匿出征所獲財物等內容可以離開本主，但不得離開八貝勒外，特別規定：凡擅殺人命者，原告及被害人近支兄弟准離其主，被告仍罰銀千兩；諸貝勒姦屬下婦女者，原告及本夫近支兄弟准離其主，被告仍罰銀六百兩。諸貝勒隱匿下屬從征有功戰士，將他人冒功濫薦者，原告准離其主，被告罰銀四百兩；有欲告其主，貝勒以威箝制不許者，原告准離其主，被告罰銀三百兩。（《清太宗實錄》卷九）這些條文很明顯是要保障一般牛彔下人的人身基本權利，限制諸貝勒的不法行爲。

天聰六年再次對離主條例作了補充規定：凡首告兩事以上者，倘重者審實，輕者審虛，免坐誣告罪，仍准原告離主。如告數款，輕重相等，審實一款，亦免坐誣告之罪。如所告多實，及虛實相等，原告准離其主：所告多虛，原告不准離主。若子告父、妻告夫，及同胞兄弟相告，果係反叛逃亡與異心於上者，許告，其餘不許，若有告者，被告照常審擬，原告罪亦同，不准離主。（《清太宗實錄》卷一一）這裏除了強調首告離主要重事實，反對誣告而外，特別規定了除反叛逃亡對上不忠而外，不許子告父，妻告夫，兄弟同胞相告，即使告實也不許離主。改變了過去任何人可以相告的傳統，接受了漢族的封建倫理觀念，這是皇太極改革當中階段關係封建化的一個重大變化。（王鍾翰〈皇太極時滿族向封建制的過渡〉見《清史雜考》）

(3)、限制官員占田、占丁免役

後金在實行計丁授地時，規定每丁授田六日，五日種糧，一日種棉。但實際並未授足。「況扯繩分田，名雖五日，實在止有二三日」，有的根本沒有授給。而且近堡肥田，多被該管將官、千總所占，只將遙遠荒田分給貧民。（《天聰朝臣工奏議》上，〈高士俊謹陳末議奏〉）例如賽木哈牛彔額真就多占壯丁地至五百日。針對這種情況天聰七年（一六三三年）皇太極曾下令，凡二、三牛彔同居一堡者，允許各自在田地附近築屋以居，任其遷徙。「凡田地有不堪耕種者，盡可更換，許訴部臣換給」，給地之時，不許牛彔額真、章京「自占近便沃壤，將遠瘠之地分給貧民，許貧人陳訴。」凡貧民無牛者，應著有力之家代耕，「一切徭役，宜派有力者，勿得累及貧民。」（《清太宗實錄》卷一三）

滿洲的包衣即奴僕是免役的。但奴僕的數目必許上檔，記錄在案，不得隱匿。包衣牛彔亦稱內牛彔，與外牛彔的性質和地位各不相同，天聰四年（一六三〇年）編審壯丁時皇太極下令規定：凡屬於包衣牛彔或自己置買人丁者，可以照數計入。但不許以外牛彔下人計入。並規定自丙寅（一六二五年）年九月一日即皇太極繼承汗位那天開始，凡將外牛彔下人編入內牛彔者，一概退還；隱匿壯丁者，壯丁入官，本主及牛彔額真撥什庫罰土黑勒威勒（罰俸），知情隱匿者，每丁罰銀五兩，仍罰土黑勒威勒。這些規定的基本精神即是不許多占人丁，將國家的自由平民變為私家的奴僕。皇太極還規定，凡貝勒家每牛彔只許四人供役，溢額者察出，啓知貝勒退還，如貝勒不從，即可赴告法司，貝勒與固山額真坐以應得之罪，除壯丁撥出外，仍照數賠償給原管牛彔，包衣昂邦鞭一百，革職。（《東華錄》天聰五，《清太宗實錄》卷七）崇德元年（一六三六年）又規定，滿洲官員依品級免壯丁官糧差役人數，一等公為四八人，三等公四〇人，昂邦章京三〇人，梅勒章京二四人，甲喇章京一六人，牛彔章京八人（《清太宗實錄稿本》卷一四）凡超出此數者即為非法。

皇太極之所以要對占丁占役的數量屢次加以規定，乃是由於當時後金的徭役負擔極為沉重，他是企圖利用這一辦法稍微減輕一些普通民眾的負擔。這時後金的差徭役情況是：滿洲每牛彔年出守臺人八名，淘鐵人三名，鐵匠六名，銀匠五名，牧馬人四名，固山下聽事役人二名。按人數每牛彔當差者十有四家，差役項目多達二十餘種。漢人的負擔比滿人更重，築城、運糧、打土磚、燒石灰、派夫趕車、拉土拉灰等，「人牛俱不得閑」。編審壯丁時，更是「不問老者力衰頭白，亦不問老百姓生子多少，一概混編，至於生三四個兒子都是壯丁當差，而老子差事不去」，「兒子當差，孫子又當差，至於爺爺差事還不去。」（《天聰朝臣工奏議》卷中，「應元條陳七事」）有一具體事例深刻地反映了後金徭役繁重的嚴重程度：明朝生員劉奇遇劉弘遇兄弟，原爲祖大壽參謀，在努爾哈赤攻廣寧時以明朝兵馬數目戰守事宜來報投誠，努爾哈赤答應得廣寧後即授以官，命隸佟三牛彔下居住，結果子弟三人全被編入冊籍當差，直到崇德元年經過上書皇太極，情況才有所改變。

二、政治方面的改革與加強中央集權

⑴、重用漢官考選儒生

皇太極改革的一個重要方面，就是重用漢官。他對努爾哈赤曾大規模屠殺漢人衿紳和儒生非常後悔。他從實踐中認識到，要統治一個國家，單純依靠武力的征服是不夠的，還需要文化和教育。天聰三年（一六二九年）他決定考取儒生時說：「朕思自古及今，俱文武並用，以武威克敵，以文教治世。朕今欲興文教，考取生員，諸貝勒府以下及滿漢蒙古家所有生員，俱令赴考，家主不許阻撓，中者則以丁償之。」（《東華錄》天聰四）九月舉行考試，從皇太極家、八貝勒包衣下及滿洲蒙古家察出隱匿爲奴免於殺戮的儒生，共三百餘人，考選者二百人。分爲三等，一等賞緞二匹，二等三等賞布二匹，各免二丁差徭，並候錄用。此次考中者稱爲秀才或生員。此後又在天聰八年三月舉行了一次考試，取中漢人生員一等十六人，二等三十一人，三等一百八十一人。四月又取滿洲習滿書、滿洲習漢書、漢人習漢書、蒙古習蒙古書者剛林、敦多惠、宜成格、齊國儒，羅繡錦、馬國柱等十六人爲舉人、各免役四丁。崇德三年（一六三八年）八月再次考試，選取舉人羅碩、常鼎、胡球、王文奎、楊方興等十名，授半個牛彔章京品級，各免役四丁，一等秀才十五名，二等秀才二十八名，三等秀才十八名，授壯大（撥軍校）品級，各免二丁或一丁差役。崇德六年七月，在范文程的建議下考選滿洲二人，蒙古一人，漢人四人爲舉人，其餘生員若干人分一、二、三等，各賜緞布有差。通過這幾次考試，散處於遼東地區略通文義的知識分子大多數被吸收到後金政權中去，成爲後來入關文職官員中的骨幹。在崇德三年的考選中，都察院承政祖可法張存仁曾建議爲了網羅人材應該再次允許滿、漢、蒙古中奴僕參加考試，中試者即用人丁換出。皇太極卻大加申斥，他說「今滿洲家人，非先時濫行占取者可比，間有一二生員，皆攻城破敵之際，或經血戰而獲者有之，或因陣亡而賞給者亦有之」，若「無故奪之，則彼死戰之勞，捐軀之義，何忍棄之乎？若另以人補之，所補者獨非人乎？無罪之人強令爲奴，亦屬可憫。爾等止知愛惜漢人，不知愛惜滿洲有功之人及補給爲奴之人也。」（《東華錄》崇德三）可見皇太極爲了維護滿洲貴族的利益，仍然允許一部分儒生淪爲奴隸。

(2)、設立文館與內三院

文館俗稱書房，是後金國汗召集部分儒臣起草文書詔令的處所。早在努爾哈赤時期，即已有人從事類似的工作，但無正式機構。像創製滿文之額爾德尼，往來奉使於蒙古之希福，以及翻譯漢文典籍之達海，都因兼通滿、蒙或漢文而被努爾哈赤重用，並賜以「巴克式」之稱號，亦稱「榜什」（漢語文士之意。）皇太極於天聰三年（一六二九年）四月，正式將文館的工作分作兩值（班），巴克什達海與筆帖式剛林、蘇開、顧爾馬渾、托布戚四人翻譯漢文書籍，巴克什庫爾纏同筆帖式吳巴什、查素喀、胡球、詹霸四人記注後金國朝事。從此文館成爲一個正式的辦事機構。其授官爲參將、游擊者稱巴克什，次之稱筆帖式，其以儒生入館工作尚未授官者稱秀才、或稱相公，無定員。文館最初主要負責人是滿人，後來逐漸增加漢人，最著名者有高鴻中、范文程、寧完我、鮑承先等。文館的設立，使文人參與後金政治發揮了很重要的作用。文館的工作除了記錄後金每天的政治大事，翻譯漢文典籍、起草國書、政令而外，還兼管章奏出入，有明朝通政司的職能。後金內部的許多改革建議多半是由文館諸臣提出的。至於對明的戰守方略，文館諸臣提出的建議就更多了。己巳之役設間殺袁崇煥者爲高鴻中和鮑承先。所以文館在當時是皇太極進行改革的一個諮詢機構，任職的儒臣則起了顧問的作用。

由於文館作用的重要與皇太極稱帝的需要，天聰十年三月（一六三五年）將文館改爲內三院：內國史院、內祕書館、內弘文院。內國史院掌記注皇帝起居詔令、編纂書史、纂修實錄、撰擬郊天告廟表文、功臣誥命。內祕書院掌撰外國往來書狀、及敕諭祭文，並錄各衙門章奏。內弘文院掌注釋歷代政事得失、御前進講、並頒行制度。三院各設大學士、學士來主持。以希福（內弘文院）、范文程、鮑承先（內祕書院）、剛林（內國史院）爲大學士，秩從梅勒章京。羅碩、羅繡錦、詹霸、胡球、王文奎、恩國泰爲學士，秩從甲喇章京。全是原在文館任職的舊人。內三院的設立是仿照明朝的內閣體制，大大地提高了文臣的地位。從此以後皇太極的許多重大決策，都是與內三院商議的，尤其是內祕書院大學士范文程，更爲皇太極所倚重。

(3)、六部與都察院、理藩院

後金的民政刑獄事宜原歸八旗各自審理，重大事件或旗內未能審理者才集諸貝勒大臣議政會議解決。天聰五年（一六三一年）三月，因各旗大臣營私舞弊，斷事不公，人民怨聲載道，引起了皇太極的注意，他致函諸貝勒與八旗大臣，令各陳己見。七月他根據寧完我的建議，仿照明制改革後金官制，設立吏、戶、禮、兵、刑、工六部統一管理全國的軍事、民政、刑獄事宜。每部由一貝勒主管，下設承政四人，滿承政二員，蒙古承政一員，漢承政一員，啓心郎一員，承政之下各設參政八員，惟有工部參政滿洲八員，蒙古二員，漢官二員。餘爲辦事人員稱筆帖式。貝勒多爾袞管吏部，德格類管戶部、薩哈廉管禮部、岳托管兵部，濟爾哈朗管刑部，阿巴泰管工部。全國重大事情仍由皇太極主持的諸貝勒和八旗大臣議政會議解決，但六部要直接向皇太極負責。六部的設立使後金有了全國統一的行政機構，提高了辦事效率，加強了中央集權，使八旗分立各自爲政的局面得到了根本的改變。六部的另一個特點是給予蒙古與漢官以相當高的地位，這是後金政權向聯合蒙古、漢族地主階級邁出的一大步。也是後金政權在組織形式上全面封建化的一個重要標誌。崇德三年（一六三八年）七月，因禮部漢承政祝世昌建議禁止俘獲良人婦女賣與樂戶爲娼，受到皇太極的申斥，被認爲是漢官庇護漢人，對六部進行了改組，每部只設滿承政一員，下設左右參政二員或四員，理事官、副理事官四員至十六員不等，還有啓心郎、額者庫（主事），共五等，參用滿、漢、蒙古，大權則集於滿承政一人。

崇德元年（一六三六年）五月，皇太極稱帝以後，根據漢官建議設都察院，以大凌河降將張存仁祖可法爲承政，都察院的職責是勸諫皇上、彈劾糾察六部以及諸王貝勒的不法行爲。與三院六部不相屬。皇太極授該院以很大的權力，曾說「朕或奢侈無度、誤殺功臣，或逸樂田獵，荒耽酒色，不理政事，或棄忠良任奸宄，陟黜未當，爾其直諫無隱，諸貝勒若廢職業，黷貨偷安，或朝會輕慢而部臣容隱者，爾其指參。」（《東華錄》崇德六）把清王朝的王貝勒大臣各級官員的行止完全納入封建化的軌道。崇德三年七月改組六部時，以阿什達爾汗爲都察院承政，張存仁祖可法左遷爲右參政。

天聰九年（一六三五年）林丹汗之子額哲投降，漠南蒙古全被後金統一，爲了妥善地管理蒙古事宜，在崇德五年（一六三六年）設蒙古衙門，以尼堪爲滿承政，塔布囊達雅齊爲蒙古承政。三年六月改蒙古衙門爲理藩院。七月以貝子博洛爲承政，塞冷（蒙古）爲左參政，尼堪爲右參政。副理事官八員啓心郎一員。因爲理藩院是專管外藩及蒙古事務的，故無漢人參政。

六部與都察院、理藩院合稱八衙門，是當時清王朝中央一級的最高行政機構，基本上是按照明王朝的模式建立的，但也保留了一些清王朝的民族特點，即所謂「參漢酌金」。像理藩院，則是明王朝沒有的。清特別重視爭取聯合其他少數民族的工作，這是中國歷史上其他王朝所不及的。

(4)、建立專制皇權

在皇太極繼承努爾哈赤的汗位時，後金仍然是實行八和碩貝勒共議國政的政策，「有人必八家分養之，地土八家分據之，即一人尺土，貝勒不容於皇上，皇上亦不容貝勒」，皇太極名義上是後金國汗，實際上與幾個大貝勒的權勢區別不大。（《天聰朝臣工奏議》上，〈胡貢明五進狂瞽奏〉）在處理政務上是執行努爾哈赤天命六年的規定，四大貝勒每人輪留執政一個月，在朝會、宴會接見群臣時，皇太極與三大貝勒代善、阿敏、莽古爾泰並排而坐，儼然如四汗，所以代善與阿敏、莽古爾泰雖然擁護皇太極作汗，實際上根本沒有把皇太極放在眼裏，仍然各行其是，矛盾非常尖銳。這種局面既不利於後金政權的鞏固，也不利於對明鬥爭的形勢需要。所以皇太極經過幾次重大鬥爭，除掉了阿敏和莽古爾泰，打擊了代善，集大權於一身。

阿敏，原係努爾哈赤之同母弟舒爾哈齊之子，自舒爾哈齊被努爾哈赤處死以後，部分部眾爲阿敏承襲，領有鑲藍一旗，對努爾哈赤一系懷有很深的仇恨，總企圖脫離努爾哈赤自立，移居邊外里扯木。天聰元年（一六二七年）征朝鮮時，因爲仰慕其城廓宮殿，曾違眾擅自進軍，欲進據王京。天聰四年六月因防守永平等城時棄城逃跑，被皇太極囚禁，於崇德五年（一六四〇年）死於囚所。莽古爾泰是努爾哈赤第五子，天命元年（一六一六年）與代善、阿敏、皇太極同授和碩貝勒，領有正藍一旗。其人性格殘暴，當生母富察氏得罪努爾哈赤時，他爲了取悅其父，便將母親殺死。皇太極繼承汗位以後，莽古爾泰曾與其姐莽古濟格格（即哈達公主）、弟德格類謀自立爲金國汗。天聰五年八月，在大凌河之戰時，因怯於戰鬥，與皇太極發生口角，撥刀露刃，進行威嚇。十月皇太極即藉口他犯了「御前撥刀罪」，將他革去大貝勒稱號，降居諸貝勒之列，奪五牛彔屬人，馬十匹，罰銀一萬兩。同年除夕議元旦朝賀禮時，因鑒於過去朝賀不論官職大小，隨意排列，每有逾越班次者，於是酌定儀制：諸貝勒秉承皇太極的意旨提議，莽古爾泰不應再與皇太極並坐。在這種情況之下，代善也只好表示「我等奉上居大位，又與上並列而坐，甚非此心所安，自今以後，上南面居中坐，我與莽古爾泰侍坐於側，外國蒙古諸貝勒坐於我等之下。」（《東華錄》天聰六）從此，後金終止了自阿敏被處分後皇太極與代善、莽古爾泰並坐的「三尊佛」制，皇太極南面獨尊了，群臣朝賀也以官職大小為序，廢止了以年齒為序的舊習。天聰六年十二月莽古爾泰暴病而死，部眾為其弟德格類所領，天聰九年十月德格類死。十二月，莽古爾泰與德格類曾以謀逆之事被告發，莽古爾泰及德格類所屬人口財產全歸皇太極所有，正藍旗分為二旗編入皇太極旗分。

阿敏、莽古爾泰被除掉後，大貝勒只剩下代善。代善在後金實力最大，根基最深。領有兩紅旗，其子岳托貝勒主管兵部，薩哈廉貝勒主管禮部。所以皇太極對代善的態度與對阿敏和莽古爾泰不同，主要是要他屈服，俯首聽命，天聰九年皇太極興沖沖地出瀋陽百里外至楊石木河迎接傳國玉璽時，邀代善同行，而代善卻於皇太極動身前三日出發，率本旗人員私自遠營行獵。當時皇太極長子貝勒豪格議娶林丹汗伯奇福晉，因而引起莽古濟格格（豪格岳母）不滿，當莽古濟格格經代善營前時，代善又將之邀入帳內大宴，並贈以財帛。皇太極遂大怒，回到瀋陽後杜門不出，歷數代善歷次過錯，並要挾諸貝勒說：「爾等別舉一強力者為君，朕引分自守足矣。」結果，諸貝勒大臣議代善輕視皇太極大罪四條，建議革去大貝勒名號，削和碩貝勒爵，奪十牛彔屬人，罰銀萬兩。皇太極見代善的威風已經被打下去，當即決定適可而止，僅罰銀馬甲冑了事。同年十二月，諸貝勒及漢官建議皇太極稱帝，皇太極屢次堅辭不允。薩哈廉看出了皇太極的心事，是怕諸貝勒懷有異志，爲後日患，於是建議諸貝勒對皇太極立誓效忠，皇太極才同意了。二十八日代善率諸貝勒拜天盟誓。代善及各貝勒以次立誓，保證對皇太極完全盡忠竭力，於是皇太極在天聰十年（一六三六年）四月即皇帝位，作了專制帝王。他又仿照明朝封子弟爲王的辦法，封代善爲兄和碩禮親王。濟爾哈朗、多爾袞、多鐸、豪格、岳托皆封爲和碩親王，餘爲郡王、貝勒等，成了清朝專制君主之下最顯貴的王公。

三、建立蒙古、漢軍八旗

(1)、建立蒙古八旗及外藩蒙古旗（札薩克）

滿洲貴族重視對蒙古的征服，因爲他們認爲蒙古與滿洲風俗衣冠相同，便於聯結起來共同對付明朝。所謂「得朝鮮人十，不若得蒙古人一，得蒙古人十，不若得滿洲部落人一。族類同，則語言同，水土同，衣冠居處同，城郭土著、射獵習俗同。」（魏源：《聖武記》卷一，開國龍興記一）在努爾哈赤建立八旗時即已吸收蒙古人參加，編爲牛彔。如恩格圖原係蒙古科爾沁部人，「自哈達挈家來歸，授牛彔額真。」阿濟拜原爲蒙古巴林部人，「旗制定，隸正藍旗，初事太祖，授牛彔額真。」當時「滿洲牛彔三百有八，蒙古牛彔七十六，漢軍牛彔十六。」

（《清朝文獻通考》卷一七九，〈兵考一〉）最初蒙古與漢軍都統編於八旗滿洲之內，沒有獨立成旗。直到後金下遼東以後，天命七年（一六二二年）二月，科爾沁蒙古的兀魯特部貝勒明安、率同部兀爾宰圖、鎖諾木、多爾濟、布顏代等十貝勒三千戶並驅牲畜來歸，努爾哈赤將他們安插在遼東，授明安爲三等總兵官，別立兀魯特蒙古一旗，才開了蒙古單獨成旗的先例。後金攻取廣寧以後，蒙古降人日益增多。皇太極即位初期，曾命蒙古人總兵官武納格總管蒙古軍。位亞額駙揚古里、李永芳而在八大臣之上。不久皇太極又將蒙古軍分爲左右二營，武納格與另一蒙古將領鄂本兌同爲固山額真。從此八旗中之蒙古軍隊便正式成爲獨立單位，自成一旗。天聰三年，皇太極命武納格與副將蘇納（葉赫人）率滿洲兵八十名及蒙古全軍（包括明安之兀魯特旗）往征察哈爾，同年冬又隨皇太極入邊，圍逼北京，五年在大凌河之役參加圍攻明將祖大壽。天聰六年（一六三二年）明安、布顏代與武納格皆從皇太極征察哈爾。由於明安等少所俘獲、隱匿蒙古逃亡並違抗編降民五十家爲民戶之令，兀魯特蒙古旗被解散，其蒙古諸貝勒隨滿洲諸貝勒行走，兵眾撥與武納格與鄂本兌旗下管理，明安改隸滿洲正黃旗，布顏代改隸滿洲鑲紅旗。天聰八年五月又將蒙古左右營改爲左右翼，武納格爲左翼固山額真，鄂本兌爲右翼固山額真，自此蒙古軍正式分爲兩旗。天聰九年正月，以察哈爾各部降眾三千餘丁分與滿洲八旗。同時鄂本兌（正月）與武納格（二月）也相繼病死。二月編審內外喀喇沁壯丁，共一萬六千九百五十三名，被分編成十一旗。其餘七千八百三十一名男丁與舊蒙古兵相合，分編爲八旗。八旗蒙古從此正式成立，主要是由內喀喇沁男丁和原武納格、鄂本兌之蒙古左右翼以及八旗滿州中的舊蒙古兵組成。與八旗滿洲並列爲後金的主要武裝力量。旗制與八旗滿洲同，固山額真下設梅勒章京二員，甲喇章京二人或五人，基層組織爲牛彔。而喀喇沁土默特三旗則組成外藩蒙古旗即札薩克。

崇德元年（一六三六年）十月，皇太極命內弘文院大學士希福與蒙古衙門承政尼堪、都察院承政阿什達爾汗前往察哈爾、喀爾喀、科爾沁清查戶口，編牛彔，並審罪犯，頒佈法律。「以五十家編爲一牛彔，造載牛彔章京姓名及甲士數目冊籍。」（《清史稿》卷三二）經此次大規模編審，外藩蒙古增至十三旗，即科爾沁五旗，敖漢一旗、阿魯科爾沁一旗、翁牛特一旗、四子部落一旗及原喀喇沁、土默特三旗。（《清太宗實錄》卷五一八—五二〇藩部傳一、二、三，張穆；《蒙古遊牧記》卷一—五）崇德八年（一六四三年）外藩增至二十旗。外崇德八年（一六四三年）外藩增至二十旗。外藩蒙古各旗由該部酋長任旗長，蒙語稱札薩克，下即牛彔（佐旗），蒙語稱蘇木。與八旗蒙古純係軍事組織不同。此後，清朝還曾多次派人到歸附蒙古各部編審壯丁，頒佈法律，清理刑獄。把清王朝的法律制度完全施行於蒙古各部。這些制度前後包括：劃定各部牧地疆界，審定人口，不許互相越界放牧，違者貝勒罰馬百、駝十。清除蒙古陋習，禁止奸盜。凡王公貴族奪有夫之婦配與他人者，罰馬五十匹，駝五隻，其納婦之人，罰七九之數牲畜給與原夫，姦有夫之婦，拐投他貝勒下者，男婦俱論死，取其妻子牲畜給與原夫，貝勒不查處者，亦罰馬五十匹，駝五隻；（《清太宗實錄》卷一七）凡有調遣，必須從征。經過這一系列措施，漠南蒙古各部已經完全成爲後金政權不可分割的一部分，蒙古貴族被吸收到統治者的行列中去，下層牧民則爲他提供新的兵源，大大增強了後金的軍事和政治力量，嚴重地削弱了明朝的防禦力量，這是清王朝在入關以前能夠取勝的一個關鍵。

蒙古八旗與外藩蒙古札薩克的建立，還有另一個值得重視的作用。過去在中原建立的漢族王朝，對許多邊境少數民族採取傳統的羈縻政策，甚至是統而不治。這種政策的惡果是使這些少數民族長期處於經濟上的落後狀態，互相紛爭，戰亂不已。皇太極統一了蒙古各部之後，一反過去中原王朝的羈縻政策，嚴格地治理蒙古各部，這就有效地結束了蒙古內部長期的戰亂局面，也清除了歷史上中國北方的不安定因素，使蒙古民族在政治、經濟和文化的發展上互相化爲一體，進一步成爲中國多民族大家庭中不可分割的一部分。

(2)、建立漢軍八旗

皇太極在建立蒙古八旗的同時，也著手建立了漢軍八旗。漢軍亦稱烏真超哈，烏真滿語爲重意，超哈是兵。烏真超哈即指攜帶有火炮的兵。所以漢軍的建立，是由後金軍隊重視使用火器開始的。在最初，凡投降的明軍將領和士兵，像撫順的李永芳，開原的金玉和，後金都仍然按照明軍的舊制，讓原來的將領統轄其眾，隸於滿洲八旗。下遼瀋後，後金把遼東的漢人按丁分撥給滿漢官員管轄。天命六年（一六二一年）又曾命令漢人二十丁抽一當兵，派往各處隨滿洲兵守衛。天命七年，在抽取漢人當兵時，還命漢兵準備火炮、長槍，如轄四千漢人之總兵官，出兵二百名，其中一百名準備大砲十，長炮八十；轄三千漢人之總兵官出兵一百五十，準備大砲八，長炮四十。這些人被抽取後，按牛彔分編，協助滿洲八旗兵守城或作戰。皇太極即位以後，後金軍兩次在寧遠、錦州被明軍用西洋大砲（亦稱紅衣大砲）打敗，這就使他深切感覺到利用漢人掌握這種先進武器的必要。天聰四年（一六三〇年）春皇太極入邊北歸時，從永平俘虜了許多明軍炮手，其中有第一個爲後金造紅衣大砲的鑄匠永平人王天相。皇太極即命額駙佟養性與游擊丁啓明備禦祝世昌等督理監造，於天聰五年春造成，名叫天佑助威大將軍。皇太極當即任命佟養性總理一切漢人軍民事務，爲昂邦章京（總管），眾官不得違其節制。三月，皇太極檢閱了新編漢兵，「命守戰各兵，分列兩翼，使驗放火炮鳥槍」。這可以說是漢軍獨立成軍的開始，十月大凌河之役，皇太極命佟養性率漢兵五百，載紅衣大砲，協助攻城，發揮了很大作用。天聰六年正月元旦朝賀時，佟養性率眾漢官列位於八旗固山額真之前。這時漢軍已有六甲喇馬步兵三千餘人，很受皇太極的重視。

天聰七年七月，分編漢軍戶口，命八旗下漢人每十丁抽一人當兵，共得一千五百八十戶。命馬光遠統之，分補漢軍甲喇之缺額。八月升石廷柱爲總兵官，授漢軍固山額真。從此漢軍正式成爲一旗。崇德二年取皮島後，將漢軍一旗分爲兩旗。稱左右翼，左翼由石廷柱任固山額真，右翼由馬光遠任固山額真，旗色皆用元青。崇德四年（一六三九年）因石廷柱馬光遠在攻松山城時獲罪，分兩旗官員兵丁爲四旗，每旗牛彔十八，設固山額真一，梅勒章京二，甲喇章京四。崇德七年松錦之戰，獲得了大量的明軍火器，七月便析漢軍四旗爲八旗，以祖澤潤、劉之源、吳守進、金礪、佟圖賴、石廷柱、巴顏（李永芳子）、李國翰八人爲固山額真。旗色、名稱、官員設置與滿洲八旗相同。滿洲八旗長於野戰而不善於攻城，皇太極建立漢軍八旗，奪明軍火器之所長以攻明軍，大大提高了八旗軍的戰鬥力。松錦之戰是明清雙方一次大規模的攻堅戰，清軍之所以取得勝利，也多借助於漢軍和朝鮮的火器。

漢軍八旗在組織上與滿洲八旗、蒙古八旗相並列，皆爲八旗的三個組成部分之一，但在清朝國家中，漢軍八旗的地位和作用，還比不上滿洲八旗，他們實際上是作爲滿洲八旗的附庸、配合滿洲八旗作戰的。當漢軍八旗的固山額真稍微要求一點獨立的權力和地位時，立刻遭到皇太極的斥責。

漢軍八旗成立以後，三位順王孔有德、耿仲明、尚可喜也請求自己的天佑軍天助軍隨漢軍旗下行走，皇太極批准了他們的要求，所以孔、耿、尚也屬於漢軍。但這是一支獨立於八旗之外的漢人軍隊。因爲它除了出兵、用刑二事之外，其餘完全自己作主，入關後他們發展成爲所謂的「三藩」。

四、對喇嘛教的利用和限制

滿族本信奉薩滿教，這是滿族土生土長的一種宗教。「薩滿」是通古斯語的音譯，即巫或稱大神，有男（巫）和女（巫），被認爲能夠溝通神和人之間的關係，滿族人祈福求子及祈求祛病消災，多請薩滿來進行祭祀。薩滿則「頭戴神帽、身繫腰鈴，手擊皮鼓，即太平鼓，搖手擺腰，跳舞擊鼓，鈴聲鼓聲，一時俱起。」（姚元之，《竹葉亭雜記》卷三）這就是所謂跳神。薩滿教崇拜的最高的神是天神，祭堂子（即拜天禮）便是這種宗教祭祀的重要儀式。所以後金凡重大節慶、元旦、出師、凱旋，都必須祭堂子。薩滿教與喇嘛教本沒有直接關係，但是由於蒙古各部篤信喇嘛，所以在後金征服與招撫蒙古的過程中，便與喇嘛教發生了極其重要的關係。

喇嘛教是佛教傳入西藏以後與當地的「本教」溶合而形成的一種藏傳佛教。西藏佛教舊皆宗紅教（戴紅帽），照印度之習，喇嘛娶妻生子，傳襲衣鉢，行爲多失宗教戒律。後宗喀巴（一三五七—一四一九年）進行改革，創立黃教（戴黃帽），禁止喇嘛娶妻生子，嚴飭戒律。他死前遺囑兩大弟子達賴（意無上）、班禪（意光顯），世世轉生即呼畢勒罕（化身），承襲衣鉢。至明代後朝，俺答汗迎三世達賴喇嘛於青海，建立寺廟，於是蒙古諸部始篤信黃教。「東西數萬里，熬茶膜拜，視若天神」，（《清史稿》列傳三一二，藩部八）一切「惟喇嘛之言是聽」。後金興起以後，努爾哈赤爲了爭取科爾沁部，曾派人敦請科爾沁的老囊蘇喇嘛，天命六年（一六二一年）老囊蘇喇嘛到遼東，受到了崇高的禮遇，賜以莊田，死後爲之建塔，並賜戶口看守。此後隨著努爾哈赤在遼西的勝利，蒙古各部紛紛來投，許多喇嘛也來到了遼東，天命十年薩哈爾察喇嘛等來投，努爾哈赤准免其子孫萬代的賦稅，並賜一百三十二人敕書。（《滿文老檔》太祖卷六六）在皇太極繼位以後，許多重要的政治事務，更利用喇嘛去進行。天聰三年（一六二九年）與袁崇煥談判時即派白喇嘛（老囊蘇喇嘛的徒弟）爲使，在此以前袁崇煥與皇太極談判則派五台山僧李喇嘛。天聰六年皇太極與明求和，兩次持書到寧遠者爲衛征囊蘇喇嘛。隨著蒙古各部歸附日眾，尤其是在征服察哈爾的過程中，皇太極利用喇嘛教的政策日益產生重大的政治作用。天聰六年五月皇太極征察哈爾至歸化城時，對喇嘛寺廟採取保護態度，命令軍士「勿毀廟宇，勿取廟中一切器皿，違者死」。（《清太宗實錄》卷一一）這使他很快地收服了察哈爾部眾。天聰八年，墨爾根喇嘛即載護法喇嘛噶喇佛像至遼東。此像係元世祖時巴思八喇嘛用千金鑄造。先奉於五台山，後移於蒙古，歸察哈爾林丹汗，林丹汗敗亡後，墨爾根喇嘛認為天命歸於後金，便帶此像來投，這件事對後金影響很大，皇太極派人遠迎至盛京。並決定在盛京建喇嘛寺廟實勝寺，供奉此像。由於缺乏建築材料，還派人到朝鮮索取顏料。崇德三年八月建成，皇太極親率蒙古諸部王貝勒大臣前去禮佛，大加佈施，寺內建東西兩碑，東一碑前刻滿洲字，後刻漢字，西一碑前刻蒙古字，後刻圖白忒（藏文）字。實勝寺是後金在瀋陽建立的官方喇嘛寺廟，凡蒙古諸部使者喇嘛多宿於此，每年重大節慶，皇太極都要到實勝寺禮佛。崇德二年（一六三七年）喀爾喀土謝圖汗、車臣汗、札薩克圖汗與青海的厄魯特蒙古固始汗相繼遣使與清通好，建議延請西藏的達賴喇嘛。崇德四年十月，皇太極便派以察漢喇嘛為首的使團前去西藏，與藏巴汗通好，至歸化城後因喀爾喀蒙古復行阻攔未能到達。崇德七年（一六四二年）十月，達賴喇嘛、藏巴數百人到遼東，皇太極率諸王大臣遠迎至郊外。至瀋陽後起坐立受國書，握手相見，設座於榻右，位於諸王之上，大宴於崇政殿。國書稱皇太極為曼殊師利大皇帝（「曼殊」佛教妙吉祥之意）。使團在瀋陽留八個月，崇德八年（一六四三年）五月回西藏，清派察干格龍等隨同前往。當時西藏內部有紅黃教之爭，固始汗乘機侵入西藏，與藏巴汗發生衝突，皇太極遣使致書達賴、班禪、藏巴汗、紅帽喇嘛噶爾馬、固始汗，表示自己希望佛法流傳，延請高僧，「不分服色紅黃」，一視同仁。這是清王朝與西藏通好之始。此後，原受明封之闡化王及河洲弘化、顯慶二寺僧、天全六番，烏斯藏董卜、黎州、長河西、魚通等土司，亦先後入貢，獻前明敕印，請求內附，皇太極利用喇嘛教籠絡蒙古聯絡青海西藏，取得了很大效果。這一政策後來爲整個清王朝所繼承與發揚，產生了深遠的政治影響。

但是皇太極對喇嘛教只是在對蒙藏的關係中加以利用，他本人的思想信仰和在後金內部則是反對和限制喇嘛教的：

一、限制喇嘛寺廟的建立。當時後金差役很重，很多人爲了逃避差役，投入喇嘛寺廟。天聰四年（一六三〇年）皇太極下令進行清查，不許私建寺廟。五年十一月又重申禁令：現有喇嘛、班弟（小喇嘛）、和尚必須登記，居於城外清靜寺廟，不許容留婦女，不守清規者勒令還俗，私建寺廟者，依律治罪，不許官民私邀喇嘛至家，給予飲食，違者以奸論。有告發者，告發之人准離其主。崇德元年（一六三六年）又規定，各寺廟中和尚有容隱逃人奸細者，本寺和尚全殺。（《清太宗實錄稿本》卷一四）

二、反對喇嘛教的信仰。天聰十年（一六三六年）三月，他在稱帝之前曾諭令眾大臣說：「喇嘛等不過身在世間，造作罪孽，欺誑無知之人耳。至於冥司，孰念彼之情面，遂免其罪孽乎。今之喇嘛當稱爲妄人，不宜稱爲喇嘛，乃蒙古等深信喇嘛，糜費財物，懺悔罪過，欲求冥說超生福地，是以有懸轉輪，結布旛之事，至屬愚謬，嗣後俱宜禁止。」（《清太宗實錄》卷二八）他多次指出，喇嘛的一切說教都是爲了欺騙人民，索取財物，對國家對社會是有害的，應該禁止，不應任其泛濫。崇德三年（一六三八年）七月，阿巴泰私邀喇嘛至家，下法司審實，擬罰銀三百兩，人五名，牛三頭。十二月，對科爾沁土謝圖親王屬下不守戒律之喇嘛，「令之娶妻，不從，閹之。」（《清太宗實錄》卷四四）

三、認爲元代蒙古人信仰喇嘛，導致了國家的衰亡。天聰八年（一六三四年）四月，皇太極下令禁止滿洲官名地名沿用漢語時說：「蒙古諸臣子自棄蒙古之語，名號俱學喇嘛，卒至國運衰微。」崇德元年即皇帝位時又重申，「若棄本國語言而學他國語言，未見能興隆者也。蒙古國貝子棄本國言語，凡稱呼名字學喇嘛國言語，其國始衰。」（《清太宗實錄》卷一四）要滿洲貴族以此爲戒。

皇太極反對信仰喇嘛教的原因，其一是由於他接受了儒家的思想，認爲治國當文武並用，以武功勘禍亂，以文教佐太平。要學習儒家經典，所以反對其他宗教迷信。其二是因爲滿族人口少，若任喇嘛教泛濫，許多人丁投入寺廟不事生產，將會帶來不良後果。

第四章　清軍入關與統一中國

第一節　多爾袞與清兵入關

一六四四年清軍入關，是明清之際一重大的歷史事件。一方面，以李自成爲首的農民軍在迅速攻下了山西幾十個州縣之後，取道宣府，於三月十九日以摧枯拉朽之勢直搗明朝的政治中心——北京，一舉推翻了明朝的統治，崇禎皇帝自縊而死。另一方面，明朝中央政權雖已腐朽透頂，並很快即被起義軍推翻，但明朝殘餘勢力尚擁有許多地盤，尤其是在南方地區，其統治仍具有相當影響，還是一支不可忽視的政治力量。至於清朝本身。這時已統一了整個東北地區及蒙古大部，並征服了東鄰朝鮮。在清朝內部，一六四三年（崇德八年）八月清太宗皇太極因病去世，曾引起激烈的政爭，但很快即在一定程度上趨於緩和。清朝統治集團就是在這種複雜的狀況下，善於抓住有利時機，傾清朝全力，毅然率兵入關，從而奠定了清朝統一中國的有利局面。而這時清朝統治集團內部起主要作用的是多爾袞。

一、多爾袞決定入關的原因

多爾袞爲清太祖努爾哈赤第十四子。一六一二年生，這時努爾哈赤年已五十四歲，努爾哈赤死死時，多爾袞年十五。太宗皇太極即位，封多爾袞爲貝勒，因按年齒序列第九，故稱九貝勒或九王。天聰二年（一六二八年），多爾袞隨同皇太極進軍蒙古察哈爾多羅特部，因作戰英勇，被皇太極賜以美號爲墨爾根代青，意即聰明王。天聰九年二月，皇太極派多爾袞爲元帥，往攻察哈爾部林丹汗子額爾克札果爾額哲。由於多爾袞不費一兵一卒，圓滿地解決了察哈爾向清朝的歸服問題，又立奇功，贏得了在滿洲貴族中的威信。

自皇太極病逝後，滿洲貴族圍繞著皇位繼承問題一直存在著激烈的鬥爭。當時滿族貴族中原皇太極所屬的兩黃旗大臣索尼等人，堅決主張支持皇太極長子豪格繼帝位，並表示「先帝有皇子在，必立其一，他非所知」。當時兩黃旗所轄親兵也「張弓扶矢，環立宮殿」（《清史稿》卷二四九〈索尼傳〉），以爲要挾。另一派滿洲貴族則支持多爾袞，認爲他作戰英能，足智多謀，在滿洲貴族中素有威望。兩派鬥爭異常激烈，相持不下。這時多爾袞爲了謀求內部的統一，顧全大局，「性成仁讓，堅□〔辭〕大寶」，而採取折衷方案，乃立皇太極第三子年僅六歲的福臨即位，即清世祖，而以自己及濟爾哈朗共同攝政，負責實際政務。據《瀋陽狀啓》載，當時之「大小國事，九王（多爾袞）專掌之；出兵等事，皆屬右真王（濟爾哈朗）。」同時還將擁護他爲帝的禮親王代善子孫阿達禮及碩托殺掉，表示秉公無私，期使滿洲貴族內部矛盾趨於緩和。

但滿洲貴族間的矛盾，仍然相當激烈。據當時在清朝作人質的朝鮮官員分析：「目今事勢與前頓殊：（滿洲）諸王執政，意見各異，一若牴牾，害必隨至」。這可從下面兩件事得到說明：一是當多爾袞殺死阿達禮及碩托後，曾將阿達禮的財產及軍兵，「沒入於大王（代善）」；而將碩托的財產「沒入於九王（即多爾袞）」，這就引起了八王阿濟格的猜忌與不滿。史載阿濟格開始就「以立稚兒（順治）爲非，自退出以後稱病不出。嗣聞小退（即碩托）之財產皆沒入於九王，心實不以爲然，以爲宜散之部下。」二是濟爾哈朗與多爾袞有明爭暗鬥，當順治即位後，濟爾哈朗與多爾袞共同攝政，而濟爾哈朗名次在多爾袞之前。崇德八年（一六四三年）十月，濟爾哈朗及阿濟格率馬步兵「六萬有餘」，擁載大砲，向山海關外中後所、前屯衛、中前所等明軍守地「排山倒海而來，勢甚狠惡」。曾連續攻克了上述三城，但也遭到明軍火炮的抵抗，「使奴賊（指清兵）紛紛落馬，不可數計」，隨即「踉蹌北遁」。（《明清史料》乙編，五七〇頁）這次用兵如此倉皇，究竟出於何種動機，尚不甚清楚，很可能係出於濟爾哈朗及阿濟格的擅自決定。據當時明朝山海關總兵吳三桂奏報稱：「奴騎喙遁，一時訛傳謂有穴中自鬥之釁，然亦出自風聞。惟自寧（遠）挫遁，其去甚速，情有可疑」。他們兩人這次出兵，僅以戰事小挫即匆忙退兵，說明不僅出兵目的有問題，而且更缺乏勇氣，屬於吳三桂所說的「穴中自鬥」是極有可能的。也反映出濟爾哈朗在內部鬥爭中沒有得到滿洲貴族的擁戴。正因爲濟爾哈朗得不到滿洲貴族的擁戴，所以當他回盛京不久，就諭令部道各官，凡白事先啓睿親王多爾袞而自居其次。（《清史稿·世祖本紀》順治元年正月己亥）這說明濟爾哈朗等人的勢力已經衰落，大權逐漸控制在多爾袞之手。

清朝統治階級內部的這種角逐，也反映在明朝的文書中。據明朝檔案記載，崇禎十年十一月初二日，明朝皇帝曾密諭兵部：「逆奴（皇太極）已伏天誅，諸孽爭立相殺，明有內亂情形，乘機用間正在此時。」（《明清史料》乙編，五七三頁）

面對滿洲貴族內部的矛盾，多爾袞必須設法解決，只有如此，才能鞏固發展清政權的統治，並樹立威信，而解決的辦法以入關爲名而轉移目標，開闢另一新戰場則是最積極的辦法。

多爾袞之所以率清兵入關，正是反映了新興的民族總是活躍的，富有新的生命力，總是要求發展的，滿族當然也不例外。早在天聰七年（一六三三年）六月，皇太極曾詢問諸貝勒：「征明及朝鮮、察哈爾（指蒙古）三者何先」？多爾袞即表示：「宜整兵馬、乘穀熟時，入邊圍燕京，……爲久駐計」。（《清史稿》卷二一八〈多爾袞傳〉）天聰九年（一六三五年）二月，儒學生員沈佩瑞在〈屯田造船〉奏中也談到清軍應「攻克山海，一路到京，犁庭掃穴，有何難哉」。副將祖可法也向皇太極建議：「見今金（指清朝）、漢、蒙古、吼喇、灰靶、魚皮等兵，聚集我國。皇上日有斗金之費，趁此機會可以行進，以成大位，不負以往勞心矣。遠者北京，乃是天下之首，得了此地，誰敢不服？」（《明清史料》甲編，五四頁）這都說明，清朝統治者早就要求向關內進軍，要求統一中國，這是由來已久的。

二、范文程和清軍入關的策略

多爾袞率領清軍入關，以及入關後的統一大業，是與范文程的襄助分不開的。范文程祖籍瀋陽，漢人。曾祖范鏓係明正德間進士，官至兵部尙書。他與其兄范文寀原爲瀋陽生員。天命三年（一六一八年），努爾哈赤攻下撫順，范氏兄弟往見。「太祖偉文程，與語，器之」。崇德初年，皇太極任命范文程爲內祕書院大學士，進世職二等甲喇章京，參與機密。范文程雖係漢人，但屬於清朝元老，他頭腦清醒，有大略，深得清朝統治者信任。

順治元年（一六四四年）四月初四，當多爾袞即將率師伐明時，范文程曾向他提出如下幾點看法和建議：

1、明朝腹背受敵，進軍關內的時機已經到來。

范文程當時尙未知明都已陷，崇禎身亡，故說：「乃者有明，流賊距於西土，水陸諸寇，環於南服，兵民煽亂於北陲，我師燮伐其東鄙，四面受敵，其君若臣，安能相保耶？……此正欲攝政諸王，建功立業之會也。」

2、中原地區可一舉平定。

范文程認爲，「中原百姓蹇罹喪亂，荼苦已極，黔首無依，思擇令主，以圖樂業。雖間有一二嬰城負固者，不過自爲身家計，非爲君效死也」。他已料到明朝必亡，所以說：「明之受病種種，已不可治，河北一帶，定屬他人；其土地人民，不患不得，患得而不爲我有耳！」

3、認爲農民軍將是角逐的對手。

他認爲，「蓋明之勁敵，惟在我國，而流寇復蹂躪中原，……我國雖與明爭天下，實與流寇角也」。他主張迅即進關，這樣則「彼明之君，知我規模非復往昔，言歸於我，亦未可知」。又說「儻不此之務，是徒勞我國之力，反爲流寇驅民也」。因而要迅即進入，長驅直入。

4、進取內地時，應注意軍紀。

他認爲，「曩者棄遵化，屠永平，兩經深入而返，彼地官民必以我爲無大志；縱來歸附，未必撫恤，因懷攜貳，蓋有之矣。然而有已服者，有未服宜撫者，是當申嚴紀律，秋毫勿犯，復宣諭以昔日不守內地之由，及今進取中原之意」。他強調要妥善地安撫老百姓，含蓄批評了過去清兵入關的軍事騷擾，認爲「古未有嗜殺而得天下者」。清朝如果只欲「帝關東」則已，「若將統一區夏」則非安定百姓不可。他強調要「休養生息」，清軍所過要「不屠人民，不焚廬舍，不掠財物」，要「申嚴紀律，妄殺者有罪」。

5、應據守關內據點。

在戰略上，他主張穩紮穩打，即使「直趨燕京」而一時攻不下，也應該在山海關以西地方「擇一堅城，頓兵而守，以爲門戶」。在軍事上有了固定的據點，則進可攻，退可守；也可以避免過去往來衝突，無一定軍事目標的騷擾作風。

范文程的建議，對當時執政的多爾袞影響極大，事實上多爾袞入關前後的行動，均依照范文程的奏疏所擬議，未做大的修改。

三、吳三桂降清

爲了征服內地，一六四四年四月初九日，多爾袞以大將軍名義率領大軍由瀋陽出發。十一日到達遼河。十四日到達翁后（廣寧附近）。由於行經之地一面有山，素稱多獸，多爾袞約定次日與朝鮮世子行獵。但十五日卯時，清兵剛剛行軍五里許，鎮守山海關的明軍統帥平西伯吳三桂突然派人前來洽降。這對清軍的入關提供了難得的方便。這種方便之從天而降，乃是關內政治形勢激烈變化的結果。

吳三桂，字長伯，江南高郵人，籍遼東。他的父親吳襄，崇禎初年任錦州總兵。吳三桂則以武舉承父蔭，授都督指揮。後來，吳襄因作戰不力，坐失戰機而下獄，吳三桂乃被擢爲總兵，鎮守寧遠。松錦戰役時，洪承疇督率諸鎮兵，吳三桂亦爲他手下之主要將領之一。這次戰役之後追究責任，吳三桂被降三級錄用，仍守寧遠，戴罪立功。這時由於吳三桂年富力強，加之吳三桂本爲遼東世將，實力雄厚，其舅祖大壽降清後屢銜清命勸他降清，他不理睬。後來清太宗又令張存仁以書相招，他亦置之不理，所以他甚爲明帝所重。崇德八年（一六四三年）十月當濟爾哈朗及阿濟格率清兵向山海關外中後所，前屯衛、中前所等明軍守地發起進攻時，正是爲吳三桂所部的明軍所擊退，這說明當時明廷於遼東一線所依恃者，非吳三桂莫屬。吳之地位，確有舉足重輕之勢。崇禎十七年（一六四四年）春，李自成起義軍已控制豫、陝，並自西安東下，直搗太原、寧武、大同等地。又分兵破鎮定，京師空虛。爲了對付起義軍，崇禎十七年二月，崇禎皇帝特提升吳襄爲中軍府都督提督京營，並升吳三桂爲平西伯，調吳的軍隊防衛北京。吳三桂軍在寧遠約數萬人。他接到命令後決定以步騎先行入關，而自將精銳部隊殿後。當他的軍隊行到豐潤時，李自成軍已攻破北京，這時吳襄已投降農民軍，李自成乃派人招降吳三桂。擺在吳三桂面前的形勢是，或者投降李自成農民軍；或者率兵出關降清。以當時的情況而論，吳三桂的父親吳襄已投降李自成，明朝的文武官吏降者亦達三千人，如果不發生其他意外，吳三桂投降農民軍的可能性應大於降清。但是由於李自成軍在北京對降官追贓索餉搞得十分厲害，特別是吳襄在北京也被拷掠追贓，其消息並且傳到了吳三桂的耳中，這對吳三桂的政治態度產生了很大的影響。據《甲申紀事》所載：

「三桂差人進北京探老總兵聖上消息。有闖『賊』在北京捉拿勳戚文武大臣，拷打要銀，將吳總兵父親吳襄夾打要銀。止湊銀五千兩，已交入。吳襄打發旗鼓傅海山將京中一應大事，一一訴稟，吳老總兵已受闖「賊」刑法將死。吳總兵聞之，不勝髮豎。」（《附錄・遼東海州衛生員張世珩塘報》。見該書二七頁）。

同時吳三桂又聞其愛妾陳圓圓被擄，更加深了對農民軍的不滿，他由可能投降起義軍轉而爲降清，已是勢所必然了。

一六四四年四月十五日吳三桂派出到清朝議降的使者爲副將楊珅及游擊郭雲龍。除了約降事宜之外，他們同時也把農民軍攻占北京及崇禎皇帝身死之事，一一報告。表示「當開山海關門以迎大王（多爾袞），大王一入關門，則北京指日可定，願速進兵」。於是多爾袞立即召開了軍事會議，決定迅速向關內進軍。

在這次軍事會議上，洪承疇起了重要的作用，他由於多年參與鎮壓農民軍的活動，對農民軍的情況一清二楚。他根據吳三桂使者的報告，馬上在會上提出下列意見：

1、應首先發佈命令，說明清朝這次出師的目的係「掃除亂逆」（指農民軍）；

2、應當整頓紀律，強調「不屠人民，不焚廬舍，不掠財物；其開門歸降及爲內應立大功者破格封賞」；

3、農民軍慣於「遇弱則攻，遇強則走」，因此，清軍「宜從薊州、密雲疾行而前。若賊走，則以精騎追之」，如果農民軍「仍據京城以拒我，則破之更易」。

4、清軍抵京之日，要「連營城外」以斷西路諸援兵，這樣「則賊可一戰而殲矣」。

5、行軍中爲了防止埋伏，宜改騎兵爲步兵先行，「俾步前馬後」；兵入關後則改「步卒皆馬兵也。」

洪承疇的這些意見都是針對當時關內的政治形勢、特別是農民軍的具體情況而發的。

由於李自成佔領北京及吳三桂的突然降清，當時國內三種政治力量的對比迅速發生了變化，清朝向內地進軍所遇到的主要敵人進一步變成農民軍而不再是明政府。洪承疇所提的第一點正是針對這一情況。

洪承疇所提的第三點和第四點，針對李自成在戰略上的流寇主義弱點而發。

建議的第二點除重申范文程等原先提出過的建議外，也是對農民軍的拷掠政策而發。

建議的第五條，除針對農民軍外，也反映了清朝對於吳三桂尚不十分放心。吳三桂雖為洪承疇的部下，但畢竟是與清處於敵對狀態多年的將領，加之清廷多次勸報投降，他都未予理睬，而這次轉變又十分突然，這不能不使清軍要嚴加戒備。

洪承疇的這番意見，深得多爾袞的賞識。就在會議的次日，多爾袞即覆信吳三桂，表示要「底定中原，與民休息」；同時還向吳三桂表示拉攏，要吳三桂「率眾來歸，當裂土封王」。據當時隨軍的朝鮮官員報告，「九王（多爾袞）聞本坐（指崇禎皇帝）空虛，數日之內，急聚兵馬而行，男丁七十以下，十歲以上，無不從軍。成敗之判，在此一舉」。（《朝鮮仁祖實錄》二二年四月）接著四月二十日，吳三桂又派人報告：「賊（指農民軍）兵已迫，朝夕且急，願如約，促兵以救。」多爾袞「即發馳行，促令（朝鮮）世子只率輕騎以隨，……人馬飢渴，……至寧遠城下，夜已三更矣」。（《沈館錄》卷七年）二十一日，一晝夜又行軍計二百里；二十二日「清軍進迫（山海）關門五里許；……吳三桂率諸將十數員，甲數百騎出城迎降，……關門豎白旗於城上（多爾袞轄正白旗）」。隨後吳清聯軍即與李自成親自指揮的農民軍在山海關接戰，李自成敗退撤回北京，清軍隨後緊迫，「已得破竹之勢」。二十三日，吳三桂全軍

「盡爲剃頭」。二十五日清軍行至撫寧，「城中人數百迎詣軍前」。二十六日至昌黎；二十七日已至灤州以南露宿；二十八日至開平衛城西十里，殺農民軍政權委派之知縣；二十九日至玉田縣；三十日抵薊州之南二十里處；五月初一日，又急行軍經三河縣夏店至通州西二十里處止宿；五月初二日即達北京，「每日之行殆一百二十、三十里」。這時李自成起義軍已自北京撤回陝西。

四、遷都北京

清軍到達北京後，在是否將首都由瀋陽遷到北京的問題上，統治集團內部發生了爭論。多爾袞的同母兄八王阿濟格等反對遷都，也對多爾袞強調軍紀不滿，認爲這是軟弱的表現。他抱怨「初得遼東」時，就因「不行殺戮」而導致「清人多爲遼民所殺」。現在雖已佔據北京，更應乘此兵威，「大肆屠戮，留置諸王以鎮燕都」，而將大兵「還守瀋陽，或退保山海，可無後患」。（《李朝實錄》卷四五，仁祖二十二年八月戊寅）很顯然，阿濟格是站在保守派立場上說話的。他們反對遷都有一個客觀原因，即因爲清兵入關速度較快，補給不足。當時從瀋陽（盛京）到北京一線，新經兵火，「而公私儲積，蕩然無餘；」故給清兵造成極大困難：「下所仰賴者只是老米，」而這些「皆積年陳腐之米，」「糠土居半，觸手作屑，不堪糊口，食輒腹痛。」在這種情況下，如果按照阿濟格等人意見辦事，自然反對遷都。但多爾袞不同意，他在順治元年六月，上書順治帝稱：「燕京勢據形勝，乃自古興王之地，有明建都之所。……遷都於此，以定天下，則宅中圖治，宇內朝宗，無不通達，可以慰天下仰望之心，可以錫四方和恆之福。」他是從統一和管轄整個中國的總戰略出發來考慮遷都的，他沒有爲暫時的補給問題所難倒。在他的堅持下，清朝終於下定了遷都的決心，據《李朝實錄》所載，當時「瀋陽農民，皆令移居北京，自關內至廣寧十餘日程，男女扶攜，車轂相擊云」。順治元年九月，順治皇帝也到達北京。從此清朝在關內進一步立穩腳跟，並逐漸統一了全中國，使中國作爲統一的多民族的國家得到新的發展。

第二節　清初的統治政策及其對漢族與其他民族的壓迫

清朝入關後，其統管的對象變成數量眾多的漢族和其他各族。這時滿族不僅是少數族，而且其社會發展程度相對也是比較落後的，清朝將如何進行統治，這是以多爾袞爲首的清朝統治集團所面臨的一個重大考驗。當時清朝統治者對漢族地主階級採取了籠絡，對人民群眾則採取了減輕剝削、改革明朝弊政的措施。這兩點對於清朝鞏固統治，起了一定的作用，反映了多爾袞等人的政治才能。

一、籠絡漢族地主階級

當清朝方面得知明京師已陷，崇禎帝已自戕的消息後，范文程立即建議清兵提出為明朝「復君父仇」及「恤其士夫，拯其黎庶」的口號。清兵入關後，據《謏聞續筆》說：「清人」「見我人（指明人）甚有禮，曰：『中華，佛國也，我輩來作踐佛地，罪過！罪過！』」范文程也「頗愛百姓」，嘗曰：「我大明骨，大清肉耳。」上述口號和表現，正是貫串著籠絡漢族地主階級和爭取人民的指導思想。

多爾袞對漢族地主階級籠絡的措施，主要有下列幾個方面：

第一，為崇禎帝、后發喪：早在入關途中，多爾袞即寫信給吳三桂說：「予聞『流寇』（指李自成）攻陷京師，明主慘亡，不勝髮指」。（《清世祖實錄》卷四，元年四月癸酉）。五月辛卯，多爾袞又諭原明朝官兵耆老：「『流賊』李自成原係故明百姓，糾集醜類，逼陷京城，弒主暴屍，括取諸王、公侯、駙馬、官兵財貨，酷刑肆虐，誠天人共憤，法不容誅者。我雖敵國，深用憫傷。今令官民人等為崇禎帝服喪三日，以展輿情，著禮部、太常寺備帝禮具葬」，於是在五月己酉，以禮葬明崇禎帝后及妃袁氏、兩公主並天啓后張氏，萬曆妃劉氏，皆「喪葬如制」。這種由「敵國」安撫「輿情」的作法，果然收到很大效果。《清世祖實錄》記載說：「諭下，官民大悅，皆頌我朝仁義聲施萬代云。」（同上，卷五，五月辛卯）。

第二、改變對明王室及勳戚的態度：入關前由於清兵多次入關騷擾，殺死宗室，引起了明宗室的疑慮。多爾袞入關後，於順治元年五月下令：「故明諸王來歸者，不奪其爵」。同年六月，「故明宗室朱帥欽具啓投誠」，多爾袞「嘉其知命來歸」，後來他被任爲保定知府。多爾袞到北京不久，明降將恭順侯吳惟華以首迎功，上朝時列爲武將班首。一次，多爾袞說：「從未見中國（指明朝）勳爵服制」，令「服以見」，於是在五月二十五日設朝，吳惟華身著「籠帽貂裘，充班首」，諸漢臣「衣冠如故。是日九王居中，（明）德、晉二藩尙左右並坐而受朝」。（《謏聞續筆》卷一）又有一次，多爾袞令人對明代王遺族予以養贍，大學生馮銓叩頭謝。多爾袞說：「你們到底是念你舊主？」馮銓等對：「王（指多爾袞）尙且篤念，何況臣等」。又一次吳惟華揚言要撫養貧困的明勳舊家子女，隨後選出「女子之有色者，得二十人以獻九王。……王愀然曰：『不可，明之勳胄，猶我與若今日也，以我與若之子女，供他人婢妾之役可乎！』悉遣出，令擇良家子嫁之」。（《謏聞續筆》卷一）另外，明代勳戚原在京師附近占有莊田甚多。，一次，原錦衣衛指揮同知李國賢子李諫善進自置莊田。奏文說：「除欽賜贍田已經爵門開報外」，願將「自置大興縣三里河莊地，……四頃有奇」，「自置漷縣郭村地二十四頃有奇」；「自置漷縣黃場鋪地八頃有奇」，「按數繳還，不敢隱匿」。多爾袞遂下令：「勳戚贍田己業，俱准照舊，乃朝廷特恩，不許官胥侵漁，土豪占種，各勳衛官舍亦須加意仰體，毋得生事擾民。戶部知道」。（《中國第一歷史檔案館：《順治啓本》，元年七月初九日）這一規定，使明朝「諸臣，實出望外」，得到他們的擁護。

第三，優待和重用明朝降官：此類例證俯拾即是。如入關後更加重用洪承疇，任命爲大學士。洪承疇曾與另一降官馮銓一起，要求恢復明初的內閣票擬舊例，多爾袞欣然照辦。當時清朝諸王也認爲洪承疇有能力，所以在順治二年（一六四五年）令他南下，對南明的抗清力量進行安撫。洪承疇在襄助清朝統一全國中作了不少事。陳名夏原爲明朝給事中，李自成攻下北京時，他躲入天主堂，後來投降李自成，順治二年降清，多爾袞即以原官委用。後更把他提撥爲吏部尙書。原明朝戶部郎中王宏祚，因爲「諳習掌故奏令，」被任爲「籌畫軍餉」，還受命編訂《賦役全書》。原明朝遼東將領祝世昌，早在努爾哈赤時即已歸附清朝。崇德三年（一六三八年）因反對清兵俘虜明朝婦女「入樂籍」，被皇太極以「心護敵人，與奸細無異」的罪名，流徙西北邊境。到多爾袞時期，又被任爲山西巡撫。他後來在平定大同總兵姜瓖叛清事件中，起了不小的作用。這一政策雖未改變統治階級的基本構成狀況，占主導地位的仍是滿洲貴族，漢官及漢族士大夫，不過處於從屬的地位，但確實有數量不小的漢族地主階級成員因此而進入清朝統治集團之中，加深了他們與清政權的關係。

第四，開科取士。在順治元年七月，根據順天督學御史曹溶所奏，順天府已照例考拔貢生，得到了多爾袞的贊許。（《清世祖實錄》卷六，七月己丑）又據《李朝實錄》記載：「清人設科於皇城，賜第百餘人，遠近赴舉者甚多云」。（《李朝實錄》，三五冊，卷四六，仁祖二三年（順治二年）十二月辛丑）說明當時多爾袞對士人的政策，已取得一些效果。順治二年夏天，順天又舉行鄉試，進場的秀才有三千人，多爾袞很高興。這年七月，浙江總督張存仁建議以開科取士的辦法，使漢族士大夫消除反對清朝的思想，多爾袞認爲這種辦法「誠安民急務」

，要各省「一體遵行」。（《清史列傳》卷二八，〈張存仁傳〉）

第五，保護明陵。由於多爾袞受漢文化影響較深，加之他又對朱元璋非常崇拜，因此他在順治元年六月，派大學士馮銓「祭故明太祖及諸帝」，又「以故明太祖神牌入歷代帝王之廟」，（《清世祖實錄》卷五，六月癸未）設明長陵以下官吏，並在同年十月規定，「明國諸陵，春秋致祭，仍用守陵員戶。」

二、減輕人民負擔，改革明朝弊政

清朝統治者在這方面採取的措施主要有如下幾點：

第一，取消加派。明末「三餉（「遼餉」、「剿餉」、「練餉」）」數目甚多，高達明朝政府正賦的數倍。這種無休止的加派，使得明末人民處於極端貧困之中，是明末農民起義爆發的重要原因。清軍入北京後，明末加派冊籍均毀於火，「惟萬曆時故籍存」。當時有人建議，清朝也應按明末加派冊籍徵收賦稅，范文程則表示反對。他認爲，「即此（萬曆冊籍）爲額，猶慮病民，其可更求乎？」（《清史稿・范文程傳》）多爾袞同意范文程的意見，乃以萬曆冊籍作爲依據徵收。天津總督駱養性要求在徵收賦稅時增征「火耗」。多爾袞認爲，「所啓錢糧徵納，每兩火耗三分，正是貪婪積弊，何云舊例？況正賦尚宜酌蠲，額外豈容多取？著嚴行禁革。如違禁加耗，即犯贓論。」（《清世祖實錄》卷六，七月甲午）清朝在順治元年十月，頒詔天下：「地畝錢糧，悉照前明會計錄，自順治之年五月朔起，如額徵解。凡加派遼餉、新餉、練餉、召買等項，俱行蠲免。」於是，賦稅「歲減數百萬兩，民賴以蘇」。當然，在地方官執行這項措施中，加派或變相加派的記載還有時出現，但畢竟是少量的。

第二，打擊太監勢力。明末太監勢力極為猖獗，除操縱朝政外，對一般百姓迫害亦甚。當時宮中，宮女多達九千人，「內監至十萬人」，（《養吉齋餘錄》卷二）每年費用，僅脂粉銀一項，就多達四十萬兩。一六四四年八月，朝鮮王世子隨員向國王報告中也說，當時明宮內太監「在闕者萬餘人，分掌職事者八千人，而其在街巷之間出入闕內者，不知其幾萬人云」。（《李朝實錄》三五冊卷四，五。）

清朝入關後，太監的勢力仍然非常囂張：他們把持原明朝皇莊錢糧，經濟實力仍然雄厚；政治上，他們與朝官一起，仍然和明末情況一樣，操縱朝政。清朝對他們進行了相當嚴厲的打擊。如明末著名太監曹化淳曾多次上書多爾袞，意在獻媚取悅，繼續供職，但多爾袞未加採納。後來曹又上書，說自己「積勞成疾」，宜遴用「年富力強」者，多爾袞馬上讓他「准免辦事，以原銜朔望隨朝」。多爾袞等清朝統治者對明朝太監濫政是頗有警惕的，因而不予重用。（第一歷史檔案館：《順治啓本》，元年七月十二日）經過清政府對太監的多次打擊，太監在宮廷的勢力大大收斂了。

第三，反對賄賂：清朝統治者對明末盛行賄賂的惡劣作風也嚴加斥責。順治元年六月，多爾袞在〈諭眾官民〉中說：「明國之所以傾覆者，皆由內外部院官吏賄賂公行，功過不明，是非不辨。凡用官員，有財之人雖不肖亦得進；無財之人雖賢亦不得見用」，「亂政壞國，皆始於此，罪亦莫大於此。」因此，他責令：「今內外官吏，如盡洗從前貪婪肺腸，殫忠效力，則俸祿充給，永享富貴；如或仍前不悛，行賄營私，國法俱在，必不輕處，定行梟首」。（《清世祖實錄》卷五五，六月丙子）因此，當時的一些漢官都認為，「王上（指多爾袞）新政比明季多善，如蠲免錢糧，嚴禁賄賂，皆是服人心處」。說得雖不免誇張，但也反映事實。

三、剃髮令的頒行

清朝入關後，除了施行籠絡漢族地主階級和減輕人民負擔、革除明朝弊政等適應形勢的政策之外，還採取了一系列民族壓迫政策，頒行剃髮令、實行圈地、推行逃人法就是其中最主要的幾種。

滿洲習俗，男子均將頂髮四周邊緣剃去寸餘，而中間保留長髮，分成三綹編成長辮一條垂於腦後，名為辮子，或稱髮辮，這是滿族人的特別習俗，與漢人全部束髮不同，與蒙古人分作左右兩辮也不同。四周剃去的頭髮，除了因為父母之喪或因國喪以外，全不准養長，應及時剃除，名為剃髮，或謂剃頭。這種習俗，是與清朝相始終的，一直沒有改變。

早在努爾哈赤時，漢族及其它各族人民，凡是投降滿洲的，都要以剃髮作為歸順標誌。天命三年（明萬曆四十六年，一六一八年）時，滿洲使者曾向朝鮮官員談到，當時清人「所擒唐

人（指漢人）千餘名，則即削其髮，服其胡衣，以為先鋒」。（吳晗：《朝鮮李朝實錄中的中國史料》上編，四八卷二九六七頁）

天聰元年（一六二七年）清兵與朝鮮作戰時，亦以剃髮作為歸順與否的標誌。天啓七年（一六二七年）二月，毛文龍曾致書朝鮮，談到朝人「雖括髮歸順」而清兵「猶咨蹂躪屠戮」不已。同年四月，朝官張士俊「自削其髮，投入韃將（指清兵）王子，以妻為質，請作龍川府使」。當地「民之或未削髮者，迫而使削，如不順從，劫而殺之」。（《朝鮮李朝實錄中的中國史料》上編，五三卷）同年七月，皇太極答朝鮮國王李倧書，談到「前剃髮降我」的人如何遣還的事，說明當時朝鮮人降清亦須剃髮。到了崇德元年十二月第二次出兵朝鮮時，皇太極又告諭朝鮮軍民：「爾等既降，勿逃避山谷，宜速剃髮在家」。可見兩次出兵雖隔八年，清朝的政策並無改變。

皇太極時清兵幾次入塞擾明，經過的地方官民多有剃髮投降的。如天聰三年十月清軍攻下漢兒莊城，副將標下官李豐率城內民剃髮出降；天聰四年正月，皇太極率軍攻下永平，「諭軍民剃髮」歸降。在當時明清作戰交迭中，明朝文武官員被擒獲的，也以不剃髮為不投降的表示。天聰五年大凌河之役，清兵曾諭「大凌河官兵人等剃髮」，明監軍道張春被擒不肯剃髮，皇太極令其與白喇嘛同居三官廟，後來終於不降而死。至於清軍所過已剃髮的漢民，一旦清兵退出，則時被明軍斬殺。天聰八年八月，皇太極曾在致明帝書中提及：「每當我兵入境，自戮剃髮漢人，虛報斬級千百」，「我國若果傷折動及百千，兵勢豈能常振耶！」（《清太宗實錄》

，卷一九，八月丁丑）就是一證。

天聰七年（一六三三年），孔有德、耿仲明降清時，一投降即剃了髮。據當時遼陽失陷時被俘的漢民陳大向明將所述：孔、耿「始逃潛東江地方，差賊（孔、耿部下）送金銀細緞與四王子（指濟爾哈朗），隨後下舡。四王子差韃子（指清兵）來迎接。下舡畢，四王子說：叫孔、耿剃頭」。（《明清史料》甲編，七六五頁）

順治元年，多爾袞率兵入關，吳三桂迎降於山海關。多爾袞對吳三桂說：「爾回可令爾兵各以白布繫肩爲號，不然同係漢人，何以爲辨？恐致誤殺。」說明吳三桂官兵這時尚未剃髮。及至李自成兵敗後，多爾袞封吳三桂爲平西王，「始令山海城內軍民各剃髮」。《諛聞續筆》卷一亦有吳三桂軍入北京城時官兵剃髮的記載。

清兵入關後，明朝官吏多迎降，凡迎降的全要剃髮，非迎降的亦傳檄限期剃髮作爲歸順的表示。然而最初禁令不甚嚴格，剃髮與否往往任聽其自便，明朝廷臣投降者多在觀望。順治五年五月辛丑，多爾袞曾對諸王群臣說：「予前因歸順之民無所分別，故令其剃髮，以別順逆。今甚拂民願，反非予以文教定民之本心矣。自茲以後，天下臣民照舊束髮，悉從其便。予之不欲以兵甲相加者，恐兵到之處，民必不堪，或死或逃，失其生理故耳。」（《清世祖實錄》卷五，順治元年五月辛丑）當時馮銓、孫之獬、李若琳之流，因係原明閹黨之故被科道糾彈，於是他們就以自己於眾人未剃髮之行首先剃髮改換滿裝爲人所忌來自解，說明原明朝廷臣儘管已迎降，而實際剃髮者尙不普遍。《研堂見聞雜記》曾記載了孫之獬剃髮後反而處於進退唯谷處境的情況：「我朝之初入中國也，衣冠一仍漢制。凡中朝臣子，皆束髮頂進賢冠，爲長袖大服，分爲滿漢兩班。有山東進士孫之獬，陰爲計，首剃髮迎降，以冀獨得歡心。乃歸滿班，則滿以其爲漢人也，不受；歸漢班，則漢以其爲滿飾也，不容。」順治二年五月二十九日，當清兵剛下江南之際，多爾袞態度忽變，下令說：「近覽章奏，屢以剃頭一事引禮樂制度爲言，甚屬不倫。本朝何嘗無禮樂制度？今不遵本朝制度，必欲從明朝制度，是誠何心？……予一向憐愛群臣，聽其自便，不願剃頭者不強。今既紛紛如此說，便該傳旨，叫官民皆盡剃頭。」六月以後，多爾袞再諭清兵統帥多鐸說：「各處文武軍民盡令剃髮，倘有不從，以軍法從事。」同時還諭令京城內外限旬日，直隸各省亦限旬日，盡令剃髮，「遵依者爲我國之民，遲疑者同逆命之寇，必置重罪。……殺無赦」。（《清世祖實錄》卷一七，順治二年六月丙寅）從此法令更嚴，刑戮亦重。

順治二年十月，孔文謤以孔子子孫爲理由不願剃髮及改服制。他說：「先聖爲典禮之宗，顏、曾、孟三大賢並起而翼之，其定禮之大者莫要於冠服，先聖之章甫縫掖子孫世世守之，是以自漢暨明制度雖各有損益，獨臣家服制三千年未之有改。今一旦變更，恐於皇上崇儒重道之典有未備也。應否蓄髮以服先世衣冠，統惟聖裁！」多爾袞則批答說：「剃髮嚴旨，違者無赦，孔文謤奏求蓄髮，已犯不赦之條，姑念聖裔免死。況孔子聖之時，似此違制有玷伊祖時中之道。」（《清世祖實錄》卷二一，十月戊申）如前所述，崇德四年（一六三九年）及七年，清兵兩次騷擾山東，大肆掠奪。尤其是第二次（史稱「壬午之役」），清兵將駐守兗州的魯王朱衣珮掠去殺死，屠殺宗室士民最慘，宮殿民舍盡皆焚燒，這不能不對曲阜孔氏家族產生深刻影響。因此孔文譓的這次行動，實在是冒著生命危險提出來的。這不是偶然的，剃髮令體現著嚴酷的民族歧視和壓迫，引起了漢族人民的強烈不滿，當時紛紛起而反抗，孔文譓正是在這種不滿和反抗的浪潮推動之下，才敢於提出要求的。

四、清初的圈地

(1)、圈地的由來及其發展

清兵入關時由於時間倉促，造成運輸及給養上的一些困難，已經引起一些八旗兵的不滿。及清兵至北京不久，多爾袞又下令關外軍民應儘速入關，以圖進取中原。這樣，大批人馬到來後，究竟如何安置，才能保證滿洲貴族的享用，並滿足八旗駐軍在給養方面的需要。確實成了大問題。於是圈地問題由此發生。

順治元年十二月，多爾袞向戶部正式頒佈圈地令。其中說：

「我朝建都燕京，期於久遠。凡近京各州縣民人無主荒田，及明國皇帝、駙馬、公、侯、伯、太監等，死於寇亂者，無主田地甚多。爾部可概行清查，若本主尚存，或本主已死而子弟存者，量口給民；其餘田地，盡行分給東來諸王、勳臣、兵丁人等。此非利其地土，良以東來諸王……等無處安置，故不得不如此區劃。然此等地土，若滿漢錯處，必爭奪不止。可令各州縣鄉村滿漢分居，各理疆界，以杜異日爭端。」（《清世祖實錄》卷十二）

可見：

第一、清朝採取圈地的原因，係藉口近京一帶「無主田地甚多」，而「東來勳臣兵丁人等」又「無處安置」，故而「不得不如此區劃」。

第二、最初圈地的範圍，主要是畿輔一帶的官田，即明代勳戚各類莊田；另外也包括一部分無主荒地。

第三、為了避免滿漢爭奪土地，命令「滿漢分居，各理疆界」。

但在實際執行中，圈占的範圍遠遠超過了最初的規定。由於滿洲貴族堅持「務使滿漢界限分明」，滿漢土地應「互相兌換」的「圈換」政策，致使許多漢人的土地亦被大量圈占。後來更發展到連房屋也在圈占之列，給人民帶來極大痛苦。凡「圈田所到，田主登時逐出，室中所有，皆其有也。妻孥醜者攜去，欲留者不敢攜。其佃戶無生者，反依之以耕種焉」。（史惇：《慟餘雜記・圈田》）順治二年二月，清朝又下令，「凡民間房屋有為滿洲圈占兌換他處者，俱視其田產美惡，速行補給，務令均平。倘有……耽延時日，……從重處分。」（《清世祖實錄》卷一四）這條諭令，除說了一些冠冕堂皇的話外，只表明各州縣民間田地、房屋大多已被圈占。同年六月，順天巡按傅景星上疏，要求被圈民人所發「膏腴民地徵輸」，「應照屯地原額起徵」。這種建議實際上起不到任何作用。

順治二年十一月，清政府又第二次大規模圈地，且將進行圈地的地區擴大到河間、灤州、遵化等府州縣。確定「凡無主之地，查明給予八旗下耕種」。接著又在順治四年正月，下令進行第三次圈地。這次圈地，清政府提出的理由是去年八旗圈地，「內薄地甚多」，「今年東來滿洲，又無地耕種」，因此要將「近京府、州、縣內，不論有主無主地土，……並給今年東來滿洲」。這次圈地涉及地區甚廣，據《清世祖實錄》所載，這一年「圈順義、懷柔、密雲、平谷四縣地六萬七千五垧」；「圈雄縣、大城、新城三縣地四萬九千一百一十五垧」；「圈容城、任丘二縣地三萬五千萬五十一垧」；「圈河間府地二十萬一千五百三十九垧」；「圈昌平、良鄉、房山、易州四州縣地五萬九千八百六十垧」；「圈安肅、滿城二縣地三萬五千九百垧」；「圈完縣、清苑二縣地四萬五千一百垧」；「圈霸州、新城、漷縣、武清、東安、高陽、慶都、固定、安州、永清、滄州十一州縣地十九萬二千五百一十九垧」；「圈涿州、淶水、定興、保定、文安五州縣地十萬一千四百九十垧」；「圈寶坻、香河、灤州、樂亭四州縣地十萬二千二百垧。」

三次圈地的結果，引起了近京地區人民的極大不滿，不斷掀起反抗。順治四年三月，多爾袞不得不在百般辯解的同時，下令停止圈地，他說：「滿洲從前在盛京時，原有田地耕種。凡贍養家口以及行軍之需，皆從此出。數年以來，圈撥田屋，實出萬不得已，非以擾累吾民也。

今聞被圈之民，流離失所，煽惑訛言，相從為盜，以致陷罪者多，深可憐憫」。「自今以後，民間田屋不得復行圈撥，著永行禁止。」

清初的圈地，自多爾袞發佈「永行禁止」的命令後，沒再大規模進行，但零星的圈地長期未斷。順治八年，兵科給事中李運長曾談到：當時戶部曾令文安、良鄉、涿州等縣十三處的「未圈田舍，盡行圈占」；他對此「不勝驚愕」；因為當時戶部曾明令「已圈之地，尚令還之，未圈之地，豈反占之？」他認為這種「餘地盡圈」的做法，很不相宜。這一事例說明順治時期的圈地並未停止。（第一歷史檔案館藏：《順治題本》）清初的圈地，一直持續到清兵入關後二十多年，直至康熙親政後才真正停止，當時曾諭令戶部說：「朕纘承祖宗丕基，又安天下，撫育群生，滿漢平民，原無異視；務俾各得其所，乃愜朕心。比年以來，復將民間田地，圈給旗下，以致民生失業，衣食無貲，流離困苦，深為可憫！自後圈占民間房地，永行停止。其今年已圈者，悉令給還。爾部速行曉諭，昭朕嘉惠生民至意！至於旗民無地，亦難資生，應否以古北口等口邊外空地，撥給耕種？令議政王貝勒大臣確議以聞。」

(2)、圈地的數量

據吳振棫《養吉齋餘錄》中所載，清初的圈地共涉及州縣地區八十一處，北至開平（今內蒙多倫），西北至張家口，東北至山海關外的遼陽、海城等地，南至德州，其中直隸整個地區，幾乎無一倖免。各州縣被圈占的土地，不僅皆是土質肥沃者，而且數量極大，使漢民手中仍舊留存的土地寥寥無幾。如：平谷縣的情況是「旗七民三」。（《平谷縣志》卷二年）密雲則

：「所餘民田不過六分之一。」（《民國密雲縣志》卷四）玉田縣：「原額民地五千二百一十六頃八十八畝」，「屯地二千三百九十八頃」，「順治二年以後圈撥旗下屯田、投充勳戚（關於「投充」的情況詳下），只剩民地六百一七頃五十一畝。」（《光緒玉田縣志》卷一三）滿城縣：「自圈丈給屯以後，田存版圖者僅十之一。」（《乾隆滿城縣志》卷五）任邱：全縣共地八千七百二十頃五十九畝。順治三年圈去八千一百四頃九十三畝，「實剩行差地六百一十五頃六十六畝。」（《乾隆任邱縣志》卷三）寶坻：「凡高阜地悉係滿洲圈丈。」（順治五年十二月十八日，戶部尚書巴哈納奏）「順治元年，原額民地六千八百九十頃六十四畝七分二釐。內除二年、三年、四年圈去地四千四百一十七頃三十六畝。……又三年、四年、六年、七年投充帶去地一千五百一十五頃三十二畝，實存民地五十七頃九十五畝」。（《乾隆寶坻縣志》卷五年）樂亭：「本朝初年共地八千一百三十二頃七十九畝八分。」順治三年、四年、康熙五年、六年幾次圈地「通共去民地六千七百五十九頃五十八畝四分零」。帶投地通共去民地一千二百六十五頃五十七畝三分零。以上圈給、帶投通共去地八千二十五頃一十五畝七分，實剩民地二十二頃三十九畝一分零。（《乾隆《樂亭縣志》）豐潤：「民地原額六千六百一十四頃九十九畝」「內順治二、三、四年共圈占去民地四千零一頃七十三畝，順治三、四、六、七、八年投充共帶去民地一千九百零一頃七十二畝，實存民地七百一十一頃五十畝。」（《乾隆豐潤縣志》卷二）遵化州：原額民地三千七百七十二頃，經過圈占及投充，到康熙十八年，僅剩三十九頃多，不及原額的百分之一。（康熙《遵化州志》卷四）

關於清初圈地的數量，也有一些超過一州一縣範圍的統計，如順治四年正月清統治者承認，在整整兩年中，在順天、永平、保定、河間等直隸北四府四十二州縣，共圈地五萬四千四百九十八頃四十二畝有奇。（參見李華：《清初的圈地運動及旗地生產關係的轉化》）而京畿附近大興、宛平、順義、平谷、密雲、懷柔、昌平、房山、良鄉、延慶十地，被圈占及投充之地，有人推算占該地區原額民地的八二・八%。（參見雷大受：《清初在北京地區的圈地》）當時圈地的總數今天雖然已經難以統計，但就上述若干數字，已完全可以看出清朝統治者搶占漢族農民的土地數量是多麼樣的驚人了。

五、投充與逃人法

隨著圈地的大規模進行，許多喪失土地的漢族農民被迫投向滿族統治者爲奴，這便出現了清初關內的所謂投充問題。

本來投充早在入關前即已有之。順治二年（一六四五年）多爾衮又多次下令，允許喪失土地的農民投旗爲奴。從表面看，清朝統治者允許漢人投充滿人爲奴，是爲「貧民衣食開生路」，（《清世祖實錄》，二年四月辛巳）而實際情況卻是在自願投充的幌子下，實行對被圈地人民的赤裸裸的掠奪，大批漢族農民的田產屋廬變成了滿人的產業，連他們自身也化爲旗下的奴僕。因此，圈地和投充是一個問題的兩個方面，都是清朝統治者執行民族壓迫政策的結果。

入關後，向清朝統治者投充爲奴的有下列幾種情況：

一、貧民投充旗下爲奴：開始時，貧窮的百姓由於無衣無食不得不「投入滿洲家爲奴」。順治二年三月，清廷特別頒佈詔諭，明確規定「生活能自給者」，不得投旗爲奴。順治十三年九月初七日，山西陽和守谷堡民郭二，「因地被占」，於順治九年六月，被僱與正黃旗包衣牛彔下㲼向諾家當傭工，後㲼向諾就要將郭二「寫檔投充」，而且還將他家婦人孫氏配給郭二爲妻。這是貧民投充的一例。（中國第一歷史檔案館：〈圖海題本〉）

二、漢族地主帶田投充：清初一些漢族地主帶田投充滿人，企圖藉其勢力，保護自己，並圖謀更多的利益。如直隸薊州地主許登營，即帶地投充滿人，於是就在其主子護庇下強占土地，欺壓百姓，將該地民人馬九明等的民地私行圈占一百八十三垧，共獲雜糧三千餘石，橫占民房二百多間，勒索房租二十一萬三千文，成爲爲害一方的惡霸地主。（第一歷史檔案館：〈户部尚書車克題本〉）再如武清縣惡霸地主陳其智、王加才，將該縣一屯九百餘頃土地中的五百七十餘頃，投充正白旗下東山牛彔，後來自己卻私行隱占三百餘頃，又強占鄰壤民田一百餘頃，使得該地鄉民趙仲義等十餘人向上申訴。（同上，順治二年閏二月初七，〈兵科給事中王廷諫題本〉）除上述兩種之外，一些流氓還暗以他人土地投向滿人，也有滿洲貴族及其幫凶逼迫漢人投充爲奴的。

清初由於盛行投充，再加上滿洲貴族可以通過戰爭掠奪人口爲奴及從市場上購買人口，這便使當時滿洲貴族手中掌握有大量的奴僕。這時清政府的賦役收入不能不產生很大的影響。順治十年正月，戶部尚書葛達洪曾說：「夫天下者，唯民唯地矣！一人離去，君寡一丁之稅，一地投充，君減一地之賦」（第一歷史檔案館：〈戶部題本〉）這段議論正是反映了這個矛盾。因此多爾袞曾一再下諭，要求「不願投者，毋得逼勒」，甚至下令「投充一事，著永行停止」，（順治四年三月）但實際上這僅是一紙空文，並未取得絲毫效果。這毫不奇怪，清朝統治集團的核心正是滿洲貴族，他們是不會輕易允許把這種限制自己利益的規定認真執行下去的。而且引人注意的是，清政府爲了保證滿洲貴族對於奴僕的占有，防止不堪忍受奴役的奴僕的逃亡，還頒佈了嚴厲的逃人法，這個法令的頒佈，也應從清朝統治集團的核心是滿洲貴族這一點上去找原因。

早在努爾哈赤時，後金即已制定了追捕「逃人」的禁令。後來到皇太極時又不斷增補修改。入關以後，清廷乃正式將有關「逃人」的法令命名爲《督捕則例》，內容相當繁雜。順治三年（一六四六年）五月清政府曾重新修改逃人法，其內容是：

「隱匿滿洲逃人不行舉首，或被旁人訐告，或察獲，或地方官察出，即將隱匿之人及鄰右九家、甲長、鄉約人等，提送刑部，勘問的確，將逃人鞭一百歸還原主。隱匿犯人，從重治罪，其家貲無多者斷給事主；家貲豐厚者，或全給半給，請旨定奪處分，首告之人將本犯家貲三分之一給賞，不出百兩之外，其鄰右九家、甲長、鄉約各鞭一百，流徙邊遠，如不係該地方官察首者，其本犯居住某府某州縣，即坐府州縣官以怠忽稽察之罪，降級調用；若本犯所居州縣，其知府以上各官，不將逃人察解，照逃人數多寡治罪，如隱匿之人自行出首，罪止逃人，餘俱無罪；如鄰右、甲長、鄉約舉首，亦將隱匿家貲賞給三分之一，撫按及各該地方官於考察之時，以其察解多寡，分其殿最。刊示頒行天下，人人通曉，毋致犯法。」（順治朝《東華錄》卷六順治三年五月庚戌）

從上述「逃人法」之規定可知，該法的特點即在於嚴懲窩主，而輕處逃人。這正是爲了保護滿洲貴族的利益。逃人是滿洲貴族的財產，不可將之損傷過甚，否則他就不能再供滿洲貴族奴役了；而窩主之所以不可輕饒，乃是爲了使後人望而生畏，不敢效之行事，沒人再敢去當窩主，逃人也便不易發生了，康熙時左都御史吳正治說：「緝逃事例，首嚴窩隱，一有容留，雖親如父子，但經隔宿，即照例治罪。使小民父子，視若仇讎，一經投止，立時拿解」，這種狀況正是清朝統治者所希望的。

清初統治者爲了維護滿洲貴族的利益，專懲「窩主」，造成了弊端百出。地方無賴往往通過旗下奸人，冒充逃人，妄指平民爲窩主來進行敲詐勒索，瘋狂一時。開始時，奴僕逃亡僅是爲了回家與家人團聚，各安生理。後來由於逃人法要嚴懲窩主，逃人回家要全家遭受株連，固此逃人只好到處流浪，成爲流民，這對封建秩序的穩定是十分不利的。同時由於流民過多，於是有的人即自行「私逃賊營」，參加了反抗滿洲統治者的起義隊伍。此外，在逃人法嚴厲執行的情況下，一些漢人官吏也產生了不滿，紛紛上疏要求將之改變，爲此，順治皇帝不得不在順治十二年三月專門進行斥責：「近見諸臣條奏，於逃人一事，各執偏見，未悉朕心。但知漢人之累，不知滿洲之苦。」今「逃亡日眾，十不獲一」，「奸民窩藏，是以立法不得不嚴，若謂法嚴則漢人苦，然法不嚴則窩者無忌，逃者愈多。驅使何人，養生何賴，滿洲人獨不苦乎」？「滿人既救漢人之難，漢人當體滿人之心，……若使法不嚴而人不逃，豈不甚便？爾等又無此策，將任其逃而莫之禁乎？」（《清世祖實錄》卷九〇）可見逃人問題成了統治者當時甚感棘手的社會問題了。

「逃人法」所反映的種種矛盾，實則是滿洲落後的生產關係與漢族先進生產關係的矛盾。滿洲貴族頒佈逃人法就是要竭力維護其落後的生產關係。但是滿洲落後的生產關係已遠遠不能適應當時關內生產力的發展水平，它的沒落是必然的。奴僕的大量逃亡與反抗，不僅使得封建統治秩序難以穩定，也使旗地莊園上缺少勞動人手，生產凋蔽，滿洲貴族在經濟上無利可得。後來滿洲貴族不得不逐漸以封建租佃制代替其落後的剝削制度，與之相伴隨，清朝統治者也逐漸放寬了「逃人法」，從而使逃人問題乃逐步得以解決。早在順治十三年六月清世祖已認識到：「若專恃嚴法，全不體恤，逃者仍眾，何益之有？」十五年五月規定：不許「旗下奸宄」，「假冒逃人，詐害百姓」，倘有違犯，「許督撫逮捕，並本主治罪」。（《清史稿・李裀傳》）康熙十年、十二年、十五年清政府又三次重修《督捕則例》，三十八年（一六九九年）康熙帝更決定撤消兵部督捕衙門，將其事務歸併到「刑部審理」。這些改變說明，逃人問題至此已逐步退居到與其它刑事案件相同地位，與清初的情況已大不相同了。

第三節　清軍入關後各地人民的抗清鬥爭

清軍入關後，多爾袞採取了一些爭取民心和有利於全國統一及穩定局面的措施，這在當時起了一定的積極作用。但與此同時清朝統治者也採取了剃髮、圈地及掠人爲奴等一系列加深民族矛盾的措施，加深了漢族人民的災難，也侵害了漢族地主的利益，這不能不激起其堅決反抗。這時就全國形勢來說，階級矛盾已退居次要地位，民族矛盾成了主要矛盾。

一、北方人民的抗清鬥爭

清軍進入關內不久，即遭到北方人民的一系列反抗。順治元年七月，吏科都給事中孫承澤曾指出：當時「畿輔盜賊肆行劫掠，民生惶惶。……諸賊黨羽已盛，千百成群，膽橫氣粗，蓄謀日狡」。（《明清史料》丙編，四一三頁）。在三河縣，由於「地被圈占，所餘無多；民久逃亡，僅存孑遺」。加之該縣地當兩京孔道，「供億甚繁」；「又兼起發逆屬，日需車輛甚多；更患押送旗丁，橫索金銀無算」，（彭鵬：《中藏集・獎薦匯紀》）因此起義首先爆發。可見這裏的農民起義是由於清朝統治者強行圈地以及這裏地當關內外要衝，國家所派徭役繁重而引起的。在天津、滄州、南皮一帶，順治元年發生了李聯芳、張成軒發動的起義，清朝派巡撫天津右副都御史雷典與總兵官婁光先率師討之。當時兵部右侍郎金之俊向多爾袞報告：「近畿土寇、惟宛平、東安、武清、漷縣一帶，趾接壤錯之地。……而近日天津以上，務關以下，楊、蔡二村之間，白晝連鏢，行旅斷絕，輦轂近地，幾同化外」。（《明清史料》丙編，四一六頁）順治四年，三河縣民婦張氏僞稱天啓張皇后，與西淀起義首領、僞稱明熹宗太子的楊四海以及王禮、張天保等人在天津起義，進攻靜海、滄州，聲勢極爲壯大。在霸州，據順治元年八月順天御史所云：「近日土賊，霸屬最甚，到處截劫，深爲民害」。當時「群盜藏身樹木豐密之林」；「從內窺外，擇人而劫；得利之後，復隱其中」。迫使統治者凡「茂密成林」的樹木，「悉令地主於三日內自行斫伐」。

在山東各地農民的抗清鬥爭，亦異常激烈。當時山東巡撫方大猷曾謂：「鄒、滕一帶多盜，路斷行人。」順治元年九月，在長山縣周村店，李自成裨將趙應元所領導的農民軍佔領了青州，「一擁齊進，豎旗放火」，殺死山東巡撫王鰲永。順治三年，謝遷率眾起義，一舉攻克高苑縣城。第二年，又攻克長山、新城、淄川等縣。時降清漢官首先穿著滿服的孫之獬正在淄川，並頑固協同清兵防守該城。起義軍攻下淄川後，將孫之獬全家殺死。後來起義軍還進軍蘇北，佔領宿遷一帶，堅持鬥爭達六、七年之久。

在魯南及魯西南的抗清鬥爭隊伍亦極壯大。其中嘉祥縣滿家洞農民軍及曹州的榆園農民軍，均極著名。滿家洞農民軍在清軍到來之先即已起義。他們「界連四縣，穴有千餘，周回二三百里」。其中有大洞兩個，「爲賊老巢」，「內有重關夾道，暗伏火器，人不敢入」，是理想的根據地。在這裏，以宮文彩爲首的起義軍自稱「擎天大王」，擁眾二萬多人，和其它「大王」一起「安心附逆」，旗幟之上「大書闖賊年號」，聲勢極大。清軍佔領山東後，他們又轉而抗清，「結連諸賊，到處攻城」，給清軍很大的打擊。後來在清軍重重圍困下，鬥爭遭到失敗。

榆園農民軍是順治初年山東人民主要的抗清力量。這支起義軍由任七、張七爲首領，而以濮州、范縣爲根據地。起義軍號稱百萬，時常活動於朝城、觀城、鄆城、城武諸縣，凡數百里。他們「掘有地道。不時出入，屢敗官軍」。順治五年，榆園起義軍在李化鯨領導下，攻克曹州、菏澤、定陶、城武等處，建立政權，年號天正，聚眾多達數十萬，影響極大。順治六年，清朝派張存仁前往鎮壓，屢遭失敗。直至順治十二年，因黃河決荊隆口，水灌榆園，起義軍在重重困難下，始被鎮壓下去。

此外，北方其它地區的農民抗清鬥爭，也在如火如荼地展開著。清統治者在順治六年正月曾不得不承認：「乃數年以來，有據城以背叛者，有烏合以作亂者。」（《明清史料》丙編，三〇四頁）

二、福王在南京即位及江南人民的抗清鬥爭

當明朝政權在北京被李自成起義軍推翻後，四月十二日崇禎自殺的消息即已傳到南京。當時兵部尚書史可法在浦口督師勤王。南京一些臣僚聞變後即議擁立新君。這時閹黨領袖馬士英正擁兵在鳳陽。他與誠意伯劉孔昭等聯合一起，力主擁戴避居淮上的明神宗之孫福王朱由崧爲帝。而翰林院詹事姜曰廣及兵部侍郎呂大器等人，認爲福王品行不端，不願擁立，主張立穆宗之後潞王朱常淓，兩派相持不下。當時因馬士英擁兵在外，又與「大將靖南伯黃得功、總兵劉澤清、劉良佐、高傑等相結，連兵駐江北，勢甚張，大臣且畏之，不敢違」。（《南疆逸史》卷一）史可法初主立潞王，後亦不敢過於堅持。於是朱由崧遂在順治元年五月十五日在南京稱帝，年號弘光。福王即位後，立即命馬士英、高弘圖、史可法等人爲大學士，入閣辦事。但馬士英等人在政治上、軍事上都毫無所爲，卻熱中於小朝廷內的爭權奪利，生活上的苟且偷安。他們「以朝權不可以夕失」，必欲排擠史可法於外。於是乃以史可法「威名著淮上，軍士皆憚服」爲名，勸史可法「經營於外」，以進行排擠。史可法鑒於馬士英等人都是一些耍陰謀、弄權術的小人，在南京只能是互相傾軋，很難有所作爲，於是立即向福王提出，要求離開南京赴揚州督師。實際上自己卻抱著「竭股肱之力；繼之以忠貞，鞠躬致命，克盡臣節」的思想。他希望能爲明朝打幾個勝仗，以使明師再有所振作。史可法此舉引起南京小朝廷的大嘩，有人語之爲：「秦檜（指馬世英）在內，李綱（指史可法）在外。」

弘光政權建立後，在清、明、農民起義軍三種勢力鼎立的情況下，卻熱中於與清朝議和。他們企圖利用清兵來消滅李自成等起義軍。爲此而不惜向清割讓出一部分土地作爲酬勞。這充分暴露了弘光政權的反動實質。因此，在這一年七月初，它以左懋第爲「北使」，攜帶金銀十萬餘兩到北京獎勵和晉封吳三桂，並酬謝清軍。在割地問題上，弘光政權有人提出以兩淮爲界，高弘圖堅持說：「山東百二山河，決不可棄，必不得已，當界河間耳！」馬士英還說：「彼主（指順治）尚幼，與皇上（弘光）爲叔侄可也」，當時即受到人們的哂笑。後來才決定以割山海關外地及歲貢十萬兩與清作爲條件，向清廷求和，左懋第等於八月初至滄州，已聞吳三桂被清朝封爲平西王，且拒不與他們見面。而清廷對「北使」亦極不禮貌，開始欲安排在四夷館，「以屬國見待」，經左懋第等力爭，始安排在鴻臚寺，而且不允許他們謁明帝陵。（《小腆紀傳・左懋第》）多爾袞這時且寫信給史可法，令弘光政權削去帝號，仍稱藩王，「同以討賊（指李自成義軍）爲心，毋貪一身瞬息之榮」，否則清兵就要揮師南下，「南國安危，在此一舉」。史可法這時除覆信多爾袞，表示願與清軍「連兵西討」外，並派黃得功、高傑、劉澤清、劉良佐等十餘萬軍隊，即所謂「四鎮」，駐於廬州、泗水、淮北、臨淮一帶，以保衛南京，防止清兵南下。因爲這時史可法已經看出，「清必南窺，……和議斷斷不成也。一旦寇（農民軍）爲清併，必以重力南侵，……宗社安危，決於此」。（《小腆紀年》卷八）但弘光政權非常腐敗，朱由崧昏庸無能，嗜酒荒淫，以馬士英爲首之臣僚只知樹黨營私，排擠忠良。他們不顧其他閣臣的反對，硬把閹黨頭目阮大鋮拉入內閣。而姜曰廣、高弘圖、徐石麒、劉宗周等人，相繼被排擠去位。阮大鋮又「悉引其黨布於朝，朝廷益亂，凡可法奏請輒格之。」他還大言不慚地說：「上（指弘光）仁柔主，一切生殺予奪，惟予（阮自稱）與數公爲政耳」。（《三垣筆記》下）此外，這時又發生了左良玉事件。

左良玉字崑山，山東臨清人，行伍出身。由於鎮壓農民軍有年，崇禎十七年正月，被封為寧南伯。左良玉部隊軍紀極壞，「兵半群盜」，每入民家索賄，騷擾尤甚；「所掠婦女，公淫於市」。順治二年三月，他在擁有重兵七、八十萬的情況下，以「清君側」為名，宣佈馬士英的七大罪狀。自武昌興師東下，脅迫南京。消息傳來，馬士英等大懼。他對朝廷反對他的人說：「爾輩東林，猶藉口防江縱左逆入犯耶！北兵至，猶可議款，若左逆至，則若輩高官，我君臣獨死耳！」他們對清兵南下，甘心屈辱求和的面貌，已充分暴露出來。於是馬、阮等人急調劉澤清、黃得功等部前去攔截左軍，又調史可法部隊回南京守衛。不久，左良玉病死九江，左軍停止了進攻。弘光政權內部如此四分五裂，這便給清兵南下提供了可乘之機。

順治二年二月，清軍統帥多鐸在追擊李自成起義軍過程中攻下西安。隨後又奉多爾袞之命而轉道河南。於三月初出虎牢關（河南汜水）揮師東下。四月初九，由河南歸德趨徐州，又輕取淮安及泗州，並渡淮河。史可法合諸鎮兵倍道入援抵浦口，因事不濟，急回揚州扼守。四月十九日，清兵圍揚州，史可法率眾據守孤城十晝夜，清兵四面圍攻，情況緊迫。二十五日，史可法檄諸鎮兵前來赴援，無一至者，城遂陷，被執。清軍統帥多鐸勸他投降。史可法厲聲回答：「吾意早決，城亡與亡」，乃慷慨就義。他的餘部劉肇基等人和城中人民，同清兵展開巷戰，「移時殺千餘人，清兵來益眾」，遂全部壯烈犧牲。清軍為了進行報復，在佔領揚州後，又大事屠戮，據史書記載，當時「揚州士民死者屍凡八十餘萬」。（《南疆逸史・史可法傳》）

五月初八日清兵渡江，取鎮江，守將楊文驄逃至蘇州，南京守兵二、三十萬人慌作一團，紛紛逃遁。朱由崧於初十日出奔太平轉蕪湖，不久又成俘虜。次日馬士英亦挾太后出奔，守衛南京的官兵亦大多向清兵投降。十五日清兵入南京。

六月，當清軍攻下南京後不久，又重申剃髮令，使得江南地區的民族矛盾更進一步激化，其中尤以江陰、嘉定人民的抗清鬥爭最為壯烈。

是月，清朝江陰知縣方亨一上任，立即強迫剃髮，激起了城鄉人民的堅決反對。閏六月初一，諸生許用德倡言，「頭可斷，髮不可剃」，四城內外響應者數萬人。群眾囚知縣方亨及守備陳端之，公推本縣典史陳明遇及前任典史閻應元為首領，集眾守城抗清。徽商程璧當即出家資二萬五千金充餉，以表示支持。另一徽商即康公孄於武事，乃被大家推為大將禦敵。（《明季南略》卷九）從閏六月至八月二十一日的兩個多月中，城內軍民擊退了清軍的多次圍攻。後來清軍調來馬步軍二十餘萬，又用大砲轟城，閻應元等猶率眾巷戰，全部壯烈犧牲。清軍在攻破江陰後，曾對這座擁有二十萬人的工商業城市進行了肆無忌憚地劫殺和破壞，使大部分房屋被夷為平地。

嘉定位於江陰東南二百餘里，其抗清鬥爭與江陰人民的鬥爭同時發生，參與的達十多萬人。清兵攻下嘉定後，清將李成棟「大肆淫虐」，「居人遷徙略盡」。清兵每遇城中一人，「輒呼蠻子（指江南人）獻寶」，直至「意滿方釋」。否則則大事殺戮。（《鹿樵紀聞》卷上）剃髮令下達後，當地人民推舉了進士黃淳耀及前左通政侯峒曾為首領打敗了清軍多次進攻，趕走了知縣張維熙。隨後黃、侯二人又組織義師修復城牆，準備堅守嘉定城。這時清將李成棟率兵前來攻打，城中義軍「一敗之於羅店，再敗之於倉橋」，（《南疆逸史》列傳一一）一直堅守了半個多月。當李軍迫近東門時，侯峒曾猶率二子進行巷戰。城中人勸他離去，他說，「吾既與城守，城亡與亡，去何之？」（《明季南略》卷九）後來城陷，黃、侯二人均戰死。清軍復對嘉定人民進行大屠殺，總計死者達二萬餘人。

三、魯王、唐王政權的建立及浙、閩人民的抗清鬥爭

清軍攻克江南以後，隨即進軍杭州、嘉興、湖州等地，引起了當地軍民的英勇反抗。一些農民、手工業者及地主階級的知識分子，紛紛組織起來，進行抗清。

順治二年閏六月，浙江一部分抗清力量公推張國維、張煌言等人去台州迎立魯王朱以海在紹興監國。朱以海係朱元璋十世孫，魯肅王朱壽鏞第五子。其兄朱以派原以長子襲封。崇禎十五年清軍入關騷擾，攻破兗州，朱以派被迫自殺。十七年二月，朱以海嗣魯王位。明朝中央政權覆滅後，乃隨諸藩王南下，弘光命他移駐台州，至是乃監國。同時，在福建的鄭芝龍、黃道周等人也擁立唐王朱聿鍵在福州稱帝，年號隆武。朱聿鍵係朱元璋九世孫，他的先世唐定王朱桱封於南陽。崇禎九年，清兵入關由朝陽攻下永平、遷安等四城，朱聿鍵曾帶兵北上勤王，因此為御史所劾，廢為庶人，被安置在鳳陽。弘光即位後才被釋放。於是被鄭芝龍等人擁戴稱帝

。魯王、唐王兩政權，雖近如毗鄰，但卻互不信任，矛盾很大。順治三年六月初，清軍渡錢塘江，進攻紹興，魯王兵部尚書余煌等死，溫州、台州、金華亦相斷失守。金華原由於朱大典困守不下，清軍於攻破城後「屠其城，大典自焚死」。魯王在富平將軍張名振護送下，南逃至舟山。

唐王政權內部亦矛盾重重，文武不合。唐王政權建立之初，所擁地區甚廣，除安徽、江西、湖廣外，尚包括東南及西南一部分地區。當時唐王內部的軍政大權完全操縱在鄭芝龍手中，「賜宴大臣，芝龍欲居第一。」

鄭芝龍，福建南安石井人。早年流亡日本，後為海盜。在閩海騷擾。明朝多次征剿無功，乃加以招撫，授以軍事要職。於是鄭芝龍乃利用其地位，消除了東南沿海的其它海盜，成為海上的最大勢力，沿海地區對外貿易均為其所控制。同時他又移福建居民數萬人於臺灣，進行開發，勢力日漸雄厚。他擁有二、三十萬軍隊，又以海外貿易所贏以為軍費，勢力相當可觀。但鄭芝龍私心太重，只是一心為了保存自己的地盤，並無意真心抗清，對抗清力量也不聲援。這時大學士黃道周乃挺身而出，親自帶兵北上。可是，黃道周「請兵請糧，芝龍皆不與」，「道周徒以忠義激發，旬日間得九千餘人，親寫劄副獎語，給為公賞」。結果得到獎勵的人雖「榮於誥敕，而應募者多不練之兵，不能應敵」。後來在行軍過程中，糧餉極為缺乏，軍心亦動搖。當他進軍到安徽婺源時，兵敗為清軍所俘，不屈遇害。此時，鄭芝龍卻私自與洪承疇勾結，盡撤關隘水陸之兵，亦不聽其子鄭成功之勸阻，甘心剃髮降清。是年八月廿四日，清兵攻下福州，唐王朱聿鍵於是月二十七日逃至汀州（福建長汀），次日即被清兵所殺。至此，隆武政權遂被消滅。

儘管浙閩地方失陷，但這些地區的抗清鬥爭卻彼此呼應。尤其是浙江四明山的義軍，屢予清軍以重創。

四明山在浙江東南，周圍八百餘里，山脈起伏，形勢異常險要，到處可以駐軍。在這個山區的大嵐山，有餘姚人王翊及慈溪人王江作爲領導，共同訓練隊伍，防止清軍的進攻。在不到一年的時間，使得山中「訟獄平息，人民安堵」，成爲一支堅強的抗清力量，一直堅持與清軍作戰多年。順治七、八年時，王翊、王江不幸先後死去，但大嵐山義軍的抗清鬥爭，卻長期持續不斷。（黃宗羲：《四明山寨記》；謝國楨：《南明史略》）

此外，擁戴唐王的錢肅樂、張名振、張煌言等，也多招集舊部，繼續戰鬥。順治四年七月，他們尚率義軍圍攻並收復了福建沿海許多州縣地區。

四、大順農民軍的聯明抗清鬥爭

李自成農民軍撤出北京後，經定州（今河北定肥）、真定（今河北正定）、故關（山西平定縣東），然後又由平陽（山西臨汾西南）撤至西安。這時，儘管農民軍受到了嚴重挫折，但在山陝及黃河一帶尚有不小的力量。農民軍在戰略上究竟應採取何種策略，成爲擺在李自成等農民領袖面前的首要問題。但是，李自成等人在軍事上不僅未作比較周密的部署，反而在領導層之間發生了裂痕，不斷地出現內訌的現象。

當李自成率軍退往陝西時，河南一帶的地主武裝紛紛反李，不斷對農民軍展開圍攻。這時李自成部將李岩自請領「精卒二萬，馳至中州」進行安撫。李自成手下謀士牛金星卻藉此進行挑撥，認為「河南天下形勝地，且岩故鄉」。認為李岩又「雄武有大略，非能久下人者」。（《明史‧李自成傳》）「若以大兵與之，是假蛟龍以雲雨，必不制矣」，「不如除之，無貽後患」。李自成聽信讒言，乃命牛金星設宴「與岩帳飲」，席間乘機殺死李岩及其弟李牟。這一事件引起大順政權一些領導人的不平。宋獻策聞二李之死後，「扼腕憤嘆」，劉宗敏按劍切齒罵道：「彼（指牛）無寸箭功，敢殺兩大將，我當手劍斬之」。（《小腆紀年》卷六）於是大順軍內部「文武不和，軍士解體，自成遂不能復戰」

一六四四年十一月，清兵分兵兩路出師，向大順軍追擊。一路係由英王阿濟格為靖遠大將軍。率吳三桂、尚可喜等降將，由大同邊外草地，會同蒙古兵一起，過陝西榆林及延安，出陝西之背，南下西安。另一路則由豫王多鐸為定國大將軍，帶領孔有德、耿仲明等軍，由河南懷慶直插潼關，然後兩路人馬在西安會師，以期一舉全殲李自成的軍隊。

不久，清軍在佔領太原、平陽及山西全境後，遂向潼關進發。而河南一線的清軍。在佔領衛輝後，進展遲緩，經過清統治者多次譴責，方於次年一月到達潼關附近。兩路人馬並在潼關與農民軍展開激烈戰鬥。大順軍在經過頑強抵抗後，潼關、西安連連失守，李自成於這年五月率兵自陝西商洛山區退往湖北，駐紮在武昌。這時大順軍尚有部隊五十餘萬，分爲四十八部。清軍又水陸兩路突然襲來。李自成乃由武昌退至湖北通山，後因「自率二十騎略食山中」，在通山縣九宮山爲地主武裝襲擊而亡。

此後李自成部隊大多活動於鄂西、湘北一帶，大致分成兩支；一支由劉體仁、郝搖旗等率領；另支則由李過及高一功率領，在荊襄地區堅持抗清鬥爭。順治二年九月，當清軍進一步南下之後，農民軍因鑒於局勢嚴重，民族矛盾已急劇上升，主動要求與唐王朱聿鍵政權聯合，共同抵抗清軍的進攻。而朱聿鍵政權本身，也因清軍執行民族壓迫政策的加劇，爲了抵抗清軍的進犯，也同意採取與農民軍共同抗清的策略。於是郝搖旗、劉體仁所部十餘萬人，歸明將何騰蛟統一領導；李過、高一功等部三十餘萬人，歸堵胤錫指揮，號忠貞營。順治三年春，清派孔有德率兵進攻湖廣，何騰蛟與大順軍餘部一齊英勇抗擊，大敗清軍於岳州、藤溪、湘陰等地，推遲了清軍的南下行程。後來唐王政權失敗，這些起義軍又支持桂王政權，在西南地區抗擊清軍。桂王朱由榔係明神宗之孫，崇禎九年被封永明王。其父桂端王朱常瀛係神宗第七子，天啓七年之藩衡州。崇禎十六年，張獻忠起義軍攻克衡州，朱常瀛被迫逃至廣西，居梧州，順治二年死。順治三年十一月，明廣西巡撫瞿式耜、兩廣總督丁魁楚、湖廣總督何騰蛟等乃擁立朱由榔在肇慶即位，年號永曆。朱由榔任用丁魁楚、呂大器、瞿式耜爲大學士，繼續堅持抗清鬥爭。因爲這個政權地處西南，離內地比較遠，又得到大順、大西農民軍餘部的支持，因之其抗清鬥爭堅持的時間甚長。

順治四年正月，清兵攻取肇慶，丁魁楚降清，桂王在廣東的勢力全部喪失。隨後，他逃至梧州、平樂、桂林、全州等地，處境異常困難。由於瞿式耜所部在桂林留守，堅持抗擊清軍，方使得桂王政權在西南地區得以偏安。這時清朝又將孔有德、耿仲明、尙可喜等降將調到湖廣一帶，並於是年四月克衡州，直逼廣西。十一月，何騰蛟、郝搖旗等大敗孔有德等軍，「斬級無算」，「諸帥連營閣道亙三百里」，清軍敗回湖南。順治五年正月，原降清明將金聲桓在南昌反正，聲勢浩大。四月，降清將領李成棟亦在廣東反正，奉永曆爲正朔，派人往南寧迎桂王。這時大順軍餘部與明軍一起，乘勢收復了湖廣大部地區，全國抗清力量擴大，形勢極好。於是桂王又於順治五年八月遷回肇慶。但由於政權內部腐敗，黨爭不已，致使失去這一有利良機。順治六年初，清兵又不斷進攻，金聲桓、李成棟均戰死，何騰蛟也在湘潭犧牲。次年，尙可喜軍攻下廣州，孔有德軍下桂林，桂王政權統帥瞿式耜、張同敞被執不屈身死。大順軍餘部也在與清軍作戰中實力大減，由原來四十萬人減到幾萬人。順治八年冬，李來亨、郝搖旗，劉體仁等大順軍轉移至巴東一帶，繼續堅持抗清。

五、大西軍餘部的聯明抗清鬥爭

一六四四年，正當清兵與李自成在山、陝激烈戰鬥之際，由於明軍在四川兵力空虛，張獻忠佔領了四川大部分地區，並於是年十一月稱帝號大西國王，改元大順，以成都爲西京，設六部五軍都督府等機構。張獻忠以汪兆麟為左丞相，嚴錫命為右丞相，王國林為尚書。並命養子孫可望、艾能奇、劉文秀、李定國等為將軍，賜姓張，分統各部。（《明史・張獻忠傳》）

李自成死後不久，清軍隨即向大西政權發起進攻，一六四五年冬，清廷威脅利誘張獻忠投降，他不為所動。這時由於清朝大兵壓境，故大西政權處境極危。張獻忠乃於一六四六年七月，盡毀成都宮殿廬舍，向川北撤退，準備到陝西安身。十一月，他駐兵西充鳳凰山；清將豪格正駐軍漢中，準備帶兵南下。次年正月初三，由於叛徒劉進忠勾結清軍，並作嚮導，清軍向張部突然襲擊，張獻忠被箭射中身死。據《聖教入川記》所載，當時「突有偵探及某兵飛奔入營，向長官報告，謂在營前高山上，見有滿洲兵四五人，各騎駿馬由山谷中迎面而來。……獻忠聞警，不問詳細是否果係滿兵馬隊，隨即騎馬出營。未穿盔甲，亦未攜長槍，……探聽滿兵虛實。至一小崗上，正探看之際，突然一箭飛來，正中獻忠肩下，由左旁射入，直透其心，頓時倒地，鮮血長流。獻忠在血上亂滾，痛極而亡」。

張獻忠死後，他的餘部由孫可望等四人帶領。四人中推年紀最長的孫可望為領袖，在川南、雲貴一帶堅持戰鬥。他們有的和當地少數民族一起生活，共同生產，得到當地少數民族的擁護。四部中以李定國的抗清鬥爭中旗幟最為鮮明，所起的作用也最大。

李定國，字寧宇，陝西榆林人，出身農家。他十歲參加農民軍，作戰英勇，得到張獻忠的器重。據《天香閣隨筆》所載，當時李定國所部，半為「儸、倮、傜、佬」諸族，雖其土官極難鈐束，而李定國卻「御之有法」。順治六年初，他們因清軍壓境，形勢不利，加上雲南巡撫楊畏知等人的勸告，乃主動提出與桂王政權聯合抗清。是時桂王也正走投無路，乃同意此建議。順治九年春，清朝命孔有德軍由桂林出河池趨貴州；又命吳三桂軍由四川嘉定出敘州壓迫川南，兩路軍馬夾擊大西部隊。大西軍亦發動反攻。五月，李定國率步兵八萬赴湖廣，又急轉廣西，連下全州、桂林、孔有德兵敗自焚死。隨後，李定國乘勝追擊，直取長沙，清軍被迫撤離。是年十一月，李定國與清敬謹親王尼堪軍隊戰於衡州城下，連戰四晝夜，尼堪遇伏被殺。於是，李定國所率各部的抗清隊伍，在一年中連殺兩名清兵統帥，取得了抗清鬥爭的驚人戰績。黃宗羲在評述這次戰役時說：李定國桂林、衡州之戰，「兩蹶名王（指孔有德、尼堪），天下震動，此自萬曆戊午（一六一八年）以來所未有也」。接著李定國又率師進攻廣東，收復了兩廣失地。同時還與東南沿海的抗清義師鄭成功取得聯繫，約期會師。

但是，李定國所取得的輝煌戰功，卻遭到孫可望的極端忌視。十年二月，孫可望至沅州（今湖南沅陵）約李定國前來議事，實則想將他謀殺。於是孫李不合，迫使李定國回師廣西，而李、鄭聯師北上的計畫迄未實現。此時孫可望自稱「國主」，專橫霸道，儼然成一獨立政權。十四年，孫可望又糾合十幾萬兵，以「清君側」為名進攻李定國。但他的部下馬玉、馬進忠、馬惟興、白文選等人均對此極表不滿。是年九月，孫、李兩軍大戰於交水（今雲南沾益），李定國約白文選內應，孫可望大敗而逃。其後孫的部將馮雙禮等多率部反正歸李。孫可望深感日暮途窮，僅率十餘親信，狼狽逃至長沙，向清朝投誠。

順治十五年四月，清軍分三路向雲、貴一帶明軍猛攻。其中以貝子洛托及洪承疇由湖南出兵，以吳三桂及都統墨爾根及李國翰由漢中及四川進軍；以都督卓布泰及線國安由廣西進軍。約期會於貴州。是年冬，清又命信郡王鐸尼爲統帥，攻克貴陽，統三路軍入滇。十二月，桂王朱由榔在戰爭不斷失利下出奔。次年正月，清軍攻下昆明，桂王又逃到緬甸，李定國則逃到雲南邊境孟艮，繼續堅持戰鬥。康熙元年春，吳三桂由緬甸俘桂王回昆明，四月將其殺害，同年六月，李定國在勐臘（西雙版納）病逝，卒年僅四十二歲。

大西軍的抗清鬥爭失敗後，大順軍的餘部李來亨、郝搖旗、劉體純、袁宗第等部，仍然堅持在川東一帶，組成夔東十三家軍，仍在不斷抗擊清軍。

六、鄭成功的抗清鬥爭及其收復臺灣

鄭成功是堅持在東南沿海地區的最後一支抗清隊伍。

鄭成功係鄭芝龍之子，本名森，字大木。他的家鄉南安縣屬泉州府。泉州府「地狹人稠，仰粟於外」，徭役很重；而福建省又物產豐富，手工業發達，這就促使貧窮人們向外謀生，獲取「番舶之饒」。由於明朝海禁限制極嚴，所以從事海舶之利的人都是祕密和危險的，大多擁有武裝。明朝統治者稱他們是「海寇」或流人，鄭芝龍就是來往中、日之間海舶上的「流人」（鄭成功出生地在日本）。

崇禎三年（一六三〇年），鄭成功回到祖國，一直接受中國的傳統教育，中過秀才，並且到過南京國子監學習。到了隆武帝時，鄭成功已初露頭角，故被賜姓朱，改名成功。外國人稱他爲「國姓爺」。他對其父鄭芝龍與宗州地主郭必昌勾結降清非常憤怒，決心「大義滅親」，繼續抗清，「以死報國」。

鄭成功初以南澳爲據點組織抗清力量，很快即得到當地人民的廣泛支持。一六四七年，他從南澳出兵，兩三年間即攻占了同安、海澄、泉州等沿海地區。不久佔據金門、廈門，並以這裏作爲抗清根據地。當時廈門叫中左所，特改名思明州，以示抗清決心。又設吏、戶、禮、兵、刑、工六官以爲統屬，遙奉桂王，用永曆年號紀元。

鄭成功利用漳泉地區海上貿易的有利條件，加強與國內外的貿易往來。籌備大批資金，以供應所部數十萬人的軍費開支。當時鄭軍「積蓄皆貯海澄，鐵甲十萬付，穀可支三十年，藤牌、滾被、銃炮、火藥，皆以數萬計」。（《廣陽雜記》卷三）當時的思明州，更是「井里煙火，幾如承平景象」。

一六五三到一六五四年，李定國進攻廣東，約鄭成功與他會師。結果鄭曾率舟師到了廣東揭陽（汕頭西北），住了兩個月又回廈門，並未配合成功。一六五九年，爲了牽制清軍對桂王的三路圍攻，鄭成功與張煌言配合起來，率領八十三營十七萬水陸大軍，直趨南京。六月，他的部將甘輝、余新、洪復等人，又由崇明而上，破瓜州，占鎮江，包圍南京。張煌言則帶領另一支隊伍，溯江而上，進駐上游門戶蕪湖，控制要害，並分兵佔據太平、寧國、池州、徽州等四府三州二十二縣。由於兩支勁旅的互相配合，南京城清軍幾不可守，清軍乃詭計約降。並言

：「我朝（指清）有例，守城過三十日，罪不及妻孥，乞寬三十日為限」，以為緩兵之計。這時鄭成功為勝利衝昏頭腦，他不顧部將的勸說，命令八十三營「牽連困守，以待（清軍）其降；釋戈開宴，縱酒捕魚為樂」。七月二十三日係鄭成功生日，清崇明總兵梁化鳳率五百騎乘機自崇明繞道偷襲鄭之部將余新營，鄭軍倉促應戰，全軍潰敗，余新被擒降清，甘輝、潘賡鐘等人均戰死。鄭成功匆忙率領部隊退回金門、廈門，張煌言孤立無援，退至銅陵，與清兵一戰亦敗，遂退走浙東。

鄭成功北伐失敗後，為了堅持長期抗清，在愛國思想支持下，決意驅逐霸占臺灣的荷蘭侵略者，收復中國領土。

臺灣自古以來就是中國的領土。十七世紀，歐洲殖民者在亞洲展開了侵略活動，一六四二年，荷蘭侵略者趕走了西班牙殖民者後，獨霸了臺灣，從而開始對臺灣人民進行瘋狂掠奪，迫使臺灣人民繳納高額地租，對七歲以上居民強徵「人頭稅」等。他們還壟斷臺灣的對外貿易，強迫臺灣高山族兒童學習荷蘭文。

正當鄭成功考慮驅逐荷蘭殖民者收復臺灣問題時，曾擔任荷蘭通事的愛國志士何斌（一作何廷斌）從臺灣來到廈門，向鄭成功獻出一幅臺灣地圖，敦請鄭成功光復臺灣。一六六一年二月，鄭成功在廈門召開軍事會議，決定立即出兵收復臺灣。

一六六一年三月，鄭成功的軍事準備均已就緒，並把大軍從廈門移駐金門。鄭成功只令部將洪旭、黃廷等少數軍馬輔佐其子鄭經駐守金、廈，親率戰艦四百隻，官兵二萬五千人，向臺灣進軍。四月底，鄭軍在臺南鹿耳門內禾寮港登陸，受到臺灣漢族及高山族人民的歡迎，「士民男婦壺漿迎者塞道。」

當荷蘭軍隊在赤嵌城被圍困之時，荷軍統帥知力不能勝，企圖以每年向鄭成功納貢，獻犒師銀十四萬兩爲條件，賄求鄭成功撤退。鄭成功正告荷蘭統帥說，臺灣係中國土地，應予歸還，毅然拒絕了荷軍的無理要求。五月初，赤嵌城荷軍頭目葳男史汀向鄭軍投降。接著又圍困駐守臺灣城的荷軍達九個月，終於迫使荷軍統帥揆一投降。

鄭成功收復臺灣後，把赤嵌城改爲承天府，又置天興、萬年等縣，還實行軍屯，繼續鼓勵閩、浙一帶居民到臺灣生產，使臺灣經濟、文化得到了迅速發展。

第五章　清朝入關後的制度及滿洲習俗的演變

清朝入關後，爲了適應內地高度發展的封建社會的需要，其各項制度不得不進一步參照內地的歷代相傳的辦法、特別是明朝的辦法來制定，但滿族舊有因素又是其制定各項制度的出發點。這樣，清朝入關後的各種制度便很有自己的特色。與上述制度方面的變化相並行，滿族的許多風俗習慣也在入關後不斷發生變化。這些變化說明了民族融合的新發展。

第一節　清代的統治機構

清朝入關後設置統治機構時，打出了「法明」的旗號，即一切效法明朝，其中央和地方的統治機構與明朝基本一致。這是一個很高明的策略。因爲在清朝入關時，滿漢界線非常清楚，漢人對滿人存在著隔閡、疑懼。清廷爲了要清除這些矛盾，使多數漢人不感到是在滿洲少數族統治下，因此就儘量設法使人們不覺得有大的改變。一切都照舊，自然沒有改朝換代的感覺。「法明」的本意就在這裏。

但是，「法明」既然只是爲清朝鞏固統治服務的一種策略，那麼在「法明」旗號下建立起來的清朝中央和地方的統治機構，就必然與明朝原有的機構有所不同，這種不同，一方面表現在中央及地方政權的權力完全掌握在滿州貴族的手中，而漢官僅有些建議權而已，另一方面則表現於它不完全照搬，必有增加、裁革或改變。

一、議政王大臣會議

入關前即已存在的議政王大臣會議在入關後繼續存在。它由滿洲貴族組成，掌握著軍國大政的決定權，它體現著滿洲貴族在清朝統治集團中的核心地位。不過，由於這種制度妨礙皇帝集權專制，因而當皇帝（或居於近似皇帝地位的攝政王、輔政大臣）具有權威之時，往往設法削減其權力，而當情況相反時，它的權力又會增大。所以，入關後議政王大臣會議作用的大小，處在經常變動之中，其總趨勢是日益縮小。康熙以後的情況留待下文交待，這裏僅將入關前夕至康熙親政前的情況敘述如下：

議政王大臣會議，自皇太極死後，曾經一度起過一些重要作用。崇德八年八月，以鄭親王濟爾哈朗、睿親王多爾袞爲攝政王，輔國理政，這個決定就是由議政王大臣會議作出的。隨著多爾袞在政權中愈來愈起著關鍵作用，議政王大臣會議的作用愈來愈小。早在崇德八年十二月，諸王貝勒就被解除了辦理部院事務的職權，當時濟爾哈朗和多爾袞召集諸王貝勒貝子、公、大臣說：「前者眾議公誓，凡國家大政必眾議僉同，然後結案。今思盈廷聚訟，紛紜不決，反誤國家政務。我二人應皇上幼沖時，身任國政，所行善惟我二人受其名，不善亦惟我二人受其罪，任人責重，不得不言。方先帝（皇太極）置我等於六部時，曾諭國家開軔之初，故令爾子弟輩暫理部務。俟大勳既集，即行停止。今我等既已攝政，不便兼理部務，我等罷部事而諸王仍留，亦屬未便，今欲概行停止。」於是「諸王貝勒、貝子俱罷部務，悉委之尚書焉」。（《清世祖實錄》卷二，十二月乙亥）自此以後，直到多爾袞死去（順治七年），史書中便很少見到有關議政王大臣會議的記載。雖然也有議政王大臣的任命，但多職位卑下，且無實權。綜觀多爾袞攝政時期，在他與皇帝及諸王權力互為消長的過程中，議政王大臣會議的權力，實已名存實亡，大權可說完全操縱在多爾袞及他所寵任的諸王手中。

多爾袞死後，議政王大臣會議的權力又有一定的恢復，滿洲王公貴族又重操各部大權。順治七年十二月，多爾袞死後不到二十天，議政王大臣會議即決定，「吏、刑、戶三部事務重大，應各設尚書二員，吏部擬公韓岱、譚泰；刑部擬濟席哈、陳泰；戶部擬巴哈納、噶達渾。……其餘一切部務，應啓奏者啓奏，應諸王辦理者辦理」。（《清世祖實錄》卷五一）這項措施，無疑是對多爾袞時期罷諸王掌部權的一次反復。隨後又陸續任命議政大臣，一切政務仍歸諸王固山額真議政大臣會議解決。這種情況一直延續到康熙親政時期沒有改變。

二、議政王大臣會議之外的中央機構

議政王大臣會議之外，在皇帝之下，還設有內閣、六部等一套中央行政機構。

(1)、內閣：順治十五年（一六五八年），清改內三院（內國史院、內祕書院、內弘文院）為內閣，作為中央的最高行政機關。內閣中設大學士滿、漢各二人，協辦大學士滿、漢各一人，學士滿六人、漢四人。內閣的職責與明朝相同，《清史稿・職官志》載：「大學士掌鈞國政，贊詔命，釐憲典，議大禮、大政，裁酌可否入告。」但實際權力比明代要小得多。《養吉齋叢錄》謂：「內閣大學士沿明制主票擬，然一一皆稟上裁，大學士無權也」。大學士仍冠以殿閣之名，如中和殿（後改體仁閣）、保和殿、武英殿、文華殿、文淵閣、東閣等。

(2)、六部：入關前即已設立的吏、戶、禮、兵、刑、工六部，這時仍作為中央政府的執行機關而設立。各部之職責與明朝基本相同。入關前（一六三一年）建立六部時，各以貝勒一人管理部務。順治元年（一六四四年）廢此制。順治八年又恢復，九年復廢。各部所設承政及參政，入關後分別改為尚書和侍郎，俱滿、漢各一人。其下有郎中（主管司）、員外郎、主事、筆帖式等官。

(3)、都察院、科道官及大理寺：入關後都察院的長官為左都御史及左副都御史，俱滿漢各二人。他們之下設有監察御史；監察御史與六科給事中主管監察、彈劾，多由於年輕人充任，多鋒芒畢露，升遷很快，這就是所謂科道官。但由於清代專制主義中央集權更加發展，他們的鋒芒較之明代已大爲遜色。又有大理寺，其長官大理寺卿「掌平反重辟，以貳邦刑。與刑部、都察院等三法司。凡審錄，刑部定疑讞，都察院糾核。獄成，歸（大理）寺平決。不協，許兩議，上奏取裁。並參豫朝廷大政事，少卿佐之。」（《清史稿》一一五，職官二）六部長官加都察院都御史，合稱七卿；如再加通政使、大理寺之長官，合稱九卿。

(4)、其他中央機構：上述之外，中央機構中尙有理藩院、詹事府及翰林院等。理藩院在入關後所管事務，擴及新疆、青海、西藏等少數民族地區。翰、詹是最清貴的官，並沒有什麼事，主要是給皇帝弄弄文墨。他們都是由從進士中選拔出的寫字好的人來充任。

三、地方政府機構

清代地方行政機構分爲四級，即省、道、府（或直隸州、廳）、縣（或一般州、廳）。此外，與省級平行的還有邊疆特區。

(1)、督撫：清初共設十八行省。省級最高長官是總督和巡撫。每一省或數省設總督一人，各省設巡撫一人（或總督兼），掌管一省或數省的軍政大權。總督又稱制臺是封疆大吏，從一品；巡撫又稱撫臺，從二品。一般來說，清朝的總督和巡撫所被規定的職能相差不多。總督是「掌吏治軍民，綜制文武，察舉官吏，修飭封疆」。巡撫是「掌宣佈德意，撫安齊民，修明政刑，興革利弊，考核群吏」。但總督地位高於巡撫，巡撫須接受總督領導。由於有些總督、巡撫同駐一地，即「督撫同城。」（如閩浙總督及福建巡撫均駐福州），因而造成職權不分，產生矛盾。督撫在最初主要是在上監督，並無很多實權。後來加了許多銜，如右都御史、兵部尚書等，實權才逐漸增加起來。這些加銜全不是虛銜，而是加一個就增加一分權力。

(2)、布、按各使：督撫以下，各省均設承宣布政使司及提刑按察使司，分別有布政使及按察使一人，作為長官。布政使又稱藩臺，主管一省民政、財政及人事，「凡諸政權，會督撫議行」。（《清史稿・職官三》）按察使又稱臬臺，主管一省的司法、刑獄、糾察。他們也叫監司大員。布政使為從二品，按察使為正三品。

此外，在一些省分（奉天、直隸、山東、兩淮、兩浙、廣東、四川）中設有鹽運使，專司鹽政。鹽運使為從三品，掌「督察場民生計，商民行息，水陸挽運，計道里，時往來，平貴賤」等。

各省中尚有提督學政一人，會同督撫主管一省之教育、科舉、考試等事務。即或本人官階不高，但在充任學政期間，其地位與督撫相同，亦謂之學臺。

道設道員，也叫道臺，為省布、按兩司與府州縣中間的一級長官。道員係正四品，各省無定員。如能「各掌分守、分巡及河、糧、鹽、茶或兼水利、驛傳，或兼關務、屯田」；並協助布、按兩司「核官吏、課農桑、興賢能、勵風俗、簡軍實、司封守，以帥所屬而產察政治」。道實際上分為兩種，一種是主管一省某一方面事務的，如糧儲道，鹽法道，兵備道，河工道等還有一種是介於省與府縣之間的行政長官，如直隸省分爲七道，有清河、熱河、霸昌、通永、天津、大名、口北等七道。

(3)、府縣：府縣知府一人，正四品，上隸於省，下督率所屬州兵官，是承上接下的要職。「知府掌總領屬兵，宣佈條教，興利除害，決訟檢奸。三歲察屬吏賢否，職事修廢，刺舉上達，地方要政白督撫允乃行」。清代全國共有二百一十五府。全國尙有七十六個直隸州與府平行，知州爲正五品。府下的散州，全國共四十八個，知州爲從五品。散州隸於府之下，但轄區較縣爲大，等級與縣相同。清代全國共有一三五八個縣。縣設知縣一人，是臨民官，主管全縣一切政事。《清史稿・職官三》：「知縣掌一縣治理，決訟斷辟，勸農賑貧，討猾除奸，興養立教」。這些知縣都有正印，所以又叫正印官。清代對這些人，極爲重視。

四、科舉、特科和八股文

清朝取士的辦法，基本上是沿用了隋、唐以來的科舉考試制度。鄉試取舉人，中央的考試取進士。被取中者即具備了當官的資格。

普通科舉考試只能影響一般知識分子，清初一些社會上有聲望有地位的人還在猶豫觀望。針對這種情況，於是在正規的科考之外，清朝又在康熙十八年（一六七九年），特開博學鴻詞科（以後又增加了經濟特科、孝廉方正等名目），專門以名儒學者和社會賢達爲對象。這些人除極少數遁跡山林，保持了民族氣節之外，絕大多數都禁不起清朝的威逼利誘，許多布衣之士，曾幾何時搖身一變成了清廷的新貴。當時有人寫詩譏刺他們：「聖朝特旨試賢良，一隊夷齊下首陽，家裏安排新雀頂，腹中打點舊文章，當年深自慚周粟，今日翻思吃國糧，非是一朝忽改節，西山薇蕨已精光。」乾隆元年（一七三六年）亦循康熙故事，詔開第二次博學鴻詞科，以後特科屢啓，足見此舉收到預期的政治效果。

清朝科舉考試的內容和明朝一樣，主要是作八股文章，專取「四書」「五經」上的句子為題，而且只許發揮朱熹的注解。八股文從內容到形式都有嚴格規定，這種文章除了當作做官的敲門磚之外，一點用處也沒有，八股文在明代就受到一些有識之士的指責，宋濂曾指出：「自貢舉法行，學者知從摘經擬題為志，其所最切者，惟四子一經之箋，是鑽是窺，餘則漫不加省，與之交談，兩目瞪然視，舌木強不能對」。（《翰苑別集》卷一）儘管如此，清朝統治者為了束縛人們的思想，把知識分子的視野拘囿於「四書」「五經」之中，變成不識時務的書獃子，還是極力提倡八股文。康熙時有一個大臣說的很明白：「非不知八股為無用，特以牢籠人才，捨此莫屬。」可謂一語破的。

第二節　清代的軍制

清朝入關以後，正規軍隊有八旗兵和綠營兵兩種，兩者全有一定的數額而且是經常設置的，所以稱爲額設制兵。此外還有「土兵」，是少數民族部隊，雖然也是經常設置的，但爲數不多，只在四川、甘肅、湖南、廣東、廣西、雲南、貴州、西藏、青海有（《清史稿・兵志》）。又有「鄉兵」、「團練」、「練勇」、「防軍」等等，都是臨時招募備一事之用，事定即行裁撤或者改編，所謂「旋募旋散，初非統制之師」。（《清史稿・兵志》三）所以不算作正規軍隊。

一、八旗兵

清代制度，「八旗子弟，人盡爲兵」（《清史稿・兵志序》），凡男丁年十六歲以上就可以「披甲當差」，但不是同時人人入伍，而是按照兵丁類別，定出名額，在各佐領下「挑補」，分別立營訓練，稱爲額兵。額兵以外有「隨甲」，是武官的隨從。此外均稱「餘丁」。「餘丁」和不滿十六歲的「幼丁」，可以挑補「養育兵」，就是預備兵。

清代八旗兵分親軍、驍騎、前鋒、護軍、步軍五種。又從上列各營內選撥神機營，從前鋒營內選拔健銳營，從驍騎營漢軍內選拔槍營、炮營、藤牌營，從滿洲蒙古習火器的兵中選火器營，是爲特種兵。現在把它表列於下：（《光緒會典》卷五二，卷八六，卷八七）

兵別	營別	部族別	性質	每佐領下挑補人數
親軍	上三旗親軍營	滿洲蒙古	皇帝的侍衛親兵練習騎射步射	二人(下五旗亦可挑取仍撥入上三旗營）二人
前鋒	前鋒營	滿洲蒙古	練習步射，又有一半演放鳥槍	
前鋒	健銳營	滿洲蒙古	練習雲梯、抬槍	在前鋒營中選拔
護軍	護軍營	滿洲蒙古	練習騎射步射	十七人
鳥槍護軍	內外火器營	滿洲蒙古	演放鳥槍	六人（內外營各三人）
馬甲	驍騎營	滿洲蒙古	練習騎射	二十人
馬甲	驍騎營	漢軍	練習騎射	四十二人
馬甲	藤牌軍	漢軍	練習藤牌	在驍騎營馬甲內選拔，每旗一百人。
馬甲	槍營	漢軍	練習長槍	在驍騎營馬甲內選拔
炮甲	內外器營	滿洲蒙古	練放子母炮	一人
炮甲	炮營	漢軍	練放子母炮	每旗四十人
鄂爾布	驍騎營	漢軍	練習紮營鹿角	八人
步軍	步軍營	滿洲蒙古	練習步射	十八人
步軍	步軍營	漢軍	練習步射	十二人
神機營兵	神機營	滿洲蒙古漢軍	練習各種兵器火器和陣法	在上列各營內選拔精銳充當

清代八旗兵大部分集中在北京城內外，名額時有增減。在北京以外分駐的稱爲「駐防」。北京附近的駐防稱爲畿輔駐防，有二十六處，一四，二三八人；在東三省各城的駐防有四十四處，三五，三六一人；在各省的駐防有二十四處、五萬五千五百二十一人，合計駐防兵凡一〇五，一二〇人。（《會典》卷八六）在清代，八旗兵一共是二二五，四二九人（曾國藩說八旗兵「其額數常不過三十五萬」，似誤）。

清朝對各地用兵時，每得一地，總要留一小部軍隊駐守，監視當地人民。例如清兵入關（一六四四年），留何洛會駐防盛京，一六四五年三月遣八旗兵駐防濟寧，六月遣八旗兵駐防西安，十一月遣八旗兵駐防江寧、杭州，以後遍及全國的各衝要大城。從這裏可以看出清代的軍隊主要用在防範人民方面。駐防兵又都是八旗兵，對於人民的壓迫和擾害比一般軍隊更甚。一六八七年，王鴻緒曾說：「駐防將領恃威放肆，或占奪民業，或重息放債，或強娶民婦，或慌詐逃人，株連良善，或收羅奸棍，巧生扎詐；種種爲害，所在時有。如西安、荊州駐防官兵，紀律太寬，牧放馬匹，驅赴村莊，累民芻秣，百十成群，踐食田禾，所至驛騷。其他苦累，又可類推。」（《清史稿》列傳五八，〈王鴻緒傳〉）這雖說只是一個例子，但是在整個清朝統治時期並沒有例外。

二、綠營兵

綠營兵又稱綠旗兵，是清朝入關後改編和新招的漢人部隊。它和八旗兵不同之處，除部族關係外，「八旗駐防兵由於世籍，綠旗各營兵由於招募」（《清朝文獻通考》卷一八二）；就是說，旗人（包括滿洲、蒙古、漢軍八旗）人人有挑補兵丁的義務，而漢人（不包括漢軍）對於綠營是自由應募。

清代的綠營兵，北京和各省全有。在北京的稱巡捕營，隸屬於步軍統領；在各省的按照地方的大小、遠近、險要，人民的多少，列汛分營。由各省總督統轄的稱「督標」，巡撫統轄的稱「撫標」，提督統轄的稱「提標」，總兵統轄的稱「鎮標」，將軍統轄的稱「軍標」（只四川、新疆有之），河道總督統轄的稱「河標」，漕運總督統轄的稱「漕標」。標以下設「協」，副將統之；「協」下設「營」，參將、游擊、都司分別統之；「營」下設「汛」，千總、把總、外委分別統之。兵分三種：有馬兵、有戰兵、有守兵；戰兵、守兵全是步兵。瀕海、瀕江的地方又有水師。綠營兵丁練習弓箭、鳥槍、藤牌、長矛、雲梯；水師則練習水戰，全國綠營兵在一八一二年凡六六一，六七一人。（《清史稿・兵志》二）

三、八旗兵和綠營兵的薪給及其腐敗

清代八旗兵和綠營兵全是薪給制，每月有一定的「餉銀」，每年有一定的歲米。數目多寡不等。高的如八旗親軍、前鋒、護軍，每人月給餉銀四兩，年支米四十八斛；低的如八旗步軍月給一兩五錢，年支米二十四斛，綠營步兵月給一兩五錢，每月支米三斗（以上見《光緒會典事例》，商務小字版，卷二五四。所載與劉獻庭《廣陽雜記》略有不同。又劉氏以一斛為五斗，四十八斛即二十四石，疑太高，似是一斛為一斗）因此清代的兵餉占每年歲出的一半，是最大的一筆開支。清初的歲出，凡銀二七，三八八，五八八兩，而兵餉占銀一三，四九二，七五五兩（《廣陽雜記》卷二），爲百分之四九・二。其後兵餉續有增加，一七六六年增到一千七百多萬，而歲出總數約三千三百七十萬，占百分之五〇・四。這只是經常的餉米，至於內外戰爭的需索供給，動輒好幾千萬，並不在內。

一六四四年清兵入關，軍隊作戰以八旗滿州蒙古兵爲主，漢軍和投降的漢兵只占次要地位。一六四六年以後漢軍與滿洲兵並重，一六五〇年以後就以新舊漢軍爲主了，八旗滿洲蒙古兵已成次要，這說明八旗滿洲蒙古兵的質量已逐漸較漢軍降低。一六七五年清朝皇帝公開承認：「今八旗人民怠於武事，遂至軍旅隳敝，不及曩時」。到了一六七三年，八旗兵（包括漢軍）差不多已不能作戰，每次作戰，全是綠營步兵在前，八旗兵尾隨於後。但是沒有很久，綠營兵也和八旗兵一樣了，一六八七年，王鴻緒已經指出，「綠旗提鎮，縱兵害民。以及虛冒兵糧者，不一而足」。一七三〇年以後，清朝統治者隨時隨事招募鄉軍和防軍，綠營漸同虛設；而綠營的空名目卻依然存在著。

上面提到清代的軍隊主要用在防範人民方面，這一點從清朝統治者所規定的軍隊任務上，也可以得到說明。如侍衛親軍的「宿衛扈從」，八旗步軍的「守衛巡警」，綠營的「慎巡守，備徵調」，京營的「稽查巡緝」，全是其例；而步軍統領的「統轄京營，總司緝捕」，更爲明顯。軍隊用途既然不放在捍禦外侮保衛人民上，訓練自然成了虛文，因之兵丁也就成爲不生產，不訓練，迫害人民的暴力工具，清代軍隊窳敗的根源就在於此。

第三節　入關後的八旗制度

一、上三旗的確立

自努爾哈赤創立八旗制度後，八旗旗主即有不斷更迭。當時努爾哈赤擁有兩黃旗，其長子代善（原長子褚英早逝）亦擁正紅及鑲紅兩旗；正白旗爲皇太極；鑲白爲杜度；正藍爲莽古爾泰；鑲藍爲阿敏。自皇太極即位後，各旗旗主又有一番變化。據考證，當時鑲黃、正黃爲皇太極；正白旗爲多爾袞；鑲白爲多鐸；正紅爲代善，鑲紅爲代善長子岳托，後爲阿濟格；正藍爲莽古爾泰，後爲皇太極所併；鑲藍爲阿敏，後爲濟爾哈朗。這種情況一直延續到崇德末年爲止。順治即位後，多爾袞掌政。他仍擁有正白旗；順治六年三月多鐸去世後，又擁有鑲白旗。到了順治七年十二月多爾袞死後，八旗旗主再一次發生變動，致使八旗制度發生了一次重大變化，即由地位平列的八旗，變成了地位不同的上三旗與下五旗。

多爾袞死後不久，統治階級內部發生矛盾，他被誣告而削爵，其所屬正白旗被列入順治帝所屬之兩黃旗之下，於是形成鑲黃、正黃、正白由「天子自將」的局面，這便成爲所謂「上三旗」，而上三旗之外的其他五旗，則相對被稱爲「下五旗」，它們是諸王、貝勒、貝子、公等分封之地。這樣一上一下，就形成了在八旗中的高低之分。上三旗的地位比下五旗要高。上三旗的包衣——奴僕只給皇帝服役，而不給其他五旗的諸王服役；下五旗的包衣—奴僕，只侍候諸王，而不侍候皇帝。上三旗中絕對沒有親王、郡王、貝勒、貝子，相反這些王、貝勒等必在下五旗。

八旗的排列次序本有一定規定，不能擅自變動。順治五年三月，多爾袞曾以順治元年自盛京遷都北京途中，濟爾哈朗「一任鑲藍旗、正藍旗違令前行」，且欲將正藍旗在鑲白旗（多鐸）前行軍的罪狀，對濟爾哈朗進行處分，將親王爵位革去，降爲多羅郡王，並罰銀五千兩。（《清世祖實錄》卷三七）自從上三旗確立以後，八旗的次序遂有變更。《大清會典・八旗都統》：

「凡八旗序次：曰鑲黃（一），曰正黃（二），曰正白（三），為上三旗；曰正紅（四），曰鑲白（五），曰鑲紅（六），曰正藍（七），曰鑲藍（八），為下五旗。行軍蒐狩以鑲黃（一）、正白（三）、鑲白（五）、正藍（七）四旗居左為左翼；正黃（二）、正紅（四）、鑲紅（六）、鑲藍（八）四旗居右為右翼。官職除授公差踐更，以上下旗為辨；朝祭班列旗籍界止，以左右翼為辨。」

至於清入關後八旗居京的方位，也有一定規定。史載「凡八旗方位：左翼自北而東，自東而南；鑲黃旗在安定門內，正白旗在東直門內，鑲白旗在朝陽門內，正藍旗在崇文門內。右翼自北而西，自西而南；正黃旗在德勝門內，正紅旗在西直門內，鑲紅旗在阜城門內。鑲藍旗在宣武門內」。

這個記載與談遷在《北游錄》中所記大致相同。《北游錄・八旗》曰：「契丹初嘗推一大人建旗鼓，以統八部，今清制亦如之。入燕之後，以漢人盡歸之外城。其漢人投旗者不歸也。分隸內城；正黃旗則轄正陽門、德勝門；鑲黃旗則轄東直門、西直門；正藍旗則轄宣武門（元順承門）；鑲藍旗則轄崇文門（元海岱門）；正白旗則轄朝陽門；鑲紅旗則轄阜城門（元平則門）；正紅旗則轄德勝門（元齊化門）；鑲白旗則轄安定門。各旗下無論宣戰，各給田若干，收其租，不復給餉」。

清代八旗中還有所謂「抬旗」。「抬」即高抬，即由下五旗而抬至上三旗。一般情況，抬旗的都是指后妃家庭。因爲下五旗的包衣應侍候諸王，要向諸王服一定的義務，即服一定勞役，而后妃的包衣不便再侍候諸王，於是乃抬入上三旗，以提高其身份地位。另外按照八旗內部習俗，每逢旗主及近親子弟之有郡王；貝勒爵者過生日或賀元旦之時，凡該旗之屬人均須向其慶賀，否則即須治罪。這也是當時出現抬旗現象的一個原因。

除「抬旗」以外，還有所謂「分旗」，即由上三旗分到下五旗。按照清朝規定，上三旗包衣一定是在內務府，乾隆以後因人太多了，出旗者很多。

二、八旗的生計

入關以後的旗人，領有豐厚的餉銀。但除了上層之外，大部分人生活卻相當困難，早在順治時期這一問題即已發生，康熙之後日趨嚴重。如康熙五十年沈起元在〈擬時務策〉中指出「八旗兵丁徒使之不士、不農、不工、不商、不兵、不民、而環聚於京師數百里之內，於是其生計日蹙而不可爲計，」（《皇朝經世文編》卷三五）康熙五十六年十一月，聖祖又曾諭戶部：「凡兵民生計，未嘗一日不爲勤求也，自剿滅三逆以後，爲八旗甲兵詳加籌劃，曾頒發帑金數百萬兩，代清積逋；又資其匱絀，復賞銀數百萬兩。……近聞領取銀兩兵丁，甫出部門，即被人持去，公庫既行扣除，又復償還私債，兵丁所剩甚少，以此養贍室家，奉行差務，斷然不足。朕每懷及此，深切軫惻」。（《聖祖仁皇帝實錄》卷二七五）造成這種現象的原因，從根本上說，是由於旗人有豐厚餉銀的腐蝕下，漸染腐朽寄生的毛病。具體說來大致有如下幾點：

(1)、不善謀生：當時旗人大多不從事勞動，又不善於經營。《熙朝紀政・紀旗人生計》說：「蓋旗人不善謀生。又悍僕、豪民、衺民、駔儈，導之縱暴以爲利，故屢煩朝廷之禁約」。這與沈起元所說的「不士、不農、不工、不商、不兵、不民」是一致的。

(2)、不置產業：旗人有錢時則隨手亂花，大手大腳，不置產業。雍正五年，世宗曾手諭管理旗務的王大臣說：「從前是考（指康熙）軫念兵丁效力行間，致有債負，曾發帑金五百四十萬兩，一家賞致數百。未聞置有產業，一二年間蕩然無餘。其後又賜帑金二百五十餘萬，亦如前立時費盡，」說的正是這種情況。

(3)、入手妄用，生活腐化：世宗曾說：「朕即位以來，賞給八旗兵丁一月錢糧者數次，每次三十五、六萬、入手妄用，不十日即爲妄有。庫帑爲國家正項，百姓膏脂，豈可無故濫行賞賚：若不將惡習滌除，朕即有加恩之意，亦不可行也」。清高宗也曾說過：「朕因旗兵寒者多，借給庫銀營運，自應仰體朕心，撙節以爲久遠之計。乃聞領銀到手，不知受惜，而市肆將綢緞衣物增長價值，以巧取之」。「大抵旗人狃於揮霍，炫於鮮衣美食，經商逐利，不待禁而不能」。「八旗從前風俗，最爲近古。逮承平日久，生齒日繁，漸即侈靡。……旗人貧乏，率由於此。」（《熙朝紀政》三）

清朝統治者視旗人爲鞏固統治的主要依靠力量，因此曾想出很多辦法，去解決旗人生計問題。例如，凡旗人因貧乏將旗地典賣者，由官府出錢贖回。雍正七年（一七二九年）、乾隆四年（一七三九年）、十四年（一七四九年），曾三次動支內庫銀兩，照原價贖回典賣與漢民的地畝（官贖八旗地畝）。另外，清朝統治者也不斷發佈命令，賑濟旗人。入關不久，清統治者即對八旗貧民進行賑濟。順治十年（一六五三年），賑給「每佐領下布六十匹，棉六百斤，米百石，漢軍半之，旋每賑增米至三百石」。此後，幾乎每年對旗民均有接濟。康熙三十年（一六九一年），「償還八旗兵丁債負，以後許官銀借貸，派大臣管理」。康熙四十二年（一七〇三年）由國家成立官庫借貸，並於同年「貸給帑金六百五十五萬餘兩。」康熙四十五年（一七〇六年），又免庫欠銀三百九十餘萬兩。到了嘉慶十七年（一八一二年）以後，年終加餉一個月，「久以為例」；然而儘管統治者採取了許多措施，旗人生計仍然不能徹底解決，因為這種消極的辦法，反促使一些人更不願從事生產，其依賴性反更加增大。

第四節　清代的內務府和宦官勢力的衰落

一、包衣和內務府

清代另一不同於明代的制度，就是內務府。內務府是從八旗制度產生的。滿洲雖早在入關以前即已進入了封建制，但奴隸制的殘餘還存在，且相當嚴重，只是奴隸的地位與過去已有所不同。過去是一切苦役都由奴隸幹，奴隸是主人的財產，可以買賣，主人可以自由處死奴隸。封建化之後，奴隸的地位有所提高，已不能隨意殺死。特別是在入關前的後期，滿族奴隸的地位逐步提高，他們對主人雖還有侍奉的義務，但在其它方面則和以前有了很大的不同。在主人面前，他是一個奴隸，但在別人面前就看不出是奴隸，且在許多地方都和一般人並無顯著區別。

滿洲的奴隸一般是家內奴隸，稱「包衣阿哈」。「包」，漢語譯爲家，衣爲虛字「的」字，包衣譯成語即「家的」，或「家裏的」。「包衣阿哈」就是家庭中使用的奴隸，簡稱包衣。包衣要世充，即輩輩爲奴隸。其子女叫做「家生」或「家生子」。《紅樓夢》第四十六回稱鴛鴦爲「家生女兒」，四十五回稱周瑞之子爲「家生子兒」，皆此類。他們的身分是不能隨便改變的，除非因故「發出」或「撥出」。清初制度規定，凡立有功勳，或有罪已平反昭雪或其他特別原因，才可以發出包衣。如凡攻戰中首先登城的八旗壯丁，可准其開戶脫離，並將胞兄弟嫡伯叔帶出，這是立功除奴籍的例子也有一種情況，即原來判刑重了，後來減罪，亦可撥出包衣。順治時卓靈阿因父罪編入包衣，後來順治認爲問罪太重，又將他「發出包衣。」（《東華錄》康熙六年七月十七）還有在關外時，滿洲統治者對讀書人優待，皆可「撥出包衣」。清初時凡犯罪入旗作包衣，是一種極重的處罰。康熙五十年（一七一一年），副都御史趙申喬劾編修戴名世所著《南山集‧孑遺錄》有悖逆語，造成「南山集案」，因爲方苞與戴名世同縣，又爲其集作序，遂被逮下獄。五十二年戴被斬首，而方苞與諸牽連者，皆免罪入旗。這使其家人非常害怕。幸而世宗即位，「以苞勤勞內廷，特施曠典」，立即赦苞及其族人，「入旗者歸原籍」。這種入旗即是作包衣，在滿語稱「辛者庫」。包衣的頭目叫包衣大或包衣達。包衣大即是包衣長，大爲滿洲語頭目之意，漢字譯爲管領。

順治帝親政後八旗分成了上三旗及下五旗兩個系統，因之各旗包衣亦相應分爲兩部分。上三旗屬於皇帝，於是其包衣即成皇帝的僕役，由當時管理皇室事務的內務府掌管，故稱內務府屬，與之相對應，不直接屬於皇帝的下五旗的包衣則稱爲王公府屬。

二、清初宦官制度的變化

內務府既是管皇室雜務，供差役灑掃，故其職責實與宦官制度矛盾，有時甚至是互不相容的。這導致了清初宦官制度的變化。

明代宦官專權由來已久。崇禎末年，李自成軍進攻北京，在宣府和居庸關率眾迎降的是監軍太監；農民軍圍北京外城，開門跪接的是督理城守太監；多爾袞入關，首先在皇城用明朝鹵簿御輦跪迎呼萬歲的也有故明內監。因此清兵入關後，明朝太監並沒有受到影響被淘汰與屠戮，依然在皇宮中侍奉皇帝，並企圖繼續恢復其權勢。而明朝降清的舊臣，鑒於明代閹寺之禍，對於入清以後的太監更加有意防範，隨時裁抑，惟恐其再起。故清順治期間，發生了幾次裁抑太監權勢的鬥爭事例：

一是禁內監收租：順治元年七月，太監吳添壽等請照明舊例，遣內員徵收涿州寶坻縣皇莊錢糧。多爾袞認爲，差官往必致擾民，不許。並命這項徵解錢糧，應由所在官府另項起解，而不應由太監負責。這時清順治尚在關外未達京師。太監們提出照明例徵解皇莊子粒，目的是圖謀肥私，這是他們在經濟上攫取利益的一種手段，但終因多爾袞的反對而未得逞。

一次是禁內監朝參。明朝太監著朝服仿照外廷儀注參加朝參山呼，是熹宗以後的事，舊例只許常服叩頭呼萬歲。《烈皇小識》載：「逆賢（指魏忠賢）擅政，凡遇大朝，自王體乾至牌子等，俱僭用朝冠朝服，於乾清宮大殿朝內，照外廷儀行慶賀山呼禮。贊禮內閹，一如鴻臚班首，亦致辭焉」。太監朝參事順治元年十月戶科給事中郝傑就糾彈過，認為每當「頒詔大典，賜宴廷臣」之際突有內監數輩先行拜舞，實屬「辱朝廷而羞當世」，主張取締而未成功。順治二年十二月，禮部又奏：「內監仍故明例，每遇朝參，行禮在文武諸臣之前，於體未合。嗣後內監人員概不許與朝參，亦不必排班伺候。」這個建議得到多爾袞的同意。這說明此前的任何國家大典，太監仍排在諸文武大臣之前。這次特加裁禁，是怕順治三年元旦，這些太監重循故轍而行。

另一次是禁在外太監私自入京，順治三年規定：「先年內監曾經發回者，若非奉旨取回，有地方官文書起送，而私自來京圖謀進用者，問發邊衛充軍」。這是為防止明末以來已被斥的閹黨復起、被斥退的太監復回。同時，順治三年四月，又下令罷織造太監，其意也是在削除太監的經濟勢力。

順治帝親政後，在九年九月裁了工部各監局太監五十五人，十月又裁了工部各監局太監一百十三人，這是清初反對宦官的極盛時候。後來順治帝一度受太監包圍，覺得他們可以信任，於是在十年六月，正式開始酌用內官，設十三衙門。當時世祖曾諭內院：

「朕稽考官制，唐虞夏商未用寺人，自周以來始具其職，所司者不過閽闥灑掃使令之役，未嘗干預外事，秦漢以後，諸君不能防患，乃委以事權，加之爵祿，典兵干政，流禍無窮。豈其君盡暗哉？緣此輩每以小忠小信固結主心，日近日親，易致潛持朝政。且其伯叔弟侄宗族親戚實繁有徒，結納搢紳，關通郡縣，朋比夤緣，作奸受賄，窺探喜怒，以張威福。當宮廷邃密，深居燕閑，稍露端倪，輒為假託，或欲言而故默，或藉公以行私，顛倒賢奸，混淆邪正，依附者巧致雲霄，迕抗者謀沈淵阱，雖有英毅之主，不覺墮其術中。權既旁移，釁多中發，歷觀覆轍可為鑒戒。但宮禁役使此輩勢難盡革。朕酌古因時，量為設置：首為乾清宮執事官，次為司禮監，御用監，內官監，司設監，尚膳監，尚衣監，尚寶監，御馬監，惜薪司，鐘鼓司，直殿局，兵仗局。滿洲近臣與寺人兼用。各衙門官品雖有高下，寺人不過四品。凡係內員，非奉差遣不許擅出皇城，職司之外，不許干涉一事，不許招引外人，不許交結外官，不許使弟侄親戚暗相交結，不許假弟侄等人名色置買田屋，因而把持官府，擾害人民。其在外官員，亦不許與內官互相交結。如有內外交結者，同官覺奉，院部察奏，科道糾參，審實一併正法。防禁既嚴，庶革前弊。仍明諭中外，以見朕酌用寺人之意。」（《清世祖實錄》卷七六年）

這些新建立的衙門，即所謂內十三衙門，又稱內十三道。即把明朝二十四衙門縮小成八監三司二局，等於凡有關皇帝的事務一切由太監掌管。這個變化實際上是削去了內務府的職掌。

原來的包衣等於無事可做，滿人當然不滿意；另外也助長了明末以來太監的氣焰，十三衙門實際成立不過八九年，而宦寺之恣肆已相當嚴重。順治十八年正月順治死，正月初七世祖遺詔十四事，其中第十二款談到：

「祖宗創業未嘗任用中官，且明朝亡國亦因委用宦寺。朕明知其弊，不以為戒，設立內十三衙門，委用任使與明無異，以致營私作弊更逾往時，是朕之罪一也」。

隨後聖祖（康熙）即位，於順治十八年二月十五日又下詔諭吏部刑部大小衙門說：

朕惟歷代理亂不同，皆係用人之得失，大抵委用宦寺未有不召亂者，加以僉邪附和其間，則為害尤甚，我朝太祖、太宗痛鑒往轍不設宦官，先帝以宮闈使令之役偶用斯輩，繼而深悉其奸是以遺詔有云，「祖宗創業未嘗任用中官，且明朝亡國亦因委用宦寺」，朕懔承先志，釐剔弊端，因而詳加體察，乃知滿洲佟義，內官吳良輔陰險狡詐，巧售其奸，熒惑欺蒙，變易祖宗舊制，倡立十三衙門名色，廣招黨類，恣意妄行。錢糧藉端濫費以遂侵牟，權勢震於中外以竊威福，恣肆貪婪相濟為惡，假竊威權要挾專擅，內外各衙門事務任意把持，廣興營造糜冒錢糧，以致民力告匱，兵餉不敷。此二人者，朋比作奸，撓亂法紀，壞本朝醇樸之風俗，變祖宗久定之典章，其情罪重大，稔惡已極，通國莫不知之，雖置於法，未足蔽辜。吳良輔已經處斬，佟義若存，法亦難貸，已服冥誅，著削其世職。十三衙門盡行革去。凡事皆遵太祖、太宗時定制行，內宮俱永不用。（《王氏《康熙東華錄》一）

此語重申世祖遺詔之意而口氣加重。所謂「凡事皆遵太祖太宗時定制行」，就是要恢復皇室包衣制，也就是重新恢復內務府的職權。

三、內務府的組成及其影響

清官書全說「國初置內務府。」（《清文獻通考》卷八三，《清通志》卷六六，《歷代職官表》卷三七）而沒有說到確實設置年月；內務府制度本由包衣演化而成，包衣又是滿洲舊俗，所以難確定它的起始。至於內務府組織的完成則在康熙以後。內務府管理宮廷的宴饗，典禮，祭祀，庫藏，財用，服御，賞賚，造作，牧廄，供應，刑律等事，統以總管大臣，其下分設廣儲，會計，掌儀，都虞，慎刑，營造，慶豐七司；廣儲司設銀，段，衣，茶，皮，瓷六庫。各司均鑄給司印，各庫均鑄給圖記，所以可單獨對外。此外又有武備院，上駟院，奉宸苑，號內三院；總理工程處，養心殿造辦處，武英殿修書處，刊刻御書處，御茶膳房，御藥房，三旗納銀莊，官房租庫，官學，織染局，江寧，蘇州，杭州織造監督；均統於總管大臣或隸屬七司。（《清史稿・職官志》卷五；《大清會典》卷八七；《會典事例》卷一一七〇；《清朝通志》卷六六；《清朝文朝通考》卷八三；《清朝續文獻通考》卷一二五）各司的職掌同設立的先後，以及與十三衙門的分合禪遞，如下：

內十三衙門	內務府	職掌	附注
司禮監 掌皇城內一應儀禮刑名內外章奏（據明制，下同）			清康熙以後分其職於敬事房奏事處及內務府慎刑司
御用監	廣儲司 康熙十六年改御用監爲廣儲司	掌內府庫藏出納	
御馬監	上駟院 順治十八年改御馬監爲阿敦衙門康熙十六年改上駟院	掌群牧之政及內廄御馬	
內官監 順治十七年改宣徽院	會計司 康熙十六年改宣徽院爲會計司	掌府府帑項	
尚衣監 掌御用冠冕袍服靴襪			
尚膳監	都虞司 順治十八年改尚膳監爲採捕衙門康熙十六年改都虞司	掌府屬武職升補內府護軍及供應畋漁	
尚寶監 順治十三年改尚寶司掌寶璽			內閣用寶，先期知會內務府轉行宮殿監，至期赴乾清門驗用，寶璽貯交泰殿（《會典》二）由侍監首領二人專司。（《史稿・職官志》）
司設監 掌鹵薄儀仗帷幙諸事	併入武備院		
尚方司 順治十二年改尚方院	慎刑司 康熙十六年改尚方院爲慎刑司	掌內府刑罰重讞移三法司	
惜薪司	營造司 順治十八年改惜薪司爲內工部康熙十六年改營造司	掌理造作兼司薪炭	
鐘鼓司 順治十三年改禮儀監十七年改禮儀院	掌儀司 康熙十六年改禮儀院爲掌儀司宣統改掌禮司	掌內府祭祀禮儀兼稽太監品級果園賦稅	
兵仗局	武備院 順治十八年改兵仗局爲武備局	掌供御用武備製造兵仗	
織染局	織染局 隸廣儲司	掌織造	

內務府總管大臣無定員，由滿洲侍衛，府屬郎中，內三院卿簡補，或王公，內大臣，尚書，侍郎兼攝。初秩從二品，乾隆十四年定爲正二品。各司設郎中正五品，員外郎從五品，主事正六品，筆帖式秩與各部同。各庫也有郎中等官，又有司庫，正六品。全是由上三旗滿州及內務府包衣人等遴充，間或亦有下五旗滿洲人。其中地位高的，由皇帝直接管，地位低的，由內務府自己管。

清代皇室的財富庫藏既操之內務府，而江寧，杭州，蘇州的織造監督，京師崇文門監督，各省的工關戶關監督，全由內府官屬兼充，或由內務府大臣兼理。取索漫無限制，典藏亦無稽考，所以內務府實在是奢汰貪婪之藪。清朝諸帝往往用它私其所親。所謂貴幸之臣，椒房之戚，大都管理過內務府。如明珠，高恆，金簡（淑嘉皇貴妃之弟）父子，和珅之子豐紳殷德，全是顯著的例子。康熙四十七年九月初四日丁丑，聖祖將廢太子胤礽，在布爾哈蘇臺行宮，集群臣面數胤礽罪狀，其中有一條說，「朕知胤（原作允）礽賦性奢侈，著伊乳母之夫凌普爲內務府總管，俾伊便於取用，孰意凌普更爲貪婪，至使包衣下人無不怨憾」。（《東華錄》卷八二）這明顯的看出內務府對於太子的予取予求，惟恐他不方便。太子如此，皇帝可知。鄂爾泰是雍正朝名臣，世宗說他所以賞識鄂爾泰的原因，是由於在藩邸時，鄂爾泰作內務府員外郎拒絕了他的請求。（《清史稿》傳七五，〈鄂爾泰傳〉）這亦可看出當時皇子對內務府的需索無人敢拒絕。全祖望作〈趙殿最神道碑〉，說到殿最離去工部尚書的原因，他說：

「故事，內務府有營造率資經費於工部，然府員濫支冒銷以為習慣，工部莫敢誰何也。公（趙殿最）獨正色裁抑之。會重築郊壇馳道，公庀材數工，核減府員所估之十九而事集。內務府諸郎群聚而謀所以去公者……」。（《結埼亭集》卷一八）

內務府的腐敗情形於此可以概見。直至清朝覆亡未嘗稍改。所以內務府的代替宦官只是制度的改變，而政務本身並沒有進步，所不同者，宦官是少數人把持的，是終身的，是國家法令所不易及的；而內務府人員雖以上三旗爲基本，但人數較多，他們是流官，有升轉，有外用，有京察，不能永久把持，且在國家法令層層監督下，他們雖然奢汰貪昧，但是還不能因之作惡。

在十三衙門廢除以後，關於太監的選驗，（乾隆四十一年以前先由禮部報名）補放，管理，懲處，全由內務府掌儀司同會計司主管，升遷降調並咨吏部；在宮內則統之於敬事房，其首領名曰宮殿監督領待。（《清史稿・職官志》五，〈宦官、敬事房〉，「甄別調補內監」）關於太監的法令，有宮中現行則例，會典太監事例等，立法甚密，意在防微杜漸，以絕奸萌。清朝的皇帝對宦官的管束一般說也都相當嚴厲。所以整個清朝，宦官勢力雖有起伏，但一直遠遠趕不上明朝的情況。漢朝宦官利用了他們的親近地位，假借皇帝或太后的權威，「手握王爵，口含天憲。」以專制朝廷。唐朝宦官把持住皇室兵權，東南財富。養成他們的特殊勢力。明朝宦官以批紅操政柄，廠衛立刑威，宮帑供財用。清朝宦官沒有這些憑藉，所以清朝三百年無宦官之禍，這是包衣制的賜予。

第五節　清初滿族的風俗及其特色

一、清初通婚政策

清初廣與他部通婚，蓋爲一代國策。太祖時，若哈達部，烏喇部，葉赫部，董鄂部，蘇完部，渥集部，科爾沁部，扎魯特部，喀爾喀部，其部長莫不與太祖近屬相婚嫁；而一時親近大臣，若額亦都（娶太祖妹，繼娶太祖女），何和禮（娶太祖女），費英東（娶太祖孫女），楊古利（娶太祖女，但《公主表》不錄），康果禮（娶穆爾哈齊女）之屬，既崇之以爵秩，復申之以婚姻，其漢人初降者亦間及焉。世傳清代漢滿不通婚，證之清初史實頗有不合。《明實錄》載萬曆四十七年五月初一日，戶科給事中李奇珍奏，謂李如柏曾納素兒哈赤（舒爾哈齊）之女爲妻，即太祖之侄女，此漢滿通婚之最早者。（永樂時後宮有猛哥帖木兒家人，見《朝鮮實錄書》不計）清太祖下撫順，明守將李永芳降，太祖以第七子阿巴泰之女妻之；太祖建號，佟養性以潛行輸款爲明吏置之獄，脫歸太祖，太祖妻以宗女；此建號後之通婚。清太宗既下大凌河，兵部貝勒岳托主善養漢人，凡一品官降者，以諸貝勒女妻之，二品官以國中大臣女妻之，其兵士則先察漢人女子給配，餘察八貝勒下莊頭女子給配；太宗善之，命德格類安插大凌河漢人於瀋陽，以國中婦女配之，不足，令諸貝勒大臣各分四五人配以妻室。此太宗時未嘗禁漢滿通婚之證。然當時方以明朝相攻伐，義屬敵國，故通婚必由君上主之。入關之初，滿洲以戰勝之威，與漢人未能輯睦，多爾袞攝政患之，於順治五年（一六四八年）八月二十日，諭禮部曰：「方今天下一家，滿漢官民皆朕臣子，欲其各相親睦，莫若締結婚姻，自後滿漢官民有欲聯姻好者聽之」（不必經由國家允許）；二十八日，又諭戶部定婚嫁報部之法，並定「滿洲官民娶漢人之女實係爲妻者，方准其娶」，意在禁其橫擾，是入關而後且加之勸導。故順治時，吳應熊娶太宗第十四女、尙之隆娶碩塞女、耿精忠娶豪格女，耿昭忠娶蘇布圖女。康熙時，耿聚忠娶岳樂女、孫承運娶聖祖第十四女。固所以結功臣心，實亦爲之倡。康熙四年（一六六五年）定例，「寧古塔流徙民人有嫁女旗下者聽」。（《清朝文獻通考》卷二〇三）所謂民人概指旗籍以外之漢人，流徙民人即准嫁與旗下其良家自更無禁。

《戶部則例》卷一〈戶口・旗人嫁娶門〉有「在京旗人之女不准嫁與民人爲妻」之規定，滿漢不通婚之說似仿於此。但則例明定已許字者仍准完配，惟須將此出嫁旗女開除戶冊，至民人之女嫁與旗下爲妻者概無所禁；是其意非不許漢滿通婚，僅於滿人之嫁漢人有限制而已。逮同治四年（一八六五年）六月復定「旗人告假出外已在該地方落業，編入該省旗籍者，准與該地方民人互相嫁娶」，是其限制又不過行於京師。（以上並據同治十三年校刊《戶部則例》）光緒而後，談國是者每以化除漢滿界限爲言，皆首舉通婚。然稽之典制實無禁止明文，故光緒二十七年飭通婚之諭亦含糊其詞，謂「滿漢臣民朝廷從無歧視，惟舊例不通婚姻，原因入關之初風俗語言或多未喻，是以著爲禁令」，（《清朝續文獻通考》卷二六〈户口〉二）但是漢滿通婚法令雖無明禁，而習俗形成之藩籬甚嚴，漢滿不相婚嫁，漢人之畏避或更甚於滿人。

二、選秀女之制

清代后妃多嬪自名門。若佟圖賴，國維，舒明阿，（佟圖賴之後，官杭州將軍，為宣宗孝慎后之父）一門三皇后莫論矣。聖祖孝誠后父噶布拉官至內大臣，祖索尼輔政大臣，曾祖碩色巴克什。孝昭后父遏必隆官至輔政大臣，祖額亦都一等大臣；世宗孝敬后父費楊古官右衛將軍步軍統領；高宗孝賢后父李榮保官察哈爾總管，祖密思翰戶部尚書，伯馬齊大學士；仁宗孝和后父恭阿拉官禮部尚書；宣宗孝穆后父布彥達賚官戶部尚書；文宗孝德后父富泰官太常寺少卿，祖祺昌兵部員外郎，曾祖明山刑部尚書；穆宗孝哲后父崇綺狀元吏部尚書，祖賽尙阿大學士；莫不累葉通顯。其故皆由於後宮之選出自秀女。

清制，秀女閱選以三年爲率，由戶部移文八旗都統造冊，請旨閱選。凡京職滿洲蒙古護軍領催（正五品武職）以上，漢軍筆帖式（文職七八九品不等）驍騎校（正六品武職）以上，外任同知（正五品文職）游擊（從三品武職）以上，駐防副都統（正二品武職）以上；現任官員之女，年在十三歲以上，十七歲以下，身無殘疾，且未纏足者，始能備選，其公主之女，達海子孫之女，官階在前述各職以下者之女（外任如僅官同知游擊者其女亦不備選，官階尚須在其上），官吏緣事革職者之女，八旗閑散人等及兵丁之女，（其得有頂戴無實職者同）在京孤孀之女其父原非五品以上文職四品以上武職者；均不送選。其制，武官嚴於文官，外官嚴於京官，駐防嚴於外官，孤孀嚴於現任職官，其目的當在重其家教。秀女入宮，妃、嬪、貴人，下逮答應惟帝命，但貴人以上必選自世家女，（《清史稿·后妃傳》序）其選閱之嚴，與明代委之宦寺，求之市井，而勳臣家禁不入選者迥異，故有清皇子之母鮮有出身微賤者。聖祖嘗謂胤禩之母良妃衛氏母家為賤族，（《清史稿》傳七。王氏《東華錄》康熙四十八年正月癸巳、甲午、五十三年十一月甲子。案《清史稿·后妃傳》及《清朝文獻通考》二四一〈系考〉三均作衛氏，惟《通考》二四二《帝系考》四又作魏氏，衛、魏兩氏八旗氏族均無之，蓋漢軍也）然妃父阿布鼐嘗官內管領（《清通考》卷二四一年），亦內務府正五品文官，與孝儀后之父同，家世固非明末之武清、嘉定可比（明慈聖太后之父武清侯李偉微時業圬，崇禎周后父嘉定伯周奎微時寄食人家代為管庫，此清代所絕無），清代皇室教育遠勝於明，或亦以此。

清宮內之漢姓女子，漢軍秀女而外，或選自漢官（世祖時），或納自潛邸（世宗高宗時），其制與秀女異。

三、漁獵

漁獵本是女真舊俗，可是自入關前後始，已經不是純粹經濟的漁獵生活，而為一種娛樂同消遣。天聰五年（一六三二年）六月，太宗同他的群臣到渾河上游捕漁，一直玩了五六日到了撫順；崇德元年（一六三六年）五月，代善第三子薩哈廉病死，他是當時贊助太宗漢化的最重要的人，大家全很傷痛，於是太宗同代善及代善長子岳托往渾河「觀魚舒憂」，以所得的魚分給新附的蒙古和漢官；崇德三年（一六三八年），清命岳托、多爾袞由牆子嶺入塞，分道南擾，翌年班師，岳托同弟馬瞻陣亡，代善追痛其二子，於是太宗率諸王大臣同他到渾河捕魚「以娛之」，並設大宴；這可見當時純以漁捕為娛樂。

打獵的習俗更盛於捕魚。在入關以前，幾乎一年有三四次大規模的打獵，天聰四年五月、十一月、十二月凡三次，六年九月、十月、十二月凡四次，九年三月、四月、八月凡四次。每次少則三、四日，多則二十四、五日以至三十日。天聰九年八月丙午，出榆林邊射獵，九月辛未還，凡二十五日；崇德二年十一月庚寅獵於打草灘，十二月癸未還，凡二十三日；崇德七年十一月甲戌獵於克勒開原，閏十一月甲辰還，凡三十日；至於每獵在十日左右是最常見的。每年行獵季節，多在冬季農閑，春秋亦有，五月已少，六月則絕無。當時凡出軍凱旋要行獵以為慶祝。天命十年（一六二五年），清太祖命王善，達朱戶征瓦爾喀部，俘獲甚眾。四月初二日軍還，太祖出瀋陽城迎之，翌日至避蔭地行獵，凡四日然後祭旗朝謁，並以所獵的獸犒宴軍士同降人。凡有憂患亦要行獵以為排解。天聰九年（一六三五年）九月二十四日，代善以其子尼堪祜塞病。率本旗人員各自行獵；又崇德六年（一六四一年）九月清太宗與明帥洪承疇相距於松山，而其妃宸妃死，太宗還瀋陽追傷不已，十一月十三日，諸王貝勒勸其出獵，遂獵於蒲河四日。可知當時行獵亦是一種消遣與娛樂。所以在行獵時遇有意外即行停罷。崇德四年（一六三九年）十一月二十八日，太宗與代善等獵於英格布占，代善射獐，馬蹶傷足，太宗爲之裹傷，遂令罷獵；崇德七年（一六四二年）十二月初二日，太宗同諸王大臣獵於葉赫，到了十二日，太宗忽然得病，大家亦請求罷獵，不許。有時因爲疾疫流行，也會舉行田獵。

此外，行獵更是一種重要的軍事訓練。在太祖、太宗時累以出征行獵並舉，勸勉群下。太祖說，「愚諳之夫，出獵行兵之事，漠不經心」。太宗說，「凡出兵行獵不至錯亂，庶大事可成」。「今若不時親弓矢，……則田獵行陣之事必致疏曠，武備何由得飭乎」？可見當時行獵，是一種訓練，以爲行軍之準備。所以行獵之紀律，與行軍一樣，進行的方向與行列不得錯亂，不得逗留在後，圈場的包圍圈不得間斷，在當時禁令很嚴，每旗令大臣一人專司統轄，凡有違犯者，即就取其箭，以爲獵後懲責的根據，大都用鞭責或罰薪。有一次在都爾鼻城一帶田獵，代善第四子瓦克達亂行，太宗甚怒，代善遂親自鞭之三次，瓦克達幼弟馬瞻在旁因兄被責而哭，太宗說：「爾不繼加辱詈，乃反哭之，理宜然乎？」又有一次在博碩堆行獵，右翼葉臣所屬合圍中斷，有黃羊逸出，爲碩托所見，當時鞭責了一人，又將餘人送兵部議罪。至於軍士踐踏田禾者，重則射之，輕則鞭之，斫伐山木者，即行執究，其罰尤重，太宗時雖然常用行獵來獎勵武事，但不使他無節，因爲多行獵可使馬匹疲瘦，所以嘗以此爲代善的罪狀，並且告之都察院人員，如自己逸樂畋獵，教大家直諫無隱。

太宗在崇德元年，（一六三六年）七月二十五日曾對諸固山貝子說：「昔太祖時，我等聞明日出獵，即於今日調鷹蹴毬，若不令往，泣請隨行。今之子弟惟務游行街市以圖戲樂。在昔時，無論長幼窮困之際，皆以行兵出獵爲喜。爾時僕從甚少，人各牧馬披鞍，自爨而食。……今子弟遇行兵出獵，或言妻子有疾，或以家事爲辭者多矣。不思奮發向前，而惟耽戀室家，國勢能無衰乎？」（《東華錄》崇德一）這雖是太宗勉勵群下的話，但也可看出其時漸習富厚，不耐勞瘁，行獵風氣漸漸不爲大家所重了。入關以後，其風更衰。順治七年十一月十三日攝政王多爾袞，「以有疾不樂，率諸王貝勒貝子公等及八旗固山額真官兵獵於邊外，」這還是祖風，結果他去了二十七天死在喀剌城，後來用以解憂的射獵便不更見。順治四年七月二十八日，世祖時年十歲，幸邊外閱武，據《清文獻通考》卷二七〇說，就是行獵。後來世祖親政以後自己曾說：「我朝之定天下，皆弓矢之力也，曩者每歲出獵二三次，練習騎射，今朕躬親政事，……日無暇晷，心常念茲不忘也。」（順治十年三月初二日戊辰，《東華錄》順治二十）可見遠不如前。康熙初常在南苑行圍，後來又累巡塞外舉行校獵，但每歲亦不能「二三次」了。康熙二十一年春，聖祖自關外回京，因見吉林兵丁役重差繁，遂將圍獵規制加以改定，並說：「圍獵以講武事，必不可廢，亦不可無時。冬月行大圍，臘底行年圍，春夏則看馬之肥瘠酌量行圍。……所獲禽獸，均行分給。圍獵不整肅者照例懲治，不可時加責罰，苟求瑣屑。遇有猛獸，須小心防禦，以人爲重，勿致誤有所傷。」（二十一年五月十九日丙寅，《東華錄》康熙二十九）這與在關外時行獵情形大不相同。至於康熙偶爾用了本人射得的鹿尾，釣來的鰱鯽，獻給他的母親和祖母，還有些舊日風氣。其後每年的秋獮，實在只是游幸，而八旗官兵的冬初步獵，（《大清會典》第九七卷〈八旗都統訓練〉）更屬具文。至於漁更不用談了，不惟最初的意義不存，就是舊俗的形式也沒有了。

四、祭告

《金史》二十八〈禮志〉說：「金之郊祀本於其俗有拜天之禮，其後太宗即位，（一一二三年）乃告祀天地，蓋設位而祭也。天德（一一四九至一一五二年）以後始有南北郊之制。」可知女真拜天舊俗，最初只是望天而拜，隨時隨地均可，方向則向東。後來才設位而祭，最後乃有固定地點，至於南北郊那當然是漸染漢俗所致。滿洲入關前，固定的祭天的地點就是所謂堂子，而一般設位而祭的「位」，全是立旗八面為代表。《武皇帝實錄》說，阿巴泰等攻札魯特部凱旋，太祖出城四十里迎之於古城堡，乃「豎旗八桿，吹螺拜天」，《東華錄》說世祖夢「列旗吹角，對天稽首」。吹角就是吹螺，想來這是當時的儀式。

滿洲風俗，凡有大的盟誓，全要殺烏牛白馬祭告天地，將所殺牛、馬剮肉留白骨以祭，並設酒一杯，肉一碗，血一碗，土一碗，對天地而誓。誓詞中說，「如背盟則似此血出，土埋，骨暴而死；如踐盟，則食此肉飲此酒，福壽永昌」。太祖在明萬曆二十五年（一五九七年）正月，同葉赫，哈達，輝發，烏喇盟，天命四年（一六一九年）十一月，同喀爾喀盟，天命九年

（一六二四年）二月，同科爾沁盟，太宗在天聰元年（一六二七年）三月，同朝鮮盟，全是如此。在天命九年以後兩次盟誓，祭祀時又加了「焚香」，這是漸染外族風俗。盟誓誓詞在雙方用同樣的詞句。但太宗在天聰五年（一六三一年）十一月，同明降將祖大壽誓，大壽還是用「謹具香帛昭告於上帝神祇」，這可見當時漢俗絕沒有用土骨血設誓的習慣，而滿洲也不像強迫蒙古人、朝鮮人的樣子來強迫漢人。入關以後，這種祭告少見了，尤其是法定的制度裏，我們在《大清會典》卷三十七，圜丘第二成陳設圖裏看，所列的祭器全是些簠簋籩豆，祭品也是些黍稷棗栗，雖然也有牲牢，可是不見烏牛白馬，這完全漢化了。

五、祭堂子

祭堂子就是清代固定祭天的所在，是兩座南北對面的神殿，一座方形在北，南向，名叫祭神殿；一座圓形在南，北向，名叫圜殿。圜殿南院庭正中設皇帝致祭時立桿子的石座，其後又有石座六行，每行分六重，爲皇子王貝勒等致祭之用。《清史稿・禮志》四說：「清初起自遼瀋，……於靜室總祀社稷諸神祇，名曰堂子，建築城東內治門外」；可見其來已久，必是舊俗。入關以後建堂子於北京東交民巷玉河橋東，庚子以後，改立於東安門外之南。在沒有堂子的地方，仍是設座而拜。堂子一詞比較晚出。萬曆二十一年九月葉赫等九部來侵，太祖統兵拒之，《東華錄》說，先率諸貝勒詣堂子拜祝，在《太祖武皇帝實錄》同《滿洲實錄》的漢文裏則說「謁廟」；又天命三年太祖以七恨告天對明出兵前，在《東華錄》也說「謁堂子」，可是在《武皇帝實錄》只說告天，不言祭堂子。《滿洲實錄》的漢文則作「謁玉帝廟」。可知在天聰修《太祖實錄》時，堂子一字尚無確當漢譯。在《滿洲實錄》的滿文裏，上面所引的「謁廟」、「謁玉帝廟」全作tangse，就是堂子的還音。

祭堂子典禮不一，元旦拜天及出征凱旋祭堂子，是國家的大典，由皇帝主祭，王公滿洲大臣及從征將士陪祭，這是公的祭祀；月祭，桿祭，浴佛祭，馬祭等，則爲皇帝或皇帝個人的祭典，是私的祭祀，無須陪祀。入關以前，凡元旦皇帝須先祭堂子後方能御殿受朝賀，如皇帝因病不能親詣，須派員行禮，崇德八年元旦，太宗不豫，命親王以下詣堂子行禮，就是一個例子，這與歷代郊天大祀是一樣的重視。與祭的人，崇德元年定制：自親王以下副都統以上，其後改爲滿一品文武官以上，（《會典》卷八八〈內務府・掌儀司〉）《清史稿・禮志》四說限貝勒以上，後又限郡王以上，是不對的。在限制內是不能僭越的。元旦祭堂子前，並在堂子懸掛紙錢，這亦是滿洲舊俗，意義不甚明白，它的限制亦很嚴，崇德四年元旦，貝子碩托因爲越分在堂子懸掛紙錢，降爲輔國公，並罰銀五百兩。在入關前，元旦祭堂子是一個重要典禮，入關以後記載不常見，或因習見之故。凡出兵征伐，無論是否親征，均應率從征將士先詣堂子行禮，天命三年太祖攻明，崇德元年太宗征朝鮮，（據《清史稿・禮志》九）全是如此。因爲當日是皇帝親自臨陣，所以規定凡出征詣堂子，皇帝應該軍服騎馬，（《會典》三五〈禮部儀制清吏司・軍禮〉，案清制皇帝衣色用明黃，惟祀天則用藍色）凱旋詣堂子，則在班師回京之後，皇帝應先祭堂子然後還宮，天聰二年三月，太宗征察哈爾還瀋陽先詣堂子，即其一例。後來出兵凱旋的詣堂子，漸漸變成了中國歷代帝王所行的禡祭，有時亦省略了，如康熙二十九年六月親征噶爾丹，七月初六，撫遠大將軍福全師行，《東華錄》只說，「上御太和門賜敕印，出東直門送之」，沒有說祭堂子。（三十五年二月，三度討噶爾丹，於三十日詣堂子行禮，親領六軍啓行）而於三十六年噶爾丹之死，亦只在聞信後「於行宮（布古圖）……率文武官員行拜天禮」，（四月十五日，《東華錄》康熙五十九）班師回京以後並沒有詣堂子行禮。在清初滿洲習俗中，祭堂子是保存舊俗最多最虔誠的一種，可也不如入關以前了。但有清一代祭堂子有幾點還保存關外習慣：一，祭堂子時兵部陳八旗蒙古畫角海螺，行禮時螺角齊鳴，饒歌大樂備而不作，與其他祭祀不同。二，堂子的圜殿同黃龍大纛全是北向，行禮時向南而拜，這與漢俗的向北而拜不同，也與金朝的向東而拜不同。三、祭圜殿以後要祭黃龍大纛，雖亦行三跪九叩禮，可是不用鳴贊官贊禮。清制漢官不參加祭堂子，（自康熙十二年始）蒙古王公亦不參加，或者就是因為不同俗之故。

私的祭堂子，多半遣所司代表致祭，間或皇帝親臨。祭祀時亦有幾點可以注意的：一，臨祭時由坤寧宮中將所祭的神位或神像移來，（佛菩薩關帝）祭畢送還。二，皇帝或主祭人坐於祭神殿檐下東向，俟司祝祝禱後入殿行一跪三叩禮，禮畢仍出殿外，從祭的王公大臣等不行禮不入殿，皇帝不親臨王公大臣就不到。三，祭時由薩滿（司祝）祝禱，歌「鄂囉囉」，彈三弦，拍神板，並舉刀指畫，祝詞初用滿洲語，乾隆後改漢字。四，祭品用餑餑，熟豕，每年正、

四、七、十各月，並用馬牛薦神。（見《清會典》三十五〈禮部儀制清吏司・軍禮〉及八十八〈內務府・掌儀司〉，《清史稿・禮志》四，《清文獻通考》九十九）五，祭畢撤祭品賜從祭的王公大臣。六，祭畢還宮，仍至坤寧宮行禮。這當然全是舊俗的保留。所謂「薩滿」實際就是女真族中的巫。桿祭是立桿子於圜殿南面庭院中石橋上而祭，桿子又稱神桿，採松木長三丈徑五寸，樹屑留枝葉九層。祭桿子和祭堂子，其意全在祈福或禳解。堂子又是皇室的祭祀所在，所以立桿的前後，（皇子在第一排，親王在第二排，郡王貝勒貝子公以次遞降）神桿的數目，（舊制，王貝勒祭三桿，貝子公二桿，將軍一桿，後改入八分公以上均祭一桿，將軍等不立桿致祭）致祭的日期，（皇帝在月朔，王貝勒以下各以次輪，凡祭三桿者，上旬先祭一桿，其餘二桿，在中旬以後祭）均依照主祭人的爵秩，加以嚴格限制，不准僭越，不准多祭，也不准爭競。皇族以外的官員庶民，不准入堂子致祭，更不准私家建立堂子，但事實上八旗各家莫不有其桿子，莫不有其祭神之所，以維持其舊俗，到清末還有存在的，可是虔敬不如前了。

六、喪葬

天命十一年（明天啓六年，一六二六年）八月十一日未時清太祖卒，十二日辰時，其后（後稱大妃即多爾衮之母）被迫以身殉。《武皇帝實錄》說，「乃與帝同柩，巳時出宮，安厝於瀋陽城內西北角」。所謂同柩，其事甚怪，據《東華錄》說實在是同時殮，辰時棺殮，巳時移梓出宮，當日即行埋厝，可謂簡單之至。錄中並沒說到臣下的服制，也沒有繁文縟節的儀制，我們於此可以窺見當時滿洲的質樸風氣。到了崇德八年（明崇禎十六年，一六四三年）八月初九日亥時太宗死時就不大同了。在順治《東華錄》卷一所記當時喪儀，有百官及命婦的縞素，截髮，哭臨，齋戒齋宿，以及禁止屠宰等，我們用明代制度一爲比較，知道這已漸漸漢化了。太宗於天聰八年（一六三四年）二月初五日定喪祭例，舊習的變更想是自此開始。入關以後會典中更有詳密的規定，漢化的程度愈高。然而其中亦還保留些滿洲舊俗。第一是截髮。凡是父母之喪或帝后大喪，（舊俗后喪不截髮辮，康熙後改）成服時男子全要截髮辮，女子要截髮。所謂截髮辮又稱剪髮辮，又稱割辮，應當是將辮子長髮剪去些，究竟剪多少，如何剪，則不清楚。據道光十三年孝慎后喪儀，當時因皇子年幼遂無截髮辮禮節，是必有長辮乃可截，則所剪必多。（當時宣宗第一、二、三子均已卒，文宗年三歲，所謂皇子即指文宗）乾隆嘗說，自行剪髮爲國法所最忌，（《東華錄》乾隆四十三年九月乙未）當即指此。中國古制，喪服中只有綄髮，（周）斂髮，（唐）披髮，（唐明）而沒有截髮。（此俗清末仍存，見《會典事例》四七三）第二是丹旐。凡人死，喪家應立丹旐於門前，男在左，（其右為鼓）女在右。（其左為鼓）所謂丹旐就是紅色長旛，用絲織品製成，上有織金龍鳳綺，男用龍，女用鳳，以綺文多少爲尊卑。皇帝用織金九龍綺，皇后用織金九鳳綺。（《會典》卷九〇〈內務府・掌儀司〉三）設木座立高竿懸掛。每天黎明懸出，日暮取下，放在棺柩旁側，發引時用丹旐爲前導，殯後焚掉，看來是用作招魂的。《清會典》五十四注「旗人用丹旐，漢人用銘旌」，可知這是滿俗，而且並沒有強迫漢人去用。第三是殷奠。在移殯以前，擇期將死者生時所著衣服焚燔，並焚大量楮帛，在清代禮制裏叫作殷奠，是一個最隆肅的儀式。太宗於天聰二年正月初五日下諭國中，「凡送死者殉葬焚化之物，各遵定制毋奢費」。並定官員各限焚三襲，庶人各一襲，不得新制，（《清文獻通考》卷一九五〈刑考〉一）就是指此而言，可見由來已久。降及清末，奢風更甚，竟有作錦繡新衣來焚的，孝欽后的殷奠禮就是一例。（《紅樓夢》六十九回說，尤二姐死後，賈璉開了尤氏箱籠，有幾件半新不舊的綢絹衣裳，都是尤二姐素日穿的，一齊包了自己提著來燒，就是寫當時旗俗）第四是百日薙頭。滿洲人頭頂邊緣的頭髮是要時常薙去的，但是遇父母之喪或帝后之喪則不准薙，必須候得一百日滿，這是服喪的表示之一。薙頭是滿俗，居喪不薙頭應該也是滿俗，但是百日不薙頭，在太宗同世祖的喪儀中全沒有明白提到。王氏《康熙東華錄》一，順治十八年四月十七日丙申稱，「上詣世祖章皇帝梓宮前行百日致祭禮」，而沒有說是否薙頭。聖祖之喪，據高宗說，世宗於移葬後始薙頭。聖祖於二月二十三日滿百日，三月二十七日移葬，是則薙頭在百日期滿之後。康熙五十六年十二月初六日孝惠章皇后之喪，於三月十五日百日期滿，聖祖命諸人均於四月初七日移葬後再行薙頭，亦在百日期滿之後。據此可知，百日薙頭之期亦可改變，但不能在百日之內。乾隆之後，百日薙頭遂明定於喪制內，並且不許滿百日後不薙。至於在百日以內薙頭的治罪尤嚴，乾隆十三年三月十一日孝賢后之喪，都司姜興漢，知府金文醇，總河周學健，巡撫彭樹葵、楊錫紱，總督塞楞額全以在百日內薙頭幾乎處斬，後乃特赦。第五是摘冠纓。滿洲禮服，帽頂用紅纓為飾，遇喪事就將紅纓摘去，也是表示服喪之意。康熙十三年孝誠后之喪，因對三藩用兵，曾令軍前不摘冠纓，於是成了后喪定制，乾隆時又恢復一律仍摘冠纓。

太宗以後的喪儀雖說沿襲明代，可也稍有增減。如明自世宗死後已免命婦哭臨，而清朝仍襲用此制。或者由於關外不知，遂不及改。又明成祖死後禁屠四十九日，清太宗死時僅禁十三日。（世祖死後就禁四十九日了）明制皇帝死，太子及諸王斬衰三年，二十七月除服內停音樂嫁娶，（《明史》卷五八〈禮志〉）事實上多半以日易月，嗣天子多喪服百日。清太祖卒於八月，至除夕已歷一百三十九日。而太宗以國喪爲理由，停止了除夕同元旦的樂舞大宴，自己並且素服居喪，這既不同於古時的二十七日，也不同於通行的百日，然而也並不是實行二十七個月的禮，因爲在二年七月已有大宴的記載，尙未滿二十七個月。在上面所說的除夕這一天，太宗曾命達海往三大貝勒家議事，達海所看見的情形是：太宗是素服居喪，俯首獨坐；代善（太祖子）是素服俯首臥榻側，阿敏（太祖侄）是與三福金同坐，福金盛服，阿敏垂泣；莽古爾泰（太祖子）是與弟妹盛飾筵宴，女樂吹彈爲戲。（《天聰東華錄》一，天命十一年十二月戊辰）這更可證明當時還沒有確定的喪儀，太宗的停止宴樂以及同代善的在一百四十日後還素服，不過是盲目的模仿漢化，而阿敏、莽古爾泰家人的盛裝倒是當時的普遍風氣。《大清會典》五十一，規定皇帝大喪，京朝官二十七月不作樂，期年大嫁娶，較之明朝群臣輟樂百日，官停婚嫁百日，民停婚嫁一月的規定，亦重得多。

女真有喪葬較遲，所以滿洲風氣不注意墳墓的修治，太祖殯後即日埋於城內，經過三年到天聰三年二月十三日改葬於石觜頭山，又經過五年到天聰八年十月初六日，始命加建寢殿，植松木，立石象，獅、虎、馬、駝等。自己說是「仿古制行之」，實際是效法明朝，這亦可看出當時的漢化。

入關以後殯葬習慣中，還有幾點是清朝自認爲國俗的。高宗嘗言，「我滿洲舊制，凡側室雖生有子女者尚不得與本夫合葬，蓋以名分所在，不可逾越」，（乾隆四十三年，二月十八日己酉諭鍾音，見《乾隆東華錄》卷八七）世祖生母孝莊后不祔葬昭陵，別建昭西陵，後人多以爲疑，我想就是爲此。又孝莊后死於康熙二十六年十二月二十五日，禮部定十二月二十九日發引，聖祖不許，群臣根據「我朝向日所行，年內喪事不令逾年」，及「素無久留寢宮之例」的理由來爭，後來勉強定爲正月十一日。又如喪中遇清明祭祀不用祭文，遇冬至日祭祀不許哭，（《清文獻通考》卷一四七）亦是其例。

七、殉死

清太祖死，諸王逼烏喇納喇后殉，（納喇后是多爾袞之母，清代官書改稱大妃，此據《武皇帝實錄》）又有二庶妃阿跡根代因札亦殉；太宗死，章京敦達里、安達里二人殉；世祖死，妃棟鄂氏殉，侍衛傅達理殉；太祖孝慈后死，太祖命四婢殉之；岳托死，其福金殉；可知妻妾殉夫，奴婢殉主，是滿洲的舊俗，並不僅限於殉君上。（明太祖殂，殉葬宮人甚多，所謂朝天女户是也。英宗以前仍以宮妃殉葬，英宗遺命禁，見《明史》五十八〈禮志〉十二）殉死有是自己情願的，也有不是情願的，可是自稱願殉而不果殉的，則爲大家所不齒。雅蓀嘗自矢欲殉太祖，後來遲遲不死，天聰三年八月戊辰太宗殺他還以不果殉爲罪。烏喇納喇后之殉太祖，諸王逼之甚急，太祖《武皇帝實錄》關於其事的記載在今日讀之還覺得有些餘懍森森，無怪《東華錄》後來將他刪節了。當時還有因嫡庶不和，而強迫殉身的事。所以天聰八年二月初五日定喪祭例時定了一條，「妻願殉夫葬者仍予表揚，偪侍妾殉者妻坐死」，就是爲防止其害而設。

奴僕殉主入關以後亦禁止了，事在康熙十二年六月十七日，《東華錄》只說，「禁止八旗包衣佐領下奴僕隨主殉葬」，而沒有說到他的原因。據涵芬樓祕笈《松下雜抄》說，是由於朱裴的請求。朱裴字小晉，山西聞喜人，順治三年進士，《清史稿・附劉楗傳》。傳云：「滿洲俗尚殉葬，裴疏請申禁，略言：泥信幽明，未有如此之甚者。夫以主命責問奴僕，或畏威而不敢不從，或懷德而不忍不從，二者俱不可爲訓，好生惡死人之常情，捐軀輕生非盛世所宜有，疏入報可。」以時代核之，恰正相當，雜錄所說應該不誤。（《紅樓夢》十三回述秦氏死後有侍婢瑞珠觸柱而死，賈珍遂以孫女之禮殯殮之，亦是描寫旗人舊俗）

八、婚嫁

《太祖武皇帝實錄》說，明萬曆二十五年（一五九七年），太祖聘布羊古之妹，用鞍馬盔甲等物作聘禮，萬曆三十一年（一六〇三年），布占太聘蒙古明安（科爾沁貝勒）之女，用盔甲十副，貂裘猞狸猻裘共十領，羊裘十領，金銀各十兩，駱駝六隻，馬十匹鞍韂俱備作聘禮，可以看出當時婚嫁聘禮以鞍馬盔甲爲主。這是他們的舊俗還遺留著男子因武勇而得妻的餘緒。其後雖然儀文繁褥，可是其意不改。順治八年世祖大婚，納采禮用馬十匹鞍轡具，甲冑十副，緞百匹，布二百匹，金茶筒一具，銀盆一具；其餘親王以下的聘禮也還保存著鞍馬甲冑的饋贈。但是因爲漢化的緣故，又加了許多金約領、金簪，金珥，金釧，衣帽，表裏，衾褥之類，甚至還有綿三百斤。至於公主下嫁外藩，額駙於鞍馬甲冑以外，還要進駱駝，這與布占泰之聘明安女兒相同，想是用蒙古習俗。

在關外時婚禮，最重的是親迎同大宴。《武皇帝實錄》載稱，戊子年，（萬曆十六年）「哈達國萬汗孫女阿敏姐姐（胡里罕貝勒女也），其兄戴鄯送妹與太祖爲妃，親迎之至於洞……戴鄯同妹至，太祖設宴成禮」。又「初太祖如夜黑，其國主楊機奴……言我有小女堪爲君配，……太祖遂聘之，楊機奴故後，子納林卜祿於是年九月內親送妹于歸，太祖率諸王臣迎之，大宴成婚」，又丙申（萬曆二十四年）「十二月布占太感太祖二次再生恩，……將妹……送太祖弟黍兒哈奇（舒爾哈齊）貝勒爲妻，即日設宴成配」；又辛丑年（萬曆二十九年）「十一月內兀喇（烏喇）國布占太送滿太之女（名阿巴亥）與太祖爲妃，太祖以禮迎之，大宴成婚」；又壬子年（萬曆四十年，公元一六一二年）「明安貝勒……送其女來，太祖以禮親迎，大宴成婚」；又甲寅年（萬曆四十二年）「四月十五日蒙古札倫衛（札魯特）椿農（鍾嫩）貝勒送女與太祖次子古英把土魯貝勒（代善）為婚，貝勒親迎大宴以禮受之」；又「蒙古廓兒沁（科爾沁）蟒孤貝勒（莽古思）送女與太祖四子皇太極貝勒為婚，貝勒迎至輝發國胡里氣山城處（扈爾奇山），大宴以禮受之」，可見當時婚禮質樸而親敬。大宴的意義是要親族會面，承認這個婚禮，如果不到就是不贊成，阿敏以女許嫁蒙古，初時太宗不知，後來宴會太宗也不赴，就是不承認的表示。入關以後，世祖在順治八年同十一年舉行了兩次大婚，所謂親迎儀式沒有了，這是漢化以後皇帝地位加高，所謂「天子無親迎禮，漢晉以來皆遣使持節奉迎」的緣故。《大清會典》二九〈禮部・婚禮〉一，所載大婚禮注，與《明史》五五〈禮志〉九，天子納后儀，（正統七年定）大同小異，更可見清初的效法明制。再從他們的不同之處來看，也可得到一些保存下來的滿洲舊俗。

清制有「皇后鳳輿啓行出大門前導命婦四人，後扈命婦七人，均乘騎」。這是明朝所無，清朝末年也取消了。（穆宗德宗大婚均無之）我想這是關外親迎風俗的遺留，當時人人善騎，同時也沒有其他交通工具，所以扈從親迎的婦女也騎馬。

明制，有「（皇后入內殿）帝……具袞冕、后……更禮服，同詣奉先殿行謁廟禮，祭畢還宮合卺」。這是清朝所無。清制皇后娶入宮以後，「皇帝御太和殿賜后父及親屬宴，王公百官咸與。皇太后御慈寧宮賜后母及親屬宴，公主、福晉、大臣命婦咸與。吉時屆，宮中設宴行合卺禮」。並無謁廟禮。這種宴后父母同親屬的儀式，我想就是入關前所謂「大宴成禮」，「設宴成禮」的遺俗。至於不謁廟，也是因為舊俗沒有。明制天子雖然不親迎可是皇后輿入宮以後，有「皇后出輿，由西階進，皇帝由東階降，迎於庭，揖皇后入內殿」的規定，還有夫婦敵體之意，清朝並此去掉，同他舊俗相去更遠了。

漢族習慣上所謂外親妻親的尊卑，在滿洲舊俗根本沒有這個觀念，所以締婚只注意本人，而不注意其他。多爾袞同豪格是叔侄，可是二人同娶於桑阿爾寨之女，為姐妹。清孝端后同孝莊后是姑侄，可是先後嫁清太宗，在順治初年同時稱皇太后。世祖廢后同孝惠后也是姑侄，而先後嫁世祖。太宗的三、四兩公主下嫁外家，行輩也不同。如下：（**參看《清史稿・外戚表》、〈公主表〉及〈后妃傳〉**）

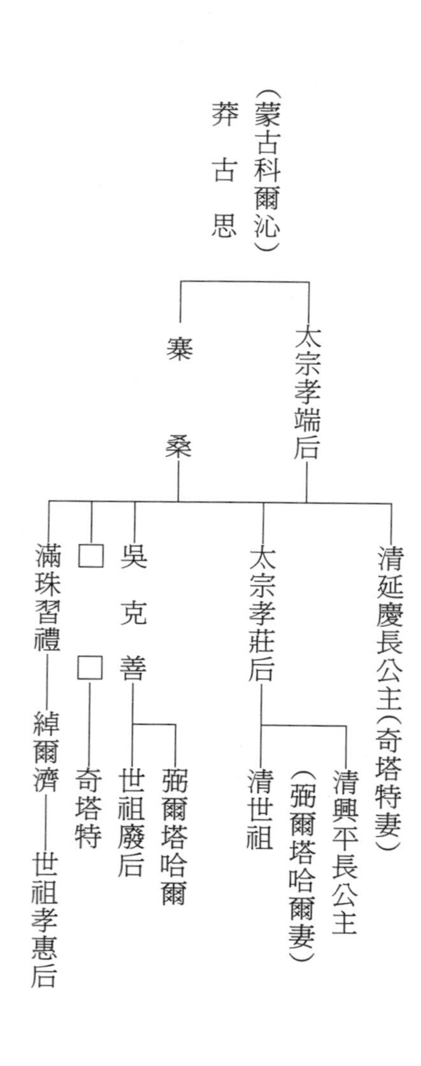

又如太祖同葉赫部太杵子孫的婚媾也很複雜，行輩也不一：

- （葉赫）太杵
  - 清佳砮—布寨
    - 女（嫁清太祖）
    - 布揚古
  - 楊吉砮
    - 金台石—女（嫁代善）
    - 太祖孝慈后—清太宗

烏喇部貝勒同太祖的媾姻的情形也相同，太祖既娶布占泰侄女，而布占泰又娶太祖第四女，相差兩代：

- （烏喇）布干
  - 布占泰（娶太祖之女又娶舒爾哈齊女）
  - 滿泰—清太祖大妃—多爾袞
  - 女（嫁清太祖弟舒爾哈齊）

至於阿敏以親女嫁蒙古塞特爾，自己又娶塞特爾之女，二人互爲翁婿，尤爲奇特。這種現象，入關以後漸漸沒有了。（同治時孝哲后與珣妃為侄姑，偶爾一見）《會典》中（卷五四〈喪禮〉五）明顯的表列了外親服圖，（母族）妻親服圖，（妻族）戶律中規定了外姻有服尊屬卑幼共爲婚姻的科條，無服尊屬卑幼共爲婚姻的科條，並且禁止了姑舅兩姨姊妹爲婚，這完全是漢化的表現，所謂「外屬無服尊卑不通婚」，從唐朝早已如此了。姑舅兩姨姊妹的不能通婚，是因爲他們尚有緦麻之服，可是這與後來的習俗並不相合，所以雍正以後將它解禁，聽從民便。

九、衣冠

滿洲章服與明朝衣冠的顯著差別，一個是纓帽箭衣，一個方巾大袖，（士人）紗帽圓領；（官）一個窄瘦，一個寬博。滿洲服裝最初也不是大家一致的，在傳統的相近習俗下仍許隨從各人之便。清天聰六年十二月初二日，清太宗佈令國內禁冠服僭越；七年六月初九日又諭官民冠服遵制畫一。崇德二年（明崇禎十年）四月二十八日，太宗諭諸王貝勒說，「凡出師田獵許服便服，餘俱令遵國初定制仍服朝服」。便服同朝服分別言之，可知當時尚不能完全畫一，更可見滿洲服裝曾經一度改革。這個改革，是將服裝式樣同顏色，加以規定，加以統一，其時間應該在天命初間，就是太宗諭內所稱國初。天命四年（明萬曆四十七年）十一月，太祖賜蒙古克石克圖靴帽衣帶，（王氏《東華錄》天命三尚有貂鑲朝衣）五年二月賜色特希爾蟒衣裘帽靴帶，三月賜色本蟒衣輕裘靴帶，這種賜予衣服應該全照規定格式作成。

多爾袞入關以後下令明朝臣民衣冠皆用清朝制度，但並未嚴厲執行。順治元年七月十四日山東巡按朱朗鑅啓多爾袞說，「中外臣工皆以衣冠禮樂覃敷文教，頃聞東省新補監司三人俱關東舊臣，若不加冠服以臨民，恐人心驚駭，誤以文德興教之官疑爲統兵征伐之將，乞諭三臣各製本品紗帽圓領臨民理事」。多爾袞特允其請，說，「目下急剿逆賊，兵務方殷，衣冠禮樂未遑制定，近簡用各官姑依明式，速制本品冠服以便蒞事。其尋常出入，仍遵國家舊制」。可見當時不但漢人沒有改滿裝，而滿官還要用明服。這是因為多爾袞本人漢化程度較深而且傾慕漢化，所以如此，但是一般滿洲人是不贊成的。所以在福王覆滅以後，服裝之禁亦嚴，順治二年六月十五日嚴行薙髮諭內原有「其衣帽裝束許從容更易悉從本朝制度」的話，過了五十三日到七月初九日又諭禮部說，「官民既已薙髮，衣冠皆宜遵本朝之制。從前原欲即令改易，恐物價騰貴一時措置維艱，故緩至今日。近今京城內外軍民衣冠遵滿式者甚少，仍著舊時巾帽者甚多，甚非一道同風之義。爾部即行文順天府五城御史，曉示禁止。官吏縱容者訪出併坐。仍通行各該撫按轉行所屬一體遵行。」（王氏《順治東華錄》五）於是衣冠衣禁也和薙髮同樣嚴了，因不改衣冠而被刑戮的也同樣多。頂髮一薙不易復留，衣冠舊者也不易即毀，因之人民服裝時有反復，而政令也時有張馳。《啓禎記聞錄》所記蘇州情形可作一例：

乙酉（順治二年，公元一六四五年）九月十二日，「奉新旨：官民俱依滿洲服飾，不許用漢制衣服冠□。由是撫按鎮道即換鈸帽箭衣」。案此新旨當即七月戊午的諭。十二月十九日「迎春，府衛縣官俱漢冠吉服束帶」。

丙戌（順治三年，公元一六四六年）四月初八日，「蘇松新兵道行牌云，大兵將至，士庶不許方巾大袖，速更滿洲衣帽」。五月二十六日，「土公（國寶）懸示皋橋，欲士民俱遵滿裝，一切巾帽俱不准戴，巾鋪歇閉改業，違者重責枷示」。十一月初一，復嚴衣帽之禁，大袖每加撲責，巾即扯毀，由是舉監生儒皆戴小帽，士庶漫無分別。

丁亥（順治四年，公元一六四七年）「新正，城市俱服大袖，月餘因貝勒王自浙回兵，……撫按有司申飭，衣帽有不能備營帽箭衣者，許令黑帽綴以紅纓，常服改為箭袖，由是人盡加紅絨一撮於帽頂」。

壬辰（順治九年）六月，「撫臺（周國佐）又忽申巾帽之禁，十五日兵卒復搶扯人帽，行人多頂涼笠」。

在滿洲人嚴厲執行漢人滿裝的時候，有一件可注意的事，就是漢人女子始終沒有接受滿洲裝束，直至清朝覆滅時止，女子禮服仍是鳳冠霞披，便裝仍是上衣下裳，所以在民間傳說上有所謂「生降死不降，男降女不降」。有人說這是洪承疇的政策，其實不然。或者是因爲女子不出門，而棺殮別人又不易見，所以仍在保存著故國衣冠。民國十年以後女子盛行旗袍，這也是前人想不到的。

有清一代不改他本來的服制，這是他們傳統國策之一。清太宗曾諄諄訓諭諸王，「凡言語衣服及騎射之事，時諭子孫勤加學習」，以「金熙宗完顏亮變易祖宗衣冠制度，循漢人之俗，服漢人衣冠，盡亡本國言語」爲戒。並且說，「朕所以諄諄訓諭者非爲一時計也，正欲爾等識之於心，轉相告誡，使後世子孫遵守無變棄祖宗之制耳」。（崇德二年四月丁酉，王氏《東華錄》崇德二）順治八年閏二月二十二日御史匡蘭兆請用袞冕朝祭，世祖不允。後來高宗於乾隆十七年三月在箭亭刊泐臥碑，重申太宗禁止效漢人服飾制度之意，又於序《禮器圖式》時說：

（乾隆二十四年奉敕修，三十一年重加校補凡二十八卷，名《欽定皇朝禮器圖式》，見四庫總目八二，《清朝文獻通考》卷二二二《經籍考》十二作十八卷）「至於衣冠乃一代昭度，夏收殷冔本不相襲，朕則依我朝之舊而不敢改焉，恐後之人執朕此舉而議及衣冠，則朕爲得罪祖宗之人矣！此大不可。且北魏遼金以及有元，凡改漢衣冠者無不一再世而亡，後之子孫能以朕志爲志者，必不惑於流言，于以綿國祚，承天祐，于萬斯年勿替引之。可不慎乎！可不戒乎！」乾隆三十七年十月二十二日又說：「遼金元衣冠初未嘗不循其國俗，後乃改用漢唐儀式……，前因編訂《皇朝禮器圖》，曾親制序文，以衣冠必不可輕言改易，……誠以衣冠爲一代昭度，夏收殷冔，本不相沿襲，凡一朝所用原各自有法程，所謂禮不忘其本也。自北魏始有易服之說，至遼金元諸君浮慕好名，一再世輒改衣冠，盡失其淳樸素風，傳之未久，國勢寖弱，洊及淪胥，蓋變本忘先，而隱患中之，覆轍具在，深可畏也。……朕確然有見於此，是以不憚諄復教戒，俾後世子孫知所法守，是創論實格論也。所願弈葉子孫深維根本之計，毋爲流言所惑，永永恪遵朕訓，庶幾不爲獲罪祖宗之人，方爲能享上帝之主，于以永綿國家億萬年無疆之景祚，實有厚望焉。」（《乾隆東華錄》卷七六）他一再說服制改易關係國祚，似乎篤信甚堅，所以乾隆三十七年一諭不但「申諭中外」，而且「仍錄一通」，懸勒於皇子讀書所在的「上書房」。清代服制直至覆亡沒有變革，此數諭關係甚大。但是制度雖然未改，而瘦窄的風氣卻早已蕩然無存。

以上所舉的清初幾種禮俗，有的強漢人效法，有的禁漢人從同，有的潛移默化與漢人趨於一致，而大體上均有所變革。這種變革不是由於政令的強制而是文化的自然調融。

第六章　康熙時期的政治鬥爭與經濟恢復

第一節　康熙時期的政治鬥爭

一、四大臣之輔政

順治十八年（一六六一年），世祖死，第三子玄燁嗣位，以大臣索尼、蘇克薩哈、遏必隆、鰲拜輔政。當時玄燁年僅八歲，一切朝廷政務皆由四大臣操持，於是出現了康熙初年四大臣輔政的局面。

四大臣是滿洲貴族中民族狹隘性比較強烈的一派人物。他們對多爾袞執政時期以及順治親政以後信任漢官、加速漢化的一系列做法不滿。順治死後，他們即在孝莊文皇后的主持下，以順治遺詔自責的形式，羅列了十四條順治時期「紀綱法度，用人行政，不能仰法太祖太宗謨烈」的問題，「滿洲諸臣或歷世竭忠，或累年效力，……不能信任，有才莫展。……而委任漢官，……以至滿臣無心任事，精力懈弛」，等等。（《清世祖實錄》卷一四四，順治十八年正月丁巳）因此，在他們輔政期間，以「率祖制，復舊章」爲旗幟，取消了許多入關後借鑒漢族統治階級的制度和政策，恢復了一些滿族原來的統治方式。其中主要包括以下幾個方面：

（一）改十三衙門爲內務府。

（二）恢復理藩院與六部並列的地位。理藩院官員原與六部同階。順治十六年（一六五九年），改隸禮部下，由禮部尚書兼掌院事。這一變化顯示了民族事務在國家各部門中地位的下降。順治十八年，以隸禮部不合舊制，重新恢復理藩院與六部同級的地位，居於工部之後。

（三）取消內閣和翰林院，恢復內三院。順治十五年採用明朝制度，改內三院爲內閣，另置翰林院。順治十八年皆予取消，仍恢復內三院舊制。

（四）停止八股文考試。順治時沿用明制，鄉、會試首場考八股文七篇，均由「四書」「五經」中出題，稱爲「制義」；第二、三場考策論表判。康熙二年（一六六三年）時下令廢止制義，只考策論表判。

順治時期借鑒漢族統治階級的若干制度和政策，其中有較先進的，也有較腐朽的。滿族原有的東西，有比較落後的，也有較新的。所以在上述的幾項變動中，有的是一種退步行爲，如取消內閣和翰林院；有的則是合理的，如改十三衙門爲內務府，恢復理藩院與六部同階的地位等。

這一時期，滿洲統治集團也明顯地加強了對漢族特別是江南士紳的控制和打擊。

哭廟案是發生在開始輔政時期的一起血腥鎮壓江南士民的慘案。順治十八年正月，江南吳縣知縣任維初濫用非刑，貪污浮徵，當時正值順治帝去世，蘇州府堂設靈，屬官齊集，哭臨三日。諸生倪用賓、金人瑞等百餘人至廟，鳴鐘擊鼓，擁入府堂，民眾「相從而至者達千餘人，號呼而來，皆欲逐任知縣者也」。巡撫朱國治當即下令逮捕了倪用賓、任維初等十一人，疏報朝廷，說「縣令催徵招尤，劣生糾黨肆橫」，「千百成群，肆行無忌，震驚先帝之靈，罪大惡極」，必欲置肇事諸生於死地。清廷特遣滿官赴江寧審理，判倪用賓、金人瑞等十八人斬刑。

奏銷案是發生在四大臣輔政時期的另一起嚴厲摧抑江南士紳的重大事件。順治年間，各省錢糧拖欠嚴重，清廷便命吏、戶二部加緊督催錢糧，將歷年積欠限期勒令完解。廷諭中說：「近觀直隸各省錢糧逋欠甚多，徵比難完，率由紳衿藐法，抗糧不納，地方官瞻徇情面，不盡法徵比。嗣後著該督撫責令道府州縣各官立行禁飭，嚴加稽察，如仍前抗糧，從重治罪；地方官不行察報，該督撫嚴察，一併題參重處。」新令一下，各省官吏追呼，喧擾不堪。江南賦役百倍他省，蘇松常鎮四府尤重，積欠常數十萬。這時舊積新欠統統追繳，破產傾家者比比皆是。順治十八年六月，江寧巡撫朱國治剛愎自用，將蘇、松、常、鎮四府並溧陽一縣未完錢糧的文武紳衿一三五一七名及衙役二五四名，分別造冊，申報朝廷，號曰「抗糧」。清廷降旨嚴處，將一萬餘衿盡行褫革。其中情節嚴重的三千人，全部被披枷帶鎖，押解京師，後因楊廷鑒等人斡旋，行至常州，始得中途獲釋。葉方靄，順始十六年一甲第三名進士及第（俗稱「探花」），僅欠一釐錢（相當制錢一文），也被革去功名，因而時有「探花不值一文錢」之謠。

四輔臣中，索尼年老，遏必隆暗弱，蘇克薩哈望淺，唯鰲拜居功傲橫，最爲跋扈。他大力培植私黨，排陷異己，「相喜者薦舉，所惡者陷害」，「文武各官，盡出門下」。（《清聖祖實錄》卷二九，康熙五年八月庚申）他與內大臣費揚古不和，就藉故將費揚古之子侍衛倭赫及侍衛西住、折克圖、覺羅塞爾弼等殺死，隨後又將費揚古害死。蘇克薩哈與鰲拜本爲姻婭之親，因論事多齟齬，遂積而成仇。蘇克薩哈係正白旗，鰲拜係鑲黃旗。順治初年圈占土地，八旗各照左右翼次序分配，但多爾袞欲住永平府，遂利用其攝政王的職權，將鑲黃旗應得的永平一帶土地給了自己的正白旗。康熙五年（一六六六年），鰲拜提出多爾袞違背了祖宗規定的八旗布列各有定序的原則，鑲黃旗現有土地不堪耕種，要將正白旗所占的薊州、遵化、遷安之地，撥還鑲黃旗，「而別圈民地給正白旗」。事發戶部。內國史院大學士、管戶部事蘇納海是滿州正白旗人，首先以「旗人安業已久，民地曾奉諭不許再圈」爲由，表示反對。鰲拜矯旨派子溫齊踏勘各旗沙壓水淹不堪耕種之地，以鑲黃旗地尤不堪回奏，協令戶部作出圈換的決定，並派蘇納海會同總督朱昌祚、巡撫王登聯經理其事。圈地進行了不到一月，百姓所在驚惶，滿漢居民一齊反對：「兩旗官丁較量肥瘦，百姓環訴失業，尤有不忍見聞者」。（《清聖祖實錄》卷二〇，康熙五年十一月丙申）

一時「京東各州縣合計旗與民失業者不下數十萬人，田荒糧竭，無以資生」。朱昌祚、王登聯先後上書，函請停止。鰲拜大怒，立即逮捕尚書蘇納海、總督朱昌祚、巡撫王登聯，將三人俱處絞刑。重新派員督理鑲黃、正白兩旗圈換土地事宜，計兩旗遷移壯丁六萬三千名，換地三十一萬五千垧，其中又從薊州、遵化、遷安、延慶、玉田、豐潤、永平、灤州、樂亭、開平等處新圈占了大量的民田。

康熙六年七月，玄燁親政，這時鰲拜仍然獨持權柄，毫不放鬆。蘇克薩哈久受鰲拜壓抑，常快快，於是首先提出辭去輔政大臣之職。蘇克薩哈這一舉動無異將了鰲拜一軍，這也表明新君已長大，可以結束輔政局面、而歸政新君了。倘若康熙允准了這一請求，其他三位大臣勢必也都要仿效提出辭呈，交出大權，這是鰲拜不能甘心的。於是鰲拜先聲奪人，以「懷抱奸詐，存蓄異心，欺藐主上」的罪名，羅列了二十四條罪狀，判處蘇克薩哈與其子內大臣查克旦凌遲處死。康熙知道此案是鰲拜夥同他的黨羽挾私陷害，「堅執不允」。鰲拜「攘臂上前，強奏累日」，終於還是依照原議施行。（《清聖祖實錄》卷二三，康熙六年七月乙卯、己未）

這時，索尼已死，蘇克薩哈被殺，輔臣只剩下遏必隆、鰲拜二人。遏必隆不敢立異，朝政實際全操於鰲拜一人之手。「文武各官，盡出伊門下」。鰲拜親弟都統穆里瑪、侄侍衛塞本得、訥莫、馬爾賽、內祕書院大學士班布爾善、吏部尚書阿思哈、兵部尚書噶褚哈、吏部侍郎泰璧圖、兵部侍郎邁音達、內祕書院學士吳格賽、內國史院學士布達禮等人，都是鰲拜的羽翼，他們結成私黨，分據要津，「凡事在家定議，然後施行」。甚至朝中議事，大臣稍有違背鰲拜意旨之處，鰲拜當著康熙的面，「即將部臣叱喝」，「施威震眾，高聲喝問」。

鰲拜的種種擅權恣肆行為，已經嚴重地威脅著皇權的穩固。康熙親政以後，一方面不斷給輔政大臣加官晉爵從而穩住局勢；一面在群臣中直接樹立自己的威信，屢詔臣工直陳政事得失，即或是法制不便之處，也許可各抒所見，不必隱諱。康熙六年六月，內弘文院侍讀熊賜履奉詔上書，云：「夫民生至今日，共困苦亦孔急矣！國家日言生聚，而凋敝日甚；日言軫恤，而瘡痍不起；日言招集、言蠲免而流亡滿目、逋欠浸多；近而畿甸，遠而直省，流離瑣尾之狀所在皆然」，「此不獨守令之過也，上之有監司，又上之有督撫」，「本原之地，亦在乎朝廷而已」。他請求康熙休養士氣，申飭滿漢諸臣實心任事，「是則曰是，非則曰非，漢官勿以阿附滿官爲工，堂官勿以偏任司官爲計；宰執盡心論思，而不必以唯諾爲休容；臺諫極力糾繩，而不必以箝結爲將順。」（熊賜履：《經義齋集》卷一〈應詔萬言疏〉；《清聖祖實錄》卷二二，康熙六年六月甲戌）這是在不指名地抨擊輔臣壓制輿情、抨擊輔政時期的一系列錯誤政策及其給國家、人民帶來的惡果。鰲拜聞訊，說：是劾我也。隨即上朝要求康熙申禁言官不得上言陳奏。康熙回答：彼自陳國家事，何豫汝耶？次年，熊賜履又上言：「朝政積習未除，國計隱憂可慮」，請求康熙「時御便殿，接見儒臣，講論政治」。疏入，鰲拜傳旨詰問「積習」、「隱憂」所指何事，以所陳無據、妄奏沽名，議降二級調用。康熙又命寬免。往時鰲拜權操生殺，屠戮大臣如戲事，滿朝不敢稍異其詞；今一詞臣論事侃侃，無所避忌，鰲拜屢圖傾害而不能，這表明康熙已在堅毅地向著收回大權的方面邁步。

鰲拜不甘心退出執掌的權力，頑強地與康熙相爭。蒙古都統俄訥、拉哈達、宜理布議政時沒有附和他的意見，他馬上宣佈蒙古都統不得參加議政會議。工部滿尙書缺員，鰲拜將一康熙素無了解的濟世強行推補。稍後戶部滿尙書缺員，鰲拜又一想讓自己的侄子瑪爾賽充任。康熙委任了瑪希納，鰲拜隨即援引順治年間戶部曾經設過兩個滿洲尙書的舊例，硬讓瑪爾賽作了尙書。漢尙書王弘祚掌管戶部年久，瑪爾賽不得專擅，鰲拜又藉故將王弘祚革職，使瑪爾賽得專其權。瑪爾賽死，康熙命賜祭葬如例，鰲拜卻擅定賜謚「忠敏」。

鰲拜和康熙間的鬥爭愈演愈烈。康熙八年（一六六九年）五月，鰲拜託病不朝，要康熙去他家中看他。康熙坦然去了，走進他的臥室。御前侍衛和托發現鰲拜神色變異，急奔至鰲拜床前，揭開席子，露出一柄利刃。康熙笑道：「刀不離身，乃滿洲故俗，不足異也。」他隨即回宮，以下棋爲名，召索額圖入宮謀畫。索額圖，索尼之子，曾爲一等侍衛，康熙七年出任吏部右侍郎。這時，索額圖自請解侍郎任，效力左右，於是康熙又將他調回身邊，仍任一等侍衛，同時委派親信控制了京師的衛戍權。數天以後，鰲拜入朝，康熙予召諸羽林士卒入宮，問他們：「汝等皆朕股肱耆舊，然則畏朕歟，抑畏拜也？」眾曰：「獨畏皇上！」康熙於是立命擒之，不動聲色而擒巨慝。（昭槤：《嘯亭雜錄》卷一）姚元之在《竹葉亭雜記》卷一記載云：「聖祖仁皇帝之登極也，甫八齡。其時大臣鰲拜當國，勢焰甚張，且以帝幼，肆行弄忌。帝在內，日選小內監強有力者，令之習布庫以爲戲。（原注：布庫，國語也，相鬥賭力）鰲拜或入奏事，不之避也。拜更以帝弱且好弄，心益坦然。一日入內，帝令布庫擒之，十數小兒立執鰲拜，遂伏誅。」布庫，就是摔跤。隨後列鰲拜大罪三十款，將其籍沒拘禁，他的黨羽也受到不同程度的懲治。接著，追復蘇克薩哈、蘇納海、朱昌祚、王登聯原官，賜謚；其餘因各案牽連或以各種原因受鰲拜打擊而遭降革的官員，一律查明昭雪，或官復原品，或竟予升遷。

清除了鰲拜集團以後，康熙即在政策上作了一系列重大調整。

（一）嚴禁買良民爲奴。四大臣輔政期間，奉差官員及督撫提鎮等大小文武各官唯圖利己，大量買良民爲奴，甚至多買用以饋送親友。這種滿洲落後習俗的泛濫，引起了中原人民的激憤。康熙八年下令：「以後著通行嚴禁，若仍前恣買良民者，從重治罪。」

（二）永停圈占民間房地。圈地爲清初最大弊政之一。順治八年（一六五一年）、十年、康熙三年（一六六四年）屢有停圈之令。康熙五年由於鰲拜倡首，圈地之風又熾。這時康熙宣佈：「自後圈占民間房地永行停止。」清初陸續進行了二十多年的圈地，至此方告終結。

（三）恢復內閣和翰林院。康熙九年八月，命改內三院爲內閣，置滿漢大學士四人，仍別置翰林院。

同時，康熙又整頓吏治，嚴肅部伍。於是清代政治開始走上穩定發展的軌道。

二、三藩之亂的平定

(1)、三藩跋扈

順治初年，清命定南王孔有德征廣西，平南王尚可喜與靖南王耿仲明征廣東，平西王吳三桂征四川及雲南，皆以明朝舊臣領所部綠旗兵，並藉以招來，亦以補八旗兵力的不足。後孔有德死而無子，爵除。及南方平定，其他各王各統所部留鎮其地，於是，吳三桂王雲南，尚可喜王廣東，耿仲明之子耿繼茂始亦王廣東，後移鎮福建，這就是三藩並建的開始。

三藩當中，以吳三桂功最高，兵最強，受清廷待遇最厚。吳三桂為清廷破農民軍，平陝、川、滇，取桂王於緬甸，平水西土司，四方精兵猛將多歸其部下。所領本部五十三佐領一萬餘甲，又有綠旗兵十營一萬二千人，還有前、後、左、右撫剿四鎮，總計丁口十萬。順治十七年（一六六〇年）戶部奏稱：吳三桂所屬官兵及雲南駐省八旗滿兵，歲需糧餉數額巨大，合計天下正賦，止八百七十五萬餘兩，而雲南一省需銀九百餘萬，「竭天下之正賦，不足供一省之用」。（《清世祖實錄》卷一三六，順治十七年六月乙未）康熙元年消滅桂王政權以後，吳三桂晉封親王，兼轄貴州，雲貴督撫皆受節制。用人，吏兵二部不得掣肘；用財，戶部不得稽遲。本來官員任免權，文由吏部，武由兵部。吳三桂為了市恩天下，所任守令參游，必出己意。有時部選已定，吳三桂必使撤回，而改用藩府所選之人，號曰「西選」。西選官員到任，雖督撫大吏也為之改容加禮，唯恐得罪藩府。自開鼓鑄，錢幣流通各省，名曰「西錢」。又據桂王五華山舊宮為藩府，增崇侈麗；占明黔國公沐天波舊莊七百頃為藩莊；藉浚渠築城為名，重榷關市，壟斷鹽井、金銅礦山之利；嚴禁民人私採巴蜀黃連、附子，設官監理，官收官賣，犯者至死；通使達賴喇嘛，互市茶馬於北勝州，每年自西藏、蒙古獲得戰馬數千匹；招來商旅，貸以藩本，使廣通貿易，增闢財源以裕軍需。吳三桂還從諸將子弟及四方賓客中挑選那些資質穎敏、體格雄健的，教以黃石素書、武侯陣法，以備將帥之選，同時「月練士馬，利器械，水陸衝要，遍置私人」，一時雲南形勢，「南扼黔粵，西控秦隴，財用實饒，兵甲堅利」，「屯守功戰之宜，無不畢具」，儼然成爲一個獨立王國。在這個王國之內藩府官兵荼毒百姓，爲所欲爲。「平西勳莊棋佈，管莊員役盡屬豺狼，殺人奪貨，毫無畏忌。訟諜命盜兩案，甲兵居其大半，有司不敢問。又勒平民爲餘丁，不從，則曰：『是我逃人也』，誘人稱貸，責重息，稍有毫髮負，亦以逃人誣之。有司俱不敢問。」（劉健：《庭聞錄》卷四）吳三桂統兵南征以前，爲了清除清廷的疑慮，將長子吳應熊留在京師。清廷爲了籠絡吳三桂，也對吳應熊格外寵眷，嫁以皇室之女，晉少傅兼太子太傅，優渥僅次於親王、貝勒。吳應熊對朝中巨細，無不知悉，隨時飛報其父。

平南王尙可喜與靖南王耿繼茂，各有八旗漢軍十五佐領、綠旗六七千人。尙可喜年老多病，康熙十年（一六七一年）其長子之信代父典兵後，所爲尤不道，酗酒嗜殺，肆虐橫行粵中。又壟斷財源，「令其部人私充鹽商，據津口，立總店」，「凡鑿山開礦，煮海鬻鹽，無不窮極其利」。耿繼茂進福建，除帶來新統官兵及眷屬之外，還隨帶戲子十餘班，娼妓數千人，打花鼓的千餘人，抬轎夫、各項傭工、小匠千餘人，和尙千餘人，師尼四五百人，絡繹搬遷了數月，福州內外的民房、寺庵圈占殆盡。王府每日用夫數以萬計，「各村供柴、炭、雞、鵝、鴨等項，府縣取票不絕」。（海外閑人：《榕城紀聞》）省中百姓屢派窮徵，飢寒走死，無所投訴。康熙十年耿繼茂死，其子耿精忠襲爵，較其父更加荒淫肆虐。「橫徵鹽課，擅設報船，苛派夫役，勒索銀米，久爲民害」。他且日與宵小爲伍，一群不逞之徒不斷煽以邪謀，散佈「天子分身火耳」的流言說：「火、耳者，耿也。天下有故，據八閩以圖進取，可以得志。」鼓動耿精忠部署將士，以待時變。

(2)、清廷撤藩之議

清初給予三藩以管理兵、政、財的極大權力，實由全國未定、滿洲人少，因而不得不借用三藩的軍事實力及其對漢人的影響力，以利安定局勢。進入康熙時期，天下大定，清廷的統治已經穩固。三藩勢力的惡性膨脹成了國家安全統一的障礙和威脅。康熙親政數載，深感藩鎮強大非國家之利，決心採取措施，加強中央集權。

康熙十二年（一六七三年）三月，平南王尚可喜因與長子尚之信不睦，疏請自帶二佐領歸老遼東海城，以之信襲爵留鎮。清廷藉此時機，遂以父子宗族不宜分離為由，命令尚可喜帶領所屬兵丁、家口，全部撤回原籍。清廷毅然允准平南王撤藩的舉動，迫使其他二王也不得不做出姿態。七月，吳三桂、耿精忠相繼疏請撤回安插，以進行試探。清廷很快又批准了耿精忠的請求。但在吳三桂是否可撤的問題上，卻廷議紛紜，遷延了許多時日。許多大臣認為滇黔苗蠻反側，撤之不便；只有戶部尚書米思翰、兵部尚書明珠和刑部尚書莫洛堅持撤之，議政王大臣會議討論的結果，仍然提出的是撤和不撤的兩個方案。大學士索額圖尤主不當撤。康熙以為，「三桂久蓄異志，撤亦反，不撤亦反，不若及今先發，猶可制也」。（《清史稿》卷四七四〈吳三桂傳〉）並且考慮吳三桂之子、耿精忠諸弟皆在京師，諒其未必為變。於是毅然作出最後決定：准其所請，令之徙藩山海關外。八月，清廷派遣侍郎折爾肯、學士傅達禮、郎中王新命往雲南，尚書梁德標往廣東，侍郎陳一炳往福建，分頭經理各藩撤兵起行事宜。

(3)、吳三桂之叛

吳三桂原以清廷會加以慰留，如明朝沐英世守雲南故事，永踞滇中。九月，撤藩詔使到達雲南，全藩爲之震動。吳三桂愕然，陽爲拜詔，陰則亟與所部諸將籌謀起事。十一月，吳三桂準備就緒，邀巡撫朱國治至府議事，至即殺之，執折爾肯、傅達禮，舉兵反，自稱周王、天下都招討兵馬大元師，蓄髮易衣冠，旗幟皆白。

清廷聞變，舉朝震恐。索額圖請誅建議削藩之臣以謝三桂。康熙不許，首先馳詔停撤閩、粵兩藩，以便穩住耿、尙，集中力量對付滇黔。接著，詔削吳三桂官爵，暴其叛逆之罪於天下，命順承郡王勒爾錦爲寧南靖寇大將軍，統師至荊州，扼住吳三桂北上的咽喉；命都統巴爾布進守常德，珠滿進守岳州，以阻吳三桂東進湖廣之師；命西安將軍瓦承喀率騎兵赴蜀，刑部尙書莫洛經略陝西，駐紮西安，以遏吳三桂進窺西北之路。

吳三桂既據雲貴起兵，傳檄遠近，雲貴總督甘文焜自縊，貴州巡撫曹申吉、提督李本深、雲南提督張國柱等皆從逆。隨後，三桂遣部將王屏藩攻四川，馬寶自貴州出湖南，張國柱、龔應麟、夏國相引兵繼進，於是沅州、常德、長沙、岳州、澧州、衡陽相繼陷落。吳三桂又廣布札書，四方煽動，廣西將軍孫延齡、提督馬雄、左江總兵郭義、襄陽總兵楊來嘉也先後投降。不久，耿精忠舉兵響應，攻陷全閩。數月之間，六省盡失，中原動搖，僅尙可喜鎮守廣東，按兵未動。

湖南既下，吳三桂乃親赴常、澧督戰。清兵雲集荊、襄、武昌、宜昌諸郡，與之隔江相望，無敢渡江攖其鋒者。

這時吳三桂兵勢甚盛，部將或議立明朝後裔以維繫人心，或議疾行渡河全師北向，或議下九江扼長淮以絕清朝南北運道，或議據關中巴蜀塞崤函以自固，吳三桂全未採納。原來吳三桂由於長子及孫都在京師，尙望他們免遭清廷誅戮；他也不願輕離雲貴根本之地。因此，雖在發難之日，不斬清廷撤藩之使，且以疏付折爾肯還奏，措詞相當委婉；得了湖南，又令諸將勿得北進，希望和清廷裂土議和，劃江爲國，並通過西藏達賴喇嘛要求清廷：「三桂若窮蹙乞降，可宥其一死；倘竟鴟張，不若裂土罷兵。」

清廷方面，雖然事出猝然，一時致有措手不及，且八旗兵將多係生長安樂環境中的後生，不習戰陣，但對控制局勢仍然充滿信心。康熙一面馳諭勒爾錦嚴加儆備，毋墮敵謀，一面嚴斥達賴喇嘛，不允其請。並將吳三桂長子吳應熊、長孫吳世霖處死，以絕三桂妄想。

吳三桂以荊楚大兵扼其前，乃遣將分出東西兩路：一路由長沙窺江西，一路由四川窺陝西。東進之軍陷袁州、萍鄉、安福、上高，與耿精忠會師，合下三十餘城。康熙乃命貝勒尚善爲安遠靖寇大將軍，增援岳州；安親王岳樂爲定遠平寇大將軍，進擊江西；簡親王喇布爲揚威大將軍，鎮防江南；貝勒董額爲定西大將軍，與莫洛由陝攻蜀；康親王傑書爲奉命大將軍、貝子傅喇塔爲寧海將軍，由浙討閩。

正當康熙部署各路大軍全線反擊之時，陝西提督王輔臣據平涼，並襲殺東經略大學士莫洛。吳三桂聞訊，立封爲平遠大將軍、陝西東路總管，急給犒師銀二十萬兩，並令王屏藩、吳之茂由漢中出隴西應援。於是，固原、定邊、臨洮、蘭州、同州，所在皆降，隴右盡失。

變報到京，康熙帝欲親至荊州調遣，被議政王大臣勸止。康熙遂命張勇爲靖逆將軍，會總兵孫思克配合董額進討王輔臣。董額與輔臣相持一年，毫無進展。康熙十五年（一六七六年），復命大學士圖海爲撫遠大將軍，任西征事。五月，圖海督諸將大敗輔臣於平涼城北，斷其餉道。六月，輔臣降清。吳三桂部將王屛藩遁回漢中，陜甘大定。

當王輔臣發動兵變時，吳三桂欲取道川陜入犯京師，乃留兵七萬據岳州、澧州諸水口，以拒荊州江北之師；留兵七萬據長沙、萍鄉、醴陵，以拒江西岳樂之師；而自赴松滋，布船於虎渡口（澧水入江處）上游，截荊岳大兵咽喉，揚言將決荊州夾堤灌城；一面暗分岳州之眾，踞夷陵東北之鎮荊山，企圖打通與興安、漢中的聯絡。不久，王輔臣反正，圖海、張勇四守要害，安親王岳樂乘吳三桂西上，連復建昌、廣信、饒州，又下袁州、醴陵、萍鄉，兵鋒直指長沙，湖南動搖。吳三桂既不能得志於川陜，又聞長沙勢急，遂由松滋回援長沙，自駐岳麓山，而以胡國柱守城中，馬寶、王緒營城外，盡調夷陵、南漳諸部全力拒守。

康熙策吳三桂全力防守長沙，其湖口各路必虛，便命荊岳之師渡江急進。於是，勒爾錦敗敵於公安之虎渡口，察尼敗敵於澧州之太平街，尙善遣舟師入洞庭湖，克君山。當時吳三桂下游兵少，清軍若是長驅直進，則澧州、常德、湘陰可以立下，迅速形成對長沙的夾擊之勢。但諸軍遷延瞻顧，又不堅守虎渡口，以致松滋援至，勒爾錦即棄太平街退回荊州；尙善也未能斷敵餉道，江湖之險復爲敵據。吳三桂又遣部將高大節、韓大任出醴陵、萍鄉，深入江西，斷岳樂後路。高大節善戰，統領所選精兵四千，以少擊眾，屢挫清師。韓大任妒其功，屢譏於胡國柱，大節怏怏死。康熙十六年，耿精忠、尙之信先後反正，韓大任勢窮，降於康親王傑書，江西遂定。

(4)、閩、粵、桂戰局

福建：

康熙十三年（一六七四年）三月，靖南王耿精忠響應吳三桂起兵於福建，囚福建總督范承謨，自稱「總統兵馬大將軍」，蓄髮，易衣冠，鑄錢曰「裕民通寶」。既下令，復派兵三路北進：總兵曾養性出東路，據浙江之溫州、台州、處州；總兵白顯忠出西路，據江西之廣信、建昌、饒州；都統馬九玉出中路，據浙江之金華、衢州、又誘潮州總兵劉進忠，使攻廣東；約臺灣鄭經北圍海澄公黃芳度於漳州，執續順公沈瑞於潮州。清廷屢次遣使招撫，悉拒不受。六月，清命康親王傑書爲奉命大將軍、貝子傅喇塔爲寧海將軍，赴浙進討。秋，浙江總督李之芳親冒矢石，揮軍大敗曾養性於衢州，又敗之於金華、紹興，十一月再敗之於衢州之西溝溪。康熙十四年，傑書誓師金華，收復處州。傅喇塔也大破曾養性於溫州城外。於是，清軍與曾養性、馬九玉在浙江境內展開的長期相持。

這時在耿精忠的後方，鄭經聲言要借漳、泉二府，精忠不許，二人交惡，鄭經遂奪漳、泉、汀、邵諸府。康熙十五年六月，耿精忠急由浙江前線抽調建昌、新城之軍，南下對付鄭經。康熙立即指示傑書：「耿精忠撤建昌諸賊，其爲海寇所逼無疑。我兵宜乘機前進，勿坐失事機。」（《清聖祖實錄》卷六一，康熙十五年六月己卯）命盡撤圍溫之師，直取福建。八月，傑書與賚塔、李之芳合兵大敗馬九玉於衢州，長驅入仙霞關。同時，安親王岳樂駐軍江西，派軍擊敗白顯忠，收復建昌、饒州、廣信。白顯忠勢孤降清。耿精忠既失兩路大兵，而臺灣鄭經又緊逼於身後，閩地半爲鄭氏所有。清軍下建陽，進次延平，精忠震慴無措，遂遣其子耿顯祚至清營獻上總統印，先殺范承謨滅口，而後出降，請隨大軍征剿鄭經贖罪。曾養性聞訊，也以溫州歸順。康熙十六年鄭經敗退廈門，劉進忠以潮州降，閩浙告平。

廣東：

尚可喜因不堪其子尚之信的挾制，於康熙十二年夏疏請歸老遼東，清廷命其全藩盡撤，實爲滇變所由起。但尚可喜終無反態，吳三桂以書相招，尚可喜執其使，奏其書，並慮長子之信不可靠，請以次子之孝襲王爵。清授之孝平南大將軍，而之信以討寇將軍協剿。十四年正月，清廷進封尚可喜爲親王。

十五年四月，尚之信接受吳三桂招討大將軍的封號，易幟改服，派兵把守尚可喜的府門，禁其出入。總督金光祖，巡撫佟養鉅俱隨之投降吳三桂。尚可喜憂憤死。吳三桂封尚之信輔德親王，促其出師，索其軍餉，並遣總督董重民代金光祖、巡撫馮蘇代佟養鉅，分守要衝。尚之信、金光祖又開始後悔，十二月，祕密派人到江西簡親王喇布軍前議降。

十六年三月，清廷詔以莽依圖爲鎮南將軍，自贛州入粵受之信降，並命都統賴塔領漳、汀守兵赴潮州，與之呼應。於是贛、閩之師同時進入廣東。六月，尚之信執董重民於肇慶，降清。七月，吳三桂遣馬寶、胡國柱出韶州攻粵。莽依圖逾嶺援韶，雙方在韶州大戰數月，最後江寧將軍額楚援至，清軍大勝。不久，廣東全境平定。

廣西：康熙十三年二月，孫延齡盡殺部下不用命諸將及巡撫馬雄鎮，舉兵響應吳三桂。吳三桂封孫延齡爲臨江王。接著，提督馬雄也以柳州叛。廣西全陷。

當吳三桂尚未叛亂的時候，原慶陽知府傅宏烈曾向朝廷揭發過他的不軌行動，被坐以誣告罪謫戍蒼梧。這時，傅宏烈想收集軍隊從事恢復之業，便假受吳三桂信勝將軍之號，借其事權，進入思州、泗城、廣南富川諸土司及交趾邊境一帶，聯絡義勇，得五千人。於是移檄遠近，反戈討伐吳三桂，並以大義利害說動孫延齡反正。孫延齡這時也表示：只要傅宏烈前往江西迎得清軍到來，他們立即降清。十二月，吳三桂聞孫延齡變心，急派從孫吳世琮領兵以恢復廣東爲名，進駐桂林，襲殺孫延齡。

康熙十六年，清授傅宏烈廣西巡撫、撫蠻滅寇將軍。十七年，莽依圖兵入廣西。十八年正月，傅宏烈、莽依圖大敗吳世琮於梧州城下，接著長驅收復桂林。七月，再敗吳世琮於南寧，世琮身受重傷，僅以數十騎逃走。十九年叛將馬承蔭騙傅宏烈登舟而執送貴陽。吳世琮誘宏烈降，宏烈不屈死。五月，莽依圖討平馬承蔭，俘送京師論斬，廣西又定。

(5)、吳藩末路

康熙十七年，清軍集中兵力猛攻湖南：岳樂收復瀏陽、平江招降吳三桂的水師將軍林興珠於湘潭；將軍穆占率陝西、荊州之軍，力拔永興、茶陵等十三城。清朝大軍雲集，吳三桂地盤日益縮小，財用耗竭，形勢日蹙。爲了維繫軍心，強勵士氣，吳三桂由長沙移鎮軍事衝要之地衡州，築壇南嶽之麓，於康熙十七年（一六七八年）三月初一日即天子位，改元昭武，改衡州爲定天府，置百官，封諸將，造新曆，舉行雲、貴、川、湖鄉試，號召遠近。殿堂不及更換黃瓦，便以黃漆涂之，並建廬舍萬間作爲朝房。即位之日，風狂雨注，草草成禮而罷。

吳三桂稱帝以後，召回馬寶、王緒、胡國柱，集中全部精銳進攻衡州的門戶永興。吳軍三面環攻，二十日中屢瀕於危。八月十七日，吳三桂暴病死。二十一日，吳軍退回衡州。各路清軍乘著吳軍內部的這一重大變故，加強了攻勢。康熙十八年，湖南岳樂之師收復了岳州、長沙；廣西的傅宏烈、莽依圖全殲吳世琮之部；十九年（一六八〇年），川陝清軍攻取成都、重慶，平定了四川全境。滇黔已經處在湖南、兩廣、川陝三面清軍的進逼之下。

在面臨平叛最後勝利的時刻，清朝廷又作了三方面工作：

（一）調整軍事。十九年三月，以安親王岳樂久勞於外，調回京師，以貝子章泰代爲定遠平寇大將軍，進取雲貴；又以雲貴多山，皆綠營步兵居前，八旗騎兵繼後，特命總督蔡毓榮爲綏遠將軍，節制漢兵先進。

（二）嚴肅軍紀。將坐守荊州、老師靡餉的大將軍勒爾錦，失陷岳州的都統珠滿，失陷鎮荊山的貝子準達，失陷太平街的前鋒統領伊都勒齊，妄報軍功的都統巴爾布，遺誤戰機的輔國公溫齊，不奉命赴援的額附將軍華善，以及擅離職守託故回京的將軍覺羅舒恕、左都御史多諾、兵部侍郎勒布、參贊江西軍務阿范、副都統綽克托等人，分別嚴加治罪。

（三）頒佈新令。康熙十八年（一六七九年）四月，數諭雲貴大小文武官員軍民人等：「當時倡叛，罪止吳三桂一人，所屬人員均係脅從」，今當爭先來歸，「於各路大將軍，將軍等軍前投誠，皆赦其前罪，論功敘錄，加恩安插」。（《清聖祖實錄》卷八〇，康熙十八年四月乙酉）又頒詔全國：軍興數載，供億浩繁，「凡裁節浮費。改折漕貢、量增鹽課雜稅、稽查隱漏田賦、核減軍需報銷，皆用兵不得已之意」，事平皆自有裁酌；滿洲、蒙古、漢軍，久勞於外，械朽馬斃，借貸買補，若累甚深，「凱旋之日，所有借貸，無論數百萬，俱令戶部發帑代還」。（魏源：《聖武記》卷二〈康熙勘定三藩記〉上）

這些工作對於瓦解敵軍、協調部伍、激勵將士、鼓舞民心，都起了重要作用。

康熙十九年十月，章泰指揮湖南之師由平越趨貴陽，吳世璠、吳應琪奔雲南。二十年正月，蔡毓榮大敗夏國相於盤江，貴州盡復。二月，清軍分道進抵雲南昆明城郊。列營長圍數十里。十月，城中食盡援絕，南門守將啓門迎降。吳世璠服毒自殺。三藩之亂至此徹底平息。

(6)、尚耿結局

康熙十八年，尚之信迎接清師入粵，名爲歸順，實則仍持兩端，直到吳三桂死後始聽清朝調遣。尚之信凶殘暴虐，部下將領及左右護衛多受其笞辱，心懷義憤。其弟尚之孝欲襲藩位，派藩下護衛赴京告發之信種種不法行爲。廣東巡撫金儁、都統王國棟也相繼疏列其罪。十九年三月，清廷遣刑部侍郎宜昌阿以巡視海疆名義馳赴潮州，命總督金光祖、提督折爾肯傳詔逮捕尚之信。八月，賜之信死，將其所部十五佐領改隸漢軍，駐防廣州。

耿精忠於康熙十五年迎清師入閩以後，康親王傑書奏復其爵及所屬官職一切如舊。十六年十一月，藩下參領徐鴻弼等遣人赴兵部檢舉精忠仍蓄逆謀，精忠弟昭忠也具疏以同詞入告。十九年八月，耿精忠入朝，康熙將其監禁。二十一年，清廷將耿精忠處死。

(7)、平定三藩的原因

三藩之亂自康熙十二年年冬吳三桂以撤藩起兵，至二十年年十月清兵平定雲南，前後歷時八年，戰火蔓延十省。最盛時大半中國皆爲叛兵所有。但是吳三桂終於敗滅，其中原因是多方面的。首先，他迎清兵入關，在廣大人民看來，這是民族壓迫的根源，因而人民恨他；第二，清兵入關以後隨著民族矛盾的上升，人民和多數士夫在心理上同情南明，而吳三桂世受明朝的厚恩，卻把桂王一直窮追到緬甸境內，必置之於死地而後止，事情做得如此決絕，使他起兵後完全失去利用「復明」這面旗幟的可能，儘管一時兵鋒甚銳，實則得不到廣泛的社會同情；第三，三藩對屬境人民壓迫、剝削殘酷，人民反對他們；第四，吳三桂對共同起兵的耿精忠、尙之信、孫延齡沒有作好團結工作，彼此矛盾重重；第五，在軍事上，吳三桂過於保守持重，不敢渡江北進，坐失有利戰機，使清廷獲得了調集兵力，組織抗擊的時間。在清朝方面，康熙也表現出了傑出的政治軍事才能。首先，他看到三藩撤亦反、不撤亦反的趨勢，毅然作出了撤藩決定，並在吳三桂起兵後，不蹈漢誅晁錯的故轍，沒有歸咎於首議撤藩的大臣；第二，達賴喇嘛請求裂土罷兵，他並不苟且息事，堅決討伐到底；第三，在平叛戰爭中，康熙注意賞罰嚴明，之後嚴懲了一些敗師靡餉，誤國病民的滿洲貴族統帥和八旗將領，同時提升和重用了一大批有才幹的綠營將領，如陝甘戰場的張勇、趙良棟，王進寶、孫思克，湖南戰場的蔡毓榮、徐治都、萬正色，福建戰場的楊捷、施琅、姚啓聖、吳興祚，浙江戰場的李之芳，廣西戰場的傅宏烈等。這些人皆非開國宿將，需要建功方能自樹，因而戰鬥力極強。康熙帝，高其名位，重其事權，使之充分發揮了作用，促進了平叛的進展；第四，軍事部署周密；整個戰場以湖南爲中心，以閩浙、陝甘爲左、右側翼，於中原腹地屯集重兵隨時應援；湖南緊急則調安慶兵赴之，再以河南兵移安慶，以別處兵填河南；四川緊急則調西安兵赴之，再以太原兵移西安，以別處兵填太原；閩浙緊急則調江寧、江西兵赴之，再以兗州兵移江寧，以別處兵填兗州；如此層層遞補，使吳三桂不能出湖南一步，各邊雖亂而江淮晏然，財賦轉輸得到穩固的保障；第五，加強了軍情奏報工作，命兵部在驛遞之外，每四百里設筆帖式，撥什庫各一名，以加快郵傳、稽察奸細、杜絕詐僞。甘肅遠距京師五千餘里，九日可至，荊州、西安五日可至，浙江四日可至。每日軍報三四百疏，康熙手批口諭，指揮臂使於數千里之外，主要依靠準確而及時的軍情奏報。

三藩平定後，清廷將三藩的財產全部籍沒入官，充作軍餉，把藩兵或撤回京師，或改隸八旗漢軍，在福州、廣州、荊州等處駐防。至此，清朝才最終完成了對大陸的統一，加強了中央集權制度。

三、臺灣的統一

康熙元年（一六六二年）五月初八日，鄭成功在臺灣病死（年三十九歲），部將黃昭、蕭拱宸假託鄭成功遺命，奉成功之弟鄭襲為東都主。駐守廈門的鄭經聞訊，統軍攻入臺灣，殺黃昭、蕭拱宸，嗣立為延平王。

康熙二年，清朝派靖南王耿繼茂、總督李率泰、水師提督施琅會合荷蘭海船，收復廈門、金門。鄭經全軍退入臺灣。時以陳永華綜理國政，陳永華秉承鄭成功遺規，「不惜勞苦，親歷南北二路各社，勸各鎮開墾，栽種五穀，蓄積糧糗，插蔗煮糖，廣備興販」（江日升：《臺灣外紀》卷一三），一時尚稱富庶。三藩之亂時，鄭經的勢力曾再次及於福建，但不久即因耿精忠之反正而受挫，康熙十九年，更金、廈失守，敗回臺灣。

鄭經回臺灣以後，抑鬱潦倒，萎靡不振，「退閑於洲仔尾，築遊觀之地，竣宇雕牆，茂林嘉卉，極島中之華麗。不理政務，嬉遊為樂」（林謙光：《臺灣紀略》）。妻父侍衛馮錫範乘機構煽帷幄間，獨竊權柄，肺腑大臣無不側目。二十年（一六八一年）正月，鄭經死，長子克壓監國。克壓妻是陳永華之女。為了孤立克壓，馮錫範首先用計解除了陳永華的兵權，陳永華不久抑鬱而死。接著，馮錫範又與鄭經諸弟發動了一次宮廷政變，縊殺克壓，以鄭經次子克塽嗣為延平王。克塽幼弱不能蒞事，諸務皆決於馮錫範，人心越加渙散。

鄭氏據守臺灣，將士不過數萬，戰船不過數百，但他們能與清廷抗衡幾十年，堅持時間最久，這主要是由於臺灣孤懸海中，有五百里風濤之險可憑。這一特殊的自然條件在當時航海水平下是一個難以逾越的天險。同時鄭氏海上起家，精熟水務，有水戰之長技可用，素以騎射善稱的滿洲，面對臺灣，也只有望洋興嘆。

但是，臺灣畢竟不能獨立於大陸之外。這是因爲：（一）福建是鄭氏官兵的桑梓之地，那裏有他們的祖墳和親戚故舊。他們無時不想重返家園；（二）鄭氏割據臺灣，經濟也不能獨立。許多重要物資如布帛，如修造戰船和製作兵器所需的油、麻、釘、鐵，都要由內地接濟。他們總是不斷出兵攻掠沿海，籌措糧餉物料，徵索船隻，一遇適當時機，就要回攻閩粵；（三）對於清朝方面來說，臺灣鄭氏政權存在一日，就一日嚴重地威脅著清朝統治的安全，特別是東南沿海地區的安全。

清廷對於臺灣鄭氏政權所採取的措施，首先是實行消極的遷界、禁海政策，施加經濟封鎖。

從順治十一年（一六五四年）起，清朝就逐漸加強海禁，在局部地區推行遷界政策。順治十八年鄭成功退入臺灣，清朝採用黃梧的建議，驅迫江、浙、閩、粵四省沿海數千里的居民一律從海岸後撤數十里，片帆不准出海，全面實行遷界。遷界固然能對鄭氏起到一定封鎖作用，但直接的後果是使東南百萬居民流離失所，「濱海居民海、鹽、蠶、織、耕獲之利，咸失其業」。

其次，是遣使招撫。

鄭芝龍降清後被扣押，清廷的本意是想脅迫鄭氏集團迅速投降。可是鄭成功不肯就範，堅持鬥爭，但以父親被扣京師，一直沒有閉死和談的大門，於是雙方圍繞條件問題進行了長期的談判鬥爭。順治十一年（一六五四年），清封鄭芝龍同安侯、鄭鴻逵奉化伯、鄭芝豹左都督，遣內院學士葉成格、理事官阿山二使赴閩，答應以福、興、漳、泉四府作爲鄭成功安插兵將之地，封鄭成功爲海澄公。鄭成功列營數十里，會清廷使者於安平。鄭成功要求先開詔書；清使堅持要鄭成功全軍剃髮然後才能開詔。互爭數日沒有結果，清使徑回泉州。這次垂成的談判終又破裂。順治十八年鄭成功兵入臺灣，清廷殺鄭芝龍。康熙元年（一六六二年）鄭成功死，靖南王耿繼茂和總督李率泰兩次派使前往廈門招撫鄭氏。此後，清廷又多次遣使赴臺，都沒有結果而返。清朝所有這些招撫活動，由於鄭氏始終仗持著臺灣有風濤阻隔，堅持依朝鮮、琉球之例，不剃髮、不登岸，只稱臣納貢，因而沒有獲得成功。

第三，招降納叛，瓦解鄭氏營壘。

爲了分化鄭氏營壘，清廷不惜重爵封賞鄭氏來降將士。順治十三年（一六五六年），鄭成功部將黃梧、蘇明來降，清封黃梧爲海澄公，封蘇明爲將軍內大臣。鄭成功死後，通過黃梧又先後招撫鄭氏官員二百餘及許多士兵，其中有的被清廷封爲侯、伯。康熙十八年（一六七九年），姚啓聖用黃性震的建議，於漳州開「修來館」，專門招納海上文武兵民。據載，這一年之內姚啓聖「先後招降僞安四百餘員、賊兵一萬四千餘名」（《清史列傳》卷八〈姚啓聖傳〉）。十九年，姚啓聖克復海澄、金、廈，又招撫鄭氏重將朱天貴，朱以官兵二萬，船艦三百艘全師歸誠，使得鄭氏人心搖動，上下猜阻。

最後，就是武力征剿。

康熙元年（一六六二年），清廷任命精熟海務的施琅爲福建水師提督。施琅本鄭氏舊部，因得罪鄭成功，被鄭成功殺其全家。施琅潛逃投清，遂枕戈謀復仇，以平臺自任。康熙四年（一六六五年），施琅兩度統率舟師出海攻臺，因遇颶風中止。由於臺灣鄭氏的離間，康熙七年，清廷疑施琅懷有二心，召回京師改任內大臣。康熙十七年，姚啓聖任福建總督以後，積極籌劃平臺事宜。他首先上疏清廷，要求盡撤駐閩滿兵回京，將軍費移於發展水師，以實現從陸戰到海戰的轉移；接著大造八槳船、艍船、雙蓬船，編練水師；同時注意物色將才。他認爲能當此任者非施琅不可，於是以身家百口保薦施琅重領水師。

康熙二十年（一六八一年），施琅復任水師提督之職。二十二年六月十四日，施琅統領水師二萬、戰船三百艘，自銅山進發，十五日兵抵澎湖。鄭氏駐守澎湖的是身經百戰的驍將劉國軒，他在澎湖「據各險要爲壁，蜂集大小戰艦於天妃宮上下，添築炮城十餘座，凡可登岸處盡築短牆，置腰銃，環二十餘里，星羅棋佈」。十六日初戰，清軍失利，施琅及先鋒藍理俱傷。二十二日整軍再戰，雙方自辰時直戰到申時，聲聞數百里，「浮尸蔽海，水爲之赤」，劉國軒大敗逃回臺灣，其部下將官四百餘員戰死，一百六十五員投降，兵卒死一萬二千餘人，降四千八百五十餘人。

澎湖之戰，全殲了鄭氏軍隊的精銳，臺灣爲之動搖。七月，鄭克塽遣使議降。八月，清軍開進臺灣，鄭克塽、劉國軒、馮錫範以下全島軍民剃髮歸降。

鄭氏投誠後，臺灣是棄是守，清朝群臣間展開了激烈爭論。多數人主張放棄，理由是臺灣遠隔大海，難於防守，徒勞士卒而傷民財。李先地甚至提出：「空其地，任夷人居之而納款通貢，即爲賀（荷）蘭有，亦聽之」。施琅堅決主張防守。他提出四條理由：（一）戰略位置重要：「臺灣地方，北連吳會，南接粵嶠，延袤數千里，山川峻峭，港道紆徊，乃江浙閩粵四省之左護」；（二）自然資源豐富：「其地……野沃土膏，物產利溥，耕桑並耦，漁鹽滋生，滿山皆屬茂樹，遍處俱植修竹，硫磺、水藤、糖蔗、鹿皮以及一切日用之需，無所不有」；（三）易爲亂藪：「若棄爲荒陬，復置度外……，則該地之深山窮谷，竄伏潛匿，……糾黨爲祟，造舟製器，剽掠濱海；（四）易爲外人侵占：「此地原爲紅毛（荷蘭）住處，無時不在涎貪。……若以此既得數千里之膏腴，復付依泊，必倡合黨夥，竊窺邊場，逼近門庭，此乃種禍後來，沿邊諸省斷難晏然無虞」。他的結論是：「棄之必釀成大禍，留之誠永固邊圉」。（施琅：〈請留臺灣疏〉，康熙《臺灣府志》卷一〇〈藝文〉）姚啓聖、李蔚等人也都主張防守。康熙決定：只要幾十年可保無事，就不當放棄！於是設臺灣爲府，下轄臺灣、鳳山、諸羅三縣，澎湖設巡檢，設臺廈兵備道，兼理提督、學政、按察使司事，分統水陸。康熙二十三年（一六八四年）春，文武各官陸續就任，編戶籍，定賦稅，通商賈，興學校，臺灣遂正式隸屬於清朝中央政權的行政管轄之下。

第二節　清代的各類莊田

清朝統治者憑藉暴力圈占了關外、畿輔、口外以及山西、山東等省的大量土地，而後在皇帝、宗室和八旗官兵之間依照等級實行分配，這就是所謂「旗地」。由於民族的習慣，滿族剝削者對土地的經營一般採取編莊置園的形式，所以，清代旗地按照占有者身分的不同，可分為內務府莊田、宗室莊田和八旗官兵莊田。

一、內務府莊田

皇帝擁有的莊田，由內務府經管，故稱「內務府莊田」，也稱「官莊」、「皇莊」。內務府莊田包括糧莊、銀莊兩類。糧莊以納糧為主，銀莊以納銀為主。

(1)・糧莊：

糧莊主要分佈在畿輔、盛京、錦州、口外（喜峰口、古北口以外）四個地區。康熙年間，根據糧莊土地的多少，劃為四等：關內地區，一等莊：三十六頃；二等莊：三十二頃，三等莊：二十八頃；四等莊：十八頃；關外地區，一等莊：五十四頃；二等莊：五十一頃；三等莊：四十五頃；四等莊：三十九頃。此外還有半莊，面積相當於四等糧莊的一半：關內：九頃。（光緒《大清會典事例》卷一一九六〈內務府・屯莊〉）

關於皇室擁有糧莊的數目，順治康熙時期缺乏完整的記載，雍正七年（一七二九年）和嘉慶十七年（一八一二年）的兩次統計如下：

時間／莊數／地區	雍正七年（1729年）①						
	一等莊	二等莊	三等莊	四等莊	半　莊	其它	合計地畝
畿輔	57	16	38	211	171（雍正六年數字）		
盛京							
錦州							
喜峰口、古北口外	138	／	／	／	／	／	
歸化城	／	／	／	13（康熙三十四年設）		／	
打牲烏拉	5（康熙四十五年設）	／	／	／	／	／	
駐馬口外	／	／	／	15（康熙五十七年設）		／	
總計							

①據光緒《大清會典事例》卷一一九六《內務府·屯莊》；

時間／莊數／地區	嘉慶十七年（1812年）②						
	一等莊	二等莊	三等莊	四等莊	半　莊	其它	合計地畝
畿輔	63	10	23 ③	215	219	豆糧莊6 稻田莊3	965049
盛京	34	5	5	32	／	棉莊45靛莊11鹽莊3	714716
錦州	66	40 ④	38	115	／	納糧莊29納租、納銀莊各4	1226826
喜峰口、古北口外	134	／	／	／	／	／	527584
歸化城	／	／	／	13（康熙三十四年設）		／	101400
打牲烏拉	5（康熙四十五年設）	／	／	／	／	／	14700
駐馬口外	／	／	／	15（康熙五十七年設）		／	27000
總計							3577275

②據嘉慶《大清會典》卷七六。
③光緒《大清會典事例》作215
④光緒《大清會典事例》作44。

從上表可以看出，內務府糧莊共有一千餘所，占地三萬五千餘頃。由雍、嘉兩次統計的項目進行比較，可以反映出清朝前期的莊田規模處於基本穩定狀態，而這一規模則是在順康時期奠定的。

糧莊實行定額租制。康熙五十年（一七一一年）、五十一年統一規定的各地各等糧莊的租額如下（據光緒《大清會典事例》卷一一九六〈內務府‧屯莊〉）：

地區 租類 田莊等別	山海關內, 古北口、喜峰口外	山海關外
頭等莊	250倉石	322倉石
二等莊	220倉石	
三等莊	100倉石	
四等莊	120倉石	
半莊	60倉石, 穀草千束, 秫秸140束	

這一租額直至清末始終相延未改。除了正額租糧以外，關內糧莊還需每年輸豬，一、二等莊輸四頭，三、四等莊輸三頭。關外糧莊不論等次，每年輸鵝一隻。其餘宮廷所需各項雜糧、豆、草之類，也一律按照各莊所宜，分別派徵。雍乾以後，隨著商品經濟的發展，糧莊的額租在徵足宮廷用項之外，其餘部分往往折徵銀兩，甚至整個糧莊的租額也都改爲以銀兩計算，徵取實物時，再於銀額內抵除。嘉慶年間關內糧莊的折銀租額如下（據光緒《大清會典事例》卷一一九六〈內務府・屯莊〉）：

項目 折銀數額(兩) 田莊等次	糧、豬折銀	豆、草折銀	協濟銀
頭等莊	177.943	177.495	16.7
二等莊	163.621	161.832	16.7
三等莊	124.580	131.994	16.7
四等莊	108.554	95.636	16.7
半莊	37.577	40.197	6.5

糧莊的經營，一般每所糧莊皆有壯丁十至十五名，半莊五至七名，其中以一人爲莊頭。糧莊初設時，每莊給牛數頭（一、二等莊不給牛），並配撥房屋、口糧、器皿等基本生活和生產資料。第一年免納租糧。每莊除了據其等次領取額定莊田之外，另給場、園、馬館土地數十畝以至數百畝不等。一莊的租糧由莊頭承總，然後各壯丁分別負擔。康熙初年，吳振臣所見東北官莊的情形，「每一莊共十人，一人爲莊頭，九人爲莊丁，非種田即隨打圍、燒炭。每人名下責糧十二石、草三百束、豬肉一百斤、炭一百斤、石灰三百斤、蘆一百束。凡家中所有，悉爲官物。」（吳振臣：《寧古塔紀略》）這可以代表清初莊田的一般經營方式。

擔任莊頭的，多是壯丁中家道殷實的人。爲了加強莊頭對土地經營的責任，便於內務府管理，清初規定：莊頭領地設莊以後，即不准將地繳回，必須由本人及其子孫永遠屯種。爲了保證莊頭能夠如數甚至超額完成租糧，清初還立了獎懲之辦法，規定：莊頭收糧完畢，凡於額外多納一石者，賞銀四錢，其最多之莊頭除賞銀外，另酌量賞予馬匹端罩；缺額一石者，責二鞭，鞭責不過一百。但因這一規定促使莊頭加強了對普通壯丁的榨取，增加了田莊內部的不穩定因素，所以康熙二十四年（一六八五年）又頒佈了「糧莊納糧，不准溢額，不准賞銀，應徵者亦不准免」的詔諭，（光緒《大清會典事例》卷一一九六〈內務府・屯莊〉）康熙三十九年（一七〇〇年）連缺額鞭責的規定也一併停止。然而，無所獎懲，莊頭又不免懈怠。於是康熙五十五年（一七一六年）制定了給莊頭頂帶的條例：莊頭凡當差四五十年不欠錢糧者，給八品頂帶；二三十年無欠者，給九品頂帶；因年老不能當差，雖不及二三十年而經年無欠者，亦給九品頂帶。雍、乾時期又定：凡拖欠錢糧不能完納的，爲莊頭的革退莊頭，有頂帶的褫革頂帶，而莊頭的子弟親屬或其它殷實壯丁中凡能代完租糧的，即可委爲莊頭。清朝皇室採取這些措施的主要目的，顯然在於保證其地租剝削獲得充分的實現。

(2)・銀莊：

銀莊也稱「三旗納銀莊」，多爲順治元年（一六四四年）在順天、保定、永平、河間、天津、正定、宣化等府設立。其時，民戶帶地投充，願爲納銀莊頭者，各按其地畝設莊，爲納銀莊頭；後有願領圈占地畝設莊納銀者，也爲納銀莊頭。帶地來投而地畝不足編立一莊的，即照地畝多少以「投充人」名義納銀；單身投充願領地畝納銀者，每人給予一繩地（四十二畝為一繩）以「繩地人」名義納銀。此外，以納蜜、納葦、納棉、納靛爲內容的蜜戶、葦戶、棉靛戶，也都包括在銀莊項下。據統計，順治元年共編立銀莊一三二所，未編莊而以戶納租的共二八五戶。（《清朝文獻通考》卷五〈田賦五〉）這一數目有清一代基本無大變化。嘉慶年間，「總計莊地一三一八六頃三七畝有奇，歲征銀二三一三四兩有奇。」（嘉慶《大清會典》卷七六〈內務府〉）

(3)・瓜園、果園、菜園：

皇室除了擁有大批糧莊、銀莊，以徵收租糧、租銀，還擁有很多瓜園、果園、菜園，以供皇室四時瓜、果、蔬菜之需。

園田大多爲順治初年設立，其中包括按丁徵銀和按畝徵銀兩種情況。順天、保定、河間、永平等府所屬州縣境內的三旗果園一三六所，共有園丁七〇五名；盛京園田約七〇所，共有園丁三五一名，廣寧園田約二〇所，共有園丁一一七名；以上三處總計園田二百餘所，園丁一一七三名，都是按人取租，額定每丁每年徵銀三兩，共應徵銀三五一九兩。京外附近以投充地畝所設新園一二一所，共有園地八七〇頃有奇，則是按畝取租，每畝徵銀五分，歲共徵銀四三七三兩有奇。（光緒《大清會典事例》卷一一九八〈內務府・屯莊〉）以上兩種情況皆以銀兩計算租額，實際徵收實物時則於租額內抵除。

園田的管理大體也和莊田相似。園設園頭。額租由園頭總承，以下由園丁分擔。初設園田時，除了領取額定園田以外，同時給予養贍家口地每丁數十畝，並配給耕牛、蒲簾、秫稭等物，一年免征。

二、宗室莊田

八旗宗室在清代統治集團中，權勢僅次於皇室。他們依照等第，也都擁有相當數量的莊園以及役使的丁戶。康熙年間，頒定了封賜各級王公莊、園、丁、戶的制度，其制如下：

按光緒《大清會典事例》卷一一一七〈八旗都統・田宅〉。其中親王例爲康熙十四年定，郡王例爲康熙三十七年定，貝勒例爲康熙三十九年定，貝子例爲康熙四十九年定。又，康熙六年原定親王例，爲：關內大糧莊二〇，銀莊三，半莊二，瓜園二，菜園二，關外大糧莊六，盛京大糧莊四，果園三，盛京三佐領下人五〇戶，帶地投充人五七六名，新丁八九九名，炭軍一〇〇名，灰軍一〇〇名，煤軍一〇〇名，其中許多項目皆較康熙十四年定例爲高，又，光緒《大清會典事例》卷一五九〈戶部‧田賦〉載，順治七年規定園地數額，親王八所（每所地一八〇畝），郡王五所，貝勒四所，貝子三所，公二所，公主三六〇畝，郡主一八〇畝，縣主一五〇畝，郡君一五〇畝，縣君一五〇畝，鎮國將軍二四〇畝，輔國將軍一八〇畝，奉國將軍一二〇畝，奉恩將軍六〇畝，其中親王、郡王亦較康熙定例爲高。

級別 數量 項目	親王	郡王	貝勒	貝子
關內大糧莊(所)	15	10	7	6
銀莊(所)	2	2	2	1
半莊(所)	2	1	1	1
瓜園(所)	1	1	1	1
菜園(所)	2	2	2	2
關外大糧莊(所)	4	2	1	1
盛京大糧莊(所)	2	1	1	1
果園(所)	2	1	1	
盛京三佐領下人(戶)	30	30	15	10
打牲烏拉牲丁(名)	30	15	10	8
採捕戶(名)	20	20	20	15
帶地投充人(戶)	100	50	40	30
給皮地投充人(戶)	100	50	40	30
炭軍(名)	100	50	40	30
灰軍(名)	100	50	40	30
媒軍(名)	100	50	40	30

八旗宗室莊田主要分佈在直隸、關外、口外等地。其各旗莊園地畝數量如下：

內容 數量 旗分	莊(所)	園(所)	地畝(畝)
鑲黃旗宗室	5	1	3660
正黃旗宗室	21	3	10656
正白旗宗室	5	2	3600
正紅旗宗室	148	64	124416
鑲白旗宗室	191	28	171714
鑲紅旗宗室	326	113	263001
正藍旗宗室	717	195	531324
鑲藍旗宗室	303	107	225474
總計	1716	513	1333845

按表中莊園數額據《八旗通志》卷六十八〈田土志七〉；地畝數額據嘉慶《大清會典事例》卷一三五。莊園數額中，包括大莊、半莊、大園、半園，也包括果地、菜地、牧地、網戶獵戶地若干處。又《清史稿》卷一二〇〈食貨一〉載「各旗王、公、宗室莊田，都萬三千三百餘頃」，與上述統計正合。

三、八旗官兵莊田

清朝爲加強對全國人民的統治，將其強力的支柱八旗軍隊分駐於京畿和各省，各駐地附近圈撥地畝，永給爲業，這就形成了清代八旗的畿輔駐防官兵莊田和直省駐防官兵莊田。清初規定，八旗官兵一律按照壯丁名額，每丁給地三十畝（五垧），稱爲「壯丁地」，不向國家交納賦稅，作爲優惠八旗官兵、保障其經濟收入從而保障八旗戰鬥力的一項措施。由於一般兵士很少奴僕或者沒有奴僕，只有八旗官員能夠擁有數名、數十名甚至數百名壯丁，因此，大多兵士皆得地不多，只能維持生計；只有八旗官員特別是高級官員，才能擁有大量土地，編立莊田。

關於八旗直省駐防官兵莊田的數量、文獻，缺乏完備的統計，僅八旗畿輔駐防官兵的莊田，通過三次圈撥，總計已達一四〇一九一頃七一畝，其中各旗莊田數額如下：

旗分	給地次第	滿洲	蒙古	漢軍	合計
鑲黃旗	一次給地	1163160	179430	200040	2363340畝
	二次給地	253890	170010	118830	
	三次給地	131310	41370	105300	
正黃旗	一次給地	440640	75690	127425	2354385畝
	二次給地	917490	112710	187875	
	三次給地	187380	188460	116715	
正白旗	一次給地	572730	129375	86760	2079648畝
	二次給地	332670	124755	146520	
	三次給地	433410	109458	143970	
正紅旗	一次給地	212988	23568	27010	1240710畝
	二次給地	531084	76560	64080	
	三次給地	212070	55530	37020	
鑲白旗	一次給地	626850	101480	60900	1644430畝
	二次給地	267420	186190	30330	
	三次給地	229020	95610	46680	
鑲紅旗	一次給地	110070	3450	30780	1305570畝
	二次給地	578715	134550	63000	
	三次給地	261225	64220	50370	
正藍旗	一次給地	619575	120300	88305	1713660畝
	二次給地	399270	72390	73200	
	三次給地	227940	71160	41040	
鑲藍旗	一次給地	650280	154830	75870	1411128畝
	二次給地	234090	24078	48360	
	三次給地	146040	32220	45360	
總計		9739617	2347534	2025720	14112871畝

八旗兵士只有「壯丁地」。八旗官員則除了按其擁有的壯丁數目分得「壯丁地」，還要按其官爵級別給予園田，其制如下（據光緒《大清會典事例》卷一一一七〈八旗都統・田宅〉）：

公：三〇〇畝；
侯：三〇〇畝；
伯：三〇〇畝；
子：二四〇畝；
男：一八〇畝；
都統，尚書，輕車都尉：一二〇畝；
副都統，侍郎，騎都尉：六〇畝；
一等侍衛、護衛，參領：四二畝；
二等侍衛、護衛，佐領：三〇畝；
三等侍衛、護衛，雲騎衛：二四畝；
領催：一八畝。

清初規定，凡撥給旗人地畝，永世為業，其後雖增丁不加，減丁不退，官員升遷不加，已故降革不退。旗人因故買賣田產，只能在本旗之內進行，不准典賣出旗，尤其不准典賣與民。

這一制度雖然是為了維護滿族旗人的既得權益。但是，一方面由於莊田這種落後的農奴制關係在封建制度高度發展的漢族地區推行後受到激烈反抗，順治時畿輔旗地壯丁四十萬，「逃人」多達數萬；一方面由於八旗貴族官兵的日趨腐化，莊田制度的形式和內容也在日益加據變化。首先是奴典旗地和民典旗地的發展。順治後期，八旗士兵莊田即因「奴僕逃亡」而「生業凋零」，典賣田產已成不止之勢。康熙年間，八旗士兵已經「無田產者甚多」。（孫嘉淦：〈八旗公產疏〉，《清經世文編》卷三五）接著，中下級官員也開始變賣地畝。乾隆十年（一七四五年）御史舒泰奏稱：「旗地（指畿輔駐防官兵莊田）之典賣與民者已十之五六」。（舒泰：〈復原戶籌新墾疏〉，《清經世文編》卷三五）至道光以後，則「大抵二百年來，此十五萬餘頃地，除王公莊田而外，尚未典賣與民者，蓋已鮮矣。」其次是奴僕大量通過贖身掙脫農奴制枷鎖。康熙十七年（一六七八年）、二十一年、五十三年，清政府三次制定法令，允許部分奴僕贖身開戶和出旗爲民。這樣，從康熙中期以後，原先以農奴制關係爲主體的莊田制度已逐漸發展成爲由封建租佃關係居主導地位了。

第三節　清初的墾荒與治河

擴大耕地面積和興修水利，是清初農業生產獲得恢復和發展的兩項基本措施。前者的關鍵在於墾荒，後者的關鍵在於治河。

一、墾荒

經過明末清初的長期動亂，社會經濟遭到了異常嚴重的破壞。順治年間，各省人民流亡，屋宇傾圮，田野荒蕪，到處是一派殘破景象。直隸南部，「一望極目，田地荒涼；四顧郊原，社竈煙冷」。山東「地土荒蕪，有一戶之中只存一二人，十畝之田止種一二畝者」。河南「自明季以來，兵火相仍，郡邑坵墟，土田荊棘，戶口減耗」。陝西、甘肅一帶，「冠亂數十年，民化青燐，田鞠茂草，蓋無處不有荒田，無戶不有絕丁」。山西，「逃亡最多，而廬舍丘墟，田土荒廢」。江南、浙江屢經變亂。「男婦罹於殺掠，廬舍遭於焚毀」，「桑柘之木伐以爲薪，養蠶之人與食俱竭，而絲與杼皆廢矣」。江西萬曆六年（一五七八年）原額人民五百一十五萬三千零五口，田土四十萬一千一百五十一頃零。到順治十三年（一六五六年），「殺戮、逃亡人丁七十餘萬口，抛荒田土一十七萬餘頃」。至於湖南、四川兩廣地方，更是「彌望千里，絕無人煙」。其中尤以四川荒殘最甚，「成都、重慶、敘州、馬湖各屬人民，僅存十百」，保寧、順慶、潼川、龍安等三府一州所屬二十九縣之地，「一望丘墟，倚山逼水者，豺狼晝游」、

「人丁地土乃財賦根本」，「無地則無民，無民則無賦」。賦稅是整個行政機構的生活源泉。沒有足夠的賦稅，就不能維持一個封建政權的正常存在。爲了保證賦稅收入，穩定統治秩序，清初統治者採取了種種措施，招集流民，開墾荒地，以便迅速地將農民固定到土地上，使

全國的土地、人口最大限度地納入封建剝削的範圍之內。

清初招民墾荒的主要措施如下：

（一）明令領墾無主荒地「永准爲業」。

在明末農民大起義的狂飆中，封建地主土地所有制受到了摧毀性的掃蕩。各家藩王、戚畹、顯貴豪紳及平時淩虐盤剝鄉民的大大小小地主，大多遭到農民起義軍的鎮壓或者逃死他鄉。因此，清初出現了大量的無主荒地。清朝政府明確將無主荒地與有主荒地加以區別。順治元年（一六四四年），清朝宣佈「州縣衛所荒地無主者，分給流民及官兵屯種」。（《清世祖實錄》卷七，順治元年八月乙亥）順治六年（一六四九年）又定：「凡各處逃亡民人，不論原籍別籍，必廣加招來，編入保甲，察本地方無主荒田，州縣官給以印信執照，開墾耕種，永准爲業。」（《清世祖實錄》卷四三，順治六年四月壬子）爲了解決「無人承種之荒地，墾熟後往往有人認業，興起訟端」的新矛盾，清明政府又提出了「先給帖文，以杜爭端，開列姓名、年月並荒田四至、坐落，每歲由縣申府、而道、而院，則刁訟自息」（《清聖祖實錄》卷三，順治十八年六月庚子）的辦法。

（二）放寬起科年限。

拋荒田地從開墾到成熟。一般皆需兩三年甚至更多的時間，像河南等北方地區，「積荒之地，草根深結，土性堅固，耕治甚難。初年只能開墾，次年始可治田，三年方望收穫。」（李人龍：〈墾田宜寬民力疏〉，《皇清奏議》卷四）在貴州等南方山區，土質瘠薄，甚至墾經數歲，而「收穫所入，薄不足輸稅」。（張玉書：《張文貞公集》卷一一〈個庵王公墓志銘〉）

至於戰亂之後，溝洫堙塞，河道失修，恢復生產則尤爲艱難。所以，清初統治者爲了把流民盡快吸引到土地上來，不得不規定三年或幾年暫不起科。

順治元年（一六四四年）清朝規定：久荒者「三年起科」，（康熙《大清會典》卷二〇〈户部・田土〉）二年又定：新荒者（原熟而拋荒地畝）「一年後供賦」。順治六年（一六四九年）又進一步放寬規定：土地耕至六年之後，方議徵收錢糧，「其六年以前，不許開徵，不許分毫僉派差徭。」

但是，整個順治年間兵火連年，軍餉開支浩大，國家財政經常處於入不敷出。順治九年，給事中劉餘謨奏：「錢糧每歲入數一千四百八十五萬九千餘兩，出數一千五百七十三萬四千餘兩，現在不敷銀八十七萬五千餘兩。其中各省兵餉一年該銀一千三百餘萬，各項經費不過二百餘萬，是國家財賦大半盡於用兵。」（〈墾荒興屯疏〉，《清經世文編》卷三四；又，《明清史料》丙編第四本〈户部題本〉）順治十二年，這種收支差額達到八十餘萬兩，十三年又增至四百四十餘萬兩，至順治末年，「入不敷出至七百餘萬」。清政府爲了擺脫困境，總是隨時隨地頒佈新令，加緊催徵，所謂「三年起科」、「六年以前不許開徵」，從未得到認真實行。

進入康熙時期，隨著大規模軍事行動的告一段落，放寬起科年限才有了可能。康熙元年（一六六二年）清廷允准河南南陽、汝州二府領墾荒田一應雜差，「俟五年後起派」。康熙十年，山東、山西二省及浙江溫、衢、處三府衛所兵丁所墾荒田，俱准四年起科。其後又寬限至六年。康熙十二年，更放寬爲十年。在三藩叛亂期間，上述關於五年、六年甚至十年起徵的許諾並沒有能夠兌現。三藩叛亂平定之後，清廷又重新規定了起科年限。鑒於十年起科爲時太長，康熙十八年（一六七九年）宣佈，「開墾荒地，仍准六年後起科」。二十二年，又在某些地區恢復三年起科的舊例。閩浙等省沿海地帶由於長期遷界拋荒，特定展界田地「寬限五年之後，按畝起科」。（劉兆麒：《總制浙閩文檄》卷五〈查議清核招墾田地〉）個別地區如因特別地瘠民窮，也可推遲升科。爲了使人民稍得寬舒，康熙還曾指示地方官對於墾荒地畝的清查不要過急過苛。四十八年（一九〇九年），他對新任四川巡撫年羹堯說：「比年湖廣百姓，多往四川開墾居住，地方漸以殷實，爲巡府者，若一到任，即欲清丈地畝，增加錢糧，即不得民心矣。……爾須使百姓相安，錢糧以漸次清查可也。此爲四川第一要事。」（《清聖祖實錄》卷二三九，康熙四十八年十月己酉）因此，許多地畝國家實際上是未予徵科。五十二年，康熙帝曾說：「今四川之荒田開墾甚多，果按畝起課，則四川省一年內可得錢糧三十餘萬。朕意國用已足，不得加征。」又說：「朕巡幸時，見直隸自苑家口以下，向年永定河沖決之處，今百姓皆築舍居住。斥鹵變爲膏腴，不下數十百頃，皆未嘗令起稅也。」

朝廷既不急於起科增賦，人民墾荒的積極性自然大漲。康熙時期較之順治年間，墾荒有了較大的進展。

（三）官貸牛種。

要開墾荒地，必須具備耕牛，農具，種子等基本生產手段和投資。而明末以來的長期戰亂，卻使大批農民四方漂流，幾乎一無所有，開荒牛種，難於計辦，以至「每多以人代牛，或手足挖鋤，聊度歲月。」爲此清朝實行官貸牛種的辦法。

順治元年（一六四四年），清朝政府規定，凡流民墾荒而無力者，由國家貸給牛種。以後，清朝政府又多次重申了這一政令。官貸牛種有兩種形式。一是由政府貸給農民銀兩，由農民自己措辦。一是由地方官員將銀兩買耕牛、種子，直接分發給墾荒農民。這種國家撥給地方專供購買耕牛、農具、種子的銀兩，稱爲「牛具銀」。這種措施歷來稱作「官給牛種」，其實是「官貸牛種」。因爲銀兩是要農民在兩三年內全部償還的。順治十三年規定的具體償還辦法是：「次年繳還一半，三年照數全納」。（康熙《大清會典》卷二四〈戶部・賦役〉）有的地方是三年之中，每年各還三分之一。

由於清初財政拮据，順治年間朝廷撥給牛具銀兩的情況並不多見。到了康熙時期，官貸牛種才更多地見之實施。康熙四年（一六六五年），清朝政府對湖廣歸州（今秭歸）、巴東、長陽、興山、房縣、保康、竹溪、竹山等州縣的流民，即採取了「酌給牛種，聽其開墾」的措施。康熙六年（一六六七年）安頓駐紮在河南、山東、山西、江南、浙江等省的投誠官兵開墾荒地，也是「每名給五十畝，預支本年俸餉以爲牛種」。三藩平定以後，官貸牛種的情況更多。康熙二十二年（一六八三年），河南巡撫王日藻提出開墾豫省荒地的第一條措施，就是「將義社倉積穀借與墾荒之民」，以爲牛種之費。同年，清朝統一臺灣，允許東南沿海遷界民人復業，「官給牛種，寬限五年之後按畝起科，納還種本」。（劉兆麒：《總制浙閩文檄》卷五〈查議清核招墾田地〉）三十三年，陝西無論有地無地之民，一律「給與牛種銀兩，以爲耕種之資」。四十三年，天津總兵官藍理奏請召募江南、福建等處無業之民開墾直隸沿海曠地及豐潤、寶坻、天津等處窪地，清朝政府同意「給與牛種」。五十三年，爲安插甘肅失業飢民。清廷命「將荒地查出，置立房產，每戶二間。無業之民給與口糧、種子、牛具、令其開墾，即與本人永遠為業，照例六年後起科。」

（四）加強對官員的督墾考成。

順治十四年（一六五七年），清朝政府制定了墾荒考成的規則：「督、撫、按一年內墾至二千頃以上者紀錄，六千頃以上者加升一級；道府墾至一千頃以上者紀錄，二千頃以上者加升一級；州縣墾至一百頃以上者記錄，三百頃以上者加升一級；衛所官員墾至五十頃以上者紀錄。一百頃以上者加升一級。」同時規定：「若開墾不實及開過復荒，新舊官俱分別治罪。」（《清世祖實錄》卷一〇九，順治十四年四月壬午）

康熙元年（一六六二年），清廷又規定：「荒地未經開墾捏報開墾者，督、撫、道、府、州、縣等官，分別議處」，「凡官員有將熟地稱為新墾者議處，督、撫、布政使司失察，一併議處」。（光緒《大清會典事例》卷一六六〈戶部・田賦〉）

實行官員開墾考成的辦法，促使不少官員積極設法招民開荒。順治年間，陝西兵備道王廷諫在榆林「捐俸買牛種給民開墾」；浙江處州知府周茂源自行捐俸，「每三戶給牛一隻，每人給米一石」，使該府所屬十縣報墾荒田一千九百餘頃；浙江孝豐知縣田養民「賣馬買牛」，招撫流民開墾田土。這些都對墾荒的進展、民生的安定有一定的積極作用。

（五）獎勵地主鄉紳進行招墾。

清朝初年，一方面流民四布，土地拋棄，封建國家急待將流民固著到土地上；一方面又拿不出許多錢來幫助農民解決耕牛、農具、種子等問題。在這種情況下，利用地主階級在地方上所擁有的實力，鼓勵他們招民墾荒，而由國家給以種種政治、經濟特權，然後國家再從他的地租剝削中徵取一部分作爲賦稅，就成爲對清朝統治者有利的措施。

順治十四年（一六五七年），清朝規定：「文武鄉紳墾五十頃以上者，現任者紀錄，致仕者給匾旌獎；其貢、監生、民人有主荒地，仍聽本主開墾，如本主不能開墾者，該地方官招民給與印照開墾，永爲己業。」十七年又定：「墾地百頃以上，考試文義優通者以知縣用，疏淺者以守備用；墾土二十頃以上，文義優通者以縣丞用，疏淺者爲百總用。」康熙十年，又定：「如候選州同、州判、縣承等，及舉、貢、監生、生員人等，有力招民者，授以署職之銜，使之招民，不限年數，……統以三百戶爲律。俟三百戶民盡皆開墾，取有地方甘結，方准給俸，實授本縣知縣。……隨征投誠各官，俟立有軍功咨部補用者，能如數招民開墾，照立功之例，即准咨部補用。」（《清聖祖實錄》卷三六，康熙十年六月乙未）

「農田者，人生之根本。」這在以農業爲傳統經濟的古代中國，是不變的信條。清初統治者推行上述種種政策，未來目的固然是爲了增裕國課，消弭亂萌，但客觀上也是有利於土地的開闢和民生的安定的。廣大農民儘管重新承受了十分沉重的封建賦役剝削，但他們一旦獲得了比較安定的社會環境，一旦與土地結合起來，就會以百倍的勤苦去創造生活，將社會生產推向前進。順康時期農業經濟的恢復和發展狀況，我們可由當時在籍的丁、地、錢糧數額的變化清楚地看出來：

爲了便於對比，表中列入了明代萬曆六年的數據（其錢糧由於名稱、單位均與清代大異，故未列入）。由此，可知康熙末年冊載的全國耕地面積，已經達到甚至超過了萬曆初年的水平。

順康時期丁、地、錢糧簡表

年度	丁（口）	地（畝）	錢糧：銀（兩）	錢糧：米、麥	錢糧：草（束）
萬曆六年（1578）	60692856	701397628			
順治八年（1651）	10633326	290858641	21100142	5739424	4743110
順治十年（1653）	13916598	388792636	21287288	5672299	2909118
順治十五年（1658）	18632881	498864074	24584526	6018132	2242619
順治十八年（1661）	19137654	526502829	25724124	6107558	2264640
康熙元年（1662）	19203233	531135814	25769387	6121613	2265734
康熙五年（1666）	19353134	539526236	25830842	6161327	2302760
康熙十年（1671）	19407587	545917018	25908792	6214910	2309387
康熙十五年（1676）	16037268	486423392	20212838	5036308	2253087
康熙二十年（1681）	17235368	531537260	22183760	6271108	2455750
康熙二十五年（1696）	20341738	590343867	27240189	6912293	2292287
康熙三十年（1691）	20363568	593268427	27375164	6950281	2083465
康熙三十五年（1696）	20410382	598645467	23797427	6968132	2081612
康熙四十年（1701）	20411163	598698565	27390665	6968669	2081687
康熙四十五年（1706）	20412560	598895053	27410688	6971353	2081687
康熙五十年（1711）	24621324	693034434	29904652	6912254	4855461
康熙五十五年（1716）	24921446	725065490	29994562	6893066	4058274
康熙六十年（1721）	25386209	735645059	28790752	6902353	4864049
康熙六十一年（1722）	25763498	851099240	29476628	4668833	4922810
雍正元年（1723）	25734864	890187960	30223913	4128657	4827861
雍正二年（1724）	26111953	890640524	30446692	4590619	4922798

按：本表據萬曆《明會典》卷一七、卷一九及《清世祖實錄》、《清聖祖實錄》、《清世宗實錄》有關數據制作。

二、治河

在清初社會經濟恢復的過程中，河道治理有著重要意義。特別是黃河、淮河、運河的綜合治理，對於國計民生的關係尤其巨大。

黃河在隋唐以前並不像後來那樣以患著稱。東漢至隋五百餘年，僅溢四次，毀城一次。唐代貞觀以後，河患日漸增多。北宋初年黃河連續三次改道，金章宗明昌五年（一一九四年）河道又發生第四次遷徙，自陽武而東，注入梁山濼，然後分成二派，北派由北清河入海，南派由南清河入淮。從此，黃河始與淮河交匯。元世祖至元二十六年（一二八九年），會通河成，罷海運而行漕運，黃河之水開始全部入淮。元末，河道曾一度北徙，但至明孝宗弘治七八年間（一四九四——一四九五年），明政府爲漕運計，築斷黃陵岡支渠，於是黃河北流遂絕。顧計，築斷黃陵岡支渠，於是黃河北流遂絕。顧炎武曾深刻指出，黃淮合流這一變局乃是宋元以後河患頻生的關鍵。他說：「自宋以前，河自入海，尙能爲并河州郡之害，況今河淮合一，而清口又合汴、泗、沂三水以同歸於淮也哉！曩時河水猶有所瀦，如鉅野梁山等處；猶有所分，如屯氏赤河之類。雖以元人排河入淮，而東北之道猶微有存焉者；今則以一淮而受眾水之歸，而無涓滴之滲漏矣。……河水南趨之勢已極，而一代之臣，不過補直罅漏，以塞目前之責而已，安望其爲斯民計百世之長利哉？至於今日，而決溢之災無歲不告。嗚呼，其信非人力之所能治矣！」（顧炎武《日知錄》卷一二〈河渠〉）

清初，經明季以來的長期動亂，河道失修，壅潰更甚，據《行水金鑒》和《清史稿》所載統計，順治帝在位的十八年（一六四四—一六六一年）間黃河決口二十次，康熙元年（一六六二年）至十五年（一六七六年）河決達四十五次之多。每當河決，則決口下游數十里乃至數百里廬舍田禾皆席捲以盡，破室絕家者無數。如康熙元年六月開封黃練口河決，「祥符、中牟、陽武、杞縣、通許、尉氏、扶溝七縣，田禾盡被淹沒。」康熙六年，河決桃源，「沿河州縣悉受水災」，「高郵水蓄幾二丈，城門堵塞，鄉民溺斃數萬」。九年，黃、淮並溢，高堰決口，「以數千里奔悍之水，攻一線孤高之堤，值西風鼓浪，一瀉萬頃，而江（都）、高（郵）、寶（應）、泰（州）以東無田地，興化以北無城廓室廬」。（《清史稿》卷一二六〈河渠・黃河〉）

淮河源出桐柏山，逶迤東流，會合沙河、東西淝河、洛河、洱河、黃河、天河、渦河、澥河及濼、澮、沱、潼諸水，注洪澤湖而東由雲梯關入海，經鄂、豫、皖、蘇四省，一千七百餘里，本不爲害。自北宋黃河南徙，奪淮入海，於是下壅上潰，淮始受病。淮病而入淮諸水泛濫四處，蘇皖兩省皆病。運河北自京師，南達杭州，首尾三千里，中借黃河二百里河道，而後與黃、淮交於清口。黃淮不寧，則運道必阻。清口、高家堰地當三河交匯之區，遂成爲清代河工的關鍵。「由是，治河、導淮、濟運三策，群萃於淮安清口一隅。」（《清史稿》卷一二七〈河渠・運河〉）

清初爲了加強對河道的治理，自順治元年（一六四四年）起，即沿襲明制，設立河道總督，掌治河渠，綜其政令。康熙皇帝更「以三藩及河務、漕運爲三大事，夙夜廑念，曾書而懸之宮中柱上」，當三藩戰事正處高潮的時候，簡任靳輔爲河臣，撥予大批帑金，大修河道。

靳輔（一六三三—一六九二年），字紫垣，漢軍鑲黃旗人，是康熙時期最有成就的河臣。康熙十年（一六七一年）任爲安徽巡撫，十六年升河道總督。當河道長期失修，敝壞已極。靳輔一到任上，「即遍歷河幹，廣咨博詢，求賢才之碩畫，訪諳練之老成，毋論紳士兵民以及工匠夫役人等，凡有一言可取、一事可行者」，「莫不虛心來擇，以期得當」。（靳輔：《靳文襄公奏疏》卷一〈河道敝壞已極疏〉）經過兩個多月的調查研究，於是一日而八疏並上，批評了以往治河僅僅盡力於漕船經行之地而以他處決口無關運道而緩視之，以至河道日壞、運道日梗的錯誤做法，提出了對黃河、淮河、運河進行全面治理的完整方案。方案的主要內容包括：（一）疏下游河道：疏浚清江浦至雲梯關下游河道，並以所挑土加築兩岸大堤，束水趨海；（二）治上流淤墊；挑挖清口及瀾泥淺引河，引淮刷黃；（三）培高堰堤岸；（四）塞黃淮決口；（五）深挑清口至清水潭二百三十里運河河道。

這一非常浩大的工程規畫，根據當時計算，總共需銀二百一十四萬八千餘兩。僅其中疏浚清江浦至雲梯關以東下游河道一項，即預計需要二百日畢工，日用夫十二萬三千餘名。當時雖三藩戰事正緊，政府財用浩繁，而由於康熙皇帝的高度重視，還是批准了這一計畫，於是各工並舉。

自康熙十六年至二十二年，是河工的第一階段。經過這一階段的幾年艱苦修浚，上述各項

工程已經基本告竣，「兩河歸故，運道通行」，「海口大辟，下流疏通，腹心之患已除」。（《清史稿》卷二七九〈靳輔傳〉）

自康熙二十四年（一六八五年）至二十七年（一六八八年），是河工的第二階段。這一時期的河工已逐漸向黃河中游轉移。主要工程是：（一）在黃河南岸毛城鋪、王家山、大谷山、歸仁堤等處添建減水閘壩，以保徐州一帶堤工；（二）幫築河南考城、儀封、陽武、封丘、滎澤諸縣河堤，以防上流潰決；（三）開闢中河，以通運道。其中，尤以開闢中河的意義最大。原先，漕船出清口入黃河，行二百里始抵張莊運口。靳輔決定在清河縣西仲家莊建閘，上自宿遷、桃源、清河三縣黃河北岸遙接二堤內，加挑中河一道，使漕船出清口以後經渡北岸，由仲家莊閘進入中河，歷皀河、泇河北上。於是，運河遂避開了黃河一百八十里的險溜，漕運暢通，「商賈船行不絕」。（《清聖祖實錄》卷一三五，康熙二十七年四月庚申）

康熙二十七年（一六八八年），靳輔由於朝廷的政治紛爭而被免官。但他的治河功績卻得到了康熙和許多朝臣的肯定，也受到了江淮人民的稱譽。靳輔免官以後，朝廷派遣兵部尙書張玉書、刑部尙書圖納、左都御史馬齊等勘察河道，檢點靳輔的各項河工設施，在回奏中對其所取得的成效作了全面肯定，認爲靳輔於各處所採取的一應設施，均酌量形勢，建置適宜，「俱無庸更改。」二十八年，康熙南巡閱視河道，親見「上河堤岸修築堅固」，也認爲靳輔「實心任事，勞績昭然」。當時，「江南、淮南諸地方，自民人、船夫，皆稱譽前任河道總督靳輔，思念不忘。」三十一年，靳輔重新被委任爲河道總督，不久死於任所。後任總河于成龍原是反對靳輔治河方案最力的人，也不能不承認自己的各項措施，「亦照靳輔所修而行」。（《清聖祖實錄》卷一六二，康熙三十三年正月丙辰）

靳輔治河取得成績，多得力於幕僚陳潢。陳潢（？—一六八八年），字天一，浙江錢塘（今杭州）人。自幼聰穎，好讀經世之書。連試不遇，遂淡於功名，致力農田水利之學，後為靳輔聘為幕客。靳輔治皖六載，陳潢「裨益實多」。（靳輔：《靳文襄公奏疏》卷八〈義友竭忠疏〉）靳輔出任河臣，更依仗陳潢的贊劃頗多。

在治河的總體思想上，陳潢反對「重運輕黃」或「防河保運」的片面觀點，主張視黃河、淮河、運河為表裏，進行綜合的治理。靳輔初任河臣時所上〈河道敝壞已極疏〉中提出的「必當審其全局，將河道、運道為一體，徹首尾而合治之，而後可無弊」的意見，正是反映了陳潢的思想。

在訪問的實踐中，陳潢特別注重順河之性而利導之。他認為，凡有所患，則必當推其致患之由，「必以親歷度勢為第一事」。為了查明黃河的地勢、水情和成災原因，他親自考察河防，「跋涉險阻，上下數百里，一一審度」（《河防述言・審勢第二》），甚至「疾風時，潢獨駕輕舠，深冒不測，測水之深淺，時之盈然若指掌。」（魏源《錢塘志縣》卷二四〈人物・義行〉）陳潢也很重視民間的經驗，並勸告靳輔：「田夫老役有所陳說，皆宜采聽，以備參詳」（《河防述言・任人第四》）

陳潢對明代著名水利學家潘季訓「以堤束水，以水攻沙」的原則推崇備至，認為這一原則順乎水性，合於自然：「水合則流速，流速則勢猛，勢猛則新沙不停、舊沙盡刷，而河底愈深，於是水行堤內而河遂其就下之性，方克安流耳。」（《河防述言・堤防第六》）

為了達到既能刷沙又能防潰的目的，陳潢普遍採用了在河道的近處修築「縷堤」，在河道的遠處修築「遙堤」的辦法。這種辦法在河水小時能夠「合水」，加快水的流速，更好地沖沙，河水大時又能阻擋洪水，防止堤岸潰決，從而有力地發揮了束水攻沙和防禦潰決的作用。（乾隆《淮安府志》卷六〈河防〉）

陳潢並利用「以水攻沙」的原理，發明了「開引堵決法。」就是先在決口以下故道淤處築起一壩，堵斷微流，使河底涸出，開挖深溝數道；再在決口上流相度地形開一引河直通故道；然後打開決口上流引河之口，「黃流復際暴怒，有一道以洩之勢，必直注引河，由引河而直趨故道。故道已開深溝，水有所容，必且沛然莫禦，而停沙淤淺之處，便可隨流而沖刷矣。河溜既歸故道，而決口之事自滅。」（《河防述言・疏諸第七》）

陳潢既注意利用「以水攻沙」的原理刷深河床，也注意利用「水緩沙停」的規律以加固堤岸。他提出的「放淤固堤法」，就是變沙淤之害為利的巧妙發明。其做法是：在那些河堤不夠牢固的地段，「建設涵洞，引黃灌注，復於月堤亦建涵洞，使清水流在月堤之外，堤裏窪地不久淤成平陸，幾與黃河水面相平，不但堤根牢固，而每年取土亦易。」（靳輔：《靳文襄公奏疏》卷八〈河工守戍疏〉）同樣還可以利用這種辦法，把夾帶大量泥沙的河水引到黃河兩岸的低窪地區造田。

在河工設施方面，陳潢十分重視減水壩的作用。他根據分洪的道理；在河身狹窄的地方，也就是堤壩承受河水壓力最大的地方，開渠引水，調節水量，然後再把溢出之水引入河面較寬的正河中去，「使暴漲隨減，不致傷堤」。爲了準確地控制洪水，陳潢「以推測土方之法，移而推測水方」，創造了「測水法」，「以水縱橫一丈、高一丈爲一方」（《河防述言・雜志第十一》），把河水的橫切面積乘以流速，便可得出水的流量，從而「以上流之寬深，準下流之淺窄，量入爲出以洩之」（乾隆《淮安府志》卷六〈河防・黄水〉）這種由一般性的治河進入定量性的研究，已經具備了近代科學的性質。康熙對這一方法就極感興趣。一次，他對朝臣們說：「算數精密，即河道閘口流水，亦可算晝夜所流分數。其法，先量閘口闊狹，計一秒所流幾何，積至一晝夜，則所流多寡可以數計矣。」（《清聖祖實錄》卷一五四，康熙三十一年正月甲寅）

陳潢「不避寒暑，無分晝夜，與大工爲始終者，十年有如一日」，一直是靳輔身邊運籌帷幄之人。靳輔幾次向康熙疏陳陳潢之功，說：「凡臣所經營，皆潢之計議。」（《清史列傳》卷八〈靳輔傳〉）陳潢雖然在封建官僚的政治紛爭中成了犧牲品，但他的功績卻受到人民的頌揚。在江淮流域，人民傳說他成了「河伯」。

康熙時期治河取得很大成績，和康熙本人高度的重視是分不開的。

面對嚴重的河患，康熙自十四歲親政時起，就開始著力研究治河問題，「凡前代有關河務之書，無不披閱」。

康熙十分注重實地考察。自康熙十一年（一六七二年）起，他先後數十次派遣大臣巡視河工，踏勘地形。康熙本人六次南巡，主要目的都是視察河防。二十三年首次南巡過高郵湖，見民間田廬多在水中，親自登岸，「巡行堤畔十餘里，召耆老詳問致災之故」。三十八年南巡，他自淮南一路詳閱河道，親自登堤測算黃河、運河及洪澤湖水位。特別那些關係全局的中心工程，如清口、高家堰，更是康熙帝關注的重點，每次南巡，必親臨視察，親作部署。

康熙也很注意廣泛聽取臣下的意見。關於下河的疏浚，靳輔主張建重堤，于成龍主張浚海口，兩人各執己見，互不相下。康熙一方面召他們入京與百官當面會商，一方面派員前往淮安、高郵等處，會同地方督撫「親歷河幹，問河濱百姓」，「並令每州縣派出通曉事體者十人於淮安集問。」減水壩也是康熙長期與河臣們探討的一大問題。靳輔以防洪保堤為目標，在黃河各段險工及洪澤湖高家修建了數十座減水壩。這樣，防決的目的達到了，但諸壩洩出之水仍會淹沒廬舍農田。「開壩則有礙於民田，閉壩則有傷於堤岸」。圍繞這個問題，康熙屢集廷議，廣咨輿情，力圖兼顧兩方。經過十多年的努力，終照各處所宜當塞者塞，當開者開，當改者改。康熙不只留心決溢的防治，更主要的是想把握整個黃河水情的規律。康熙四十三年（一七〇四年），派侍衛拉錫等探視黃河河源，西至星宿海，詳考黃河的來龍去脈。三十六年，康熙親征厄魯特時，順道考察河道，由橫城乘舟，歷河套直至包頭。他在保德州、橫城、潼關、孟津、徐州、宿遷、邳州、桃源、清口等處，都曾渡河閱視河道。任職陝、甘、寧夏的臣僚進京朝見，他也要問及河西的雨澤和黃河上游水勢的情形。四十八年，康熙根據上流水漲則陝西、河南之水俱長的規律，命河督趙世顯行文川陝總督、甘肅巡撫，「倘遇水大之年，黃河水漲，即著星速報知總河」，以便中下游預爲修防。這都表明康熙的研究治河，並非補苴罅漏，而是在一定程度上跨入了科學的領域。當下游河工告成的時候，康熙指示河臣：「朕觀明朝治河俱在徐州以上，在河南地方修築。我朝自康熙元年以來，俱在徐州以下修築。然治下流，須預防上流。」後來康熙晚年、雍正初年的河決，大都發生在徐州以上中游地段，證實了康熙的預見。

康熙還曾有過使河、淮分流的大膽設想。他清楚地看到，「水之不治，由洪澤湖水勢浩大，既不能洩，又加黃、運兩河合併，勢愈浩瀚，以致泛濫」。因此他想，「惟有導河稍北，使彼不得侵入清水，而疏洩洪澤湖使之下流，如此則水自無不治矣」。（《清聖祖實錄》卷一九五，康熙三十八年九月戊申）然而在當時，完全爲黃河另闢一條通海之路，不僅需工浩繁，而且後果也無法逆料。這也許是康熙終未冒險的原因。後來，康熙甚至寄希望於黃河自行改道。四十一年（一七〇二年），張鵬翮請停修徐州至清口一帶石堤。康熙說：「聯巡寧夏時，於黃河舟行二十餘日，觀其水勢，毫無定所，今舊河故道俱被漫溢。若一遷流，難復故處。……可停築石堤。」這是充分估計到了河有遷流的可能。後來咸豐五年（一八五五年）黃河在銅瓦廂決口，自行改道經山東入海，從此結束了黃奪淮流的歷史，治河局面也爲之一改。康熙於一百五十多年前即有此預想，可見其確有見地。

康熙通過認真的研究，周密的考察，又能博採眾議，集思廣益，終於取得了對於治河的發言權和指導權。一部《清聖祖實錄》，留下了他大量關於治河問題的上諭。每一項治河計畫都由康熙直接裁定。尤其是靳輔以後諸河臣的一系列重大治河決策，更多爲康熙指授。

康熙本人懂得治河，因而任用河臣也多得其人。有清一代治河名臣，如靳輔、于成龍、張鵬翮、趙世顯，基本都出現在康熙時期，這不是偶然的。只有深明其事，才能深知善事之才。

在康熙和治河諸臣的努力下，河工取得了很大成績。康熙十六年（一六七七年）以後，黃河大勢平穩，雖有幾次大雨大水之年，但極少發生決口，出現了四十年的安瀾局面，和清朝建國初年形成了鮮明對照。

清初除了集中力量加強對黃、淮、運三河進行治理外，也注意了對各省河道的全面修浚。永定河原名「無定河」，又名「渾河」，《元史》稱爲「小黃河」。它自山西高原挾帶大量泥沙咆哮而下，上游重巒夾峙，故很少潰決。但進入北京以西四十里石景山而南，經蘆溝橋，地勢陡而土性鬆，因而「縱橫蕩漾，遷徙弗常，爲害頗巨」，永清、霸州、固安、文安諸州縣時被水災。康熙時期建起壩，疏引河，極盡宣防之事，三十七年（一六九八年），康熙特將其改名爲「永定河」，自此「無遷徙者垂四十年」。漳河、滹沱河、子牙河，也都採取了一定的修治措施。在長江南北，順康年間先後重修了夾江龍興堰和城固五門堰，並鑿大渠以廣灌溉；修建了和州銅成堰、嘉定楠木堰、五河南湖堤壩及徽州的魚梁壩；疏浚了龍首、通濟二渠，常熟的白茆港、武進的孟瀆河，以及郿縣金渠、寧曲的水利，等等。此外，對於江浙兩省的海塘，也投入很多工力進行了修築。

順康時期治河的成功和廣泛地修復水利，無疑對農業生產的恢復和發展，起了重要的促進作用。

第七章　清初經營邊疆和鞏固統一的戰爭

第一節　抗擊沙俄對黑龍江流域的入侵和尼布楚條約的簽訂

一、俄人東來

俄羅斯本是一個歐洲國家，公元一三〇〇年建都於莫斯科，稱莫斯科大公國。十五世紀末、十六世紀初，莫斯科大公國通過不斷兼併其他俄羅斯諸侯的領地，開始形成爲一個「北達白海，南達粵卡河，西及德聶伯上游，東抵北烏拉爾山的支脈」的統一的俄羅斯國家。統治這個國家的羅曼諾夫家族野心勃勃，一心要把它的統治推向更廣闊的領域，建立「第三羅馬帝國」。一五四七年，伊凡四世在他的加冕典禮上正式宣佈採用古羅馬皇帝，凱撒的稱號，自稱「沙皇」（拉丁名「Caesar——凱撒」在俄語中發生音變，讀作「沙皇」）。一五五二年，俄國征服了伏爾加河中游的喀山汗國，奪取了向東進入烏拉爾的門戶。一五五六年，又征服阿斯特拉罕汗國，吞併了整個伏爾加河流城。一五七四年，沙皇「特許」俄國巨商斯特羅干諾夫家族越過烏拉爾山向西伯利亞地區殖民。一五七九年，斯特羅干諾夫兄弟招募了以葉爾馬克爲首的一批哥薩克，於一五八一年越過烏拉爾山，經過十幾年血與火的戰爭，征服了地處烏拉爾山與鄂畢河之間的西伯利亞汗國，於一五八六年建立了俄國在烏拉爾以東的第一個殖民據點——秋明，一五八七年又建托波爾斯克（後成為俄國西伯利亞總督駐地）。此後哥薩克繼續東進，一六一九年在葉尼塞河中游建葉尼塞斯克。一六三二年在勒拿河岸建雅庫次克。一六三九年，一隊哥薩克直抵鄂霍次克海岸，他們從被俘的來自烏第河的鄂溫克人口中，得到了「關於黑龍江地區的最早消息」。另一隊深入貝加爾湖附近的哥薩克，也得到了同樣的消息。黑龍江神話般的財富使得俄國的貴族、軍官和商人投機家們神魂顛倒。於是，占有這個地方，「便成了（他們）夢寐以求的目標」。（巴赫魯申：《哥薩克在黑龍江上》第一章，列寧格勒一九二五年版）

一六四〇年，雅庫次克督軍彼得·戈洛文派遣七十名哥薩克遠征黑龍江，但中途遇阻，沒有達到我國邊境。

一六四三年，戈洛文又派出他的文官瓦西里·波雅科夫率領一支隊伍，再次遠征黑龍江，進入精奇里江流域我國達斡爾族居住區。一六四四年，他們竄入黑龍江，到處燒殺搶掠，甚至「吃被殺的當地居民的屍體。」（弗納德斯基主編：《俄國歷史資料集》第一卷，二六九頁，耶魯大學一九七二年版）他們也受到了我國達斡爾族居民的激烈抵抗。一九四六年六月，波雅科夫率領殘部經鄂霍次克海逃回雅庫次克時，全隊一三三人，被打死和餓死八〇人，只有五三人生還，一位外國學者寫道：「波雅科夫的行徑給黑龍江居民的印象是如此之深」，以致誰要一提起哥薩克，「就使他們想到拷問、拐騙、死亡和吃人」。（戈爾德：《俄國在太平洋的擴張（一六四一——一八五〇俄國在太平洋的擴張（一六四一——一八五〇）》，第五六頁）

一六四九年，以投機、冒險致富的葉羅菲・哈巴羅夫在沙皇的允准和雅庫次克新任督軍弗蘭茨別科夫的支持下，繼波雅科夫之後，開始了對我國黑龍江流域的第二次入侵。一六五〇年底，他們攻取了黑龍江額木爾河口對岸的雅克薩城寨，對居住在這裏的達斡爾人進行了血腥的屠殺和洗劫，並加固雅克薩的城堡工事，作爲他們侵略黑龍江流域的重要據點。八月，又襲取璦琿舊城。璦琿位於黑龍江東岸，是當時黑龍江上最大和最富庶的城鎮。璦琿城建於明成祖永樂年間。一六三四年（天聰八年），這裏的達斡爾族著名首領巴爾達齊就已向清朝納貢內屬，並娶了清朝皇族的女兒，做了清朝的「額駙」。俄軍闖入璦琿，勒令居民向他們交納貢稅。但璦琿附近村屯的所有居民都逃得無影無蹤。哈巴羅夫放火燒掉璦琿和附近村莊，繼續沿著黑龍江下駛，進入烏蘇里江口一帶我國朱舍里和赫哲人居住的地區。遭到哥薩克蹂躪的赫哲人跑到寧古塔，請求清朝出兵保護。一六五二年四月，清朝駐防寧古塔章京海塞奉命進擊烏扎拉村。（今蘇聯境內宏加力河口）。由於清朝軍官「既不了解敵人的性質，也不懂得這場鬥爭並不是簡單的邊境騷擾，而是俄國殖民主義的有組織的前鋒」，（曼考爾：《俄國和中國》，第二五頁。哈佛大學一九七一年版）輕敵自大，「正當俄國人被包圍時，他命令士兵不准殺死哥薩克而要捉活的。」結果轉勝爲敗。烏扎拉村之戰是中國正規軍對沙俄入侵者的第一次作戰。這次戰鬥雖然未能全殲敵人，但卻「打擊了俄國人的勇氣，使俄國人極感恐懼」。哈巴羅夫因此取消了下竄黑龍江口的計畫，轉而乘船向黑龍江上游撤退。不久，哈巴羅夫回到莫斯科。

接替哈巴羅夫的斯捷潘諾夫逐漸陷入了困境。哥薩克匪徒們的屠殺和洗劫，使黑龍江一帶受到嚴重破壞。這不僅給中國人民造成了巨大損失，也破壞了入侵者本身賴以生存的基礎，他們連糧食也找不到。一六五五年四月，清朝都統明安達禮重創斯捷潘諾夫於呼瑪。一六五八年寧古塔昂幫章京沙爾虎達在松花江和牡丹江的會流處（今黑龍江依蘭附近）圍殲俄軍，斯捷潘諾夫被當場擊斃。一六五九年，清軍收復了雅克薩，拆除了哥薩克強建的堡寨。這年，沙爾虎達死，其子巴海繼任寧古塔昂幫章京，繼續在黑龍江下游掃蕩哥薩克殘部。到一六六〇年，黑龍江中下游地區已經全境肅清。俄國對我國侵略擴張的第一個階段遂以失敗告終。

當波雅科夫、哈巴羅夫和斯捷潘諾夫等人闖入黑龍江的時候，沙俄殖民者又以葉尼塞斯克爲基地向東南方向伸展觸角，進入貝加爾湖地區，開闢了入侵我國的第二條路線。

早在十七世紀四十年代，俄國就從葉尼塞斯克先後派出三批哥薩克，侵入貝加爾湖以東，一六四八年在貝加爾湖東岸建立了巴爾古津寨堡。一六五二年，葉尼塞斯克督軍巴什科夫派遣別克托夫侵入石勒喀河、於一六五四年佔領了尼布楚。但在當地我國蒙古人和索倫人的反抗下，別克托夫沒能在尼布楚站住腳，不久即下竄黑龍江中游，和斯捷潘諾夫會合，並遭到了覆滅。

一六五六年，升任「阿穆爾督軍」的巴什科夫率領五六六名侵略軍從葉尼塞斯克出發，於一六五八年到達石勒喀河上，重占尼布楚，在這裏構築了涅爾琴斯克城堡。此後，尼布楚就成了沙俄在黑龍江上、中游殖民勢力的中心。然而巴什科夫在尼布楚遇到了極其嚴重的糧荒，部下不斷嘩變逃跑。到一六六二年，原來的五百餘名哥薩克，只剩下七十五人，進軍黑龍江的計畫竟成泡影。

正當殖民者困守尼布楚、一籌莫展的時候，一六六五年，在俄國國內犯了大罪的切爾尼戈夫斯基匪幫，逃竄到我國的黑龍江流域，佔領了雅克薩。他們完全依靠剽掠為生。不久，他們將掠得的貂皮向俄國政府「納稅」，尋求政府對他們的赦免。俄國政府決定不咎既往。一六七二年，沙皇宣佈了對切爾尼戈夫斯基一夥的特赦，並任命切爾尼戈夫斯基為雅克薩長官。

與此同時，俄國侵略勢力又向貝加爾湖以南擴張。一六六五年，以瓦西列夫和洛夫佐夫為首的一支俄國軍隊深入我國喀爾喀蒙尼土謝圖汗屬地色楞格河下游。一六六六年，強築色楞格斯克堡（楚庫柏興）。這樣，俄國就以尼布楚、雅克薩、楚庫柏興為三個據點，控制了黑龍江和色楞格河的水陸交通，建立了對貝加爾湖地區和黑龍江流域的殖民統治。在這些地區，俄國當局一方面設置殖民機構，勒索貢稅，綁架人質，修建教堂，建立奴隸農莊；一方面竭力收買當地各族上層分子，作為他們實行殖民統治的代理人。一六六七年，嫩江流域索倫部首領根特木兒在切爾尼戈夫斯基的策動下，投靠沙俄，成為沙俄挑撥離間我國邊疆民族關係的得力幫凶。他率領一支武裝力量，不斷劫掠騷擾我國邊境，配合俄軍對喀爾喀人、布利亞特人作戰。

二、雅克薩之戰

俄軍重占雅克薩和策動根特木兒投俄等事件，使清朝政府深感事態嚴重。康熙九年（一六七〇年）春，寧古塔將軍巴海奉命派員赴尼布楚投遞文書，要求引渡根特木兒，提議俄國遣使入京，商談兩國關係。爲了保證俄國使臣的人身安全，清政府甚至表示願留三人在尼布楚爲質。

一六七〇年四月，尼布楚總管達尼洛·阿爾申斯基派出米洛瓦諾夫使團前來北京。阿爾申斯基在給他們的訓令中說：「彼等應向博格德汗（當時俄國對清朝皇帝的稱呼）陳明：諸多國家之國君和國王已率其臣民歸依於我大君主……沙皇陛下最高統治之下，……彼博格德汗亦宜求得我大君主……沙皇陛下恩澤，歸依於我沙皇陛下最高統治之下，……永世不渝，向我大君主納貢」。（〈俄尼布楚長官給使華之米洛瓦諾夫等人的訓令〉《清代中俄關係檔案史料選編》第一編上冊，第二三頁，中華書局一九八一年版）米洛瓦諾夫把這份訓令交給了清朝政府。由於缺乏通曉俄文的譯員，清政府當時並不理解文件內容。康熙皇帝親自接見使者，並送了許多禮物。八月，清朝派達斡爾總管陪同使團返尼布楚將康熙帝致沙俄的一封國書面交阿爾申斯基，鄭重聲明：如欲求得兩國永遠和好，必須一、「還我逋逃根特木兒」；二、「嗣後勿起邊釁。」（〈康熙帝為索還逋逃根特木兒事致俄沙皇國書〉康熙九年五月十三日，同上，第二二頁）。

一六七五年，沙俄又派出尼古拉使團。一六七六年，使團到達北京，向清政府遞交了一份國書和一份照會，提出釋放被俘的哥薩克、中國派遣使臣攜帶寶物出使俄國、開展兩國貿易等十二條要求，而對清政府一再提出的俄國停止領土侵略，及引渡根特木兒，卻完全置之不顧，實際上採取了拒絕的態度。尼古拉使團也無結果而還。

自一六七六年（康熙十五年，即尼古拉到達北京的這一年）起，沙皇又將侵略擴張推進到了一個新的階段。俄國侵略軍以尼布楚和雅克薩爲據點，又兩路繼續向我國境內深入。一路向東、進占精奇里江流域，建立結雅斯克、西林穆賓斯克和多倫斯克（中名多倫禪），強迫外興安嶺地區原來臣服於清朝的居民向他們交稅；一路向南，深入額爾古納河流域，建立額爾古納堡（今黑龍江奇乾縣附近），擴大徵貢地區，調查銀礦。一六八二年，雅克薩又派兵進入黑龍江下游地區，建立杜吉根斯克、烏第斯克、圖古爾斯克和聶米倫斯克等據點，控制了黑龍江下游直到鄂霍次克海邊的廣大地區。

面臨沙俄咄咄逼人的擴張攻勢，清政府不能不加強戒備。一六七六年，清政府將寧古塔將軍治所移到烏拉（今吉林市），「建木爲城，倚江而居，所統新舊滿洲兵二千名，並徙直隸各省流人數千戶居此，修造戰艦四十餘艘，雙帆樓櫓，與京口戰船相類。又有江船數十，亦具帆檣，日習水戰，以備老羌（指沙俄）。」（高士奇：《扈從東巡日錄》卷下）一六八一年（康熙二十年），歷時八年的「三藩之亂」全部平定，清朝隨即把注意力轉向東北。一六八二年，康熙帝巡視了盛京、吉林烏拉等地的防務。同年，派出副都統郎談、一等公彭春沿黑龍江行圍，直抵雅克薩城下，勘察俄軍居址形勢。一六八三年，清朝派兵在瑷琿築起黑龍江城，與俄軍對峙。

黑龍江流域是清代「中國統治民族的故鄉」。俄國侵入滿族的「龍興之地」，嚴重地威脅到國家的領土和清王朝的安全與威信，在一系列外交途徑都無效益的情況下，清朝決定以戰爭來保衛國土。一六八五年二月，康熙帝下令由都統彭春、副都統郎談、班達爾沙、黑龍江將軍薩布素等統兵，水陸兩路進取雅克薩。四月清軍自瑷琿出發，六月廿三日到達雅克薩城下，清軍首先派三名俄俘給俄軍守將托爾布津帶去一封康熙致沙皇的信件和一份統帥彭春給雅克薩俄軍的咨文，諭其自行撤回雅庫次克，以彼爲界。俄軍恃強負固，置若罔聞。廿五日晨，一支俄軍從上游乘筏趕來增援，被清軍全部殲滅。當晚，清軍從城南、城北兩個方面攻城，經過徹夜激戰，俄軍死傷累累。次晨，清軍又在城下三面積柴，準備焚城。托爾布津走投無路，派人到清營乞降，保證決不重來雅克薩。彭春將俄軍「願歸者六百餘人並其器物，悉與遣歸」，（《八旗通志》（初集）卷一五三〈郎談傳〉）四十五人願留中國，也准其所請。被俄軍侵占達二十年之久的雅克薩，至此遂告克復。

清軍克復雅克薩之後，卻沒有在這裏設兵防守，只是放火燒毀堡壘，而後撤回瑷琿等地。

托爾布津逃出雅克薩不久，就遇到了兩支趕來增援的部隊。當探知雅克薩的清軍已經全部撤離以後，托爾布津遂統率俄軍於八日竄回雅克薩，重建城堡。

一六八六年（康熙二十五年）初，清朝得到俄軍重占雅克薩的消息，極爲憤慨。三月，康熙帝下令征討。六月底，清軍二千餘人從瑷琿出發，七月十八日，水陸兩路會師於查克丹，逼近雅克薩城。清軍仍然首先寫信給俄方，令其主動撤退，但俄方未予回答。於是，清軍猛烈攻城。九月，托爾布津被清軍炮火擊中，重傷斃命，拜頓繼任爲統領。不久，嚴冬來臨，俄軍困守孤城，飢病交加，死者枕藉。一六八七年春，只剩下幾十人，「已經根本談不上繼續實行抵抗。」

這時，中國境內的形勢發生了一些變化。喀爾喀蒙古內部不和，土謝圖汗和扎薩克圖汗發生矛盾，準噶爾部噶爾丹從中挑撥，伺機向喀爾喀地區擴張。清政府一方面努力調解喀爾喀內部糾紛，一方面密切注視噶爾丹的動向。因此，康熙帝希望盡快結束對俄戰爭，以便騰出手來，處理西北問題。一六八六年九月，清政府委託出使北京回國的荷蘭使團帶信給沙皇，建議兩國停戰，談判劃界。又託回歐洲的葡萄牙傳教士閔明我，將一份同樣內容的咨文轉寄沙皇。

俄國方面，在得知第一次雅克薩戰鬥的消息並收到康熙的信件和清軍統帥彭春給雅克薩俄軍的咨文之後，也決定接受清政府的建議，遣使談判。在派出正式使團之前，俄國首先派出了以文紐科夫、法沃羅夫爲首的先遣信使，自莫斯科出發，一六八六年十一月十日到達北京。

爲了促進談判的實現，清政府決定從雅克薩撤兵。康熙二十五年十一月，康熙口諭：「令薩布素等撤回雅克薩之兵，收集一所，近戰艦立營。並曉諭城內羅剎，聽其出入，毋得妄行攘奪。俟鄂羅斯後使至定議。」（《清聖祖實錄》卷一二七，二四頁）康熙二十六年五月，清軍主動後撤二十里，完全停止了對雅克薩的封鎖。八月，土謝圖汗奏報俄使將至，康熙帝立即下令雅克薩清軍全部撤到璦琿、嫩江一帶，爲即將開始的中俄邊界談判創造有利條件。歷時兩年多的雅克薩之戰，至此結束。

三、尼布楚條約

一六八六年一月，俄國政府正式任命戈洛文爲全權大使，負責同中國談判。二月，戈洛文一行自莫斯科出發，隨行護衛的有從莫斯科和西伯利亞各地抽調的軍隊一千九百餘人。沙皇給戈洛文頒發的訓令中，爲使團擬定了如下三種談判方案：一、力爭以黑龍江爲界；二、如果不能實現，則爭取以比斯特拉河（即牛滿河）或結雅河（即精奇里江）爲界；三、如仍達不到要求，則以雅克薩爲界，但要允許俄國人在黑龍江、牛滿河和精奇里江漁獵。

爲了爭取談判的最佳結果，俄國企圖籠絡蒙古王公，使之站到俄國方面。戈洛文帶來沙皇給蒙古土謝圖汗的信中說，「請蒙古斡齊爾賽音汗（即土謝圖汗）在必要時給予協助，率全部人馬進攻中國汗的臣民。」（《十七世紀俄中關係》第二卷，第一八三、七六五頁）但是，沙俄侵吞貝加湖以東喀爾喀所屬布利亞特人的居地，特別是色楞格河下游一帶，早已嚴重損害了喀爾喀蒙古王公的利益。喀爾喀王公三次向俄國提出抗議，要求退還土地、屬民，但都遭到了俄國的拒絕。戈洛文帶兵東來，土謝圖汗愈感不安。戈洛文看到土謝圖汗效忠清廷，抗俄意向堅決，轉而又想籠絡其弟哲布尊丹巴・呼圖克圖。派人送去貴重禮物，要他向俄國報告關於中國的消息。呼圖克圖也不為所動。一六八七年九月，戈洛文抵達貝加爾湖東岸的烏丁斯克（今蘇聯境內烏蘭烏德）以後，土謝圖汗和呼圖克圖派人前往會見戈洛文，再次抗議俄國的侵略行徑，要求送還被擄走的布利亞特居民。喀爾喀蒙古的反俄傾向威脅著尼布楚和雅克薩的後方，威脅著俄國在貝加爾湖以東已經取得的全部侵略利益。因此，戈洛文在烏丁斯克留駐了很長時間，竭盡全力壓服蒙古，鞏固對貝加爾湖以東地區的佔領，以便在未來談判中處於有利地位。一六八八年春，中國西北地區的準噶爾部噶爾丹發兵三萬，大舉進攻喀爾喀蒙古，使喀爾喀蒙古兩面受敵。戈洛文和噶爾丹遙相呼應，乘機向喀爾喀施加壓力，同時開展誘降活動。蒙古地區形勢的這一急劇變化，對中國方面產生了極為不利的影響，清朝政府在尼布楚談判中不得不對沙俄作出重大的領土讓步。

一六八八年三月，戈洛文的信使柯羅文帶著俄方關於從速在色楞格斯克附近舉行中俄會談的建議，到達北京。四月，清廷決定派領侍衛內大臣索額圖、都統公佟國綱及尚書阿拉尼、左都御史馬齊、護軍統領馬喇等「往主其議」，「並率八旗前鋒兵二百、護軍四百、火器營兵二百偕往。」康熙就談判方針明確指示說：其黑龍江之地，最為扼要……環江左右，均係我屬鄂羅春、奇勒爾、畢拉爾等人民及赫哲、飛牙喀所居之地，若不盡取之，邊民終不獲安。朕以為尼布潮、雅克薩、黑龍江上下及通此江之一河一溪，皆我所屬之地，不可少棄之於鄂羅斯。我之逃人根忒木爾等三佐領，及續逃一二人，悉應向彼索還。如鄂羅斯遵諭而行，即歸彼逃人及

我大兵所俘獲招撫者，與之劃疆界，准其通使貿易。否則爾等即還，不便更與彼議和矣。」（《清聖祖實錄》卷一三五）

康熙二十七年五月二日，清朝以索額圖爲首的使團由北京起程。在行抵克魯倫河附近時，正逢噶爾丹軍橫行於喀爾喀全境，遮斷使團前進的道路。使團只得折返北京，而派參領索羅希等通知戈洛文，說明受阻情由，建議推遲會談時間，另商會談地點。

這期間，俄國政府由於遠征克里米亞失敗，遭到國內貴族和商人的普遍反對，迫切希望早日和中國議和，因而又派羅吉諾夫向戈洛文送達了關於談判條款的新訓令。訓令說，如果清政府不願在邊境談判，可以羅吉諾夫爲全權使者，前往北京訂立條約。一六八九年五月，羅吉諾夫到達北京後，得知清政府已決再派使團赴邊境會談的消息，就提議以雅克薩或尼布楚爲談判地點。清政府同意在尼布楚舉行會談，並通知他說：中國使團將於八月抵達尼布楚。

七月三十一日，清朝使團抵達尼布楚。八月十九日，戈洛文在中國使團致函催促下，才從葉拉文斯克來到尼布楚。

八月二十二日，中俄兩國使臣舉行了第一次正式會議。會上俄方提出要求以黑龍江左岸屬俄國，右岸屬中國，當即遭到中國使團拒絕。索額圖等嚴正指出，黑龍江流域自古歸屬中國，俄國從未領有；貝加爾湖以東、以南是蒙古領地，而蒙古歷來就是中國皇帝的臣民，因此，俄國應當退到色楞格河以西，將尼布楚、雅克薩一帶歸還中國。雙方辯論了一整天，沒有任何結果。

八月二十三日，兩國使臣舉行第二次會議。戈洛文見第一方案不能實現，於是又提出了第二方案：以牛滿河或精奇里江爲界，並要中方賠償俄國在雅克薩等地的「損失」。索額圖一方面仍明確表示不能同意俄方的第二方案，一方面也主動作出了讓步，提出可以把尼布楚等地讓給俄國，即在石勒喀河北岸以尼布楚爲界，石勒喀河南岸以音果達河爲界。但俄方頑固堅持侵略立場，這次會議仍無進展。

八月二十四日以後，正式會談被迫中斷、轉入會外交涉。雙方使者往來於兩國使團營地之間，傳達各自的建議、意見，互相進行辯論，直到達成協議爲止。

九月七日，《中俄尼布楚條約》正式簽署，正式文本爲拉丁文本，另有滿、俄文本。條約共分六款：

(1)、「以流入黑龍江之綽爾納河，即韃靼語所稱烏倫穆河附近之格爾必齊河為兩國之界。格爾必齊河發源處為右大興安嶺，此嶺直達於海，亦為兩國之界。凡嶺南一帶土地及流入黑龍江大小諸川，應歸中國管轄；其嶺北一帶土地及川流，應歸俄國管轄。惟界於興安嶺與烏第河之間諸川流及土地應如何分劃，今尚未決，此事須待兩國使臣各歸本國，詳細查明之後，或遣專使，或用文牘，始能完之。又流入黑龍江之額爾古納河亦為兩國之界：河以南諸地，盡屬中國，河以北諸地，盡屬俄國。」

(2)、「俄人在雅克薩所建城障，應即盡行除毀。俄民之居此者，應悉帶其物用，盡數遷入俄境。」

(3)、「嗣後有逃亡者，各不收納，並應械係遣還。」

(4)、「現在俄民之在中國或華民之在俄國者，悉聽如舊。」

(5)、「自和約已定之日起，凡兩國人民持有護照者，俱得過界來往，並許其貿易互市。」

(6)、「和好已定，兩國永敦睦誼，自來邊境一切爭執永予廢除。倘各嚴守約章，爭端無自而起。」

條約還載明：「此約將以華、俄、拉丁諸文刊之於石，而置於兩國邊界，以作永久界碑。」（《中俄尼布楚條約》（一六八九年），《中外舊約章彙編》第一冊，第一——二頁。）

《尼布楚條約》是中俄兩國在平等基礎上簽訂的第一個條約。整個尼布楚會談是嚴格地按照對等原則安排的，兩國在尼布楚地區的兵力大體相當，參加談判的人數相等。雙方代表都在各自政府事先指示的範圍之內進行談判，最後簽訂的條款也沒有越出兩國政府願意接受的範圍。條約明確劃定了中俄兩國東段邊界，肯定了黑龍江和烏蘇里江流域的廣大地區是中國領土，使中國收回了部分被沙俄侵占的土地，安定了東北邊疆。同時，中國也將貝加爾湖以東尼布楚地區讓與俄國，把烏第河流域劃爲待議地區，使俄國鞏固了一定的侵略利益。中國同意通商，也使俄國達到了擴大中國市場的目的。索額圖一行回國以後，康熙在狩獵營地接見，「對於談判的成功深爲快慰」。俄國使團回到莫斯科，彼得一世特頒詔書嘉獎，戈洛文得到了金質獎章。

第二節　準噶爾部上層分子的叛亂及其平定

一、厄魯特蒙古四部

十六世紀末、十七世紀初的厄魯特（即「額魯特」），包括和碩特、準噶爾、杜爾伯特、土爾扈特四部。和碩特部的首領姓博爾濟吉特，是成吉思汗之弟哈布圖哈薩爾的後裔；準噶爾部和杜爾伯特部的首領同姓綽羅斯，是元朝大臣孛罕的後裔：「孛罕六世孫曰額森（即明代瓦剌著名首領也先），有子二，長博羅納哈勒，爲杜爾伯特祖；次額斯墨特達爾漢諾顏，爲準噶爾祖。」（祁韻士：《皇朝藩部要略》卷九〈厄魯特要略一〉）土爾扈特部的前身是元初的克烈部（亦作克列亦惕、克呼古特），首領是元朝大臣王罕（亦作翁罕）的後裔。四部長期過著「逐水草，無城廓」、「不耕五穀，以遊牧爲業」的生活。其中，和碩特部遊牧於烏魯木齊地區，準噶爾部遊牧於伊犁河流域，杜爾伯特部遊牧於額爾齊斯河兩岸，土爾扈特部遊牧於雅爾（即塔爾巴哈台，今新疆塔城西北）一帶，彼此分牧而居，各不相屬。但由於頻繁的戰爭和內政外交的需要，四部之間也存在著一種鬆散的聯盟關係，共同有一種叫做「丘爾干」的盟會，盟會推舉共同的盟主「達爾加」，也稱「衛拉特汗」。由於和碩特部在四部之中出身最高貴，所以歷任「丘爾干」首領一直由和碩特部首領擔任。

二、準噶爾部的興盛

十七世紀初期，準噶爾部首領哈拉忽拉（？—一六三四）是個有野心的人，他不甘心自己的綽羅斯家族只作為四衛拉特的一個普通成員存在，企圖恢復也先時代的地位和權勢。於是，「他以損害許多弱小領主的利益，極力擴大自己的力量」（茲拉特金：《準噶爾汗國史》，第一一三頁）。一六二九年，土爾扈特部首領和鄂爾勒克不堪準部的排擠，被迫率部五萬餘帳離開雅爾，越過哈薩克草原，遷往俄羅斯額濟勒河（伏爾加河）流域遊牧。

一六三四年，巴圖爾繼承其父哈拉忽拉之位後，準噶爾部進一步走向興盛。一六三七年，和碩特部首領圖魯拜琥率領和碩特之大部離開烏魯木齊，進入青海；一六四〇年，鄂齊爾圖率領本部和碩特之眾進入河套以西的阿拉善地區。這樣，聚牧於阿爾泰山、伊犁河一帶的，只剩下準噶爾和杜爾伯特兩部。準部乘機擴大地盤，並將杜爾伯特部以及和碩特、土爾扈特未曾遷走的支庶部眾，全部置於自己的控制之下。

一六四〇年九月，巴圖爾以西衛拉特盟主的身份，在塔爾巴哈台與喀爾喀蒙古王公舉行盛大的會盟，青海的和碩特部和伏爾加河的土爾扈特部也派來了代表，總計厄魯特四部和喀爾喀四部共四十四名封建主參與了會盟，通過了著名的《蒙古・衛拉特法典》（亦稱《衛拉特法典》），建立了東西蒙古之間空前的同盟。

一六四〇年會盟以後，青海和碩特部向西藏擴張勢力。當時，西藏由噶馬噶舉的大寶法王一系掌管教權，由第巴藏巴汗執政，他們聯合起來，打擊闡化王的後裔和黃教格魯派，引起黃教與紅教的尖銳鬥爭。爲了尋求鄰近衛拉特人的幫助，闡化王一系的達賴喇嘛五世與班禪四世和青海和碩特部首領圖魯拜琥，通過當時負責達賴宗教事務的索南群佩（後改名索南饒登）的居間撮合，祕密結盟，圖魯拜琥接受達賴爲他傳法，達賴贈給圖魯拜琥以「丹增曲結固始汗」（意為「護教法王固始汗」）的徽號。一六四一年，固始汗率兵入藏，攻占日喀則，俘殺藏巴汗，恢復了達賴喇嘛的教權，並任命在這一事件中起關鍵作用的索南群佩爲第一任第巴，總攬西藏政務。固始汗則駐重兵於拉薩之北九十公里的達木（今當雄縣），這裏水草豐盛，既可養兵，又可控扼拉薩，朝發夕至，掌握整個西藏政局，成了西藏實際上的統治者。

十七世紀前期厄魯特人復興的時期，正是內地明清更替的動亂時期。但這時的厄魯特人既未忘記他們是中國的臣民，中央王朝也未停止對他們行使主權。土爾扈特部的首領始終珍藏著明朝政府在永樂八年（一四一〇年）頒賜給他們祖先的漢篆封爵玉印一顆，直到西遷伏爾加河流域以後，還仍然保存著。一六一六年，俄國派往準噶爾部巴圖爾台吉處的托米爾科報告說，中國皇帝向喀爾木克人（即厄魯特人）徵收貢賦，每個台吉每年交納二百峰駱駝及一千匹馬和羊，只向主要人物收貢，小台吉則免於交納，中國皇帝叫太平可汗（大明可汗）；並說他親自接觸了中國皇帝派往該地徵集毛皮貢的人。（巴特萊：《俄國・蒙古・中國》，第二卷，第三八－三九頁，一九一九年倫敦版）準噶爾部巴圖爾洪台吉與和碩特部固始汗並雄時代，厄魯特人始則向明朝納貢，繼則很快與清朝統治者建立了臣屬關係。崇德二年（一六三七年），清朝尚未入關，固始汗就從天山以北向清「遣使通貢」，順治三年（一六四六年），清朝承認固始汗為厄魯特首領，「賜甲冑弓矢，俾轄諸厄魯特」，此後每隔一年都要遣使來朝一次，厄魯特各部眾首領「並附名以達」，向清朝表示臣服。順治十年，又正式封他為「遵文行義敏慧顧實汗」，賜予用滿、漢、藏三種文字製成的「金冊印」。

三、噶爾丹的擴張與敗亡

康熙四年（一六六五年），巴圖爾洪台吉死，其第五子僧格立。不久，內部發生爭奪屬產的鬥爭，康熙十年（一六七一年），僧格被其異母兄車臣及卓特巴巴圖爾攻殺。這時，在西藏做喇嘛的巴圖爾洪台吉第六子噶爾丹聞訊，立即回到準部，戮逐諸兄，取得統治地位。

噶爾丹掌權的初期，力量還很單薄：「噶爾丹眾最貧苦，有一馬者即稱為富饒」。為此，他一面極力向清朝表示忠誠恭順，從上臺的第二年（康熙十一年，一六七二年）起，每年都向清政府「遣使進貢」；一面不斷劫掠鄰部，迅速擴充自己的實力。康熙十六年，襲殺和碩特部鄂齊爾圖汗，占有西套，康熙十七年，越過天山，進兵南疆，征服回部。清朝政府爲了維持邊疆的安寧和國家的統一，對噶爾丹儘量採取安撫、攏絡的政策。當康熙十八年達賴喇嘛授予噶爾丹「博碩克圖汗」之號，噶爾丹遂以此號向清朝「奉貢入告」的時候，儘管清朝「從無以擅稱汗號者准其納貢之例」，但考慮到噶爾丹進貢方物忠順有年，還是接受了他的獻納。康熙二十一年，三藩平定，清朝特派內大臣奇塔特等前往厄魯特頒賞。對於噶爾丹進貢之名輸送大批馬、駝、獸皮與清朝進行貿易，清朝也特別給予優待：「不限人數，一概俱准放入邊關」，以至連年以來，噶爾丹所遣使者日益增多，「或千餘人，或數千人，連綿不絕」，並取得了經濟上的巨大利益。

噶爾丹爲了實現其進一步擴張的野心，逐漸改變其父兄巴圖爾洪台吉和僧格時期奉行的政策，開始與俄國勾聯。

沙俄對我國西部及北部地區懷有領土野心，他們對於地處我國北疆的眾多少數民族，或者採取野蠻的軍事征服，或者實行狡猾的政治誘降，迫使他們脫離中國，臣服於沙皇。巴圖爾洪台吉時期，俄國先後於一六一六年、一六一七年、一六四六年、一六五〇年派遣使者前來說服他們臣服於沙皇，都遭到了嚴詞拒絕。一六四七年與一六四九年，巴圖爾洪台吉爲了保護準噶爾部的利益，反擊俄國的入侵，不斷率部進攻俄國設在西伯利亞的城堡。後來巴圖爾洪台吉的繼承者僧格，也同樣「對俄國人絕無好感」。爲了索還屬民傑列烏惕人，一六六七年，僧格率領數千軍民圍攻了克拉斯諾雅爾斯克。次年俄國使臣伯林前來交涉，僧格又強硬地表示：「我們會自己弄到他們，我們一定要攻打托木斯克和庫茲涅次克。」噶爾丹對待俄國的態度與他的父兄不同。一六七一年噶爾丹執政以後，一方面致書俄國當局，宣佈自己要向原屬準部的屬民徵收貢賦，一方面則又表示不反對俄國當局向這些屬民徵收實物稅，甚至主動要求同俄國達成協議，使這種雙重貢賦關係合法化。噶爾丹這種主動的妥協，顯然表明他「試圖採取吸引俄國人的政策」。（古朗：《十七—十八世紀的中亞：喀爾木克帝國，還是滿洲帝國？》，第五三頁。一九一二年巴黎—里昂版）一六七一—一六八二年間，俄國接連派人到準噶爾部進行遊說拉攏，噶爾丹也不時藉貢民問題作爲討價籌碼，頻頻遣使赴俄。據載，一六七三—一六七四、一六七四—一六七五、一六七六、一六七七、一六七八、一六七九、一六八一各年，都有噶爾丹的使者在俄國。（參見加恩：《彼得大帝時期的俄中關係史》，第一三二頁、一四二頁）俄國想利用噶爾丹實現其侵略我國西北的野心。噶爾丹則想借助俄國力量牽制清政府，實現其擴張勢力的圖謀。

進入十七世紀八〇年代，噶爾丹已經確立了對厄魯特四部的穩固統治，控制回疆，又得到西藏僧俗上層的全力支持，「其勢日張，其志益侈」（《平定朔漠方略》卷首〈康熙御製親征平定朔漠方略序〉），遂開始以奪取喀爾喀作爲自己新的目標。康熙二十七年（一六八八年），噶爾丹終於悍然發動了對喀爾喀的戰爭。

喀爾喀蒙古分爲三部：車臣汗部、土謝圖汗部和札薩克圖汗部。康熙十六年（一六七七年），噶爾丹進攻西套和碩特部鄂齊爾圖汗時，喀爾喀土謝圖汗察琿多爾濟曾經出兵援助鄂齊爾圖汗，不久又把女兒嫁給鄂齊爾圖之孫羅卜藏袞布阿拉布坦，噶爾丹自此立意要攻土謝圖汗。後來，土謝圖汗藏匿了札薩克圖汗的逃眾，與札薩克圖汗發生糾紛。康熙二十五年，清朝派理藩院尙書阿拉尼帶領札薩克圖汗沙喇，到庫倫伯勒齊爾與土謝圖汗察琿多爾濟會盟，由達賴喇嘛的使者噶爾丹西勒圖出面爲雙方調解。察琿多爾濟本人沒有出席，派其弟哲布尊丹巴呼圖克圖參加會盟。會盟中，哲布尊丹巴呼圖克圖與達賴喇嘛的使者噶爾丹西勒圖爲席位問題發生了爭執。噶爾丹遂指責哲布尊丹巴呼圖克圖不敬達賴喇嘛，乘機拉攏札薩克圖汗沙喇，約沙喇往會於固爾班赫格爾。土謝圖汗中途截殺沙喇，又追殺噶爾丹之弟多爾濟札卜，率兵進屯喀喇額爾齊克、察罕額爾齊克之地，與噶爾丹相拒。噶爾丹於是有了出兵的藉口，大興「問罪」之師。

康熙二十七年（一六八八年），噶爾丹率領精兵三萬，越過杭愛山。土謝圖汗察琿多爾濟在特穆爾進行抵抗，防線被迅速突破。這時，清朝派往尼布楚和俄國談判的索額圖使團帶著衛隊行抵克魯倫河附近。土謝圖汗遂即向使團報告情況，並四處聲言朝廷已派大兵前來平叛。噶爾丹不明虛實，急忙派來代表向使團表示願意退兵。使團報告朝廷以後，康熙特遣專使來爲雙方調停，要求噶爾丹返回舊地。噶爾丹口頭表示遵命，假令退兵；但等使團一走，又馬上全線反攻過來，越過土拉河，進掠克魯倫河流域的車臣汗牧地，同時分兵一支進攻哲布尊丹巴呼圖克圖的駐地額爾德尼昭。土謝圖汗組織三部之眾，在土拉河畔的尼列圖至鄂爾會諾爾一線與噶爾丹展開了最後決戰，鏖戰三日，喀爾喀全軍奔潰。「喀爾喀通國各棄其廬帳、器物、馬駝、牛羊，紛紛南竄，晝夜不絕」，「南徙者蔽地而來，前後相望六十餘里……遺棄牛馬，死者相枕，臭聞數里」（錢良擇：〈出塞紀略〉，見《聖武記》卷三附錄）。

在這危急時刻，喀爾喀王公們舉行了一次特別會議。會上，哲布尊丹巴鄭重指出，蒙古與內地有悠久的聯繫，「我輩受天朝慈恩最重」，風俗習慣、宗教信仰都與中國有著天然的聯繫，而與俄羅斯則「異言異服」，「俗尚不同」，堅決反對個別王公企圖投降沙俄的主張，提出除了投靠清朝之外，別無它途。哲布尊丹巴的意見得到了王公們的贊成，「眾欣然羅拜」、於是「土謝圖汗遂請胡土克圖率眾內附」。喀爾喀三部數十萬人眾先後來歸，清朝政府即命尚書阿拉尼前往歸化城撫慰，發放歸化城、獨石口、張家口倉儲，賜茶布牲畜十餘萬，進行救濟，而後全部把他們妥善地安置在科爾沁草原水草之地遊牧。

康熙二十八年，清政府派尚書阿拉尼命噶爾丹撤兵，退還喀爾喀全部被侵之地。噶爾丹一面禮遇清朝使者，並且遣使進貢，以緩和中央朝廷的直接干涉；一面卻把戰爭責任推到土謝圖汗身上，以必得土謝圖汗為辭，繼續佔據著喀爾喀的腹心地區克魯倫河流域，並又從所屬各部徵調控弦之士數十萬，準備發動更大的攻勢。

康熙二十九年三月八日，噶爾丹派使者達爾罕到伊爾庫次克會見俄使戈洛文，「請求軍援，並面請各位大使從邊境城市派遣沙俄陛下軍隊以及大使現在率領的軍隊去打蒙古領主。」戈洛文當即答稱：「如果他們的博碩克圖汗向敵對的蒙古人發動進攻，則沙皇陛下可根據博碩克圖汗的進攻形勢，從沙皇陛下邊境城市，從色楞格斯克、烏丁斯克、涅爾琴斯克以及其它城市發兵進攻蒙古人。」

五月，噶爾丹挑選精銳二萬餘人，又揚言聯合沙俄軍隊，以追喀爾喀爲名，越過呼倫池南下，劫掠烏珠穆沁。尙書阿拉尼督蒙古兵在烏爾河迎擊，反爲所敗，噶爾丹乘勝東趨札薩克蒙古地。

康熙獲悉噶爾丹和沙俄勾結，深感事態嚴重。爲了孤立噶爾丹，必須制止沙俄。當時沙俄使者吉里古里伊法尼齊正好到京，康熙立即召見，向他嚴重警告說：「噶爾丹遂言會爾國兵同侵喀爾喀，喀爾喀已歸順本朝，倘誤信其言，是負信誓（指雙方已簽訂《尼布楚條約》實現停戰）而開兵端也。爾等可疾遣善馳者二人歸告尼布潮頭目，令伊遍諭俄羅斯之眾。」在中國的嚴正警告和堅決實行武裝自衛的立場面前，沙俄終於不敢妄動。

六月，康熙命抗遠大將軍裕親王福全爲左翼，出古北口；安北大將軍恭親王常寧爲左翼，出喜峰口；自統中路，下詔親征。

七月，右翼軍在烏珠穆沁遇敵，初戰不利。噶爾丹乘勢長驅南進，深入烏蘭布通，距京師僅七百里。

八月，左翼軍進抵烏蘭布通。敵兵數萬依林阻水，設下一座「駝城」。清左翼軍以炮火營爲前鋒，以步兵、騎兵繼後，噶爾丹大敗，連夜偷渡什拉穆楞河，翻過大磧山逃竄。當逃至科布多時，只剩下殘部幾千人。

康熙三十年，聖祖檄調內外蒙古諸部，在多倫諾爾舉行盛大會盟。康熙在這次會盟中，正確地解決了札薩克圖汗和土謝圖汗兩部之間的矛盾，協調了兩部關係，決定以喀爾喀三部分設三十七旗，旗下設參領、佐領，分為左、中、右三路。通過多倫會盟，清政府加強了對喀爾喀蒙古的管理，孤立了沙俄侵勢力，鞏固了我國北部邊防。

噶爾丹敗回新疆以後，積極準備力量，試圖東山再起。俄國也竭力給他撐腰，派使臣前往科布多會見噶爾丹，答應由沙俄政府「助鳥槍手一千及車裝大炮，發至克魯倫東方界上」，配合他的行動。

康熙三十四年，科爾沁土謝圖親王沙津前來木蘭向康熙密報：噶爾丹約其為內應，將要發動叛亂。康熙決定將計就計，命沙津「偽與相結，誘其兵來」。噶爾丹果然率領騎兵三萬東掠，沿克魯倫河而下，侵至巴顏烏蘭山（今蒙古人民共和國境內克魯倫河上游）。鑒於前次烏蘭布通慘敗的教訓，這次他不敢冒然進犯漠南，只是揚言「借俄羅斯鳥槍兵六萬，將大舉內犯」。

康熙三十五年，康熙再次下詔親征，調集大兵十萬，分為東、西、中三路：東路由黑龍江將軍薩布素率東三省之兵沿克魯倫河前進，以攻敵正面；西路由撫遠大將軍費揚古、振武將軍孫恩克率陝甘之兵出寧夏向土拉（今蒙古人民共和國烏蘭巴托西南）進發，以截敵歸路；康熙自統禁旅為中路，出獨石口北進。喀爾喀諸部札薩克皆踴躍從征。五月，康熙統領的中路大軍渡過瀚海，首先進抵克魯倫河，與敵南北對陣。康熙親自繪製陣圖，指示破敵方略。噶爾丹知是御駕親征，連夜拔營逃跑。康熙親領前鋒部隊猛追三天，直到拖諾山。噶爾丹逃至昭莫多（

今烏蘭巴托東南四十公里處），被西路大軍攔頭截住。清軍反客爲主，以逸待勞，利用昭莫多的有利地形，誘敵深入，一戰而勝。最後，噶爾丹僅帶著幾十名騎兵逃脫性命。昭莫多之戰全殲噶爾丹精銳，是清朝平定噶爾丹叛亂的一次決定性戰役。

噶爾丹經過兩次慘敗，他的精銳喪亡殆盡，牲畜財產所剩無幾；原來的基地伊犁也被他的侄子策妄阿拉布坦控制；阿爾泰山以西諸部，天山南路的回部，青海，哈薩克等，都先後不同程度地擺脫了他的羈絆；想南投西藏，路途又遠；想北投沙俄，沙俄又不敢接納。走投無路的噶爾丹，這時只得竄居塔米爾河，企圖取道翁金河至哈密再謀進止。

爲了徹底消除噶爾丹這個隱患，這年九月，康熙再次前往歸化城，駐蹕鄂爾多斯，召大將軍費揚古籌劃第三次軍事行動。同時詔諭策妄阿拉布坦和青海各台吉，要他們協助朝廷逮捕噶爾丹，並派出使者分化噶爾丹的黨羽。在清朝政府的威令之下，許多準部台吉紛紛脫離噶爾丹，跟隨使者前來請罪。這時對於噶爾丹，清廷仍然望其誠心歸降。當噶爾丹遣使向清廷探聽意圖時，清廷表示，只要噶爾丹願意投降，一概既往不咎，並像對待喀爾喀那樣給他安排一切。但當七十天的限期已過，噶爾丹並沒有作出回答。

康熙三十六年二月，康熙西渡黃河來到寧夏，來自部署軍事，命馬克思哈、費揚古出賀蘭山，薩布素往克魯倫河，兩路進兵。噶爾丹的倒行逆施和殘酷搜括，早已激起各族人民的憤慨。哈密的維吾爾族首領都拉達爾罕捉住前往哈密征集軍糧的噶爾丹之子賽卜騰巴珠，解送京師。噶爾丹的部屬進一步分崩離析，紛紛向清政府投誠，並積極擔任嚮導，帶領清軍深入平叛。

策妄阿拉布坦配合清政府的進攻，在阿爾泰山設伏，準備捉住噶爾丹獻給朝廷立功。閏三月十三日，噶爾丹在絕望之中死於阿察阿穆塔臺地方。

噶爾丹叛亂平定杳，蒙古高原恢復了寧靜。康熙三十六年，清朝政府遣送喀爾喀各部重新返回自己原來的牧場。噶爾丹和沙俄侵略者密切勾結，力圖破壞我國的統一、民族的團結，結果適得其反，各族人民特別是喀爾喀蒙古族人民，把自己民族的命運和中國更加緊密地聯繫在一起。在對噶爾丹的戰爭中，喀爾喀諸部首領接受了清朝的各種封號，清朝政府把蒙古各部分編爲旗，又在科布多、烏里雅蘇臺等地派駐將軍和參贊大臣，進一步加強了對蒙古的統轄。

四、在青藏與準噶爾的戰爭

噶爾丹敗亡後，沙俄侵略擴張的野心並未收斂。準部上層中的野心分子總想在清政府和沙俄兩大勢力對抗間，利用自己的地處遼遠邊疆，實現割據。策妄阿拉布坦就是繼噶爾丹之後又一個這樣的野心家。

策妄阿拉布坦是僧格次子。初，噶爾丹殺僧格長子索諾木阿拉布坦，打算盡除僧格遺族以絕後患，策妄率父舊黨逃往巴爾喀什湖畔。後噶爾丹率兵攻入喀爾喀，策妄乘其後方空虛回據伊犁，以博羅塔拉河爲根據地，「收其父舊屬及噶爾丹餘眾，復成部落」（《西域圖志》卷首一，〈準噶爾全部紀略〉）爲了和噶爾丹對抗，策妄自康熙三十年（一六九一年），開始向清政府遣使表示臣服，以期得到清朝政府的承認和支持。噶爾丹面臨最後覆滅時，策妄接受清朝的命令，配合清軍的進擊，從背後夾攻噶爾丹，立有戰功。噶爾丹死後，部下丹濟拉帶著噶爾丹的屍首和女兒赴京請降，策妄於阿爾泰山中途截取，獻給朝廷以爲已功。清廷爲酬其勞，把阿爾泰山以西至伊黎的廣大地區劃歸策妄統轄。

但策妄並非誠心歸服，早在噶爾丹未死之前就已暗中勾結上了沙俄。策妄得勢後，沙俄就開始「小心翼翼地對待策妄阿拉布坦和他的代理人不花刺人」。一六九八年十一月俄國制定的新稅例對不花刺人特別優待：他們不用交納什一稅；如果他們以琿台吉的名義前去，還可以完全豁免捐稅。（加恩：《彼得大帝時期的俄中關係》，第一三三頁）

策妄既已總領西域，又得到沙俄的支持，便有了稱霸中亞之意。他首先把矛頭指向土爾扈特部。

土爾扈特部早在十七世紀初準噶爾稱雄時，由於不堪其凌迫，而徙牧於額濟勒河（伏爾加河）和烏拉爾河下游一帶。他們雖然遠離故土，但始終懷念祖國，清初數十年間，不斷向清廷「遣使奉表貢」。康熙時期，土爾扈特部首領阿玉奇汗與準噶爾部的噶爾丹及其後繼者策妄阿拉布坦，成爲「崛起超越群雄」的厄魯特兩大勢力，他們「在彼此競爭著」。土爾扈特部和清朝政府對準部的這種兩面夾擊之勢，對懷有異心的策妄是個極大威脅。爲了除掉側後隱憂，他首先玩弄陰謀手段，娶了土爾扈特部首領阿玉奇汗的女兒，接著利用這種嫡親關係，尋隙挑撥阿玉奇之子率領一萬五千戶部眾投奔自己，而後截斷阿玉奇向清廷進貢和入藏熬茶的道路，削弱土爾扈特的力量並使之陷於孤立。

後顧之憂既除，策妄開始圖謀西藏。

自一六四一年青海和碩特部固始汗入藏以後，西藏教界實際上受到固始汗及其子孫的控制。為了擺脫和碩特部的控制，西藏教界力圖尋求援助。由於固始汗及其子孫忠於清室，甚得信任，於是達賴和他的第巴遂轉向厄魯特準噶爾部。達賴五世、第巴桑結嘉錯與噶爾丹實際上已經結成了同盟。第巴桑結隱瞞達賴之喪並且不通過和碩特的允准自行選立六世達賴，使得拉藏汗（固使汗之孫）十分惱怒，認為這是試圖擺脫其控制的信號。康熙四十四年（一七〇五年），拉藏汗領兵入藏殺掉桑結，將桑結所立的六世達賴逮繫解赴京師（不久死於中途），又另立了一個達賴六世。策妄阿拉布坦見西藏、青海相爭，拉藏汗雖然勉強控制了局勢，但統治十分不穩，便決計乘機襲取西藏。

康熙五十五年（一七一六年）十月，策妄派其第策零敦多布率精兵六千自伊犁西南出發，徒步繞過大戈壁，翻過和闐南面的大雪山，晝伏夜行，於次年七月越過騰格里湖，突然出現於西藏北境。拉藏汗倉促前往達穆河迎擊，堅持兩月，終因寡不敵眾，退保拉薩。十月，策零敦多布攻下拉薩布達拉宮，「執殺拉藏汗，擄其妻子，搜各廟重器送伊犁，禁新達賴喇嘛於札克布里廟」，（《聖武記》卷五〈國朝撫綏西藏記上〉）另以達克咱為第巴，管理全藏政務。

當拉藏汗遭準部進襲時，清朝曾派兵救援，但當清軍進至喀喇烏蘇河（怒江上游）時，遭到敵人重兵阻擊，糧道被截斷，苦戰一個多月，終於失敗。

喀喇烏蘇河之敗，使清廷大爲震動，於是，康熙命皇十四子允禵爲撫遠大將軍，駐紮西寧，統一指揮西北、中路、西南三路大軍的全部進剿事宜。五十九年二月，清廷正式策封胡必爾罕爲「宏法覺眾第六世達賴喇嘛」，命都統延信爲平逆將軍，護送達賴入藏。

同年四月，清軍分爲兩路。中路，廷信軍自西寧出發，護送達賴六世入藏。青海蒙古汗、王、貝勒、台吉，皆率所部兵隨大軍一起前進。西南一路，護軍統領噶爾弼率川軍出打箭爐，途經里塘、巴塘，安撫了那裏的圖伯特部眾。副將岳鍾琪率前鋒部隊以迅雷不及掩耳之勢突破由川入藏的第一天險洛隆宗（今西藏洛隆）三巴橋，大軍順利越過拉里山（四川嘉黎縣境），進入西藏。清軍所到之處，藏民「望風響應」，八月二十二日渡過薩河，次日黎明從三面攻入拉薩。九月八日，六世達賴亦入藏坐床。策妄阿拉布坦企圖插足西藏的野心被粉碎了。

康熙六十年，清軍班師，留下兩千蒙古兵駐防拉薩，封拉藏汗的舊臣第巴康濟鼐、阿爾布隆爲固山貝子，隆布鼐爲輔國公，理前藏事務；頗羅鼐爲札薩克一等台吉，理後藏。在蒙古王、貝勒、貝子、公、台吉及土伯特酋長等的奏請下，康熙親自撰寫碑文，記述這次平叛的經過，在大昭寺建立豐碑，「以紀盛烈，昭垂萬世」。

但是策妄並不甘心失敗，雍正元年（一七二三年），他又煽動青海和碩特部首領羅卜藏丹津發動了叛亂。

羅卜藏丹津是達什巴圖爾之子，固始汗之孫。達什巴圖爾在位時，奉行其父固始汗的政策，率部朝清，於康熙三十七年（一六九八年）被封爲和碩親王。達什巴圖爾死，羅卜藏丹津於康熙五十九年（一七二〇年）承襲父爵爲親王。羅卜藏丹津是個有野心的人。他想恢復固始汗時代的霸業，據有青、藏全部。策妄利用他的這種心理，乘機慫恿他向清朝鬧獨立。

雍正元年，羅卜藏丹津誘使青海諸部台吉在察罕托羅海會盟，命各部首領一律恢復原來名號，不得再用清朝賜封的王、貝勒、貝子、公等爵稱，他自己則稱「達賴琿台吉」，統領一切。他一面聯絡青海喇嘛察罕諾們，一面緊密勾結策妄，結成了一個叛清的聯盟。

羅卜藏丹津的背叛行爲受到同族郡王額爾德尼和親王察罕丹津的堅決反對。羅卜藏丹津首先向他們發動了進攻。清廷開始準備用和平的方法解決青海問題。它派兵部侍郎常壽前往羅卜藏丹津的駐地沙拉圖，制止羅卜藏丹津對額爾德尼和察罕丹津的進攻，對其叛逆行爲給以嚴厲警告。羅卜藏丹津狡猾抵賴，反誣額爾德尼有侵占西藏之心，並且扣押常壽，煽動部眾發動了大規模叛亂，「於是遠近風靡，遊牧番子、喇嘛二十餘萬，同時騷動，犯西寧，掠牛馬，抗官兵。」

十月，清廷命川陝總督年羹堯、西川總督岳鍾琪統兵征討。在清朝強大的軍事攻勢下，叛軍迅速瓦解。十二月，「各蒙古貝勒、貝子、公、台吉，各殺賊來歸，降其脅從部落十餘萬」。

雍正二年，清軍加緊進攻，羅卜藏丹津退據離西寧千餘里外的柴達木河流域。二月，岳鍾琪率領五千騎兵深入沙漠追剿，一夜急馳一百六十里，於黎明直抵烏蘭木和爾敵營，幾萬叛兵全部投降，羅卜藏丹津穿一身藏族婦女衣服，狼狽逃竄，北投策妄阿拉布坦。

青海平定後，清朝政府改西寧衛爲西寧府，特設青海辦事大臣。原來蒙古各汗統治青海蒙藏人民，徵收賦稅，這時改隸清政府道、廳、衛管理。

第三節　明末清初的耶穌會士

一、明末的耶穌會士

天主教是基督教的一派。基督教產生後不久，就逐漸分化爲以希臘語地區爲中心的東派和拉丁語地區的西派。一〇五四年，東西兩派正式分裂，以君士坦丁堡爲中心的東部教會宣佈擺脫羅馬教皇獨立，自稱「正教」，意爲「正宗的教會」，以羅馬教皇爲首的西部教會則與東方的「正教」對峙，自稱「公教」，意爲「普世性的教會」，又稱「天主教」。十六世紀上半葉，歐洲各國相繼爆發了宗教改革運動，產生了反抗羅馬教皇的新教。

一五七八年，耶穌會東方全境的視察員兼副主教范禮安（一五三八—一六〇八年）意大利人，到澳門視察，他提出必須改變傳教的方法，特別是訓練教士、熟悉漢語。

首先響應范禮安這一訓示的是耶穌會士意大利人羅明堅（一五四三—一六〇七年），一五七九年他到達澳門。其時范禮安已赴日本，羅明堅讀到范禮安留下的訓示，不顧同儕的阻撓和揶揄，開始攻習華語、華文。一五八一年春，羅明堅隨葡萄牙商船來到廣州，中國官府特別批准他可以在通商季節留住廣州舉行彌撒聖祭。一五八二年春，羅明堅和巴范濟前往兩廣的首府肇慶，以西洋器物（其中包括自鳴鐘一具）饋贈兩廣總督，獲得允准在肇慶府關東天寧寺居住傳教。西方著作中把這個寺院稱作耶穌會士在中國內地設立的第一個教堂。但不久隨著該總督的黜職，羅明堅也就回到澳門。一五八三年，羅明堅又與意大利人利瑪竇重至肇慶，會見兩廣新任總督郭應聘，賄以歐洲奇巧異物，得允許在肇慶府東濱河之地建立教堂，自由傳教。這是耶穌會在中國內地設立的第二座教堂。

當時，在天主教如何傳入中國的問題上，來到亞洲的耶穌會士有兩種截然不同的意見。一種主張訴諸武力，他們大多是西班牙人。羅明堅是主張以溫和方式在中國傳教的一派人物的代表。他們主張攻讀中國文字，讀漢語書。他們在舉止上也彬彬有禮，與那些從歐洲來的貪婪、不法的商人有所區別。利瑪竇繼續循著羅明堅的道路走下去，終於獲得了成功。

利瑪竇（一五五二—一六一〇年）於一五八三年隨羅明堅進入廣東肇慶後，注意研究了中國的精神和性質。於是他發揮早年在巴黎所學的數學和地理知識，向到其寓所談論的中國文士詳為講解，並將自鳴鐘、萬國輿圖、天文儀器以及其它各種奇巧物品一一陳列，讓人們觀賞。又自製天體儀、地球儀以及計時日晷，饋贈中國官員，使得中國人士耳目一新，利瑪竇亦隨之聲譽四布。一五八九年，在肇慶傳了六年教的利瑪竇，移居韶州，又先後到南京、南昌等地傳教，並曾到過北京。一六〇一年，利瑪竇偕同耶穌會士龐迪我再次進入北京，並通過太監馬堂，向萬曆皇帝進獻天主像一幅、聖母像二幅、聖經一本、珍珠鑲嵌十字架一座、自鳴鐘兩架、萬國圖志一冊、西琴一張，同時呈上國書。萬曆皇帝十分高興，特命禮部以上賓之禮相待，厚給廩餼，在宣武門（初名順承門）之東賜第居住。自此，利瑪竇遂留住京師，從事傳教活動，直到一六一〇年去世。

利瑪竇正是通過博取中國封建統治階級上層的信任與支持，從而成功地奠定了天主教在中國傳教的基礎。緊隨利瑪竇之後，一大批耶穌會士陸續來到中國。如孟三德（一五八五年來華），龍華民（一五九七年來華），羅如望（一五八五年來華），龐迪我（一五九九年來華），高一志（一六〇五年來華），熊三拔（一六〇六年來華），陽瑪諾（一六一〇年來華）等。他們在中國的傳教活動也有了較快的發展，據記載，天主教在中國吸收的信徒，一五八四年只有三人，至一六一〇年利瑪竇死時已有二千五百人左右。（德禮賢：《中國天主教傳教史》，第六〇頁）

耶穌會士來到中國的主要目的是傳教，但利瑪竇畢竟是一位博學之士，他為了開展宗教活動，最先向中國介紹了西方科學知識。中國當時不少傑出的人物，如葉向高、徐光啓、李之藻、李天經、王澂、韓霖、馮應京、楊廷筠、沈德符、虞淳熙等，與他密切往來，甚至受洗入教，正是出於對他帶來的新知識探索的熱忱。在地理知識方面，利瑪竇的《萬國輿圖》第一次向中國士人展示了世界五大洲的面目。僅在萬曆年間，該圖的原版、增刻、翻印、縮印、摹繪，即達十三次之多，共出了八種版本，傳行於廣東、江西、江蘇、貴州和南北兩京；在天文曆法和數學方面，利瑪竇介紹過來的《乾坤體義圖說》、《經天該》、《幾何原本》、《同文算指》、《測量法義》、《勾股義》、《圜容較義》，經過徐光啓、李之藻等人的譯述，得到了傳播。特別是利瑪竇和徐光啓合譯的歐幾里得《幾何原本》，徐光啓稱之爲「萬象之形囿，百家之學海」。

藉著科技工作的順利發展，耶穌會士也積極地從事傳教活動。湯若望利用參加修曆的機會，出入宮庭。打開了在宮庭內部進行傳教的新局面。一六三〇年左右，湯若望首先吸收太監龐天壽（此人後來在桂王時期總攬軍國大權）等十人入教，接著擴大到妃嬪、皇子。幾年之後，宮中受洗者已有五百四十人之多。全國天主教徒在利瑪竇去世的一六一〇年只有二千五百，一六一七年時爲一萬三千，一六三六年時爲三萬八千二百（其中有一等大員十四人、進士十人、舉人十一人、生員三百餘人），一六五〇年已達十五萬。計明代南北二京十三個行省，除雲南、貴州二省外，其餘已無一處無耶穌會的據點。南明永曆政權由於處於旦夕飄搖之中，統治集團思想更加空虛浮動。永曆帝及太后、皇后、太子，全都受洗入了天主教。

二、順康時期的耶穌會士

明亡清興，原先曾經幫助明朝抵抗清人的耶穌會士，開始轉而依靠新的統治者，以保障他們的「聖教」事業。

清朝剛剛進入中原，也亟需以準確的曆法迅速向人民表明其統治的合理性。因此中國歷代的宣傳中，總是認爲天象聯繫著皇家的命運。曆法的準確與否，曆書的有無舛錯，被看作一姓王朝是否順應天意的重要標誌。因此，清朝當局降旨保護天主教堂，並命湯若望等人修訂曆法，定名爲《時憲曆》，頒行天下。不久，又命湯若望掌管欽天監印信，一切占候事宜，悉聽舉行。

湯若望（一五九一〇——一六六六年），號道未，德意志人。一六一一年入耶穌會。一六二二年至廣州，旋赴北京學習漢語，後又奉耶穌會之命，往西安、南京等活動。崇禎三年（一六三〇年），明廷召之至北京，繼鄧玉函之後管理曆局，修造天文儀器，編製《崇禎曆書》，監鑄西式火炮。歸清以後，他格外受到清廷的禮待，順治元年（一六四四年），令掌欽天監事。順治三年（一六四二年）六月，加太常少卿。順治七年（一六五〇年），清廷賜銀一千兩，在宣武門內修建天主堂一座。這次建造的卻是第一座「真正的如同歐洲教堂一般的教堂」。這座教堂後來稱爲「南堂」。年輕的順治皇帝對湯若望十分尊敬、信任而親近，稱之爲「瑪法」（滿族對長者的尊稱），每有咨詢即宣召進宮。順治還經常自往天主堂，參觀禮拜堂、書房、花園等處，並與湯若望作長時間的談話。

由於湯若望所獲得的地位與尊榮，爲清初天主教的傳佈提供了很大方便。康熙九年（一六七〇年），中國的天主教徒已增至二十七萬三千七百八十餘人。（德禮賢：《中國天主教傳教史》，第六七——六八頁）

我國歷來視曆法爲國家大典，視頒佈正朔爲行使統治權力的象徵。明代曾規定民人不得私習天文。明末以來西士主持修曆，使歷來仰仗官府的「天文家」們再也不能壟斷曆法權了。欽天監中，自隋朝開皇十九年（五九九年）回回人授曆官，歷一千零五十九年，累代相沿不替。但從湯若望掌管欽天監後，回人遂不得進用，甚至後來徹底取消了回回科，不予設置。這就使他們不得不打起尊經的旗幟來和西士相爭。順治十四年（一六五七年）四月，被革職的原回回科秋官正吳明炫首先上疏指陳湯若望曆書的三大舛謬，要求恢復回回科。但朝臣奉旨在觀象臺進行的實測，卻證明吳明炫是錯誤的。順治十七年，安徽歙縣人楊光先又上書訐告湯若望「藉曆法以藏身金門，窺伺朝廷機密」，「立天主教堂於京省要害之地，傳妖書以惑天下之人」，且在時憲書上寫著「依西洋新法」五字，是「暗竊正朔之權以尊西洋，明白示天下以大清奉西洋之正朔」。（楊光先：《不得已》卷上〈請誅邪教狀〉）康熙三年七月，楊光先再次上書參劾湯若望等謀叛、惑眾、新法十謬諸大罪。八月，輔政大臣開始提審湯若望等人，次年，將入教的李祖白等五名中國官員處死，盡廢新法，復用大統曆，任楊光先爲欽天監監正。

楊光先，字長公。爲人保守、偏狹。他上書批評新法「十謬」。他反對新法的根本理由，是新法違背了「歷代遵守四千餘年莫之或議」的〈堯典〉，變更了「羲和之掌故」與「先聖先賢之典冊」。（楊光先：《不得已》卷下〈中星說〉）他認爲新法的「病根」在於認爲大地是個球形。楊光先的結論認爲：「寧可使中夏無好曆法，不可使中夏有西洋人。」（楊光先：《不得已》卷下〈日食天象驗〉）

為時不久，楊光先編製的曆書就已錯誤百出。康熙六年，聖祖親政。七月，教士南懷仁劾奏楊光先曆治差錯。十五歲的康熙皇帝不持偏見，命二十員朝廷大臣將南懷仁和楊光先兩派人物一齊召集到東華門觀象臺進行實測。結果，「測驗立春、雨水、太陰、火星、木星，與南懷仁所指逐款皆符，吳明烜（楊光先的副手）所稱逐款不合」（《清聖祖實錄》卷二八，康熙八年正月庚申）。於是康熙下令將楊光先等議罪，任南懷仁為欽天監監副，主持欽天監事務，復用新法。

南懷仁（一六二三—一六八八年），號敦伯，比利時人。一六四一年入耶穌會，一六五九年（順治十六年）來華。他先被教會派往陝西，順治十七年奉召入京，協助湯若望修曆。後以湯若望案下獄，釋放後幽居北京，至此復被起用。

康熙八年六月，南懷仁改造了觀象臺儀器，製成黃道經緯儀、赤道經緯儀、地平經儀、地平緯儀、紀限儀、天體儀，並繪圖立說，編成《靈臺儀象志》一書。清廷特擢南懷仁為監正。十三年，加太常寺卿。十七年，著成《康熙永年曆法》三十二卷，加通政使。自康熙十三年至二十年，為適應平定三藩叛亂的戰事需要，南懷仁奉旨監製大砲數百尊，並編成《神武圖說》一書，詳述銃炮的製作與原理，促進了中國火炮技術的發展，晉工部侍郎。二十七年南懷仁死時，清廷賜諡「勤敏」。

像南懷仁這樣充分發揮了積極作用的耶穌會士，在康熙時期還很多。康熙始終十分注意廣泛招徠耶穌會士中懂得科學的博學之士。康熙十一年，南懷仁推薦徐日升通曉曆法，康熙立即派員前往澳門接取來京。二十一年刊佈的南懷仁致西歐耶穌會士書呼籲說：「凡擅長於天文學、光學、靜力學、重力學等物質科學之耶穌會會士，中國無不歡迎」。響應這次呼籲的有白晉、張誠、劉應等五名法國教士。他們受法王路易十四的派遣，於一六八五年起程，一六八八年抵達北京。這是法國來中國的第一批耶穌會士，康熙三十六年，聖祖又命白晉為「欽差」，回國召聘教士。三十八年，偕白晉來華的有法國耶穌會士馬若瑟、雷孝思、巴多明等十人，「途中迎送擬於王侯」。這些法國教士大多是經過挑選的精通天文、曆算、輿地、醫學等專門知識的人。他們並與法國新成立的世界第一所科學院有著聯繫。

為了使西洋教士安心地以他們的科學知識為中國服務，康熙給他們以特有的待遇。幾十年間，康熙身邊常有教士侍從，講科學，備顧問。徐日升、白晉、張誠、安多、蘇霖、巴多明等，先後留居宮中十餘年。為了完全地翻譯《人體解剖學》，康熙特命兩名中國名醫協助巴多明，唯恐教士因風習上的關係而有所摒棄。他對他們說：「身體上雖任何微小部分，必須詳加迻譯，不可有缺。朕所以不憚麻煩，命卿等詳譯此書者，緣此書一出，必大有造於社會人之生命」。許多教士被康熙委以重任。張誠、白晉在中俄尼布楚談判中充當翻譯。南懷仁主持欽天監二十年，死後又由徐日升代掌曆政。「自是，欽天監用西洋人，累進為監正、監副，相繼不絕」。（《清史稿》卷二七二〈南懷仁傳〉）特別是康熙後期的地理大測量和《皇輿全覽圖》的刊印，更主要是依靠西方教士和西方技術設備完成的一項地理學史的偉績。《皇輿全覽圖》不僅對中國而且對世界也是當時地理學上的最新成就。日本學者稻葉君山把《皇輿全覽圖》與《

康熙永年曆表》譽爲康熙時期文化之雙璧。英國學者李約瑟則謂該圖「不但是亞洲當時所有的地圖中最好的一幅，而且比當時所有的歐洲地圖都更好、更精確。」（李約瑟：《中國科學技術史》，第三卷第一分冊，二三四頁。一九七六年科學出版社）

康熙對於耶穌會士也很善於採取有分析的政策。「這位賢明的皇帝懂得儘可能充分利用一切對本國的生存和發展有價值的東西」。（白晉：《康熙皇帝》，第四九頁。趙晨譯，一九八一年黑龍江出版社）他說：「世上無論何物，當利用之。蓋上帝既以萬物賜我，則善爲利用，理亦宜也。」他的親任西洋耶穌會士，正是表示「中華帝王不分內外」，使他們「各獻其長」。對於教士們的傳教活動，由於要利用他們的長技，他不能不給予某種程度的默許，但他絕不提倡。康熙八年（一六六九年），也就是在起用南懷仁的同時，他公布了天主教禁令，只承認外國人有信教自由。宮中的教士們懇請康熙公開許可傳教，康熙回答他們說：你們還沒有進入天國，卻時時杞憂天國之事，實屬可笑。朕於此事殆無興趣可言。他還曾向國中居民解釋過：「讚美天王之西教，與中國教化原不相容。唯西教士能通曉科學，故國家起用彼等，臣民當深體朕意。」（科爾迪埃：《中國通史》，第三卷，第三三八頁。引自後藤末雄：〈康熙大帝與路易十四〉）因此，康熙時期耶穌會士雖然得到很高的寵榮，而且作了不少工作，但傳教事業卻發展並不快。據統計，康熙九年全國教徒二十七萬三千餘人，至康熙三十九年，也只發展到三十萬人，三十年間僅僅多出二萬餘人，年增不足千人，這比明末清初每年增加七千至一萬教徒的速度，顯然大爲降低了。

天主教有很多會派。自一五八一年羅明堅進入廣州起，開始的五十年間只有耶穌會士在中國內地傳教。其後，一六三一年來了多明我會士，一六三三年來了方濟各會士，一六八〇年來了奧斯丁會士，一六八三年又來了巴黎外方傳教會的會士。各會之間，每會不同國籍的教士之間，由於彼此爭雄，便在宗教理論上相爭。圍繞著是否可用「天」、「天主」、「上帝」來翻譯西文中「God」一詞以及教徒是否可以跪拜帝王長官、奉祀祖先牌位、尊禮孔子等問題，互相吵嚷不休。這一論戰自龍華民開其端，延續十餘年不息，而以康熙八年至四十年的三十餘年間最烈。康熙三十九年，耶穌會請康熙帝裁決這一問題。康熙明確地表示：西洋人「不通文理，妄誕議論，若本人略通中國文章道理，亦爲可恕；伊不但不知文理，即目不識丁，如何輕論中國理義之是非！」耶穌會士將康熙的意見及其他中國學者的解說寄往歐洲。康熙四十三年十一月二十日，教皇格列門第第十一世下令：只許使用「天主」一詞而禁止使用「天」、「上帝」翻譯西文中的「GOD」一詞，教堂中的牌位不許有「敬天」字樣；基督徒不許祭祀孔子和祖先，欲祭祀祖先的，牌位上僅可寫祖先之名，不得寫「神之位」字樣。康熙四十四年，格列門第十一派遣主教多羅帶著這一命令出使中國。多羅至京覲見康熙，康熙優禮相加，多羅遂不敢公佈教皇的命令。後來康熙漸漸風聞了多羅此行的使命，大爲不悅，於是讓教士閔明我等帶信給多羅，叫他及早悄悄回國。當多羅南下至南京時，康熙又出一諭：凡教士未領得朝廷准予傳教的印票、並許可服從中國禮儀的，一律不得在中國傳教。康熙五十六年一月一五日，多羅在南京正式宣佈了教皇的命令，並令教士對教皇命令一體遵照無違。康熙大怒，下逐客之令，將多羅押交澳門總督看管。澳門的葡萄牙當局正因教皇的這一命令未曾先與葡國商量，於是便將多羅監禁。一七一〇年，多羅死於獄中。爲了妥善解決這一爭端，康熙又派遣耶穌會士前往羅馬教廷，希望教皇能夠收回成命。但教皇終不同意，一再頒佈諭旨，重申他的一七〇四年禁令的精神。爲了懲罰羅馬教廷對中國內部事務的無理干涉，康熙五十六年四月一六日，清朝政府下令全面禁止天主教的傳佈。康熙五十九年，格列門第十一世又派主教嘉樂爲教宗欽使來到中國，企圖緩和局勢。康熙帝在教皇的禁令上批道：「此後不必西洋人在中國傳教，禁止可也。」

自此以後，直到道光二十二年（一八四二年），中歷雍、乾、嘉、道四朝，一百餘年，清朝政府一直對天主教厲行嚴禁。除了北京允許有技藝的教士留住以外，內省各地教士一批批被驅逐到廣州和澳門。全國原先設立的三百來所教堂，不數年間或經拆除，或改公府，或作書院，或變廟宇，已經大部廢毀。雍正時，全國的教堂除澳門、廣州外，只剩下北京的南堂、東堂、北堂和西堂。乾隆末年，北堂已被大臣拆毀變賣。嘉慶十二年（一八〇七年）和十六年（一八一一年），東堂、西堂先後又毀。道光十八年（一八三八年），主教畢學源死後，南堂亦交俄人代管。至此，北京已經無一西洋教士。一七〇〇年時，中國有三十萬天主教徒，一八〇〇年已降爲二十萬。而且由於沒有教士，這些教徒的一切宗教活動都陷於停頓。

在雍、乾、嘉、道厲行禁教政策期間，留在欽天監中任職的耶穌會士，仍然作了一些有益的工作。雍乾年間，德國教士戴進賢任欽天監監正，進一步改進曆法，纂成《曆象考成後編》

十卷和《儀象考成》三十卷，並創製了璣衡撫辰儀。接著，法國教士蔣友仁來華，進《增補坤輿全圖》及新製渾天儀，與中國學者何國宗、錢大昕共同翻譯圖說，第一次向中國介紹了哥白尼的太陽中心說。蔣友仁之後，直至咸同以前，西學的輸入遂告中斷。

明清之際耶穌會士的來華，是古代中西交通史上的重要事件。這一事件的發生，是以西方資本主義殖民擴張爲背景的。耶穌會士來華適應了西方資本主義殖民擴張的需要，成爲其思想文化擴張的前鋒。他們爲了敲開中國的大門並以介紹科學知識爲籠絡人心的手段。同時由於自身目的和世界觀的限制，他們介紹科學知識是有選擇的。他們在中國活動的這一時代，正是哥白尼、培根、伽利略、笛卡兒、牛頓等人創立天文學、數學、力學、光學等近代科學體系的時代。這一時期來華耶穌會士有中文著譯可考的約三百七十種，其中有關科學的約一百二十種，然而卻沒有反映出當時歐洲的最新科學成果。近代自然科學最重大的成就，從哥白尼的學說到牛頓的原理，他們沒傳；近代自然科學最重要的觀念，如牛頓的微粒說和惠更斯的波動說，他們沒傳；近代自然科學最基本的思想方法，如培根、笛卡兒、伽利略諸人的方法論，他們沒傳。他們所傳的，大體上仍是隸屬於經院哲學範圍之內的科學。哥白尼等人的著作當時已經傳入北京，卻因傳教士的忌諱，未予譯出。利瑪竇協同徐光啓翻譯了《幾何原本》前六卷以後，即拒絕將全書譯完，致使其後的九卷直到咸豐間方由李善蘭與西士偉烈亞力續譯完畢，使該書成爲完帙。

儘管如此，耶穌會士在東來傳教的同時，畢竟也介紹了很多本來爲中國所不了解的新的科學知識。不少的中國學人一方面繼承傳統科學的精華，一方面努力學習和吸取西方傳入的新鮮知識和思想，融貫中西，在天文、數學等領域中做出了輝煌的建樹。徐光啓、王錫闡、梅文鼎就是其中的佼佼者。傳教士也把中國的科學文化介紹到西方。他們寫回去的報告、書信、專著以及帶回的許多中國典籍，對西方社會和科學的發展也起了一定作用。我國的哲學思想，對於十八世紀法國和德國的資產階級革命起過作用。我國的園林建築技術於十八世紀中葉傳到歐洲後，對英、法、德、荷等國的園林建築都發生了一定影響。我國天文學中的宣夜說傳入歐洲，促進了西方水晶球說的崩潰。因而，耶穌會士的來華對於中西科技文化的交流與促進，也有一定的客觀的積極意義。

第八章　雍正時期的政治和經濟

繼清聖祖之後的是清世宗（一七二三—一七三五年在位，年號雍正）他在位期間，中國的政治、經濟得到進一步發展。

第一節　專制主義中央集權制的加強

一、康熙末年皇儲之廢立

清朝初期，是由八旗貴族分權向中央集權過渡的重要歷史時期，是皇權與諸王旗主勢力進行長期激烈的相爭並逐漸取得支配地位的時期。這個時期如果以入關前皇太極時期作序幕，到雍正朝則基本完成，前後其經歷了近百年的時間。在此期間，最高權力的更迭，而繼嗣問題成了雙方鬥爭的焦點，圍繞這一點，皇權與旗權進行了反覆的較量。上三旗形成之後，作爲代表封建皇權的上三旗勢力已壓倒下五旗，起到了限制旗權、加強中央集權的作用。但繼嗣問題，仍然沒有擺脫上三旗貴族的控制。這時皇權與旗權的鬥爭，主要已不再在八旗互相之間進行，而是縮小到的上三旗內部。後來康熙清除了鰲拜集團，皇權才得了進一步加強。康熙初年的政局混亂和上三旗大臣的飛揚跋扈，給年輕的康熙皇帝以極深的印象。他感到前朝旗主各自爲政，固然是皇權削弱的原因；但在最高權力更迭、授受制度不健全，又何嘗不是爲旗主大臣專權擅政創造機會。爲了使以後最高權力更迭之際皇權的連續性和穩固性得到保證，「必建立元儲，懋隆國本，以綿宗社無疆之休。」

鑒於這種情況，康熙十四年十二月，年僅二十二歲的康熙皇帝在對三藩用兵、軍務異常繁忙，他一反清初各帝生前不立皇太子的舊例，明文冊立年方周歲的嫡長子允礽（實為皇次子，因是孝誠仁皇后所生，按封建禮法稱為嫡出）爲皇太子。其目的很明確，是爲了讓他的後繼者牢牢地掌握皇權，以「垂萬年之統」。爲了把皇太子培養成異日的聖君，康熙傾注了極大的心血。太子幼小時，康熙便親自爲他講授「四書」、「五經」。爾後，又多選名師，以爲輔導，理學名臣如張英、李光地、熊賜履、湯斌等，皆先後聚集於太子門下，授以性理諸書。爲了提高太子在朝臣中的威信，又從禮儀上加意崇重。每逢國家大典，諸王百官先向皇帝朝賀，然後去東宮禮拜。這樣，隨著太子年齡的增長，才能和威信也日益提高。「通滿、漢文字，嫻騎射，從上行幸，賡詠斐然」。爲了訓練太子從政能力，增長治理經驗，康熙親征噶爾丹時，命其留都居守，各部院奏章，聽太子處理；康熙南下巡河時，又命之「隨駕」。而皇太子也果然不負父望，克盡厥職，以致「興朝皆稱皇太子之善」。

康熙明立皇太子，以致太子成人後內則助上從政，外則巡幸扈從，不能不說是進一步加強皇權、限制權臣擅政的有力措施。但康熙沒有預料到的是，儲君權力增長竟構成了對皇權的威脅，出現了皇、儲矛盾。而這種矛盾並不是某一個朝代所特有的現象，而是封建社會中封建統治者之間不斷進行的權力和財產再分配的必然產物。在漢族封建王朝的歷史上，子弒父，弟篡兄的事例不勝枚舉，歷代統治者也曾爲處理這一關係而絞盡腦汁。經由長期的摸索，總結出了嫡長子繼位的傳統制度，並注意不讓皇太子參與朝政，以避免皇太子和皇帝發生矛盾和衝突。同時，對其它諸皇子也多分封在外，遠離朝廷，以削除諸皇子與皇太子的衝突。從而大體上把皇、儲矛盾控制在一定的範圍之內。而康熙作爲一個年輕的君主，在建儲時既沒有像歷代漢族統治者那樣注意擺正皇帝和儲君的關係，又在建儲之同時因襲清初各朝舊習，先後分封皇子爲王，並使他們參與國家事務的管理。以後隨著太子年齡的增長和開始從政，以及諸王的陸續受封，皇帝與皇儲，皇儲與諸王之間的矛盾便勢不可免地暴露出來。

康熙和太子之間的矛盾，從一開始便具有濃厚的政治鬥爭色彩。康熙二十九年七月，康熙親征噶爾丹，歸途中生病，召太子及皇三子允祉來見。「太子侍疾無憂色」，引起了康熙不滿，「遣太子先還」。在此之後，康熙父子之間的矛盾便時有表現。如康熙三十三年，禮部擬定祭奉先殿儀注，將太子拜褥置檻內，康熙則命置檻外，並將禮部尚書薩穆哈革職。康熙三十六年，又以「太子暱比匪人，素行遂變」而「錄太子左右用事者置於法」。

康熙、允礽父子間的矛盾在康熙三十七年三月大封諸皇子後進一步激化。這一年，康熙皇帝封皇長子允禔為直郡王，皇三子允祉為誠郡王，皇四子胤禛、皇五子允祺、皇七子允祐、皇八子允禩俱為貝勒，並使他們先後參與了國家政務的管理，就康熙大封諸皇子的本意而言，未必想以此作為易儲的準備；但是，諸皇子之受封以及陸續從政，卻無疑使他們擁有競爭儲權的政治資本。這必然使原已因父子之爭而失寵的允礽感到極大的威脅。這樣，康熙和太子之間的矛盾便更加尖銳起來。四十二年五月，康熙因太子親信領侍衛內大臣索額圖「議論國事，結黨妄行」，「助允礽潛謀大事」，而將他囚禁至死。索額圖是輔政大臣索尼的兒子，又是康熙孝誠仁皇后的叔父，早年曾參與清除鰲拜集團的工作，是康熙皇帝的心腹，康熙正是出於對他的信任而讓他侍奉皇太子的。但是，索額圖之忠於皇太子在康熙父子矛盾激化之時卻成了他的罪狀，被康熙斥為「本朝第一罪人」。同時，又將隨附索額圖實則太子黨人的麻爾圖、額庫里、溫代、邵甘、董寶等人加以拘禁。甚至參與過太子的「諸臣同祖子孫在部院者皆奪官」。康熙對太子的裁抑和對太子黨的打擊，不但沒有使太子爭奪最高權力的企圖有所收斂，反而更加劇了他們的活動。允礽說：「古今天下，豈有四十年太子乎」。允礽跟隨康熙巡幸塞外時，又「中懷叵測」，「每夜逼近布城，裂縫竊視」。他們的活動使得康熙本人「未卜今日被鴆，明日遇害，晝夜戒慎不寧」。為了保持自己的權力，終於在康熙四十七年九月，下詔廢去皇太子允礽，將之幽禁於咸安宮。這樣，以第一次廢太子為標誌，康熙晚年政局出現了混亂的局面。

康熙皇帝有三十五子，成人者二十四人。在康熙允礽父子關係尙爲融洽時，他們便各蓄異志，糾結私黨，造謠中傷，使得允礽處於眾矢之的位置。康熙和允礽矛盾的激化和發展，與他們的暗中活動也不無關係，康熙廢太子，給他們爭奪儲位以新的希望。首先是允禔，他爲惠妃納喇氏所生（庶出），在諸皇子中年齡最大。他深知皇帝和太子允礽的矛盾，企圖謀取皇儲地位。在太子未廢時便用蒙古喇嘛巴漢格隆詛咒太子早死，太子被廢後，又主動向康熙提出，「今欲誅允礽，不必出自皇父之手」。他的露骨行爲被康熙看穿，康熙四十七年一月，被革去王爵，幽禁起來。允禔奪嫡失敗，退出了歷史舞臺。

在康熙初廢太子而命諸太臣推舉新太子人選的時候，形勢一度對皇八子允禩非常有利。他精明善謀，黨羽最盛。在其周圍，集結了一批王公大臣，如皇九子允禟、皇十四子允禵、領侍衛大臣阿靈阿、散秩大臣鄂倫岱、貝勒蘇努、大學士馬齊等，形成所謂皇八子黨。他們乘康熙徵詢意見之機，「私相計議，與諸大臣暗通消息，書、八阿哥，三字於紙，交內侍轉奏」。但隨即引起康熙的懷疑；何以諸大臣「所舉皆同」。康熙與舊太子之矛盾是因父子爭權、太子黨羽太盛而引起的，現在這樣多人擁戴允禩，使康熙看到了皇八子黨羽的陣容，無異是向康熙敲了警鐘，他感到「此人之險，實百倍於二阿哥」。另外，這時順承郡王布穆巴等人推舉張明德爲允禩相面一事又被揭發出來，使康熙皇帝發現對皇權離心力較大的下五旗王公也參加到了這場鬥爭之中，這就更使他感到問題的嚴重。他當機立斷，將允禩革爵並下令追查推舉允禩的倡導者。爲了防止這種混亂局面的進一步發展，於四十八年三月，康熙經過反覆權衡，宣佈重立允礽為皇太子。在這同時，為了平息諸子之間的鬥爭，分別將皇三子允祉、皇四子胤禛、皇五子允祺晉封親王、皇七子允祐、皇十子允䄉晉封郡王、皇九子允禟、皇十二子允祹、皇十四子允禵為貝子。

允礽自復立以後，皇權與儲權的鬥爭又重新開始。允礽仍乖戾如故，加緊活動，重聚黨羽。為圖異日榮寵，一些權臣包括步軍統領托合齊、兵部尚書耿額等都集結在太子允礽周圍。其他朝臣也謹慎地委蛇於皇帝與太子之間。康熙對此深有察覺，五十年十月，嚴加懲治托合齊等太子黨人，並再次對允礽進行指責，「諸事皆因允礽。允礽不仁不孝，徒以言語貨財囑此輩貪得諂媚之人，潛通消息，尤無恥之甚。」為了鞏固自己的帝位，於五十一年十月，復廢太子，禁錮咸安宮。

允礽兩次被廢以及其後諸子爭奪儲權的鬥爭，給了康熙皇帝本人以極深的教訓。如果說，在初次廢太子時，他還把此事簡單地認為允礽個人的「不仁不孝」，而諸子爭當皇儲的事實，使康熙改變了看法。皇、儲之間的矛盾決不是由於太子個人品質造成的。其根本原因就在於三十多年前他所規定的建儲制，不但不能保證皇權的進一步加強，反而與此相抵觸。因此，五十一年再廢太子之後，已經年愈花甲的老皇帝，雖然比他初立太子時更加關心他身後繼嗣的人選，但在實際行動上，卻對立儲一事表現了消極的態度。和四十年前僅二十出頭未經歷練的康熙不同的是，他所考慮的不是要不要立皇太子，而是採取什麼樣的方式立下合適的太子。通過什麼方法處理好與儲權的關係，即他所說的「太子為國本，朕豈不知?立非其人，關係匪輕」。

他還「諭大學士、九卿等裁定太子儀仗」，顯然就是準備即使再立皇太子，也要對其權力、地位進行限制。後來康熙本人又越來越傾向於不公開立皇太子。他說：「宋仁宗三十年未立太子，我太祖太宗亦未豫立」。此後，諸臣疏請立太子者，則往往獲罪。他還說：「朕萬年後，必擇一堅固可託之人與爾等作主，必令爾等傾心悅服，斷不至賠累爾諸臣也」。由此可以看出，立誰作皇儲，康熙胸中已有成算，但公佈時機，則需在他死後。換言之，自康熙末年，有鑒於皇帝與皇儲的矛盾，康熙皇帝便已有祕密建儲的打算了。在雍正繼位後便把它形成為一項建儲制度。

二、清世宗繼位和儲位密建法創立

(1)清世宗繼位

允礽被再黜後，諸皇子爭儲的形勢，又一度對皇八子允禩十分有利。允禩被奪貝勒後很快就復爵，他善於籠絡人心，既有允禟、允䄉、允禵等黨羽的擁戴，又曾得到朝臣的保舉，一時聲譽甚高，勢力最大。對於他的才幹、黨羽，康熙皇帝看得是一清二楚的。他曾說：允禩「仍望遂其初念，與亂臣賊子等結成黨羽，密行險奸。謂朕年已老邁，歲月無多，及至不諱，伊曾為人所保，誰敢爭執。」但康熙皇帝認為靠植黨謀取皇位，將來定會報答擁戴之權臣，這便容易使皇權旁落。因此，他決心不讓允禩的勢力繼續強大。他對允禩同黨和屬下人員不斷予以防範和打擊。五十三年十一月，治允禩屬下人雅齊布死罪；次年正月，停止發給允禩及其屬下護衛官員食俸。這樣，允禩的謀立活動屢遭失敗，距離皇儲寶座越來越遠了。

與此同時，皇四子胤禛和皇十四子允禵兩個同母兄弟的地位卻逐漸提高起來，其中皇十四子允禵更被賦予很大的軍權。本來允禵在眾多兄弟中最敬佩八兄允禩，是「皇八子黨」的重要成員。但隨著允禩嗣位無望，允禵日益受寵，皇八子黨人遂漸轉爲推尊允禵。康熙四十八年，年僅二十二歲的允禵被封爲固山貝子。在康熙四十七年大阿哥允禔被革去王爵時，康熙卻把「凡上三旗所分佐領盡撤回，給與允禵」。五十七年十月，康熙任命允禵爲撫遠大將軍，總領西北各路大兵，征討新疆策妄阿布坦和西藏策零敦多卜。他是諸皇子中唯一任命爲大將軍的。允禵受命爲撫遠大將軍，使用正黃旗纛，賦有代表天子出征之意，稱大將軍王。出征儀注的尊崇隆重是清初以來前所未有的。因此，他曾被朝中不少人看作是皇太子的當然候選人。但是，康熙並未完全屬意於允禵一人。他出任大將軍，雖然職高權重，但還不等於皇太子。康熙心目中的嗣君，除他外，還有皇四子胤禛。

胤禛具有獨到的政治謀略和行政才能。他以嚴毅僞善、善體帝意、矯飾勤謹，獲得其皇父的好感與重視。於康熙三十七年受封爲貝勒，四十八年十月，冊封爲和碩雍親王。他原來地位低於允禔、允祉二郡王、與允祺、允禩、允祐並列，至此卻超乎郡王、允禩等貝勒之上。

胤禛地位的提高，不僅表現爲晉封爲貝勒、親王，而且還表現於很早就參與國家大事和宮中事務的管理。三十五年，他沒受封貝勒時，康熙就命其掌管旗大營：四十七年第一次廢太子允礽時，令其與允禵一起看守廢太子，而比他年長的允祉卻沒有得到這個重要的差使；五十一年再次審理太子黨人案，康熙繼續讓胤禛與允祉、允禩、允祐等共同參與辦理；六十年會試下第舉子以取士不公鬧事，康熙命其與允祉率領大學士王頊齡、原戶部尚書王鴻緒等復查會試原卷，平息事端；六十一年十一月，康熙令其率領大臣勘查通倉和京倉。同時，胤禛參預祭祀活動次數也很多。其中比較重大的就有十次，（馮爾康〈康熙朝儲位之爭和胤禛的勝利〉載《故宮博物院院刊》，一九八三年第三期）康熙皇帝凡大祀皆躬親行禮，實在不得已，才令人代祀，六十年康熙親自往遵化謁陵，而令胤禛去奉天祭祖陵，六十一年十一月九日，康熙病重，仍令胤禛代行郊祀大典。「國之大事，在祀與戎」。可見，康熙對胤禛的特殊恩遇，是其他皇子所不可比擬的。

在爭奪儲位的鬥爭中，胤禛和允礽、允祀等人的鋒芒畢露相反，採取了較為隱蔽的策略。他意識到，誰在康熙面前爭當皇太子，誰就是在和康熙爭權奪利，也就必然會遭到無情打擊，並成為諸王集中攻擊的目標。因此，他在表面上，絕不表現出有「妄冀」大位「之心」，甚至還為廢太子說上幾句好話，以博取「性量過人，深知大義」之名。無疑這就使自己避開了和康熙的正面衝突，以及和諸兄弟的直接對陣。而在實際上，他對儲位的垂涎不亞於其他諸王。因而在其自稱「循理守分，不交結一人，不與聞一事」的背後，則不露聲色地培植黨羽，逐漸集結了包括允祥、年羹堯、隆科多在內的「皇四子黨」。為他日後繼位，積蓄了足夠的力量。

康熙死後胤禛終於內侍步軍統領隆科多，外靠統兵前線的川陝總督年羹堯，登上了皇位。

清代官書稱：六十一年十一月十三日寅刻，康熙於臨終之時，「召皇三子允祉、皇七子允祐、皇八子允禩、皇九子允禟……理藩院尚書隆科多至御榻前曰：『皇四子人品貴重，深肖朕躬，必能克承大統，著繼朕登基，即皇帝位』」據此，胤禛的登上皇位，是秉承康熙的遺命，從封建道德來講，也無可指責。然而記載中異說頗多，比較有代表性的說法有：康熙欲立十四子允禵，彌留之時，手書遺詔傳位十四子。胤禛偕劍客數人返京師，偵知聖祖遺詔，設法盜出，潛將「十」字改爲「于」字，從而取得了皇位。另一種說法，聖祖病甚，胤禛及諸皇子在宮門問安，隆科多受顧命於御榻前，帝親書「皇十四子」四字於其掌。隆科多出，胤禛迎問，隆科多抹去其掌中所書「十」字，只存「四子」字樣，胤禛遂得立。還有傳說：「聖祖皇帝在暢春園疾重，皇上（指雍正帝胤禛）就進一碗人參湯，不知如何，聖祖皇帝就崩了駕，皇上就登了位」。上述異說，實際都缺少根據，可靠性不大。自四十七年第一次廢皇太子後，諸皇子爲圖謀儲位角逐異常激烈。一旦胤禛繼了位，他的政敵勢必不甘心失敗，是情理中應有之事，這就是當時社會上頗有異議的主要原因。

對所謂改篡遺詔之事略加分析，即可說明上述異說之不可相信。據《清世宗實錄》載：「十一月丁酉」即十六日，宣讀遺詔。《上諭內閣》說那天宣讀的遺詔是滿文本。但這個詔書藏於何處，內容如何，至今並未發現。而現在的漢文「康熙遺詔」雖署日期爲康熙六十一年十一月十三日，但書寫很草率，看來似爲清世宗即位初時倉促之作。由此可見，康熙是否有遺詔並無可靠史料證明。「從當時的情形看來，康熙即便有遺詔，也是滿文寫的。」（〈溥傑關於雍正殺弟的口碑資料〉載《清史研究通訊》八三年二期）這樣，「十四子」之改爲「于四子」之說，便不能成立了，因爲滿文的「十」和「于」並與漢文不同。退一步說，遺詔即便是以漢文書寫，也缺乏說服力。因爲當時對皇帝之子書寫行文的習慣是，在某子前一定要有「皇」字。若把「十」改爲「于」，則成爲「皇于四子」，顯然不通。至於說隆科多抹去其掌中所書「十」字，只存「四」字，那就更爲離奇。事關繼統大事的遺詔，康熙皇帝哪能輕易書寫在隆科多的手掌之中！種種跡象表明，康熙帝在其在位的末年，心目中有兩個繼位人：皇四子和皇十四子。而臨終時，由於皇十四子遠在西北，就最後選定了近在身邊的皇四子。否定了上述關於胤禛最後登上皇位的異說，並不意味著否定胤禛在謀求皇位的過程中使用過陰謀手段。當時的現實條件是胤禛如不在諸皇子爭奪中使用手段以至陰謀，是決難登上皇帝寶座的。但不能因此而否定胤禛繼位的合法性，更不宜作爲褒貶的依據。

(2)儲位密建法之創立

胤禛是康熙末年諸王儲位之爭的參加者，諸皇子爭奪儲位的鬥爭愈演愈烈的事實以及所造成的政治混亂，使清世宗認識到皇儲問題影響的重大。他深知明立皇太子弊病頗多，除造成皇帝與皇儲的矛盾外，還容易使太子驕橫不法；諸王植黨營私，互相攻訐；權臣聚幫結派，對君上懷有二心。這些都會使最高統治集團內部分裂，甚至骨肉相殘。如果恢復滿洲舊俗，不立皇太子，宗室干政，大臣擅權又無法解決，更不可取。於是胤禛從康熙末年不立太子而政局反而相對穩定的事實中受到了啓示。雍正元年八月，他召集諸王及文武大臣，當衆作出了祕密建儲的規定，親書太子之名「藏於匣內，置之乾清宮正中世祖章皇帝御書『正大光明』匾額之後」，（蔣氏《東華錄》卷二五）又別書密旨一道，藏諸內府，備爲異日勘對。從此以後，便形成了清代的儲位密建制度，大體爲此後各朝所沿用。

儲位密建法是在清初以來皇權與諸王分權的長期鬥爭中逐步建立起來的，這是皇權進一步強化和發展的重要標誌。它使皇位承襲能夠比較安穩地進行，從而對中央集權的連續和穩固具有一定的作用。

三、削弱諸王旗主的勢力

康熙時期，清朝的中央集權制已大體確定下來，但從八旗建立以來的八旗貴族共治國政的習慣勢力和心理觀念仍然存在。這從入關後一個時期內旗民對旗主王公的人身依附關係仍然很深和各級政府機構內仍是由八旗官員按額分攤便可看出來。而且，由於清政權是以少數民族統治人口眾多的漢族，「首崇滿洲」是它維持統治的一項主要國策。在這一政策指導下，作爲統治民族代表的滿洲王公貴族和旗主在政治上仍然享有很大的特權。它雖然對加強控制人口眾多的漢族人民在一個歷史時期之內是必要的，但也構成對中央集權進一步加強的一個嚴重威脅。另外，八旗將領在統一各部和定鼎中原的過程中，屢建功勳，此後，承平日久，一些有軍功的王公貴族便居功自傲，驕奢不法，這也妨礙中央集權的加強。因此，進一步加強皇權，削弱諸王旗主的勢力，仍是當時清政府面臨的嚴重問題。清世宗上臺後，康熙諸子與他爭權的鬥爭並沒因此而終止，這對君權施行也形成很大障礙。鬥爭的實際，使清世宗清楚地看到，不堅決地限制和削弱諸王旗主的勢力，就很難維護統治集團的統一和帝位的鞏固。這樣，他便確定了「以一人治天下」爲施政的信條，把繼續削弱諸王旗主的權力作爲他施政的一件大事。爲此他採取了如下一些措施：

第一、限制下五旗（正紅、鑲白、鑲紅、正藍、鑲藍）諸王對旗下人的處置權。

清世宗於雍正元年，諭令下五旗諸王：對「其旗分人員，不許擅行治罪，必奏聞交部，如不請旨，斷不可也」。（《清會典事例》卷一一四六）同時嚴格規定，其王府對屬下，「惟護衛諸官仍由本王所擢，其餘皆隸有司」。這便褫奪與限制了諸王旗主在司法、吏治等方面的一些特權，將之收歸中央機構。

第二、禁止諸王隨意向其屬員濫派差役。

清世宗於雍正元年七月下令：「下五旗諸王將所屬旗分佐領下，挑取一切差使，遇有過失，輒行鎖禁，籍沒家產，任意擾累，殊屬違例。……嗣後旗分人員止許用爲護衛，散騎郎，典儀，親軍校，親軍，或諸王挑取隨侍之人，或欲令所屬人內在部院衙門及旗下行走者兼管家務，或者需用多人以差役，或補用王府官職，或令隨侍子侄，著列名請旨」。從此諸王旗主除少數侍從外，對旗內屬員不得隨意調撥補用，這便改變了王公旗主與其屬員若主人之於奴僕可以任意役使的關係。

第三、嚴格名分。

清世宗爲了確保「天無二日，民無二主」的皇帝尊嚴，不僅從具體權限上，大力削弱王公旗主的勢力，還以「八旗都統印信，清文係固山（一旗）額真（主）字樣，額真二字，所關甚巨，非臣下所可濫用」爲理由，而將「固山額真，改爲固山昂邦（總管）。伊都（班領）額真改爲伊都章京」。從名分上降低了諸王旗主的地位。

第四、監察控制。

清世宗派出大量密探，對諸王旗主及各級臣屬進行監視，據《嘯亭雜錄》卷一載：「雍正初，上因允禩輩深蓄逆謀，傾危社稷，故設緹騎，邏察之人，四出伺詗，凡閭閻細故，無不上達」。並敕令廷臣和八旗屬員不必畏懼王公勳戚，許其照實揭發。如雍正元年六月，曾敕直隸巡撫李維鈞：「畿甸之內，旗民雜處，旗人暴橫，頗苦小民。爾當整飭，不必避忌旗、漢形跡，畏懼王公勳戚，皆密奏以聞。」並敕「八旗人員有爲本旗都統、本管王公刁難苛索者，許其控訴」。（《清史稿》卷九〈世宗本紀〉）清世宗支持地方官員和旗下人員監督諸王旗主的不法行爲，目的乃在於抵制諸王的勢力。

第五、設宗室和八旗官學。

清世宗針對八旗官兵因「承平日久，諸王皆尙習驕慢」，或因「仰恃皇考（指康熙）之寬仁，遂乃怠於公務，不勤厥職，玩忽苟安。因而法制廢弛，兵丁等既無教訓之人，遂少警惕之意，不習騎射，不諳生計，競尙服飾，飲酒賭博」等等惡習，特設「宗室左、右翼各學和八旗官學。每旗各設學一，擇本旗滿洲、蒙古、漢軍之子弟補充」。以進士、舉人和滿人筆帖式教習之。這一方面固然是爲了提高王室和八旗子弟的技藝和文化水平，更主要的是要對他們加強控制，實施忠君遵制的教育。

清世宗這一系列的限制和削弱諸王旗主權力的措施，使得「諸王皆凜然奉法，罔敢爲矩外之行，自今上下安便」。

四、打擊「朋黨」

清世宗爲了加強皇權，除大力削弱諸王宗室的勢力外，還把打擊朋黨作爲其重要任務。

雍正初威脅清世宗帝位的集團，有不甘心臣服於新君的所謂「皇八子黨」。其首要人物是皇八子允禩、皇十四子允禵和皇九子允禟。另外還有曾經積極支持清世宗登上皇位的兩位權臣年羹堯和隆科多。其中威脅最大的是「皇八子黨」。清世宗之繼位，雖然宣告了其爭奪皇位的失敗，但他們仍在繼續活動。如蔡懷璽往允禵院內投書，幻想「二七（指皇十四子允禵）便爲主，貴人守宗山」（《文獻叢編》第一輯〈蔡懷璽投書允禵案〉）。天津民人郭允進爲允禩鳴冤，「八佛（指皇八子允禩）被囚，軍民怨新主」。（《永憲錄》卷四）總之，清世宗繼統後，允禩、允禵等朋黨勢力仍悻悻不平。

而對這種形勢，清世宗繼位就頒佈了「御製」的〈朋黨論〉，三令五申地告誡臣下：「朋黨最爲惡習，明季各立門戶，互相陷害，此風至今未息。……此朋黨之習，爾諸大臣有則痛改前非，無則永以爲戒」，除了反覆勸諭，大造輿論外，清世宗又利用政權在手這一有利條件，採取籠絡分割，調虎離山，欲擒故縱諸手法，把朋黨集團陸續除掉。由於允禩矜立名譽，才望爲諸兄弟之首，最初暫時不能加罪名，乃封爲廉親王，與十三弟怡親王允祥同理政務。但將九弟允禟安置駐西寧，以孤其勢。

到了雍正三年底之後，清世宗認爲條件已經成熟，便以允禟在西寧造新體字爲密書，與允禩暗藏密遞事發爲由，將其黨魁允禩嚴行禁錮，革除王爵，削籍更名爲阿其那（滿語「狗」）。還詔令允禟從西寧回京治罪，更名爲塞思黑（滿語「豬」）。同年八、九月間，更將允禩、允禟分別處死於保定和京城。對於經略西北、手握兵權的撫遠將軍十四弟允禵，最先是召還京師，命留景陵待大祭。三年三月，宗人府劾允禵前爲大將軍時，苦累兵丁，侵擾地方。次年，即將之禁錮於壽皇殿。

解決了皇八子黨之前後，清世宗還把鬥爭的鋒芒指向了權臣年羹堯、隆科多等人。

年羹堯，漢軍鑲黃旗人，早在康熙時期即已是雍邸的私人，其妹又是清世宗之妃。康熙末年，歷任川陝巡撫、總督十餘年。後又繼允禵爲撫遠大將軍。在此期間，他出兵西南邊疆屢有戰功，對處理青海諸部和陝西、雲南、四川三省邊外諸少數民族的有關事宜，發揮了一定的作用。但他身擁重兵，獨攬陝、甘、川三省軍政大權，儼然成爲割據一方的勢力。他隨意任用私人，被稱爲「年選」，每遇文武員缺，必拔擢其私人親信，根本不把吏、兵兩部放在眼裏。如年羹堯的家僕桑成鼎累官至直隸守道，家僕魏之耀也署爲副將。陝、甘、川三省府、州、縣官及軍隊將官之中，不乏其黨羽私人。他還依仗各種關係，把其他地方如直隸、湖廣、江蘇等經濟、政治重地的督、撫置於自己的控制之下。

他擅作威福，專橫跋扈，視同級官員爲下屬，甚至目無皇權。如「妄襲允禵之例，與將軍、督撫擅用令諭，書官書名」。皇帝「出入墊道，而年羹堯出入亦必墊道」，「皇上進饌稱用膳，而年羹堯亦稱用膳」。雍正二年，他進京途中，直隸總督李維鈞、巡撫范時捷竟然對他行跪接禮。

他還採用科派軍需、開例捐納、販賣經商等手段，中飽私囊，聚斂資財。僅倒賣楠木等一次就獲利數十萬兩。他以巨萬贓私分別寄匿於保安、西安、鎮江等地。僅直隸一省就在「保定、滄州、涿州、房山、深澤」等州縣強占或受賄大量房產。

年羹堯之所以如此鋒芒畢露，不可一世，除了仗恃擁立世宗有功外，還因爲朝中有隆科多爲其同黨。隆科多是赫赫有名的佟氏家族的主要成員。他的姑姑孝康章皇后是康熙皇帝的生母，姐姐孝懿仁皇后是雍正皇帝的嫡母，所以康熙時，尊稱隆科多的父親佟國維爲「舅舅佟國維」；雍正時，又尊稱隆科多爲「舅舅隆科多」。康熙末年，隆科多身爲提督九門步軍巡捕營統領、理藩院尚書，掌握京師衛戍大權，權勢甚重。康熙皇帝臨終時，召受顧命，爲總理四大臣之一和吏部尚書，是唯一的「承旨」人，於清世宗嗣位起了關鍵作用，倍受寵信。但他恃元舅之親，擁立之功，和年羹堯朋比爲奸，形成了一股很強的勢力。他們野心勃勃，慣於耍弄兩面手法，表面上支持清世宗同「皇八子黨」的鬥爭，而暗中則企圖把允禩集團的黨羽搜羅到自己的門下。

對於他們的攬權樹黨，貪贓枉法，清世宗早有察覺。雍正二年，清世宗曾對河督齊勒爾說過：「近日隆科多、年羹堯大露作威福攬權勢光景，朕若不防微杜漸，此二臣將來必至不能保全」。但他們並不以此爲戒，反而愈加恃恩驕恣。三年四月，清世宗不得不下令：年羹堯「怠玩昏憒，不可復任總督，改授杭州將軍」。各省督撫紛紛上章揭發年羹堯的罪證。不久清世宗又罷年羹堯將軍，授閒散章京，以至盡削其職。同年十二月，逮至京師，議政大臣、三法司、九卿以其大逆不道，欺罔貪殘，題奏其大逆、欺罔、僭越、狂悖、專擅、忌刻、殘忍、貪黷、侵蝕等九十二款大罪。清世宗念「年羹堯青海之功，不忍加極刑」，責令自殺。

年羹堯朋黨案發之後，隆科多仍有意擾亂，竭力爲之隱瞞。五年，終以大不敬、欺罔、紊亂朝政，黨奸、不法、貪婪等四十一款重罪，被判永遠禁錮。六年六月，死於暢春園禁所。

清世宗打擊「朋黨」，其鬥爭性質是統治集團內部政治權力之爭，但就其客觀結果而言，卻無疑起到了加強皇權的作用，使中央集權進一步得到強化。

五、軍機處的設立

清初內閣事權雖輕，但到底還是一個「表率百僚」（《乾隆會典》卷二）的法定國家機構，對皇帝獨裁是一個限制，而議政王大臣會議更有這種影響；這就勢必使要求擴大君權的皇帝感到礙手礙腳，使之不得不設法解決這一問題。早在清聖祖在位時，即已出現這種行動——南書房之設。康熙十六年十月，清聖祖於宮內設置了南書房，「揀擇詞臣才品兼優者充之」。（《嘯亭續錄》卷一〈南書房〉）這是一個人數不定的非正式的御用機構，除陪伴皇帝賦詩填詞、寫字作畫外，主要是秉承皇帝旨意，起草詔令。發佈諭旨和處理機密奏章。這些入值官員，名叫「南書房行走」，他們不分品級，從尚書到編修，檢討都可充任，但都是皇帝的親信，原則上都應是翰林出身。南書房的出現，使部分機密政事由處於皇帝身邊、從而便於皇帝控制的這一機構來處理，這對皇權的加強顯然是大爲有益的。但是，更進一步地削奪內閣和議政王公大臣會議的權力，卻是雍正時期軍機處的設立。

雍正六年（一七二八年），西北發生準噶爾部上層分子的叛亂，清朝用兵西北。爲了解決軍需物資的準備等有關事宜，急需專門班子，於是清世宗從內閣中挑選親信可靠的中書組成了一個新的機構「軍需房」。這就是軍機處的開端。軍需房成立後不久改爲「軍機房」，又將「房」改爲「處」。葉鳳毛在《內閣小記》中記載這個過程說：「時西北兩路出師征策妄，戶部別立軍需房，司官翁藻主之。於是襲其稱，亦曰『軍需房』。漸易爲『軍機房』，漸又以『房』爲『處』。」軍機處的辦公處所，「始設於乾清門外西偏。繼遷於門內，與南書房鄰，在隆宗門內之北。」（《養吉齋叢錄》卷四）關於軍機處成立的確切時間，清代史書中沒有統一記載。軍機房是因對準噶爾用兵設立的，而雍正六年準噶爾叛亂，七年二月，清派分兩路出兵征討，這時內閣中就有幾個人管理這方面的機密文書，所以軍機房的設立應是雍正七年。

軍機處有兩種人員，一是軍機大臣，二是軍機章京。他們都是帶著原來的官銜來兼做軍機處的工作，無論軍機大臣還是軍機章京都只是一種差使，而不是一種官職。因此，「大小無專官」，成爲軍機處的一個顯著特點。

軍機大臣，通稱「大軍機」，雅稱「樞臣」，「兼用滿漢大員」。（《樞桓記略》卷七）其名額向無定員，多寡全憑皇帝隨時決定。從《清史稿・軍機大臣年表》記載看，初僅三人，後增至四到八人。由親王、大學士、尚書、侍郎或京堂充任。他們中間常以品崇資深者爲領班（滿語為達拉密），俗稱爲「首樞」、「首揆」、「揆席」，其餘的軍機大臣也依照品秩聲望的不同排定不同的次序。實質上他們互不爲屬，各自辦理皇帝交辦的事宜而單獨向皇帝負責。軍機大臣的全稱叫「軍機處行走」或「軍機大臣上行走」，初入者或資歷較淺的，則爲「在軍機大臣上學習行走」，過了一段時間之後再去掉「學習」二字。

軍機章京是軍機大臣的手下辦事人員，互相間有「堂司統屬」關係。（《清朝續文獻通考》卷一一八）軍機章京俗稱「小軍機」，亦叫「軍機處司員」。最初其人數無定額，「揀部曹、內閣侍讀、中書舍人等僚屬」充任，這些人皆年富力強、才敏筆捷。嗣後滿漢章京各定爲十六人，分班值日，「周而復始，直日即兼直夜」，「凡直日者爲本班，不直日者爲幫班。」

軍機處的職掌很廣泛，史稱「內而六部卿寺，暨九門提督、內務府太監之敬事房，外而十五省，東北至奉天、吉林、黑龍江將軍所屬，西南至伊犁、葉爾羌將軍、辦事大臣所屬，迄於四裔諸屬國，有事無不綜匯。」而將之加以分析，主要的可說有如下幾項：

(1)、幫助皇帝擬寫上諭和處理奏摺

軍機處要根據皇帝的指示擬寫上諭，它共分兩類，一類是沒有機密性的，包括「巡幸、上陵、經筵、蠲賑及內臣自侍郎以上，外臣自總兵、知府以上黜陟調補，暨曉諭中外」等方面的內容。另一類是具有機密性的，包括「誥誡臣工、指授方略、查核政事、責問刑罰之不當」等方面的內容。前者在擬寫完畢並被皇帝核准後「交內閣，以次交於部、科」，因而稱為「明發」。後者不交內閣，而是由軍機處密封後交兵部，「用馬遞」發出，所以稱為「寄信」。凡需軍機處代皇帝起草批示的奏摺，都要根據皇帝的指示辦理，隨摺而下的諭旨也分「明發」和「寄信」兩類。其封函方式也有不同。寄信各件，根據情況緩急要分別不同的寄發速度，「其遲速皆由軍機司員判明於函外，曰『馬上飛遞』者，不過日行三百里」，有緊急的則另判日行里數，或四五百里，或六百里，並有六百里加快者。

(2)、參預官員任免事宜

凡文武大小官員，上至大學士、六部尚書、各省督撫，下至道府州縣的官員，以及將軍、都統、領隊大臣、辦事大臣、參贊大臣等，其特旨簡放者，均由軍機大臣開列名單，交皇帝決定。（參見鄧之誠〈談軍機處〉，載《清史雜考》）

(3)、參與科舉考試的有關事宜

每遇科舉考試，其會試的主考官等，由軍機大臣開列名單，考試題目由軍機大臣擬出交皇

帝審定，殿試時核對筆跡等責任也由軍機大臣承擔。（參見劉子揚〈清代的軍機處〉，載《歷史檔案》一九八一年二期）

軍機處是個特殊的政治機構。它地處內廷，接近皇帝居住的地方，辦事機密，而且一切活動均在皇帝的直接授意和嚴密監視之下，大大方便了皇帝的控制。軍機處辦公無衙署，僅有值房，無專官，只有差遣，具有極大的臨時性，並且入直軍機處的人員完全由皇帝根據自己的意志來挑選，皇帝交給政務軍機處才有事可做，皇帝不予交辦，軍機處就無權可用。在這種情況下，軍機處的人員便絕對形不成與君權抗衡的力量，只能做皇帝的附庸工具。

軍機處成立後，清朝皇帝之下的中樞權力發生了轉移。原先內閣有權處理機要政務，奏章也先到內閣，由內閣票簽後才交皇帝審批，內閣的意見對皇帝必然發生不小的制約作用。這時內閣被完全排斥於機密政務之外，所處理的只有通過題本上行下達的例行事務，內閣大學士雖然品秩很高，而如果不入軍機處兼任軍機大臣，就唯有空名，而無實權。史稱「世謂大學士非兼軍機處，不得為真宰相」。向來享有議政大權的議政王大臣會議，這時也不起作用了。議政王大臣變成為一個「虛銜，並無應辦之事，殊屬有名無實」。到乾隆五十六年十月，就連這個虛名也給取消了。上述一切表明，軍機處設立之後，君權得到極大提高，專制主義中央集權發展到了一個空前階段。不僅超過了順康時期，而且比明代專制主義中央集權制度也有提高。明太祖朱元璋廢中書省、罷大都督府，集軍政大權於一身，但因沒有找到適當的常設機構，所以持續時間比較短。而清世宗卻找到了軍機處這一得心應手的工具，從而使高度的君主專制能在清朝長期維持。這標誌著的封建專制主義從此到了高度發展的階段。

第二節　賦役制度的改革

一、清初的田賦和丁役

清初和其他朝代一樣，以「田賦」（也稱地稅）和「丁役」（也稱丁銀）合稱地丁作爲國家的主要稅收，稱爲「正賦」。所謂「田賦」，就是土地所有者按地畝多少向國家繳納的地稅。《清朝通典》卷七載：田賦徵收數量，依照明萬曆年間舊例；全國平均每田納銀約三分九釐有奇，糧一升一合有奇。而由於地區、土質等方面的差異，實際上具體徵收銀兩時，有極其繁雜不齊的現象。如山西省民地有的每畝科糧五勺零，有的每畝科糧三升五合零，懸殊甚大。所謂「丁役」，根據清朝的規定：「凡載籍之丁，六十以上開除，十六以上添注，丁增而賦隨之。」（《熙朝紀政》卷三〈紀停編審〉）就是說自十六歲到六十歲的男丁（稱壯丁）每年要向政府無償地負擔一定的傜役。《清朝文獻通考》卷十九「戶口考」：「直省丁傜多寡不等，率沿明代之舊，有分三等九則者，有一條鞭徵者，有丁隨地派者，有丁隨丁派者。」由此可知，清朝前期的丁役也是多半沿用明朝的辦法，各省的徵收制度和對象不盡同，但都主要徵收銀兩。「其科則，輕則每丁一分數釐，重則山西之丁有四兩者，（甘肅）鞏昌有八九兩者。」（《熙朝紀政》卷三〈紀停編審〉）清代除民丁之外，還有軍丁、匠丁、竈丁、屯丁、站丁等實際上和一般民丁沒有多少差別。清初正賦的額數雖不爲高，但正賦之外，另有種種名目的「附加稅」。如有所謂「耗羨」，亦稱「羨餘」或「火耗」。這是藉口漕糧解運過程中有損耗、散碎銀子收繳上來後熔鑄成整塊銀錠時有傷損，因而於正額外另外多收的一種附加稅。清初的地方行政開支，實際上有許多項並沒有正式列入國庫財政項目，如官員的私人支出以及奉承上司、修造衙門等，大都仰賴耗羨作爲來源。如當時各級文武官員的俸祿比較低，正一品官，年俸銀僅三百餘兩，祿米百餘石；知縣爲正七品官，年俸銀不過數十兩，祿米二十餘石。顯然，這樣低的薪俸，遠遠不能維持各級官僚及其家屬奢侈豪華的生活。這便需要通過收取耗羨來解決問題。清聖祖曾於康熙四十八年諭河南巡撫鹿祐說：「所謂廉吏者，亦非一文不取之謂。若纖毫無所資給，則居常日用及家人胥役何以爲生。如州縣官止取一分火耗，此外不取，便稱好官。若一概糾摘，則屬吏不勝參矣。」（《熙朝紀政》卷三〈紀耗羨歸公〉）

除耗羨附加外，清政府還巧立名目，多端苛索。如順治十八年康熙皇帝上臺後，財政虧空頗巨，兵餉所欠甚多，於是下令加派練餉，照明季舊冊，每頃加徵銀一兩，全國共加徵五百七十餘萬兩。康熙十二年以後，以勘定三藩，度支不繼爲理由，大開捐納以補軍餉。其中康熙十三年至十六年共捐知縣五百餘人，共收銀二百餘萬兩。康熙十五年，又「以軍需浩繁，國用不足，始稅天下市房。不論內房多寡，惟計門面間架，每間稅銀二錢。」二十年，「以國用不儉，江南撫臣慕天顏疏請再徵房稅一年」，「市鎮城郭門面，平屋每間徵銀四錢，樓房每間徵銀六錢，天下皆然。惟山西以旱災特免。」此外，清政府向人民勒索的辦法還有所謂徵鋪戶、徵荒田、徵代編等，真是名目繁多，舉不勝舉。

地區性的「私派」更是五花八門，無奇不有。安徽建造房屋要加派，「蓋瓦屋一楹，歲徵一兩五錢」。湖南在徵收錢糧時，有一種私派，闔邑通里，共攤同出，名叫「軟抬」，「每糧一石，加派至四五錢不等」；另一種是各里各甲輪流獨當，名叫「硬駝」，「每糧一石，加派至四五兩不等」。

名目繁多的附加稅及各種苛索造成了勞動人民「不苦於賦，而苦於賦外之賦」的狀況。正如湖南偏沅巡撫趙申喬所說「百姓憔悴，虐政已非一日，而害民尤甚者，莫如私派。」（《趙恭毅公剩稿》卷六〈禁革私派重耗示〉）

二、「攤丁入畝」

自明萬曆年間行一條鞭法開始，已經把一部分丁銀挪向地畝徵派，出現了賦役合併、役歸於地的傾向。但丁銀從未取消，而且數額仍然相當大，直到清初這仍是國家的主要收入之一。清初各地丁銀的攤派總額，同整個賦役總額一樣，是以萬曆年間的辦法為依據的。但是自萬曆以後，由於連年戰禍，社會生產力遭到嚴重破壞。各地情況發生了很大變化，因此到清初各地徵收數額與實際負擔能力之間出現了很大的距離。爲了逃避沉重的丁銀負擔。豪強紳衿往往與官府相勾結，將之轉嫁到一般農民身上，這便造成了負擔不均十分嚴重的結果，使丁銀顯得更加沉重不堪，如山東有「田連阡陌而全無一丁者，有家無寸土而承辦數丁者」；蘇、松兩府，「名爲僉報殷實，竟不稽查田畝」。有的地方田已賣掉，但仍負徭役；「有田連阡陌，或投津要而盡免，或憑土豪，或布金錢而役輕，勢不得不以中人小戶充之。始而及於百畝之家，既而數十畝，甚而數畝之家亦派，分釐必辦」。（《閱世編》卷六〈徭役〉）爲了生存，貧苦農民只好以逃亡來表示對於丁銀負擔沉重不堪的抗議。地方官向上繳不了帳，就用「包賠」的辦法進行搜括，即將逃亡的人丁銀額攤派到現有人丁的身上。這無異於飲鴆止渴，更增加了問題的嚴重性。很清楚要想真正解決問題，清政府必須找出切合實際的辦法來。

清政府爲了解決戶丁失額的嚴重情況，最初除了頒佈一系列有關安定生產的政策，招來流亡人丁以彌補失額外，同時還進行了人丁增審。這無疑有一定的積極作用，招撫政策促使大批流亡人丁回到農業生產上來。但其增審人丁的辦法，並不能收到理想的效果。因爲它增審人丁的最終目的，就是把勞動人民控制起來，爲國家完糧服役，而各級官員爲「博戶口加增之名，不顧民之疾苦，必求溢於前額，故應刪者不刪，不應增者而增。」（陸隴其《三魚堂外集》卷一〈編審人丁議〉）這樣必然會存在著很大的虛假和浮誇，其結果是重新引起人民的逃亡，各階級各階層之千方百計隱匿人丁，也成爲與之相伴隨的必然現象，丁口數字當時總是清查不出確實的數目。如康熙二十四年，「總計直省人丁二千三百四十一萬一千四百四十餘人」，到康熙五十年，總計「直省人丁二千四百六十二萬一千三百三十四口」，時間相隔了二十六年，僅增一百二十餘萬人。這種情況的出現，主要是戶籍紊亂，無法詳實統計造成的。康熙五十一年，清聖祖在上諭中就談到了這個問題：「朕覽各省督撫編審人丁數目，並未將加增之數，盡行開報。……朕凡巡幸地方，所至詢問。一戶或有五六丁，止一人交納錢糧；或有九丁十丁，亦止二、三人交納錢糧。」

康熙末年至雍正年間，清政府在通過反覆探索之後終於找到了解決丁銀徵收和防止人丁登載不實的比較切合實際的辦法，這便是「滋生人丁，永不加賦」和「攤丁入地」。清王朝於康熙五十一年（一七一二年）規定，以五十年的人丁數（人丁二千四百六十二萬，丁銀三百三十五萬餘兩）作為每年徵收丁銀的根據，以後「滋生人丁，永不加賦。」康熙在諭旨中說：「今海宇承平已久，戶口日繁，若按見在人丁加徵錢糧，實有不可。人丁雖增，地方並未加廣，應令直省督撫，將見今錢糧冊內有名丁數，勿增勿減，永為定額。其後所生人丁，不必徵收錢糧，編審時只將增出實數查明，另造清冊題報。」

「永不加賦」把丁稅負擔的總數凍結下來，是有一定的進步意義的。它堵塞了封建政府以丁稅為名目向人民無限制地加重剝削的途徑。但它並沒有解放丁役負擔不均的問題。因為它沒有免除按每戶人丁數目確定徵收數量的丁銀，而每戶的人丁經過一定的時間要發生生死的變化。雖然規定：「缺額人丁以本戶新添者抵補，不足以親戚丁多者抵補，又不足以同甲糧多丁頂補。」（《熙朝紀政》卷三〈紀停編審〉）但是，這種除補是很不容易做到的，地主豪紳們可以勾結官府營私舞弊，使丁稅負擔大部分落在貧苦農民身上。因此，「滋生人丁，永不加賦」的政策，在防止農民的逃亡和穩定丁銀徵收上，仍不夠理想。「攤丁入地」（也叫「攤丁入畝」、「地丁合一」、「丁隨地起」）即因此而出現。

所謂「攤丁入地」，即指廢除單獨徵收人口稅，將原來徵收的丁銀全部攤入土地稅內按畝合併徵收。清朝早在順治時，就有人提出和採用過「以田（糧）載丁」的丁銀科派方法。康熙二十年直隸巡撫于成龍，也看出賦役不均在於「田與丁分」，「丁分三等，役定九則」，主張在樂亭縣實行「富戶正供之外，所增無幾，而貧者永得息肩」的「均田均丁」方法。（《嘉慶樂亭縣志》卷四〈田賦〉）「滋生人丁，永不加賦」詔諭的頒佈，在一定程度上促進了「攤丁入地」的推行。康熙五十五年，御史董之燧奏請，「行令直隸各省地方官，確查各縣地畝若干，統計地丁、人丁之銀數若干，按畝均派」。（《乾隆江南通志》卷六八，〈食貨〉、〈田賦〉）當時雖以「部議不便更張而止」，但卻促使朝廷作出了凡「買賣地畝，其丁銀隨地起者，即隨地徵丁，儻有地賣丁留，與受同罪」的規定。這無疑是推動了「攤丁入地」的實行。同年戶部議准：「廣東所屬丁銀，就各州縣地畝攤徵，每地銀一兩，攤丁銀一錢六釐四豪（毫）不等。」「丁隨地起，見於明文者，自廣東始。」（《熙朝紀政》卷三〈記丁隨地起〉）在此前後四川省也實行了「丁隨地起」。

雍正繼位後，針對康熙末年各省庫項虧空的嚴重情況，加緊了對吏治和錢糧的整頓。這一行動，促進了各級官府對錢糧管理的重視，同時也在一定程度上推動了「攤丁入地」的實行。

元年（一七二三年）六月，山東巡撫黃炳奏請朝廷，「將東省丁銀援照浙省之例，攤入地畝輸納」，清世宗沒有採納，但無疑已引起了他的思考。當同年七月直隸巡撫李維鈞也請求將「丁銀隨地起徵」時，清世宗的回答已改爲：「此事尚可少緩，更張成例似宜於豐年暇豫民安物阜之時，以便熟籌利弊，期盡善盡美之效」。（《硃批諭旨・李維鈞奏摺》，雍正元年七月十二日）戶部議覆：「應如所請，於雍正二年爲始，將丁銀均攤地糧之內。」康熙末年廣東、四川之實行攤丁入地屬於試辦性質，而清政府之訂出正式法律條文則是在雍正元年，而實際推行是二年從河北省開始。雍正二年至七年，這一制度先後在福建、山東、河南、雲南、浙江、甘肅、江蘇、安徽、江西、湖南、廣西、湖北等全國絕大部分省份，陸續實行。只有個別省分拖延了很久才推行，如山西省從乾隆元年開始直到道光十四年，才將丁銀全歸地糧，是全國拖得最長的一個省份。

攤丁入地的徵收辦法，大多數地區是以府或縣爲單位，把康熙五十年應徵的丁銀總額，按畝分攤到田賦中去。即「以各邑丁糧均派入各邑地糧之內，無論紳衿富戶，不分等則，一例輸將」。所攤數字，大體上是納一兩銀子的田賦，攤入一、二錢丁銀，即原納田賦一兩的，改納一兩一、二錢。如山東省地賦一兩攤丁銀一錢一分五釐；直隸省每畝地賦攤入丁銀二錢二釐；最高的湖南省有些縣分地糧一石徵丁銀高達八錢六分一釐不等。一般說來，地多丁少的省份，地畝攤丁銀率較低；丁多地少，人口密集的地區，地畝攤丁銀率較高。

攤丁入地這一制度的實行，使人口稅在中國歷史上絕跡了，這是封建社會走向後期，國家對人民的人身控制逐漸削弱的標誌。中國歷代封建王朝的賦稅，主要是按地畝和丁口徵收，這樣真正從事農業生產的廣大勞動人民所受的損失很大，而擁有大量土地的地主人口稅支出卻很少。因爲丁稅的對象是壯丁，而地主家裏壯丁數目不會太多，其應納稅額和土地收入比較起來是一個很有限的數字；而農民只靠壯丁勞動，少有土地，在其對政府的整個負擔中，人口稅要占很大的比重。同時農民如果交不出丁稅就必須服役，而服役一、二天，路上往返就需很多天，時間、精力、財力都有很大耗損。所以徭役對勞動人民是一個沉重的負擔。可見，通過攤丁入畝取消人口稅，對農民是一件有利的事。另外，攤丁入畝的實行，在一定程度上簡化了稅收的原則和手續，這也減輕了勞動人民的負擔，保證了國家的財政收入。山西道監察御史戈濤說：「丁糧合辦，在無地有丁者，既免追呼之憂；即有丁有地者，亦省輸納之煩。吏胥不能藉編審爲奸，小民亦不至川勾稽爲累，其法簡約均平，天下稱便」。（《皇清名臣奏議》卷五六，戈濤〈請山西丁糧一體合辦〉）直隸總督李紱亦稱攤丁入畝將「丁役悉均於糧。於是，戶役之徵，下丁弗擾，視條鞭之法愈益簡明」。（李紱《穆堂初稿》卷三一，〈畿輔户口志序〉）由於地主階級地多丁少而勞動人民地少丁多，攤丁入地之後原由農民負擔的一部分稅額便被分攤到地主的身上。不過所增數量並不爲多，對他們來說是完全負擔得起的。這正如河南巡撫田文鏡所說：「如此則地多之家，力能輸納，而無地之民，得免完丁之累矣」。（田文鏡《撫豫宣化錄》卷二〈題請豫省丁糧按地輸納以均賦役事〉）

「滋生人丁永不加賦」和「攤丁入地」實行以後，丁稅勞役俱免，人們不再需要以逃亡和隱匿的辦法逃避丁銀，這不僅有利於經濟的恢復和發展，而且促進了人口出生率的提高。康熙五十年（一七一一年）全國人口統計數為二千四百六十多萬，乾隆二十九年（一七六四年）全國人口達到二億零五百五十多萬，嘉慶二十四年（一八一九年）便超過了三億。即使是考慮到康熙五十年以前人口有大量隱匿不報的情況，還是可以從中看出當時中國人口驚人的增長速度。

三、耗羨歸公與養廉銀制度

清初的耗羨徵收越來越多，康熙末年，陝西省州縣火耗，每兩正額有加二三錢者，有加四五錢者；山東火耗更甚，每兩加至八錢，民不聊生。河南亦然。耗羨之大量加徵，妨礙正額錢糧的如數完納，並且也嚴重腐蝕官僚隊伍，使其貪婪的慾望更為發展，侵吞國庫之事在在發生，從而造成了國庫錢糧的嚴重虧空。如雍正二年戶部庫帑虧空之數，竟達二百五十萬兩之巨。

清世宗對耗羨弊病，深有察覺，因而決心改革。雍正元年（一七二三年）五月，湖廣總督楊宗仁提出建議：「令州縣於所得加一耗羨內，節省二分，解交藩司，以充一切公事之費，此外絲毫不許派捐」。清世宗立即表示，「所言全是，一無瑕疵，勉之」。次年，山西巡撫諾岷、布政使高成齡首創耗羨歸公法，奏請「直省錢糧，正供之外，向有耗羨，雖多寡不同，皆係州縣入己。但百姓既已奉公，即屬朝廷之財賦。臣愚以為州縣耗羨銀兩，自當提解司庫，以憑大吏酌量分給，均得養廉。且通省遇有不得已之費，即可支應。」清世宗當即發廷臣討論，要他們「平心靜氣，秉公持正會議。」左都御史、吏部尚書朱軾、吏部侍郎沈近思等一些要員大吏提出反對意見。清世宗很不滿意，指斥他們「所見淺小，與朕意未合」，（《清世宗實錄》卷二二，雍正二年七月丁未）決意讓諾岷等在山西推行。以後便逐漸推向了全國。

耗羨歸公之制實行後，官吏們被規定的養廉銀數字相當大，較之俸祿，多至數十倍，制定養廉，即是加俸。如總督兼尚書銜者爲從一品，不兼者爲正二品。而總督養廉銀，多者若陝、甘、雲、貴，達二萬兩；少者若浙、閩、四川，亦至一萬三千兩，其中大多數在一萬五千兩至一萬八千兩之間。又如七品知縣，養廉銀多者三千兩，少者也有六百多兩。養廉銀儘管數字很龐大，但既沒有增加朝廷的財政開支，也沒有增加人民的負擔，因爲它只是將原先的由地方官私派加徵，改變成正式法定途徑加以徵收。而在這一改變過程中，規定出了各級官吏根據職務高低應從耗羨中所得的份額，這就使州縣官員加耗再多，也不能留給自己，從而使其不會因此而去無限制地加大抽取數額。另外，耗羨的徵收和提取都有了一定的數額規定，這比原先地方官吏加耗無定額、支用無章法的情況，對人民來說，終歸要較勝一籌。

從實行耗羨歸公以後的實際情況來看，各省徵收的耗羨數量，確實也普遍有所減少。如大學士鄂爾泰等曾說：「耗羨之制，行之已久。徵收有定，官吏不敢多取，計已定之數與策定之前相較，尚不逮其半，是跡近加賦實減徵也」。（《清史稿》卷一二一〈食貨志〉）耗羨歸公後，地大糧多之縣，火耗甚微，有的正銀一兩，加耗僅三分，一般是加一錢至二錢，只有個別地方是加三錢。

耗羨歸公之前，耗羨是由州縣官吏逕行收取，督撫司道等上司的日用之費，要賴於州縣饋送，官場的各項規禮，皆向屬員索要。這樣，上下級之間的行政隸屬關係，不得不嚴重地受到這種不正常的經濟、依賴關係的牽制。下屬儘管肆虐不法，而上司卻難以處治，這成爲當時吏治不清的一個重要原因。而實行耗羨歸公之後，這種現象就能加以改變了。清世宗說：「自行此法以來，吏治稍得澄清，閭閻咸免擾累。」這也是這一改革的一個重要進步作用。

耗羨歸公制度實行後，還在沒有增加勞動人民負擔的情況下，實現了國庫增盈。禮親王昭槤說雍正時「倉廩亦皆充實，積貯可供二十餘年之用。」（《嘯亭雜錄》卷一，〈理足國帑〉）軍機大臣阿桂亦說：「康熙六十一年國庫存銀八百萬兩，雍正中激增至六千萬兩，雍正後期西北兩路用兵，動用大半，乾隆初還存二千四百萬兩」。

耗羨歸公改革，不愧是一個有利於社會的進步措施，是清世宗講求實際的思想作風的表現之一。但封建制度發展到清代，已經完全衰落了，官僚制度的敗壞，使耗羨歸公制度的積極因素還沒有充足顯示出來，就逐漸向壞的方向發展了。許多地方官吏在法定加耗成數之外，額外加徵，或者別立新的稅名，到了清代後期這種現象就更爲嚴重了。

第三節　西南地區改土歸流

一、清代的土司制度

我國歷史上的土司制度，作爲西南少數民族地區的一種地方行政組織形式，始於元而完備於明。毛奇齡的《蠻司合志》說：「歷代迄今各有大姓爲領袖，……皆雄長其地，呼嗾群族，特未嘗建設州司，隸之銓選，如所稱土官土司者；唯有明踵元舊事：悉加建設……於是土司之名興焉。」魏源在《聖武記》中亦稱：「在宋爲羈縻州，在元爲宣慰、宣撫、招討、安撫、長官等土司」。元憲宗三年（一二五三年），忽必烈攻占大理，建立行省，並控制了西南地區其他各部族。但是，由於各少數民族強烈反抗，殺官抗稅鬥爭事件不斷發生，使蒙古統治者在這些地區難以直接委派官吏。於是，便改行「招撫」之策，下令「能率所部歸附者，官不失職，民不失業」，並在當地開始設立蠻夷官，史稱土官或土司。明代「踵元舊事，大爲恢拓」，凡「西南夷來歸者，即用原官授之，其土銜號曰宣慰司，曰宣撫司，曰招討司，曰安撫司，曰長官司。以勞績之多寡分尊卑之等差，而府州縣之名亦往往有之」。（《明史》卷三一〇，〈土司〉）明代在大量分封土司土官的同時，並陸續制定了有關土司的襲替、等級、貢獻、徵調等一系列辦法，土司制度得到了進一步發展。

順治元年（一六四四年），清軍入關建立全國性政權後，由於集中力量鎮壓漢族人民的反清鬥爭和撲滅三藩之亂，對西南少數民族未能建立起鞏固的統治，仍舊通過土司進行統治。對各土司，清政府極力招撫，清朝皇帝反覆宣佈：「所有土司等官及所統軍民人等皆朕遠徼臣庶」，「有歸順者，俱加意安撫」，還下令「刊刻榜文，遍行傳諭，使土司等眾知」其「軫恤遐陬臣民之意」。這種招撫政策，對於穩定西南地區的政治局面、恢復各族人民的正常生活，收到一定的積極效果。康熙二十年平定三藩以後，清政府又陸續頒佈了有關土司的一些政令，逐步形成了比明代更完備的土司制度，其基本內容包括：

一、關於職銜：清代的土司職銜基本上因襲明制，凡土著貴族歸附者，即以原官授給。但土司職銜比明代更多。其官職有文職武職之分。文職官，有土知府、土同知、土通判、土推官、土經歷、土知事；土知州、土州同、土州判、土吏目；土知縣、土縣丞、土主簿、土典史；土巡檢、土驛丞等官。隸屬於吏部驗封司，而由當地府、廳、州、縣管轄。武職官，有宣慰使、宣撫使、安撫使、招討使、長官司、副長官司及同知、副使、僉事、千戶、百戶、百長等官，隸屬兵部武選司，而由各省督撫、大臣等分別管轄。

二、關於承襲：清代土司的承襲，也大致沿用明代的辦法。凡土司故去、革職或年老有疾不能視事者，其子繼承之時，需要經王朝中央吏部「驗封司委官體勘，別無爭襲之人，明白取具宗枝圖本，並官吏人等結狀，呈部具奏，照例承襲，移付選部附選，司勳貼黃，考功附寫行止，類行到任，見到者，關給劄付，頒結誥敕。」（《明會典》卷六，〈吏部五·土官承襲〉）在承襲之際，由於主管官員措置失當，常在各少數民族中引起怨望和紛擾；一些地方官吏則又趁機從中漁利，應襲或爭襲之人，為了得到繼承權，也對他們進行賄賂。由此，土司世襲的狀況十分紊亂，成爲邊疆地區政治穩定的極大威脅。清政府爲杜絕這種現象，對土司承襲的辦法又作了更詳細的規定。如嚴格區分宗支嫡庶。規定應承者，先是嫡子嫡孫，無嫡子嫡孫者，以庶子庶孫承襲，無子孫者，以其弟或族人承襲，族無可襲者，或妻或婿有爲「土民」所服者，也准承襲。上述次序，必須遵行，不能越序。如發現「承襲之人有宗派不清、頂冒、陵奪各弊，查出革職，具結之鄰封土舍，照例議處。」（嘉慶《大清會典事例》卷四百六十九，〈兵部〉）再如清初還規定承襲者應親身赴部，由部核明，方准承襲。

三、關於貢納，這是土司對封建王朝的經濟義務。明代各土司除向所在省的布政司納賦之外，並向朝廷進貢，開始爲每年一貢，後改爲三年一貢，入京進貢的貢品有馬、象、孔雀尾、寶石、象牙、犀角、各種土布以及各種鳥獸、奇花異草等等。所有這些貢品方物，有的並不產於當地，而是輾轉用高價求得的。明代因爲強索貢品，曾多次引起人民的反抗鬥爭。清代鑒於明代納貢弊病，免貢實物，將各種貢品折成銀兩。如貢馬一匹，初定折銀十二兩，以後因國家徵購驛馬，每匹定爲八兩。土司向清王朝所繳納的貢賦，和明代相比，並不爲重。但由於地方官員的敲許勒索和各地土司假借貢賦之名，額外濫徵私派，百般苛索，使人民的負擔要增加很多倍。

四、關於土司領地範圍的規定。各土司既經授職而仍領舊疆之後，即應「世守地方，保境安民」，不得互相兼併土地。西南少數民族地區發展至清代，由於地主經濟的發展。出現了土地買賣，清王朝爲防止土司擴大領地，採取限制辦法，不僅不允許土司隨便強占土地，就是出錢購買也被視爲非法。

二、改土歸流

土司制度這種區域性的特殊統治形式，是西南湖廣、雲南、貴州、廣西、四川等地區少數民族封建領主制形成與發展過程中的產物。是封建王朝在民族發展不平衡的西南地區所採取的一種民族政策。早期對少數民族地區的社會生產曾起過有益的作用。但隨著該地區社會生產力的增長，這種以世襲爲主要內容的土司統治形式，越來越顯示出它對社會發展的阻礙作用。

一是各土司土目都是大大小小的封建領主，他們依賴分封、世襲特權，對人民進行殘酷的農奴制壓迫和剝削。土司統治下的人民毫無權利，人身依附關係非常嚴格。正如趙翼在《檐曝雜記》中所說：「凡土官之於土民，其主僕之分最嚴，蓋自祖宗千百年以來，官常爲主，民常爲僕」。土官霸占著轄區的土地，有至高無上的特權。他們從政治上「虐使土民，非常法所有」，（《檐曝雜記》卷四，〈黔中倮俗〉）甚至「取其馬、牛，奪取子女，生殺任情，土民受其魚肉，敢怒而不敢言」。土司對人民在經濟上的剝削也極爲殘酷。土司往往藉貢賦之名，從中百般苛索。如清政府給烏蒙土司規定的徵收錢糧不過三百餘兩，但不法土官祿鼎乾「取於下者百倍，一年四小派，三年一大派，小派計錢，大派計兩」。（《聖武記》卷七〈雍正西南夷改流記上〉）勞動人民除了戰時被土司編爲武裝被迫爲之打仗外，平時凡土司家的一切開支，諸如食米、煙火、喪葬、娶嫁、夫馬等費，無不被迫供應，甚至「土司一娶子婦，則土民三載不敢婚。土民有罪被殺，其親族尙出墊刀數十金，終身無見天日之期」。如此野蠻的剝削方式和嚴格的人身隸屬關係，顯然是社會前進的羈絆。

二是出現了許多轄地百里，擁兵數萬，割據一方的大土司。由於土司勢力的膨脹，除了彼此互相仇殺、爭奪外，還日益與封建王朝鬧對立。許多土司不僅拒絕履行規定的職責和義務，而且還不斷發動反對中央朝廷的武裝叛亂。如康熙初年，雲南迤東土司祿昌賢、王耀祖叛亂，兵至數萬，連續攻占城邑，整個雲南爲之震動。這一切不僅加重了人民的兵役、徭役、錢糧等負擔，也形成了西南邊疆地區不安定的一個重要因素。

三是以世襲、割據爲主要特點的土司制度，到清代前朝，已經成爲調整統一多民族國家行政區劃的極大障礙。在明朝初期，明太祖略定邊方，未下滇而先平蜀，置四川布政司，招服各土司頭目，故將原屬雲南管轄的烏蒙、烏撒、東川、芒部四軍民、府等改隸四川，而這些土府領地無一處不距四川遙遠，而與雲南、貴州比鄰相近，壤土相接。如「東川與滇一嶺之隔，至滇省城四百餘里，而距四川成都千有八百里。」一旦有事，四川官府鞭長莫及，難於駕馭。明代曾多次想改變這種局面，如嘉靖年間，「命東川兼聽雲南節制」，但基本狀況未能改變，其形勢一直是各土司「滇黔有可制之勢，而無其權；四川有可制之權，而無其勢。」這種現象一直拖延到清朝初年，也未發生根本的變化。這種混亂狀態，與清王朝鞏固國家統一，穩定邊疆局勢的大政方針，顯然是格格不入的。而這種狀態之所以長期不得改變，顯然與土司之具有較大的相對獨立性有關。

康熙中葉以後，由於專制主義中央集權進一步加強，西南少數民族地區封建地主經濟也比明代有了更進一步發展，從而使大規模的廢除落後的土司制度、改用流官即推行「改土歸流」成爲可能。

清代的改土歸流早在康熙時期即已開始。但大規模的進行是在雍正時期。雍正四年（一七二六）春，清政府以鄂爾泰巡撫雲南任雲貴總督事。同年鄂爾泰向雍正皇帝奏請改土歸流，建議「欲百年無事，非改土歸流不可」，清世宗立即表示支持。雍正四年夏，鄂爾泰命曲尋總兵劉起元，帶領官兵進駐東川，一切土目盡行更撤，完全置於流官統治之下，繼而進圖烏蒙。此時，土知府祿萬鍾年少，土府軍政大權皆握於其叔祿鼎坤手中。鄂爾泰招降祿鼎坤，並委爲守備，令隨官軍去土府召喚祿萬鍾。但祿萬鍾受制於主文劉建基、楊阿臺，他們不僅不讓祿萬鍾出來，並約鎮雄土兵三千圍攻祿鼎坤於魯甸，鄂爾泰遣游擊哈元生將之擊敗。祿萬鍾母子逃鎮雄，土府一空。十二月哈元生等進駐烏蒙。鎮雄土知府隴慶候才十五歲，兵權掌握在其叔隴聯星及主文范紹淹、紐紐巴等人手中。鄂爾泰後招降隴聯星，祿鼎坤也以兵三千協助圍攻鎮雄，兩土府頭目皆逃往四川，官軍進駐鎮雄。前後不過一個月，兩土府患平，清在烏蒙設府，鎮雄設州。至此，東川、烏蒙、鎮雄三大土府改流事基本完成。在此前後雲南還有麗江土府、威遠土府、鎮沅土府、沾益土州等相繼廢除土司，代之以流官。

與此同時，清朝還在貴州東南無土司的地區，以撫剿並用的手法進行地方官的建設。如經過對長寨、九股河、丹江、八寨、清水江、古州等地的用兵，先後在廣闊的「苗疆鬮地」派駐地方官，設置了長寨廳、清江廳、松桃廳、八寨廳等政權機構。

對廣西是「先改土司，次治土目」。雍正五年，鄂爾泰收泗城土府岑映宸敕印，以流官代之。十年革思明土府職，置明江廳。同年改歸順土州爲流官，隸鎮安府，後改直隸州。

在改土歸流迅速發展的形勢下，還有一些地區的土司迫於時勢，交印納土，自己呈請改土歸流。如湖廣的「容美宣慰司稍用兵，而永順宣慰司彭氏則自請獻土，優獎回籍。」這樣從雍正四年至九年的五、六年中，在貴州、雲南、廣西、四川、湖廣等省範圍內，有大量的土司被廢除，代之以流官，「蠻悉改流，苗亦歸化」。到雍正十三年縣、長官司以上的土司被改流的已達六十多個。乾隆年間，清政府又藉平定大、小金川土司叛亂的機會，把四川西北部的土司廢除，改用流官。

清政府在改土歸流時，分別不同情況，對土司作了不同的處理。除懲治首要外，其餘的有被遷徙到省城或內地，有的以流官錄用。此外在改土歸流地區，又增設營汛、建造衙署，設立保甲，稽查戶口、清理錢糧、丈量土地、建立學校、設置書院、修築道路，從此在政治、經濟、文化等各方面，實行了比以前更爲嚴密的統治。

三、改土歸流的影響

主要在雍正年間開展的清代改土歸流活動，具有非常重要的歷史意義。

首先，雍正年間改土歸流是從清初到康熙年間，清中央政府為削除割據，強化中央集權，鞏固邊陲的統治的結果，不僅增強了當地少數民族同周圍地區民族的聯繫，而且也防止了不法土司「無事近患腹心，有事遠通外國」的騷擾活動。從而鞏固了邊防，促進了國家政治上的統一。

其次，改土歸流以後，西南地區土司的封建領主特權被取消了，代之以地主經濟的政治代表——封建王朝的直接統治。這不僅是一場區域性政治體制方面的改革，而且使生產關係得到了一定的調整，人身依附關係削弱了，土民的人身取得了一定的自由。原來被土司占有的大量土地，除酌情留給土司一部分外，大部分被官府沒收，有的賜給官吏，有的歸還原耕種農民使用，在湖南龍山和貴州興義等地，廢除土司以後，甚至任民自由占田。農民私有的土地，只向官府納糧，地主的土地也只要向官府呈報，便發給執照，承認為其所有，「永為世業」。同時，清政府還鼓勵開荒，如「於雲貴交界之平越及安順」，「墾辟汙萊，焚烈山林，久荒之土，畝收數倍」。在改土歸流過程中，清政府還查免無名雜差，禁止苛派陋規，實行統一的稅收政策。農民的實際負擔和改土歸流與前相比，確實有所減輕。

第三，原先在土司控制的區域，政治上割據一方，經濟上閉關封鎖，各地土司都有名目不同的苛重稅課，有的土司自立關稅，層層抽剝，致使各族人民之間的互相交往和通商貿易受到種種限制，嚴重阻礙著各族生產力的發展和社會進步。一些偏僻山區，直到清初，仍然處在刀耕火種的階段。改土歸流以後，各地土司限制各族人民互相往來的規定被打破了，其妨礙通商貿易的各種東西也被陸續廢除。於是各族人民之間的來往不斷增多，其他民族，特別是漢族的農業先進生產技術和經驗，因而得以傳入這些地區。像對土壤、氣候適應性很強的苞穀和洋芋等作物，就在這時經過漢族農民之手傳到了西南少數民族之中。一些手工業生產技術和經驗，像製鐵、燒窯、紡織等，這時也得以在這裏傳播開來。由於農業、手工業生產的提高，西南少數民族地區的商業也較前興盛起來。如在湘西一帶「苗疆分界之地設立市場，一月以三日爲期，互相交易」，對各地往來客商「給與印照」，「驗照放行。」雲南麗江的茶葉貿易和黔東、湘西的木材交換，都比從前有較大的發展。

清初的改土歸流除了上述進步的歷史作用外，還有應予注意到它的局限性。首先清朝統治者在實行這一改革時，其目的完全是爲了維護自己的統治，因此並不是很徹底的。府州級的大土司雖然被廢除，而下面的土舍、土目不少的仍然被保存下來，並且在廢除土司的同時，又設置了一些新的土司，土司制度的殘餘一直延續到清末。其次在改土歸流中或以後，由於官吏的橫暴和對人民的掠奪，曾不斷激起少數民族人民的反抗。但總的來看，這次大規模的改土歸流，進步作用遠遠大於消極影響，在我國統一的多民族國家的發展進程中，它的歷史功績是不容忽視的。

第九章 清高宗繼位和統一多民族國家的鞏固和發展

第一節 清高宗繼位及其對邊疆地區的經營

一、清高宗繼位

雍正十三年（一七三五年）八月，胤禛卒，四子弘曆即帝位，是爲清高宗，明年改元爲乾隆元年。

乾隆在清代諸帝中，是一個頗有政治抱負、很有作爲的人。自繼位以來，他處處以乃祖康熙爲榜樣，乾綱獨斷，事必躬親，大半生勤於政事，每日召見大臣，披閱奏章，寒暑無間。趙翼在回憶他在軍機處任官時的見聞寫道：「上（指乾隆）每晨起必從卯刻（早上五、六點鐘），長夏時天已向明，至冬月才五更盡也。……上自寢宮出，每過一門，必鳴爆竹一聲，余輩在直舍，遙聞爆竹聲自遠漸近，則知聖駕已至乾清宮，計是時尙需燃燭寸許始天明也。余輩十餘人，閱五、六日輪一早班，已覺勞苦，孰知上日日如此。然此猶尋常無事時耳，當西陲用兵，有軍報至，雖夜半亦必親覽，輒召軍機大臣指示機宜」。（《檐曝雜記》卷一）趙翼這番話雖然不無頌諛的成份，但多少反映出乾隆前期勵精圖治的一個側面。甚至到了晚年，乾隆仍沒有完全脫離政治舞臺，這種勤於政事的精神，同前明許多皇帝的高拱深居、萬事不理，是一個鮮明的對照。

乾隆注意總結前朝的統治經驗教訓，他認爲康熙多有寬縱之弊，雍正多有嚴刻之弊，爲此，在他上臺之後，他的施政方針是寬嚴相濟，標榜一個「中」字。他在乾隆元年二月的上諭中指出：「治道貴乎得中，矯枉不可過正。皇祖時臣下多有寬縱之弊，皇考時臣下多有嚴刻之弊。……朕惡刻薄之有害於民生，亦惡縱馳之有妨於國事。」在三月的上諭中又說：「天下之理，惟有一中，中者，無過不及，寬嚴並濟之道也。」乾隆在他的政治實踐中，是體現了這種寬嚴相濟的精神的。一方面繼續嚴禁朋黨，打擊諸王和權臣的勢力，加強思想文化的箝制，深文周納，屢興文字大獄，使文人士子、各級官吏爲之惶惶不安，奉命惟謹；另一方面，爲了鞏固政權，穩定封建秩序，他又運用懷柔手段，極力籠絡漢族地主官僚及知識分子，安撫黎民百姓，以緩和社會矛盾。

乾隆所採取的一系列政策，總的說來是有效的。它加強了皇權，緩和了緊張關係，減輕了民間負擔。後人記載：「高宗登極，所布詔令，善政絡繹，海宇睹聞，莫不蹈舞」。（陳康祺《郎潛紀聞二筆》卷二）「純皇帝即位，承憲皇帝嚴肅之後，皆以寬大爲政。罷開墾、停捐納、重農桑、汰僧尼之詔累下，萬民歡悅，頌聲如雷。」（昭槤《嘯亭雜錄》卷一）這些評價並不都是臣下的頌諛之詞，乾隆帝的施政受到各階層人士的稱讚和擁護。這時期，是清史上所謂的「康乾盛世」。在這個歷史階段，清王朝政權鞏固，國家統一，經濟繁榮，文化昌盛，出現了封建社會末期前所未有的興旺局面，而乾隆一朝正是這個「盛世」的頂點。

乾隆統治的時間很長，做了六十年皇帝，他所制定和推行的政策，不僅在當時而且對後世，甚至對近代中國都留下深刻影響。其中對邊疆地區的開拓經營，就是一個重要的方面。

二、準部上層分子叛亂的徹底平定和伊犁將軍的設置

雍正五年（一七二七年），準噶爾部首領阿拉布坦死，子噶爾丹策零代領其眾，繼續對清朝採取敵對立場。雍正七年，對策零用兵。

乾隆十年（一七四五年），策零死，準部發生內亂，貴族之間爲爭奪汗位「互相殘殺」，「篡奪相尋」。達瓦齊在阿睦爾撒納支持下取得汗位。阿睦爾撒納係厄魯特蒙古輝特部台吉，是個有野心的人，他對達瓦齊的支持是另有所圖的。「準噶爾台吉乃綽羅斯世傳，伊系輝特，勢不能遽行竊踞，遂以達瓦齊爲奇貨，誘助攻殺，伊得從中取事。」不久兩人發生利害衝突，阿睦爾撒納力不能敵，遂於乾隆十九年（一七五四）冬，率部「款關內附」，歸順清朝。達瓦齊「族貴而無能」，終日「飲酒高臥」，不理政事。又「屢因派兵多事，屬人甚爲窮迫」，厄

魯特各部人民「無不離心解體」，「人人嗟怨」。杜爾伯特三車凌「集族謀曰：依準噶爾非計也，不如依天朝為永聚計」。他毅然率所部三千餘戶一萬多人，離開額爾齊斯河牧地，進入內地，歸附清朝。乾隆親自在承德接見三車凌，盡知準部內部虛實。在乾隆看來，平定準部割據勢力是康、雍兩朝的未竟之業，「準噶爾一日不定，則其部曲一日不安。」而國家統一也無從實現，於是決定利用準部內亂時機，再次用兵。乾隆二十年春，遂以班第為定北將軍，阿睦爾撒納為定邊左副將軍，由烏里雅蘇臺出北路。以永常為定西將軍，薩拉勒為定邊右副將軍，由巴里坤出西路，約期會於博羅塔拉河，兩路軍各二萬五千，馬七萬匹。清軍勢如破竹，準部渠帥望風奔潰。清軍直搗伊犁，達瓦齊棄城率殘部逃往格登山，復為清軍所敗，遂南走回疆，往投烏什，為城主霍集斯擒獲。為慶祝這一勝利，乾隆命令在格登山樹碑紀功，並親撰碑銘文字。達瓦齊後來被解送北京，乾隆不加罪，封以親王，配以宗室之女，留住京師。

達瓦齊平定後，阿睦爾撒納的分裂野心開始暴露。清朝原打算在平定伊犁之後，採取「眾建以分其力」的方針，把厄魯特四部「封為四汗，俾各管其屬」，以削弱準部割據勢力。阿睦爾撒納一心想作「四部總台吉，專制西域」。在進軍伊犁途中，即奏請要求印文，招降「伊犁特台吉屬人。」藉以擴充自己的勢力，但遭到拒絕。乾隆指出阿睦爾撒納的要求「是其欲取多人占地方之意已經微露，似乎平定準噶爾會為伊一人集事。」密諭薩拉勒對阿睦爾撒納「務須留心防範，慎勿任其所行」。為了防止阿睦爾撒納獨斷獨行，乾隆還指示班第「凡事宜會同辦理」，「一切勿令彼先行獨辦」然而阿睦爾撒納卻處心積慮擴大自己的權勢，並一再聲稱：厄魯特四部「若無總統之人，恐人心不一，不能外禦諸敵，又生變亂。」提出在平定伊犁之後，「於噶爾丹策零親戚中，不論何姓，擇眾心誠服，解御哈薩克、布魯特者，公同保奏，俾頒其眾」。實際上是迫使清廷收回封厄魯特四部為四汗的成命，以實現其任四部總汗的政治野心。進駐伊犁後，阿睦爾撒納圖謀割據製造分裂的野心更加暴露，凡事獨斷獨行，不受節制，不穿清朝官服，不用清朝官印，而「私用噶爾丹策零小紅鈐記」。行文各部，隱以總汗自居。他四處招兵買馬，擴充實力，陰謀發動武裝叛亂。乾隆二十年八月，阿睦爾撒納以為時機已經成熟，悍然發動叛亂。清軍留守兵力單薄，班第兵敗自殺，薩拉勒被俘。二十二年，乾隆命成兗札布、兆惠等率軍平叛。阿睦爾撒納兵敗逃往哈薩克，繼而又投奔沙俄。叛亂至此被徹底平息。

事後，清朝設將軍、參贊大臣及領隊大臣，分駐伊黎等地，加強了對天山北路的統治。

清朝平定準部叛亂是一場維護統一戰爭，是與國內各民族之間聯繫日益密切的歷史趨勢相適應的，戰爭的結果，鞏固了西北邊疆，有力地遏止了沙俄和英國殖民勢力的入侵。清朝在對準部的戰爭中殺戮很慘，殃及無辜，凡「山陬水涯，可漁獵資生之地，悉搜剔無遺」遂使數千里內無人煙。

三、對回部的戰爭

天山南路為維吾爾族聚居，均奉伊斯蘭教，因名其地曰「回部」。噶爾丹勢力強大時，回部受其統治，噶爾丹失敗後，當地維族宗教領袖瑪罕木特掌握了南疆的管轄權。策妄阿拉布坦崛起，南疆被其征服，瑪罕木特做了俘虜，與其子布那敦（大和卓木）和霍集占（小和卓木）被拘禁於伊犁。乾隆二十年（一七五五年），清軍攻克伊犁，時瑪罕木特已死，布那敦被遣回葉爾羌，霍集占仍留在伊犁，分別管轄天山南路的維族人民。當阿睦爾撒納叛清之時，霍集占曾相附，後事敗，霍集占逃到葉爾羌，與布那敦會合，妄圖割據南疆。清朝派兵鎮壓。乾隆二十三年，清兵攻入回疆，霍集占等率兵頑抗，戰爭持續一年零四個月。由於大、小和卓木「虐用其民，厚斂淫刑」，失去人民的支持。另外，哈密和吐魯番等地的封建主，爲了自身的利益，也站在清朝一方，反對大、小和卓木。清朝廷充分利用了維族內部的矛盾，進行分化瓦解，乾隆二十四年夏，清軍大舉進攻喀什噶爾和葉爾羌，霍集占等不敵，棄城走死於巴達克山。

事平，次年清朝即在喀什噶爾設置參贊大臣，管轄天山南路，直接受伊犁將軍節制。又在葉爾羌、阿克蘇等十一城分設辦事大臣、領隊大臣。各地的維族伯克仍繼續管理本族事務，但權勢已大大削弱。從此，清朝進一步鞏固和加強了對天山南路的統治。

四、土爾扈特來歸

土爾扈特是蒙古厄魯特四部之一，原遊牧於額爾齊斯河流域，十七世紀初，準噶爾勢力日益強大，意圖兼併土爾扈特，迫使土爾扈特西遷，遠徙至伏爾加河下游。十八世紀二十年代以來，受到俄國擴張勢力的控制和迫害，思歸故土。「土爾扈特重佛教，敬達賴喇嘛，而俄羅斯尚天主教，不事佛。以故土爾扈特雖受其役屬，而心不甘，便歸向中國。」（何秋濤《朔方備乘》卷三三〈土爾扈特歸附始末〉）康熙時表貢不絕。康熙五十一年（一七一二年）四月，圖理琛奉命遠道出使土爾扈特。十八世紀中葉，沙俄在對外擴張的戰爭中，逼迫土爾扈特人充當炮灰，死者七八萬，而且還進而「令十六歲以上盡赴敵，是欲殲滅土爾扈特之人。」這種可怕的滅族之災迫使土爾扈特斷然擺脫沙俄的控制，於乾隆三十五年（一七七〇年），在首領渥巴錫率領下，重返中國。他們突破重重阻撓，忍受了巨大犧牲，行程萬餘里，歷時八個月，終於在次年六月回到新疆伊犁。乾隆對此事十分關切，作了妥善安置，賑以米麥、馬牛羊、茶、布、棉裘之屬，用帑二十萬兩，使他們在祖國的故土上「皆安居得所」。同年九月，乾隆在承德接見了渥巴錫，並同往普陀宗乘之廟瞻禮，這在當時是一種很高的禮遇。乾隆封渥巴錫爲卓理克圖汗（蒙古語英勇之意），以表彰他的功績。自此以後，漠西厄魯特蒙古全部統一於清朝中央政府的管轄之下。

在土爾扈特回到祖國一年後，沙俄竟照會清政府，要求將土爾扈特遣返俄方，否則將「兵戈不息，人無寧居。」公然以武力相威脅。清政府斷然拒絕了俄方的無理要求，嚴正指出：「土爾扈特渥巴錫等，與爾別一部落，原非屬人。」「自準部入居爾境，爾國徵調繁苛，不堪其苦，率眾來投」。至於「或以兵戈，或寧和好，我天朝惟視爾之自取而已。」「大皇帝推欲安撫眾生，必不肯輕信人言即廢和好。如爾等欲背棄前議，則亦聽之」。表明了清政府願與鄰國和好，但決不屈服於武力威脅的嚴正立場。

五、對大小金川的用兵

大小金川在四川西北部，爲藏族聚居地區，以產金得名。清初設安撫司統治其地。乾隆十二年（一七四七年），大金川土司莎羅奔叛亂，清朝派兵鎮壓。莎羅奔依險設卡，憑石碉頑抗，後兵敗出降，但久而復叛。乾隆三十一年（一七七六年），大小金川聯合反清，清朝再次出兵，戰爭持續十年之久，清軍三易軍帥，耗餉七千萬兩，至乾隆四十一年（一七六六年），才將大小金川平定。事後，清朝於該地設美諾廳（後改懋功縣），阿爾古廳，直接由四川省管轄，四川西北部諸土司隨之逐步改土歸流，這些措施對改變當地的落後閉塞面貌產生了積極影響。

六、駐藏大臣的設置和《藏內善後章程》

康熙末年以來，在準噶爾的煽動下，西藏上層分子的叛亂時有發生。爲了加強對西藏的管理，雍正五年（一七二七年），清朝派正、副大臣二人，代表中央政府，分駐前、後藏，這是清朝在西藏正式設立駐藏大臣的開始。乾隆十五年（一七五〇年），藏王朱墨爾特又一次發動叛亂，叛亂不久被平定，清朝隨後廢除了藏王制，在達賴之下設立噶廈，管理地方行政，以四噶布倫分理政事。

乾隆五十六年（一七九一年），廓爾喀入侵西藏，進攻日喀則，清朝派福康安統軍入援。事平，福康安等奏定《藏內善後章程》，對西藏的政治、軍事、經濟等各方面進行了重大改革。其中最重要的是極大提高了駐藏大臣的職權。《章程》明確規定駐藏大臣督辦藏內事務，地位與達賴喇嘛、班禪額爾德尼平等。自噶布倫以下，各級地方官員與管事喇嘛等，都屬駐藏大臣管轄。「事無大小，均應稟命駐藏大臣辦理」。（《衛藏通志》卷一二條例）上述西藏各級地方官員的任命，也由駐藏大臣會同達賴喇嘛揀選，分別奏補揀放。達賴喇嘛、班禪和其它大小呼圖克圖靈童轉世時的「金瓶掣籤」儀式，也由駐藏大臣親臨監督，然後呈報中央政府批准，方爲有效。其它如審查財政收支、春秋巡視國境，主持西藏地方的對外交涉等，都有駐藏大臣負責。與此同時，清朝還著手整頓西藏兵制，「給錢糧口糧，加以訓練」。（《欽定廓爾喀紀略》卷四七）鑄造銀幣，統一貨幣的成色與折算比價，永遠禁止外幣在西藏流通。限制租稅的預徵和烏拉的攤派等等。清朝在西藏所施行的這次改革，不僅進一步密切了西藏與中央政府的關係，全面加強了清朝對西藏地方的統治，而且改善了西藏的統治、經濟狀況，有利於鞏固西南邊防，具有重要的意義。

七、中國現有疆域的進一步奠定

康、乾時期的統一邊疆的事業成就很大，統一邊疆是在一個全盤戰略部署下，有計畫有步驟進行的長期的行動，並且基本上達到了預期的目的。就廣度說，除元明外，其它王朝從未取得如此的成就；在深度上，清朝對邊疆地區從政治、經濟、文化、宗教等方面所採取的嚴密措施，在封建時代也是空前的。

康乾時期的邊疆地區的經營，對確立近代中國的版圖有重要意義。我國今天的疆域規模基本上是在元代奠定下來，邊疆廣大地區雖然歷史上早就成爲我國版圖的一部分，但歷代封建王朝，多把邊疆地區的民族看成化外之民，實行所謂羈縻政策，統而不治。在上述地區建立一整套的、行之有效的、嚴密的行政管理制度，並由中央政府直接派遣官吏去進行監督管理，那是到了清代康乾時期才全面完成的。當時我國的疆域比以往任何時候都更加明確，更加穩定，和更加鞏固。

乾隆時期清朝管轄的範圍，包括稱爲「本部」的十八省，以及稱作「藩部」的內蒙古、青海蒙古、喀爾喀蒙古、唐努烏梁海、西藏、新疆等廣大地區。當時，我國的疆域北至恰克圖，南至南海諸島，西至蔥嶺巴爾喀什湖，東至黑龍江庫頁島。幅員之廣，軼於明世。清朝成爲當時世界上有數的、亞洲最大的、繁榮強盛的統一國家。

第二節　清代前期邊疆地區的開發和人民生活的提高

清朝前期由於國家的統一和經濟的繁榮，便利了邊疆地區和內地各族人民之間的交往，促進了邊疆地區的開發和少數民族社會的進步和人民生活的提高。

一、邊疆地區的開發

東北地區是滿族和漢、蒙各族雜居的地區，明末戰亂，遼東人口急驟減少。天啓二年（一六二二年），廣寧失陷，明朝軍民大批向關內潰逃。「山海關門四晝夜不闔，軍民潰入者且二百八十萬矣。」一六年，全遼淪陷，入關退路被遮斷，明朝臣民襁負而至朝鮮者「前後數十萬」，遼東人口幾至一空。清軍入關後，滿洲部眾紛紛「從龍入關」，使這個地區人口更加稀少。順治年間，遼河兩岸沃野千里，有土無人。「自瀋陽至卜奎（今齊齊哈爾），中間數百里無居民，晝則孑行，夜則露宿」。

面對人口流散、田地荒蕪的殘破局面，清朝不得不採取積極措施，招集流亡，恢復生產。順治十年（一六五三年），頒佈遼東招民開墾授官例，獎勵關內漢人來關外開墾。但到康熙初年，卻又藉口保護所謂「龍興」重地，悍然把東北劃爲禁區，限制漢人出關。不准漢人在關外多墾一畝，增居一戶。以後雍正、乾隆兩朝也都曾經厲行封禁政策，「三年一清戶籍，凡非土著者例逐之使歸。」另一方面，又加重流民的賦稅，「照內地賦則酌增，」「以杜流民占種之弊。」

禁令雖嚴，但漢人出關仍舊絡繹不絕。山東、山西、河南、河北等地的窮苦農戶，為生活所迫，衝破清朝政府的重重阻撓，出口覓食，冒禁開墾，「呼朋引類，日積日多」。（《宣宗實錄》卷二五〇）漢人大批出關開墾是當時東北經濟開發的需要，旗人雖擁有大片土地，但「素未習耕」，「或僱覓長工，助其力穡」。（《清朝續文獻通考》卷八）這些長工大半是來自關內的漢人。地方官吏為了自身增加剝削收入，對封禁並不熱心，「總以該流民等業已聚族相安，驟難驅逐為詞，仍予入冊安插」。乾隆十一年（一七四六年）上諭，指責奉天府尹霍備「漫不查禁，致出關人數增至數萬，尚然不知」。這種現象決不是個別的。

漢人成批到關外從事開墾、傭工和貿易活動。據統計，乾隆六年奉天各屬新編人口僅有一萬三千八百餘人，到四十六年，就增加到三十九萬餘人。雍正初年奉天各屬旗地、民田共八萬五千三百餘頃，到乾隆四十五年間就增加到十五萬六千七百餘頃。其它吉林、黑龍江等地的人口和墾田數也有明顯增長，隨著土地的墾殖，經濟的開發，人口的增長，長春、吉林、寧古塔等城鎮逐漸形成，其中吉林昔日原為船廠，「建木為城，倚江而居」。康熙時已是「中土流人千餘家，西關百貨湊集，旗亭戲館，無一不有」。（楊賓《柳邊紀略》）

由於清朝推行民族隔離政策，蒙古地區長期以來亦處於封禁狀態，但是大批漢族勞動人民，為生活所迫，仍然從內地越界出口外謀生。康熙時，古北口外「各處皆有山東人，或行商，或力田，至數十萬人之多」。熱河以北，清初原無漢人定居，乾隆末年已集聚五十多萬人。漢人從內地向口外遷徙墾荒，是不可抗拒的歷史趨勢，到嘉慶時，清朝不得不承認這個既成事實，蒙古各地「准其招民（指漢人）開墾」。

蒙古地區歷來以畜牧為主，農業生產十分落後，「歲易其地，待雨乃播，不雨則終不破土，故歲飢恆多」。「布種輒去，不復顧，逮秋復來，草莠雜獲，計一畝所得，不及民田之半」。熱河一帶，蒙人「既播種，則四出遊牧射獵，秋獲乃歸，耕耨之術皆所不講，謂之靠天田」。隨著漢人大批流入，帶來內地的先進生產技術和生產工具，逐步改變了當地農業的落後面貌，使生產有很大提高，耕地面積不斷擴大。農業的發展對於畜牧經濟起了良好的調劑和促進作用，牧民們無需再像過去那樣通過互市等途徑從中原地方換取各種農產品，而可以在本地區就近得到糧食、飼料以及其它農產品的補給。

與此同時，漢、蒙兩族人民的貿易往來也更加發展，歸化、張家口、多倫諾爾等城鎮都在這一時期興起。歸化城在康熙時已是人煙稠密，商賈雲集，至乾隆時更另建新城，成為塞外一大都會。張家口也成了，「凡內地之牛馬多取於此，賈多山右人，出口率以茶、布兌換」的重要城市。

新疆天山南北廣大地區，長期以來，維族和漢、蒙、滿各族人民共同屯墾，帶來了生產的發展和經濟的繁榮。

清朝為解決邊疆駐軍的軍食問題，早在康熙末年，於內蒙古科布多、烏蘭古木等地辦起了軍屯。其後，甘肅、青海、新疆等地處處興屯，其中新疆的屯田規模最大，經濟效益也最顯著。

新疆的屯田有種形式：（一）軍屯，目的在於提供軍糧。每屯兵百名，每人耕地二十畝，官給籽種牛具。屯兵都是攜眷永屯，絕大多數是綠營兵。乾隆四十年（一七七五年）統計，新疆有屯兵一萬三千九百名。四十二年，天山南路兵屯墾地六萬餘畝，北路達二十二萬七千餘畝。（二）民屯（戶屯），招募內地漢人來新疆開墾，收取屯租。每戶授田三十畝，自備籽種牛具，每歲徵銀五分，或佃糧八升。據乾隆四十年統計，新疆各地戶屯墾地達七十餘萬畝。戶屯只限於天山北路。（三）商屯，招商承墾土地，一面屯墾，一面經商。「邊民眼賈牽牛出關，至輒辟草萊，長子孫，百無一反。」（四）回屯，集中在伊犁地區，屯戶都是來自烏什、葉爾羌、和闐、哈密、吐魯番等地的回民，計戶不計丁，計籽種不計畝。乾隆三十三年統計，共有六千三百八十三戶。（五）遣屯（犯屯），內地囚犯流放新疆屯田，每人授田二十畝，官給籽種牛具，每歲納糧六石。遣犯屯種人數每年約二千五百人。（六）旗屯，由伊犁惠遠、惠寧兩城駐防之滿、蒙、錫伯、索倫、察哈爾、厄魯特等八旗兵丁組成，一兵耕地三十四畝，永為世業，自耕自食，不納糧租。

清代新疆屯墾是鞏固邊疆的一項重要措施。軍事的部署與屯墾的興設結合在一起，以軍興屯，以屯餉軍，凡是軍事駐地，只要自然條件可能，都設立軍屯，特別是允許駐軍攜帶家屬，並分給耕地的辦法。這既能促使軍兵安心戍守邊疆，又能解決家屬的就業，有利於農業生產的發展。新疆屯田的又一特點是軍屯、民屯同時發展，而在民屯當中，各族人民互相交錯。各族人民在農業生產和商品交換中密切聯繫，有利於民族的融合。以邊防軍的駐守抵禦外來侵略，以各族人民的團結合作爲其後盾，這對鞏固西北邊疆具有重要戰略意義。

新疆的屯墾收到了很好的效果，首先是保證了軍糧的供應，自興屯以後，新疆駐軍口糧基本上得到保證，軍隊作到糧食自給，節省遠途運輸的勞費，減輕了人民的負擔。其次是屯墾帶來了邊疆的開發和繁榮。屯墾促進了當地的水利建設，在軍墾的組織下，集體的勞動大軍，在水利建設中所能發揮的作用，遠非同數量的分散的個體勞動者可比。由於軍屯、民屯互相交錯，爲軍屯而興建的水利，對民屯也帶來好處。另外，爲屯墾的需要而輸入了生產工具和生產技術。內地來的大批移民，不僅補充了當地勞動力的不足，更重要的是帶來了中原地方的先進農業技術，這對迅速改變當地農業落後面貌起了重要作用。

農業的發展帶來了經濟的繁榮，境內村莊、店鋪、城鎮、臺站的興起多如雨後春筍。新疆的許多著名城鎮，諸如烏魯木齊、鎮西、巴里坤、鞏寧、惠遠、阿克蘇等，都是在這個時期發展起來的。乾隆三十七年陝甘總督文綬在巡視新疆各地後奏稱：「巴里坤、鎮西城關內外，商賈畢集。」「烏魯木齊商賈輻輳，比之巴里坤城更爲殷繁」。新的商業城市正在形成，烏魯木齊和附近的迪化、鞏寧，「市廛迤邐相屬，肩摩轂擊，比於吳會之風。」「伊犁九城，惠遠最大，廣衢容五軌，布魯特人驅牛羊十萬及喀喇明鏡等物入城互市，易磚茶、繒布以歸。西方行賈者，以所有易所鮮，恆多奇美，民用繁富。」其它如阿克功蘇地方，中外商民鱗集星萃，「每逢集朝，則人摩肩，車擊轂，貨如雲屯，竟日喧嗔」呈現了過去不曾有過的繁榮景象。

臺灣在鄭成功統治時期已有開發，清朝統一臺灣後，進一步密切了臺灣與內地的聯繫，大陸漢族人民不斷遷入臺灣，帶來先進的生產工具和生活技術，對當地農業的發展有很大推動作用。高山族「亦知從稼穡爲重，凡社中舊答埔地皆芟刈草萊，墾闢田園。有慮其旱澇者，亦學漢人築圳，從內山開掘，疏引溪流，以資灌溉。片隅寸土，盡成膏腴。」一些地區「耕種如牛車、犁、耙，與漢人同。」

清代臺灣與大陸之間的商業貿易也有很大發展。高山族人民時常「與漢人交易鐵器、火藥，以爲捕鹿之具。」漢人則以「珠、米、烏青布、鐵」等物品，換取高山族的土特產「鹿脯、鹿筋、鹿皮、卓戈紋。」土人「善織罽毯，染五色狗毛雜樹皮爲之，陸離如錯錦，質亦細密，四方人多欲購之，常不可得。」

在文化教育方面也有新氣象，清朝在臺灣境內設立了許多學校，鼓勵高山族子弟入學。「肄業番童，誦經讀書，習課藝，應有司歲科試，駸駸乎禮教之鄉矣。」不難看出，漢族文化的傳播，對於改變當地人民的文化落後面貌起了積極作用。

二、少數民族的社會經濟文化生活

(1)、蒙族：主要分佈在大漠南北，以及新疆、青海等地。蒙族的經濟活動以畜牧為主。入清以來，由於在蒙古地區興辦軍屯，尤其是由於大批漢人流入墾荒，促進了當地農業生產的發展。

蒙古王公、台吉與寺院上層喇嘛占有大片土地、牧場和畜群，廣大牧民——阿拉特則一無所有，封建壓迫和剝削十分殘酷。

蒙族在科學文化上有過重要貢獻。著名科學家明安圖所著《割圜密率捷法》一書，在數學上有很高學術價值。醫學以治療創傷和接骨最著名，並傳至內地。藥劑學上也有成就。史學著述有《大元盛朝史》、《額爾德尼脫卜赤》、《蒙古世系譜》、《綏服紀略》等，是研究蒙古、新疆、西藏等地史地的重要書籍。在語言文字方面，編纂了許多部蒙古語辭典和多種民族文字對照合編的大辭典，如《蒙古旨要》、《蒙文匯書》以及《三合便覽》等，都很有價值並廣為流傳。

(2)、藏族：清代藏族主要分佈在西藏高原及四川、雲南、青海、甘肅等地，生產以農業為主，畜牧業為輔。藏族的農奴制度十分殘酷，農奴主和農奴是藏族社會的兩大對立階級，農奴隸屬於各自的領主，他們沒有土地，也沒有人身自由。農奴除了交租之外，更主要的是承擔各種繁重的勞役——烏拉。農奴受到種種非人的待遇。

藏族地區普遍保持著政教合一的封建統治體系，地方政權掌握在僧俗封建領主手中，他們占有大片土地和畜群，對廣大農牧民實行野蠻統治。

藏族有著悠久的文化傳統，藏醫精針灸、按摩，尤其是獸醫有獨到之處。藏族有自己的曆法，從五行陰陽與十二生屬紀年，一年分四季，十二月，每月大建三十日，小建二十九日，一般三年置一閏月，推算精確。布達拉宮建築宏偉壯麗，顯示了藏族人民的智慧和創造力。藏戲也別具地方色彩，耐人尋味。

(3)、回族：清代回族封建地主經濟有了較大發展，並產生了以宗教掩蓋著的大教主兼大地主的封建剝削制度——門宦制度。

回族分佈全國各地，除從事農牧業外，不少人從事工商業。他們所經營的工商業多半同特有的生活習俗相連，局限在飲食、鮮貨以及製革、皮毛、香料、膏藥、珠寶玉器等行業，活動面比較窄。在西北和雲南，回族商人有同印、緬等國的貿易交換活動。也有的在我國邊疆內地之間，用馬幫、駱駝隊從事商品運輸活動。另外，西北黃河上的筏工和挖金礦的「沙娃」中都有不少回民。

回族有較高的文化，由於回、漢雜居和使用漢族語文，給回族的發展和進步提供了便利條件。回族工匠在製香、製藥、製革以及礦冶技術上都有較大成就。另外，回回學者在介紹和傳習西亞的天文曆算、醫藥等學術文化方面也有突出作用。馬世駿是清代著名畫家，丁澎、丁景鴻、丁瀠皆有詩名，號「三丁」。

(4)、維吾爾族：主要分佈於新疆天山南路。生產水平發展較高，在清代有發達的農業、手工業和商業。農業使用鐵製工具，注重水利灌溉，講求耕作技術。畜牧業也很盛，有大片牧場。手工業以絲棉紡織最發達。礦產資源豐富，金、銀、銅、錫、鐵、硫礦、硝、玉、水銀等都有開採。其它釀酒、製革、造紙等行業也很普及。商業繁榮，有定期市集——八栅爾，有不少地區已發展成爲商業城鎮。

維族的封建統治階級是大小和卓（宗教領袖）和各級伯克（行政長官），他們享有種種特權，占有大片土地、畜群，對農民進行殘酷壓迫和剝削。入清以來，伯克的權勢受到限制並削弱。

維族文化藝術發展水平較高，有自己的文字和曆法。十八世紀阿布都熱依木・都扎爾寫的《熱碧亞—賽丁》是一部有名詩作。維族能歌善舞，且長於製造各種樂器。

(5)、苗族：主要分佈在湖南、貴州、雲南、四川、廣西、廣東等地。各地苗族發展水平很不一致。經濟生活以農業爲主，近居之土無不闢。使用鐵製工具，重視水利灌溉。手工業以紡織最發達，其它還有繅絲、印染、皮革、鐵冶、造槍、首飾等行業。商業交換有定期集市，糧以四小碗爲一升，布以兩手一度爲四尺，牛馬以拳數多寡高低定價值。婦女是生產中的主力。

苗族人民世世代代受當地土司的壓迫剝削，生活十分困苦，清代改土歸流以後，情況稍有改善。隨著地主經濟的發展，土地兼併和財富的集中日益加劇，乾隆時，湘西已經出現擁有一二千石的苗族大地主。

苗族人民能歌善舞，每逢節日，男子吹笙撞鼓，婦女隨男子婆娑進退，舉手頓足，疾徐可觀。苗歌通俗易懂，蘆笙是流行於苗族地區的著名樂器。

(6)、高山族：爲臺灣的土著居民。清朝統一臺灣後，大陸移民與日俱增，帶來先進的生產工具和生產技術，加快了高山族社會前進的步伐。生產以農業爲主，使用鐵製農具，牛耕。耕作技術雖屬粗放，但臺灣土地肥沃，雨量充沛，一般都有較好收成。農產品以稻米、蕃薯、玉米、煙草爲大宗。手工業以紡織最有名，技藝精巧。商業貿易活躍，多係以物易物。

「社」是高山族聚居的村莊，也是他們的社會基層組織。小社數十家，大社往往有數百家。臺灣各地社會經濟發展不平衡，平原區大部分已進入封建社會，水田屬私人所有，已產生租佃、僱工等剝削關係。山區經濟發展落後，還有一些原始公社制殘餘，土地爲村社公有，集體圍獵所得的獵獲物，除射手和獵犬的主人獲得大部外，其餘均分。

高山族人民精於雕刻和繪畫，作品反映了他們的生產勞動和社會生活。

第十章　清朝前期封建經濟的繁榮和資本主義萌芽的緩慢增長

清朝前期國家空前統一，爲生產的發展提供了一個和平安定的環境。加之清廷注意經常調整政策，提高了各族人民的生產積極性，促進了封建經濟的繁榮，康、雍、乾時期，資本主義萌芽也有緩慢增長。

第一節　封建經濟的繁榮

一、農業

清朝前期農業生產不斷提高，並進一步向商品生產轉化。

首先是耕地面積不斷擴大，順治八年（一六五一年）全國耕地面積不過二百多萬頃，到雍正二年（一七二四年）就增加到六百八十多萬頃，至乾隆三十一年（一七六一年），更增長爲七百四十多萬頃。

農作物的品種和產量有很大增長。特別是糧食生產增長較快，這同新作物品種的引進和推廣有很大關係。從明代後期開始引進的高產作物玉米和紅薯，由於適應性強，不擇土壤，清代已在全國各地推廣，這對於緩和人口增長對糧食供應的壓力有重要意義，也爲經濟作物的發展創造了條件。此外，各地推廣稻麥連作制和雙季稻，也使糧食產量有較大的增長。

經濟作物發展很快。棉花種植遍及全國各地、江蘇、浙江、湖北、河南、河北、山東都成爲重要的產棉區。江蘇松江、太倉、通州地區，「每村莊知務本種稻者不過十分之二三，圖利種花者則有十分之七八」。直隸寧津「種棉者幾半縣」。「保定以南，以前凡有好地者多種麥，今則種棉花。」

甘蔗種植分佈在臺灣、廣東、福建等省區，其中番禺、東莞、增城、陽春各縣，「蔗田幾與禾田等矣」。東莞縣篁村一地，「白紫二蔗，動連千頃。」

煙草的栽培最初在福建一省，康熙時已是「處處有之，不獨閩矣」。種煙收益大，福建一省，「煙草之植，耗地十之六七」。廣西「種煙之家十居其半，大家種植一二萬株，小家亦不減二三千」。陝西「城固湑水以北，沃土腴田，盡種煙苗。」桑麻有更大發展。浙江海鹽「桑柘滿野」，「牆隙田旁」，無不種植。湖州「家家種苧為線，多者為布。」柞蠶也是這個時期發展起來的，由山東傳播到陝西、貴州、遼寧等省。花果、園藝也有發展。無錫農戶「不植五穀，而植園蔬」，「冬菜一熟，可抵禾稼秋成之利」，南潯鄉鎮居民「專務時鮮瓜蔬」，獲利三倍。以農田大規模種植果木，在廣東時有所見。如當地盛產龍眼、荔枝，「順德有以稻田種者，田每畝，荔枝可種二十本，龍眼倍之」。番禺一帶，居民多以花果為業，柑桔、橄欖、香蕉之屬，「連岡接阜，彌望不窮」。

農業生產向商業生產轉化是這一時期農業發展的一個重要特點。以蘇、松地區為例，明中葉以後棉田不斷擴大，到清初，「植木棉多於秔稻」。「太倉、嘉定、震澤、寶山四州縣，地處海濱，向來多種木棉，生計全在於棉」。至遲從明中葉以後，種植棉花的收益，已成為當地人民的主要經濟來源。「邑人藉之，以給衣食」。「小人之依，全倚花、布」。農民從種稻為主，到從植棉為主的轉變過程，正是農民小生產者從自然經濟向商品經濟轉變的過程。農民熱衷植棉，是因為棉花有廣闊的市場，植棉比種稻收益大。「究其種花不種稻之故，並非沙土不宜於稻，蓋緣種花費力少而獲利多，種稻工本重而獲利輕。」

其它地區稻田改種經濟作物者所在多有。如江西贛州府屬遍植煙葉，「甚至改良田為蔫畬。」

糧食生產也走向商品化，一些地區之所以成為經濟作物的專業區，原因之一就在於有湖廣、四川的充足而價廉的商品糧供應，所謂「湖廣熟、天下足」，正是這種寫照。

應該指出，在這一時期，對農業生產力水平的提高具有決定意義的生產工具，包括動力，都還沒有明顯的變化。雖然由於冶煉技術的發展，鐵刃農具的鋒利和耐用程度有所提高，但並未引起農具構造上的變化，這說明當時農業生產力的發展是有很大局限性的。

二、手工業

農業的恢復和發展爲手工業的發展準備了條件。清朝前期手工業的迅速發展具體表現在：（一）民營手工業的興起、使官手工業逐漸喪失了在整個手工業生產部門中的統治地位。由於商品經濟的發展，和手工業者的長期鬥爭，不少行業進一步擺脫了封建國家的直接控制，打破了官手工業的壟斷局面。諸如鹽、鐵、紡織、陶瓷、造船等行業中，民營比重不斷擴大，從而使手工業中的商品生產有了顯著發展。（二）生產規模在逐步擴大，具有相當規模的手工業作坊逐漸增多。如廣東的鐵廠，一個爐場有爐工一二百人，掘鐵礦的三百多人，抽水、燒炭的又有三百多人，還擁有搬運礦砂和產品的船數十隻，牛好幾百頭。一個爐場的資金需銀萬兩。其它紡織、造紙、陶瓷、造船等行業，也都出現擁有數百名乃至上千人的作坊。（三）不少手工作坊內部的勞動分工有了進一步的發展。如景德鎮的陶瓷業，一件瓷器，從淘練泥土到製作陶坯，再送入窯內燒製，要經過十幾道工序，從事生產操作的工匠都有專門的分工。蘇州踹坊的分工也很細，漂布、染布、看布、行布各有其人。這種勞動分工進一步提高了勞動生產率。茲將各行業發展具體情況分述如下：

一、紡織業　在江、浙一帶有很大發展，紡花織布已經成爲當時蘇、松等地人民主要經濟來源。「貧乏之民得以俯仰有資者，不在絲而在布。女子七八歲以上即能紡絮，十二、三歲即能織布。一日之經營足以供一人之用度而有餘。」崑山、新陽兩縣棉織業更爲普及，「布縷織機之事，男子亦素習焉」。無錫已成爲棉織業中心，有「布馬頭」之稱。「鄉民食於田者惟冬三月，春月則闔戶紡織，以布易米而食，家無餘粒也。及秋稍有雨澤，則機杼聲又遍村落，抱布貿米以食矣。」「坐賈收之，捆載而貿於淮、揚、高、寶等處。一歲所交易，不下數十百萬。嘗有徽人言漢口爲船馬頭，鎭江爲銀馬頭，無錫爲布馬頭，言雖鄙俗，當不妄也。」蘇州棉織業也很盛，「蘇布名稱四方，習是業者，閶門外上下塘居多，謂之字號。」「一字號常數十家賴以舉火。」

除江、浙兩省外，河北、山東、四川、廣東等地的棉織業也都有很大發展。在紡織業中，絲織業仍占有很大比重，江寧、杭州、蘇州都設有官營絲織廠——絲織局。乾隆時這三處織局都具有相當規模，每一織局擁有工匠近兩千人，織機六百張左右，分工也很細。民間絲織廠——機房更是星羅棋佈，各地都有。江寧一地，「乾嘉間機以三萬餘計，其後稍稍零落，然猶萬七、八千」。蘇州則「比戶皆織，不啻萬家」。杭州「機杼之聲，比戶相聞」。湖州「隆萬以來，機杼之家相沿比業，巧變百出，……各直省客商雲集貿販，里人賈鬻他方，四方往來不絕。」

二、礦冶業　清代是我國礦業取得重大發展時期，「寶藏之興，軼於往代」。由於社會經濟發展的需要，各階層要求開發和利用礦藏資源的呼聲日高，迫使清朝從厲行禁礦轉而為鼓勵開礦。乾隆以後，銅、煤、鐵、金、銀、鉛、錫、硫磺等的開採都大幅度地增長，從業人員大量增加，礦場規模不斷擴大。

銅是當時鑄造貨幣的主要原料，又是製造各種金屬器皿所不可缺少的。隨著商品經濟的發展，要求不斷地大量補充新幣，以滿足社會生活的需要，而銅斤生產不足，有很大缺口。為此，乾隆二年（一七三七年）宣佈開放礦禁，「凡產銅山場，實有裨鼓鑄，准報開採」。在這以後，以雲南為中心，全國各地銅礦有了很大發展。雍正初年，雲南每年產銅只有八九十萬斤，到雍正五年（一七二七年）產量上升到四百餘萬斤。乾隆時已突破一千萬斤。據乾隆三十七年（一七七二年）統計，雲南一省有銅場四十六處外，採礦人夫達七十萬人，每年產銅一千多萬斤。此外，還有一些私採的民礦沒有包括在內。

與銅的增產相適應，鉛也有了大幅度增長。乾隆時，僅貴州一省就出產黑鉛一千四百多萬斤。

鐵的開採和冶煉也有很大發展。當時，「一切軍工器械，船廠營造，以及鄉人農民之類，其有需於鐵者不可勝計」。官私鐵器作坊都很發達。廣東佛山鎮，「計炒鐵之肆有數十，人有數千」。而「晝夜烹煉，火光燭天，四面熏蒸，雖寒亦燠。」鐵器製作技術也有很大提高，如佛山鐵鍋體輕質堅，其聲如木，所製刀斧刃器，鋒利耐用，遠銷國內外，有「佛山之冶遍天下」之稱。除此之外，直隸的唐山、邯鄲，東北的撫順也都有比較發達的冶鐵工業。各種小作坊更是遍及全國。

煤的開採有很大增長，一方面是人民日常生活的需要，由於「生齒日繁，柴薪昂貴特甚，……兵民日用薪費，幾於米費。」柴草既供不應求，「生煤價廉用省，尤爲兵民所利賴」。另一方面，官私手工業生產，無論是冶鐵、鑄錢、造船、製陶等行業，都需要取得充足而價廉的燃料。「銅鐵冶爐，咸資其利」。「煎煉礦砂，全資煤炭。」這些情況都刺激了煤礦的發展。煤在清朝前期的增多率僅次於銅，居第二位。乾隆中葉，僅京西宛平、房山一帶就有煤窯五六百座。西山產煤地區，「黧面短衣之人，填街塞路」。入清以後，有增無減。山東淄、博、滕、濰、嶧縣等地採煤也很盛，或「以騾馬犨繩出炭」，或「以人轉東，班分晝夜，刻無停息」。嶧縣的煤藏，「人採取者，任自經理，不復關諸官吏」。乾、嘉時，「商賈輻輳，炭窯時有增置」，「而漕運數千艘，連檣北上，載煤動數百萬石，由是礦業大興」。

三、陶瓷業　江西景德鎮早在明代已經成爲全國最大的瓷業中心，清代又有發展。官窯雍正初「一歲之成，恆十數萬器」。乾隆時，「歲雖糜帑項幾及萬金，而所得之大小瓷器，亦不下數十萬件，間有巨作」。隨著生產的不斷擴大，嘉慶時，景德鎮已是「鎮廣袤數十里，業陶數千戶」。除官窯外，民窯有二、三百處，窯戶有幾千家，「工匠人夫不下數十餘萬」。號稱「工匠來八方，器成天下走」。元明以降，隨著商業貿易的發展，景德鎮瓷器行銷國內外。「

自燕雲而北，南交阯，東際海，西被蜀，無所不至。」東南亞地區，「江西瓷器皆所嗜好」。「饒之瓷器」運銷日本，「尤爲彼國所重」。

除景德鎮外，全國各地還有不少地域性的陶瓷生產中心，諸如廣東的佛山、山東的博山、江蘇的宜興等都久負盛名。佛山鎮的石灣，向以生產陶瓷器具著稱，「其陶遍兩廣，旁及海外之國」。乾嘉時，「石灣六、七千戶，業陶者十居五六」。生產已有相當規模，石灣陶瓷在國內外擁有廣闊市場。

四、製鹽業　清代鹽業生產有了很大發展，沿海地區兩淮、兩浙、長蘆都是重要產鹽區。其中兩淮一帶有鹽場二、三十處，產量爲全國之冠。「自古煮海之利重於東南，而兩淮爲最。」淮鹽質地優良，有廣闊銷售市場。「行銷三楚兩江，延袤七，八千里。」康、乾時期是淮鹽生產的鼎盛時期，鹽課在國家財政收入當中占有很大比重。「佐司農之儲者，鹽課居賦稅之半，兩淮鹽課又居天下之半。」「損益盈虛，動關國計。」

四川的井鹽也有很大發展。犍爲一地康熙年間有鹽井五二九眼，煎鍋五九四口。到嘉慶十七年（一八一二年），井數即增至一二〇六眼，煎鍋一六五四口。射洪於雍正八年（一七三〇年）有井二三一九眼，乾隆時增至三千餘眼，其後更增至萬餘眼。各地鹽場已頗具規模，如富順自流井一處，「擔水之夫約有萬」。「鹽船之夫其數倍於擔水夫，擔鹽之夫又倍之。」「鹽匠、山匠、灶頭操此三業者約有萬」。全縣「積巨金以業鹽者數百家，爲金工、爲木工、爲石工、爲雜工者數百家，販布帛、豆、粟、牲畜、竹木、油麻者數千家，合併三四十萬人。」犍爲、富順等縣大鹽廠，「灶戶佣作商販各項，每場之人以數十萬計；即沿邊之大寧、開縣等廠，眾亦以萬計。灶戶煮鹽，煤戶、柴行供井用，商行引張，小行販肩挑貿易，或出資本取利，或自食其力，各營生計。」

雲南的鹽井「皆在萬山中最下處溪河之中，咸水衝突而起」，採製簡便，生產規模比較小。

其它產鹽區還有河東、廣東等處。廣東一些地方把製鹽當作農業的副業，「大禾田既獲，則以海水淋稈燒鹽」。瓊州「四面環海，遍地產鹽，俱係灶丁自煎自賣」。

五、製茶業　清代茶樹的種植已遍及西湖、四川、安徽、福建、雲南等省，在茶葉的產量和質量方面，都比明代有很大進步。就主要品種來說，紅茶主要產於福建、安徽、江西等省，綠茶大都產於安徽、浙江兩省，黑茶產於湖南。茶葉的產銷一般由茶農採摘後，先經粗製，由茶商、茶販或水客收買，或再加工，或直接轉售於茶行或茶廠進行精製，然後經中間商人之手，運銷國內外。隨著市場對茶葉的需要不斷增加，大大刺激了各省的茶葉生產，產量成倍增長。從內銷看，乾嘉時行茶約六千九百八十餘萬斤，比雍正末年增加了一倍左右。從外銷看，當時每年出口茶葉平均都在四、五萬擔左右。運銷歐、美諸國及南洋。

福建武夷山是當時的製茶中心，當地農民「皆以種茶爲業」，茶葉年產量達數十萬斤，「水浮陸轉，鬻之四方」。從事加工茶葉的茶廠，「甌寧一邑不下千廠，每廠大者百餘人，小亦數十人」。雲南普珥的六茶山是西南地區的製茶中心，「作茶者數十萬人，茶客收買，運於各處每盈路」。「每年所產普茶，不下百餘萬斤。」其它還有浙江的於潛，「民之仰食於茶者十之七」。安徽的霍山，「地瘠民貧，近縣百里皆種茶，……民惟賴茶以生，自春至夏，商賈輻輳。」湖南的安化則是黑茶的重要產區，「產茶之家，半屬窮民。」

六、造船業　適應航運發展的需要，清代東南沿海地區造船業也有很大發展。蘇州、揚州等地都設有造船廠。蘇州「每年造船出海貿易者多至千餘，回來者不過十之五六，其餘悉賣在海外，賫銀而歸」。廈門「有傾產造船者。……舵手人等藉此活者以萬計……船工大盛，安其業者多移居焉」。清代造船技術已有相當高的水平，如「江南海船名曰沙船，以其船底平闊，沙面可行可泊，稍擱無礙」，極便近海行駛。「浙江海船名蛋船，又名三不象，亦能過沙。」「惟閩廣海船底圓面高，下有大木三段，貼於船底，名曰龍骨……蓋其行走南洋，山礁叢雜，船有龍骨，則轉變趨避，轉爲靈便。」沙船載重量大，超過漕船數倍，大者載三千五六百石，小者亦千五六百石。嘉慶時，僅上海一地就有沙船三千五六百號。其它寧波、杭州、奉天、天津、山東等地也各有數百號不等，由此也不難看出當時造船業的生產能力。

北方的造船業遠不及閩粵江浙各省，但也能建造海船，只是「船小桅細，只可內洋往來」。不能與南方的海船相匹敵。藍鼎元謂：「天下舟楫之利無如閩廣，而江南則遜浙，山東又遜江南」，這是符合事實的。

七、造紙業　在全國各地都有發展，其中以陝西洋縣、定遠、西鄉，廣西容縣，廣東叢化、龍門、四會、英德，江西鉛山、上饒、永豐、弋陽、貴溪等地最發達，陝西大巴山區，「叢竹生山中，遍嶺漫谷，最為茂密，取以作紙，工本無多，獲利頗易，故處處皆有紙廠。」西鄉有紙廠二十餘座，定遠逾百，洋縣華陽亦有紙廠二百餘座。「廠大者匠作佣工必得百數十人，小者亦得四五十人。」江西鉛山造紙業也很興盛，多由外省人經營。「鉛山之紙精潔遜閩中，然業之者眾，小民藉以食其力十之三四焉」。「然率少土著，富商大賈挾資而來者，大率徽閩之人，西北亦間有。」安徽所產徽紙亦久負盛名，「黟、歙間多良紙，有凝霜澄心之號。」四川本是產箋之地，但是徽紙常能在蜀行銷，奪取蜀箋的市場。「徽紙、池紙、竹紙在蜀，蜀人愛其輕細，客販至成都，每番視川箋價幾三倍。」

八、木材採伐加工業　以陝西南山地區最發達。如周至縣地處南山林區，老林深廣數百里，浩似陸海，「材木之利，取之不窮」。「有力之家，捐重資，聚徒眾，入山數百里」，開設木場，採伐加工。木場分圓木、枋板、猴柴、木廂等類型，每到「冬春匠作背運佣力之人，不下數萬」。「圓木廠匠作水陸挽運之人，不下三五千」。「枋板廠、猴柴廠匠作水陸挽運人夫，大者每廠數百人，小亦數十人。」當地林廠已擁有木材外運的專用設備——溜子和天車。溜子為溜放原木之用，「木廠所在老林，已深入二百餘里，必先作溜子。……溜子外高中窪，九十月後澆入冷水，結成滑冰，則運木千斤可以一夫挽行」。天車的作用相當今天的吊車，「伐木作料之處，多在山溝，渡山越嶺，人力勢難，必用天車。……就山之高低，安車三四層，名曰天車，此木廠之用人夫最多者」。凡此均可以看出當時木材採伐加工的生產規模。

三、商業貿易

清代的商業活動比前代有了更大發展。商品流通發達，市場範圍不斷擴大，許多著名商品不僅在當地行銷，而且把市場擴展到全國各地。素稱絲綢之鄉的盛澤地區，每年各地「富商大賈數千里輦萬金來買者，摩肩連袂」，甚至「吳越閩番一至於海島，皆來市焉。」南京的貢緞「北溯淮泗，達汝洛，趨京師，西北走晉繹，越五嶺，舟車四達，番貿遷之所及耳。」遵義的繭綢，「不特遍於各省，並出嘉峪關，運販西域南洋」。景德鎮的瓷器，「行於九域，施及外洋」。佛山的鐵器不僅遠銷吳越荊楚，而且還大量出口。

由於商品流通範圍日益擴大，商業資本空前增長，明代已經出現的徽商、山西商、陝西商、江右商、閩商、粵商、吳越商等商人集團，在清代更加活躍，它們歲入巨萬，財力雄厚，其中尤以徽商勢力最大。從經營行業來看，徽商以鹽、典、茶、木爲主，其中歙縣多鹽商，休寧多當業，婺源則木、茶商爲多。沿江地區有「無徽不成鎮」之諺，徽商中不少家貲萬貫，富比王侯。「擁雄貲者，高軒結駟，儼然縉紳」。

兩淮鹽商獲利最大，「有挾資千萬者，最少亦一二百萬」。當時清朝戶部所存庫銀也不過七千多萬兩，淮商可以說有敵國之富。

廣東的行商（或稱公行，即所謂十三行），作爲一種特殊的商人，享受清朝給予的特權，獲得了獨擅對外貿易之利的壟斷地位。

此外還有皇商，名義上是爲皇室採購需用物品，實則活動範圍極其廣泛。如山西介休皇商范氏，世代從事邊疆地區貿易，兼理鉛廠及鹺務。康熙末年西北用兵，范氏承擔了向前方運用軍糧的任務，受到清廷贊賞。「幕府所在，儲胥充裕，軍得宿飽」。范氏擁有萬貫家財，生活豪華，「寓京邸，僮婢數千指以上，出入侈甚」。

適應社會經濟發展的需要，清代的票號和錢莊很發達，專門辦理匯兌、存款，以及代理官府解錢糧、收捐錢等業務。經營票號從山西人居多，山西票號遍及全國各地，在金融界有相當勢力。

隨著商品交換的發達，城市更加繁榮。清代前期有分佈在東南西北的四大商業城市，號稱「四聚」：「北則京師，南則佛山，東則蘇州，西則漢口。然東海之濱，蘇州而外，更有蕪湖、揚州、江寧、杭州」。北京自明以來就是全國政治、經濟和文化中心，至清代更加繁榮昌盛。城區「第宅雲連，市廛綦布」。「文物聲華，日見其盛，車輪馬足，實繁有徒。」

佛山是一個由村鎮發展起來的新興城市，它的繁盛已超過了省城廣州。「天下商賈皆聚焉，煙火萬家，百貨山聚，會城百不及一也。」

蘇州爲東南著名都會，在清代「生齒日繁，人物殷富」。「商賈輻輳，百貨駢闐，上自帝京，遠連交廣，以及海外諸洋，梯航畢至。」「貿易之盛，甲於天下。」

漢口地處九省通衢，清代「商賈畢集，帆檣滿江。」它「不特爲楚省咽喉，而雲貴、四川、湖南、廣西、陝西、河南、江西之貨，皆於此爲轉輸，雖欲不雄天下，不可得也。」

各城鎮的商人都有自己的行會，主要是按行立會，如絲行、緞行、布行、棉花行、鐵鍋鋪行之類；也有的是按地區立會，這就是會館。各地富商大賈在北京相繼成立會館，省有省館，府有郡館，縣有縣館。

對外貿易也有發展。據統計，乾隆十五年（一七五〇年）至三十年（一七六五年），每年粵海關收入爲四十萬兩。到嘉、道年間大幅度上升。嘉慶六年（一八〇一年）至道光十八年（一八三八年），每年增長爲一百八十五萬兩。黃埔一處進口的商船，乾隆十六年僅有十八艘，到乾隆五十四年，就增加到八十六艘。

出口貨主要是茶葉、生絲、絲貨、布匹、糖等，入口貨多爲米、銅、木料、洋貨（毛織物、五金、皮張）等。

第二節　資本主義萌芽的緩慢發展

明清之際的戰亂，給社會生產力帶來了嚴重的破壞，從而使明中葉以後已經出現的資本主義萌芽遭到嚴重摧折。到康、乾時期，隨著社會生產的恢復和發展，特別是商品經濟的迅速發展，農業和手工業的資本主義萌芽，又在原來的基礎上緩慢發展起來。這種變化具體表現如下。

一、人身依附關係的削弱

同明代比較，清朝前期農民的人身依附關係有了進一步鬆弛，這一方面是農民長期鬥爭的結果，另一方面同商品經濟的發展引起的地租形態的變化有密切關係。

清朝前期北方地區分成租制還占有重要地位，而在商品經濟發達的江南地區，實物定額租制卻得到了普遍的發展，部分地區還出現了由實物租向貨幣租轉化的趨向。在定額租制下，佃農經營什麼作物，以及如何經營，有較多的自由。佃農除交租外，一般不爲地主服勞役，或很少服勞役，因而勞役地租部分也就接近於消失。「南方佃戶自居己屋，自備牛、種，不過藉業主之塊土而耕之，交租之外，兩不相問。即或退佃，盡可別圖。故其視業主也輕，而業主亦不能甚加凌虐」。這樣一來，佃農對地主的人身依附關係勢必相對地有了進一步的削弱。

明代早已存在的農村僱傭關係，到清代又有了發展，一些地區僱工已經取得了一定的人身權利，出現了僱工和僱主「不立文約，一同坐食，無主僕名分」的事實。某些僱工和僱主在法典中也獲得了形式上的「平等」地位。乾隆五十一年（一七八六年）的《大清律例》規定：「農民佃戶僱請耕種之人，平日共坐共食，彼此平等相待，素無主僕名分者，亦無論其有無文契年限，俱係就人科斷」。某些僱工已有能力支配自己的人身，僱主已不能單純通過超經濟的強制力量來奴役他們，這也反映了農民人身依附關係的削弱。

清代手工匠的地位也有所改善。明初的輪班匠到成化時改征匠班銀，實行以銀代役，這使匠籍主要是作爲封建主榨取貨幣的依據而存在。經過明末農民戰爭，手工業者事實上已擺脫了封建國家的控制，「原匠子孫逃故無遺。」在這種情況下，清朝只得承認既成事實，於順治二年（一六四五年）宣佈廢除匠籍：「前明之例，民以籍分，故有官籍、民籍、軍籍，醫、匠、驛、灶籍，皆世其業，以應差役。至是除之。其後民籍之外，惟灶丁爲世業。」康熙三十六年（一六七九年）以後，各地並陸續把匠班銀攤入地丁銀中，按田畝徵收。匠籍的廢除和匠班銀並入地丁銀，使手工業者在一定程度上擺脫了對封建主的人身依附關係，有利於手工業生產的發展。

勞動者人身依附關係的鬆弛，對封建生產關係是嚴重的破壞，而對資本主義生產關係的滋長和發展，則是提供了必要前提。

二、使用僱工進行商品生產的作坊或手工工場日益增多

紡織業中僱工生產的情況很普遍。江寧絲織局康熙時共有工匠約計三百七十人，都是從「民間各戶僱覓應工」，「工價甚寡」。民間機戶也大多僱人工織。乾隆時，蘇州地區「機戶類多僱人工織，機戶出（資）經營，機匠計工受值」。「佣工之人，計日受值，各有常主。其無常主者，黎明立橋以待喚」。這類僱工爲數不少，常常是「什百爲辟，粥後始散」。這反映當

時已經出現了勞動力市場。除了上述專業織工以外，江寧地方還經常有許多貧家婦女為機戶絡絲，「日絡三四窠，得錢易米，可供一日食」。

採礦業中僱工更多。康熙時，「蜀省一碗水地方聚集萬餘人開礦，隨逐隨聚」。廣東「煤山木石開挖亦多，佣工者不下數萬人」。雲南銅廠每處僱佣工人「率七八萬人，小廠亦萬餘人，合計通廠丁，無慮數百十萬」。採煤僱工更為普遍。陝西邠州「拜家河地方向產煤炭，該處有炭井數眼，所僱人夫多係外來客民」。

冶鐵業中，廣東一省「佣工者不下數萬人」。陝西鳳縣有鐵廠十七處，「每廠僱工或數十人至數百人不等，其幫工搬運來往無定之人更多，難以數計」。

製鹽業僱工更多，四川鹽場當中，大鹽廠「每廠之人以數十萬計」，即沿邊小廠，「眾亦以萬計」。

三、農業生產中僱佣關係的發展

康、乾時期，農業生產使用僱佣勞動相當普遍，這同商品經濟的發展和農村的兩極分化有密切關係。佣工的形式各地不一樣。山東登州「農民無田者，為人佣作曰長工，農月暫佣者曰忙工，田多人少請人幫己曰伴工」。江蘇蘇州「吳家治田穡，夫耕婦饁猶不暇給，僱請單丁以襄其事，以歲計曰長工，以月計曰忙工」。浙江嘉興「自四月至七月皆為農忙月，富家請佣耕，曰長工，曰短工，佃家通力耦犁曰伴工」。四川內江「以藝蔗爲務，平日聚夫力作，家輒數十百人……其壅資工值，十倍平農。」江西新城「僱工則種稻輕其值，種煙重其值，於是佣工者競趨煙地，而棄禾田」。一些地區使用僱佣勞動的規模也很可觀。山東濟寧是重要產煙區，「業此者六家，每年買賣至白金二百萬兩，其工人四千餘名」。僱工人數之多已很驚人，而湖南巴陵地方，更達到「十分其力，而佣工居其五」的局面。可見僱工勞動已成爲當時農業生產中的重要力量。

四、包買主的活躍

包買主是商品經濟發展的產物，是商人支配支產的一種重要形式，也是封建經濟向資本主義生產過渡的一個重要途徑。清朝前期包買主在農業和手工業部門都很活躍，主要有以下幾種形式：

（一）商人通過預付貸款，或借墊資金，以控制農民和手工業者的產品，從事高利貸性質的剝削。如在產茶地區，商人通過預買的方式控制茶農，即隔歲放款給茶農，清明後前往收茶，進行高利盤剝。安徽六安地區，茶商「每隔歲經千里挾資而來，投行預質，牙儈負諸賈子母，每刻剝茶戶以償之。」在閩、粵等省，商人利用放帳或包買手段，以控制蔗農的糖品。澄海「邑之富商巨賈，當糖盛熟時，……持重資往各鄉買糖；或先放帳糖寮，至期收入。」在封建統治下，農民和手工業者生產條件很差，又無力運銷自己的產品，只得向商人借債，以產品抵償，接受高利貸剝削，或是預賣產品，接受低價值的剝削。

（二）商人以小生產者所必需的原料來換取他們的產品。這種形式在紡織業中很普遍。如江、浙地區，農民多以紗或布向商人換取棉花。上海「紡織不第鄉落，雖城市亦然。里媪晨抱紗入市，易棉花歸，旦復搶紗出，以爲常，日可布一端」。無錫「布有三等：一以三丈爲匹，曰長頭；一以二丈爲匹，曰短頭，皆以換花」。浙江海鹽也不產棉花，商人「從旁郡販棉花列肆」，「小民以紡織所成或紗或布，清晨入市，易棉花以歸。」這種以紗易花或以布易花的形式在麻紡織業中也很盛行。廣東鶴山「越塘雅瑤以下，則多以績麻織布爲業，布既成，又以易麻棉，而互收其利」。這當中必然有商人居間活動。

在絲織業中，也可以看到包買主的活動。蘇州「繭絲既出，各負至城，賣與郡城隍廟前之收絲客。每歲四月始聚市，至晚蠶而散，謂之賣新絲」。南京「機業之興，百貨萃焉，絲行則在沙灣，所以收南鄉之土絲也。……當四五月間，鄉人背負而來，評論價值，比戶皆然」。「南鄉之民樸勤，常以飼蠶爲業……繭成繅釜，負以入城，行戶收買，謂之土絲」。機戶有自織代織之分，代人織者，原料由人供給。「機戶領織謂之代料，織成送緞，主人校其良窳，謂之雠貨。」

（三）商人通過分發生產工具、原料和支付勞動報酬，以直接控制一批小作坊或家庭工爲自己生產。這種形式在絲織業中較爲典型。如江、浙等地的綢緞商，在南京、蘇、杭等地開設帳房，組織生產，「大都以經緯交與織工，各就織工住處，僱匠織造」。盛澤農民和手工業者，有「取絲於行，代絲而受其值，謂之料經」。

（四）商人包買農戶或手工業者的產品，自行設廠加工。如廣東製糖業，商人「春以糖本分與種蔗之農，多而收其糖利」，從事糖坊經營而致富。江西瑞金盛產煙草，福建漳、泉商人「麇至駢集，開設煙廠」，不下數百處。河南的製曲業，「每至收成，西商攜其厚資，在於碼頭集鎮，開坊踩曲，如祥符之朱仙鎮、陳橋，陳州之周家口，南陽之九子山，新蔡之方家集，上蔡之東安集，內黃之楚王，滑縣之道口等處，皆淵藪焉」。這種形式在其它行業中也屢見不鮮。

五、經營地主的出現

隨著商品經濟的發展，農產品商品化的增長，有些地區的地主，放棄了傳統的租佃經營方式，改用僱工經營的方式。他們當中的一些人，在僱工經營土地的同時，還辦起油坊、粉坊、酒坊、染坊、巢絲坊、鑄鍋坊等手工業作坊，成爲新興的經營地主。《補農書》中所反映的明末清初浙江嘉、湖地區的農業生產情景，就帶有經營地主的色彩。那裏地主從事多種經營，僱工進行生產，既有商品生產，也有自給性生產。乾隆時，廣東瓊州府定安縣柯氏弟兄所經營的檳榔園，從開山種植到收割，全需僱工經營，並層層典租，把檳榔看作商品，希圖通過交換獲取利潤。這顯然已經不是傳統的租佃地主的經營方式。

與租佃地主比較，經營地主具有以下特點：一、經營地主多占有大片土地，使用較多的僱工，進行較大規模的生產，勞動力充足，生產工具比較完備，勞動協作條件好，這是個體分散的小農經濟所不能比擬的。二、經營地主生產的產品，不是爲了滿足他個人的消費，而爲市場需要，即爲了出賣而生產，這與自給自足的自然經濟截然不同。三、經營地主就其剝削關係來說，和租佃地主也不一樣。後者是憑藉土地的壟斷權，通過封建的租佃關係剝削佃戶，向佃戶榨取地租，進行封建剝削。經營地主則是占有全部生產資料，通過僱佣關係，剝削僱工的剩餘價值。這種剝削關係是一種具有資本主義性質的經濟關係的萌芽。四、與租佃地主不同，經營地主不是促進破產農民成爲佃戶，使之重新固著於土地之上，而是把他們變成農業僱工，從而使農業僱工市場有可能進一步擴大。

清朝前期出現的經營地主經濟，是我國農業資本主義生產關係萌芽的重要形式。

六、資本主義萌芽的局限性和封建勢力的束縛

清朝前期農業和手工業中資本主義因素的增長，雖然在一定程度上和一定範圍內，對封建經濟起了一定的瓦解作用，但不論在深度上或廣度上，都還沒有達到足以動搖封建經濟基礎的程度。就全國範圍來說，當時占主導地位的仍然是個體農業和手工業相結合的封建經濟。廣大

農村還是過著自給自足的耕織生活，城市也還沒有形成獨立的政治力量。封建地主經濟十分強大，控制著整個城鄉的經濟活動。在這種情況下，資本主義萌芽只能經過曲折、困難的道路，極其緩慢地向前發展。

封建勢力束縛新的生產關係的發展，表現在很多方面：一、清朝所推行的抑商政策，嚴重阻礙了商品經濟的發展。抑商是歷代封建統治階級的傳統政策，清朝繼續奉行這一政策。雍正就曾反複強調：「四民之業，士之外農爲最貴，凡士工商賈，皆賴食於農，以故農爲天下本末，工商皆末也。」在這種思想指導下，封建國家只是維持農業的簡單再生產，而無視於手工業和商業的發展。清朝對於民間手工業的獨立發展實行種種限制，除個別地區外，手工業通常被限制在農村副業的地位上。二、農業和家庭手工業的結合，仍然是清代社會經濟結構的基本形式，這種封建經濟結構是商品生產難以突破的障礙。手工業生產的發展必須依靠銷售市場的擴大和原料的充分供應。農村是最主要的市場和原料來源地。清朝封建統治階級的殘酷壓迫和剝削，造成農民的極端貧困，而日益增強經濟生活的自給性，農民不得不儘量生產自己所必需的手工業品，這就使自給自足的自然經濟在農村更加根深蒂固，商品市場沒有擴大的可能，從而商品經濟喪失賴以發展的基本條件。至於商品糧食和原料的供應，同樣不能適應手工業發展的要求。清朝經常干預農村發展經濟作物。如煙草獲利大，農民樂於種煙，而官府反對。乾隆曾不止一次指出「民間種煙一事，廢可耕之地，營無益以妨農功，向來原有例禁。且種煙之地多屬肥饒，自應通行禁止」。其它對栽培甘蔗、茶葉、果樹等也被視爲捨本逐末之業，而横加限制。甚至對植棉也有限制，規定「若（田）在一頃以上，只許種棉一半，其餘一半，改種稻田。」三、這一時期，雖然出現了歲入巨萬、貲財達到數十萬乃至數百萬兩的商業資本，但它們很少投資於手工業部門，進行擴大再生產，而是主要轉向農村收買土地，或經營高利貸。如康熙時，「穀賤傷農，流離初復，無暇問產，於是有心計之家，乘機廣收，遂有一戶之田連數萬畝，次則三四五萬至一二萬者」。新安程、汪二姓，「以賈起家，積財巨萬」，「從重利權子母，持籌握算，錙銖必較」。商賈積累的貨幣財富的主要出路在於兼併土地，其結果不是削弱而是加強了封建地主經濟的統治，不利於新的生產關係的成長。四、行會和行幫組織也束縛了手工業生產的發展，對資本主義萌芽的增長也有阻礙作用。如為了防止和消除同行業的競爭，行會力圖限制作坊經營規模的擴大，對招收學徒和使用幫工多有限額規定。長沙京刀業行規規定：「帶學徒弟者，三年為滿，出一進一。」吳縣蠟箋紙業行規議明收徒年限：「六年准收一徒」，對於違規多收學徒的行為，要受到行會的嚴厲處罰。為了保持同行之間的利益均衡，行會還嚴格規定作坊開設的地點和數目，禁止外地人在本地開設作坊，限制外地手工業產品的輸入與貿易，並劃一手工業產品的質量、規格、售價和原料的分配，這些規定都阻礙了手工業生產技術的改進和提高。此外，行會和行幫還在商品流通區域設置了重重障礙，束縛了手工業生產的發展。其後，隨著行會內部階級矛盾的激化，行會與封建官府相勾結，殘酷鎮壓幫工的罷工鬥爭，成為鞏固和加強封建統治的工具。

七、階級關係的新變化

清朝前期，隨著商品經濟的發展和資本主義萌芽的緩慢增長，城鄉人民反抗封建壓迫的鬥爭此伏彼起，社會階級關係呈現出錯綜複雜的局面。從總的方面來說，農民階級和地主階級的矛盾依然是當時社會的基本矛盾，但是由於有了新的經濟關係的出現，使這一時期的社會矛盾和階級鬥爭增加了新的內容。

由於資本主義經濟關係的增長，勞資之間的矛盾和鬥爭，隨著時間的推移而不斷增加並日益激化。康乾時期接連爆發的行會手工工人的叫歇鬥爭，成為當時社會上階級鬥爭的一個新動向。手工工匠為反對作坊主剋扣工價、開除工匠，和要求增加工價的鬥爭，遍及江南各城鎮。蘇州、杭州、松江等地的織工、踹工、染工，景德鎮的窯工，廣州的織工等，先後發動了「齊行叫歇」鬥爭。其中康熙三十九年（一七〇〇年）蘇州踹匠的反抗鬥爭聲勢最大，「流棍之令一出，千百踹匠景從，成群結隊，抄打竟無虛日。以至包頭畏避，各場束手，莫敢有動工開踹者，變亂之勢，比諸昔年尤甚。」

「賤民」的開豁為良，是階級關係新變化的又一表現。清初各地還殘存著歷史上遺留下來的各種「賤民」，如山西的樂戶，浙江的墮民，徽州的伴當，寧國的世僕，常熟、昭文的丐戶，以及廣東的蛋戶等等。這部分民眾為數不少，過去由於種種原因，被排斥在「四民」（士農工商）之外，列為賤籍。他們的社會地位十分低下，所受的歧視和壓迫極其深重。如所謂惰民，「四民中居業不得業，四民中所籍不得籍，即四民中常服彼亦不得服。」」「男子只許捕蛙、賣錫、逐鬼爲業；女子則習煤，或伴良家新娶嫁爲人髻冠梳髮，穿珠花，群走市巷，兼就所私……有流入他方者，人皆賤之。」蛋戶的處境更爲艱苦，「以船爲家，以捕魚爲業」，「粤民視蛋民爲卑賤之流，不容上岸居住，蛋民亦不敢與平民抗衡，畏威隱忍，跼蹐舟中，終身不獲安民之樂。」

「賤民」爲了爭取生存的權力，不斷起來反抗，康熙時，廣東蛋民曾「以請弛海禁爲名」發動了聲勢浩大的武裝起義。

雍正初年，出於當時的政治需要，清朝宣佈把散處在全國各地的各種「賤民」開豁爲良。雍正元年（一七二三年）四月，下令「除山西、陝西教坊樂籍，改業爲居民。」同年九月，下令「除浙江紹興府惰民丐籍」。八年五月，又下令將蘇州府常熟、昭文二縣舊有丐戶，「照樂籍、惰民之例，除其丐籍，列爲編氓」。廣東的蛋戶也於雍正七年獲准「在近水村莊居住，與齊民一同編列甲戶」。

「賤民」的開豁爲良，有著深刻的社會經濟背景，康雍時期社會關係的新變動，造成了「賤民」轉化爲「良人」的歷史條件，「賤民」最後獲得一定程度的解放，是通過自身的反抗鬥爭和封建統治階級被迫調整政策而逐漸實現的。雍正宣佈廢除賤籍，在法律上承認「賤民」與一般平民具有同等的地位，順應了歷史潮流，對於促進社會生產力的發展具有積極意義。

第十一章　清朝由盛轉衰的開始

乾隆時期是清朝歷史發展到了盛世的頂點，盛世的出現，必然伴隨著導致衰落的因素。這一時期社會矛盾依然普遍存在並日趨激化。乾隆中葉以後爆發的一系列的農民起義，成為清朝由盛轉衰的重要標誌。

第一節　社會矛盾的趨向尖銳和封建統治危機的逐漸出現

康乾時期，一方面封建政治、經濟還在繼續發展，統一的多民族國家得到空前鞏固；另一方面，在封建社會固有規律的支配下，這一時期，特別是乾隆中葉以後，各種社會矛盾日趨尖銳，封建統治危機四伏，這主要表現在人口的激增形成了巨大的社會壓力；土地兼併加劇和高利貸盤剝，給人民帶來極大痛苦；政治腐敗和財政的嚴重拮据，人民負擔加重；大興文字獄和大規模禁毀圖書，箝制人民的言論思想。乾隆中葉以後的一系列各族人民起義，就是這些社會矛盾的總爆發。

一、人口激增和洪亮吉的人口思想

(1)、人口激增帶來的社會問題

康熙以來的休養生息政策，尤其是宣佈「滋生人丁，永不加賦」和推行「攤丁入畝」，使人口迅速增加。人口的增長，超過了農業經濟發展的速度，人口的壓力愈來愈大，成爲嚴重的社會問題。據統計，中國人口自漢代至鴉片戰爭前夕增長了七八倍，而耕地面積只增加一倍左右，這說明每人平均占有耕地面積在不斷減少。清初每戶平均土地約有三十畝左右，雍正時爲二十六七畝，到乾隆中葉便只有五、六畝。這個數字儘管由於田畝有隱蔽而不夠精確，但每人平均耕地數愈來愈少，則是無可懷疑的事實。這就必然造成糧食供應的緊張。糧食問題早在康熙時就已經存在，清朝統治者已經覺察到「民生所以未盡殷阜者，良由承平既久，戶口日蕃，地不加增，產不加益，食用不給，理有必然。」康熙五十二年（一七一三年）的上諭又指出「今歲不特田禾大收，即芝麻棉花皆得收穫。如此豐年，而米粟尙貴，皆由人多田少故耳。」地少人多的矛盾到乾隆時更爲突出。乾隆慨嘆「朕查上年各省奏報民數，較之康熙年間計增十餘倍。承平日久，生齒日繁，蓋藏自不能如前充裕，且廬舍所占土地亦不啻倍蓰。生之者寡，食之者眾，朕甚憂之。」糧食緊缺是全國性的，蘇松杭嘉湖地區歷史上是重要產米區，素來有「蘇湖熟，天下足」之說。可是到了清代竟然糧不能自給，嚴重到「每歲產米不敷數月口糧，全賴商販接濟。」

(2)、乾隆朝的對策

為了緩和由於人口激增所引起的糧食供應緊張，乾隆朝除了繼續獎勵人民到邊疆省份墾荒，擴大耕地面積之外，還採取了兩項重要措施：一是推廣種植甘薯、玉米等高產糧食作物，增加糧食產量，玉米「種收一千，其利甚大」。而甘薯「畝可得數千斤，勝種五穀幾倍。」乾隆時，這兩種高產作物的種植已經從南方擴大到北方，無處無之，居民「恃此為經歲之糧」。這對於緩和當時的糧食不足起了一定作用。二是鼓勵洋米進口。乾隆八年（一七四三年）定外洋運米貿易者，萬石以上免船貨稅糧十之五，五千石以上免十之三。（時運三四千石者亦得邀免）十三年，令商人暹羅買米得造船運回。十九年，定運米二千石以上分別議敘之例。這些措施對增加糧食補給也收到相當的效果。

(3)、洪亮吉的人口思想

人口問題引起了各階層的關注，以洪亮吉為代表的有識之士，對人口過剩現象作了初步探索，提出了很有價值的見解。洪亮吉（一七四九—一八〇八年），字君直，號北江，江蘇陽湖（今武進）人，乾隆進士，是清代有名的學者，在經濟思想方面，他提出了人口增殖與糧食產量增加存在著矛盾的問題。所著《意言》二十篇中的〈治平〉、〈生計〉諸篇，系統而全面地闡明了他的人口思想：

(1)、注意到清代前期人口激增的嚴重現實。根據考察了解，他認爲當時戶口「視三十年以前增五倍焉。視六十年以前增十倍焉。視百年百數十年以前不啻增二十倍焉」。他的估計雖然不無誇大之處，但基本上如實反映了當時出現的人口空前增長這個客觀事實。

(2)、認爲當時人口的增長遠比生產的增長要快。人口增長率大大超過耕地和主要生活資料的增長率，即所謂「田與屋之數，常處其不足；而戶與口之數，常處其有餘也」。「爲農者十倍於前，而田不加增，爲商賈者十倍於前，而貨不增加。」他的這種認識基本上也是符合當時實際情況的。

(3)、戶口激增的結果，導致民生困難，和社會的動亂不安。他指出，由於人口過剩，「又況有兼併之家，一人據百人之屋，一戶占百戶之田，何怪乎遭風雨霜露飢餒顛踣而死者之比比乎！」這樣就使「終歲勤動，畢生皇皇，而自好者居然有溝壑之憂。不肖者遂至生攘奪之患矣。」而「游手好閑者，更數十倍於前」，「遇有水旱疾疫，其不能束手以待斃明也矣，是又甚可慮者也。」

(4)、提出主要依靠發展生產來解決人口過剩的主張。他認爲水旱疾疫是調劑過剩人口的一個條件，這當然是消極的辦法，不能真正解決問題。在他看來，更重要的是「使野無閑田，民無剩力，疆土之新闢者，移種民以居之」，也就是發展生產。另外，他認爲還要做到「賦稅之繁重者，酌今昔而減之，禁其浮靡，抑其兼併」，也就是減輕封建經濟剝削。再有，「遇有水旱疾疫，則開倉廩悉府庫以賑之」，也就是國家對災民要給以救濟。這套辦法，在封建反動統治下當然不會實行，即使實行，也接觸不到人民困苦的真正根源。

洪亮吉的人口思想，從根本上說，是爲了維護封建統治，但是，他能根據當時我國自然條件和社會經濟發展狀況，提出了人口增長過快會給國家和人民帶來困難這一嚴重問題，並從當時的具體歷史條件出發，主張開荒移民，反對封山禁林。主張輕徭薄賦，反對橫徵暴斂。主張整頓吏治，反對巧取豪奪。主張臨災救濟，反對不顧民命疾苦等等。這在客觀上符合廣大勞動人民的願望，應該說具有進步意義。

二、土地兼併的加劇

乾隆時，由於人口激增，引起糧價持續上漲，同康、雍時期比較，糧價上升了四倍。在這種情況下，誰擁有更多的土地，誰就可以有更多的糧食，占有更多的社會財富。這就驅使人們熱中於購置土地。就使封建社會裏一向十分嚴重的土地兼併問題更加嚴重起來。在當時人看來，「凡置產業，自當以田地爲上，市廛次之，典與鋪又次之。」何況土地在當時是最少風險的財富儲藏形式。所以，「上自紳富，下至委巷工賈胥吏之儔，贏十百金，莫不志在良田。」官僚豪紳爭購土地，隨處可見。「今之督撫司道等官，蓋房造屋，置買田園……所在皆有。」商人和高利貸者也紛紛大量買地。「近日富商巨賈，挾其重資，多買田地，或數十頃，或數百頃，……每歲所入，盈千萬石，陳陳相因，粟有紅朽者矣」。他們還在災年趁人之危，壓價購買土地。乾隆五十一年（一七八六年），河南連年災荒，山西富戶「聞風赴豫，舉放利貸，藉此准折田畝。」後來清朝下令准予原價回贖，僅贖回的土地就有三十多萬畝，無力贖取的當不在少數。由於搶購土地，引起田價上升。「順治初，良田不過二三兩。康熙年間，長至四五兩不等。雍正間，仍復順治初價值。至乾隆初年，田價漸長，……亦不過七、八兩，上者十餘兩。今閱五十年，竟亦長至五十餘兩矣」。

土地兼併的結果，農民大量喪失土地，淪爲佃戶。「近日田之歸於富戶者，大約十之五六，舊時有田之人，今俱爲佃耕之戶」。「約計州縣田畝，百姓所自有者，不過十之二三，餘皆紳衿商賈之產」。

三、高利貸盤剝

乾隆時，高利貸和典當業非常活躍。通常是以子爲母，利上加利。有的以七錢之本而索七八兩之償。甚至借二三十兩未及一年，算至二三百兩者，利率之高竟達十分、二十分乃至三十分。經營高利貸成了富貴人家聚斂社會財富的重要手段。乾隆九年（一七四四年），北京城內外，「官民大小當鋪共六七百座」。河南地方「每有山西等處民人及本省富戶，專以放債爲事。春間以八折借給，逐月滾算。每至秋收之時，准折糧食，利竟至加倍有奇。貧民生計日促」

。河北「直隸州縣多山西富戶，挾資而來，囤積米石，放債盤利，每月行息，少者四五分，多者六七分。是以奸民日富，貧民日瘁。……竟有借七斗麥，五年而折二十金之產者」。江南地狹人稠，謀生艱難，高利貸盤剝更爲猖獗。如江蘇「澄邑等嗜利之徒，往往乘人之急，或將八九折之數而勒寫實銀，或索五六分之息而每月結算，瞬息之間，已子過其母。倘至期未還及還不足數，又將所欠利銀積欠作本，遂至利上盤利，久之計所還之數，數倍於本，而本銀仍在，迨至筋疲力竭，無可措償，田房子女聽其准折」。高利貸之窮凶極惡、於此可見一斑。

四、政治腐敗與財政拮据

(1)、和珅當國與吏治敗壞

清朝中葉以後，吏治敗壞，貪污聚斂成風，乾隆寵信的大學士和珅，是歷史上貪官污吏的典型。和珅，正紅旗人，姓鈕祜祿氏，字致齋，生員出身。乾隆時，由侍衛擢戶部侍郎兼軍機大臣，執政二十餘年，累官至文華殿大學士，封一等公，倚任之專，一時無兩。和珅當政期間，利用權勢，植黨營私，招權納賄，鬻爵賣官，無所不爲。章學誠在〈上執政論時務書〉中寫道：「自和珅用事，上下相蒙，惟事婪贓黷貨，始則蠶食，漸至鯨吞；初以千百計，俄而非萬不交注矣，俄而萬且以數計矣，俄以數十萬計百萬計矣。一時不能猝辦，由藩庫代支，州縣徐括民財歸款。貪墨大吏，胸臆習爲寬侈，視萬金呈納，不過同於壺簞饋問；屬吏迎合，非倍往日之搜羅剔括，不能搏其一歡」。這正是當時官場的寫照。

在和珅的庇護下，文官貪贓，武臣剋餉。地方督撫、布政使如國泰、王亶望、福崧、伍拉納、浦霖等人，都是貪污的要犯，每次抄沒他們的貲產都在數十萬兩以上。乾隆末年，畢沅為兩湖總督，福寧為巡撫，陳淮為布政使，「三人朋比為奸……廣納苞苴。時人謠曰：畢不管、福死要、陳倒包。」管理治河工程的官吏，為了尋機貪污，竟至滅絕人性，故意掘開河堤，造成水患，致使千百萬無辜百姓流離失所。

至於地方州縣差役虐民更是不擇手段。「言民間遇有竊案，呈報之後，差役將被竊鄰近之家資財殷實而無頂帶者，扳出指為窩戶，拘押索錢。每報一案，牽連數家，名曰賊開花。鄉曲無知，懼於法網，出錢七八千至十數千不等。胥役欲壑既盈，始釋之，謂之洗賊名。一家被賊，即數家受累，如此數次，殷實者亦空矣。有魯典史者刻一聯張於堂，聯云：『若要子孫能結果，除非賊案不開花。』此川省之弊蠹，正恐不獨川省為然也。」

(2)、統治階級的窮奢極侈，揮霍無度

封建統治階級憑藉手中的大量不義之財，任意揮霍民脂民膏，生活極為奢侈腐化，乾隆就是一個揮霍無度的典型。他在位時先後六次「南巡」，每一次南巡都興師動眾，耗費大量人力物力，怨聲載道。初次南巡時，江南總督黃廷桂科派地方紳商承辦差務，嚴催急督，民不堪其擾。刑部員外郎蔣楫獨力在蘇州捐辦臨幸大路，計費白銀三十萬兩，「親自督工，晝夜不倦。」每次南巡途中，地方官貢獻土特產品皆有定例，從織繡龍袍、綾羅綢緞，到珍異器用、時鮮果品，應有盡有，所費動輒萬金。如此勞民傷財，乾隆卻全不在意，他說：「朕清蹕所經，觀民問俗，關政治之大端，即動用數十萬正帑，亦何不可！」

乾隆還在全國各地大興土木，修建了無數離宮別苑、寺院廟宇。著名的圓明園、承德避暑山莊和外八廟，都是在乾隆年間竣工的，所費以億萬計。

為了裝點門面，粉飾太平，乾隆五十年和六十一年還先後舉辦了兩次盛大的宮廷宴會——千叟宴。第一次有兩千人參加，第二次增加到五千人，兩次盛會耗銀數百萬兩。

一般官僚地主富商也都過著驕奢淫佚的生活。湖南布政使鄭源璹，「在署家屬四百餘人外，養戲班兩班，爭奇鬥巧，晝夜不息。」揚州是兩淮鹽商聚居之地，這裏「名園巨第絡繹至於半山。歌童舞女、圖畫金石、衣服肴饌，日所費以巨萬計。」城內「重城伎館，每夕燃燈數萬，粉黛綺羅甲天下。」懷柔地主郝氏，「膏腴萬頃」，「純皇帝嘗駐蹕其家，進奉上方水陸珍錯至百餘品。其它王公近侍以及輿儓奴隸，皆供食饌，一日之餐，費至十餘萬。」「京師如米賈祝氏，自明代起家，富逾王侯。其家屋宇至千餘間。園亭瓌麗，人游十日，未竟其居。宛平查氏、盛氏其富麗亦相仿。」

(3)、財政拮据

清朝中葉以前，國庫收支每年都有節餘，幾百萬至數千萬不等，中葉以後，庫存日見減少，財政有時入不敷出。造成這種困難局面的原因很多，除了統治階級的揮霍浪費、官吏的貪污中飽之外，乾隆時期軍費開支浩大是一個重要因素。歷年軍費的開支，常占財政支出總額的一半左右。據不完全統計，準回之役費帑三千三百餘萬兩，兩金川之役達七千餘萬兩，臺灣之役八百餘萬兩，廓爾喀之役一千餘萬兩，累計總額在一億五千萬兩以上。這筆龐大的軍費開支，大大削弱了清朝的財政基礎。以上還只是就中央政府而言。至於為了支應戰爭的差役和物資所加給地方的負擔更是很大數字，是無法估算的。如「四川自兩金川用兵以來，又承制府福康安徵調賦斂無已，倉庫乃空如洗」。再有中葉以後，官俸支出也與日俱增，乾隆時官僚機構臃腫，一職數官，一官數職，人浮於事的現象所在多有，維持這樣龐大的官僚機構，也耗費了一大筆國家經費。據統計，乾隆三十一年，官俸支出總數為五百四十三萬兩，約占財政總支出（三千餘萬兩）的六分之一以上。（不包括宗室王公的俸祿）遠遠超過了明代。

為了彌補財政的虧損，清朝採取了許多措施，廣開財源。

㈠、捐納　順康時已經施行，但是屬於臨時性，雍正以後遂成常例，每遇財政支絀，捐納即成為應急的慣用手段，其捐納所得，亦作為戶部的一筆經常性收入。捐納範圍亦不斷擴大。每年國家由此收入多至一千四百餘萬兩。乾隆十五年（一七五四年）一年的捐納銀達到五，五六六，六三五兩，約占當時戶部全年收入（一四，二四八，八六九兩）的三九·〇六%，應該說這是一個不小的數字。

㈡、商人報效，主要是鹽商。報效之例始於雍正，凡遇軍需、河工、災賑，政府鼓勵鹽商報效，作為財政的一項輔助收入。如兩淮鹽商即以捐輸報效為名，向政府提供巨額款項，其中僅軍需一項，自乾隆十三年至六十年，大的捐輸即有八次之多，總計銀一千三百一十萬兩。

捐納的開辦，雖一時能起到彌補財政虧空，應急軍需的作用，但市儈之流通過捐納得官，可以剝削人民，這更加劇了吏治的敗壞和貪污的盛行，這對於清朝來說，無異於飲鴆止渴。至於鹽商的報效，雖一時獻出巨款，使清朝可以暫解燃眉之急，但鹽商統統以此拖欠稅款，因此在經濟上仍是得不償失。

五、大興文字獄

文字獄是封建專制的產物，在中國歷史上由來已久，秦始皇的坑儒就是最早的一次大規模的文字獄。以後漢、唐、宋、明各朝都有文字獄發生。清代文字獄的頻繁，文網的嚴密，以及殺戮的殘酷，都遠遠超過以往任何朝代。一本書，一篇文章，一首詩，甚至一個字，在當時都可以構成大逆的罪名，從而招致殺身大禍，甚至株連九族。清朝大興文字獄的總的目的在於通過暴力手段，鎮壓漢族知識分子和其它反抗勢力，箝制言論，壓制反清思想，以鞏固它們的封建專制統治，但由於不同時期鬥爭的形勢有所不同，文字獄也就有不同的表現。

(1)、康、雍時期的文字獄

康熙時期，大規模的抗清鬥爭已經過去，清朝在全國的統治基礎基本上得到鞏固，但是仍有一些漢族知識分子不甘心作清朝的順民，他們利用各種機會，在社會上繼續傳播反清的思想，這對清朝是個潛在的威脅。在這種情況下，清朝爲了鞏固自己的統治，從根本上消滅抗清勢力，對漢族知識分子進行了嚴厲的鎮壓，製造了一系列的文字獄，其中《明史》案和《南山集》案都是清初的大案，株連極廣。

《明史》案：吳興朱國楨撰《明史》若干卷，藏於家，後家道中落，子孫不能守，以其稿本售予莊廷瓏，莊家爲富豪，能文墨，廣聘諸名士續成刊出。書中涉及李成梁同建州衛的關係及明末抗清事跡，康熙二年（一六六三年）事發，釀成大獄，殺戮極慘，一字之連，一詞之及，無不就捕。

《南山集》案：是由於談論南明史事引起的，時詔修明史已數十年，但有關明清之際的歷史總是諱而不錄，戴名世因著《孑遺錄》以見其概，又與其門人余生書，對南明史事多有論及。凡此，皆載入所著《南山集》中，刊行已久，康熙五十二年（一七一一年）事發論死，株連三百餘人。

雍正時期的文字獄主要是胤禛用以對付統治集團內部的反對派，而壓制反清思想則降到了次要地位。雍正朝封建統治集團內部的矛盾鬥爭十分尖銳，胤禛爲了鞏固自己的統治地位，打擊和削弱敵對勢力，製造了許多文字獄案件，如汪景祺案、查嗣庭案、錢名世案，矛頭都是指向權臣年羹堯和隆科多的。而陸生楠、曾靜等案，則被利用爲進一步打擊諸王的藉口。

汪景祺案：汪景祺，康熙癸巳進士，以年羹堯記室從征青海，作《西征隨筆》，其中有〈功臣不可爲論〉，以檀道濟、蕭懿比年羹堯。雍正四年（一七二六年）案發論死，家屬發遣。

查嗣庭案：雍正四年查嗣庭任江西考官，試題作「維民所止」，語出《詩經》，有訐者謂

「維止」二字乃取「雍正」斬首之意。繼而又查出他的日記有「謗訕聖祖」、非議朝政的內容。案發論死，株連家族。

錢名世案：錢名世，康熙癸未進士，有文名，官至翰林院侍講學士，與年羹堯己卯鄉試南北同年，有交往。嘗作詩頌年平藏功德。雍正四年案發，以諂附年羹堯逐回原籍禁錮。雍正親書「名教罪人」四字榜其門。

陸生楠案：陸生楠，雍正間由舉人部選吳縣知縣，改工部主事，坐事奪職遣戍。作《封建論》十七篇，主張恢復封建，被指爲「黨援諸王」，雍正七年案發論死。

謝濟世案：謝濟世，監察御史，注《大學》，被控語涉謗訕，雍正七年，案發論死。

曾靜、呂留良案：雍正年間最大的一次文字獄。呂留良，理學家，嘗以博學鴻詞及山林隱逸薦，誓死不就，至薙髮爲僧。著書立說，堅持反清立場。湖南生員曾靜，居鄉講學，仰慕留良，遣弟子張熙求其著述，時留良已死，其次子毅中悉以父遺書授之。此後曾靜與留良弟子嚴鴻逵等頻頻來往。時傳聞川陝總督岳鍾琪裔出宋岳飛，曾靜遂遣張熙至陝，投書鍾琪，勸舉事，鍾琪以聞，遂釀成大獄。雍正六年案發，留良等戮屍，株連家族弟子故舊。雍正爲此案刊行《大義覺迷錄》，大造輿論，將矛頭指向他的主要政敵允禩等諸王。呂留良、曾靜之獄，是清代文字獄中唯一的謀反案件，是漢族地主階級「反清復明」活動的一種表現。

(2)、乾隆時期的文字獄

乾隆時文網嚴密，望文生義，無中生有，羅織之苛細，達到了無以復加的程度。乾隆把所謂收藏禁書隱匿不報、妄爲著述不避聖諱、詆毀程朱倡爲異說等種種罪名，強加給一大批無辜的受害者，製造了一連串的冤獄。現存清代文學獄檔共收六十五件，其中有六十四案發生在乾隆朝。乾隆時的文字獄，不僅用來對付漢族知識分子，壓制反清思想，而且還用以對付各級官吏，使他們屈服於皇帝的專制統治之下，俯首貼耳，惟命是從。

胡中藻案：此案被乾隆當作打擊朋黨勢力的一個突破口。胡中藻，鄂爾泰門生，累官至內閣學士，後罷歸江西，所著《堅磨生詩鈔》有「記出西林第一門」句，（西林為鄂爾泰別號）被指爲「攀援門戶」。又其督學廣西時，試題有「乾三爻不像龍」說，龍與隆同音，被指爲影射詆毀乾隆，遂成獄。乾隆二十年（一七五五年），中藻論死。

徐述夔案：徐述夔，江蘇舉人，撰《一柱樓詩集》六卷，語涉謗訕。如〈詠紫牡丹〉詩有「奪朱非正色，異種也稱王」句，〈詠宣德杯〉詩有「大明天子重相見，且把壺兒擱半邊」句。乾隆四十三年（一七七八年）爲人告訐，時徐氏父子已死，仍剉屍，三世環首，子孫永淪奴籍，門人故舊瓜蔓同抄。

王錫侯《字貫》案：王錫侯，江西舉人，以《康熙字典》收字太多，難以貫穿，另刻《字貫》一部，其序文凡例將聖祖、世宗及高宗御名開列，並無避諱，被控「大逆不法」，論死，地方官受株連。

類似的案件在乾隆朝層出不窮。

(3)、文字獄的影響

清代文字獄對於社會造成了極爲惡劣而深遠的影響。首先是由於清廷的刻意深求，一些人爲營謀私利，挾嫌誣陷，告訐之風紛然而起，造成社會極大的不安。御史曹一士向乾隆上疏說：「比年以來，小人不識兩朝所以誅殛大憝之故，往往挾睚眥之怨，藉影響之詞，攻訐詩書，指摘字句。有司見事生風，多方窮鞫，或致波累師生，株連親故，破家亡命，甚可憫也。臣愚以爲井田封建，不過迂儒之常談，不可以爲生今反古；述懷詠史，不過詞人之習態，不可以爲援古刺今。即有序跋，偶遺紀年，亦或草茅一時失檢，非必果懷悖逆，敢於明布篇章。使以此類，悉皆比附妖言，罪當不赦，將天下告訐不休，士子以文爲戒。」其次，文字獄使知識分子人人自危，不敢議論朝政，不敢研究經世致用的學問，不敢研究歷史，甚至不敢讀書。梁啓超指出：「文字獄頻興，學者漸惴惴不自保，凡學術之觸時諱者，不敢相講習。」（《清代學術概論》）在文網嚴密的情況下，爲了逃避文字之禍，學者們以訓詁考據爲惟一歸宿，終年在古書中尋章摘句，沉溺於故紙堆中，使學術完全脫離了實際生活，眼光窄隘，思想閉塞，窒息了一切進步思想的發展，這對於社會的進步和變革顯然極爲不利。

六、禁毀圖書

文字獄開了禁毀圖書的先例，文字獄案中查獲的所謂逆書一律銷毀。如雍正時追毀呂留良的全部著作，對其它人有引用呂的言論的著作也都一律銷毀。這種搜毀禁書的活動，開始時只是個別地區的事，到乾隆開四庫館時，就擴大到全國範圍，造成我國古代文化典籍的一場浩劫。

乾隆查禁所謂違礙書籍是採取了「寓禁於徵」的手段，以訪書為名，行禁書之實。乾隆三十八年（一七七三年）開四庫館，兩次下詔求書。詔求遺書是全國性的，但重點是在江浙。乾隆三十九年上諭赤裸裸地提出要查禁明末清初「悖謬」之書：「明季末造野史甚多，其間毀譽任意，傳聞異辭，必有牴觸本朝之語，正當及此一番查辦，盡行銷毀。」當時，各省督撫逢迎上意，凡明末清初書籍，稍涉忌諱，無不以「違礙」處置。各府州縣刊刷謄黃，遍行曉諭，勒令人民主動呈繳。另外還派遣佐雜教職人員，和地方士紳、生監等到鄉挨查，比產株求，在地方上引起極大騷動。

當時查訪書籍最賣力氣的是江西巡撫海成，乾隆四十一年十一月呈繳應毀書籍八千餘部，受到乾隆的嘉獎。而江、浙兩省，則因查辦不力，受到譴責。

被查禁書籍的範圍是很廣泛的，開始時只限於明季野史、詩文或官員的奏章、記事等，其後一再擴大，各種來往信札帳冊筆記詩文雜著、傳奇小說、戲曲、地方志等一概都在查禁之列。乾隆四十二年，王錫侯《字貫》案發，清朝進一步提出搜訪現行違礙書籍。

由於承辦督撫逢迎上意，苛細搜求，頗有並無違礙者亦遭查禁擬毀。如吳偉業之《梅村集》、《綏寇紀略》等書，並無違礙字句，當時也在銷毀之列。乾隆四十三年十一月，正式頒佈了四庫全書館擬定的查辦違禁書籍條款九則，這個條款把查繳禁書的時限上溯到宋元，大大超過原定的明末清初的界限。

在這場焚書浩劫中，二十多名學者的大部分著作被禁毀，其中如呂留良、屈大均、金堡、戴名世、尹嘉銓、王錫侯以及錢謙益等，都是康、雍、乾三朝文字獄的受害者，查禁和焚毀他們的著作，實際上是殘暴的文字獄的繼續。康、雍兩朝的文字獄，殺人並不毀書。乾隆由文字獄進而焚書、禁書，由查繳禁書又屢興文字獄，這種血腥的封建專制統治，反映了乾隆的狂暴凶殘，也顯示出封建末世反動統治階級的腐朽性。

除了銷毀大量書籍之外，四庫館又對四庫採錄的書任意加以竄改。如明季諸臣遺著，通篇都要經過嚴格篩選，保證做到「凡諱皆改，無礙不易」。當時改易之風，不僅施之於明末清初之書，即宋人書之詆斥金人詞句，亦無不刪改，甚至顛倒次序，變易意義，其不易更動者，則故作闕文，或加以刪削，使各書面目皆非。

乾隆時期總共銷毀了多少書，當時沒有準確統計，事後更無法考察清楚。雖有禁毀書目，但地方官銷毀未及上報的，以及小民畏禍自行焚棄的還不知有多少。王芑孫在〈洴澼金方序〉中說道：「自朝廷開四庫館，天下祕書稍稍出見，而書禁亦嚴，告訐頻起。士民葸憤，凡天文地理、言兵言數之書，有一於家，惟恐遭禍，無問禁與不禁，往往拉雜摧燒之。」（王昶《湖海文傳》卷二九）所以，任何禁毀書目都是不完全的。根據現有統計，「在於銷毀之列者，將近三千餘種，六七萬部以上，種數幾與四庫現收書相埒。」（孫殿起〈清代禁書知見錄序〉）乾隆焚書實在是中國古代典籍的一場浩劫，同兩千年前秦始皇焚書相比，是有過之無不及的。

第二節　各族人民起義

乾隆中葉以後，社會矛盾激化，以王倫起義爲起點，爆發了一系列各族人民的武裝鬥爭，成爲清朝由盛轉衰的重要標誌。

一、山東王倫起義

這是清水教發動的一次農民起義，清水教是白蓮教的一個支派，活動於兗東一帶。乾隆時已有相當群眾基礎。「聲言飲水一甌，可四十九日不食，因名其教爲清水。」首領王倫，壽張縣人，「該縣平昔貪虐不堪，民情怨望。」又因「年歲歉收，地方官額外加徵。」百姓無法存活。王倫利用這個時機，宣傳「今歲有四十九日屠戮劫數，隨我道可免。」遂於乾隆三十九年（一七七四年）八月發動武裝起義。義軍連克壽張、堂邑、陽谷，「聲言攻城止殺官劫庫，不殺百姓。數日之內，聚集已眾。」迅速擴大成幾千人的隊伍。王倫自稱紫微星，置元帥、先行、國公等官。於是分兵趨臨清、東昌，阻扼清朝運道。清代東南歲漕數百萬，皆由運河供億京師，而臨清川綰轂南北，爲水陸衝衢，戰略地位很重要。清廷倉皇派出大學士舒赫德督京兵前往鎮壓。

義軍作戰英勇，「見其領眾之人，兩手持刀，疾走如飛，宛如獼猴，其餘亦俱愍不畏死，不避槍砲。」「賊之攻城也，皆黑布纏頭，衣履黑色，望之若鬼魅，間有服優伶彩服者，器械多劫諸營訊，或以廚刀、樵斧縛竿上，跳躍呼號。……白晝潛蹤，每至夜分，束黍秸堆城下如阜，焚之，煙焰障天日。」

義軍紀律嚴明，所到之處，秋毫無犯。「收人心，不殺掠，一切食物均易之以價。有一賊食人梨而少與值，立斬之，而倍以償。於是無知細民，咸謂賊無所害，而稍有知識者，亦圖苟安，不思遠避。」百姓支持義軍作戰，「隨賊同行，為之剿草、磨麵、煮飯，甘心執役。」

義軍克臨清舊城，新城久攻不下。時運河回空糧艘阻橋閘，不得進。義軍組織縴夫助戰，又未糧艘為浮橋，意圖北進。九月，舒赫德率京兵大至，義軍寡不敵眾，據守舊城，奮死抵抗。「拒守甚堅，各出死力抵禦，且有婦女執刀迎敵。」有烏三娘者，「兗州人，年二十許，娟媚多姿，而有膂力，工技擊。其夫某，能為角抵戲，俗所稱走馬賣械者也。嘗與三娘挾技走楚豫間以糊口，而三娘技實過其夫。嘗患瘍，遇王倫治之而愈，不受值，且助以貲。三娘感其惠，願為義女，夫卒，遂依於其家。王倫破壽張諸役，三娘皆從，而更招致其當日同賣械者十餘人。」當城破王倫陷敵兵重圍，「三娘率諸女巷戰，短兵相接，諸女次第死，三娘獨揮兩刃，能捍蔽鋒鏑，忽於馬上躍升屋，自屋而樓，……官軍圍三匝，矢炮擬之若的，三娘揚袖作舞狀，終莫能傷。」

義軍「夏踞屋內死守。牆壁堅定，路徑逼窄，官兵即放火焚燒，賊人上屋放槍，並飛擲瓦片，又手執紅旗招呼匪黨，並不言語。」清軍「音濟圖探得王倫確實住處，帶前鋒緗阿爾圖等直入屋內，將王倫擒住，正在綑縛間，兩廂突出十數賊，一擁至前，音濟圖猝不及備，身受刀傷，賊竟將王倫奪去。」王倫雖一時脫險，終因局勢惡化，最後舉火自焚，「斷不肯投降」。起義失敗後，清軍進行了血腥屠殺，「雖孩提亦無免者。」

王倫起義歷時不到一個月，規模也不算很大，但它是在清朝鼎盛之時爆發的，對封建統治階級是一次不小的震動，預示著更大規模的風暴即將到來。

二、甘肅回民起義

清代甘肅地方階級矛盾和民族矛盾十分尖銳，當地官府「侵蝕貿銷，蠹國病民，為從來所未有，浸至積戾召殃，遂有蘇四十三之事」。封建統治者的殘酷壓迫和剝削，是造成這次回民起義的根本原因。甘肅回民起義的直接起因表現為回民內部的新教和老教的鬥爭，鬥爭的焦點是門宦。

門宦制度是伊斯蘭教中的神秘主義和中國封建制度相結合的產物。隨著農業經濟的發展，各地教長逐漸發展成為門宦地主，他們依藉天課（一種宗教課稅，教徒在個人資財達到一定數量時，每年必須按規定的稅率交納天課，天課由教長掌握）和地租對農民進行殘酷剝削，這就使得教長和教民之間的宗教等級差別，轉化爲地主與農民間階級的對立。在門宦制下，教內封建等級森嚴，教主世襲，是一種道地的封建特權制度。這種宗教封建特權制度把地主對農民的剝削神聖化，反過來又鞏固和加強了地主階級的統治。

乾隆二十六年（一七六一年），安定人馬明心（一名馬明清或馬明星）創立新教，旨在革除老教的門宦制度。馬明心先在河州一帶傳教，受阻，來到循化，公開提出「道者公也，豈爲一家所私有；教規者隨時變通也，不宜膠柱鼓瑟」。反對老教「多收佈施，斂錢惑眾」。新教簡單省費，減輕了農民的宗教負擔，而且在新教內部提倡富有者散家財，使「入其教者，皆有周濟」。這些主張迎合了當時農民的願望和要求，具有歷史上農民起義均貧富的思想色彩。新教同老教所反映的階級利益不同，連封建統治者也看得很清楚，乾隆〈御製詩〉寫道：「邪回倡新教，經略數年矣，厥有馬明心，回民倡亂始；僧之一柱香，道之五斗米，本欲斂財貨，遂至兵戈起。」乾隆對新教的詆毀，說明新教在某種程度上代表農民的利益。

新教在循化撒拉族居住地區迅速傳播，很快形成了新教反盛於老教的局面。「舊教念經須用羊隻布匹，所費較多，而新教念經僅取儭錢五十六文，是以窮民願歸新教者較眾。」（《高宗實錄》卷一三四一）這種情況引起了老教教主的強烈反對，新、老教之間多次發生衝突，新老教之爭實質上是撒拉族內部階級鬥爭的反映。清朝官府支持老教，公開表示：「新教若不遵法，我當爲汝老教作主。」老教有官府作靠山，更加仇視和排斥新教。

乾隆四十六年（一七八一年）三月，循化地區新教和老教發生械鬥，新教首領蘇四十三、韓二等攻老教各莊，造成大規模流血事件。清朝地方官爲老教撐腰，蘭州知府楊士璣；河州協副將新柱派兵鎮壓新教，未得逞。總督勒爾錦捕馬明心，下蘭州獄，對新教進行迫害。這樣，新舊教的鬥爭又轉化爲反清鬥爭。新教徒二千餘攻陷河州城，胥濟洮河，由間道徑襲蘭州。蘭州西南偪山，臨高俯瞰，形勢頗利。教民「素業射獵，精火槍，又負地險。官兵萬餘皆營於城東，與賊遼隔，屢衄挫銳，每夜輒驚擾，槍砲達旦」。

清朝把教徒武裝起來助剿，使回族人民自相殘殺。乾隆四十六年三月的上諭就提出了要「以賊攻賊」的邪惡陰謀：「至新舊教既自相仇殺，必非合夥，或赦一剿一，以分其力。」「殺官抗拒；佔據州城之賊，如係新教首逆，即應明切曉諭舊教之人，赦其互相爭殺之罪，作爲前驅，令其殺賊自效。如此以賊攻賊，伊等本係宿仇，自必踴躍爭先，既壯聲勢，又省兵力；而賊勢益分，剿滅自易」。

不久，清援兵大至，義軍退守華林山。清軍「築長圍，絕汲道，湮井瀉溝困之」。義軍「斷水數日，尚能死守」。八月，蘇四十三在戰鬥中犧牲。餘部仍「俱盡力抗拒，不肯束手就縛」。戰至最後，「無一降者」。

新教起義失敗後，清軍在循化和洮河以南地區進行了大屠殺，所殺新教徒將及千戶，凡成年男子無一倖免。結果撒拉人居地十二工，除三工老教居民外，其餘九工剿盡無餘，房屋被拆毀，田地分給老教士兵家屬。

清朝的殘酷鎮壓，激起了新教回民更猛烈的反抗，乾隆四十九年（一七八四年）六月，又爆發了田五領導的石峰堡回民起義。

這次起義是三年前蘇四十三起義的繼續。先是陝甘總督李侍堯查治新教餘黨，吏胥肆騷，民不堪擾。於是在伏羌縣阿渾田五等領導下，以爲馬明心復仇爲名，再次發動武裝起義。起義事先作了相當的準備，預築石峰堡爲據點，造旅帳兵械。分屯伏羌縣之鹿盧山，靜寧縣之底店山、潘隴山。田五於起事後不久在戰鬥中犧牲，餘眾在馬四圭、張文慶領導下，從靖遠渡黃河，攻克通渭，隊伍有數千之眾。清朝從鄰省集重兵會剿。義軍接戰不利，盡入石峰堡死守。「堡踞萬山中，四面削險，溝塹縱横」。清軍乃掘濠斷其水道，義軍益困，遂趁夜半，冒死突圍，兵敗。

甘肅回民起義在歷史上留下了光輝的一頁。清朝鎮壓這次起義付出了沉重代價，「勞師二萬餘」，糜餉「百萬餘錢」。另一方面，起義也打擊了撒拉族內部的封建勢力，推動了回族社會的進步。

三、天地會和臺灣林爽文起義

(1)、天地會

天地會是清代民間的一個祕密結社，或稱三合會、三點會。稱天地會者，因爲它尊崇天地，入會時拜天爲父，拜地爲母，所以取爲會名。天地會創始於乾隆中葉，一般認爲天地會最先立會地點在福建，創始人是提喜，即洪二和尚。嘉慶四年（一七九九年）十月二十二日福建巡撫王志伊奏稱：「臣遵查天地會匪起於乾隆二十六年（一七六一年）」。「漳浦縣僧提喜首先倡立。」王志伊在福建任職七年，辦理過數百起會黨案件，掌握大量材料，其說大致可信。

天地會沒有一套完整的思想綱領，它們提出的口號是「順天行道」、「滅清復明」。前者是歷史上農民反抗地主階級的口號，後者則是清朝統治下各族人民反抗民族壓迫的口號。

天地會的特點之一是宗教色彩比較淡薄。天地會不像白蓮教那樣依靠宗教信仰來組織群眾，而是依靠內部紀律來組織群眾和鞏固組織。天地會內部有嚴格的紀律，最重要的便是三十六誓，其主要內容爲：在反清鬥爭中要勇敢。要注意團結，講究義氣，不得出賣弟兄。戒貪淫。不得洩漏組織和會內的祕密，一切暗號不能私傳。如果違犯這些紀律，將會遭受嚴厲的懲罰。天地會發展組織的時候，一般採取歃血結盟的秘密方式，爲了防止洩密，結盟時「亦不寫帖立簿」。（《軍機處錄副奏摺》乾隆五十六年九月十三日福康安摺）

天地會的另一特點是結會自由，會眾之間平等相待。天地會的會首是由會眾公推的，其下則按年齡排次序。入會後不論職位高低，都以兄弟相稱，所以天地會又稱兄弟會。

天地會的會員成分主要是破產的農民、手工業者、運輸工人和城市游民。此外，各社會階層主張反清復明者，都可入會，因此，它的社會成分很複雜，組織比較鬆散，天地會的派系很多，如小刀會、添地會、平頭會……各地山堂林立，互不統屬，各行其是，無直接聯繫，這種情況決定了天地會始終沒有形成一支統一、強大的社會勢力。

天地會的活動地區主要是東南各省和長江流域，廣東最盛，其次是廣西、福建、江西、湖南等省。以後又在南洋一帶華僑中發展。乾隆以後，天地會的活動日趨頻繁，多次發動反抗清朝的武裝起義。在東南亞，它也曾組織華僑進行反抗西方殖民者的活動。

⑵、臺灣林爽文起義

林爽文起義是天地會發動的臺灣農民的一次大規模的反清武裝鬥爭。清朝對臺灣人民的剝削比內地更爲苛重。其中田賦一項，較內地約高出一倍。「臺之一甲，得內地十一畝三分一釐有奇，內地上田各縣徵法不一，約折色自五六分以至一錢二分而止，是一甲不過徵至一兩三錢爲最多矣。今臺徵穀八石八斗，使穀雖賤，石爲三錢，已至三兩六錢四分餘。」（連橫《臺灣通史》）其它苛捐雜稅名目繁多，有陸餉、水餉、厝餉……百姓「至無餘粒」。對臺灣土著民族高山族的榨取更是無所不用其極。清朝官府向他們強徵所謂番租、隘租、通事口糧、丁口租等等，「番亦銜刺骨」。清朝派到這裏的官員，「皆貪官污吏，擾害生靈」。「貪婪之吏，以宦爲賈，舞弄文墨，剝民脂膏，三年報罷，滿載而歸。」「官斯土者又日事朘削」，「文職自道臺以至廳縣，武職自總兵以至守備、千總，巡查口岸出入船隻，於定例收取辦公飯食之外，婪索陋規，每年竟至盈千累萬。」（趙翼《皇朝武功紀盛》卷四〈平定臺灣述略〉）凡此種種，不一而足，不能不激起臺灣各族人民的反抗。

乾隆四十八年（一七八三年），福建漳州天地會首領嚴煙來臺傳道，漳化人林爽文、劉升等，諸羅人楊光勳、黃鍾等，淡水人王作、林小文等，相繼入會，「立盟約，有事相求援」。

（臺灣檔，林領供詞）天地會以林爽文的家鄉大里村爲據點，準備發動起義。

乾隆五十一年十一月，漳化知縣派兵查緝天地會，焚掠甚眾，民不堪其擾。林爽文選擇了這個時機，「因民之怨」，以「安民心，保農業」爲口號，發動起義。攻占彰化，殺知府孫景燧等。建立政權組織，以天運紀年，林爽文被推舉爲順天盟主大元帥，楊振國爲副元帥。南部鳳山天地會首領莊大田等聞風響應，攻取鳳山，與林爽文遙相呼應，聲勢大振。

義軍所到之處，開倉濟貧，「復將所掠錢米，廣爲散給，要結人心」。義軍紀律嚴明，秋毫無犯。「未嘗妄殺一人，混取一物。」義軍統帥「嚴諭軍伍，不許絲毫妄取」，「查封粟石以應軍需，不許眾弟兄濫搬星散」。義軍愛護百姓的一草一木，要求做到「失一賠二，焚茅賠瓦」。義軍以此深得民心，「所過之處，香案疊疊，唧唧相迎」。義軍勢力迅速「蔓延全郡」。清朝統治者驚呼：「賊匪四在滋擾，平民附從者日多。」「生、監、商民中，固有能知大義保莊拒賊之人，而愚民無知，被賊人威脅附和順從者，在在皆是。……每遇攻掠地方，糾合動至數萬。約計諸羅、彰化兩縣，烏合賊眾不下數十萬人。」，義軍還得到高山族人民的支援，他們偷運硫磺，接濟義軍。淡水高山族女子金娘加入義軍，並肩戰鬥，因作戰勇敢，被任命爲女元帥。

在義軍的打擊下，清軍全無鬥志。諸將臨戰畏怯，「甫交綏，常戰慄，手不能舉鞭。」（《清稗類鈔》福康安、柴大紀平臺灣）士兵更是「望風膽落，潰逃四散」。福建提督黃仕簡「惟知坐守郡城……逡巡恇怯，一籌莫展」。

義軍繼續攻占淡水、諸羅等城鎮，「遍地皆從賊」。義軍隊伍更加壯大。此時義軍在經濟上也占有一定優勢，「北路本係產米之區，……刻下鹿港米價騰貴，每石三千。而賊巢大里杙、水沙連諸處，窩積甚多，每石僅需八百，各賊匪藉以收拾人心，故貧窮而貪生者，俱爲糾入」。

義軍注意團結各族各階層人士，宣佈：「無論閩、粵、民、番，皆屬百姓」，同樣看待。各族人民積極參戰，或充當義軍耳目，提供軍事情報。清軍哀嘆：「聞前此我兵之舉動，賊皆罔知，而賊兵之虛實，我反不測。……此賊能用間用奇，而我謀不周之失也。」

乾隆五十二年（一七八七年）正月，南北兩路義軍會師圍攻府城，總兵柴大紀拒守頑抗，久攻不下。義軍發動強大政治攻勢，「懸賞嚴拿」柴大紀，警告敵人：「倘爾等執迷不悟，仍然助匪爲虐者，不日天兵一到，玉石俱焚，許時（追悔）無及矣」。曉諭清軍士卒：「亟速猛醒回頭，勿執器械，空手撤逃出城，歸莊安耕，勿得驚惶。」這種區別對待，分化敵人的做法，體現了義軍的鬥爭策略。

清朝一方面增兵，一方面玩弄「剿撫互用」的手段。乾隆指示清軍對「已經從賊者，亦應設法招徠，分別辦理。不可因已經從賊，概予殲除，轉致阻其自新之路，堅其助逆之心」，「使脅從之徒，自相解體，彼此猜疑，則賊匪烏合之眾，可期不攻自散。」不久，義軍中出現叛徒。「賊目莊錫舍悔罪投誠，帶領所屬二千餘人，隨同官兵殺退賊匪，並飛往竹滬等處，截殺莊大田等」，從而使軍事形勢逆轉。這時一些地主武裝也乘機起來與義軍爲敵，佔據了諸羅。

義軍在作戰方針上也有失誤，但知攻城，不知扼海口。從而使清援軍得揚帆至，義軍陷於被動。另外，各路義軍無統一領導，「各自號召，不相下」。「爭為雄長，自相戕害」，極大地削弱了義軍的戰鬥力。最後導致軍事上接連失利，林爽文、莊大田等先後戰敗被俘犧牲，使這次轟轟烈烈的大起義最終遭到失敗，清朝在起義人民的血泊中恢復了它在臺灣的反動統治。

林爽文起義歷時一年又兩個月，戰火燃遍臺灣全島。清朝動用了兩廣、浙江、貴州、四川、湖南等七省兵力，兩易統帥，軍費耗銀達千萬兩，為鎮壓這次起義付出了巨大代價。清朝的腐朽和虛弱在戰爭中進一步暴露出來。

(4)、湘黔苗民起義

改土歸流以後，清朝加強了對苗區的控制，先後建立了府廳州縣等行政機構，並設置了鎮協營訊等軍事據點，平日「恣行魚肉」為所欲為，以至苗民「畏隸如官，畏官如神。有司引以為利，往往從纖介之爭訟，臨及全寨。」苗民對此深惡痛絕。官府之外，地主和高利貸者對苗民的剝削和掠奪也十分殘酷，有所謂「營帳」、「客帳」、「穀賬」等名目。「營帳」為訊官所放，以制錢八百作一千貸出，月息五十文，三個月一期，過期不還，利轉為本，本再生息，一年之內，息超過本銀一倍還多。「客帳」為滿漢地主和高利貸者所放，一般以布匹和食鹽貸出，年利為本銀一倍以上。有「放新穀」，為青黃不接時，計貸錢若干，秋收還穀若干；「放貨穀」，為賒以布鹽雜物，計貸錢若干，秋收還穀若干；「放斷頭穀」，為告貸人有急需時，借穀一石，秋收還二三石不等。至於「穀帳」，則為苗族地主所放，一般以穀物計算，貸錢一千文，還穀一石一，息過本銀一倍多。苗民一旦不能如期償還債務，即由債主吞沒其所抵押的田地。「往往收穫甫畢，盎無餘粒，此債未清，又欠彼債。盤剝既久，田地罄盡。」永綏廳過去「環城外寸土皆苗，數十年，盡占爲民地。」因此，「逐客民，復故地」就成爲這次苗民起義的口號。

乾隆六十年（一七九五年）正月，在貴州松桃大寨營苗民石柳鄧、湖南永綏廳黃瓜寨苗民石三保等領導下，爆發了大規模武裝起義。義軍攻占了湘、川、黔交界地帶的許多要衝，各地苗民聞風響應，「火山照百十里」，「苗疆大震」。當地清朝守臣束手待斃。

清廷倉皇派遣雲貴總督福康安、四川總督和琳等竭雲貴、湖廣、四川等七省兵力向義軍反撲。義軍憑藉有利地形，採取「其來我去，其去我來」的戰術，與敵人周旋。義軍英勇善戰，官兵也承認「苗人打仗時，火銃最難提防」。「於鳥槍之外，又有打石一技，……送石捷而有力，能於數十丈外取空中飛鳥，故當接鬥之時，子藥已盡，即拾之擊人，其傷亦重」。義軍挫敗了清軍的進攻，聲勢大振，八月，各部義軍共推吳八月爲王。

清朝一方面繼續增兵，加強軍事進攻，另一方面採取「以苗攻苗」的策略，從內部來分化瓦解義軍，千方百計收買拉攏義軍中的動搖分子。「所至招撫，凡苗酋降者，皆許奏官秩花翎；散苗來降，亦優給金帛」。在這種招撫政策的引誘下，苗族上層分子吳隴登叛降清朝，出賣了吳八月，使義軍遭受重大損失。不久，石柳鄧也在戰鬥中犧牲，起義進入低潮。嘉慶初年，清軍大批移防湖北，鎮壓白蓮教起義，給苗民堅持鬥爭創造了有利條件，多次給敵人沉重打擊。「又值川楚事急，倉皇移師北去，是以苗志得氣盈，鴟張魚爛，不可收拾。」清朝被迫作出讓步，「民地歸民，苗地歸苗……客民全行撤出。」苗民的鬥爭一直延續到嘉慶十一年（一八〇六年），歷時十二年之久。清朝爲鎮壓苗民起義，耗銀數千萬兩，加重了財政的負擔。不僅如此，湘黔苗民起義牽制了清朝十幾萬兵力，對川楚陝白蓮教起義是一個有力支援。

第十二章　封建社會日趨衰敗的嘉慶、道光時期

嘉慶、道光時期，清朝繼續走向衰落。乾隆中葉以後出現的各種衰敗現象這時都在進一步發展，各種社會矛盾和封建統治的危機進一步加深。

第一節　政治經濟概況

一、腐敗的政治

嘉慶元年（一七九六年）正月，清高宗弘曆宣佈退位，其第十五子顒琰繼承皇位，是爲仁宗，弘曆稱太上皇帝。弘曆之所以退位，是因爲他曾宣佈他的一些行動決不超過其祖父清聖祖玄燁。比如南巡不超過六次，作皇帝不超過六十一年，故其「踐阼之初，即以周甲歸政告天」

。不過，弘曆雖然不當皇帝了，但軍政大事仍由他掌握。這也就是他所自詡的「訓政」。因而在其接見朝鮮使節時，就由大學士和珅宣明他的旨意：「朕雖然歸政，大事還是我辦。」（《朝鮮正宗實錄》，引自《朝鮮李朝實錄中的中國史料》下編，卷一二）這一點仁宗也不否認：「自丙辰初元，皇父太上皇帝授大寶，……仰賴天祖垂佑，我皇父康強純固，訓政彌勤，予日侍聖顏，時聆恩誨，事事得有稟承」。

雖然如此，弘曆畢竟是年近九十歲的人了，精力已大不如前。據朝鮮使臣言：「太上皇帝容貌氣力，不甚衰耄，而但善忘比劇，昨日之事，今日輒忘，早間所行，晚或不省」。（《朝鮮正宗實錄》引自《朝鮮李朝實錄中的中國史料》卷一二）於是他對大學士和珅更加寵信，這就使「和珅之專擅，甚於前日，人皆側目，莫敢誰何云」。

在這種情況下，仁宗與和珅之間的關係很是微妙。和珅一方面在乾隆六十年，顒琰被冊立爲太子時，搶在衆大臣之前，向顒琰呈進玉如意，以示擁戴忠順之意；另一方面又置其親信吳省蘭於左右，以監視之。仁宗則大施韜晦之術，表面上對和珅竭力周旋，至呼爲相公而不名，骨子裏對其專權十分惱恨。他籠絡不阿附於和珅的官員，大力培植自己的私人勢力，等待時機將和珅除掉。

嘉慶四年正月初三，太上皇弘曆「駕崩」，仁宗開始親政。他以迅雷不及掩耳之勢，在初八日即「以科道列款糾劾，奪大學士和珅、戶部尚書福長安職，下於獄。」同月十五日公佈和珅二十條罪狀，十八日賜和珅自盡，福長安「應斬監侯，秋後處決，並著提福長安前往和珅監所，跪視和珅自盡後再回本獄監禁。」同時，仁宗還查抄了和珅和福長安的財產。據流傳的抄家清單記載，和珅有土地八千多頃、當鋪七十五座、銀號四十二座，古玩鋪三十座，樓臺花園一百零六座。此外，還有赤金五百八十萬兩，生沙金二百萬兩，元寶銀九百四十萬兩以及大量衣飾、器皿等，整個家產折合白銀八億兩之多。而當時清朝一年的財政收入才四千多萬兩。和珅一人的財產就相當於朝廷二十年的總收入，這確是非常驚人的。

清仁宗對和珅的懲治很得人心，朝野內外都期待他藉此整頓腐朽的官僚機構，使日趨衰敗的清王朝振作起來。清仁宗親政之初也確實擺出要有所作爲的樣子。他頒佈諭旨，要臣工直言陳事：「凡九卿科道有奏事之責者，於用人行政一切事宜皆得封章密奏，俾民隱得以上聞，庶事不致失理，用副集思廣益至意」。他還下令禁止地方督撫大吏向朝廷呈獻貢物，史稱「親政時，首罷貢獻之詔，除鹽政、關差外，不許呈進玩物，違者以抗旨論。」甚至他還打出「咸與維新」的旗號，要求「各宜懍遵砥礪，以副朕咸與維新之治」。

但是，清仁宗懲治和珅爲的是除掉權臣，從而把軍政大權掌握在自己手中。同時也藉此吞掉和珅的巨額財產。被查抄的和珅財物歸國家所有的爲數甚微；賞給臣下者也寥寥無幾，大部分歸皇室所有。當時廣爲流傳的「和珅跌倒，嘉慶吃飽」的民謠（《清稗類抄》第十二冊，〈譏諷〉）就非常深刻地揭示了這場皇帝與權臣爭鬥的本質。但清仁宗並沒有進一步追查和珅黨羽，以整頓腐敗的吏治。就在賜和珅自盡的第二天，他就下達諭旨，一方面承認和珅「所管衙門本多，由其保舉升擢者自必不少，而外省官員奔走和珅門下，逢迎饋賄皆所不免」；另一方面又要這些貪官污吏放心，「此外初不肯別有株連，惟在儆戒將來，不復追咎既往」。這就使得這些殘害民眾的敗類，繼續爲非作歹。同時，也不能指望仁宗能真心納諫。嘉慶四年八月，翰林院編修洪亮吉上書軍機王大臣，請求仁宗勵精圖治，清除弊政。洪在上書中揭露了當時朝廷官貪政亂，風氣敗壞的情形，他說：「蓋人才至今日，銷磨殆盡矣。以模稜爲曉事，以軟弱爲良圖，以鑽營爲取進之階，以苟且爲服官之計。」又說：「十餘年來，督、撫、藩、臬之貪殘害政，比比皆是」。（《清史稿》卷三五六）此外，他在書中還委婉地批評嘉慶帝視政不勤，處事遲緩，賞罰不明。洪亮吉的大膽直言震動了清廷，也使清仁宗很爲惱怒。他把洪對朝政腐敗的揭露，一概斥之爲「語涉不經，全無倫次」。他蠻橫地拒絕洪對他的批評，還自己粉飾說：「朕孜孜圖治，每日召見臣工，披閱章奏，視朝時刻之常規及官府整肅之實事，在廷諸臣皆所共知」。於是，洪亮吉不僅被罷了官，而且還被加以「私論國政」的罪名，遣戍伊犁。洪亮吉事件發生以後，本來就極爲沉寂的言路就更加寂靜了，朝廷官員們再也不願冒險去抨擊時弊了。同年十二月，清仁宗拋棄了「咸與維新」的旗號，公開說：「本年春國子監祭酒法式善條奏事件，折首即有親政維新之語。試思朕以皇考之心爲心，以皇考之政爲政。率循舊章恆恐有不及，有何維新之處」。這樣，他親政初期的所謂「新政」便迅速銷聲匿跡，而清朝自乾隆中期開始的衰敗過程也就不可遏止地發展下去。

吏治的敗壞越來越嚴重。從京城到地方的各級官員都不把國計民生放在心裏，辦事因循苟且，得過且過，專以吃喝玩樂，謀求私利爲務。如刑部侍郎兼內務府大臣廣興奉命兩次赴山東審案，他「任性作威，供頓必須華美，稍不如意即肆行呵斥」。每日「或令家人唱曲，或令優伶進唱」，還「開池養魚」。僅差費一項就用掉數萬兩銀子。民謠譏諷說：「周全天下事，廣聚世間財」。尤爲惡劣的是，在清政府於嘉慶十四年（一八〇九年）正月懲辦了廣興以後僅僅三個月，又發生英綸藉巡視山東漕務之機，大肆勒索奢華之事，「諸凡挑斥、婪索多贓與廣興如出一轍，甚至喚妓住宿，較廣興尤爲卑污；而該省州縣官曲意饋遺，又與饋送廣興之事如出一轍，相習成風，毫無畏懼」。

這一時期還發生了多件駭人聽聞的貪污大案。其一爲虛收稅糧案。直隸（今河北）藩司的司書王麗南等人，私雕藩司及庫官印信，並串通銀匠舞弊營私，採用「虛收虛抵、重領冒支」等手段，在嘉慶元年至嘉慶十一年的十餘年期間內，共侵吞地丁、羨耗、雜款等項銀三十一萬零六百多兩。此案涉及二十四個州縣，參與貪贓分肥的有知州、知縣官十餘人。嘉慶帝聞之，「殊堪駭異」，驚呼「實爲我朝未有之事」。

其二爲假印大案。就在王麗南案件出現後的第三年即嘉慶十四年，又揭露一起書吏貪侵案件。工部書吏蔡泳受、王書常和吳玉等人私雕假印，捏造事由，在嘉慶十一年至嘉慶十四年三年時間內，先後十四次去戶部三庫和內務府廣儲司庫等處，用詐傳諭旨，稱欽派辦工大臣姓名，以僞印文書咨行部院衙門的手段，騙得各堂司給發銀兩，數目達千萬之多。

其三爲冒賑大案。嘉慶十四年，江蘇山陽縣知縣王伸漢捏報災民數目，冒領賑款二萬三千餘兩。江南總督委派候補知縣李毓昌前往檢查發放賑款情況。李毓昌很快查出王伸漢貪贓枉法事實。王害怕遭受懲處，以巨金賂李，李毓昌拒不接受。王伸漢就指使其僕人李祥、顧祥和馬連升等，置砒霜於茶湯中。李毓昌飲後，半夜腹痛不止。李祥等竟殘忍地用腰帶將他勒死。事後，王伸漢送二千兩銀子給知府王轂，兩人合謀，假報李毓昌自縊身死，企圖把一樁殺人案掩蓋過去。

其四爲河工貪污案。嘉慶年間，河患頻仍。但治河卻變成官吏貪污中飽的最好機會，治河衙門也變成最大的貪污處所。嘉慶十六年正月，清仁宗以南河工程近年來竟用銀四千餘萬兩，懷疑其中有貪污「謂無弊竇，其誰信之」，派遣戶部尚書托津和順天府尹初彭齡等人前往查勘。托津和初彭齡不敢觸動河工的弊端，竟上奏「所發銀兩與各工所領數目均屬相符，是銀款出入尚無虛捏情弊」，敷衍了事，草草收兵。

這些公開揭露的貪污案件只是嘉慶時期大量發生的同類案件中的極小部分。當時幾乎無官不貪。他們上下勾結，狼狽爲奸，貪污腐化確實成爲當時官場的流行病。

在這種奢靡成風、貪污盛行的情況下，清朝統治機構的職能已經廢弛到了相當嚴重的程度。以辦理刑名案件爲例。清朝規定在刑部初審和刑部會同都察院、大理寺復審之後，九卿科道要集中起來進行朝審，以使情罪允當，無絲毫疑竇。然而，朝審「漸成具文」，「九卿科道亦未必全到，即全到亦不發一言。若有一人駁改一案者，群起而攻，目爲多事」。京師倉庫的管理同樣也很混亂。戶部緞庫是存貯緞、紬、絹和布等項物品的地方。按規定管庫的官員應按時盤查，使儲存的物品「足敷幾年之需」，如果何項物品缺短，「再先期行文制備」；而物品出庫入庫之時，「並應按照存貯年分先後，挨次給發，推陳出新，俱歸適用」。但是負責倉庫的官員「平日養尊處優，怠玩疲懈，漫不留意，沿習因循。」庫存大緞本來已有三千五百匹之多，杭綢一項亦多達六萬五千餘匹，其他物品「亦皆充羨」，「乃該庫每年仍向內庫領用，又不按新舊次序，……以致陳陳相因，充牣堆積，日久漸成朽蠹」。更有甚者，各省督撫司道呈遞奏摺竟要「先擇吉日」。這種陋習造成「遇閉破之日，竟全無奏摺，遇成開之日，數省之摺匯齊呈遞」的局面

而最能反映機構腐朽的還是嘉慶二十五年（一八二〇年）揭露出來的兵部印信遺失案。這年三月七日兵部查知印信被竊。清仁宗覺得「實屬奇事」，下令「立時嚴訊，刻不容緩」。經過一個多月的審訊，始知印信早在嘉慶二十四年八月二十八日於外出行圍途中即已丟失。當時負責保管的兵部捷報處書吏俞輝庭害怕遭到懲罰，遂「用備匣加封頂充，並賄屬兵部堂書鮑干含混接收」，而「當月之司官並未開匣驗視」，此事竟被蒙混過去。可見兵部官吏已經廢弛疲玩、不務正事到了何等程度！

在政治腐敗、朝政日非的情況下，清仁宗於嘉慶二十五年七月死去，其次子旻寧繼位，改元道光，是爲宣宗。宣宗在位之初，就藉軍機大臣撰擬仁宗遺詔中出現的錯誤，罷斥了仁宗倚信的首席軍機大臣托津和班列第二的戴均元、盧蔭溥，文孚亦降四級留用。同時，下令群臣切實言事。他還壓縮皇室開支，每年宮中用款不得超過二十萬兩。不過，所有這一切畢竟沒有觸動清朝腐敗的官僚機構。尤其是宣宗又先後倚信大學士曹振鏞和穆彰阿，使朝政再次陷入無法

收拾的地步。曹振鏞，安徽歙縣人，宣宗即位後不久，就出任軍機大臣，道光元年又晉太子太傅、武英殿大學士，深得寵信。他處事圓滑玲瓏，墨守成規，不圖進取，爲官的訣竅是「但多磕頭，少說話耳」。曹振鏞見宣宗逐漸倦於政事，不再願意聽臣下抨擊時弊，遂獻計道：「凡言官所上章疏，無論其中所言何事，俱摘一二破體疑誤之字，交部議處，言者必駭服。在上無拒諫之疑，而可杜妄言者之口」。宣宗對曹的建議極爲讚賞，「上聞奏，大喜，如所言。」可是這樣一來，「科道兩署皆寒蟬仗馬矣」。群臣不敢講真話，欺騙之風盛行。同時，這股風也影響到科舉，「近數十年殿廷考試，專尙楷法，不復問策論之優劣。以致空疏淺陋，競列清班，甚至有抄襲前一科鼎甲策仍列鼎甲者」。考中爲官者大多爲庸碌無才之輩，吏治之日隳可以想見。繼曹振鏞之後秉政的是穆彰阿。他是滿洲鑲藍旗人。道光初，爲內務府大臣，不久被提拔爲右都御史、理藩院尙書。道光八年（一八二八年），成爲軍機大臣。道光十六年，拜武英殿大學士，十八年，又晉文華殿大學士，「終道光朝，恩眷不衰」。穆彰阿拉幫結派，權傾一時，「門生故吏遍於中外，知名之士多被援引，一時號爲『穆黨』」在他的私黨之中，旗人不少。穆彰阿縱容他們貪贓枉法，吏治敗壞日甚一日。戶部是管理國家財政的部門，這時卻變成貪官污吏的淵藪。其下屬捐納房的官吏，經常僞造印信，用以辦理貢監職銜、封典文照，數目達兩萬二千七百餘名，「得贓難以數計」。而其所屬的銀庫甚至發生盜竊巨案。戶部銀庫本爲貯存國家正項錢糧的所處。清政府對此處管理十分重視，不但設有管庫司員，專司出納，由管庫大臣總領其事，經常派遣王大臣盤查；而且還添設查庫滿漢御史「核實稽查」。但是，這似乎很嚴密的防範，也沒有擋住貪婪的手。從嘉慶五年（一八〇〇年）到道光二十三年（一八四三年）的四十餘年時間內，銀庫的官員和庫丁「通同作弊，任意攫取」，貪污盜竊銀款達九百二十五萬二千餘兩，平均每年二十餘萬兩。連清宣宗也不禁驚呼「實屬從來未有之事」。

在這種政治極端腐敗的情勢下，也曾出現陶澍、林則徐等力圖匡救時局的優秀人物；他們確也曾在其所轄地區做過某些興利除弊的好事，進行過極爲艱難的改革。陶澍（一七七九—一八三九年），湖南安化人，嘉慶進士。道光十年出任兩江總督兼管鹽政。他在「淮鹽敗壞，商困課絀，岌岌不可終日」的情況下，排除重重阻擾，毅然廢除自明代以來已行二百餘年的「綱鹽」制，在淮北推行「票鹽」法。所謂票鹽法主要是取消鹽引和引商對鹽引的壟斷，實行「招販行票，在局納課，買鹽領票，直運赴岸，較商運簡捷。不論資本多寡，皆可量力運行，去來自便」。這是我國古代鹽法的重大改革，收到了很好的實效，「行之期年，淮北大暢，不但恢復正額，每年銷鹽至四十六萬餘引，除奏銷淮北正雜課銀三十二萬兩外，更協貼淮南銀三十六萬兩。嗣又帶銷淮南懸引二十萬，納課銀三十一萬兩」。林則徐（一七八五—一八五〇年）字少穆，福建侯官人，嘉慶進士。道光十二年任江蘇巡撫。他推廣旱稻種植，注意農業技術的改進，大力發展當地的農業生產。特別是他在陶澍的支持下，興辦水利事業，疏浚白茆河和劉河，「爲吳中數十年之利」。

但是，極少數卓越人物的努力並不能扭轉清朝江河日下的趨勢。這也說明處在封建社會晚期的封建統治階級已經腐朽沒落，不可救藥了。

二、土地兼併加劇，社會矛盾激化

嘉道時期，封建統治階級對土地的攫奪惡性膨脹起來，土地集中達到空前未有的程度。清朝皇帝是全國最大的封建地主。嘉慶時，皇莊達一千零七十八所，占有土地三萬五千多頃。同時，大官僚也利用政治特權，恣意兼併土地。乾隆、嘉慶時權臣和珅不僅自身擁有八千多頃地，連他的兩個家人也搶奪農民六萬多畝土地。嘉慶十年，廣東巡撫百齡獲罪被抄家時，發現其「買地五千餘頃」。道光時大學士琦善霸占的土地亦有二百五十六萬多畝。貴族、官僚如此，庶民地主也不例外。嘉慶時，湖南衡陽劉姓地主「田至萬畝」。道光時，直隸滄州袁姓地主占田二千頃。

地價的上漲也反映土地兼併的嚴重。清人錢泳說，「順治初，良田不過二、三兩。康熙年間，長至四、五兩不等。至乾隆十三年左右，每畝價至二十餘兩。今閱五十年，竟亦長漲至五十餘兩矣」。

土地的高度集中意味著大量農民失去土地，從而不得不租種地主的土地，遭受殘酷的剝削。當時占統治地位的是實物地租。它有「分成租」和「定額租」兩種形式。分成租的剝削率一般在百分之五十左右，有的甚至高達百分之六七十。如嘉慶二年浙江餘姚地主胡式南將田五畝租與胡雅南，「每年業六佃四分租」。定額租的剝削率同樣也是很高。以南方地區為例，每畝產量一般在兩石左右，然而要交租一石，甚至更多一些。

除了正額租外，地主還想方設法盤剝佃戶。如農民在租種土地時要先繳納「頂費」與「押租」，才能獲得佃種權。如嘉慶十三年湖南平江的朱爲勳曾出銀十八兩向吳春曉頂佃田一石五斗。在這同一年，湘潭縣農民劉作鎬租地六畝，交押租銀十五兩，平均每畝押租爲二兩五錢。（中國社會科學院經濟研究所藏《刑檔抄件》八三六五）除此以外，地主還向佃戶索取附加租，如「冬牲錢」、「轎錢」、「家人雜費」等。過節要「送節錢」、嫁女要「出村禮」等等，不一而足。道光時人齊學裘在其所著《見聞續筆》中記載道光十六年他在宜興收租的情況說：「余有田二百畝，在陽羨東西兩氿之間。冬至後，泛舟往收，十日得米數十石，帛四端，豕、雞一，滿載而歸，快然自足。」這裏，這個地主齊學裘不僅從農民手中刮取正租米數十石，還迫使農民交納帛、豕和雞等物，顯然這是額外的附加租。

尤其使佃戶感覺痛苦和威脅的是，地主還經常採取「奪田另佃」的手段，來提高租額，凶狠地榨取佃戶的血汗。嘉慶四年三月，貴州善安州李世富將一處田佃與黃玠耕種，「每年交租各五石，地租銀五兩，兩年銀穀原是交清的」。嘉慶八年十月，李世富見黃玠將所佃種之田開墾成熟，「要黃玠酌量加租」，黃不同意，李世富就「要起田另佃」。

殘酷的剝削使佃戶處境極爲艱難，往往是今日交租，明日就得乞討，「得以暖不號寒、豐不啼飢而可以卒歲者，十室之中無二、三焉」。

土地兼併的急劇發展，也使得國家對農民的剝奪日益加重。土地雖然集中到大官僚、大地主手中，但他們的賦役負擔卻很少相應增加。這種怪現象的出現，主要是由於這些豪紳地主串同官府、千方百計地將負擔轉嫁到農民身上，所謂「以小戶之浮收，抵大戶之短償」，即是這種情況的反映之一。喪失土地的農民多半是地去賦存。地主豪紳納糧，一石只收五、六斗，而農民納糧，一石則要多收二、三斗，這無形之中使農民的負擔加重了很多。力役也是如此，「直隸力役之徵，有按牛驢派者，有按村莊派者，有按牌甲戶口科者，間亦有按地畝者。然富者地多可以隱匿，貧者分釐必科，雜亂無章，偏枯不公。其尤甚者，莫如紳民兩歧。有紳辦三而民辦七者，有紳不辦而民獨辦者，小民困苦流離，無可告訴」。

同時，土地兼併的發展，還使得國家直接掌握的土地愈益減少，而額定的賦稅又要保證交納，於是徵糧時「浮收」之弊也越演越烈。「乾隆初，州縣徵收錢糧，尚少浮收之弊。其後諸弊叢生，初猶不過就斛面浮收，未幾，遂有折扣之法，每石折耗數升，漸增至五折六折，餘米竟收至二斗五升，小民病之」。道光元年，兩江總督孫玉庭請求准予八折徵收，以限制浮收。經過朝臣一番爭論，清廷終因害怕公開批准浮收，會造成浮收無法控制而作罷。

高額的地租，繁重的賦役使廣大農民生活在水深火熱之中，越來越多的人陷於無田可耕，無業可守的境地，不得不背井離鄉，四處流亡。流民問題在嘉道時期日趨嚴重。山東、直隸、河南和山西等北方省區成批的破產農民或浮海，或越過長城到口外、關外去謀生。因爲流民數量很大，清廷害怕出亂子，遂屢次頒佈命令加以限制。嘉慶八年五月，嘉慶帝下達諭旨，「嗣後民人出入，除隻身前往之貿易傭工、就食貧民仍令呈明地方官給票，到關查驗放行，造冊報部外，其攜眷出之戶概行禁止」。同年八月又「禁民人攜眷偷渡山東海門」。嘉慶十二年十月還下令「禁民人私入番地」。儘管禁令頻頒，流民向東北西北的遷徙卻阻擋不住，嘉慶十五年四月，到蒙古墾殖的內地民人已達十萬八千六百餘戶。（《東華續錄》嘉慶二九）同年十一月，「吉林廳查出新來流民一千四百五十九戶，長春廳查出新來流民六千九百五十三戶」。

南方的江蘇、浙江、福建、廣東和廣西等省區的流民亦很多。嘉慶六年「浙江各山邑，舊有外省流民，搭棚開墾，種植包蘆、靛青、番薯等物，以致流民日聚，棚廠滿山相望。」道光二年（一八二二年），官府發現歷來封禁的寧波、合州交界之南田地方，有「墾戶二千四百有零，已墾田一萬六千七百餘畝」。尤其值得注意的是臺灣已成爲當時福建漳泉等府和廣東潮湘惠地區貧民大批流遷的處所。乾隆三十四年（一七六九年）臺灣已有「閩人約數十萬，粵人約十餘萬，而渡臺者仍源源不絕」。島北的淡水廳，乾隆二十九年有男婦三萬多丁口，到嘉慶十六年竟達到十一萬六千多丁口。（同治《淡水廳志》，卷四）

西南的雲南、貴州等省同樣是流民移居的地區。道光十四年有人向朝廷反映：「貴州興義等府一帶苗疆，俱有流民溷跡。此種流民聞係湖廣土著，因近歲水患，覓食維艱，始不過數十人，散入苗疆租種山田。自成熟後獲利頗豐，遂結蓋草房，搬運妻孥前往。上年秋冬，由湖南至貴州，一路扶老攜幼，肩挑背負者，不絕於道，均往興義等處」。據統計，道光年間，貴州大定府、安順府、興義府、晉安廳、貴陽府、松桃廳、鎮遠府、黎平府、平越州、直隸州、都勻府等十個府廳客民的數目已達六萬二千三百八十八戶。（農也：《清代鴉片戰爭前的地租、商業資本、高利貸與農民生活》）這裏所說的「客民」，不僅有墾荒種田的，還有從事貿易的，有爲手藝傭工者，甚至還有購買苗民地產成爲地主者。但不管職業和身分多麼不同，從中總可以反映流民向貴州移動的情況。雲南的情況也是如此。嘉慶以後，開化、廣南二府，「有湖廣、四川、貴州苗疆一帶流民」，「每日或數十人，或百餘人，結群前往該處，租夷人山地耕種爲業」，至道光初，「約計已不下數萬人」。

值得提出的是一些貧苦百姓，特別是福建廣東沿海的破產農民還遠涉重洋，流往國外去謀求生活出路。道光十九年（一八三九年），林則徐在奏摺中就提到澳門地方的「無業貧民」，「受僱出洋」，在國外從事繁重的體力勞動。（《道光朝籌辦夷務始末補遺》，第四冊）

三、日益嚴重的財政危機

嘉道時期清朝的財政危機亦在進一步加深，收入日益減少，支出日益增加，處於入不敷出的拮据狀態。一般說來，清代全國收入每年最多約銀四千八百多萬兩。它主要包括四個大項。首先是地丁稅，這是國家的最大收入，約三千萬兩。其次是地丁附加稅，即所謂耗羨，約三百萬兩。再次是鹽稅和關稅，分別約爲五百七十多萬兩和五百四十多萬兩，此外還有其他雜項收入。因而，對國家來說，財政狀況的好壞就要看這四大項賦稅，特別是地丁及其附加稅的徵收情況而定。

嘉道時期，隨著土地兼併的加劇，大批自耕農破產，國家直接掌握的納稅丁戶急劇減少，而握有大量土地的地主又採取各種辦法逃避賦稅，在這種情況下清政府徵收上來的地丁稅必然要減少。加上當時吏治財壞，清朝各級官吏侵吞正項錢糧的現象也愈益加劇。這樣就使乾隆末年存在的「虧空」問題日益嚴重。以江西省爲例，雖然「地方安靜，年歲屢豐」，但卻在乾隆四十一年（一七七六年）到嘉慶四年（一七九九年）的二十餘年時間內，虧空銀八十三萬兩。而「畿輔近地」的直隸省則更甚。嘉慶初年首次清查就虧銀二十七萬兩，在隔了不久進行的第二次清查中，虧空又增加到一百五十二萬兩。到嘉慶六年的第三次清查時，虧空則達到二百六十四萬兩之多，其中僅易州（今河北易縣）一地即虧十一萬兩。

清政府對於這種危及整個國家的財政「虧空」現象很是注意，採取嚴厲的措施，企圖阻止它進一步發展。一方面，它規定年限，要地方官員「勒限監追」，按照額定數目補齊，嘉慶八年議准：「承追一切銀兩，數在一萬兩以內者，仍限五年完交外，其數在一萬兩以外者，准於五年之限酌加一年，數在二萬兩以上者，再加一年，由此遞加」。另一方面，它懲辦虧空嚴重地區的官員，以示警戒。如對虧空愈益增加的直隸省，就將負有責任的直隸總督顏檢革職留任，「八年無過方准開復」，而直隸布政使瞻柱則發往伊犁效力贖罪。

不過，清政府的努力並沒有收到預期的效果，「虧空」仍在擴大。嘉慶十七年，戶部統計，各省積欠正項錢糧及耗羨雜稅達一千九百餘萬兩之多，「屢經飭催，報解寥寥」。在全國各直省中，只有「奉天、山西、廣西、四川和貴州五省皆年清年款，並無積欠；雲南省則僅有積欠五百餘兩」。其餘如「安徽、山東積欠各多至四百餘萬兩，江寧、江蘇積欠各多至二百餘萬兩。」而「積欠自百餘萬、數十萬至數萬兩」的有福建、直隸、廣東、浙江、江西、甘肅、河南、陝西、湖北、湖南等省。錢糧全納的只有五省，而積欠自四百餘萬兩到數萬兩的竟有十三省之多，當時最富庶的江浙和兩湖地區也概莫能外，情況確實到了相當嚴重的程度。

進入道光以後，「虧空」不僅不見減少，而且還有繼續發展之勢。從道光二年（一八二二年）到道光十二年（一八三二年）的十年中，僅河南一省即短欠正雜錢糧二百四十餘萬兩，倉穀二十餘萬石。道光十九年戶部查明，各省拖欠未解戶部的賦稅達到二千九百四十餘萬兩。這相當於清朝每年財政收入的一半還多。

在收入減少的同時，支出卻在增加，尤其是軍事開支更為突出。嘉道時期政治腐敗，社會矛盾尖銳，人民群眾反抗鬥爭此起彼伏。清政府為維護搖搖欲墜的統治，集中大量人力物力，調集大批軍隊，對起義民眾進行血腥鎮壓，戰爭費用猛增。以嘉慶朝為例。鎮壓從嘉慶元年到嘉慶十年的川、楚、陝白蓮教起義花費二億兩；鎮壓湘黔苗民起義（即所謂「紅苗之役」），用去一千零九十萬兩；鎮壓東南沿海蔡牽反抗鬥爭（即所謂「洋匪之役」）用三百萬兩。這樣，嘉慶朝僅臨時軍費總數就達二億一千三百餘萬兩，平均每年八百多萬兩。如果再單獨計算清廷鎮壓白蓮教起義的十年，則每年的臨時軍費支出高達兩千萬兩。如果再加上每年需支出的常額軍費，只軍費一項就要把清朝一年的收入全花光了。可見支出日絀到了何等嚴重的程度了。

除了軍費以外，其他如文武官員的俸金和養廉費、治河費、驛站費等開支都很浩大。以治河來說，因黃河淮河等屢次為患，清朝無一歲不治。但乾隆以前，治河費用還較為節省，「國初靳文襄承明季潰敗決裂之河，八載修復，用帑不過數百萬；康熙中，諸合中牟楊橋大工，不過三十六萬。其時全河歲修不過數十萬金，蓋由河槽深通，而又力役之征，沿河協貼物料價皆賤，工員實用實銷，故工大而費省」。然而乾隆中葉以來，隨著清朝吏治的敗壞，負責治河的官員不以河務爲念，惟思藉此而營私，大發河工之財，「故皆利水患充斥，藉以侵蝕國帑」。因此治河費用增加很多，成爲「國帑之大漏巵也」。嘉慶十年至十五年，「南河年例歲修、搶修及另案專案各工，共用銀四千有九十九萬兩，而馬家港大工不與」。六年之中，僅黃河即需動用如此巨大數目銀兩進行維修和搶修，實在令人吃驚。而道光時期，治河費用仍在加增，「道光中，東河、南河於年例歲修外，另案工程，東河率撥一百五十餘萬兩，南河率撥二百七十餘萬兩。逾十年則四千餘萬」。治河費的迅速增加，確實使清朝財政更爲困窘。

在支出浩大，入不敷出的嚴峻形勢下，清政府爲解決財政困難，只得繼續借助於捐納。這樣，捐官之風更爲盛行。茲將嘉慶年間捐官收入情況列表如下：

時間	名稱	銀（萬兩）
1801年（嘉慶六年）	工賑例	700
1804年（嘉慶九年）	衡工例	1,100
1806年（嘉慶十一年）	捐輸例	200
1808年（嘉慶十三年）	土方例	300
1810年（嘉慶十五年）	續土方例 川楚善後例 豫東例	350 3,000 750

（引自《清史簡述》）

除了捐官，「商捐」（即「商人報效」）也繼續屢屢舉行。嘉慶五年，行商和鹽商合捐五十萬兩，以助清政府鎮壓川、楚、陝白蓮教起義。嘉慶九年（一八〇四年），黃河大工，行商捐款二十萬兩。

嘉道時期的財政危機還表現在錢賤銀貴、白銀外流所造成的金融恐慌的問題上。當時全國除新疆天山南路八城使用「普爾錢」，西藏使用西藏銀錢外，都實行白銀和制錢並行的貨幣制度。大宗交易用銀，小宗用制錢。銀和錢都由政府所掌握。制錢主要是在社會低層流通。白銀的地位相比之下更為重要。但它並沒有鑄成錢形，形狀多是大大小小的銀錠元寶。通用的是紋銀，成色極高，稱為「元寶」、「寶銀」，又稱馬蹄銀。同時各地用銀名色不一，有江浙的「元絲」，兩湖江西的「鹽撒」，山西的「西鏪」、「水絲」，四川的「土錢」、「柳鏪」、「茴香」，陝甘的「元鏪」，廣西的「北流」以及雲貴的「石鏪」、「茶花」等等，成色高低、分兩輕重，各不相同。

隨著清朝對外貿易的開展，外國銀圓也流入中國。主要是西班牙銀圓，也包括葡萄牙銀圓、威尼斯銀圓、荷蘭銀圓、法國銀圓等。這些銀圓是銀鑄幣，有確定的重量和成色，在流通中易於使用。在福建、廣東等東南沿海地區，外國銀幣極為流行，被當地人稱為洋錢。但是，由於洋錢種類較多，行使地區不一，比價亦因時因地而異，所以也給當時的幣制造成了混亂。

白銀和制錢的比價，康熙四十一年（一七〇二年）規定制錢一千作銀一兩，但事實上時有上下。嘉慶九年（一八〇四年）發生了所謂錢貴銀賤的問題，而道光八年又發生了所謂銀貴錢賤的問題，對財政上影響不小。道光初年清政府曾經考慮過恢復一兩銀等於一千錢的規定，但是維持不住。而這時又由於鴉片煙大量入口，中國對外貿易進入了入超階段，造成中國的白銀外流，損失很大。白銀大量外流的另一原因，是有些外國商人專門套取中國的白銀。外國銀圓一個只重七錢二分，其中純銀僅六錢四分，而中國的紋銀成色極高。於是這些外國商人就採用輸入洋錢、輸出銀錠的辦法來掠奪中國。這種現象在嘉慶中期就引起清政府的注意。嘉慶十九年（一八一四年），戶部左侍郎蘇楞額在奏文中稱「近年以來，夷商賄通洋行商人，藉護回夷兵盤費爲名，每年將內地銀兩偷運出洋至百數十萬之多。該夷商已將內地足色銀兩私運出洋，復將低潮洋錢運進，任意欺蒙商賈，以致內地銀兩漸形短絀」。道光以後，這種情況更爲嚴重。道光九年（一八二九年），道光帝在諭旨中說：「朕聞外夷洋錢有大髻、小髻、蓬頭、蝙蝠、雙柱、馬劍諸名，在內地行使，不以買貨，專以買銀，暗中消耗，每一文抵換內地紋銀，計折耗二三分。自閩廣、江西、江蘇，漸至黃河以南各省，洋錢盛行，凡完納錢糧及商賈交易無一不用洋錢。番舶以販貨爲名，專帶洋錢，至各省海口收買紋銀，致內地銀兩日少，洋錢日多。近年銀價日昂，未必不由於此」。

白銀的大量外流，使中國出現了「銀荒」，這一方面加重了人民的負擔，另一方面也使清朝財政危機更爲嚴重，陷於無法解脫的困境之中。

四、軍隊腐化，國防廢弛

在嘉道時期，清朝政權的主要支柱——八旗兵和綠營兵的腐化已經達到十分嚴重的程度。

清軍武官文員的腐化墮落是軍隊腐朽的首要表現。嘉慶四年（一七九九年）正月，清仁宗在諭旨中承認，清軍將領「全不以軍務為事」，「寡廉鮮恥，營私肥橐」。這些貪殘的統兵大員挖空心思地盤剝士兵和民眾，以滿足他們花天酒地的需要。他們冒濫吃缺，剋扣軍餉是其經常採用的手法。嘉慶四年，河南的清軍士兵由於軍官侵扣餉銀，「襤褸凍餓，甚至以牛皮裹足」。道光十六年（一八三六年）至道光十八年，正黃旗協領富忠、佐領烏勒精額和正白旗佐領那部阿串通一氣，每個月都剋扣士兵餉銀，三年以來，侵吞的兵餉數目達數萬兩之多。

役使士卒，無償占有士兵勞動的現象也很嚴重。嘉慶四年發生大學士和珅府第內有千餘名士兵充當廝役的驚人事件後，清仁宗就在諭旨中說：「此種情弊，各直省自所不免」。對於這種危及封建統治的問題，清政府雖然屢屢發佈禁令，但成效甚微。

遇有征戰之事，這些武弁文員更是勒索地方，趁機大發橫財，「在京諳達、侍衛；章京等遇有軍務，無不營求前往，其自軍營回京者，即平日窮乏之員，家計頓臻饒裕，往往托詞請假，並非實有祭祖省墓之事，不過以所蓄之資，回籍置產」。

索取陋規，詐取賄賂，也是將官斂財的手段。這在水師修理戰船問題上就暴露很明顯。當文官領來公款修船時，武官就向其索取賄賂。給的錢多，壞船可以假報是好船；給的錢少，船修好了。也不肯驗收。道光十九年（一八三九年），清朝官員金應麟揭露說：「松江、上海各處每遇修船，武弁索取陋規，福建廈門亦然。以致文員領帑興修，憚於賠累，推諉稽延」。

清軍將領用從士兵和老百姓身上搜刮來的錢財，過著腐化墮落的生活，「帶兵各大員皆踵福康安、和琳習氣，在軍營中酒肉聲歌相爲娛樂」。在這種狀態下，他們根本不把整飭行伍，訓練軍隊放在心上，各省「提鎮大員一味養尊處優，全不習勞，將營務委之將備，而將備又復委之千把，因循玩愒，所謂訓練操防，全屬有名無實」。

將官的貪殘無恥必然造成軍隊內部官兵對立，紀律漫散，操演廢弛。道光十三年，姚元之在奏文中披露臺灣駐軍情形時說：「臺灣一鎮設班兵一萬四千六百有奇。到臺即住宿倡家，日以聚賭爲事，攬載違禁貨物，欺虐平民。官若查拏，輒鼓噪欲變，甚至械鬥殺人，不服地方官申理，不聽本管官鈐束，違禁犯法，無所不爲，而水提、金門二標爲尤甚。又有身列行伍，不事訓練，每操演時，本地別有習武匪徒，專爲受僱替代」。當然不僅臺灣駐紮的清軍如此，其他地方的軍隊也並不例外。總督大員欲往浙江乍浦閱兵，當地駐軍竟然藉口船隻沒有準備好，而推辭了。江南鎮江清軍水師，每年只駕駛戰船演習一次，如遇有風，甚至還要中止訓練。而京師八旗兵的情形更糟。道光十五年，鴻臚寺卿黃爵滋說：「近見有三五成群，手提雀籠雀架，終日閑游，甚或相聚賭博。問其名色，則皆爲巡城披甲，而實未曾當班，不過僱人領替，點綴了事」。（黃爵滋：〈敬陳六事疏〉）

將貪士惰、紀律敗壞，必然造成軍隊的戰鬥力極爲低下。道光十五年，清宣宗在北京蘆溝橋「閱看滿洲火器營演砲。」砲手連放兩次，竟然出現「放出鉛丸，半道落地，未能到牌」的情況。滿洲火器營歷來爲清朝統治者所倚重。清宣宗沒有料到爲他這個堂堂皇上演習，還會當場出醜，因而萬分駭異，認爲「殊屬不成事體」。清朝水師也是不堪一擊，「弁兵於操駕事宜，全不練習，遇放洋之時，僱用舵工，名爲舟師，不諳水務」。水師官兵不習水性，不會駕船，如何能負起捍衛海疆的責任。致使水師成了形同虛設的機構。

清朝軍隊毫無戰鬥能力，使統治階級在進行軍事行動時，不得不依靠漢族地主武裝，「一旦有事徵調，其能知紀律、陷陣衝鋒者，寥寥無幾，不得不募民充勇……惟不能衛民，而轉率民以充兵」。

嘉道時期軍政的廢弛還表現在清軍的武器裝備也十分低劣落後。當時西方國家如英國，由於其工業發達，軍隊武器裝備很先進，陸軍中已有步兵、砲兵、工兵的分工。海軍則擁有數百艘艇，大的軍艦安砲多達一百二十門。火砲技術也較爲發達，砲彈有實心彈、霰彈和爆炸彈等，重量達數十磅。步兵已普遍使用步槍。然而，在清朝腐朽統治下，社會經濟發展遲緩，兵器製造業也非常落後。清朝軍隊所使用主要還是刀、矛、弓箭、短劍、藤牌、甲冑等老式武器。雖也有少量的火繩槍和滑膛砲，但質量低劣，規格不一。清軍水師所使用的戰船大多是薄板舊釘釘成的，很不堅固，只能在內河和近海活動。加上保管不善，修理不及時，「以致實堪駕駛者竟屬無幾。」從道光六年（一八二六年）——道光二十年（一八四〇年），僅福建船廠一處即積壓待修兵船三十艘之多。

軍隊的日益腐朽，國防的嚴重廢弛，是當時封建統治危機進一步加深的重要表現。

第二節　嘉道時期各族人民反抗鬥爭

嘉道時期，隨著清王朝日益腐朽衰敗，和社會矛盾的進一步尖銳，自乾隆中葉掀起的各族人民反抗鬥爭烈火，也愈燒愈旺，猛烈地衝擊著清帝國的統治。

一、川楚陝白蓮教起義

嘉慶元年爆發的川楚陝白蓮教起義，是當時期規模最大的農民起義，它給予清王朝以空前的震撼。

(1)、起義的原因

這次起義的主要地區是四川、湖北、陝西三省，同時也蔓延到甘肅、河南等地。這不是偶然的，它是這一地區階級矛盾日趨尖銳的結果。

川楚陝三省交界地區是綿亙千里的巴山、南山老林。這裏崇山峻嶺，叢林茂密，人跡罕至。除去邊緣州縣所在地及山區內極小的平原地帶外，大部分是未經開墾的荒山野嶺。乾隆年間，隨著地主階級土地兼併的加劇，越來越多的農民失去土地，掙扎在死亡線上。他們為了尋求活路，遂大批湧向這裏，「流民之入山者，北則取道西安、鳳翔，東則取道商州、鄖陽，西南則取道夔州、宜昌，扶老攜幼，千百為眾，到處絡繹不絕」。到十九世紀二十年代，進入山區的流民已有數百萬之多。這些流民進山之後，架棚為屋以避風雨，因而被統治者稱為「棚民」。他們或佃山貸種，開墾荒地，或受僱於地主，做長工短工，或到煤場、鐵場、木場、硝鹽場、林場「傭工為生」。也有些人販運私鹽、私鑄銅錢。惡劣的自然條件和殘酷的剝削使棚民生活極為困苦。山區土地瘠薄，灌溉困難，辛勤墾種一年，所得無幾，不足以養家糊口，只得轉徙他處，「甚至一歲之中遷徙數處」。到工場當傭工，條件也很艱苦，如枋板廠運夫背負「枋一塊重二、三百斤，上下峻坂之中，廠人號曰『某騾子』，實者騾亦不逮矣」。同時，「一遇旱澇，糧食昂貴，廠商停工，則傭作無以為生」。販運私鹽，私鑄銅錢的風險就更大了。以販私鹽為例。運夫在崎嶇的山路上，背負重達二百四十斤的鹽包，行程一般為十天半月；「包高出肩背，上重下輕，石崎樹角，偶一失足，墜陡坡深澗，則人斃包爛」。加上，清政府又不斷下令禁止「私鹽」、「私鑄」，因而這批人的生活就更為不穩定，經常失業，陷於飢餓之中。

除此以外，地方官吏和土豪劣紳還勾結起來，欺壓棚民。他們胡作非為，「無風生浪，遇有棚民有事，敲骨吸髓……山民受其凌虐，無可告訴，無為申理」。

乾隆六十年（一七九五年），湘黔苗民起義爆發，清政府急忙調遣軍隊鎮壓。而湖北、四川二省是起義的鄰近地區，所以當地人民所受的負擔尤為沉重。這樣，廣大棚民的生活就更為困苦，川楚陝地區成爲全國矛盾的焦點，正孕育著一場群眾反抗封建統治鬥爭的風暴。

(2)、起義的準備

白蓮教是這次農民起義的組織領導者。它是元明以來在民間流傳很廣的祕密宗教結社，常被貧苦民眾利用，作爲發動起義的工具。進入清代以來，成爲祕密的反清組織。白蓮教提倡平等互助，「習教者，有患相救，有難相死，不持一錢可周行天下」，（周凱《內自訟齋文鈔》卷一），「穿衣吃飯不分爾我。」這無異是對爾虞我詐、貧富不均的社會現實的鞭撻。尤其值得注意的是，白蓮教還提出分配土地的思想，「教中人先納稅若干，將來按稅授田」，這對迫切希望獲得土地的貧苦農民來說，無疑是巨大的鼓舞和吸引。正是由於白蓮教教義反映了人民的願望，所以它在南北各地廣泛傳播，出現入教者日眾的局面。

乾隆中期以後，隨著白蓮教勢力的迅速發展，起義的準備工作也逐步展開。最早的組織者是教主河南鹿邑縣人劉松。乾隆四十年（一七七五年）劉被清政府逮捕，流放甘肅省隆德縣。其弟子劉之協、齊林、宋之清等繼續傳教。乾隆五十三年，劉之協到隆德探望劉松，兩人商定了起義計畫。這以後，劉之協、宋之清等人就在川、楚、陝交界地區進行地下活動。處於水深火熱之中的廣大「棚民」，從白蓮教中得到了安慰和同情，紛紛入教，湖北襄陽地區很快成爲白蓮教活動的中心。

乾隆五十八年，白蓮教準備起義的活動被清朝發覺，其教首宋之清、齊林等也被逮捕並與劉松先後遇害，只有劉之協在押解途中逃脫。清政府下令「大索州縣」，瘋狂逮捕和屠殺白蓮教徒。貪殘橫暴的官兵胥吏乘機騷擾，敲詐勒索，無惡不作。如湖北武昌同知常丹葵「任意嚇詐村民，連累無辜至數千人，非刑拷打，極爲殘酷」。

(3)、起義的鬥爭過程

嘉慶元年（一七九六年）正月，湖北枝江、宜都的白蓮教首領聶傑人、張正謨首先舉起「官逼民反」的大旗，從而揭開了白蓮教大起義的序幕。接著，長樂、長陽、當陽、來鳳、孝感、竹山等地也出現了白蓮教起義。同年三月，王聰兒（齊林妻）、姚之富、王廷詔在襄陽黃龍壋舉行聲勢浩大的武裝暴動，組成了令清軍膽寒的襄陽起義軍。十月，四川達州爆發了徐天德、王登廷領導的起義，東鄉（今宣漢）爆發了冷天祿、王三槐領導的起義，隨之，太平孫賜俸、龍紹周率眾起事。十一月，陝西安康、米溪等地人民也在馮得仕、林開泰、翁祿玉的率領下奮起造反。不到一年的時間，川、楚、陝三省到處掀起農民革命的風暴。起義人民以「白布纏頭，白旗爲號」，豪邁地提出：「天上換玉皇、地府換閻王，另議孔夫子，不用四書五經」的口號，顯示了與清王朝鬥爭到底的氣概。起義隊伍中，還設立掌櫃、元帥、先鋒、總兵等職務，以負責對起義的組織領導。

川、楚、陝白蓮教起義使清政府大爲震驚，急忙從山西、直隸（河北）、兩廣、山東、黑龍江、吉林、盛京（遼寧）等省調來大量軍隊，甚至還動用了索倫兵等少數民族的軍隊進行鎮壓。清廷把湖北地區的起義軍作爲進攻的重點，令湖廣總督畢沅、湖北巡撫惠齡、烏魯木齊都統永保、安西將軍恆瑞、四川總督孫士毅等「分區攻剿」。面對清軍的進攻，各路義軍奮勇作戰，打了不少勝仗。尤其是姚之富、王聰兒率領的襄陽起義軍，給清軍的打擊尤爲重大。在義軍大舉進攻襄陽時，「頃刻間，該府長門、南門、東門蜂屯蟻集，不計其數，嗚鑼吶喊，直撲城根」。（第一歷史檔案館藏：《軍機處錄副奏摺》，嘉慶元年四月十九日畢沅奏）雖然由於襄陽城高牆厚而未成功，但已使清軍喪魂失魄。義軍又分兵一路攻占孝感，軍鋒距漢陽僅百餘里，嚇得武昌連忙戒嚴。只是由於大水，起義者才停止進攻。清參將傅成明率軍來戰，也被義軍設伏擊斃。清廷「分區攻剿」破產後，於嘉慶元年六月以永保總統湖北諸軍，對襄陽起義軍進行「重點攻剿」。面對清軍雲集，南北夾擊，起義軍在鍾祥一舉擊潰一萬二千名清軍的進攻，突圍北上。以後他們攻棗陽、渡滾河，困河南巡撫景安於鄧州，打得清軍狼狽不堪。嘉慶帝聞訊十分惱怒，下令將永保「逮入都治罪」。

在與清軍浴血奮戰的過程中，襄陽起義軍迅速發展壯大，到嘉慶元年年底，已是一支擁有四、五萬兵力的部隊了。爲了更好地打擊敵人，王聰兒、姚之富決定率軍入川與四川義軍會合。他們採取迂迴進軍的戰術，於嘉慶二年初，兵分三路進入河南。北路王廷詔部直指葉縣，逼近開封。清軍忙派兵攔截，王部突然折向西南，包圍裕州（今河南方城）；西路李全「由信陽轉應山、隨州向確山，趨淅川，奔盧氏」；中路姚之富、王聰兒則「出南陽、掠嵩縣、山陽」。起義軍行進中「不整隊、不迎戰、不走平原，惟數百爲群，忽分忽合，忽南忽北」，弄得清軍暈頭轉向，疲於奔命。同年四月，三路義軍在陝西鎮安會合後，沿漢水北岸，由漢陰至紫陽，奪船渡過漢水，進入四川。六月，與四川起義軍在東鄉勝利會師。

川、楚起義軍主力部隊的會合，將農民起義推向高潮。川東、川北農民紛起響應，義軍隊伍迅速擴大，「始分屯山岡，延亙三十餘里」。同時，農民軍還按地區統一編號。襄陽義軍王聰兒、姚之富部稱襄陽黃號；高均德、張天倫部稱襄陽白號；張漢潮部稱襄陽藍號；四川義軍徐天德部稱達州青號；冷天祿、王三槐部稱東鄉白號；龍紹周部稱太平黃號；羅其清部稱巴州白號；冉文濤、冉天元部稱通江藍號。

東鄉會師後不久，各路清軍又追趕上來對義軍重新形成包圍。在此關鍵時刻，農民軍如果建立統帥部，統一指揮統一戰線，那麼，局面肯定會發生重大的變化。但是，由於農民狹隘性和思想情緒作怪，加上當地物資貧乏，供應困難等客觀因素，襄陽起義軍除留下一部在四川協同作戰外，姚之富，王聰兒決定率大部隊回師湖北。這不能不說是犯了戰略性錯誤，分散了力量，為清軍各個擊破提供了條件。

清軍發覺義軍欲返湖北的意向，一方面將漢江中的船盡移上游，防止義軍渡江，另一方面「遣兵分防要害」，企圖圍殲義軍。在此形勢下，姚之富、王聰兒為分散清軍注意力，將隊伍分為兩路。一路由王廷詔率領從夔州西邊，向與大寧義軍會合的方向前進。對這一路，清軍惠齡、恆瑞、慶成等尾追不捨。另一路由姚之富、王聰兒率領，直奔夔州。起義者在白帝城下與清軍展開激戰，擊斃清軍千總包成功、把總謝天保，衝出了防線，向湖北歸州（秭歸）、巴東挺進。接著直趨興山、保康，並於南漳與王廷詔部會合，然後進攻襄陽。嘉慶二年八月，在郧西與清軍大戰，殺死清頭等侍衛護軍統領惠倫和副都統豐伸布，狠狠打擊了敵人的氣焰。九月，又與原留川之襄陽義軍李全部會合於安康。清軍害怕義軍渡漢水，沿江嚴密設防。農民軍爲了迷惑敵軍，分散其注意力，由高均德領一支小部隊從南鄭偷渡漢水，猛攻褒城，清軍明亮急率大隊往攻。王聰兒等遂乘虛渡漢，「全陝震動」。嘉慶帝大怒，下令將明亮、德楞泰「盡奪世職、紫韁、孔雀翎，戴罪立功」。

嘉慶三年（一七九八年）二月，姚之富、王聰兒率部渡過漢水後，經城固、洋縣一帶深山老林，北出寶雞、岐山、攻郿縣、戰周至，直逼西安。清軍慌忙來援，雙方展開激戰，義軍傷亡很大，被迫撤退，向湖北轉移。清軍德楞泰、明亮等部緊追不捨，地主團練鄉勇也處處騷擾堵截，起義軍處境艱難。三月，王聰兒、姚之富所率九千義軍被清軍困於鄖西三岔河。農民軍面臨絕境，作殊死戰，但終因彈盡援絕，被清軍突破防線，姚之富、王聰兒率十幾名女戰士登上山頂，跳崖壯烈犧牲。

姚之富、王聰兒部義軍的失敗，使襄陽義軍遭到重大的損失，但是起義並沒有趨向低潮，而是更加如火如荼地發展起來了。因爲四川地區的農民軍已代替襄陽農民軍成長爲起義的中堅力量，他們會合襄陽義軍餘部，在以四川爲主的戰場上狠狠打擊清軍。四川義軍主要分爲兩大支。一支由徐天德、冷天祿、王三槐領導，另一支由冉文濤、羅其清領導。嘉慶二年十一月，徐天德、王三槐率軍進攻大竹、鄰水。清軍增援鄰水，義軍以突然的動作，一舉攻克位居「水陸咽喉，上通合州，下連重慶，爲川東門戶」的長壽。清軍爲防止義軍進犯重慶，急派軍隊由合州回守重慶。羅其清、冉文濤利用清軍東去之機，進攻儀隴、營山，切斷清軍運糧道路。面對義軍浩大的聲勢，清軍捉襟見肘，狼狽不堪。代替宜綿充任總統四川軍務的勒保不禁哀嘆：「臣所有之兵，東馳西擊，日不暇給」。

嘉慶三年五月，襄陽農民軍餘部由陝西進入四川，和四川起義軍會合，活躍於川北、川東，不斷打擊敵人。同年七月，動搖分子王三槐中了勒保鬼計，爲其誘捕。義軍在徐天德、冷天祿等帶領下繼續奮戰。川北的戰況更爲激烈。羅其清、冉文濤部四川義軍與高均德、李全等所率襄陽農民軍協同作戰，在儀隴、營山、渠縣一帶與清軍周旋。九月，義軍於營山縣大鵬山築寨堅守，清軍額勒登保、德楞泰、惠齡、恆瑞等四路進攻。雙方經過一番鏖戰，義軍失利，退出大鵬山再戰青觀山，仍不得手。十一月，羅其清被俘犧牲。十二月，冉文濤也於通江戰死。面對上述挫折，義軍將士毫不氣餒，繼續堅持鬥爭，且不斷有新起義的農民加入隊伍，鬥爭聲勢仍然很大。

嘉慶四年（一七九九年）正月，嘉慶帝親政以後，改變對付農民起義的策略，使用「邊撫邊剿」的手法，加緊鎮壓農民軍。他頒發「罪己詔」以欺騙民眾，懲治大學士和珅、達州知州戴如煌、武昌府同知常丹葵等個別貪官，將封建統治者的罪惡全推到少數貪官身上，以麻痺人民鬥志。還「仿明項忠、原傑招撫荊襄流民之法」，安排流民開墾荒地，以誘騙農民軍將士放下武器，瓦解起義隊伍。在軍事上，統一清軍指揮，以勒保爲經略大臣（不久，以額勒登保代之），節制川、楚、陝、甘、豫五省軍務，各省督撫、各路統兵將領，均受其調遣。還下詔各地實行「堅壁清野」、「築寨團練」的政策，大搞併村入堡，強迫民眾集中糧食和牲畜，同時組織「鄉勇」、「團練」等地主武裝，和義軍作戰。顯然，清政府妄圖以此割斷起義軍與人民群眾的聯繫，遏制農民軍流動作戰，從而達到困死革命力量的目的。

清政府「堅壁清野」和重用地主武裝的政策給農民起義軍造成很大的困難，但英勇的義軍將士們並沒有屈服，而是繼續前仆後繼地戰鬥著，嘉慶四年十二月。冉天元率農民軍在蒼溪和清軍統帥額勒登保激戰，殺死清副將以下軍官二十四人兵勇二百餘人，並猛攻額勒登保軍營，差一點將其攻破。嘉慶五年正月，冉天元乘川西空虛，在定遠渡過嘉陵江，使「成都、重慶同時震動」。而後，義軍直趨蓬溪，與清軍發生遭遇戰，陣斬清悍將總兵宋射斗，「官軍奪氣」。隨後攻打南部、鹽亭、射洪等地，沿途民眾紛紛加入起義隊伍，義軍很快發展到數萬人。二月，在江油馬蹄岡，義軍與清軍展開大戰。冉天元採用伏擊戰術，將清軍德楞泰部團團圍住。義軍「人持束竹濕絮以禦矢銃，鏖鬥三晝夜」。清軍「飢疲，數路皆敗」。德楞泰狼狽不堪地帶著十名親兵困守山頂。不幸的是，冉天元的坐騎爲敵人射中，他由此而被俘。同時，大地主羅思舉又帶鄉勇前來援救清軍，義軍遂轉勝爲敗。

馬蹄岡之戰的失敗影響很大，它不僅使義軍遭受了巨大的損失，而且使義軍開闢川西戰場的計畫落空了。從此以後，起義趨向低潮。義軍重要首領徐天德、王廷詔等相繼犧牲。到嘉慶七年年底，起義軍只剩下小股部隊，在南山巴山老林堅持戰鬥。這時活動條件已極艱難，但義軍化整爲零，出沒於深山密林之中，經常出其不意地殲滅敵人。嘉慶八年春，義軍馮天保、佘佐斌、熊老八等設巧計誘清軍入林，然後以突然的動作，打死清軍悍將穆克登布。不過，起義軍的損失也很大，到嘉慶八年七月僅剩下數百人了。清軍統帥額勒登保宣佈「三省肅清」，並大量裁減鄉勇。這些鄉勇本爲流民，一經解散，無家可歸，遂投入義軍隊伍，起義聲勢又起。他們「皆百戰之餘，騰趫如猱，具悉官軍號令及老林路徑，忽陝忽川，忽聚忽散」，鬧得「三省不得解嚴」。十一月，義軍與德楞泰一戰，消滅清軍副將以下軍官數十名。嘉慶九年（一八〇四年）二月，已「回京凱旋」之額勒登保不得不「以欽差大臣赴陝」督師。同年八月，義軍叛徒趙洪周殺首領苟文潤降清。九月，起義軍首領苟朝九和王世貴也先後被俘就義。這次農民大起義遂最後失敗。

(4)、起義失敗的原因及意義

這次白蓮教大起義失敗的原因是多方面的。

首先，缺乏明確的鬥爭綱領，不能更廣泛地動員廣大民眾投入鬥爭洪流。作爲這次農民大起義的組織者和領導者的白蓮教，雖然在其教義中含有平等互助，同甘共苦的思想，含有反對黑暗，追求光明，光明必將戰勝黑暗的思想，甚至還向教徒許下分配土地的諾言。但是這一切都充滿了迷信的色彩，遠不是指導農民鬥爭的綱領，因而不能廣泛地發動民眾參加鬥爭，對未起義的地區也沒有號召力，這是起義失敗的重要原因。

其次，沒有建立統一的領導核心，形成各不相屬，各自爲戰的局面，因而被清軍各個擊破。不用說湖北地區起義軍和四川地區起義軍沒有聯合起來，就是湖北義軍和四川義軍內部也沒有真正統一。甚至襄陽義軍也是由三支獨立的隊伍所組成，即王聰兒、姚之富領導的襄陽黃號，高均德領導的襄陽白號，以及張漢潮、劉起榮領導的襄陽藍號。他們彼此之間雖長期密切合作，但仍然沒有統率整個隊伍的領導核心。這種狀況的出現不是偶然的。白蓮教實行嚴格的家長制，等級森嚴。派系的教首掌握本派大權，且父死子繼，不容別人插手。但當教育的弟子力量日益增長、條件成熟時，也往往獨樹一幟，因此這時的白蓮教派別林立，各不相屬。由這樣的宗教發動的這次農民大起義，必然是每一支義軍各由其教首掌握大權，其他人不得過問，由他指派嫡系門徒分別擔任元帥、先鋒、總兵等職。這種落後的組織形式，勢必使起義軍無法建立統一的領導，無法集中力量打擊敵人，而陷於最後失敗的命運。

再次，單純的流動作戰，沒有建立鞏固的根據地，也是農民軍失利的重要因素。面對在人力、物力等方面都占有很大優勢的清軍的「圍剿」，起義軍不固守一地，而是採取流動作戰的方式，牽著敵人的鼻子走，在運動中消滅敵人，發展自己，這無疑是非常正確的，也確實取得了很大的勝利。連清軍統帥額勒登保也承認義軍難以對付，「賊蹤飄忽，時分時合，隨殺隨增，東西回竄，官軍受其牽綴，稍不慎即墜術中，堵剿均無速效，自請治罪」。（《清史稿》卷三四四，〈額勒登保傳〉）但是，由於起義軍沒有把流動作戰與建立根據地結合起來，而是單純的流動，所以在清政府實行「堅壁清野」和「築寨團練」的反動政策時，人力和物力的供應就發生困難，因而陷於被動的地位，隊伍日益縮小，活動區域也日益縮小，終於招致失敗。

川、楚、陝大起義雖然被鎮壓下去，但它的歷史影響是深遠和巨大的。

農民起義軍在歷時九年的鬥爭中，打死清軍副將以下軍官四百餘名，一、二品高級將領二十餘名，殲滅了大量的清軍，嚴重地削弱了清王朝的武裝力量。清政府為了鎮壓起義，調動了十六省的數十萬軍隊，耗費了近二億兩的軍費，相當於五年的財政收入。這就造成了府庫空虛、財政拮据的狀況。農民革命的鐵拳，使清王朝更迅速地從「康乾盛世」跌落下去，從此一蹶不振。

農民起義的怒火也暴露了清王朝腐朽沒落的本質。這在國家機器主要組成部分的軍隊上表現最為突出。不僅八旗兵腐敗透頂，不堪一擊，就是綠營兵的戰鬥力也大為削弱。曾經參與鎮壓起義的清副都統東林頗為生動地敘述了清軍腐敗的情況，「軍中糜費甚眾，其帑餉半為糧員侵蝕，任其濫行冒銷，有建昌道石作瑞，曾侵蝕帑銀至五十餘萬兩。然其奢費亦屬糜濫，延諸將帥會飲，多在深箐荒麓間，人跡之所罕至者。其蟹魚珍羞之屬，每品皆用五、六兩，一席多至三四十品，而賞賜優伶，犒賚僕從之費不與焉。……軍中奢糜之風，實古今之所未有也。」這樣「惟酒肉笙歌自娛」的將領遇有戰事怎能不望風鼠竄呢？當時廣為流傳的民謠：「賊至兵無影，兵來賊沒蹤，可憐兵與賊，何日得相逢！」；「賊來不見官兵面，賊去官兵才出現。」這確實是寫出了清軍的腐敗。農民起義捅了清朝的膿瘡，暴露了它的虛弱，這對廣大人民反抗封建壓迫和剝削，無疑是極大的鼓舞。清朝官員盧坤這樣敘述陝西石泉縣起義前後民眾思想變化的情況：「嘉慶初年以前，民間富厚淳樸，論獄亦簡，且畏見官，號稱易治。自白蓮教亂，富者去而之他，貧者流而為匪。川楚無業之徒，紛紛而來，開山種地，肆其刁悍，滋訟抗官，遂致民風一變。」從前是「畏見官」，而今為「滋訟抗官」，農民起義給予人民思想上的影響確實是很大的。

農民起義的巨大威力還迫使清王朝進行政策上的某些調整。首先是取消禁令，有條件地承認白蓮教存在的合法性。清朝封建統治階級害怕民眾聚集鬧事，從順治時期（一六四四——一六六一年）起就下令取締白蓮教等祕密宗教結社。而歷代清朝皇帝也都奉行這種政策。但是，川、楚、陝白蓮教大起義對清朝統治的沉重打擊，卻迫使嘉慶帝不得不改變「祖宗之制」，於嘉慶五年宣佈：「苟能安靜奉法，即燒香治病，原有惻怛之仁心，在朝政之所不禁。若藉此聚眾弄兵，漸成叛逆之大案，則王法之所不容。……未習教而抗拒者，殺無赦。習教而在家持誦者，原無罪也。」這就是說，只要不反抗官府，白蓮教就可以合法存在，教徒也可以合法地傳教、信教。

其次是廢除封山禁林政策，准許流民在南山、巴山老林開墾荒地。清政府出於維護封建統治秩序的目的，一直採取封山禁林的政策。在這種政策下，失去土地的流民無法取得謀生的手段，處於飢餓和貧困之中，遂大量投入起義隊伍，成為農民軍的中堅力量。農民起義的打擊教訓了封建統治者，使他們認識到要想平息起義的怒火，並防止新的反抗的發生，必須重視流民問題。為此，清政府一方面廢除封山的禁令，另一方面注意使流民與土地結合起來，具體地說，或者是將被起義農民消滅或趕跑的地主的土地，「量為分給」流民，或者是將老林之中可耕種的區域，撥給流民開墾。流民有了土地耕種，既可增加國家的租稅收入，又可減少動蕩。不過，儘管封建統治者這樣做的目的是為了維護統治利益。但是它在客觀上卻促進了起義地區社會生產的發展。如川東北地區到道光年間已呈現相當的繁榮，「生齒日繁，荒山老林盡行開墾，地無曠土，賦不加增，鄉民鑿井耕田，含哺鼓腹。」這段話顯然是誇張了，但從中也可看出白蓮教起義地區的社會生產確實是有了較爲明顯的發展。

二、北方天理教起義

川、楚、陝白蓮教起義失敗後不久，正當嘉慶皇帝「方舉西巡狩之典，幸五台，示得意」之時，北方的直隸、河南、山東等地又爆發了天理教大起義。

天理教又名榮華會，因它將教徒依八卦名稱分爲八股，所以也叫做八卦教。它是白蓮教的一個流派，宣揚只要念誦「真空家鄉無生父母」咒語，就可以學好，免遭劫運，富貴無窮。在階級壓迫和剝削日益深重的情況下，廣大貧苦民眾爲了尋找精神依託，就紛紛加入天理教。這就使得它在河南、山西、直隸、山東等地廣泛傳播。

進入嘉慶中期以來，隨著清王朝統治危機的加深，李文成、林清等開始利用天理教組織反清起義。李文成，河南滑縣謝家莊人，木匠出身，村民傳說他是李自成轉世。李入教以後，成爲震卦教派的首領。按照「帝出於震」之意，震卦爲其他七卦之首，由此李文成遂「統領八卦」，「兼理九宮」，各卦都受其約束。而河南滑縣一帶就成爲天理教活動的一個中心。林清，大興縣（今屬北京市）黃村人，先後當過藥店學徒、夥計、官府衙役、小販等，還行過醫，開過店。嘉慶十一年（一八〇六年），他加入天理教，不久即為坎卦教派的首領。他傳教的大興黃村周圍，成為天理教的另一個活動中心。嘉慶十六年，林清到河南滑縣和李文成取得了聯繫，從此南北呼應，勢力更盛。

李文成、林清為了動員教徒投入反清起義中去，針對當時土地兼併劇烈，廣大貧苦農民迫切要求獲得土地的情況，宣傳起義如果獲得成功，教徒繳納的「根基錢」（又名「種福錢」），就可以得到十倍的報償，「凡輸百錢者，得地一頃」。（《蘭簃外史《靖逆記》卷五）同時，他們還多方製造推翻清朝統治的輿論，「彌勒佛有青洋、紅洋、白洋三劫，此時白洋應劫；清（指林清）乃太白金星下降，故旗幟皆尚白」。並傳播「單等北水歸漢帝（林清又稱劉林），大地乾坤只一轉」，和「若要紅花開，須要嚴霜（李文成號）來」等讖語。所有這些都反映了廣大貧苦民眾要求土地、要求推翻清朝腐朽統治的願望，因而教徒很快就達到數萬人之多。他們之中既有貧苦農民和小生產者，也有少數小地主和下層官吏，甚至還包括清朝皇宮內的下層太監，涉及的社會階層極為廣泛。

在勢力日益壯大的形勢下，李文成和林清開始制定起義的計畫。嘉慶十六年八月，「慧星出西北方，欽天監奏，改癸酉閏八月於次年二月」。九月，林清到滑縣和李文成相會，傳佈「星射紫薇垣，主兵象」的說法，為發動起義製造輿論。他們又結合當時流傳的童謠：「八月中秋，中秋八月，黃花滿地」確定起義日期為嘉慶十八年（一八一三年）九月十五日午時。這樣確定起義時間雖帶有濃厚的宗教迷信色彩，但對鼓舞天理教徒的鬥志卻是很有作用的。

起義日期確立以後，林清又多次去河南、山東等地活動，具體研究起義的步驟和方法。嘉慶十七年正月，林清、李文成等天理教首領大會於滑縣道口鎮。會上，確定了起義的組織領導，和旗號、服色、口號等。林清號天皇，李文成號人皇，另一首領馮克善號地皇。除三皇以外，又立了八宮王和六十四卦伯。起義旗幟確定爲白色，並用白布裹頭繫腰。其口令規定明號是：「奉天開道」，暗號是「得勝」二字。隨後同年十一月，李文成到黃村見林清，約定林清在九月十五組織進攻皇宮，而李文成則答應屆時派一千精兵赴北京助戰。

但是，正當李文成、林清等按照部署、進行準備之時，起義的計畫卻爲清廷所發覺。九月六日，李文成等人被滑縣知縣張克捷拘捕，受到嚴刑拷打。李文成「堅不吐實，反指斥縣令誣良爲盜」。窮凶極惡的張克捷竟下令用夾棍將李的腿打斷。面對這突然的事變，李文成的妻子張氏和李的戰友宋之成等商議，決定提前起義。九月初七日，三千多義軍戰士裏應外合，一舉攻克滑縣城，直搗縣衙門，砸開監牢，救出了李文成，並處死張克捷等貪官污吏。

滑縣起義的號角吹響後，直隸長垣、東明、山東曹縣、定陶、金鄉等地的天理教徒和農民群眾也紛起響應。他們「殺官圍城」，先後佔領了曹縣和定陶。在起義取得初步勝利的條件下，李文成著手建立農民革命政權。他在滑縣「開帥府，設羽帳」，自稱「大明天順李真主」，以牛亮臣爲軍師，宋元成爲大元帥，「帳中出令，軍士傳呼，聲徹數里」。

冀魯豫天理教起義的消息使嘉慶帝大爲震驚，急忙命令直隸總督溫承惠率直隸、河南等處綠營兵前往鎮壓。在清兵壓境的形勢下，李文成無法派兵去支援林清進攻皇宮。

不知滑縣提前起義的林清，仍然按原計畫行動。他組織了二百人的隊伍，九月十五日分別潛入北京，在菜市口、珠市口、前門、鮮魚口等處會齊。然後分成兩路，東路由陳爽率領，聚集於東華門外，西路由陳文奎等率領，聚集於西華門外。每一路都有事先聯絡好的太監引導。起義時刻——午時一刻，義軍即翻倒擔筐，取出藏在筐內的武器，向皇宮發動進攻。進攻東華門的東路隊伍由於受到官兵攔阻，只有十餘人闖入。他們在協和門下和清兵作戰，並一直攻到蒼震門往北。西路則較順利。全隊擁進了西華門。在太監楊進忠、高廣福的引導下，在尙衣監、文穎館等處痛擊清軍，還猛攻隆宗門。至今隆宗門的門匾上還遺留有當年義軍戰士射進的箭頭。

起義軍的果敢的行爲，使皇宮內一片混亂。當時清仁宗去熱河狩獵未歸，皇次子旻寧（即以後的道光皇帝）調集火器營進宮。義軍雖由於得不到河南的支援，處於眾寡懸殊的不利境地，但他們仍頑強戰鬥。太監高廣福舉著大書「大明順天」的白色旗幟，衝擊在前，不幸中箭犧牲。在武英殿至理藩院夾道中，義軍與清軍鏖戰，幾十名戰士獻出了寶貴的生命。十六日傍晚，潛伏在御書處的二十四名義軍戰士最後被捕，至此，進攻皇宮的起義失敗了。九月十七日，清軍又逮捕了在黃村指揮的林清。在審問中，林清供出了起義軍內部情況，但仍爲清廷處死。

清廷鎮壓了京畿附近農民軍以後，又集中全力對付河南、山東的起義軍。嘉慶帝撤換了鎮壓不力的溫承惠，派陝甘總督那彥成爲直隸總督，佩欽差大臣印，調集直隸、山東、河南、陝西、江蘇、黑龍江、吉林等地的清軍，向滑縣大舉進攻。李文成與義軍另一名首領劉國明率領部分義軍，突破清軍的包圍，準備西進太行山，發展革命力量。十一月，當他們行至輝縣司寨，爲那彥成派遣的總兵楊芳所堵截。義軍與清軍展開激戰，予敵以大量殺傷，但由於中了楊的伏兵而遭失敗。清軍進圍司寨，義軍頑強抵抗，楊芳竟採用毒辣的火攻戰術。李文成見清軍已攻破義軍防線，遂「舉火自焚」。

留守滑縣的兩萬多義軍，在牛亮臣和張氏的率領下，一次又一次粉碎了清軍的進攻。張氏還主動出擊，率隊「夜搗官軍，三入三出，官軍被戕者甚眾」。清軍見硬攻不利，只好用掘地道裝火藥炸城的辦法。十二月十日，城被炸開，清軍攻進城內，義軍與之進行巷戰。牛亮臣等人勸張氏化裝出城，再圖大舉。張氏堅定地說：「城亡與亡，不死者非英雄。」隨後，揮刀砍殺數名清軍士兵，「闔戶自縊」。兩萬義軍也全部壯烈犧牲。與此同時，山東定陶、曹縣，直隸長垣等地的天理教起義也被鎮壓下去。

這次天理教起義所以在短時間內就遭到失敗，和起義計畫洩露，李文成事先被捕有重要關係。由於出現未曾預料的突變，滑縣起義只得提前進行，從而打亂了整個部署。河南義軍和京畿義軍被清軍切斷聯繫，陷於各自爲戰的局面，因而遭致失敗。另外，義軍的戰術也存在問題。用二百人的兵力去攻打重兵把守的皇宮，顯然是一種冒險主義的行動，這本身就決定其失敗的命運，而滑縣義軍在起義得手，佔領縣城後，不是及時向西轉移到太行山，避實就虛，而是固守城池，和在兵力上占優勢的清軍進行陣地戰，從而陷於被困挨打的局面，最後全軍覆沒。

北方天理教起義儘管失敗了，但它給清朝的打擊是極其沉重的。顯赫威嚴的皇宮是封建統治的象徵，歷來被視爲「神聖不可侵犯」的。然而天理教起義軍卻以嚴密的組織，果敢迅速的行動攻進皇宮，打得封建統治者驚慌失措。這說明封建制度已無可挽回地走向沒落。嘉慶帝在罪己詔中亦不得不承認，這是「漢、唐、宋、明之所未有」，可見，這次起義對於封建統治集團的震撼是多麼巨大。

第十三章　對外關係

清代前期，中國與朝鮮、日本、越南、緬甸、尼泊爾等相鄰國家以及南洋諸國傳統的政治、經濟、文化聯繫得到進一步的加強。

與此同時，俄、英、法等西方殖民主義國家對中國的侵略和擴張也空前加劇了，中國人民面臨著反對侵略、捍衛國家獨立主權的嚴重鬥爭。

第一節　清朝與亞洲各國的關係

一、與朝鮮的關係

中國與朝鮮的關係在清代有了進一步的發展。早在清朝初年，兩國就建立了政府間的聯繫，雙方使節頻繁來往，傳遞消息，互贈禮物，很爲親善。康熙五十六年（一七一七年），康熙得知朝鮮國王李焞患眼疾，特地派遣侍讀學士阿克敦等官員前往朝鮮，送去藥材空青，以便醫治。乾隆五十年（一七八五年），清朝赴朝使節回國後，將朝鮮國王的詩章呈交乾隆皇帝閱看，乾隆很是讚賞，特回贈給朝鮮國王仿宋版「五經」全部和筆墨等物。

中朝兩國間的商業貿易也很繁盛。每年朝鮮使臣都要在北京會同館和清朝官方進行貿易，被特許「不拘期限」。除此以外，兩國還在邊境地帶，開展定期的「互市」，主要有三個市場。

一是鴨綠江東南岸的中江（義州）市場。中國鳳凰城等地方官員並有一商人隨同，前往此處市易，每年定限兩次，春季在二月，秋季在八月。

二是圖們江東岸的會寧市場。寧古塔等地的中國商人到此處市易，限定每年一次。

三是圖們江南岸的慶源市場。琿春一帶的庫爾喀人到此處市易，每兩年一次，每次二十日。

以上三個市場都設在朝鮮境內，時間也有限制，不過兩國的民間交易並沒有局限於這三處，時常還開闢新的貿易地點，如朝鮮義州和開城的富商在清朝使臣回去的時候，常混入其隊伍，攜帶人參和銀子，渡過鴨綠江到「柵門」（鳳凰城邊門）外進行交易，朝鮮史書稱之爲「柵門後市」。

貿易物品的種類很多。中國商人用以交易的爲綢緞、皮貨、布匹、文具等，而朝鮮商人則爲紙張、苧布、人參、牛馬和食鹽等。其中朝鮮人製造的棉紙，很受中國民眾的喜愛，尤其在東北寒冷地區，是冬天糊窗禦寒的重要材料，一般稱爲「高麗紙」。交易規模也不小。雖然康熙四十一年（一七〇二年），清政府規定徵收的中江稅額只有四千兩，可是據當時朝鮮學者丁若鏞在《牧民心書》中說，每年由於貿易，從朝鮮流入中國的銀子達五、六十萬兩。雍正六年，皇帝批准將「朝鮮國人賒欠內地商人銀六萬兩，令該國王將已收銀存於彼國。如有應用之處，聽其支用。其未完者，概行免追」。

在經濟上互相幫助，在生產技術上互相學習，是中朝人民親密關係的又一體現。康熙三十七年，朝鮮連年災荒，康熙皇帝派遣戶部侍郎陶岱運米三萬石往朝鮮，其中一萬石是無償贈給，兩萬石是平價貿易，幫助朝鮮人民渡過困難。朝鮮作家朴趾源在一七八一年結束了在中國的旅行，在他寫的《熱河日記》中對中國的農業生產技術很是稱讚，他主張採用遼東農民用細壟種植作物和燕薊居民拾取牛馬糞的方法，以改進朝鮮的農業生產。入清以前，中國與朝鮮在活字印刷術方面即互相交流經驗，它首先由中國創造而後傳到朝鮮，十四世紀朝鮮發明銅活字印書的技術，並將之傳回到中國。入清以後，中國又於十八世紀發明木製活字印書，且又傳到了朝鮮。

兩國文化上的來往也很多。每年來北京的朝鮮使節團中總要有許多學者文人，他們經常到北京琉璃廠去採購書籍。乾隆四十一年（一七七六年），朝鮮學者李德懋在北京，就先後去了十二家書店，找到了一百三十多種需要的書籍。除買書以外，他們還非常注意結交中國的文人。朝鮮學者朴齊家、柳德恭二人多次來到北京，他們和中國著名學者紀昀、李鼎元、羅聘、孫星衍等成了莫逆之交。紀昀、孫星衍都作詩送給朴齊家，齊家回國後也常給紀、孫等人寫信。嘉慶二十一年（一八一六年），朝鮮學者趙寅永在北京結識了中國金石學者劉喜海，將幾十部朝鮮古碑拓本送給劉。以後他們經常通信交流學術。劉喜海在趙寅永等朝鮮友人幫助下，編輯了一部《海東金石苑》，成爲研究朝鮮歷史和中朝關係的重要著作。

二、與日本的關係

清代是中國人民和日本人民傳統關係發展的重要時期，兩國在經濟、文化等方面往來很是頻繁。十七世紀三十年代，日本德川幕府實行閉關鎖國政策，禁止英國、葡萄牙、西班牙等西方國家來日貿易，但是允許中國和荷蘭商船進入日本交易，並爲此確定長崎港爲通商地點。清政府也很重視對日本貿易。康熙十二年（一六七三年），清平南王尙可喜致書長崎奉行（長崎行政長官），表示開展貿易往來的意願。康熙二十三年，清朝開放「海禁」以後，赴日商船日益增多。第二年，康熙皇帝命令福建地方官員，派官船十三艘，裝載臺灣產的沙糖，開往日本。

兩國政府的支持和鼓勵，使中日貿易迅速發展。康熙二十三年進入長崎的中國商船有二四艘，到康熙二十七年猛增到一九三艘，短短五年內就增加了三倍。而這一年進入日本的中國人亦達到九千一百二十八人之多。（大庭修：《江户時代日中祕話》）隨著貿易的繁盛，長崎修建了專供中國商人居住的唐人坊，總面積達九千三百七十坪（一坪約合三點三平方米），有住房、市場、庫房及關帝廟、觀音堂等許多建築物。

當時駛往長崎的中國商船，無論是來自南京、蘇州、鎮江還是來自福州、廈門，或是來自兩廣地區，大都先停泊在普陀山（舟山列島的一個小島），然後開往日本。由於航海技術的進步，不管是逆風、斜風，都能自由航行。其中大船載貨可達五六十萬斤，一般也有二、三十萬斤，最小也載十萬斤。（木宮泰彥：《日中文化交流史》）

中國商船攜帶的商品，種類繁多，包括了中國十五省的許多物產，如生絲、綢緞、瓷器、茶葉、藥材、紙張、沙糖、染料、工藝品以及書籍、文具等等，涉及民眾衣食住行的各個方面。

中國商人買回的貨物以銅為大宗，其次為金銀，還有海參、魚翅等海產品。其中銅的交易具有突出的意義。銅是鑄幣的主要原料，而自清初以來，國內產的銅一直不敷使用，需要從日本進口，為此，清政府採取官商辦銅和額商（自備成本應招民商）辦銅兩種方法以保證銅的輸入。乾隆時曾禁止絲斤出口，唯赴日辦銅船隻可以例外，可見其被重視的程度。據統計，從康熙二十三年（一六八四年）至康熙三十九年（一七〇〇年）的十七年間，中國商船從長崎運出的銅達六千九百餘萬斤，其中以年計最低者為二百餘萬斤，最高者為七百餘萬斤，年平均為四百餘萬斤。（任鴻章：《棹銅與清代前期的中日貿易》）面對銅的大量輸出，日本政府感到銅的產量不足供應，決定加以限制。一六八五年，限定中國商船年貿易額爲六千貫，一六八八年限每年入港的中國商船數爲七十艘。一七一五年，日本限中國入口船數爲三十艘，准購銅三百萬斤；同時還執行信牌貿易法，規定凡來長崎貿易的船隻必須持有預先發給的通商照票——信牌，憑牌進港貿易。儘管日本的限制政策影響了中日貿易的進一步發展，但由於銅的交易不僅對中國有利，而且給日本帶來急需的中國生絲與絲織品、食糖、藥材等物品。因而這種交易長期存在，而且始終維持較大的規模。整個十八世紀，每年中國從日本輸入的銅都在一百五十萬斤左右，就是最好的證明。（木宮泰彥：《日中文化交流史》四八一頁）

清代留居日本的中國人不少，他們帶去了中國文化，爲日本文化的發展作出了貢獻。如清初學者朱舜水就是較突出的人物。他到日本以後，被水戶地方的諸侯德川光圀奉爲賓師。在朱舜水的影響下，光圀開館修《大日本史》，提倡「大義名分」，形成有名的「水戶學派」。近代日本史學家木宮泰彥說：「木下順庵、林鳳岡、山鹿素行等，凡當代的學者無不直接間接受到他的感化，給日本儒學界以極大的影響。」（《日中文化交流史》，七〇四頁）和朱舜水同時來日的還有陳元贇，他把明朝袁宏道的《袁中郎集》，傳給日本僧人元政。元政根據此書，鼓吹性靈派詩風，對日本文學界產生了不小的影響。此外，陳元贇還傳播中國的瓷器製造術，推動了日本製瓷業的發展。福建黃檗山禪宗僧人隱元在日本的十九年間，不僅開創了日本禪宗中的黃檗宗，而且對於中日之間在建築、雕塑、繪畫、書法等方面的交流也起了一定的作用。相傳是他把扁豆的種子傳入日本，所以日本人爲紀念他，至今仍稱豆角爲隱元豆，或簡稱爲「

隱元」。

三、和緬甸的關係

緬甸是中國的鄰邦，兩千多年來兩國在政治、經濟和文化等方面存在著密切的關係。清朝初年，由於中國處於戰亂之中，兩國官方沒有建立正式的關係。但是，兩國人民之間的交往仍很頻繁。緬甸南部瀕臨印度洋，盛產魚和鹽，不少民眾攜帶貨物，乘船北上到中緬交界地區和中國人交易，同時緬甸北部礦產豐富，中國湖廣、雲南等地民眾紛紛前去開採，僅在波龍銀礦就集有漢人數萬人之多。

緬甸和清朝政府間的正式關係是在乾隆十八年開始的。這一年通過中國雲南茂隆銀廠吳尚賢的介紹，緬甸國王派遣使臣攜帶馴象、涂金塔等禮物前來中國通好，受到清政府的隆重款待。乾隆皇帝還親自寫了一封信，讓緬甸使臣帶給緬甸國王。只是不久緬甸發生內亂，而吳尚賢又死去，所以剛剛建立起來的聯繫中斷了。從此，兩國之間趨向緊張。

乾隆二十八年，緬甸軍隊侵犯中國普洱地區，緊跟著在乾隆三十年，又進攻中國九龍江橄欖壩，佔領車里土司城。清朝大學士楊應琚率領清軍擊退緬軍進犯後，請求清政府征討緬甸，並致書緬甸進行威脅，於是中緬之間的戰爭持續不已。乾隆三十二年，清朝政府委派將軍明瑞分兩路進攻緬甸，因糧草不繼而失敗，明瑞戰死。乾隆三十四年清朝又調集數萬軍隊，由傅恆統率征緬。經過激烈戰鬥，雙方損失很大，都不願再打下去。於是達成協議，清軍退回中國境內。

戰爭的結束使中緬兩國關係走上了新的發展之路。乾隆五十二年緬甸國王遣使來華，受到清政府的接待，乾隆皇帝還回贈給緬王佛像、文綺、珍玩器皿等許多物品，兩國政府間的關係終於建立起來。自此以後，兩國使節頻繁往來。清朝在乾隆五十二年（一七八七年）、乾隆五十五年、乾隆六十年、嘉慶元年和道光二年五次遣使赴緬，而緬甸使節在此期間也四次來華。兩國代表團的互訪，使中緬兩國關係更加融洽。緬甸使節每次回國後總是繪聲繪色地向本國人描述在中國的見聞，「如何晝夜賜宴款待，如何演戲觀劇，清帝如何必欲一聆緬樂，如何彼等乘座大轎遊覽皇城，京師奇異官吏服式如何等等，莫不淋漓盡致。」（哈威：《緬甸史》下冊，頁四七九）

中緬和睦關係的建立，使兩國之間的貿易也得到恢復和發展。乾隆五十五年，緬甸赴華使節向清政府要求恢復因戰爭而中斷的貿易往來，得到乾隆皇帝的批准。為了便利中緬貿易活動的開展，清朝政府在雲南邊境設立杉木籠、暮福、南河口等關口，「開關通市」。這樣，中緬兩國間的貿易活動就在新的基礎上蓬勃發展起來。當時緬甸北部的八莫成為兩國貿易的中心，從雲南到八莫的大道上，往來交易的人很多。中國商隊馱載貨物入緬貿易所用牲畜，一般每一次用四百頭牛，有時多至二千匹馬。交易的品種也不少，中國輸入緬甸的貨物有銅、銅器、鐵鍋、雄黃、水銀、硃砂、絲、紙和傘等等；緬甸輸入中國的有棉花、生絲、燕窩、鹿茸、食鹽、寶石、象牙、羽毛等等。貿易額相當可觀。一八二六年緬甸賣給中國的物品，僅棉花一項就達到一千四百萬磅，售價二十二萬八千英鎊。（蕭泉：〈中國和緬甸的歷史關係〉《暨南大學學報》一九八〇年第二期）

中緬兩國當時不僅陸路貿易很繁盛，而且還通過海路進行交易。尤其是進入十九世紀以後，中國沿海的廣東、福建等地商人，從海路到緬甸經商者越來越多。

貿易的交往，對於中緬兩國經濟的發展和人民生活都產生了相當大的影響。中國的銅、銅器和鐵器的輸入，對緬甸的農業、手工業的發展起了推動的作用。而緬甸棉花之輸入中國，對於當時缺少棉花的雲南，則不但爲當地民眾所必需，而且還促進了雲南紡織業的發展。

四、清朝和暹羅的關係

清代中國和暹羅的關係有了新的發展。順治九年（一六五二年）暹羅國王派遣使臣來華通好，要求開展兩國間的貿易，得到清政府的允諾，自此以後，暹羅使節不顧重洋阻隔所帶來的風險，經常到中國訪問，每次都受到清政府熱情的接待。雍正七年（一七二九年）暹羅來使請求「觀光上國，遍覽名勝，回述以廣見聞。」得到雍正皇帝的准許。清政府派遣官兵陪同使臣參觀，還賞給他一千兩銀子，以便遇所喜物件，「聽其購買」。嘉慶元年（一七九六年）暹羅使臣應邀參加了在寧壽宮舉行的「千叟宴」。在宴會上，嘉慶皇帝還贈給他詩一首。

清代中國和暹羅不僅保持頻繁的接觸，而且很少發生衝突和糾紛，關係十分密切和融洽。嘉慶十年暹羅和鄰國緬甸發生戰爭，清政府出於善意。從中進行調停，要雙方化干戈爲玉帛。當時暹羅在戰爭中儘管處於優勢地位，但還是尊重清朝的勸告，一場爭端獲得和平解決。道光十年（一八三〇年），一艘中國船在海上被大風颳沉，暹羅民眾將遇險的清朝官員馬竹芳眷屬搭救脫險。暹羅國王聞訊後，不僅下令對中方被救人員「迎接資贍」，而且還藉其使節來華之機，將他們護送回國。道光皇帝對此十分高興，特地贈給暹羅國王和使臣許多禮物，以表示感謝。

中暹兩國的貿易往來也很興盛。早在順治初年，兩國就開始了以朝貢貿易爲中心的官方貿易活動，康熙四年（一六六五年）清政府確定這種貿易每三年進行一次。康熙四十七年清政府還免除了暹羅使臣所帶貨物的徵稅。當時用以交換的物品，中國主要是生絲、絲綢、瓷器等，而暹羅則是沉香、蘇木、犀角、翠竹等物品。有時清政府還特別破例允許暹羅購買某些「禁品」。雍正七年（一七二九年）暹羅國王授命使臣向清朝要求購買東京弓二十張，紅銅錢十擔。清朝禮部以爲「違禁，不准具奏。」雍正皇帝鑒於兩國間的密切關係，下令准予採買。乾隆元年（一七三六年）乾隆皇帝也是出於同一考慮，賞給暹羅八百斤銅。在那時，銅是嚴禁輸出國外的。

與此同時，中暹兩國之間的民間貿易也得到很大的發展。中國沿海福建、浙江、廣東等地民眾乘船到暹羅作買賣的愈見增多。特別是雍正五年清政府廢除南洋貿易禁令以後，這種往來就更加活躍。一位英國人這樣敘述道：「像暹羅這樣一個富庶的國家，給商業活動提供了廣闊的場所。蔗糖、蘇木、海參、燕窩、魚翅、藤黃、靛青、棉花、象牙等等，吸引來很多中國商人，他們的帆船每年在二、三月及四月初，從海南、廣州、汕頭（屬潮州府）、廈門、寧波、上海（屬江南省）等地開來。他們的主要進口貨包括中國人消費的各種貨物，還有大量的白銀。他們按照不同的目的，選購貨物，並於五月底及六、七月間離開暹羅，船隻共約八十艘。」（轉引自《中國近代對外貿易史資料》第一冊）

在兩國民間貿易中，特別值得注意的是暹羅大米對中國的大量出口。暹羅地處熱帶，適宜水稻生長，產量也很高，價格較低廉。而清朝隨著經濟的恢復和發展，人口也大量增加，對糧食需求很大。在這種情況下，清政府一再頒佈命令，鼓勵進口大米。康熙六十一年（一七二二年）康熙皇帝下詔禮部，同暹羅使臣議定，每年運米三十萬石到福建、廣東和寧波三處，免徵稅。以後清政府又多次下令鼓勵從暹羅進口大米。清政府的這些措施，使得每年都有為數很多的暹羅大米源源不斷地輸入中國。

旅居暹羅的華僑對發展中國和暹羅之間的友好關係也做出很大的貢獻。十七、十八世紀，中國東南沿海地區貧苦農民前往暹羅謀生的日益增多。徐繼畬在《瀛環志略》中說：「暹羅流寓，閩、粵人皆有之，而粵為多，約居土人六分之一。有由海道往者，有由欽州之王光十萬山穿越南境而往者。其地土曠人稀，而田極肥沃，易於耕獲，故趨之者眾也。」中國人來到暹羅後，從事農業，手工業和商業貿易等活動。英國東印度公司駐暹羅代表報告說，一六七九年，暹羅的航運船艇差不多全是華僑建造和經營的。雍正二年（一七二四年）廣東官員有一次發現到中國的暹羅商船上的九十六個梢目，「全是廣東、福建、江西等省人民」。依照清朝法律要強迫他們遷回中國，而這些人「居住該國（暹羅）經歷數代，多有親屬妻子」，但「仍令回國居住」。此外，馬來半島上的暹羅土地是草昧洪荒之地，經過華僑的艱苦努力，也很快開發出來，華僑把暹羅看作自己的第二故鄉。他們不僅爲發展暹羅的經濟而辛勤勞動，而且爲捍衛暹羅的獨立主權而英勇鬥爭。一七六〇年緬甸軍隊侵入暹羅，並佔領了首都，在暹羅處於危難的時候，華僑鄭昭毅然挺身而出，組織領導武裝起義，經過浴血奮戰，趕走了緬甸侵略軍，收復了失地，並進而戰勝了分裂割據勢力，完成了國家的統一。鄭昭不愧是暹羅歷史上傑出的君主和民族英雄。暹羅人民爲了紀念他，在統亞里建築了堂皇的鄭王廟（曙光廟），奉祀不衰。（陳碧笙〈中泰歷史關係略論〉，《東南亞史論文集》）

五、中越關係

中國與越南自古以來就存在著密切的關係。清朝統一中國以後，這種關係又得到了發展。早在順治年間，兩國就開始了官方往來。順治十七年（一六七〇年）安南國王派遣使節來到北京，雙方互贈禮物，歡洽異常。從此兩國親善使臣頻繁往來，加強了彼此間的了解和聯繫。良好的國家關係也爲經濟貿易的開展創造了有利的條件。當時越南人對中國的絲綢和瓷器等物很喜愛，來華的越南使臣在歸國途中，總是到江寧（即今南京）購買綢緞。爲了便利使臣購買，並避免與當地商人發生糾紛，乾隆三十八年（一七七三年）清政府下令要當地官員爲越南使臣代爲購置。同時，每年還有很多中國帆船滿載綢緞、瓷器等商品前往越南貿易。據一位英國人統計，每年開往越南的中國帆船有六十三艘之多。其中來自廣東、福建、浙江、江南等省的有二十艘，來自海南島的有四十三艘。（《中國近代對外貿易史資料》第一冊）

此外，兩國邊境地區的往來貿易也很活躍。和我國廣西地區毗鄰的越南北部諒山、驅驢兩地是兩國商民交易的地方，來往的民眾很多。乾隆九年（一七四四年），清政府爲了方便兩國民眾的出入，特地把歷來封禁的，距驅驢最近的廣西由村隘口開放，以「便商利民」。這樣，在中越邊境的廣西一側，除了原有的平面和水口兩關外，又增加了一個新渠道，供雙方商人利用。越南政府對邊境貿易也很支持，乾隆五十八年越南在其北部境內添設了花山市，從中國平而關出口的中國商人，可以乘船直接到花山交易，路程僅二百里，相當方便。

中國和越南山水相連。很早以前就有不少中國人移居到越南，清代到越南去的華僑愈益增加。這些中國人來到越南以後，和當地人民一起從事農業和手工業勞動，發展越南的經濟。越南是個礦產資源豐富的國家，但當時越南人多數還「不諳採煉」，因而越南各地的不少礦山都是由華僑礦工首先探明和開採的。越南史籍記載說，十八世紀時，越南「各鎮，金、銀、銅、錫諸礦多募『清人』掘採」。「自礦廠盛開，監當官多集『清人』採之。於是，一廠傭夫至以萬計。礦廠礶戶，結聚成群，其中多潮州、韶州人」，華僑對越南南部的開發也起了很大的作用。康熙十八年（一六七九年）明朝遺臣楊彥迪、陳上川等因「義不事清」，率領所部三千餘人來到越南，被當時越南阮氏政權派往東浦（今嘉定）去開發他們的新領土。楊彥迪和陳上川等人來到東浦後，和當地人民一起開墾荒地，興修水利，鋪設道路。建設城市。經過華僑和當地民眾胼手胝足的勞動，昔日遍地荒野，人煙稀少的東浦地區，逐漸發展成爲繁華的對外貿易港口，「清人及西洋、日本、闍婆（印尼爪哇）諸國商船湊集。由是漢風漬於東浦矣。」（《大南實錄·前編》卷五，轉引自《華僑史論文集》第一集）

康熙四十七年廣東雷州人鄭玖也帶領一千餘人投奔安南，被安南封爲河仙鎮總兵。在他的領導開發下，河仙很快由一片未開發的處女地變爲富庶的地方。

華僑在越南不僅從事生產活動，而且在文化教育事業上也做出了很大的貢獻。旅居嘉定的華僑鄭懷德，學識淵博，善文工詩。他撰寫的《嘉定通志》一書，記述了越南南圻各鎮的疆域、風俗、物產及歷代沿革，是越南阮朝編纂《大南實錄》、《大南列傳》和《大南一統志》的重要依據。原籍福建漳州的潘清簡來到越南後，做了越南王朝的官吏。他才華橫溢，是當時越南著名的文學家和歷史學家。他的著作有《梁溪詩草》、《臥游集》等，他還主持了《欽定越史通鑑綱目》和《大南（正編）列傳》等書的編修。所有這些，在越南歷史學和文學史上都占有十分重要的位置。

在清代中越交往中，由於兩國封建統治階級的緣故，也曾發生過糾紛和戰爭。十八世紀下半葉，越南黎朝的統治日益腐朽，一七七一年終於爆發了西山農民起義。起義軍得到人民的擁護，發展很迅速。黎朝皇帝懾於起義軍的威勢，到處流竄，只得向清朝統治者求救。乾隆五十三年（一七八八年）乾隆皇帝派兩廣總督孫士毅統軍入越南。開始時，清軍進展迅速並攻占了東京（今越南河內），但乾隆五十四年清軍被擊敗，退回廣西。這以後，乾隆皇帝看到黎朝完全失去人心，已經沒有恢復的希望，便不再支持黎朝的流亡皇帝，而西山農民軍也願意和中國保持友好關係，這樣兩國又恢復了交往，建立了正常的關係。十八世紀末葉和十九世紀初年，越南財政緊張，其封建統治者為擺脫困境派遣「烏艚船百餘，總兵十二人，假採辦軍餉，多招中國沿海亡命，啖以官爵，資以器械船隻，使嚮導入寇閩、粵、江、浙各省。」給中國沿海地區正常的商業貿易活動造成很大的破壞，引起兩國間不斷的交涉。直到嘉慶七年（一八〇二年）越南由於王朝的更替，它對中國南部沿海地區的騷擾活動才得以停止。

六、與廓爾喀的關係

尼泊爾是我國西藏高原和印度平原之間的一個山國，自古以來，和我國的西藏地區有著密切的關係。進入清朝以後，尼泊爾正處於尼瓦爾族所建立的馬拉王朝統治時期。當時尼泊爾和西藏地區的貿易往來非常興盛。許多尼泊爾商人前來西藏做買賣，有的「自康熙年間即在前藏居住，皆有眷屬，人戶眾多，不下數千名口」，並且與當地人互通婚姻。後藏的濟嚨、定日、聶拉木一帶盛產食鹽，當地藏族民眾主要從事畜牧業，糧食布匹缺乏；而居住在喜馬拉雅山南麓的尼泊爾居民又需要食鹽。於是藏族民眾就用食鹽和氈子來換取尼泊爾人的糧食和布匹，雙方頻繁往來，互通有無。聶拉木、宗喀、濟嚨等處是西藏通往尼泊爾的主要口子。不論是尼泊爾運往西藏各地的貨物，還是西藏出口到尼泊爾的商品都要經過這裏。爲了貿易和運輸的方便，這些地方都備有騾馬供給來往商人僱用，同時，它們也是西藏地方當局對商人收稅的地方，只要在這裏納過稅，「可以走遍全西藏就再不用繳納什麼稅款了」。在西藏的尼泊爾人中，除了商人以外，還有許多工藝匠人。他們在西藏不僅爲各大寺廟進行修建和裝飾，而且還製做各種敬神用的金銀銅器。可以說，在清代初期相當長的一段時期內，中尼兩國的關係是友好的，邊境也是和睦的。

乾隆中期以後，中尼關係開始發生變化。尼泊爾自古就由很多部落、土邦割據著，尼泊爾族的馬拉王朝也未能統一全部尼泊爾。馬拉王朝開始衰落後，內部紛爭更加激烈。加德滿都各地存在有三個王國，他們之間時常發生衝突和戰爭。正在這時，鄰近的由拉奇普得族統治的廓爾喀卻日益強盛起來，它利用三個土王分裂混戰之機，在一七六九年攻下加德滿都，滅掉了馬拉王朝，建立了廓爾喀王朝。新王朝對外採取擴張政策，因而和中國的關係也趨向緊張。乾隆五十三年（一七八八年）廓爾喀以兩國商民貿易中的爭端爲藉口，大舉侵入西藏，佔領了後藏的聶拉木、宗喀、濟嚨等地。清政府聞訊派遣侍衛大臣巴忠、四川將軍成德和總督鄂輝統領軍隊前去援助。巴忠等到達西藏後，擁兵不戰，指使西藏地方當局與廓爾喀舉行談判，且不經過達賴喇嘛的同意，私自答應每年給廓爾喀一萬五千兩銀子，作爲其退還所侵占的西藏土地的代價。廓爾喀退了兵，巴忠即向清中央政府報稱廓爾喀投降歸順。但達賴喇嘛不願無償給尼泊爾銀兩，不久雙方又起糾紛。

乾隆五十六年廓爾喀以西藏負約爲辭，再次入侵西藏。清朝駐藏大臣保泰見廓爾喀侵略軍來勢凶猛，驚慌失措，竟然準備放棄西藏，逃回內地。在這種情況下，藏軍被打得大敗。廓爾喀軍攻占後藏首府日喀則，並大肆搶掠，全藏大震，清政府也大爲吃驚。乾隆皇帝派遣大將軍福康安統軍征討廓爾喀。乾隆五十七年二月福康安率軍到達西藏以後，接連打敗廓爾喀軍，收復了失地。隨之又分兵三路深入尼泊爾境內七百餘里，一直進迫到加德滿都附近。面對這種形勢，廓爾喀請求停戰和好，得到清政府的允許。於是清軍歸還所占土地，撤回西藏境內，清朝和廓爾喀的戰爭至此結束。

戰爭的中止使清朝和廓爾喀又恢復了正常的關係。乾隆五十八年廓爾喀派遣使臣到北京通好，兩國建立了正式的邦交。因爲戰爭而一度中斷的西藏與廓爾喀貿易又重新得到恢復和發展，進入十九世紀以後，西方殖民主義國家加緊對亞洲各國的侵略和擴張，中國和尼泊爾兩國人民都面臨著捍衛國家獨立和主權的嚴重鬥爭，彼此間的友誼和交往便更加強了。

七、與南洋諸國的關係及華僑對南洋的開發

位居南洋的馬來亞、新加坡、菲律賓和印度尼西亞等國自古以來和中國有著友好的往來。

特別是明朝永樂至宣德年間鄭和七次出訪東南亞、阿拉伯、非洲等地區時，也路經和派使節訪問馬來半島、菲律賓群島以及爪哇島和蘇門答臘島等，使得中國和南洋地區的關係更加密切起來。

然而自十六世紀以來，南洋地區的形勢發生了很大的變化。西方殖民主義國家葡萄牙、西班牙、荷蘭和英國等國紛紛東來。他們對富饒的南洋垂涎三尺，採用極野蠻殘暴的武力征服手法，建立殖民統治。隨著明正德六年（一五一一年）葡萄牙佔領馬六甲，明隆慶五年（一五七一年）西班牙侵占馬尼拉，和明萬曆四十七年（一六一九年）荷蘭霸占爪哇島的雅加達，南洋地區就相繼淪爲西方強盜的殖民地。

清朝入關後，南洋地區只有處於菲律賓群島南部的蘇祿國還保持獨立地位。雍正四年（一七二六年）蘇祿國王派使臣來中國通好，第二年到達北京。他帶來了蘇祿國王給清朝皇帝的信件和禮品。雍正皇帝十分高興，下令熱情款待遠道而來的客人，並回贈給蘇祿國王不少禮物，還答應每隔五年兩國通使一次。自此以後，兩國不斷交往，關係很融洽。清乾隆五年（一七四〇年）中國商船在蘇祿海上遇險，得到當地人民的營救，蘇祿國王聞訊後特地派人護送遇難人員回國。乾隆六年一艘蘇祿船在中國沿海沉沒，清政府也把被救人員送回蘇祿去。清朝和蘇祿的這種友好交往一直繼續到一八五一年西班牙殖民軍攻占和樂島才中止。

由於西方殖民者對中國商船的排擠和競爭，給中國和南洋的貿易帶來了不利的影響，但是在十八世紀中葉以前，這種傳統的貿易往來仍然很活躍。當時，中國商船不僅衝破西班牙殖民者設下的重重阻礙和封鎖，到蘇祿國進行交易，而且經常前往爪哇島和蘇門答臘等地貿易。一個英國人這樣描述道：「中國與南洋之間的中國帆船貿易，這些帆船每年駛往爪窪、波羅洲北部及西北部諸港、蘇祿群島、西里伯的麻喀薩（Macassar），以及蘇門答臘的若干口岸。……從中國來的出口貨物。主要是粗陶器、絲織品、茶葉、家俱，以及其他華僑的家常用品……。帆船載回的貨物有班卡（Banca）的錫、巴達維亞的糖與牛皮和胡椒、檳榔、燕窩、海參、蜂臘、海藤等物，以供應中國市場的需要。」中國與南洋的貿易往來，不僅對中國經濟的發展有利，而且由於中國進步的生產技術和產品的輸出，也促進了南洋的開發。可惜的是隨著西方殖民者對南洋經濟擴張的加劇，和清政府日益嚴厲地推行閉關政策，在十八世紀中葉以後，中國對南洋地區的商業貿易活動逐漸走向衰落。

在中國和南洋的關係中，最引人注意的是華僑進入南洋的及對南洋的開發。

中國人開始移居南洋的時間很早，但真正大規模的定居，是十七世紀以後的事。隨著中國東南沿海商品經濟的逐步發展，許多由於封建剝削而破產的農民飄洋過海，尋求生活出路。另外，西方殖民者由於需要勤勞、能幹而又廉價的勞動力來開發他們在南洋佔領的殖民地，也採取許多措施，包括武裝俘掠，來引誘和脅迫中國人前往南洋。在這種情形下，流入南洋的中國人越來越多，菲律賓群島中的呂宋島，十六世紀末年，有華僑一萬人以上，十七世紀中期達到三萬人，十八世紀中期更增至四萬人。爪哇島上的華僑也不少，僅巴達維亞（今雅加達）一地，一六二九年有華僑二千人，一七四〇年達到六萬人以上。至於馬來亞，據《馬來紀年》載，一八二四年馬六甲總人口是五萬九千二百六十人，其中華僑就有四千一百三十四人。

移居南洋的華僑，絕大部分是勞動人民，其中既有破產農民，也有各種手工業者；小部分是小商販和政治流亡者。他們在南洋和當地人民一起，開墾荒地，採掘礦藏，建設城市，發展商業，用自己辛勤的勞動來開發南洋。

如印度尼西亞，其經濟的發展華僑就起了很大作用，爪哇的製糖業就是在華僑創辦之後發展起來的。十八世紀時，巴達維亞附近的一百三十家糖廠中，有一百二十五家由華僑經營的。（福田省三：《荷屬東印度的華僑》）邦加和勿里洞的錫礦場很早就由華工開掘，加里曼丹的金礦也大多是由華僑組織的公司進行採掘。一八二三年從西加里曼丹出口的黃金數量達八千萬荷盾。印度尼西亞的城市建設也灑下華僑的汗水。十七世紀荷蘭殖民者侵占爪哇、建立巴達維亞時，當地還是野獸出沒、滿目荒涼的地方。華僑和當地人民餐風宿露，艱苦奮鬥，開墾荒地，種植作物，發展工業，溝通商業聯繫，逐步使之發展成一個繁榮的港口城市。

在菲律賓的經濟生活中，華僑同樣起了重要的作用。華僑商人來往於菲律賓與中國之間。他們從中國運來菲律賓人所需要的棉織品各種衣料、家用陶器、各種金屬製品，以及糧食和各種食品等，這不僅滿足了當地人民的生活需要，而且也豐富了他們的生活。華僑商人還深入到菲律賓的城鄉市鎮，一方面向民眾銷售中國商品，一方面收購當地土特產品，他們是城鄉商業聯繫的重要溝通者。在菲律賓的華僑中有相當一部分人從事各種手工業勞動，馬尼拉某些小手工業幾乎全爲華僑所經營。在生產過程中，華僑還把生產技術傳授給當地人，他們教會了菲律賓人榨蔗、製糖和煉鐵的方法，把使用垂直的石碾和淺熬鍋的第一家糖廠引進了菲律賓。

華僑對馬來半島錫礦的開採付出了極大的努力。森美蘭的盧庫地方是重要的產錫地，據英國人記載，該地很早就有華僑在採掘。雪蘭莪的雙溪烏戎，一八二八年已有華僑礦工一千人左右，分九個公司進行挖掘。

歷史事實表明南洋地區的發展和繁榮是廣大華僑和當地人民艱苦奮鬥、流血流汗換來的。但是不僅華僑辛勤勞動果實的大部分被西方殖民者掠奪而去，而且他們自身也還遭受著這些殖民者的殘酷迫害。西方殖民者爲了削弱華僑在南洋的經濟勢力，不斷對華僑進行血腥的屠殺。如西班牙殖民者在一六六二年、一六八六年和一七六二年曾對旅菲華僑進行過三次大規模的屠殺，使數萬華僑倒在血泊之中。

面對凶惡的殖民強盜，華僑與當地人民一起進行了英勇的反抗和鬥爭。一七四〇年荷蘭殖民者強迫貧苦的華僑到錫蘭島去當苦役，華僑拒絕前往，就將他們戴上手銬押入船內。船上條件很惡劣，許多華僑還沒到錫蘭就死在途中。殖民者的暴行，激起廣大華僑的憤慨。一七四〇年五月，爪哇的華僑首先舉行武裝起義，圍攻巴達維亞。其他地區的華僑和當地人民也紛紛響應。荷蘭殖民者調集軍隊進行鎮壓。他們慘無人道地屠殺華僑，連老人孩子及懷孕的婦女也不能倖免。被殺害的上萬名華僑的鮮血染紅了巴達維亞的溪流。歷史上稱這次屠殺爲「紅溪事件」。殖民者的屠刀沒有嚇倒華僑。他們和當地人民聯合，爲反對殖民統治共同戰鬥，包圍了殖民者的據點三寶瓏。一七四一年還全部殲滅了駐守在卡爾特蘇拉的荷蘭殖民軍。這次起義後來雖然被鎮壓下去，但卻給了荷蘭殖民者沉重的打擊。

在反抗殖民者的鬥爭中，有的華僑聯合起來，組織了自治團體。這以西加里曼丹的蘭芳大統制最爲著名。乾隆三十七年（一七七二年）廣東梅縣人羅芳伯到坤甸東萬律山開採金礦。爲了抗擊荷蘭殖民者的侵襲，他聯合附近開礦華工三、四萬人，在當地居民的支持下，於一七七七年成立了蘭芳公司並把東萬律、坤甸、南巴哇、山口洋等地的金礦公司吸收過來，擴大公司的組織，以坤甸爲公司總廳，稱「蘭芳大統制」，羅芳伯自稱「大唐客長」。這是一個生產和自衛的組織，對於保衛華僑的利益，抵禦荷蘭殖民者的侵擾，起了一定作用。但是，清政府敵視華僑勢力，使華僑在海外勢力得不到國內的支援，蘭芳大統制終於在一八八四年爲荷蘭殖民者所攻滅。

第二節　清朝與沙皇俄國的關係

一、中俄恰克圖條約的簽訂

尼布楚條約的簽訂暫時遏制了沙皇俄國對我國黑龍江流域的擴張，但沙俄殖民主義者仍然堅持對中國侵略的政策。他們乘外貝加爾地區中俄邊界尚未劃定之機，不斷派軍隊侵入這一地區。同時，他們還插手中國內政，支持和慫恿蒙古準噶爾內部分裂勢力發動叛亂，妄圖侵占我國西部和北部蒙古族地區。在清政府先後粉碎了準噶爾頭目噶爾丹和其繼承者策妄阿拉布坦的叛亂活動以後，沙俄殖民者仍不死心，又採用逐步蠶食的方法來侵吞中國領土。他們經常向蒙古地區派出騎兵隊，建立所謂「騎兵防哨線」，公然宣稱：「我們只承認俄國派出的哨兵……所確定的邊界」。這就是說「沙俄軍隊走到哪裏，哪裏就成爲俄國的領土！」他們就是用一些可恥的方式侵吞了色楞格斯克以南和鄂嫩河一帶的大片中國領土。沙俄的侵略行徑，使清政府極爲不安，對其警惕性也加強了。

對中國日益加緊的經濟擴張，是尼布楚條約簽訂後，沙俄侵略中國的又一重要方面。

沙皇彼得一世統治時期（一六八九—一七二五年），是沙俄瘋狂向外侵略擴張的時期。他窮兵黷武，連年征戰，軍事費用浩大，造成國庫枯竭，急需增加財政收入。爲此，彼得一世頒佈命令：「儘可能搜集金錢，因爲金錢是戰爭的動脈。」（亞歷山大羅夫：〈一六八九年尼布楚條約前中俄經濟聯繫的歷史〉，載《蘇聯歷史》一九五七年第五期）在這種情況下，沙俄把對中國加緊經濟侵略當成解決財政困難的辦法之一。從一六九八年（清康熙三十七年）到一七一八年（清康熙五十七年）的二十年間，俄國來華的官方商隊達十次之多，每次人數差不多都超過二百人，最多時有八百多人。他們把從西伯利亞掠奪到的毛皮等物品，運到北京高價出售，然後再把俄國所需要的綢緞、布匹和金銀運回國，從中賺取驚人的利潤。如一六九八年梁古索夫商隊運來價值三萬一千三百盧布的皮貨，而換回的中國貨物的價值卻達六萬五千盧布。一七〇〇年（清康熙三十九年）勃科夫商隊運來的皮貨價值是三萬二千三百盧布，換回貨物的價值也達到七萬六千盧布。一七〇六年（清康熙四十五年），奧斯科爾科夫商隊獲利五萬五千盧布；一七〇八年（清康熙四十七年）胡佳科夫商隊獲利更高達二十七萬盧布之多。（卡希克：〈十七世紀至十八世紀初東西伯利亞的商業〉，載《西伯利亞和遠東歷史問題》一九六——一九七頁）

巨大的利潤使得沙俄對華經濟擴張的胃口越來越大。一七一〇年（清康熙四十九年）沙皇政府竟公然任命來華商隊領隊胡佳科夫爲「商務專員」，授予與他解決俄國與中國商人之間爭端的司法職權。這是明目張膽地破壞中國司法主權的行徑。清朝政府對此提出了嚴重的抗議。一七一九年（康熙五十八年）沙俄外交部在給將要出使中國的伊茲瑪依洛夫的訓令中，命令他在與清朝政府的交涉中，要求清政府允許俄國商人在中國境內的各個地方完全自由地進行貿易。

面對沙皇俄國咄咄逼人的侵略和擴張，清朝政府堅持劃定中俄中段邊界線的政策，以便制止沙俄對中國領土的侵吞，杜絕其對中國內政的干涉。早在中俄《尼布楚條約》簽訂時，清朝政府的首席代表索額圖就提出了劃定中俄中段邊界的建議。以後清政府又利用各種機會多次向沙皇政府表示這一願望。但是貪婪的沙俄殖民者爲了攫取更大的侵略利益卻採取拖延劃界的策略，一再拒絕中國政府的合理要求。康熙五十六年康熙皇帝就指出：「因定議喀爾喀事，曾行文於察罕汗（即沙皇），今十餘年，未嘗回文。」沙俄的蠻橫態度逼得清政府不得不採取斷然的措施。一七一九年五月，清朝理藩院致函沙皇政府，拒絕俄國商隊進入中國，暫時中止了中俄貿易活動。以後雖然經過沙皇政府派遣的伊茲瑪依洛夫使團的強烈要求，清政府又曾一度恢復了中俄之間的貿易關係，但是由於沙俄不遵守中俄達成的協議，繼續在我國西北地區進行顛覆活動，雍正二年（一七二四年）清政府終於完全斷絕了中俄兩國之間的貿易往來。對於清朝政府的嚴厲措施，沙俄政府感到十分驚慌。爲了恢復和發展對俄國有巨大利益的中俄貿易，它不得不改變態度，同意就劃定中俄中段邊界和清政府進行談判。

一七二五年六月沙皇政府正式任命薩瓦・務拉的思拉維赤爲「特遣駐華全權大臣」，由他率領俄國使團赴中國和清政府談判。使團臨行時，沙皇政府給薩瓦・務拉的思拉維赤下達了詳盡繁多的訓令。其主要內容有四個方面：

第一，爭取和中國締結商務條約，「或者至少也應恢復已經中斷了的商務關係」。

第二，和中國劃定邊界，要以俄國繪製的西伯利亞地圖爲依據，不要把礦區，特別是把有價值的土地和戰略地點讓給中國。

第三，設法處理兩國邊界的逃人問題。

第四，要竭力使俄國東正教會獲得在北京修建教堂和傳教的權利。

此外，沙皇政府還給薩瓦下達了祕密指示，要他探知中國的軍事實力和物產資源。事實很清楚，沙皇政府妄圖通過談判，來達到其擴大在中國侵略權益的目的。

一七二六年（雍正四年）十一月一日，沙俄使團到達北京。清政府派遣吏部尚書查弼納、理藩院尚書特古忒和兵部侍郎圖理琛等和沙俄使節談判，在長達六個月的談判過程中，薩瓦・務拉的思拉維赤耍盡了陰謀詭計。談判開始時，他採用拖延手法竭力迴避劃界問題，隨之反誣中國窩藏俄國「逃民」。特別是他還和法國在華耶穌會士巴多明祕密勾結，刺探清朝情報，並通過巴多明買通了深悉內情的清朝大學士馬齊。馬齊竟然把「中國大臣們的態度和意見全部告訴了薩瓦」。清朝談判代表對薩瓦進行了針鋒相對的鬥爭，不僅批駁了他對中國的種種誣衊之詞，而且揭露了沙俄在《尼布楚條約》簽訂後侵占了中國蒙古地區大片土地。同時爲了不使談判破裂，清政府也主動作了某些讓步。一七二七年四月一日中俄雙方就原則問題達成十條協議，主要是：烏第河地區未定邊界，留待以後議定；兩國逃跑犯人要互相引渡；中國允許俄國商隊每隔三年自費來北京貿易一次，人數定爲二百人；在中俄兩國邊界地區將設立兩個貿易中心，以進行經常的貿易；兩國要接待對方派來的使節，不予以阻難。

清朝政府以從來沒有和外國使臣在北京簽訂條約的舊例，決定要俄國使節前往色楞格斯克附近的布拉河畔和清方代表繼續進行劃界定約的談判。七月三日，中俄雙方在邊境地區又開始談判。中方首席代表隆科多堅持要求俄國歸還侵占的大片蒙古土地。而薩瓦一方面收買蒙古奸細通風報信；另一方面竟調動軍隊，向清朝炫耀武力，公然以戰爭相威脅，揚言：「俄國在歐洲的戰爭已告結束，現在可以把它的注意力集中於另一方面的邊界了。」在談判處於僵持的情況下，雍正皇帝決定對俄國退讓，召回隆科多，改由策凌充任中方首席代表。這樣到八月三十一日就按照俄方提出的劃界方案簽訂界約，因爲訂約地點在布爾河畔，所以叫做《布連斯奇條約》。

這個條約規定了中俄中段邊界：自額爾古納河至沙畢納依嶺（沙賓達巴哈）之間，北部歸俄國，南部歸中國。

一七二八年（雍正六年）六月二十五日中俄兩國全權使臣根據北京協議和《布連斯奇條約》，在恰克圖正式簽訂了兩國政治、經濟、宗教等方面的總條約——《恰克圖條約》。

《恰克圖條約》有滿文、拉丁文和俄文三種文本，共分十一款，其內容主要有以下四點：

第一，邊界方面。條約對此作了和《布連斯奇條約》相同的規定，並重申了《尼布楚條約》第一條規定：雙方均不得佔據烏第河和該處的其他河流。

第二，貿易方面。條約規定俄國商隊每三年可來北京貿易一次，人數爲二百人。並確定恰克圖爲兩國邊境貿易的地點。

第三，宗教方面，中國允許俄國在北京俄羅斯館內建造東正教堂，並予以協助。同時還接受六名俄國學生來北京學習滿文和漢文。

第四，越境人犯問題。條約規定，中俄雙方對越過邊界的逃犯要嚴行查拿，並送交有關國家的邊界官員，按不同情節依法判罪。

《恰克圖條約》的簽訂使沙皇俄國獲得很大的好處。首先它把沙俄殖民者非法侵占的我國蒙古地區的大片土地劃入俄國版圖。其次是恢復了中俄在北京的貿易，開闢了恰克圖貿易市場，這使俄國獲得遠遠超過英、法等西方國家在華的商業權益。另外，俄國還因此得到在北京建立教堂和傳教的權利。這使沙俄的侵略勢力更加深入中國。

不過，《恰克圖條約》正式規定了中俄中部地段的邊界（這段邊界目前大部分已成為蒙蘇邊界），在限制沙俄對我國蒙古地區的侵略和擴張上也具有一定的作用，此後一百多年裏，中俄中部邊界因此而一直保持穩定。

二、東正教在中國的罪惡活動

在沙俄向中國的擴張中，俄國東正教會充當了極不光彩的角色。

東正教又稱希臘正教。一〇五四年基督教分裂為西部的天主教和東部的東正教，這標誌著東正教的最後形成。東正教是沙皇俄國的「國教」，是它對內壓迫、愚弄人民，對外進行侵略和擴張的工具。

十七世紀六十年代，沙俄殖民者切爾尼果夫斯基帶領一夥沙俄匪徒闖入我國的黑龍江流域。他在雅克薩修建了一座東正教堂，以後又建立了一座修道院。這些沙俄強盜強迫當地居民信奉東正教，這是沙俄對我國推行精神侵略的開始。但他們的好景不長，隨著清軍對雅克薩的收復，這些活動即被中國軍民制止了。

在中俄雅克薩戰役（一六八五——一六八七年）以後，有一批俄國戰俘在清政府的同意下，自願留居中國，他們大約有將近一百人。（俞正燮：《癸巳類稿》卷九）清政府將這些人編爲鑲黃旗滿州第四參領第十七佐領，置於北京東北角胡家圈胡同，受到和旗人相同的待遇。以後這些人將康熙皇帝賜給他們的一座廟，改建成東正教堂。稱作「聖尼古拉」教堂。中國人稱爲「羅刹廟」，也就是所謂「北館」。這是在北京建立的第一座東正教堂，主持人爲神父馬・列昂節夫。

中俄《尼布楚條約》簽訂後，通過來華的俄國商隊，沙皇彼得一世得知北京有俄國東正教的活動，立即表示：「此事甚佳」，認爲是藉機向中國伸張東正教勢力的好機會。因之此後每當組織來華的俄國商隊時，總要配有教士參加，以便加強與北京東正教堂的聯繫。一七〇三年（康熙四十二年）來華的俄國伊凡・薩瓦齊耶夫商隊裏，就有九名俄國東正教會人員混跡其間。一七一二年（康熙五十一年）庫迪阿科夫率領俄國商隊到達北京，他按照沙俄政府的指令，藉口馬・列昂節夫神父已經年老，要求另派教士來京接替。這時正值清朝派往土爾扈特的使臣圖理琛等即將出發，於是康熙皇帝就發佈命令：如果中國使團在途經西伯利亞時受到俄國的良好接待，那麼使團回國時就可以帶一名俄國神父一同到中國來。一七一五年當圖理琛返回北京時，以赫拉尼翁修道院長、教會執事勞倫特、菲里蒙等十人組成的俄國「北京傳教士團」也隨同到達。他們以俄羅斯北館爲駐地，正式建立起傳教據點。從此，在北京的俄國東正教的勢力得到加強。

一七二八年中俄《恰克圖條約》的簽訂，使俄國在北京的東正教會獲得合法地位，從此在沙俄對華的擴張中，它的作用日益重要。根據條約的規定，俄國每隔十年可以派傳教士團來北京，以接替上屆傳教士團，這樣北京俄國東正教會就由臨時性機構變成常設性機構了。同時俄國東正教會還根據條約在北京玉河橋西建立了一座新的教堂，這就是所謂的俄羅斯南館。沙皇俄國通過教會，逐步在中國建立起從事陰謀活動的大本營。

北京俄國東正教傳教士團從一七二九年（雍正七年）到一八四〇年（道光二十年）共換班十一次，平均每班十人左右，其中真正的教會人員不過三到四人，其餘大都是隨團前來學習滿、漢文的學生。他們開始時由沙俄負責殖民事務的西伯利亞事務衙門領導，後來又直接歸俄國外交部統轄。傳教士團的活動經費也由沙俄政府提供，最初每年為六千五百盧布，以後增至一萬六千二百五十盧布。同時，從教士到學生，還由政府付給不同數目的津貼。可見，它名義上是宗教團體，實際上是沙皇政府派駐中國的官方代表機構，是俄國對華政治、經濟和文化侵略的中心。

千方百計竊取中國政治、經濟、軍事等各方面情報，是俄國東正教會罪惡活動的重要方面。歷次來華的俄國東正教傳教士團都被沙皇政府授予搜集中國情報的任務。一七八一年（乾隆四十六年）沙俄外交部明確指示以岳阿基穆為領隊的俄國第七屆傳教士團，要他們設法獲取「有關中國人的意向和活動的情報」。一八一八年（嘉慶二十三年）沙皇政府甚至公然指令在華東正教會：「它今後的主要任務不是宗教活動，而是對中國的經濟和文化進行全面研究，並應及時向俄國外交部報告中國政治生活的重大事件。」（布納科夫：〈十九世紀上半葉俄中關係

史的一頁〉載蘇聯《蘇聯東方學》一九五六年第二期）

在沙皇政府的指使下，這些披著宗教外衣的沙俄奸細採用了不少極卑劣的手段進行間諜活動。他們出入官場，廣泛交結清朝各級官吏，刺探清政府的機密。一七一五年來華的沙俄第一屆傳教士團的領班依臘離宛就是用這種手法，取得不少情報。此外，這些沙俄奸細還和在華的西方國家耶穌會士緊密勾結，多方打聽中國各方面的情況，通過耶穌會士獲得清政府發行的、登載皇帝詔令及大臣奏章等重要文件的邸報。他們為偵查中國的情況，為此到處亂竄，四處奔走。沙俄第九屆傳教士團領班雅金甫、俾丘林在北京期間，時常易僧服為華服，逛市場，穿胡同，用目測和步測的方法，繪製了一張《北京城廓圖》。（方秀：〈沙俄的侵華工具——俄國東正教佈道團〉，《歷史研究》一九七五年第三期）更為可恥的是，他們有時甚至還使用盜竊的辦法來撈取情報。一七三八年隨沙俄傳教士團來華學習滿、漢文的羅索興，利用在清朝理藩院充當翻譯之便，竊取了一份詳細的中國全圖，並把它交給俄國樞密院。

清政府對北京俄國東正教會的特務活動是有所察覺的。乾隆二年（一七三七年）清朝御史赫慶上奏清政府，要求限制東正教會人員的活動，建議，「（俄國）在京讀書子弟，亦不可任其出入，使知內地情形。輿圖違禁等物，禁勿授與。」不過，由於清政府沒有實行切實有力的措施，俄國東正教會的特務活動仍然有增無減。

沙俄東正教會在中國除了進行特務活動以外，還在「研究中國」的名義下，進行為沙俄侵華政策服務的文化活動，培養和訓練侵華的骨幹分子。根據《恰克圖條約》的規定，每屆赴華的俄國傳教士團中都包括有前來學習滿、漢文的俄國學生。這些青年來到北京以後，爲了適應沙俄侵華的需要，對中國的歷史和現狀進行了多方面的「研究」。他們對翻譯滿漢文書籍很注意，諸如《八旗通志》、《大清律例》和《理藩院則例》等都被譯成俄文。此外，他們還編譯了《中國地理手冊》和《中國絲織廠資料》等書籍。所有這些，都爲沙俄統治集團提供了了解中國政治制度、經濟制度和狀況以及地理情況的重要資料。同時，他們還直接配合沙俄殖民者對我國北部和西北部邊疆地區的侵吞，特別注重對我國邊疆地區各方面情況的「研究」。在這方面被稱做所謂「俄國漢學之父」的雅金甫、俾丘林最爲賣力，他一個人就編寫了《蒙古志》、《西藏志》、《西藏青海史》、《東土爾斯坦和準噶爾志》、《中亞諸民族志》等書籍十一種之多。他在離開北京時，帶走的圖籍、手稿達一萬四千磅，分裝十五隻駱駝。在這些書籍和材料中，不少就是當年赫慶主張要嚴防外流的「與國違禁等物」。（方秀：〈沙俄的侵華工具——俄國東正教佈道團〉，《歷史研究》七五年第三期）

歷史事實說明，一些被稱爲「中國通」和「俄國漢學家」的沙俄學者所進行的所謂「研究」活動，主要是爲俄國侵華政策服務的。這些人後來都成爲侵華的骨幹分子，在俄國外交部門擔任重要職務。北京俄國東正教會確實是沙俄侵華的情報站和訓練班。

對於北京俄國東正教會的侵略本質，一些俄國學者的歷史著作也不迴避。如俄國學者馬爾堅斯曾寫道：「對俄國政府來說，傳教士團是研究中國的工具，利用它能夠從可靠的來源獲得有關國家的各項情報。顯然，彼得堡政府全力支持這個傳教士團，其目的和宗教事業毫不相干。」（馬爾堅斯：《俄國與中國》一八八一年彼得堡出版，四五頁）也正因爲這一點，直到十九世紀中葉，這個教會組織還被西方人稱作「宗教的和外交的」教會。

第三節　反對西歐北美殖民者的鬥爭

一、英、法等殖民者向中國的擴張

英國殖民者對中國垂涎已久。早在一五八三年（明萬曆二十一年）英國女王伊莉沙白就曾致書明朝皇帝，期望和中國建立商業貿易關係。但是持信人乘坐的船隻中途沉沒，所以英王的信件無法送到。明萬曆四十年（一六一二年）英王詹姆士一世又給明朝皇帝寫信，也是毫無結果。

清朝初年，英國曾先後三次派船到廣東，但由於當時戰亂頻仍，交易困難，都沒有取得什麼結果。於是，英國商人又轉向廈門、臺灣等處活動。他們利用鄭成功之子鄭經和清軍作戰缺少軍火的機會，在上述兩地相繼開設商館，進行貿易活動，插手中國內部紛爭，力圖發展英國在華的勢力。不過，這種情況延續的時間並不長，清康熙二十二年（一八六三年）清軍平定臺灣，英國在臺灣和廈門的商館也就隨之關閉了。

清康熙二十四年清朝解除海禁，開放對外貿易，英國又隨荷蘭之後前來貿易。清康熙三十八年英國在廣州設立商館。這以後，英國和中國的貿易往來愈加頻繁，中英貿易額超過葡萄牙、荷蘭和法國等國。清乾隆二十九年（一七六四年）英國輸入中國的商品達到一百二十萬兩，在西歐各國輸華商品總值中占百分之六十三，而在中國輸入西歐各國的商品總值中，輸入英國的也占百分之四十七，達到一百七十萬兩。隨著中英貿易的不斷發展，英國對華擴張的胃口也越來越大。他們不僅在中國東南沿海活動，而且將其侵略觸角伸向中國的西南地區。清乾隆三十九年和清乾隆四十八年英國東印度公司兩次派人進入西藏，企圖和西藏地方當局訂立通商條約，染指西藏，伸展其勢力，雖然都沒有成功，但在這兩次出使期間，英國殖民者乘機搜集了大量有關西藏地區政治、經濟和文化等各方面的情報，為以後對西藏的侵略做了準備。

法國資本主義的發展僅次於英國，十七世紀以後，也開始了海外殖民地的掠奪。清康熙三十七年（一六九八年）法國商船第一次來到中國。因爲它是法王路易十四派來的，康熙皇帝下令免予徵收法船應交納的全部稅額。從此以後，法國就在廣州和澳門派遣了常駐人員，以便料理商業事務，中法之間的貿易也有了一些發展。清康熙五十五年法國來華商船約占來華外國船隻總數的三分之一。康熙五十八年法國在廣州也建立了商館。不過，法國和中國的貿易發展並不快，道光二十年（一八四〇年）以前，法國來華商船每年平均一到四艘，而且並非年年都有法國商船來到中國。法國殖民者主要是利用宗教形式來向中國擴展勢力，康熙年間在中國的著名法籍天主教士張誠和白晉就是法王路易十四派遣的。

美國和中國的接觸是在乾隆四十九年（一七八四年），也即是美國獨立戰爭後的第一年開始的。這一年，美國商船「中國皇后」號取道好望角，抵達廣州，和中國商人進行貿易。美國商人購買了大量茶葉，獲得了三萬多美元的贏利。首次來華的成功，使美國商業界對中國的興趣更爲濃厚，爲數不少的美國商船紛紛前來中國貿易。中美兩國之間的商業往來雖然開始得晚，但發展較爲迅速，到十九世紀初，美國對華貿易已僅次於英國，居第二位了。

二、清政府的閉關政策

清朝政府在中國和西方國家交往日益頻繁的形勢下，採取了閉關政策，即對外貿易的限制政策。

(1)、清政府實行閉關政策的原因

閉關政策的實行是封建自然經濟所決定的。清朝封建統治建立在農業和家庭手工業相結合的、自給自足的經濟基礎之上。另外清朝統治者不僅不把對外貿易看成是生產和交換發展的需要，而且還認爲允許外國來中國貿易，只是對他們的「施恩」，所以必須加以限制。乾隆皇帝在給英國國王的「敕諭」中就說：「天朝物產豐盈，無所不有，原不藉外夷貨物以通有無，特因天朝所產茶葉、絲斤爲西洋各國及爾國必須之物，是以加恩體卹。」

當然，自給自足的自然經濟只是爲清政府實行這種政策提供了可能，而更爲直接的原因是爲了防範歐洲海盜商人在沿海的侵略和擴張。如果說十六、十七世紀時，東來的歐洲人還是以海盜式掠奪的面目出現，那麼十八世紀後的歐洲已經迫不及待地要推銷產品和爭奪原料產地了。歐洲殖民者，特別是英國殖民者打著貿易的幌子，要求和中國「通商」，但是這種貿易仍然是和暴力的掠奪、海盜行爲，以及欺詐的手腕結合在一起的。對於西方殖民主義國家千方百計打入中國的企圖，清政府是有所警惕的。康熙就曾經指出：「海外如西洋等國，千百年後，中國必受其累，國家承平日久，務需安不忘危。」面對西方國家咄咄逼人的擴張態勢，清政府不得不採取必要的自衛措施。這一點，連英國的學者也不能不承認：「掠奪、謀害及經常訴諸武力，爲歐洲國家與中國開始貿易的特色。在歐洲人還未充分獲得地位以前，他們已獲得『洋鬼子』這個難堪的稱號。在中國人心目中，所有西方蠻夷的目的就是戰爭與搶劫。」「外國商人自己的殘暴行爲應視爲他們被享以閉門羹的主要原因。」

此外，隔絕人民與外界的聯繫、以維護封建統治，也是清政府實行閉關政策的重要政治因素。清朝政權是以滿族貴族爲核心的政權，不但有殘酷的階級壓迫，而且有深重的民族壓迫，他們特別懼怕廣大漢族人民和外國人往來，在沿海地區「滋擾生事」。因而對前來貿易的外國商人，制定一些過分的防範辦法，嚴禁外國人和國內民眾接觸。對國內人民出海貿易也是多方阻撓，橫加限制。對此，馬克思曾指出：「推動這個新的王朝實行這種政策的更主要的原因，是它害怕外國人會支持很多的中國人在中國被韃靼人征服以後大約最初半個世紀裏所懷抱的不

滿情緒。由於這種原因，外國人纔被禁止同中國人有任何來往。」（馬克思：《中國革命和歐洲革命》）

(2)、從海禁到閉關政策的實施

清朝統治者入關以後，東南沿海人民在鄭成功、張煌言等的帶領下進行抗清鬥爭。清政府爲了割斷海上抗清力量與內地的聯繫，就在順治十三年（一六五六年）宣佈實行海禁，不許商民出海貿易，犯禁者一律處斬，貨物也沒收入官。順治十八年清廷頒佈遷海令，勒令福建、廣東等省沿海民眾內遷三十里到五十里，企圖用此種辦法完全斷絕內地和海上的交通。在海禁政策的影響下，東南沿海地區的工商業備受摧殘，對外貿易陷於停頓狀態。

清康熙二十二年（一六八三年）臺灣抗清鬥爭失敗以後，清政府下令開放海禁。在康熙皇帝的上諭中說明「開海貿易」的原因是，「富商大賈，懋遷有無，薄徵其稅，可充閩粵兵餉，以免腹地省分轉輸接濟之勞，腹地省分錢糧有餘，小民又獲安養」。很清楚，清朝統治者開放海禁是爲了增加封建國家的稅收，緩和階級矛盾，穩定封建秩序。

康熙二十四年清政府在廣東的澳門、福建的漳州府、浙江的寧波府以及江南的雲臺山設立粵海、閩海、浙海和江海等四個海關，與外國通商。爲了鼓勵對外貿易，康熙皇帝還下令對外國來華商船減免商稅。在這種情況下，西歐各國紛紛來華交易，東南沿海地區的商業出現了興盛的新局面。「自是琉球、蘇祿、呂宋、暹羅、大小西洋、英吉利、紅毛諸番，畏懷威德，咸敂關款貢，爭效方物，聯艅接檣，鱗次海澨。」不過當時的限制仍是很多的。尤其在沿海民眾出海貿易方面控制的更嚴，出海船隻的大小，出海人數及所帶口糧的數量都有規定，不得超過。對於出口貨物的種類和數量也管的較緊。康熙五十六年（一七一七年）清政府還一度下令禁止中國商船往南洋貿易。

隨著來華外國商船的逐漸增多，西方國家特別是英國商人違犯清朝法律的行爲也多了起來。他們「性多強暴」，經常「出入閑游，酗酒行凶」，擾亂地方治安。還和中國不法商人相勾結，私行交易，走漏稅餉。甚至打著通商的旗號，收買內地人，探聽中國各地的情報。所有這一切都引起了清政府的警覺，對外貿易政策又逐漸趨向嚴厲。乾隆時期（一七三六年—一七九五年）清政府又全面推行了閉關政策。

清朝開放四關通商後，英國商人起初主要在廣州貿易，他們爲了獲取更多利益，便企圖到靠北的中國港口進行交易。乾隆二十年（一七五五年）英國商人提出「收餉定海，運貨寧波」的要求。清政府覺得西方國家北上浙江，對國家的防務不利，「將來番舶運集，留住日久，將又成一粵省之澳門，於海疆重地，民風習俗，均有關係」。於是先是提高浙海關關稅，使英商無利可圖，返回廣州，隨後在乾隆二十二年又下令關閉浙海、閩海、江海等三關，僅留廣州一口和英國等國貿易。

但英國商人並不甘心，公然違抗清朝政府的法令，於乾隆二十四年英國東印度公司通事洪仁輝率領英國商船仍然到寧波，要求和中國進行貿易，遭到清朝官員拒絕後，竟然直駛天津「告御狀」，結果被押解回廣東，這就是所謂「洪仁輝事件」。這次事件造成的直接影響是清政府將對外貿易和在華外國商人的管理制度化和法律化。在發生這次事件的同一年，清政府根據兩廣總督李侍堯的提議，頒佈了「防範外夷規條」，對外商在中國行動應注意的事項進行了明確的規定。同時，清政府還強化了公行制度，加強了行商在對外貿易中的壟斷地位；也進一步完善了限制進出口貨物的制度。較為完備的閉關政策至此基本確立。進入嘉慶、道光時期，隨著中外矛盾的發展和衝突的加劇，清朝政府又根據具體情況，對乾隆時期的各項規定和條款，特別是對限制外商行動的規定，進行了多次的修改和補充。清政府推行的閉關政策達到了登峰造極的程度。

(3)、限制對外貿易的具體規定

清政府在對外貿易上，制定了多方面的限制措施，其主要內容如下：

第一，對進出口船隻、貿易物品等的管制

國內民眾出海貿易時，船隻的進出口都要經過官方的批准，並領有執照。海船只許用雙桅，梁頭不得過一丈八尺，載重不得超過五百石。還禁止租船，和在外國打造船隻，帶回國內。在貿易物品方面，軍器、大的木材（梓木、梓板）、硝磺、鐵貨（包括鐵鍋）禁止出口。對於糧食出口限制更嚴，一經發現，重者治罪，輕者拿問，連地方官員也要受降職或罰俸的處分。關於出海商民的口糧：「按道里遠近，人數多寡，停泊發貨日期，每人一日准帶食米一斤，並帶餘米一升，以防風信阻滯。」關於出海人數，每船舵手、水手等不得超過二十八名。嚴禁販運人口到國外充當奴隸。

對於外國商人來中國貿易，清政府規定，商船靠岸後，船上的炮位一律要卸下來，交給清朝官員保存。外商帶來的貨物要在規定的時間內進行交易，一般是每年陰曆五、六月允許外國商船進入廣州黃埔港，到九、十月交易結束，而後外國商船要離開中國。通商口岸從乾隆二十二年（一七五七年）起，只有廣州一口，不許外國商船到中國其他地方進行貿易。外國商人購買中國貨物也有限制，硝磺、銅器不允許買，綢緞也有限額。

第二，公行制度

爲了限制對外貿易，清政府設立了公行制度，規定外國商人來中國不能直接和中國商人接觸、直接發生貿易關係，一定要通過中國商人的組織公行來進行。

公行制度由來已久。明代以前，中國王朝通過專門機構——「市舶司」來管理和經營對外貿易。到明代，由於中外貿易得到進一步的發展，這種由中國官員直接與外商交易的「市舶司」制度就不適用了。於是逐漸廢止了這種制度，改由政府指定一些商人，建立「牙行」來進行進出口貿易。這種機構也被稱做「洋行」，經營洋行的商人則被稱爲行商或洋商。一八四〇年中英鴉片戰爭以前，洋商和夷商這兩個名詞是有區別的。夷商是指外國商人，而洋商則是承接對外貿易的中國商人。夷商必須通過洋商，而不能直接進入市場和華商打交道，買賣都如此。

清朝的洋行開始於康熙二十四年（一六八五年），康熙五十八年各洋行商人爲了避免彼此間的競爭，就聯合組成了一種行會性質的「公行」。公行之設最初沒有限制，乾隆二十五年（一七六〇年）時共有十九家。乾隆三十六年公行因洋商拖欠先後賠累停業。乾隆四十七年再度恢復，只有十二家，後來又添了一家，並限定為十三家，於是又有「十三行」一名。因為這十三家專門從事對外貿易，所以又稱為「十三洋行」。

公行是中外貿易的壟斷者。一切外國進口貨物，都要由它承銷。由中國內地出口的貨物也要經過它代購，同時負責劃定進出口貨物的價格。公行還代替清朝官方機構執行職權。外國商人應行繳納的進出口關稅，由它承包代繳。此外，公行還負責管理和監視外國商人在華的行動。外商和清政府間的所有交涉事宜都由公行經辦。清政府有關的命令和公文由它向外商轉達；而外商的意見和稟帖也要由公行轉遞給清政府。由此可見，公行具有商務和外交兩種職能，即除了經營商業貿易外，還是清政府處理外交事務的一個代辦機構。也正因為如此，這個半官半商的公行是當時中外關係的唯一居間者。在這種情況下，外國商人來到中國後，把貨物交給他們就沒事了，諸如貨物買賣，報關納稅等事情，不許也毋需他們過問。外商只是坐候貨物裝卸完畢開船離去。這是清政府限制對外貿易、杜絕外商窺伺和防止中外民眾接觸的一種辦法。

第三，限制外商行動的規定

清政府對外商防範很嚴，以免他們「滋擾生事」，危害封建統治。為此，自乾隆二十四年（一七五九年）起，直到道光十五年（一八三五年），清政府多次頒佈限制外商行動的條款，主要有以下方面：

（一）清政府按照國別設立商館，作為外國來華商人臨時居住的地方。外商來到中國，居住在本國商館裏，不許任意閑逛，也不許中國一般民眾出入外商商館，以免互相勾結。外商如需要離館外出時，必須有行商及通事陪伴。商館歸公行管理，並爲公行所有，由公行租給外國商人使用。

（二）禁止外商在廣州過冬。外商一般要在每年陰曆九、十月交易結束後，隨商船回國。如屆時仍有未辦完的業務，只能留一兩名人員，到澳門去過冬。

（三）禁止行商拖欠外商債務，違者嚴加懲處。這是爲了避免外國商人有藉口，逗留不回。同時也是防止行商被外商控制。

（四）限制外商僱用中國人民看門、挑水等。最初，清政府禁止外國商人僱用中國人；以後雖然准許，但僱用的人數和時間都有規定，並且要層層作保。

（五）嚴禁外國護貨兵船進入虎門。

（六）外國貨船停泊處，清政府派軍隊進行巡查。

（七）外國商船不入口納稅，而在外洋灣泊，走私漏稅，販賣鴉片，立時驅逐，不准逗留。

（八）禁止外國人偷運槍砲到商館。

（九）禁止外國婦女（外商或公司大班眷屬）在廣州外商商館居住。禁止外商在廣州坐轎。

（一〇）禁止外國商人收買和僱傭中國人打聽和搜集內地商業行情。

以上規定，雖然其中某些條款如禁止外國婦女在商館居住等，反映了封建統治者的愚昧和無知，但從總的方面看，是清政府面對西方各國日益加緊的擴張而採取的自衛措施，並沒有超出一個獨立國家行使主權的範圍。不過值得提出的是，這些正當的防範和限制，由於腐朽的清官員和外國商人的破壞，往往不能真正貫徹執行。

(4)、閉關政策的歷史影響

閉關政策的實施，不僅給清朝與西方國家的關係，而且也給中國社會的發展帶來了深遠的影響。

在西方資本主義國家向中國侵略和擴張的具體歷史條件下，它限制了西方殖民者對中國擴展的手腳，起了一定的民族自衛作用。對進出口貿易的嚴格控制，使得西方工業品很難進入中國市場；同時對來華外國商人的防範和管理，又限制了這些冒險家和海盜商人種種破壞中國主權的不法行徑。但是，在資本主義侵略面前，依靠與世隔絕、閉關自守進行防禦，畢竟是消極的，也是不能長久的。資本主義的本性是不會允許中國長期緊閉大門的。

閉關政策對中國歷史進程的發展還造成了嚴重的危害。

首先，它阻礙了中國國內資本主義萌芽的成長。清朝統治者死死地卡住對外貿易，對中國商人出海貿易制定了種種苛細的規定。尤其是它不許中國出海商船攜帶軍器，不許多帶糧食，這就使得中國商船失去在海上活動的基本條件，根本無法與當時向東南亞和南洋猛烈擴張的西方殖民者抗衡。這不僅不能擴大中國在海外的市場，而且使中國商人原來在南洋的海上優勢也逐漸喪失了。國內資本主義萌芽的發展無疑會因之大受影響。

其次，閉關政策限制了中外交流，阻礙了科學技術的發展。

十七、十八世紀，隨著西歐資本主義生產的發展，科學技術的進步也是驚人的。對於這種情況，清朝統治者昏昏然一無所知，仍然陶醉於「天朝」盡善盡美的迷夢之中。他們把西方先進的科學技術，貶之為「無知妄說」，把西方工業品斥之為「奇技淫巧」，一概予以排斥。清仁宗在致英國國王的信中說：「天朝不寶遠物，凡爾國奇巧之器，亦不視為珍器。」他們自己對外來事物採取深閉固拒的頑固態度，這也限制了廣大民眾，使之耳目閉塞，處於與世界隔絕的狀態，嚴重阻礙了中國科學技術的發展。

科學文化總是在互相滲透、互相交流中發展的。但是，清政府卻通過閉關政策把這種聯繫渠道截斷了。他們一方面大力限制中國民眾出海貿易和僑居國外，另一方面對來華的外國商人不加區別地一概予以嚴密的防範和管制，不准民眾和他們接觸。這樣就嚴重阻礙了中外經濟和文化交流，使中國人民無法看到世界的進步和自己國家的落後，同時也根本無法吸收先進的思想和文化，造成中國和西方國家的差距越來越嚴重的狀態。

二、清政府同英國的交涉和衝突

清政府推行的閉關政策限制了英國的擴張。英國政府為了實現它打開中國大門的野心，多次派遣使臣前來交涉，希望中國能改變政策。

乾隆五十七年（一七九二年）英國以補賀乾隆人皇帝八十壽辰爲名，派遣以馬戛爾尼爲首的使團啓程來華。乾隆五十八年，馬戛爾尼等人在熱河行宮覲見了乾隆皇帝。他向清政府提出了五項要求：

（一）允許英國派人常駐北京，辦理商務；並在北京開設商館進行貿易；

（二）開放寧波、天津等地爲通商口岸；

（三）要求占用舟山群島中的一個海島，作爲英國商人居住和存放貨物的地方；

（四）要求將廣州附近的一處地方撥給英國商人使用，或允許英國人在廣州自由出入；

（五）減免英國貨物的某些稅收。

英國的這些要求，乾隆皇帝認爲「多與天朝體制不合，斷不可行。」（《熙朝紀政》卷六，〈紀英夷入貢〉）他還針對英國妄圖染指中國領土的要求，嚴正指出：「天朝尺土，俱歸版籍，疆址森然，即島嶼河洲，亦必劃界分疆，各有專屬。」

馬戛爾尼使團擴大貿易的要求雖然沒有達到，但是他們在中國的旅途中，搜集到不少有關中國政治、經濟和軍事等方面的情報。他們每到一處都非常注意了解該地區的地理環境、物產資源和風俗習慣，特別是對於當地駐防清軍的狀況更是多方打聽。當他們到達長城時，就曾利用短暫的時間，把長城的守軍數目、軍事設施及其功能、長城本身的結構及規模尺寸等詳細地記錄下來。

通過對中國實力的觀察，馬戛爾尼狂妄地認爲清朝不堪一擊，甚至進而想到中英兩國一旦發生戰爭，中國或者土崩瓦解或者俄國乘機而入。侵略擴張的猙獰面目暴露無遺。

英國見使節出訪不能達到擴大貿易的目的，便妄圖使用武力來奪取中國的領土。

清嘉慶七年（一八〇二年）英國兵船開到零丁洋面，隨時準備在澳門登陸。但是，葡萄牙人害怕英國損害自己的利益，將英軍企圖報告給清政府。嘉慶皇帝隨之下令不許英軍在澳門登陸。英軍無奈，只好離去。

嘉慶十三年英法戰爭再次開始。英國駐印度總督藉口防備法國，又派軍隊強行在澳門登陸，佔據葡萄牙人防守的砲臺。同時，三艘英國軍艦還公然違犯清朝法令，開入黃埔。對於這些明目張膽的侵略行徑，英國海軍少將度德利在給清朝兩廣總督吳熊光的信中卻說是為了「以期保護中國、博勒都雅、英吉利三國買賣」，並且還說：「天朝海面盜案甚多，商販被劫，該國王派備兵船，情願效力剿捕。」中國的領土，英國竟要前來「保護」，中國的事務，英國竟要干涉。這是清政府所不能容忍的。為此，清政府先是封艙，停止中英貿易，然後是封鎖通往澳門的水陸交通，斷絕一切供應。但是英軍還是賴在澳門不走。於是清政府就調集軍隊，準備用武力驅逐英軍。在這種情況下，英國被迫退出了澳門。

嘉慶十九年英國和普魯士等國取得了對拿破侖戰爭的勝利，英國政府認為這是向中國擴張勢力的好機會。同時，英國東印度公司也要求政府派人來華和中國交涉，以改善其貿易地位。於是，嘉慶二十一年英國又派遣使臣阿美士德出使中國。英國外相在給阿美士德的訓令中，要求他通過和清政府的談判，達到英國使臣常駐北京，開放中國北部通商口岸以及改善廣州英國商人處境的目的。可是，阿美士德由於在朝見皇帝禮儀上，拒絕按清政府規定去作，因而還沒有和清政府談判，就被驅逐回國了。

英國兩次出使均遭失敗後，更加緊了對中國的擴張活動。道光十二年（一八三二年）英國東印度公司密令禮士（化名胡夏米）和傳教士郭士立乘船到中國北部港口活動，並命令他們了解沿途各處的情況。同年三月，胡夏米等一行七十多人，乘坐武裝商船「阿美士德」號，從澳門出發北駛，先後經過廈門、福州、寧波、上海、山東等地，歷時六個月。胡夏米等人每到一處都尋找藉口上岸，刺探當地駐軍人數和軍事裝備等情報，同時還測量河道港灣，繪製航海圖。在廈門的十多天時間裏，他們每天都上岸調查；在上海，他們還去了崇明島，探測了黃浦江的水道，觀察了吳淞口的砲臺和兵營。在進行偵查活動的同時，胡夏米等人還散發《人事略說》、《通商事略說》等宣傳品，吹噓英國的強大，藉以影響清官員和一般民眾的思想。胡夏米看到清朝軍隊裝備陳舊，紀律鬆弛，竟狂妄地宣稱：「全中國的一千隻水師船，不堪一隻兵艦的一擊」，極力鼓吹對中國發動侵略戰爭。

四、鴉片走私和白銀外流

英國等西方國家在中國推銷商品，佔領中國市場的努力，除了遭到清政府閉關政策的阻礙外，還受到中國自給自足的封建經濟結構的頑強抵抗。

清代的對外貿易，開始主要以中英貿易爲主。中國向外輸出的物品以茶葉爲大宗，其次爲生絲，此外還有大黃和陶瓷製品等；而英國等西方國家則主要向中國運銷毛織品、金屬和印度棉花等物。由於清代中國是農業和家庭手工業密切結合的社會，廣大農民不但生產糧食，而且日常生活的主要用品也由自己生產，對外來工業品不僅需求很小，而且也無力購買。這樣英國等歐美國家的工業品在中國的市場很狹小，銷路不暢。與此相反。中國的茶葉、生絲和大黃等物品，卻由於歐美國家需求較大，出口數量逐年增加。所以直到十九世紀三十年代，中國在對西方的貿易中始終處於出超的地位。如中英貿易，一七八〇年—一七九〇年的十年間，中國輸往英國的商品僅茶葉一項即達四七八點九八萬餘兩；而同期英國輸往中國的毛織品、金屬品和棉花三項商品總值才達到三二七萬餘兩。即使進入十九世紀以後，英國輸華的工業品略有增加，也沒有改變這種情況。從一八二〇年—一八二九年十年間，中國輸入英國的茶葉總值是一一六四萬餘兩；而同期英國輸華的毛織品、金屬品和棉花等三次商品的總值是一一五四萬餘兩。另外由於市場需求小，售價不高，致使英國在華經營工業品貿易經常處於虧本狀態。從一七九五年—一七九九年，英國在毛織品的交易中，就虧損了一九一五五二兩。然而，英國等仍然需要進行這種入超的、虧本的貿易，因爲英國等歐美國家對中國茶葉的需求量很大，英國東印度公司在茶葉生意上獲得很大的利潤，這不僅能補償輸華商品所有的虧損，而且還能有數量可觀的盈餘。同時英國對進口茶葉徵收的稅額也增加很快，一七九三年爲六〇萬鎊，到一八三三年則達到三三〇萬鎊。它已成爲英國主要的財政收入。

不過，在工業品難於銷售的情況下，英國要繼續經營以茶葉爲主的貿易，就不得不用白銀來支付了。所以在英國東印度公司來華的貨船上，經常是白銀占百分之九十以上，而工業品和其他商品則不足百分之十。據統計在十八世紀的一百年中，英國因購買中國茶葉等產品而輸入中國的銀圓，總數達到兩億之多。英國資產階級對於白銀大量流入中國的現象是不能忍受的。他們想方設法扭轉這種局面，打開中國的大門。經過一段的摸索，他們決定採取卑鄙的向中國輸入鴉片的政策。

鴉片俗稱大煙，是從罌粟的汁液中提煉而成。它起初是作爲藥物使用，以後逐漸供吸食。早在唐代貞元年間，鴉片就由阿拉伯輸入中國，不過數量極少。而西方殖民主義國家最早向中國販賣鴉片的則是葡萄牙和荷蘭。到十八世紀二十年代，英國開始經營鴉片貿易。當時每年運到中國的鴉片不過二百箱。一七五七年英國佔領印度鴉片產地孟加拉，販賣鴉片的活動開始發展起來。到一七六七年達到一千箱。特別是一七七三年，英屬印度政府確定了鴉片政策，給予英國東印度公司以販運鴉片的專利權，一七九七年東印度公司又取得製造鴉片的特權，此後，英國對華鴉片貿易就逐步發展起來了。

英國東印度公司採取各種方法來擴大鴉片輸出。它強迫一部分印度農民種植罌粟，並用墊款來誘使更多的人進行種植。同時它還設立鴉片加工廠，用心研究如何投合中國吸食者的口味。鴉片製成後，它通過國家官員拍賣給商人，然後偷運到中國來。

爲了掩蓋進行鴉片貿易的罪行，英國東印度公司從一八〇〇年起，在拍賣鴉片以後，表面上不再參加對中國的鴉片運輸和販賣。一八一六年它還明文禁止公司所屬船隻運送鴉片來華。但是在實際上，它在頒發給私人商船的執照中，卻列有一項條文，要求這些商船除運輸東印度公司自己生產的鴉片以外，不得運輸其他任何鴉片，違者要給以罰款。這樣用不著英國和東印度公司出面，鴉片就源源不斷地運到中國來。下面是鴉片輸入中國的數字：

一八〇〇年	四五七〇箱
一八二一年	五九五九箱
一八三〇年	一九九五六箱
一八三五年	三〇二〇二箱
一八三八年	四〇二〇〇箱

（《中國近代對外貿易史資料》第一冊三三九—三四〇頁）

鴉片貿易給英國殖民者帶來了巨額利潤。一八一三年，印度上等鴉片「公班土」每箱成本費是二三七盧比，而拍賣價卻達二四二八盧比，超過原成本九倍。另一方面鴉片稅也是英屬印度政府的大宗收入。它按鴉片成本的百分之三百以上的稅率抽取，一八二九年的鴉片稅收超過一百萬英鎊，約占英印政府全年總收入的十分之一。對於鴉片販子來說，他們將鴉片運到中國，每箱一般可獲利潤一千盧比左右，這是個相當可觀的數目。在如此高的利益的驅使下，英國東印度公司、英印政府和鴉片走私商更加瘋狂地向中國販賣鴉片。

鴉片貿易也使英國資產階級和英國政府獲利不小。在英國、印度和中國之間，存在著一種三角貿易關係。英國資本家向印度輸出工業品，換取印度的鴉片，然後把鴉片運到中國出賣，又從中國購買茶葉、生絲到歐洲市場去銷售。這樣鴉片貿易就成為英國對華貿易的中心環節。只要鴉片貿易得以不斷擴大，英國資產階級所贏得的利潤也就會不斷增多。同時，鴉片輸入中國的不斷增加，也使英國獲取更多的白銀來購買中國的茶葉，這樣就使英國政府能徵收到越來越多的茶葉稅。在這種情況下，英國對華輸出鴉片就具有雙重作用，一是開闢中國的市場，二是發展英國在印度的市場。這也就是英國政府堅持鴉片貿易，竭力破壞中國禁煙的原因所在。

美國也是較早向中國販運鴉片的國家。在英國控制鴉片產地印度的情況下，美國商人就從土耳其和波斯搜羅鴉片向中國偷運。嘉慶二十二年（一八一七年），據英國東印度公司估計，在輸入中國的四千五百擔鴉片中，美國占一千九百擔，僅次於英國，居第二位。一個美國鴉片販子供認，他三年裏不曾有一塊銀洋運進中國，但是每年從中國運走一百萬圓以上的商品。

此外，從十九世紀三十年代起，沙皇俄國也開始由中亞向中國販運鴉片，參加到罪惡的鴉片貿易行列。

鴉片毒品的泛濫給中國造成了嚴重的危害。首先鴉片毒害和摧殘了中國人民的身心健康，造成社會生產力的嚴重萎縮。在英國、美國等殖民者大力向中國販運鴉片的形勢下，煙毒泛濫的地區日益擴大。道光十一年（一八三一年）道光皇帝就憂心忡忡地說：「鴉片局各處城鄉市鎮所在皆有」從廣東開始，福建、浙江、江南、山東、天津、盛京等省區，到處都有煙販在活動。甚至在清朝的京城北京也多次查獲到鴉片煙犯。

吸食鴉片的人遍及社會各階層，「其初不過紈袴子弟，習為奢靡」，「嗣後上自官府、縉紳，下至工商、優隸，以及婦女、僧尼、道士，隨在吸食。置買煙具，為市日中。」據估計，道光十五年（一八三五年）鴉片流毒達十幾省，吸食人超過二百萬。

鴉片中含有大量毒素，對人的身體危害很大。經常吸食使人精神萎靡，骨瘦如柴，喪失勞動能力，以至死亡。馬克思曾經引用英國人蒙哥馬利・馬丁的話，來說明鴉片貿易比販賣奴隸更為殘忍。馬丁說：「可不是嗎，同鴉片貿易比較起來，奴隸貿易是仁慈的；我們沒有摧殘非洲人的肉體，因為我們的直接利益要求保持他們的生命；我們沒有敗壞他們的品格，沒有腐蝕他們的思想，沒有扼殺他們的靈魂。可是鴉片販子在腐蝕、敗壞和毀滅不幸的罪人的精神世界以後，還折磨他們的肉體；貪得無厭的摩洛赫時時刻刻都要求給自己貢獻更多的犧牲品，而充當凶手的英國人和吸毒自殺的中國人彼此競爭著向摩洛赫的祭臺上貢獻犧牲品。」

其次，鴉片貿易打破了中國對外貿易中的優勢地位，引起白銀大量外流，造成銀價上漲，勞動人民負擔加重。

鴉片大量輸入中國，使中英貿易發生了重要的變化，中國由長期出超轉為入超。道光十三年（一八三三年）中國對英輸出為一七八一四〇〇〇〇元；英國輸入中國則為二二三〇四〇〇〇元。中國入超四四〇萬圓，其中僅鴉片一項就占一二八七點八萬圓。這樣，中國就不得不用白銀去購買鴉片，從而造成白銀大量外流。當時鴻臚寺卿黃爵滋在奏文中說：「自道光三年至十一年，歲漏銀一千七八百萬兩；自十一年至十四年，歲漏銀二千餘萬兩；自十四年至今（黃上奏時為道光十八年，即一八三八年），漸漏至三千萬兩之多。」黃爵滋所估計的數字不一定十分準確可靠，但是從中可以看出白銀外流確實是非常嚴重的。

這種現象使中國發生銀貴錢賤的危機。按照清朝的規定，每兩銀子換錢一千文。由於鴉片輸入的激增，到一八三二年上漲到一千三百五十文，一八三八年更達到一千六百多文。銀價上漲，首先使廣大勞動人民蒙受其害。他們在出售自己生產的物品時是按銅錢計價的。可是在繳納賦稅時卻要把銅錢折成銀兩。從前只要交一千文就可折一兩銀子，而到一八三八年卻要交一千六百多文，廣大勞動群眾的負擔無形中大大加重了。同時，清政府在白銀外流，國庫空虛的情況下，便加捐增賦，也使人民受到更爲殘酷的剝奪。

此外，鴉片貿易也造成清朝統治的嚴重危機。

鴉片輸入和白銀外流影響了清朝的賦稅收入，造成了財政危機。黃爵滋說：「各省州縣地丁漕糧，征錢不爲不多。及辦奏銷，皆以錢易銀，折耗太苦。故前此多有贏餘，今則無不賠墊。各省鹽商賣鹽俱係錢文，交課盡歸銀兩，昔則爭爲利藪，今則視爲畏途，若再至數年，銀價愈貴，奏銷如何能辦！課稅如何能清！設有不測之用，又如何能支！」

鴉片的泛濫也腐蝕了整個統治機器，使清朝統治者很恐慌。清朝各級官員吸鴉片的很多，據統計在京官中有十分之一，地方官中有十分之二三，其中包括親王、輔國公等滿族貴族在內。更令統治者擔心的是清朝軍隊中官兵吸食鴉片的也越來越多，這無疑削弱了鎮壓人民反抗的力量。鴉片的走私還使清朝吏治更爲腐敗。這樣，鴉片泛濫不僅損害了人民的利益，而且動搖了清朝的封建統治，清朝統治者不得不採取措施了。

五、反對鴉片走私的鬥爭

清朝的禁煙開始於雍正年間。雍正七年（一七二九年）清政府頒佈法令，禁止鴉片的吸食和販賣。但仍准許鴉片進口，照藥材納稅。隨著鴉片輸入的增加，清政府的禁煙措施也愈加嚴厲。嘉慶元年（一七九六年）清政府下令裁撤有關鴉片稅款的條文，禁止鴉片進口。嘉慶五年又重申禁令，並嚴禁國內栽種罌粟，鴉片貿易成爲非法。但英國並不放棄鴉片貿易，它從公開售賣轉爲走私販運。他們勾結葡萄牙人，利用澳門作爲鴉片的屯貯場所，用貨船偷偷將鴉片運到黃埔，在船旁私相交易。針對這種情況，嘉慶二十年（一八一五年）清政府又下令外國商船到澳門後，「均須逐船查驗，如一船帶回鴉片，即將此一船貨物全行駁回，不准貿易。若各船皆帶有鴉片，亦必將各船全行駁回，俱不准其貿易，原船即逐回本國」。道光元年（一八二一年）更明令：「凡洋船至粵，先令行商出具無鴉片之甘結，方准開艙驗貨，如有夾帶，即將行商治罪」。

對於清政府日趨嚴厲的禁煙令，英國殖民者竭力加以破壞。他們一面通令英國走私商船不准接受清政府的查驗，一面加緊賄賂清朝地方官員，勾結內地走私煙犯，更隱蔽、更大規模地進行走私販運活動。他們把走私據點從澳門移到珠江口外的伶仃洋面，在伶仃島固定停泊「船」，存放由外洋運來的鴉片，還勾引廣州的土棍，名為開設商業店鋪，實則暗中包售鴉片，稱為「大窯口」。中國鴉片販子到大窯口看樣品，交貨款，然後憑著大窯口給的提貨單，到躉船上去取鴉片。買到的鴉片由稱做「快蟹」或「扒龍」的武裝走私船運到各地，又由當地鴉片販子開設的「小窯口」售賣到城鄉集鎮。腐敗的清朝各級官員和海關人員，貪圖賄賂，明察暗放，使得禁煙令不能執行，鴉片輸入不斷增加。

道光十三年（一八三三年）英國議會通過廢除東印度公司在華貿易專利權的法案，同時，英國政府設置「駐華商務監督」，以代替原來的東印度公司大班來管理對華貿易。從此，中英貿易就發生了重要的變化。在此以前，中英兩國的貿易分別由中國的公行和英國的東印度公司所壟斷，英國在中國的商務代表是在華東印度公司大班。這以後，清政府與之打交道的不再是英國東印度公司，而是代表英國政府和英國資產階級的「駐華商務監督」了。在整個英國資產階級都擠進對華貿易的行列，急於擴大鴉片走私的形勢下，禁毒和販毒的鬥爭也更加激烈了。

道光十四年英國政府任命律勞卑為第一任駐華商務監督，並給他這樣的使命：「增開口岸，推動鴉片貿易，建立海軍據點。」這個英國殖民主義分子一踏上中國土地，就公然違犯清政府的法令，拒絕和廣東行商接洽有關事宜，而要直接和清朝兩廣總督交涉。清朝廣東當局拒絕了律勞卑的要求，以後又中止了和英國的貿易。律勞卑竟帶領兩艘英國兵艦，強行駛入珠江，砲擊虎門炮臺，氣焰極為囂張。在廣大軍民的支持下，兩廣總督盧坤調集軍隊，封鎖江面，派兵包圍英國商館，使律勞卑處境極為狼狽，他只得退返澳門，不久就病死在該地。

先後繼任的英國駐華商務監督是德庇時（一八三四年——一八三五年）和羅賓臣（一八三五年——一八三六年）。他們鑒於律勞卑失敗的教訓，採取更爲狡猾的手法，在和清朝政府保持「相安無事」的狀態下，竭力擴大鴉片走私。特別是羅賓臣，他爲了便利英國商人走私鴉片，自一八三五年十一月起，把英國駐華監督辦公的地點從澳門遷到伶仃洋面的英船「路易莎」號上。這樣自伶仃洋面開往廣州的英國商船就不用再到設在澳門的英國商務監督駐處去領取貨單了。於是，鴉片走私更爲方便。

道光十七年老牌殖民主義分子義律接任英國駐華商務監督以後，鴉片貿易更爲發展。爲了破壞中國的禁煙運動，他竭力鼓吹對中國發動侵略戰爭。

在鴉片輸入日益嚴重的情況下，廣大人民群眾要求禁煙的呼聲愈加強烈。一八三八年十二月，廣州一萬多群眾舉行示威，抗議英、美商人阻撓清政府處決鴉片煙犯的挑釁行動，表現了中國人民抗拒外侮，捍衛主權的堅強決心。在人民鬥爭的推動下，在因鴉片泛濫所造成的統治危機日趨嚴重的威脅下，清朝封建統治者對禁煙的態度漸趨強硬。一八三八年十月道光皇帝罷免了主張對鴉片弛禁的太常寺卿許乃濟，同年十二月又任命堅決主張禁煙的湖廣總督林則徐爲欽差大臣，前往廣東查禁鴉片。

林則徐到達廣州以後，在廣大軍民的支持下，粉碎了英、美等外國鴉片販子破壞禁煙的陰謀，迫使他們交出鴉片二萬二百餘箱，並於一八三九年六月三日起在虎門海灘當眾將收繳的鴉片全部銷毀。虎門的壯舉，顯示了中國人民反抗外來侵略的堅強意志。

英國資產階級不甘心失敗，為了保護可恥的鴉片貿易，公然對中國發動侵略戰爭。一八四〇年戰爭正式爆發，這就是鴉片戰爭。從此，中國人民反抗西方資本主義侵略的鬥爭進入一個新的階段。鴉片戰爭後中國的社會狀況發生了根本變化，中國的社會性質，也由古代的封建社會開始步入半殖民地半封建社會。

第十四章　鴉片戰爭前清代的文化

清代，由於統一的多民族國家進一步鞏固和發展，爲國內各族人民文化的交流提供了方便條件；由於政治、經濟的發展，爲文化的提高提供了基礎；由於中外交往便利了中國人民逐步吸收國外的優秀文化；因此，無論就內容或形式方面說，各類文化藝術，都取得了很大成就，其中科學和技術、特別是天文曆算方面成績尤爲突出。

第一節　科學和技術

一、天文曆算

清代天文曆算上的一大成績是入關後不久即頒行了時憲曆，這是在明末改曆的基礎上，採納德國人湯若望等的建議而推行的一種新曆法。清初頒佈時憲曆，在中國曆法史上，是第五次大改革。它的一個重要特點是用「定氣」代替「平氣」來推算節氣。所謂「定氣」，是以太陽在黃道上的位置為標準，自春分點算起，黃經每隔十五度為一個節氣。由於太陽在黃道上每天的移行快慢不勻，所以節氣之間的天數也不一樣。但這樣卻能表示太陽的真實位置，使春分、秋分一定在晝夜平分那一天。而所謂「平氣」，則是不管太陽的實際位置，硬把一個回歸年平分為二四等分，以對應二四節氣。可見，用定氣代替平氣，是曆法上的一個大進步。清初之所以用時憲曆代替大統曆，一方面是改朝換代時「定正朔」的慣例需要，另方面則是因為時憲曆確實比明代使用的「大統曆」準確。整個清代都是使用這種曆法，現在所用的舊曆（即夏曆或農曆）也仍是時憲曆。下面分別將著名的主要天文曆算家及其著作等情況加以說明。

清初有兩位天文曆算家，其學「不列於臺官，然其精密，或為臺臣所不及焉」；他們是薛鳳祚和王錫闡。

薛鳳祚，字儀甫，山東淄川人。自幼研究算學。起初接受的是中國傳統的「舊法」，順治年間，又從波蘭人穆尼閣學習，與之一起引進了對數，著有《曆學會通正集》十三卷、《考驗》二十八卷，《致用》十六卷等。《清史稿》稱譽他「不愧為一代疇人之功首」。（《清史稿》卷五〇六〈薛鳳祚傳〉）

王錫闡（一六二八—一六八二年），字寅旭，號曉庵，吳江人。他一生拋棄科舉作官的道路，博覽群書，「凡象數聲律之學，殫精研究，必得其肯綮而後已」，對於天文曆算尤其精通。

王錫闡生當西方天文曆法知識傳入中國之際。對於中國的傳統天文曆法學和西方傳來的新知識，他都比較正確地對待。對其精華，能夠不分此疆彼界，認真繼承和學習；而發現其缺陷，也能不爲其所局限，勇於批評和糾正。

王錫闡留下的天文曆算著作不下於十幾種，其中重要的有《曉庵新法》、《曆說》、《曆策》、《五星行度解》、《日月左右旋問答》、《大統曆法啓蒙》、《西曆啓蒙》、《丁未曆稿》、《推步交朔》、《測日小記》、《圜解》、《三辰晷志》等。所著各書，「俱能究術數之微奧，補西人所不逮」。

另外，有梅文鼎（一六二三—一七二一年），字定九，號勿庵。安徽宣城人。梅文鼎在數學上的貢獻最爲突出。他的主要數學著作有：《筆算》五卷，介紹西方的筆算；《籌算》二卷，介紹納白爾算籌；《度算積例》二卷，介紹伽利略比例規；《少廣拾遺》一卷，介紹中國古代的高次方程；《方程論》六卷，介紹中國古代的一次聯立方程解法；《勾股舉隅》一卷，記述直角形勾、股、弦、合、較等的互求問題；《幾何通解》一卷，記述以勾股定理解《幾何原本》中的一些問題；《平三角舉要》五卷，內容爲平面三角學；《方圓冪積》一卷，介紹圓方互容和球與立方體的互容問題；《幾何補編》四卷，討論了四等面體、八等面體等，對《幾何原本》的內容多所補充；《弧三角舉要》五卷，內容爲球面三角學；《環中黍尺》五卷，主要講球面三角法中餘弦定理的幾何證明；《塹堵測量》，主要是敘述球面直角三角形弧角關係式

的幾何證明。（參見李儼、杜石然《中國古代數學簡史》）

梅文鼎去世後，其在天文曆算方面的成就仍然享有很高的聲譽。阮元的《疇人傳》說到：「自徵君（梅文鼎）以來，通數學者後先輩出，而師之相傳，要皆本於梅氏。錢少詹（大昕）目爲國朝（清朝）算學第一。」

梅文鼎的孫子梅瑴成（一六八一—一七六三年），字玉汝，號循齋，又號柳下居士。與其祖父一樣，也是著名的天文曆算家。他自幼跟隨梅文鼎學習天文曆算，「南北東西，未離函丈」，並幫助梅文鼎進行學術研究。康熙四十五年（一七〇六年）被召入宮中，跟康熙皇帝玄燁學習數學，學業更加長進。從康熙五十一年起參加官修《律曆淵源》編纂工作，充總裁，經過近十年的工作，於康熙六十年（一七二一年）完成。到了晚年，寫成《增刪算法統宗》。又編輯其祖父梅文鼎的曆算著作，成《梅氏叢書輯要》，輯要後附有自己的著作。《赤水遺珍》和《操縵卮言》兩書。

其他著名的數學家還有：陳世仁（一六七六—一七二二年），海寧人。他的著作有《少廣補遺》一卷，「專明垛積之法」。所謂垛積之法，即我國古代對高階等差級數的求和法。在清代繼續研究有限項級數求和問題，除了陳世仁之外，汪萊（一七六八—一八一三年）、羅士琳（一七八九—一八五三年）、董祐誠（一七九一—一八二三年）和李善蘭（一八一一—一八八二年）都曾在這方面付出心血。其中鴉片戰爭前成就最大者則應推陳世仁。在《少廣補遺》中，他敘述了有限項數求和公式三十七個。這些公式除了宋元數學家已經掌握者外，有些是抽掉奇數各項或抽掉偶數各項之後再來求和的問題，這是宋元人未曾討論的他的獨到之處，其中抽掉偶數項之後的各種求和公式，尤具創造性。陳世仁的這些獨到之處，連康熙以前傳入的西方數學也沒有絲毫涉及。《疇人傳》的作者稱讚陳世仁「詳人之所不詳，其用心有足尙已」。這個評論是符合實際的。

明安圖（一六九二—一七六五年），字靜庵。蒙古正白旗人。著名的天文曆算家。幼年時曾以官學生的身分跟康熙皇帝玄燁學習數學。

明安圖的學術專著是《割圓密率捷法》。康熙年間來中國的法國傳教士杜德美，曾向中國介紹過西方新的數學成就割圓三法，包括圓徑求周、弧背求正弦、弧背求正矢。但「其所以立法之源，乃無一語道及」。明安圖「積思三十餘年」，寫成專著《割圓密率捷法》一書，用自己的獨立鑽研，解決了傳教士未曾說明的東西。此書在明安圖去世前未能完稿，在遺囑中，讓兒子明新和弟子續作。明新等遵照父、師遺命，「相與討論，推步校錄」、「質以平日所聞面授之言」，經過數年的努力，終於在乾隆三十九年最後成書。

《割圓密率捷法》共分四卷，一曰步法，二曰用法，三、四兩卷曰法解。前兩卷是明安圖的遺稿，後兩卷係陳際新等續成。在第一卷步法中，明安圖論證了割圓十三術，即圓徑求周，弧背求正弦，弧背求正矢，弧背求通弦，弧背求矢，通弦求弧背，矢求弧背，正弦求弧背，正矢求弧背，餘弦求正弦、正矢，餘矢、餘弦求本弧，藉弧背求正弦、餘弦，藉正弦、餘弦求弧背。明安圖的這些論證，是在西洋算法的啓示下，以中國的傳統數學爲基礎獨立做出的，不僅揭示了杜德美所未加說明的原有三法的「立法之原」，而且提出了一系列的新公式。

當明安圖對於割圓術做過深入的研究之後，又有董祐誠（一七九一——一八二三年）再作研究。而項名達則在董祐誠之後再次探討。董祐誠提出了四個公式，項名達將之簡化為兩個公式。另外，項名達還提出了求橢圓周長的獨特方法。這些在數學發展史上都是很有價值的成果。

二、氣象學

氣象學在中國是一門很古老的學問，早在殷周時期，即有豐富的知識，秦漢以後，更在氣象的觀測、氣象儀器的創造和氣象理論的研究等方面，有所發展。清朝建立後，這門古老的學問仍在繼續開出新花朵。

清代很注意對各種氣象的觀察和記錄。為了測量雨水的大小，康熙、乾隆時期向各地陸續頒發了雨量器。這種雨量器高一尺，廣八寸，並有標尺，以黃銅製成。（竺可楨〈氣象儀器〉，載《大公報》一九五一年五月四日）測量的結果要記錄、上報，許多地區的記錄因而得以保存下來，如北京地區自雍正二年（一七二四年）到光緒二十九年（一九〇三年）長達一百八十年之久的雨量日月時辰，在北京故宮的原文獻館裏，就有資料可查。（竺可楨〈中國過去在氣象學上的成就〉，載《光明日報》一九五一年四月十八日）為了更好地掌握氣候的變化，康熙皇帝玄燁還提出了建立統一的氣象觀測網的設想，據記載，康熙五十五年（一七一七年）三月，他對大學士九卿等曰：「朕常立小旗占風，並令直隸各省，凡起風下雨之時，一一奏報。見有京師於是日內起西北風，而山東於是日內起東南風者。」

清代在氣象儀器方面也有顯著的成就——黃履莊發明了溫度計及驗燥濕器。黃履莊生於順治十三年（一六五六年），江蘇人。他善思深慮，「如一思礙而不得，必擁衾達旦，務得而後已焉。」他發明了許多儀器和機械，其中溫度計當時叫驗冷熱器，「此器能診虛實，分別氣候；證諸藥之性情，其用甚廣。」其驗燥濕器，「內有一針能左右旋，燥則左旋，濕則右旋，毫髮不爽，並可預證明晴。」

清代除了觀測氣象、創造氣象儀器之外，還設法與惡劣的氣候鬥爭，其中值得一提的是進行人工消雹活動。清初人劉獻庭在《廣陽雜記》卷三：「平涼一帶，夏五、六月間，常有暴風起，黃雲自山來，風亦黃色，必有冰雹，大者如拳，小者如栗，壞人田苗，此妖也。土人見黃雲起，則鳴金鼓，以槍砲向之施放，即散去。……」這段記載，原來迷信成分頗多，但拋開迷信的成分，即可得知，當時甘肅一帶，已開始使用火炮來消除冰雹。這說明，早在三百年前，中國已有人工消雹。

三、農學和植物學

(1)、農學

明清之際經世致用的思想比較興盛，而農業生產在當時的經濟中占有重要的地位，因而不少知識分子致力於農學的研究。再加上清代農業生產的發展和技術的提高，爲知識分子著書立說提供了豐富的素材。這樣，清代的農業科學著作紛紛問世。其中最著名的有張履祥的《補農書》、楊屾《知本提綱》和《豳風廣義》及乾隆時官修的《授時通考》等部大型農書。

張履祥和《補農書》

張履祥（一六一一－一六七四年），字考夫，浙江桐鄉人。世居楊園村，所以後世學者稱爲「楊園先生」。年青時代，有志於走仕宦道路，曾屢次參加鄉試，都未考中。後因明朝滅亡，清兵入關南下，棄仕宦之途，「以授徒爲業，躬自力農桑」。又抄輯和補充崇禎末年連川人沈某所作的《沈氏農書》，於一六五八年完成《補農書》。

《沈氏農書》有「逐月事宜」（依次敘述每月應作的農活）、「運用地法」（即耕作技術）、「蠶務六畜」、「家常日用」四部分，其中以論水稻生產最爲詳盡。《補農書》除了稻麥蠶桑外，又有農業經營和家庭副業等內容。補了《沈氏農書》之「未盡事宜」。同治十年（一八七一年）海寧人陳克鑒將《沈氏農書》與張氏《補農書》一起編入《楊園先生全集》，統名爲《補農書》。

楊屾的《知本提綱》和《豳風廣義》

楊屾（一六九九－一七九四年），字雙山，陝西興平人。清代傑出的農學家。他一生以授徒爲業，也從事一些農業生產。他在前人研究的基礎上，總結自己的生產實踐經驗，寫下了《

知本提綱》和《豳風廣義》兩部著作。

《知本提綱》是他教授學生的講義，全書共十四章，其中修業章是專門講述農業生產的。在這一章中，包括「前論」、「耕稼」、「桑蠶」、「樹藝」、「畜牧」、「後論」等六部分。楊屾非常重視農桑生產，在該書中他指出：「衣食者生民之命，無食則飢，無衣則寒」，而「耕桑者衣食之原，力取則豐」，「若農業之失務，自衣食之不敷。沙礫盡化金銀，難療枵腹之飢；瓦石胥變珠玉，豈禦切膚之寒？即有至仁之純德，弗止凍餒；雖以上聖之明哲，難保流亡。」（《知本提綱・前論》見王毓瑚輯《秦晉農言》）所以他認為「重大無過於農道」，「在學校可一日不講，在田裏豈可一日不力乎？」

在《知本提綱・修業章》的六部分裏，楊屾敘述了許多方面的農學知識，諸如耕地、墾荒、選種、播種、移植、耘鋤、收穫、園圃、造糞、施肥、灌溉、樹桑、養蠶、摘繭、繅絲、植樹、畜牧等都在其中。有的講得很詳細，非常符合科學道理。如關於耕地，他提出「山原土燥」要「加重犁」（即犁兩次，以便犁得深一些），「濕澤水盛」要「輕鋤耨」（即犁得淺一些），「耕如象行，細如迭瓦」（象行極正，耕地時要直前而進，如屋瓦鱗次相迭），「寧廉勿貪」（指兩行犁溝之間的距離要窄小，以免隔生不熟），「寧燥勿濕」（指土地過濕時不可耕地，否則地被踐踏板結，作物不易生長等）。楊屾所提出的上述技術，直到今天仍有參考價值。

《豳風廣義》是楊屾為了在關中地區推廣種桑養蠶而撰寫的一部專著。楊屾認為農業生產包括「耕、桑、樹、畜」四個方面，農家如果要豐衣足食，就必須從事這四個方面的生產，「力耕則食足，躬桑則衣備，樹則材有出，畜則肉不乏。」關中地區原本是植桑養蠶之區，但後來於兵火之餘，砍伐殆盡，人們對蠶桑生產棄置不講，稍遇荒歉之年，就缺衣少食，流亡載道，他自己也親受其害。因此，他立志在關中地區重新把桑蠶業恢復起來。他詳細調查了解了植桑養蠶的方法和繅絲織帛的方法，並親自樹桑數百株，從雍正七年（一七二九年）開始作養蠶治絲的實驗，經過十八年的努力，終於取得了成功。於是著成《豳風廣義》一書，向關中人民介紹經驗。

乾隆時的《授時通考》

《授時通考》是清代官修的一部大型農書。乾隆二年（一七三七年），清高宗弘曆下令編輯，到乾隆七年（一七四二年）完成進呈，全書共七十八卷，分為八門，一為「天時」，分記農家四季活計；二為「土宜」，講高下燥濕各種土地的利用；三為「穀種」，記載了各種作物的性質；四為「勸作」，記述了從墾耕到收藏各個生產環節的工具和操作方法；五為「功課」，是歷朝關於重農的政令；六為「蓄聚」，即「備荒之制」；七為「農餘」，包括蔬菜、樹林的種植及畜牧方法等；八為「蠶桑」，談養蠶繅絲等事。本書基本上是將前人的有關著述予以彙集，但它內容豐富，體例嚴整，凡所採摘，多「取其切於實用」，「詩文藻麗之詞，概置弗錄」，且有不少附圖，極便領會，為傳播和發展農業生產技術起了一定的作用。

四、土木建築

在我國遼闊的土地上，留下了不少清代的建築精品。最引人注目的是宮殿、陵墓、寺廟和園林等，它們在佈局、造形、裝飾等方面都繼承、發展了我國古代的優秀建築傳統，達到了很高的水平。這些建築精品，有的是漢族人民修建的，有的則出自藏族、蒙族、滿族、維族、傣族等族的工匠之手，它們說明我國各族人民都具有高度的智慧和創造才能。有些建築工程，融匯了漢族和我國其他一些民族的風格特色，甚至吸收了外國的一些藝術手法，這種現象反映了我國各族人民在清代相互聯繫的加強，和當時中外交往的發展。

(1)、皇宮的擴建

北京故宮是明清兩代的皇宮，是當時封建專制統治的中心。它從明代永樂四年（一四〇六年）開始修建，永樂十八年（一四二〇年）基本建成。順治元年（一六四四年）清朝統治者進關入京，第二年就對皇宮內的皇極、中極、建極三大殿重建修繕，並改名稱爲太和、中和、保和殿。以後清朝又對皇宮進行了多次重修和擴建，逐漸形成了我國現存最大最完整的古建築群。在清朝對皇宮的多次重修擴建中，最引人注目的是康熙八年（一六六九年），對太和殿的重建。這次重建由老技師梁九設計，他根據材料供應情況，將原來的九間改成十一間。全殿面寬六〇點〇一米，深三三點三三米，從庭院地面到正脊的高度是三五點〇五米，加上螭吻卷尾共爲三七點四四米，這在我國木結構建築物中是最高大的一座。大殿的木柱東西十二根、南北六根，共七十二根；每根高十二點七米，直徑一點〇六米。爲了不影響視線，對明間大柱子特地作了藝術處理，即立了六根瀝粉金漆鮮明奪目的巨大蟠龍柱，它們圍繞著鏤空透雕的空座，頂上有極爲精美的蟠龍藻井，顯得很有氣派。太和殿的整個裝飾更是雄偉，殿內彩畫著行、坐、升、降各種栩栩如生的金龍。外檐的彩畫不僅在藍綠地上有瀝粉金靈芝或西蕃蓮，而且在朱紅的望板上也做出精緻的瀝粉片金流雲，這在古建築中是少有的。殿內地面用六四鳌米見方的金磚鋪墁，牆裙用綠琉璃面磚加以六角形黃色背紋裝飾，牆身是包金土色，周邊的藍地面磚加以六角形黃色背紋裝飾，牆身是包金土色，周邊的藍地上綴以瀝粉金龍。殿內房間的大隔扇，都是三交六椀的櫺花格、條環、裙板突起金龍，門窗皆爲鎏金的金廓、金瑣窗。殿頂的垂脊上截獸前面的走獸各有十個，排列順序是龍、鳳、獅子、海馬、天馬、押魚、狻猊、獬豸、鬥牛、行什（猴）。這種在宮殿頂上以「行什」作爲裝飾瓦件的做法，除了太和殿外，沒有第二個。康熙十八年（一七六九年）北京大地震，太和殿被震壞，三十四年再次重建，乾隆三十年（一七六五年）又進行了一次大維修。老技師梁九在爲重建太和殿設計時，曾按等比例縮小的方法做出了大殿的模型，這在我國古代建築史上也是一個大進步。

乾隆時期，在皇宮內寧壽宮的西側，修建了一座小花園，以備弘曆退位當太上皇後養老游憩，這也是清朝統治者擴建皇宮的一次較大的活動。全園面積約六千平方米，空間雖然不大，但卻佈置了幾十座亭軒樓閣，又有假山樹木。後來弘曆退位後實際並未在此養老，但因是乾隆自己爲養老而修建的，人們都稱之爲「乾隆花園」。「乾隆花園」在造園藝術上發揮了變化多樣的技巧，設計新穎，游廊宛轉，亭閣玲瓏，處處引人入勝。因地方小，建築物多，整體佈局不免顯得擁擠，堆砌閉塞。但終究爲皇宮內的建設增添了一座休息觀賞的小樂園。

(2)、美麗的「三山五園」

從康熙十六年起到乾隆年間，清朝統治者先後在北京西北郊營建了香山靜宜園、玉泉山靜明園、暢春園、圓明園、萬壽山清漪園等皇家園林，這就是著名的「三山五園」。

靜宜園；康熙十六年（一六七七年）在原香山寺舊址修建了一座香山行宮。乾隆十年（一七四五年）對它作了擴建，次年改名「靜宜園」，十二年完成了二十八處園景。

靜明園：康熙十九年（一六八〇年）在玉泉山建行宮，名爲「澄心園」，二十三年改名爲「靜明園」。到乾隆初年，進行了擴建，並仿照鎮江金山寺塔的形制在山頂建七層琉璃塔「玉峰塔」。乾隆十八年（一七五三年）完成靜明園十六景。

暢春園：康熙皇帝玄燁兩次南巡後，對於江南優美的風光和精緻的園林十分欣賞，因而打算在北京西北郊原明代李偉的清華園舊址上，建造一座南方式園林。於是任命供奉內庭的江南籍山水畫家葉洮負責規畫和監造，由江南疊山名家張然主持園內的疊山設計。經過數年的修建，於康熙二十九年左右完成，此即暢春園。此園建成後，每年的大部分時間，玄燁均在此居住，處理政務和接見臣僚。到了乾隆時期，弘曆皇帝以之作爲皇太后居住的地方，以後歷朝沿爲定例。

圓明園：圓明園在暢春園的北面，最早是明代的一座私家園林，康熙四十八年（一七〇九年）玄燁賜給皇四子胤禛。胤禛繼位後，於雍正三年（一七二五年）將之改為離宮型皇家園林，因而大加擴建，在園之南建造了衙署宮殿，在園之北、東、西三面將多泉的沼澤地改造為河渠水網，設置了一系列的風景點、小園和建築群。在雍正年間圓明園所建成的重要建築群組共有二十八個。到了乾隆年間，弘曆仍以此園為離宮，對該園再次擴建。這次擴建是在該園原有的地盤上調查園林景致和增建若干命名，這就是著名的圓明園「四十景」（其中二十八景是雍正時舊有的）。另外弘曆又在該園的東鄰和東南鄰附建了長春園和綺春園。這便形成了著名的「圓明三園」。

圓明園是一座全部由人工開拓的大型園林。它以水景為主，水面有大、中、小三種類型，這些大小水面又由迴環縈流的河道串聯為完整的河湖水系，構成全園的脈絡和紐帶。園內的小山都用挖湖土方堆積而成，整個設計主要模仿江南蘇、杭各地園林勝景，如當時江南四大名園，即蘇州的獅子林、海寧的安瀾園、南京的瞻園、杭州的小有天園均通過畫師的寫照而全部仿建於三園之內。使它不僅具有北方園林建築特點，而且還洋溢著江南園林的氣息。圓明三園既融冶了南北園林藝術，又在長春園內建有一區歐洲式園林，俗稱「西洋樓」。圓明園內的宮殿建築結構也相當新穎，屋頂幾乎都用九脊、硬山、挑山、卷棚式等。園內還收藏著大量的古籍、字畫、珍寶和工藝品，成為一座綜合的藝術寶庫。當時，通過來華的耶穌會傳教士給羅馬教廷的信函，圓明園被介紹到歐洲，對於促進歐洲園林的發展起了一定的作用。

清漪園：清漪園位於北京城西北約十公里的地方，緊鄰圓明園，西接玉泉、西山諸峰。早在金朝，這裏已建有皇帝的行宮，當時這裏的山名瓮山，山腳下的湖名瓮山泊。元明時期這個風景區更加發展，陸續建起十幾所寺廟，名人士子常來遊覽。乾隆十四年（一七四九年）冬，由於在這一帶進行了一次規模較大的水系整理，使西湖（即原來的瓮山泊）成爲當時不小的蓄水庫，它不僅攔蓄玉泉山之水，而且香山一帶許多大小泉流也都利用石渡漕導入其中。清高宗弘曆仿效漢武帝在長安昆明湖池訓練水軍的故事，命建銳營兵弁定期於湖內舉行水操，於是改湖名爲「昆明湖」。同時，爲了慶祝他母親的六十壽辰，又在瓮山圓靜寺的舊址上，修建了一座規模壯麗的佛寺「大報恩延壽寺」，並改瓮山之名爲「萬壽山」。萬壽山和昆明湖形成的北山南湖的地理位置關係爲建園提供了優越的自然條件。因此，一心熱衷於建園的乾隆皇帝隨後又任命專人負責在這裏修園。從乾隆十五年起，終乾隆一朝，其營建工程從未間斷，終於使之成爲一座以天然山水爲基礎，又施以人工精心修飾的美麗宏偉的皇家園林，當時所定名稱爲清漪園。全園面積約達三點四平方公里，分爲前山前湖和後山後湖兩大景區，北部山地占全園面積的三分之一，大部分建築集中在山上。其建築手法除了沿襲漢以來皇家園林中蓬島瑤臺、一池三山的傳統佈局外，又大量模仿了美麗的江南自然景色和私人園林的俊逸情趣，有雄偉壯麗的佛香閣、靠山面水的樂壽堂，還有曲折絢麗的長廊。佛香閣最初建造時本是一座九層寶塔，建至第八層，突然被弘曆下令停修，繼而拆毀改建樓閣，才形成後來的樣子。這座美麗的園林於咸豐十年遭到英法帝國主義侵略軍的嚴重破壞，到了清末纔被修復，並改名爲「頤和園。」

(3)、避暑山莊和外八廟

避暑山莊，又名熱河行宮，承德離宮。位於河北省承德市區北半部。清朝統治者爲了籠絡和控制蒙古族的上層人物，從順治年間起開始實行「秋獮」制度，即由皇帝到張家口、獨石以北地區打獵，屆時蒙古族的上層人物帶領屬員輪流護衛。最初打獵的地點不固定，康熙二十二年（一六八三年）以後固定於木蘭圍場。從此，玄燁每年夏初在喀喇河屯行宮避暑處理政事，秋初前往圍場行獵。後來他聽說離喀喇河屯行宮不遠的地方，有一處草木茂盛，環境優美，氣候涼爽的避暑勝地，於是親自在那裏勘察設計，從四十二年（一七〇三年）起，開始興修離宮。到乾隆五十五年（一七九〇年）全部竣工，這就是著名的避暑山莊。山莊建成後，一方面爲清朝統治者提供了一個宜人的消暑地方，另一方面也爲之提供了進行政治活動、加強各民族間聯繫和統一的重要場所。當時我國漠南、漠北、青海、新疆的蒙古、維吾爾族、哈薩克族和西藏四川等地的藏族、苗族，以及臺灣的高山族等少數民族的上層人物，都曾先後到山莊來朝見皇帝。乾隆中葉，英國使節也曾前來與弘曆會見。避暑山莊成了清政府的第二政治中心。山莊的面積達五百六十萬平方米，圍繞四周、隨山起伏的「虎皮石牆」長達二十華里。整個山莊由宮殿區、平原區、湖區和山區四部分組成，建築手法融合和吸收了各民族的藝術特點，表現了各地的自然風貌。

宮殿區在山莊的南部，包括正宮、東宮、松鶴齋和萬壑松風四組建築。這些建築基本上應用了北方居民四合院的規則佈局，樸素大方，是清朝皇帝處理朝政和居住的地方。正宮的澹泊敬誠殿是用楠木造成的，俗稱「楠木殿」，是山莊的正殿，各種大典在這裏舉行。

平原區、湖區和山區占山莊面積的絕大部分，自然環境十分優美。有平坦如茵的草地，還有曲折迴環的河流湖泊。平原區的萬樹園，古木參天，很易使人聯想起東北大興安嶺的莽莽森林。湖區的建築，有模仿蘇州的文園獅子林、有模仿鎮江的金山寺、有模仿嘉興的煙雨樓、還有模仿杭州西湖的芝徑雲堤，整個湖區因而洋溢著南方園林的秀麗景色。

在避暑山莊東、北兩面山麓、武烈河以東和獅子溝以北的山丘地帶，從康熙五十二年（一七一三年）到乾隆四十五年（一七八〇年）之間，先後建立了溥仁寺、溥善寺、普寧寺、普佑寺、安遠廟、普樂寺、普陀宗乘之廟、廣安寺、殊像寺、羅漢堂、須彌福壽之廟等十一座廟宇。其中溥善寺、普佑寺、廣安寺及羅漢堂四處今已破壞無遺，實際存者七處。這就是被稱作「外八廟」或「八大寺」的建築群。

避暑山莊和外八廟，在建築藝術上體現了我國各族間的交流和融合，在政治上反映了我國各族間的親密交往，它是清代統一的多民族國家進一步發展鞏固的突出例證之一。

(4)、壯麗的布達拉宮

布達拉宮位於西藏自治區首府拉薩市西隅，是一座大型的喇嘛寺院。早在唐初文成公主入藏時，松贊干布爲了讓文成公主居住，就已創建了布達拉宮。但松贊干布所建者，早已毀壞不存。順治時，達賴五世到北京朝見清朝皇帝，得到冊封，回藏後遂對布達拉宮進行修復。後來他的繼承者們又陸續加以擴建，今天布達拉宮的規模就是這樣形成的。布達拉宮係石木結構，高達一七八米，砌有平樓十三層，建有宮殿三座。宮牆厚達一米多，以一塊塊方石砌成。殿堂上繪有鮮豔的壁畫，室內陳列有造型生動的佛像。整個建築群依山而築，自山下直到山腰，巍峨高聳氣勢非常雄偉。每遇晴天，宮殿的金頂被太陽照得閃閃發光，更加顯得壯麗可愛。布達拉宮是藏族人民血汗和智慧的結晶，充分體現了他們偉大創造才能。

(5)、樣房、算房和匠作則例：

清朝統治者因為經常進行營建，為適應需要，專門設立了主持設計和編制預算的機構，這就是「樣房」和「算房」。在「樣房」和「算房」任職的多是「世守之工，號稱專家」。（朱桂辛〈中國營造學社緣起〉，見《中國營造學社匯刊》第一卷）著名的「樣式雷」雷發達，就是任職於樣房的專家。

雷發達（一六一九——一六九三年），江西南康人。幼年隨父遷居南京。剛到三十歲即成了有名的工匠。康熙初年，與堂兄雷發宜一起被徵入京，參加皇宮修建。由於他的高超技藝，被任命為工部樣房掌案。此後三十多年，他作為宮廷建築大師，參與了許多建築工程。雷發達曾經用硬製板製作可以揭開房頂觀察內部樣式的建築模型，開了我國的活動模型進行設計的先例。他病故後，其子雷金玉繼承了他的技藝，以後一直傳到第六代雷廷昌。他們祖孫六世從事「官式」建築二百年，先後參與設計修建的有「三海」、「四園」以及東、西二陵等許多重大工程。其所設計各種圖樣廣為使用。

匠作則例是有關工匠營建製造的各種成規定例。清代有關衙門，往往每過若干年即纂修一次，目的是保證營建製造的質量和數量，便於計算開支，以防奸杜弊。樣房、算房的設計專家和巧工宿匠，也多將則例輯爲祕本，其目的則是爲了方便自己查考，便於估算和施工。官修工匠則例以乾隆時期爲最多，嘉道以後官修者減少了，而樣房、算房和工匠的私輯底本卻每多流傳。有人統計，現存清代的匠作則例尚約有七十種。匠作則例涉及的行業，除了建築之外，還有工藝美術和手工業製造，但建築占很大比重。（王世襄：〈談清代的匠作則例〉，載《文物》，一九六三年第七期）雍正十二年（一七三四年）刊行的清代第一部工匠則例《工程做法》，即是關於建築的則例。這個則例共有七十四卷，圖文並重，統一了官式建築的構件的模數和用料標準，簡化了構造方法，是對長期以來工匠所積累的建築經驗的一次大總結。

樣房、算房的設置和匠作則例的大量編纂，是當時建築發達的產物；而它們的設置或編纂，無疑反過來又對建築的進一步發展，起著積極的推動作用。

第二節　考據學、史學和地理學

一、考據學

(1)、清代考據學派的演變

考據是清代非常盛行的一種治學方法，從而形成了一代學風。它以研究儒家經典爲中心，廣泛整理了古代文化典籍，在古文字學、史學、地理學、天文學、數學、目錄學、校勘學、輯佚學等學科都取得了很大成績。這種學風，早在清初即已存在，大學者顧炎武即是清代考據學的開山祖。他和同時的另外一些學者，鑒於明末學界束書不觀、游談無根、空疏誤國的弊病，提倡「經世致用」。他們的考據與現實有緊密聯繫，而與官方提倡的理學相對立。他們對清王朝在政治上持反對或不合作的態度。這時，考據之風處於方興之時，還僅是學界中各種流派的一支。後來，考據中聯繫實際「經世致用」的作法逐漸被拋棄，從事考據的學者卻一味鑽進故紙堆裏了。到了乾嘉年間，終於形成爲占有壓倒優勢的正宗學派，由於這個緣故，清代的考據學也被人稱爲乾嘉學派。

乾嘉年間考據發達的原因，跟清政府的政策很有關係。爲了鞏固以滿州貴族爲核心的封建專制統治，入關以後的清政府屢興文字獄，乾隆年間這類案件尤多，一般文人自然不敢以身家性命作冒險，遂遠離現實埋頭於故紙堆中。同時，清政府爲了維護封建統治，又對文化事業大力提倡，乾隆皇帝親自寫詩論畫；督撫以「書生不能勝任」、「書氣未除」爲由參奏屬員，他則極力批駁，並自謂二十年來，講論未嘗停止，「實一書生。」此外，他又屢開特科，獎勵文人，大力組織編書，《四庫全書》的編輯就是其中尤其引人注目者。這樣的「右文」政策，對於學者從事古代文化典籍的整理，顯然也是一個有力的推動。

當時積極貫徹清政府政策的有紀昀、朱筠、王昶、畢沅、阮元等重要官僚。

紀昀，字曉嵐，一字春帆，晚號石雲，直隸獻縣人。乾隆十九年進士，歷任《四庫全書》

纂修官及總辦、兵部侍郎、都察院右都御史、禮部尚書、兵部尚書、清高宗實錄館副總裁等職。主要著有《四庫全書總目提要》和《四庫全書總目提要簡明目錄》。在他負責《四庫全書》的編輯時，學者咸與往來，託庇其門下者頗多。

朱筠，字竹君。一字美叔，號笥河，順天大興人。他「博聞宏覽」，重視小學訓詁。督學安徽時，既祀音韻學家江永於紫陽書院，又「刊佈許氏《說文解字》，敘說之以教士。」他熱心於「宏獎後進，惟恐不至。」著名學者程晉芳、任大椿，「皆筠所取士」，「李威、洪亮吉、武億、黃景仁、吳鼒，皆其弟子。陽湖孫星衍爲諸生時，以不見（朱）筠爲恨，介（洪）亮吉爲紹，願遙執弟子禮。」

王昶，字德甫，號述庵，一字蘭泉，又字琴德，江蘇青浦人。他「天資過人，於學無所不窺，尤邃於《易》」。他與文人交往甚密，曾五次作順天鄉試和會試的同考官，一次主順天鄉試，「皆以經術取士，士之出門下爲小門生及從游受業者二千餘人。」「在京師時，與朱笥河互主騷壇，後進才學之士執業請益，舟車錯互，履滿戶外。」

畢沅，字纕蘅，一字秋帆，自號靈岩山人，江蘇鎮洋人。乾隆二十五年一甲一名進士，歷任陝西按察使、陝西布政使、陝西巡撫、河南巡撫、湖廣總督、山東巡撫等要職。雖然公務很多，但不忘治學，著有《傳經表》、《經典辨正》、《續資治通鑑》等書。他善於與文人合作，著名學者章學誠、盧文弨、洪亮吉、孫星衍都曾在他的幕府，這對於他本人學識的增長大有益處，對於學術的提倡也有積極作用。

阮元，字伯元，號芸臺，江蘇儀徵人。乾隆五十四年進士。乾隆五十八年提督山東學政，六十年八月調任浙江學政。此後歷任禮部左侍郎、兵部左侍郎、浙江巡撫、漕運總督、江西巡撫、河南巡撫、湖廣總督、兩廣總督、雲貴總督等職。他「淹貫群書、長於考證。其論學在實事求是，自經史小學以及金石詩文，巨細無所不包，而尤以發明大義爲主。」「所編《經籍纂詁》、《十三經校勘記》，傳佈海內，爲學者所取資。所刻之書尤多，最著者爲《十三經注疏》、《皇清經解》千四百卷。」。他還重視發展教育，在浙江創修了玉環廳學和詁經精舍，又在廣東創立學海堂，許多青年士子因而受教於名流學者，學業日長。

上述五人，既是高官，又是學者，本人熱心學術，又能密切聯繫文士，他們的活動在清代學術史上留下了不容忽視的影響。

乾嘉年間的考據派學者多能互相師友，門戶之見不深。但由於相互間存在治學態度、風格和方法的差異，仍可劃分爲不同的流派，其中主要的是以惠棟和以戴震爲首的兩派。惠棟爲首的一派，包括江聲、余蕭客、江藩等人（以下簡稱惠派）。戴震爲首的一派包括段玉裁、王念孫、王引之等人（以下簡稱戴派）。兩派都尊崇顧炎武，都繼承了顧炎武「讀九經自考文始，考文自知音始」的方法（《顧亭林詩文集》第七六頁〈答李甯德書〉），並加以發展，用來整理古代典籍和研究語言文字，也都丟掉了顧炎武「經世致用」的傳統。兩者的區別在於，惠派盲目尊奉漢儒，惟漢必尊，惟古必信；而戴派則治經不輕信漢人，必求得其原意而後可，其言訓詁名物，雖常博引漢人之說，但不對之墨守，此外，惠派治學尚淹博，而戴派則貴精審。段玉裁曾稱頌戴震說：「東原師之學，不務博而務精，故博覽非所事，其識斷、審定，蓋國朝學者未能或之過也。」這正說出了戴派學者不同於惠派的一個顯著特點。對於清代的考據學，歷來有籠統稱爲「漢學」的作法，其實這是不正確的，以之稱說惠派則可，以之加予戴派則顯然與事實不符。在惠、戴兩派中，成績較大的是戴派。

二、著名的考據派學者

清代考據派學者數量很多，現介紹其中具有代表性的幾個著名學者的情況，可以略見其演變事跡。

（一）顧炎武　顧炎武，字寧人，原名絳，崑山人。他是明清之際的著名考據學家和思想家。生於明萬曆四十一年（一六一三年），卒於清康熙二十一年（一六八二年）。

在治學上，顧炎武反對空談，極力提倡踏踏實實做學問。史載，他「精力絕人，自少至老，無一刻離書。所至之地，以二騾二馬載書，過邊塞亭障，呼老兵卒詢曲折，有與平日所聞不合，即發書對勘，或平原大野，則於鞍上默誦諸經注疏。」（《清史稿》卷四八一〈儒林傳二〈顧炎武〉；參見《結埼亭集．亭林先生神道表》）《清史稿》也說：「炎武之學，大抵主於斂華就實。凡國家典制、郡邑掌故、天文儀象，河漕兵農之屬，莫不窮原究委，考正得失。」

為了「經世致用」，顧炎武在從事考據時，還特別注意對現實的迫切問題的研究。他每到一個地方，就要詳細調查該地的各種情況，特別注意調查其有關國計民生的現實問題。如他寫過論文〈錢糧論〉，就是對山東、陝西等地當時的賦稅繳納辦法作了深入調查之後才寫出來的。他的這種考據，無疑是一種很有意義的活動。

顧炎武的著作主要有《日知錄》、《天下郡國利病書》、《音學五書》、《吳韻補正》、《肇域志》、《昌平山水記》、《山東考古錄》、《金石文字記》、《亭林文集》、《亭林詩集》等。

（二）閻若璩　閻若璩，字百詩，太原人。主要著作有《古文尚書疏證》、《四書釋義》、《孟子生卒年月考》、《潛丘札記》、《毛朱詩說》、《日知錄補正》等。

他的最大貢獻是考定《古文尚書》之僞。他經過三十餘年的潛心研究，終於提出一百二十八條證據，證明此書乃東晉年間之僞作。一千多年來，《古文尚書》被視為經典，科舉取士以之作為考試內容之一，閻若璩《古文尚書疏證》一書一出，將其僞作的面目加以暴露，對朝野上下不能不是一個巨大的震動。

閻若璩之所以能在考據學上做出突出貢獻，重要的原因是他學習認真、讀書時注重思考，而且不得其解決不放手。如有一年他發現「使功不如使過」一句話的出處不詳，此後便留心查找，過了十五年他從《唐書・李靖傳》中找到了這句話。二十年後，又在《後漢書・獨行傳》中找到了最早的出處。為了一句話的出處，前後研究達二十年，這是多麼可貴的鍥而不捨的精神！

（三）惠棟及其弟子　惠棟，字定宇，號松崖，先世扶風人，自九世祖遷居於吳。其曾祖惠有聲即通曉儒學經典，「以九經教授鄉里」。惠棟雖在學術上沒有可以稱述的獨創，但篤守家法，使「漢學」壁壘森嚴，是當時很有影響的一個人物。他的弟子江聲、余蕭客和再傳弟子江藩，在發展壯大惠派上，都發揮了不小作用。

江聲，本字鱷濤，後改叔澐，號艮庭，吳縣人。他認為《尚書》，「漢注不備，則旁考他書」，從而寫成《尚書集注音疏》一書。閻若璩等考定《古文尚書》是偽書之後，對於「刊正經文，疏明古注」，皆所未及，至江聲此書出，這方面的問題才開始加以解決。此書引證很廣博，大體以漢儒之說為主，是惠派學風的典型作品之一。

余蕭客，字仲林，別字古農，吳縣人。他性好古籍，聞「有異書，必徒步往借，雖僕僕五六十里，不以為勞也」。年二十二，拜惠棟為師。他主要著作有《古經解鉤沉》。宋朝以後，注疏之學漸衰，此書與惠棟的《九經古義》在提倡古訓上，都有著不小影響。

江藩，字子屏，甘泉人（江都分縣），是余蕭客的學生，撰有《國朝漢學師承記》、《宋學淵源記》、《國朝經師經義目錄》。他門戶之見甚深，在《漢學師承記》裏，推惠棟為漢學正宗；在《國朝經師經義目錄》裏，不論是不是，只論漢不漢，「專宗漢學，凡言不關乎經義小學，意不純乎漢儒古訓者，皆不著錄。」他真可謂「篤信謹守」家法的惠派嫡傳！

（四）戴震　戴震，字慎修，一字東原，安徽休寧隆阜人，生於雍正元年，死於乾隆四十二年。年輕時做過小商販和塾師，曾問學於婺源江永。乾隆二十年，到北京，與大學者紀昀、王鳴盛、錢大昕、王昶、朱筠等相交遊。乾隆二十二年，又與惠棟相識於揚州。乾隆三十八年任《四庫全書》纂修官。他是清代考據學中戴派的創始人。

在研究儒家經典上，戴震跟顧炎武等人一樣，也主張自古文字入手。他說：「經之至者，道也；所以明道者，其詞也；所以成詞者，未有能外小學文字者也。由文字以通乎語言，由語言以通乎古聖賢之心志，譬之適堂壇之必循其階，而不可以躐等。」（《戴震集》上編《文集》卷一〇〈古經解鉤沈序〉）。他在文字學方面著作很多，跟他具有這個主張很有關係。

戴震之治學，又極重精審，他說：「學貴精，不貴博，吾之學不務博也。」「得知十件而都不到地，不如得知一件而到地也。」這一點也表現了戴派與惠派的區別，惠派所追求者在於淹博。

戴震之治學，雖然在古文字等方面用力較多，對於儒家經典的「義理」有《孟子字義疏證》等書影響很大。他重視研究儒家經典的「義理」，並非意味著認為他是完全按照儒家經典的原意去著述闡發儒家經典的，事實上，他是利用這種手段發表了自己的哲學思想，這使他成為清代大思想家之一。這在清代的考據學者中並不是多見的。

（五）段玉裁　段玉裁，字若膺，金壇人。生於雍正十三年，死於嘉慶二十年。段玉裁的主要貢獻在《說文解字注》一書。東漢人許慎所著《說文解字》，多存古義，可以探源故訓，因而清代學者自康熙以後漸加注意。段玉裁的《說文解字注》就是清代研究《說文解字》較早而且成就甚高的一部分。

（六）王念孫　王念孫，字懷祖，高郵州人。生於乾隆九年，卒於道光十二年。乾隆四十年進士，歷任工部主事、吏科給事中、永定河道、山東運河道等職。他是著名的校勘家和古文字學家，著有《廣雅疏證》和《讀書雜志》等書。

王念孫「尤精於校讎，凡經史子書，晉唐宋以來古義之晦」，抄寫之誤、改校之妄，「皆一一正之」。其校勘名著《讀書雜志》共八十二卷。

（七）王引之　王引之，字伯申，王念孫之子，生於乾隆三十一年，卒於道光十四年。他著有《經傳釋辭》十卷，這是我國早期研究文法的名著，是閱讀古書的一部極好的參考書。

三、整理古籍方面的成就

清代考據學者分有不同派別，前輩和後學之間也有不少區別。但其對於古代文化的整理都作出了貢獻。前面介紹著名學者時已將其中若干貢獻敘出，茲得尚未涉及的重要成果補敘於下：

（一）關於儒家經典方面

胡渭著有《易圖明辨》一書。胡渭的《易圖明辨》撰寫出來之後，對於陳摶、邵雍、周敦頤等附會強加之說大加駁辯，使《易經》真面目得到了暴露。

焦循著有《易章句》、《易通釋》、《易圖略》等書，統名《雕菰樓易學三書》。他家數世傳《易》，幼承家學，在治《易》中能會通全書，發明義例，卓然自成一家。

胡承琪著《毛詩後箋》、馬瑞辰著《毛詩傳通釋》、陳奐著《詩毛氏傳疏》。清人在《詩》學上的主要成果在訓詁名物；這三部書就是嘉、道間先後出現的這種名著。前兩部貴宏博，後一部尚嚴謹。歷來論者對後一部評價最高。

焦循著有《孟子正義》。它以疏解趙岐注為主，但不是墨守其說。除了訓詁名物之外，對於《孟子》的「義理」也多有論述。《孟子》原有孫爽疏，非常蕪雜，《孟子正義》大大超過了它，是清人關於儒家經典的新疏著作中較好的一種。

（二）關於古文字學方面

戴震著有《方言疏證》。《方言》為西漢揚雄所撰字書。《方言疏證》廣稽文獻，將其傳刻之訛誤進行校勘。據自序說，改正錯字二百八十一，補脫字二十七，刪衍字十七，從此《方言》一書才可讀通。

邵晉涵著《爾雅正義》。該書係疏晉人郭璞注，但對《爾雅》原文及郭注多有增校，另外也博採唐以前學者舍人等佚注，分疏於諸家之下。

阮元主編《經籍纂詁》。《經籍纂詁》為阮元任浙江學政時組織詁經精舍學生分工編成字典，各字依《佩文韻府》的次序編排，專輯古書成說解釋其意義，唐以前訓詁，網羅殆盡，是閱讀古籍極便利的一部工具書。

江永著《古韻標準》等。顧炎武對古音韻的研究爲清人之首，其次則有江永著《古韻標準》、段玉裁著《六書音韻表》、戴震著《聲類表》、《聲韻考》、孔廣森著《詩聲類》、王念孫著《古韻譜》。他們認爲古今音韻不同，對古音的分部作了深入的探討。唐代的《廣韻》分聲音爲二百零六部，他們認爲古音沒有那麼複雜，試圖將之加以合併，以求附合古音，其研究結果，除顧炎武將古音歸併爲十部外，江永分爲平上去十三部，入聲八部，段玉裁分爲十七部，戴震分爲九類十六部，孔廣森分爲十八類，王念孫分爲二十一部。

（三）關於校勘方面：

清人校勘古書的方法很多，主要有以下四種：一，以不同版本相對照，或根據前人的徵引，記其異同，擇善而從；二、根據本書或他書的旁證反證，校正文句的原始訛誤；三、找出著書人的原定體例，據之刊正全部通有的訛誤；四、根據其他資料，校正原著的錯誤或遺漏。這些方法都很精密。當時在校勘上用力甚大的學者，除前文已述及者外，尚有盧文弨、顧廣圻、黃丕烈、盧見曾等人。盧文弨之《群書拾補》、黃丕烈之《士禮居題跋》、盧見曾所刻之《雅雨堂叢書》等，即其從事校勘所獲得的巨大成績。大體說來，清人校勘過的古書，從先秦諸子書方面可以說，凡唐宋以前的要籍，清人幾乎全部做了整理。

（四）關於輯佚方面

隋唐以前沒有印刷術，宋元雖有了印刷術應用亦不廣泛，因而古書多有亡佚。清人在進行考據中，大力開展了輯佚古書的活動。其輯佚所憑藉的資料大體有五：一，以唐宋間類書爲總資料；二，以漢人子史書及漢人經注爲輯周秦古書的資料；三，以唐人義疏等爲輯漢人經說的資料。四、以六朝唐人史注爲輯逸文之資料；五，以各史傳注及各古選本各金石刻爲輯逸文之資料。通過這些資料，清人使許多古書復活起來。當時的考據學者，幾乎無不從事輯佚，邵晉涵所輯《韓詩內傳》、嚴可均所輯《全上古三代兩漢三國六朝文》、盧見曾所輯的《鄭氏易注》、張澍所輯的《三輔決錄》、官修《全唐詩》、《全金詩》、《全唐文》等都屬於這類書籍。有的輯錄只是片斷，但也很珍貴。

四、考據學派的缺陷及其衰落

清代考據學派成績很大，但也有不少缺陷：

第一，除了清初的若干學者以外，後來的考據學者只鑽古書，研究過去的陳跡，不問現狀，其治學與現實完全脫節。

第二，過分強調廣博精深，以致流於煩雜瑣碎。

第三，考據學者們的治學方法，大體不出歸納法等範圍，這種方法可以弄清一些問題，但有局限性。

第四，有些考據學家的具體考證不準確，甚至有個別的人態度不嚴肅。

關於治學態度不嚴肅的缺陷，僅是個別人的問題，從當時絕大多數考據學者來看，應該說態度是嚴肅的，極富於實事求是的精神。如戴震研究儒家經典，就力主剝去歷代學者加上去的層層附飾，他要「以《六經》、孔、孟之恉，還之《六經》、孔、孟，以程、朱之恉，還之程、朱，以陸、王、佛氏之恉，還之陸、王、佛氏。俾陸、王不得冒程、朱，釋氏不得冒孔、孟。」段玉裁也曾說過：「校經者貴求其是而已」，「校經之法，必以賈（公彥）還賈，以孔（穎達）還孔，以陸（德明）還陸，以杜（預）還杜，以鄭（玄）還鄭，各得其底本，而後判其義理之是非。」（《經韻樓集》卷一二〈與諸同志書論校書之難〉）其他考據學者在治學上一絲不苟的例子是舉不勝舉的。

由於清代學者除去考據學派外，在治學方向的差異，也使之相互間存在矛盾。詩人袁枚是當時反對考據學派的一個著名人物，他視考據家和辭章家如水火。他在《隨園詩話補遺》卷十第五十則說：「（費）榆村又有句云：『讀書不知味，不如束高閣。蠹魚爾何知，終日會糟粕』。此四句可為今之崇尚考據者下一神針」，其中也包涵著袁枚的門戶之見。反對考據學派的還有當時具有相當勢力的桐城派。這是擁護程、朱理學的一個散文流派。他們之中攻擊考據學派的主要人物有姚鼐和方東樹。姚鼐認為考據學派宗漢學、攻程、朱，是不分大小，有害學術。方東樹是姚鼐的弟子，寫了《漢學商兌》一書，專以攻擊考據學、吹捧程朱的門戶之見特甚。桐城派雖是站在程朱理學的立場攻擊考據學派的，但有歪打正著之處。

對考據學派批判最深刻的是大學者章學誠。他既不滿意於其脫離實際，又反對其煩雜瑣碎。他說：「君子苟有志於學，則必求當代典章」，「必求官司掌故」，「則學為實事，而文非空言，所謂有體必有用也。」他還針對戴震主張學好天文、地理、古音韻、古典章、數學、生物等知識之後才能閱讀儒家經典的言論批評說：「是數端皆出專門絕業，古今寥寥不數人耳，猶復此糾彼訟，未能一定，將遂古今無誦五經之人，豈不誣乎！」（《章氏遺書》卷二九〈又與正甫論文〉吳興劉氏嘉業堂刻本）。

上述學派和個人對考據學派的批評，使他們受到一些影響，有些考據學者此後開始比較多地向理論方面用力（如焦循），有的頗欲調和「漢學」和「宋學」（如阮元）。但使考據學派受影響更大的是嘉慶、道光以後，國內外政治環境的改變。那時，國內階級矛盾日益尖銳，外國資本主義侵略者的入侵危機一日甚於一日；脫離現實的考據學派已完全不能適應需要，於是學風大變，考據學派由全盛步入了衰落的途程。

二、歷史編纂學

(1)、紀傳體、編年體、紀事本末體及典章制度專書的新作。

紀傳體、編年體和紀事本末體的史書以及專講典章制度的史書，著作很多。清代對這幾類史書在體例上雖未發生變動，但沿用舊例，撰寫了不少新作，不少是價值很大的名著。

在紀傳體史書中主要是《明史》和《罪惟錄》。《明史》是官修，共三三二卷。創修於順治二年，最後於雍正十三年定稿，乾隆四十一年，復有改定譯名，重修傳紀之舉，但刻版印行的《明史》，一直是乾隆四年的進呈本。在眾多的《明史》編撰者之中，貢獻最大的是萬斯同。他是黃宗羲的學生，康熙十八年，應徐元文、葉方靄之徵，以布衣身分入京修史。他對明代史學很熟悉，諸纂官的稿子寫成後，皆由他複審刪改。他先後參與其事二十餘年，不居纂修之名，隱操總裁之柄，康熙四十一年死去時，已手定稿本五百卷。（《結埼亭集》卷二八〈萬貞文先生傳〉）萬斯同死後，長期任總裁的王鴻緒，對萬斯同和諸纂修官寫成的稿子加以修訂，於康熙五十三年寫定二〇五卷列傳，於雍正元年寫定三一〇卷的《明史稿》全書。《明史》的最後定本，即以《明史稿》爲底本，稍加增損而成。由於乾隆四年《明史》最後進呈皇帝時，擔任總裁的是張廷玉，所以《明史》一般題作「張廷玉等奉敕撰」。《明史》的材料來源，主要是明代列朝實錄和檔案，此外還有大量的郡志邑乘、雜家志傳、野史筆記等，材料堪稱豐富。在寫作過程中，也經過了許多著名學者長達幾十年的討論修改，所下功夫之大實屬空前。因此它比過去所修的大部分紀傳體正史要好。

《罪惟錄》，查繼佐撰。查繼佐是海寧人，莊廷鑨明史案中，因莊氏所列「參閱姓氏十餘人」中有其姓名，被牽連下獄，賴舊友左都督吳六奇力爲「奏辯得免」。該書之撰寫，始於順治元年，「手草易數十次，耳采經數千人，以一人之力，歷盡千辛萬苦，經過二十九年，終於在康熙十一年最後纂定。」它有明顯的反清立場，凡南明諸王皆列入本紀，弘光朝仍用南明年號，也保存了一些史料，可與清朝官修《明史》相對照研究。明末農民起義的「均田」口號，只有此書有記載，尤其值得注意。

在清代撰寫的編年體史書中，主要有《國榷》和《續資治通鑑》。《國榷》的作者是談遷，原名以訓，字觀若，後改名遷，字孺木，海寧人，生於一五九四年，死於一六五三年。他「好觀古今之治亂，其尤所注心者，在明朝之典故。」。他認為明代列朝實錄多有失實之處，其他野史不免「謏陋膚冗」，因而自一六二一年（天啓元年）開始撰寫《國榷》，《國榷》原來只有抄本，解放後始有印本，印本共一〇八卷，包括正編一〇四卷，卷首四卷。正編以編年體記事，起於元文宗天曆元年，止於弘光元年。其撰寫依據除明代列朝實錄和邸報外，還有明代野史著名作家海鹽鄭曉、武進薛應旂、太倉王世貞等「諸家之書凡百餘種」。作者又曾赴京調查訪問。因此，《國榷》所提供的資料不僅豐富，而且相當可靠。其中有許多史實為明實錄所缺載，有的則修正了明實錄的錯誤。它對於萬曆以後的幾朝歷史記載特詳，並且詳細記載了建州女直的歷史，這在明代後期史的研究中，特別是清朝先世史的研究中，非常值得重視。

畢沅主編的《續資治通鑑》，二二〇卷，記事上起宋太祖建隆元年，下至元順帝至正二十八年。撰寫於乾隆後期、嘉慶初年，前後達二、三十年。它以徐乾學《資治通鑑後編》為藍本，進一步考訂增補。

清代撰寫的紀事本末體史書，主要是署名谷應泰的《明史紀事本末》，此外還有高士奇《左傳紀事本末》和張鑒《西夏紀事本末》等。

在清代撰寫的典章制度專書中，最有影響的是官修的《續通典》、《清通典》、《續文獻通考》、《清文獻通考》、《續通志》、《清通志》。《續通典》共一百五十卷，乾隆三十二年奉敕撰，乾隆四十八年經總纂官紀昀等校訂進呈。該書爲續杜佑《通典》之作，內容起自唐肅宗至德元年，止於崇禎末年。

《清通典》，乾隆三十二年奉敕撰，是《續通典》的續編。共一百卷，記事上起清初，下至乾隆。「分門隸事，一如杜佑之舊」。但各門之下的細目則根據實際情況有因有革，「如錢幣附於食貨，馬政附於軍禮」，「並仍其舊」，而「食貨典之榷酤、算緡、禮典之封禪」，「凡昔有今無者，一併從刪」。（《四庫全書總目》卷八一史部政書類一，並見本書凡例）。所據資料有《大清會典》、《大清一統志》、《大清律例》等成書，所以「縷分條系，端委詳明」，頗便查閱。

馬端臨的《文獻通考》寫出後，至明朝萬曆時才有王圻寫《續文獻通考》一書爲之作續編。王書收集史料不少，但因「體例糅雜，顛舛叢書」而遺譏。乾隆十二年清朝官方開始重修《續文獻通考》，至乾隆四十九年經總纂官紀昀等校訂成書。清修《續文獻通考》吸收了王圻《續文獻通考》的部分內容，但主要是根據其他材料，「大抵事跡先徵正史，而參以說部雜編，議論博取文集，而佐以史評、語錄」

《清文獻通考》是《續文獻通考》續編。乾隆十二年奉敕編寫。該書在一定程度上反映了清代典章制度的特點。由於此書寫的是當代，材料豐富，因此篇幅很大，比較詳細地記述了當時典章制度的演變。

《續通志》是鄭樵《通志》的續編，乾隆三十二年奉敕撰，乾隆五十年經總纂官紀昀等校訂後成書。其體與《通志》大體相同，沿用其本紀、列傳及二十略，有其世家、年譜。所記內容，本紀和列傳自唐初至元末，二十略自五代至明末。

《清通志》是《續通志》的續編。乾隆三十二年奉敕撰。共一百二十六卷。它在體例上變動很大，僅保存了二十略，將本紀、世家、列傳、年譜全都刪去。其記事上起清初，下至乾隆，內容大部分與《清通典》等重複。

上述六種關於典章制度的新作，與以前已有的《通典》、《文獻通考》、《通志》三書，合在一起稱爲「九通」。清朝滅亡前後，吳興人劉錦藻又自撰《清朝續文獻通考》，記述乾隆五十一年至宣統三年清朝滅亡的典章制度。它與「九通」合在一起，又有了「十通」之名。

(2)、對古史的研究

清代由於文字獄屢次發生，許多學者埋首於整理古代文化典籍。這種情況反映到史學研究領域中，就是相當多的史家致力於古史的研究，有的考查上古史，有的改寫或補寫歷代史書，有的對歷代史書進行考訂注釋，有的對已經失傳的史書作輯佚。這些工作有脫離現實的弊病，但在史料編纂上卻有一定的貢獻。

清代考釋古史的最負盛名的著作是王鳴盛的《十七史商榷》、錢大昕的《廿二史考異》和趙翼的《廿二史札記》。王鳴盛，字鳳喈，嘉定人，曾「從惠棟問經義，遂通漢學」。乾隆十九年進士。歷任內閣學士，光祿寺卿等職。王鳴盛在治史上不喜多發議論，其《十七史商榷》的〈自序〉中認爲：「當考其事跡之實，年經事緯，部居州次，記載之異同，見聞之離合，一一條析無疑，而若者可褒，若者可貶，聽之天下之公論焉可矣。」他的這種主張在《十七史商榷》中大體上是貫徹了的。這部書共一百卷，除了校釋古史的文句外，對典章故實尤其多所考釋，爲後人閱讀提供了很大方便。王鳴盛在自序裏曾說：「學者每苦於正史繁塞難讀，或遇典制茫昧，事跡樛葛，地理職官，眼眛心瞀，試以予書爲孤竹之老馬，置於其旁而參閱之，疏通而證明之，不覺如關開節解，筋轉脈搖，殆或不無小助也歟！」

錢大昕，字曉徵，嘉定人，乾隆十九年進士，歷任翰林院侍講學士、詹事府少詹事等職。最初以擅長辭章而出名，後努力鑽研經、史，「於經義之聚訟難決者，皆能剖析源流。文字、音韻、訓詁、天算、地理、氏族、金石以及古人爵里、事實、年齒，瞭如指掌」。對於難以評論的古人「賢奸是非」，難以弄清的典章制度，他也「皆有確見」。其《廿二史考異》一百卷，所考釋的史書，包括二十四史中除去《舊五代史》及《明史》的其他二十二部。其考釋重點爲文字之異同及訓釋之當否，但對史實之考訂等，亦多所用力。爲了寫這部書，作者閱讀了大量資料，僅考證《宋史》，所引書籍就達四十多種，作者在考證史書時，具有爲發展學術而盡力的明確目的，他說：「史非一家之書，實千載之書。祛其疑乃能堅其信，指其瑕益以見其美，拾貴規過，匪爲齮齕前人，實以開導後學。」。作者的上述精神和態度，使《廿二史考異》成爲一部價值極高的著作。

趙翼，字耘松，陽湖人。乾隆二十六年進士，歷任鎮安知府，貴西兵備道等職。其《廿二史札記》，三十六卷，所考釋的史書包括全部二十四史，因爲未把《舊唐書》和《舊五代史》

計算在內，所以稱爲廿二史。趙翼在自序中曾說：「歷代史書，事顯而義淺，便於流覽，爰取爲日課，有所得，即札記別紙，積久遂多。惟是家少藏書，不能繁徵博採以資參訂，間有稗乘脞說，與正史歧互者，又不敢遽詫爲得閑之奇。」「是以此編多就正史紀傳表志中，參互勘校」。可見這部書是作者讀正史的筆記。它詳近略遠，參訂元、明二史的條目占全書的四分之一。對於所考釋的史書，皆敘述其編撰經過、材料來源，評論其史實真僞、方法優劣，對於每個時代，皆找出重大問題，從原書輯出材料，歸納比類，加以綜合分析。在一定意義上說，這部書既是簡明的史學史，又是一部通史。不過，作者的歷史觀點有許多不妥之處，對這部書價值產生了一定影響。

清代大規模地輯佚史書發生在乾隆年間。當時從《永樂大典》中輯出史部書四十一種，其中頗多價值極高者，如李燾《續資治通鑑長編》五百二十卷，薛居正《五代史》一百五十卷，就是這時輯出的。在此前後，輯佚史書的工作也有不少成績，所輯以先秦史和兩晉六朝人的著作爲最多。

(3)、對當代史的研究

官修的關於本朝歷史的書籍，有歷朝實錄、會典、方略、紀略和國史館國史等。

大約自南北朝以來，歷代都有實錄的修撰，每個皇帝死後，繼位的皇帝便設立專門機構，爲之撰寫實錄。清修實錄一般繕寫五份，每份都有漢、滿、蒙三種文字，分貯北京和瀋陽。據《清史稿》記載，在鴉片戰爭以前清朝的實錄有七種：《太祖實錄》十三卷，《太宗實錄》六十八卷，《世祖實錄》一百四十七卷，《聖祖實錄》三百零三卷，《世宗實錄》一百五十九卷，《高宗實錄》一千五百卷，《仁宗實錄》三百七十四卷。鴉片戰爭後又撰了從宣宗到德宗的四種。爲掩蓋祖宗的醜惡言行或出於其他目的，清朝的實錄修成後，往往被一改再改。如《清史稿》卷一百四十六就明確記載，《太祖實錄》和《太宗實錄》曾先後改過二次，《世祖實錄》改過一次。因此名爲「實錄」，而所記失實之處卻數量不小。不過，它畢竟卷帙浩繁，爲研究清朝歷史提供了大量資料。

會典是記載各級行政機構職掌、事例的政書。清代的會典初修於康熙時期，內容包括崇德元年至康熙二十五年的各項典章制度；雍正年間，又補撰了康熙二十六年至雍正五年的內容。兩者合在一起共二百五十卷。此後，鴉片戰爭前改纂兩次，其中乾隆二十六年纂出《大清會典》一百卷，《會典則例》一百八十卷，嘉慶二十三年纂出《大清會典》八十卷，《圖》一百三十二卷，《事例》九百二十卷；鴉片戰爭後於光緒二十五年改纂一次，纂出《大清會典》一百卷，《圖》二百七十卷，《事例》一千二百二十卷。清修會典卷帙也很浩繁，爲研究清代典章制度提供了方便。

清代每進行一次軍事行動後，都要由政府組織人將用兵始末編成專書，稱爲方略或紀略，它實際上就是一種紀事本末體的史書。康熙二十一年所編《平定三逆方略》是這類書中的第一部。乾隆年間又設方略館，專管此事。清代所編方略或紀略數量很多，僅《清史稿》卷一百四十六所記鴉片戰爭前編出的，即達十六種之多。

清朝設有國史館，專門纂修紀傳體的本朝史，其體例包括本紀、列傳。一九二八年中華書局印行《清史列傳》八十卷，其底本即清國史館所修的紀傳體「國史」，但也參考了一些其他資料；它的內容比《清史稿》較詳，具有一定的史料價值。

清人私撰本朝史有《東華錄》、《聖武記》、《碑傳集》、《切問齋文鈔》和《皇朝經世文編》等。

乾隆年間，廣西全州人蔣良騏充國史館纂修官，他在閱讀實錄、紅本、各種官書等時，凡遇與自己所負責的列傳有關的內容，即「以片紙錄之」，「逐年編載」，「積之既久」，竟成一書。由於國史館在東華門內稍北，這部書因而題名爲《東華錄》。它所載內容，上起天命元年，下迄雍正十三年，共五帝六朝，三十二卷。由於清代實錄不斷纂改，蔣氏《東華錄》載有不少今本《清實錄》所不載的事跡，有的則所載與之不同，因此，它在研究清初歷史上，具有不小的價值。不過它文字簡略，「所記大事，往往不具首尾」。鴉片戰爭以後，王先謙又續抄乾隆、嘉慶、道光三朝史料，並對蔣錄加以增補，編成王氏九朝《東華錄》；潘頤福輯《咸豐朝東華錄》，王先謙加以增補，並自輯《同治朝東華錄》。這樣，九朝《東華錄》發展爲十一朝《東華錄》。

《聖武記》的作者是魏源。他在嘉、道之際寓居北京，「得借觀史館祕閣官書及士大夫私家著述、故老傳說」，因而搜集到許多關於本朝歷史的資料。後來離開北京，寓居江淮，有感時事，「乃盡發其櫝，排比經緯，切劘紬繹」，寫成《聖武記》十四卷。此書的刊行，已在鴉片戰爭之後，並經過幾次重訂。它以紀事本末體，敘述了清初到道光年間的軍事歷史，並記述了各項軍事制度，從中可以了解當時的階級鬥爭和民族關係的許多史實，甚受推崇。

《碑傳集》，錢儀吉編，是清代人物傳記資料彙編。所載始於天命，迄於嘉慶，「二百年中王公大夫士庶，統一千六百八十餘人，列女又三百三十餘人。」所收錄的資料包括「碑版狀記之文，旁及地志、雜傳。」出於「五百六十餘家」，是查閱清代人物生平的重要史籍。以後繆荃孫撰《續碑傳集》，閔爾昌撰《碑傳集補》，都是《碑傳集》的續補之作。

《切問齋文鈔》和《皇朝經世文編》都是清人處理政治、經濟等各類實際問題的奏疏文章選編。《切問齋文鈔》編成於乾隆四十年，編者陸耀，他認爲「立言貴乎有用」，因而「皆取其質言而有文者。瑰詞麗句，縱極工巧，概以無用不錄」。共三十卷。《皇朝經世文編》賀長齡、魏源等編，道光六年成書，共一百二十卷。最初計畫在選編奏疏文章的同時，另作《會典提綱》、《皇輿圖表》和《職官因革》各二十卷，與之相輔而行，但因故未能實現。鴉片戰爭後，此書有續集多種印行。

(4)、章學誠的史學理論

清代不僅編輯了不少史籍，而且出現了對史學理論進行深入探討的大學者章學誠。

章學誠，字實齋，會稽人。乾隆四十三年進士。二十多歲後到北京應試，與朱筠相交遊，「筠藏書甚富，因得縱覽群籍」，也因朱筠的關係，而得與當代著名學者任大椿、錢大昕、邵晉涵、戴震、洪亮吉等相識，「學益宏富」。晚年曾作畢沅的幕客，嘉慶六年死，年六十四歲。其著作有《文史通義》、《校讎通義》等，清朝滅亡後，劉承幹輯其遺稿，刊印《章氏遺書》，這是彙集章學誠著作較多的一個專集。他是繼唐朝劉知幾之後我國古代史上又一著名的史學理論家。

章學誠要求史書把闡明正確的思想觀點作爲首要任務。他曾經有一個比喻，說明思想觀點、史實和所使用的文筆等三者的相互關係：「譬之人身，事者其骨，文者其膚，義者其精神也。」（《章氏叢書》卷一四〈方志略例〉一〈方志立三書議〉）。

爲了使史書能夠起到闡明正確思想觀點的作用，章學誠又發展了劉知幾關於才、學、識的理論，進一步提出史家要注意「史德」，即注意思想修養。他說劉知幾所要求的「識」，「不過欲於記誦之間，知所抉擇，以成文理耳」。「此猶文士之識，非史識也。能具史識者，必知史德。德者何？謂著書者之心術也。」他認爲「史之義出於天，而史之文不能不藉人力以成之。」但人在具有「得失是非」、「盛衰消息」的史事面前，容易「因事生感」、失去控制，於是在寫史時「似公而實逞於私，似天而實蔽於人，發爲文辭，至於害義而違道，其人猶不自知也。故曰心術不可不慎也」。（《章氏遺書》卷五《文史通義》內篇五〈史德〉）

章學誠繼承了前人史學經世致用的傳統，強調「史學所以經世」的主張。他曾說過：「人生不飢，則五穀可以不藝也；天下無疾，則藥石可以不聚也；學問所以經世，而文章期於明道，非爲人士樹名地也。」在章學誠生活的乾、嘉時代，漢學「捨今求古」，宋學空談性理，表現不同，脫離實際則一。章學誠的「史學所以經世」的主張，應該說具有很大的現實意義。

與「史學所以經世」的主張相聯繫，章學誠提出了「六經皆史」說。他在《文史通義》的開篇第一句話就提出：「六經皆史也。古人不著書，古人未嘗離事而言理，六經皆先王之政典也。」在中國封建社會裏，六經是最受尊崇、神聖不可侵犯的經典，章學誠將之視爲史書，而且指出其爲「先王之政典」，這便使「史學所以經世」的主張，得到最有力的支持。

在章學誠的史學理論中，將史學著作和史料纂輯分別得十分清楚。他稱史學著作爲「撰述」，「著述」，史料纂輯爲「記注」、「比類」。對於史籍的這種分類不始於章學誠，以前劉知幾、鄭樵已經有過這種意見（參見金毓黻《中國史學史》第八章）。但論述得如此明確，章學誠卻是第一人。對於史學著作和史料纂輯的關係，章學誠認爲是互相爲用，二者是「缺一而不可」的。

把地方志歸入史部，並對其撰寫體例等，提出許多創見是章學誠史學理論的又一引人注目之點。我國有地方志的撰寫，爲時很早，清代修地方志的活動也很盛行，但過去學者多把地方志歸入地理書類。乾嘉時代的學者也多持這種看法，如戴震曾說：「夫志以考地理，但悉心於地理沿革，則志事已竟。」章學誠反對這種看法，針鋒相對地提出：「方志如古國史，本非地理專門。」他不僅認爲地方志屬於史部，而且認爲它具有很大意義，是編定全國史書的重要資料來源。他說：「有天下之史，有一國之史，有一家之史，有一人之史。傳狀志述，一人之史也，家乘譜牒，一家之史也，部府縣志，一國之史也，綜紀一朝，天下之史也。比人而後有家，比家而後有國，比國而後有天下。惟分者極其詳，然後合者能擇善而無憾也。譜牒散而難稽，傳志私而多諛，朝廷修史，必將於方志取其裁。」（《章氏遺書》卷一四〈方志略例〉一〈州縣請立志科議〉）。章學誠先後編纂過《天門縣志》、《和州志》、《永清縣志》、《亳州志》及《湖北通志》等地方志。經驗既多，對於地方志的體例遂產生系統的見解，認爲地方志應先立三書，最後附以叢談。他說：「凡欲經紀一方之文獻，必立三家之學，而始可以通古人之遺意也。仿紀傳正史之體而作志，仿律令典例之體而作掌故，仿《文選》、《文苑》之體而作文徵。三書相輔而行，缺一不可，合而爲一尤不可也。」「更於三書之外，別有叢談一書」，「此徵材之所餘也」，因「非必不可缺之書」，故「其不合三書之目而稱四。」（《章氏遺書》卷一四〈方志略例〉一〈方志立三書議〉）。爲了積累寫地方志的資料，章學誠曾提出在州縣設立志科，即檔案館。他在〈州縣請立志科議〉中說：「州縣之志不可取辦於一時，平時當於諸典史中特立志科，僉典吏之稍明於文法者以充其選，而且立爲成法，俾如法以記載，略如案牘之有公式焉。」「積數十年之久，則訪能文學而通史裁者，筆削以爲成書。」「如是又積而又修之，於事不勞，而功效已爲文史之儒所不能及。」章學誠對地方志的編撰事宜，想得如此周密，足見其用心之苦。

章學誠的著作在生前刻印的不多，其思想影響不大，道光十二年《文史通義》和《校讎通義》刊印之後，逐漸引起人們的注意。

(5)、幾點突出的貢獻

清代的史學成就，除去上面所述之外，還有幾點突出的貢獻，這幾點是：史論、明末農民起義史和南明史、元史和蒙古史、邊疆史地、學術思想史。

我國古代的學者，爲了發表自己的政見，常常用談論歷史的辦法來達到目的，因而史論作者出了不少。到了清代，這種作者和作品出得更多。清初黃宗羲的《明史案》，顧炎武的《日知錄》、王夫之的《讀通鑑論》、《宋論》，都是總結歷史經驗爲當時政治服務的。中期以後，祁韻士的《己庚編》、包世臣的《中衢一勺》等，也是這種作品。在這些史論著作中，最有名的是《讀通鑑論》。它共有三十卷，是作者讀過《資治通鑑》之後，就其所載事件、制度等而作出的評論。在這部書裏，作者表現了承認歷史發展變化的進步思想。如在卷一〈秦始皇〉中，他指出郡縣制之代替封建制，乃是「勢之所趨」，有人爲封建制辯護，企圖使之重新恢復，不過是「徒爲無益之論」。書中的大多數意見切中當時的弊病，表現了作者相當深刻的政治見解。

明清之際複雜的階段矛盾、民族矛盾和劇烈的政治變動，對各階級、各階層的生活發生了巨大的影響。這種情況反映在史學上，便是清初出現了撰寫明末農民起義史和南明史的熱潮，有關野史不下千部。不同際遇的人士，用這種辦法寄託自己的感情，發表自己的政治見解。這些史書後來由於清朝的禁毀或其他原因，有的沒有流傳下來，但今天能夠看到的數量仍舊不少。這裏僅擇數種，略敘於後：

《綏冠紀略》：記載明末農民起義的一部史書。作者太倉吳偉業，崇禎年間曾任左庶子，順治九年，纂集見聞，以成此書。原書共十二篇，十五卷，每篇用三個字作標題。最初印行時，刪去三卷，嘉慶年間有人據手稿補入刪去的三卷，再次刊印，始有足本。作者敵視農民起義，但所搜集的資料相當豐富，敘事有條理，且成書較早，是研究明末農民起義的重要參考書。

《明季北略》：是記載明末農民起義和晚明史事的一部史書。作者計六奇，字用賓，號天節。明清之際無錫人。康熙十年四月《明季北略》撰畢膽清，後又有些增補。全書共二十四卷，記事上起萬曆四十四年，下迄崇禎十七年，前二十二卷，按年編排，每年之內逐事標目，眉目清楚。其中李自成起義軍佔領北京期間的史事，幾乎全部逐日記載。第二十三卷是補遺，第二十四卷是「五朝大事總論」。其資料除採自大量書面記載外，還使用了很多口碑傳說，作者爲了寫此書，訪問了難民、歸客、老兵、藝人、和尙等各種類型的人，並親自考察史跡，印證書面和口碑資料。書中難免傳聞失實之處，但採擇既廣，很有參考價值。如關於明末農民起義的起因、所實行各項制度、重大政策等，在這部書中都有生動的記載，一向爲治史者所重視。

《明季南略》：是記載南明事跡的一部史書。也出自計六奇之手。是《明季北略》的續篇。撰成膽清於康熙十年十二月，以後也有增訂。記事上起福王監國，下迄康熙年間永曆之死。共十八卷，體例大體與《明季北略》相同，但標目紛雜。其內容因聞見較親，大體可信。

《石匱書後集》：是一部記載崇禎朝和南明時期事跡的史書。作者張岱，明清之際山陰人。出生在官僚世家，其家由其高祖起開始搜集明朝的史料，傳至張岱，逐寫出一部關於明代歷史的紀傳體專著《石匱藏書》。由於崇禎朝材料缺乏，下限止於天啓。谷應泰組織編寫《明史紀事本末》時，張岱應邀參加，他一面利用谷應泰所搜集的崇禎朝邸報等，幫助谷應泰寫作《

明史紀事本末》，一面按照紀傳體裁，將崇禎朝和南明時期的歷史寫作成書，因前有《石匱藏書》，遂題名《石匱書後集》。全書共六十三卷，本紀三卷，世家三卷，列傳五十七卷，無表和志。在記載整個南明時期歷史的書籍中，它是成書較早而且內容較爲完備的一部，價值頗高。但有些卷有目無文，有的地方輕信傳聞而致誤，對農民起義多所誣衊，表現了時代和階級的局限性。

《南疆逸史》：是一部紀傳體的南明史。作者溫睿臨，湖州烏程人，康熙初舉於鄉，他是著名的史學家萬斯同的好朋友，在其鼓勵和幫助下，參考野史四十多種，特別是參考了萬斯同所撰明史稿和曾任明史館總裁的徐秉義所撰《明末忠烈紀實》，於康熙後期寫出該書。該書相當本紀的部分稱「紀略」而不稱「本紀」，這是爲了「避本朝也。」但他使用了南明紀年，保存了大量抗清資料，在反映漢族士大夫反清鬥爭上，是同類書中最出色的一部。

乾隆年間，錢大昕在元史和蒙古史的研究上，成績最顯著。有部名叫《元朝祕史》（簡稱《元祕史》或稱《蒙古祕史》）的書，記敘了蒙古族的起源和成吉思汗、窩闊台汗時期蒙古族的歷史，是研究蒙古早期歷史的重要資料。但它原爲蒙文，漢語譯本用語「俚鄙、未經詞人譯潤」，明初修《元史》時未加利用，這樣，不僅《元史》的內容大受影響，而且連《元朝祕史》一書也漸爲人們所不知。錢大昕在《永樂大典》中見到了這部書，對其價值極爲重視，於是從中錄出，並爲之作跋，大加贊揚說：「論次太祖、太宗兩朝事跡者，其必於此書折其衷。」錢大昕的表揚，遂使該書大顯於世。清末李文田爲之作注，其在元史和蒙古史的研究中，越來越受重視。據記載，錢大昕曾編撰《元史稿》一百卷，但至今無人見其全稿，其行世的有關著作，主要有《補元史藝文志》四卷，《補元史氏族表》三卷等。另外，乾隆年間，鄂爾多斯部喇嘛羅卜藏丹津也對蒙古史的研究作出了貢獻，他的著作《蒙古黃金史》，是關於蒙古民族歷史的又一部名著。

三、地理學

清代地理學主要受三個因素的影響，一是研究古文獻的考據學非常發達，二是統一的多民族國家進一步加強，三是中西交往繼續發展，在上述因素的影響下，歷史地理及地圖編繪等方面取得了很大成績。

(1)、《天下郡國利病書》

《天下郡國利病書》的作者是顧炎武，其編寫始於明朝末年。當時，作者痛感「四國之多虞」，為「經世致用」，遍覽歷代史書、各地方志、名人文集以及其他奏章、文冊等，發現對民生利害有關的資料，即予抄錄，積久「共成四十餘帙」，康熙元年，作者決定對其中「利病之書」停止修訂，「姑以初稿存之篋中，以待後之君子斟酌去取」，並作序為記，這便是流傳至今的《天下郡國利病書》。此書傳本百卷，有的分為一百二十卷。乾隆末年，黃丕烈購得原稿三十三冊（本為三十四冊，缺第十四冊），據其他傳本稍加增補，重新分為六十冊，但全稿順序一依原樣。此稿至一九三六年由商務印書館影印行世，這是現在能看到的最好的一種印本。

該書所輯資料按省區排列，對於明代的情況記載尤詳。因此，這部書是研究明代社會和經濟的重要資料。作者編寫此書，主要是抄錄各種文獻，但也做過一些實地考察，如在山西部分有作者的這樣一段話：「余嘗登雁門，逾夏屋，極目於勾注廣武之間。」由於有實地考察，使這部書的資料價值更值得重視。書中內容有涉及外國的部分，不過分量不大。由於編寫時本不曾先定義例，係隨讀隨抄，而且並非最後定稿，所以本書材料選取有些叢雜，編次辦法各部分互不統一，各種論點「同異兼收，間有矛盾之處。」。但總的來說，這些缺點是次要的。

(2)、《讀史方輿紀要》

《讀史方輿紀要》是一部歷史地理沿革名著。作者顧祖禹，字景範，無錫人，明朝末年生於常熟。創稿時年二十九，及成書，年已五十，歷時二十餘年。

《讀史方輿紀要》共一百三十卷，其中包括歷代州域形勢九卷，南北直隸十三省一百一十四卷、川瀆異同六卷，分野一卷。另外還附有用開方法繪製的一些地圖。全書作者自撰正文，又自撰注解。與作者同時人北平韓某見到這本書後曾說：「吾不敢他論，吾僑家雲南，出入黔蜀間者二十餘年，頗能知其山川道里。顧先生閉戶宛溪，足不出吳會，而所論攻守奇正荒僻幽仄之地，一一如目見而足履之者，豈不異哉！」作者在凡例中自稱：「是書以古今之方輿、衷之於史，即以古今之史，質之於方輿。史其方輿之嚮導乎！方輿其史之圖籍乎！苟無當於史，史之所載不盡合於方輿者，不敢濫登也。故曰『讀史方輿紀要』。」這種史地並重、史地互相推勘折衷的方法，當是本書準確性較強的重要原因。本書對各地社會經濟狀況反映很少，這是一個缺陷。

(3)、《大清一統志》

《大清一統志》是官修的按照行政區劃記載全國各地情況的一部地理書。據光緒《大清會典》所載，清政府自康熙二十四年開始下令編纂此書，至乾隆八年完稿（《嘉慶重修一統志》序）。每省皆冠以圖表。此書編成後，由於清朝的版圖、府州縣的分合隸屬、職官的增減移駐等情況不斷變化，因而曾經重修兩次。第二次成書在道光二十二年，共五百六十卷，其增加的事跡下限爲嘉慶二十五年，因而題名爲《嘉慶重修一統志》。像《大清一統志》這種類型的地理書，清代以前已有很多部，但各地的情況是不斷變化的，後出地理書能夠反映變化後的新情況，因此，這部書是很應重視的。

(4)、康熙、乾隆時期的測繪地圖

中國測繪地圖的歷史極爲悠久，但用近代方法大規模地測量編繪，則是在清代。明代西方傳教士來到中國以後，將西方的地理知識帶到中國，其測繪地圖的新方法與中國傳統的測繪方法及豐富的各種地理知識相結合，非常有利於地圖測繪技術的提高。到了康熙、乾隆年間，隨著中國統一事業的步步鞏固和發展，遂出現了用近代方法、遍及全國大部分地區的地圖測繪活動。

康熙皇帝在處理政務中，逐漸感到需要有比較精確的地圖。這位一向關心自然科學的皇帝，在當了二十幾年皇帝之後，暗自計畫起測繪地圖的事業。他到各處遊歷，總要帶上懂得測量技術的西方傳教士，讓他們隨地測量經緯度。康熙四十七年，又開始派法蘭西人白晉（Bouvet），雷孝思（Regis）、杜德美（Jartoux）、日耳曼人費隱（Fridelli）等測繪全國地圖。這項工作持續了十年，到康熙五十六年先後完成了對今河北、山東、陝西、甘肅、山西、河南、江蘇、安徽、浙江、福建、江西、廣東、廣西、四川、雲南、貴州、湖北、湖南等省區及滿、蒙地區的測量工作，康熙五十七年，在杜德美的主持下，編繪成總圖《皇輿全圖》進呈給皇帝。此圖的測量因限於技術水平和儀器條件等，只能以少數比較可靠的天文測量為基礎，其餘大多採用實地丈量的方法，然而實地丈量時方法頗為審慎周密，這使它的經緯度雖不甚準確，而地圖上所標各點之間的相對位置，卻相當可靠。只有西藏地區由於缺乏必要的實測，錯誤較多。繪圖的方法是梯形投影法，以中經線（經北京的子午線）為依據，經緯線皆繪成直線。距中經線過遠者，經緯相交過斜，形勢方向頗感錯覺，但離中經線較近者，比例、方向、距離，都很正確，另外繪製方法也易於掌握。圖上的地名，在內地各省者均用漢，而於滿蒙地區則用滿文。清朝滅亡後，此圖在瀋陽故宮博物院被發現，由該院石印行世，題名為《滿漢合璧清內府一統輿地祕圖》。由於此圖的繪製經過大規模的實測，具有相當的準確性，價值很高，在辛亥革命後，仍是繪製新圖的重要根據。乾隆年間對康熙時測繪的地圖作了訂補，主要有兩點：其一是改正了西藏部分的一些錯誤，其二是完成了對新疆等地區的測繪和補充，其中第二點尤其引人注意。康熙時，清政府尚未控制整新疆，因此測繪地圖西至哈密為止，「圖中於天山南北路，尚未備載」。乾隆時經過平準部和平回部戰役，清政府建立起對整個新疆的統治權，因而得以派人在這裏繪製地圖。據乾隆皇帝自己敘述，乾隆二十年「平定準噶爾，以西諸部悉入版圖，因命何國宗率西洋人，由西北二路分道至各鄂托，測量星度，占候節氣，詳詢其山川險易，道路遠近，繪圖一如舊制。」「己卯（乾隆二十四年）諸回部悉隸版籍，復派明安圖等前往，按地以次釐定，上占辰朔，下列職方」，繪製成圖。（劉官諤〈內務府輿圖房藏圖紀要〉，載《文獻論叢》一九三六年印行）據記載，與何國宗一起調查新疆地理的是劉統勳，何國宗負責測量繪圖，劉統勳負責考察採訪。乾隆時進行的這個測繪調查活動，並沒以今天的新疆地區爲界限，遠至中亞地區等地也在其範圍之內。如哥皮爾（Antvine Gaubil）對中亞地理貢獻頗多，其工作尤重搜集俄、蒙記載，考定中亞細亞及北亞的城邑形勢。經過上述一系列融合中西、貫通新舊的工作，不僅關於中國，而且關於整個亞洲的地理知識被集中起來。乾隆二十六年西洋人倍奴亞（B'enoit）將之彙編成了《亞洲全圖》。一九二五年，北平故宮博物院文獻館發現乾隆地圖銅版一百另四方，後將之印行，名之爲《清乾隆內府輿圖》。這一百零四幅地圖，據考證，即爲倍奴亞所彙編的《亞洲全圖》，或根據它而繪出的。《清乾隆內府輿圖》與瀋陽發現的康熙圖相比，除關內各省有個別地名有所變動外，大部分完全相同，而增補的範圍相當大。後者西面僅至西經四十度，北面僅至北緯五十五度，而前者西至西經九十多度，北至北緯八十度，其幅員所及，北盡北冰洋，南抵印度洋，西至波羅地海，地中海及紅海，只是除中國的大部分地區外，其餘地區不甚精詳，有的地方甚至僅留空白。

康熙、乾隆時期的地圖測繪活動，雖有許多西方傳教士參加，但也有中國人參與其事，而且是中國政府決定和支持的，因而是中國地理學上的一個大成就。當時歐洲各國大地測量尙未開始，有的開始了卻尙未完成，相形之下，充分顯示了中國人民的偉大氣魄。

第三節　文學和藝術

一、小說

清代文學中，小說是最有成績的部門，出現了許多揭露和批判封建制度的不朽作品，其中最著名的是蒲松齡的《聊齋志異》、吳敬梓的《儒林外史》、曹雪芹的《紅樓夢》、李汝珍的《鏡花緣》。

(1)《聊齋志異》

我國文言小說早在魏晉南北朝時期已經盛行，蒲松齡的《聊齋志異》繼承發展了文言小說的傳統，使之推進到更高的新階段。

蒲松齡，字留仙，號柳泉，山東淄川（今淄博市）人，出身於沒落的地方家庭。中年以後，爲了謀生，有時應聘充當幕賓，更多的則是設帳教書。康熙五十四年正月逝世，年七十六歲。窮愁潦倒的一生，使他對現實極爲不滿，由於接近勞動人民，使他對人民的願望多所了解。這些條件，對他的作品不能不發生積極的影響。他勤奮寫作，著述較多，除《聊齋志異》外，還著有《省身錄》、《懷刑錄》、《歷字文》、《日用俗字》、《農桑經》等。

《聊齋志異》是一部文言短篇小說集，共八卷近五百篇。這些作品，絕大多數是記述當時民間和下層文士中的故事傳說。《聊齋志異》各篇的主題，主要有三類：一是抨擊封建政治的黑暗，批判貪官污吏和土豪劣紳的爲非作歹，對受壓迫、被侮辱勞動人民表示深切的同情。如〈促織〉、〈紅玉〉、〈席方平〉、〈石清虛〉、〈竇氏〉、〈潞令〉、〈梅女〉等就是這類作品。二是抨擊腐朽的科舉制度。如〈司文郎〉、〈王子安〉、〈賈奉雉〉、〈葉生〉、〈于去惡〉、〈神女〉、〈素秋〉等就是這類作品。三是譴責封建婚姻制度的不合理，反映青年男女追求婚姻自由，反對封建禮教的願望和行動。如〈阿寶〉、〈嬰寧〉、〈香玉〉、〈鴉頭〉、〈細侯〉、〈連城〉、〈宦娘〉等就是這類作品。除了上述三類重要主題之外，《聊齋志異》還有其他一些有意義的篇章，如〈畫皮〉描寫一個惡鬼披著美麗的畫皮，化成美女害人，說明看人要透過外貌看到本質；〈顏氏〉敘述婦女顏氏，女扮男裝，考中進士，才能超過了丈夫，表現了作者反對輕視婦女的民主思想；〈偷桃〉和〈口技〉維妙維肖地描繪了民間藝人的絕技，歌頌了勞動人民高度的藝術才能。

魯迅說：「明末志怪群書，大抵簡略、又多荒怪，誕而不情，《聊齋志異》獨於詳盡之外，示以平常，使花妖狐魅，多具人情，和易可親，忘爲異類，而又偶見鶻突，知復非人」。這指出了《聊齋志異》浪漫主義又能結合現實的藝術特色。《聊齋志異》在描寫人物時，抓住富有特徵意義的細節，用濃墨酣筆進行描繪，因而塑造出生動的人物形象。《聊齋志異》的故事情節曲折引人入勝。《聊齋志異》的語言精煉，用字不多，表達的內容卻非常豐富，如〈胭脂

〉一篇，用字不過二千左右，卻把一樁人命案件從釀因到破獲的複雜過程，細緻地描寫出來。由於時代和階級的局限，《聊齋志異》也有不少消極落後的東西，諸如宣傳輪迴報應的迷信思想，和愚孝、貞節的封建倫理觀念等。但這不過是大醇小疵，遠不能掩蓋其光輝。

《聊齋志異》問世後，模仿者極多，最著名者爲沈起鳳的《諧鐸》、袁枚的《新齊諧》、紀均的《閱微草堂筆記》，但這些作品無論思想內容上，還是在藝術手法上，都無法與《聊齋志異》相比擬，有的在風格上與《聊齋志異》也有較大的區別。

(2)、《儒林外史》

《儒林外史》是一部章回體的長篇諷刺小說。作者吳敬梓，字敏軒，一字文木，安徽全椒人。晚年喜好研究儒家經典，曾著《諸說》七卷，已佚。而他最大的貢獻是寫出了《儒林外史》一書。他出身於累代科甲門第，一生經歷了由熱心功名到厭棄功名的根本性改變，又多與官僚士紳、大小文人相周旋，因而對科舉門庭及這種制度下的各種知識分子，有深刻的了解，《儒林外史》即以這方面爲題材，寫得窮形盡相、入木三分，成爲文學史上的一塊豐碑。吳敬梓的作品還有《文木山房詩文集》十二卷，今存四卷。乾隆十九年死於揚州，年五十四歲。

《儒林外史》的主題思想，是通過描繪科舉制度毒害下知識分子的種種醜態，揭露科舉制度的弊害，並旁及有關的黑暗現象。如連考二十多次的童生范進，聽到中舉消息後，當即在集市發起瘋來，拍手大喊，直到挨了丈人的耳光，才清醒過來。有的本來是淳樸的青年，而一旦與科舉相連，立即變壞。在第四十八回描寫，受封建禮教毒害很深的王玉輝，鼓勵女兒殉夫，但當大家送他女兒入烈女祠公祭時，他卻「轉覺心傷，辭了不肯來」，後又自言自語「在家日日看見老妻悲慟，心中不忍。」吳敬梓對科舉制度和封建道德等的揭露、嘲笑和批判如此深刻，這在他生活的那個時代裏，顯然是難能可貴的，這裏既需要卓越的見識，又需要充足的勇氣。

《儒林外史》的藝術成就，最主要的是具有很高的諷刺技巧。爲達到諷刺目的，作者使用了誇張的手法，如寫嚴監生臨死因點了兩根燈草而遲遲不肯斷氣。但更多的則是作用白描的手法。魯迅曾正確地指出：「迨吳敬梓《儒林外史》出，乃秉持公心，指摘時弊，機鋒所向，尤在士林。其文又戚而能諧，婉而多諷：於是說部中乃始有足稱諷刺之書。」

《儒林外史》在結構上也有顯著的特點，它沒有一個貫穿全書的主人公，但它讓所描寫的人物形象分別表現某一方面的社會生活，合在一起則步步深入地反映出社會生活的眾多方面。魯迅曾指出：「全書無主幹，僅驅使各種人物，行列而來，事與其來俱起，亦與其去俱訖，雖云長篇，頗同短制。但如集諸碎錦，合爲帖子，雖非巨幅，而時見珍異，因亦娛心，使人刮目矣。」

在我國小說發展史上，《儒林外史》把諷刺藝術推向了一個新階段，爲以後諷刺小說的發展開闢道路，諸如晚清的譴責小說《官場現形記》、《二十年目睹之怪現狀》等，都受到它的很大影響。

(3)、《紅樓夢》

《紅樓夢》是一部長篇章回小說，達到了中國古典文學現實主義的高峰，它不僅在中國文學史上占有重要地位，而且是世界文字寶庫中的精品。

《紅樓夢》的作者曹雪芹，名霑，字夢阮，號雪芹，又號芹圃、芹溪。漢軍正白旗人。自其曾祖父曹璽起，其祖父曹寅、父輩曹顒、曹頫於康熙初至雍正初的近六十年中，三代世襲江寧織造。這一職位既要負責爲皇室採辦衣物等，又要充當皇帝在東南地區的耳目，既有錢又有勢，只有皇帝的親信才能擔任。康熙南巡時，有五次以織造署作行宮，後四次皆曹寅在任。即此一項便可看出曹家與皇帝關係之密切及其權勢之顯赫。曹家不僅地位高，而且富於文化修養。曹寅是有名的藏書家，曾主持刊印《全唐詩》，自己也能寫詩詞戲曲。曹雪芹於康熙末年出生在這個貴族家庭之中，幼年過著錦衣玉食的公子生活。但雍正初年，他的父親因事獲罪，不僅丟了官，而且被抄家，自南京遷往北京，家庭境況一落千丈。這時曹雪芹只有十幾歲。此後曹雪芹的生活條件一天不如一天，過著「滿徑蓬蒿老不華，舉家食粥酒常賒」的窮困生活。曹雪芹的晚年是在北京西郊渡過的，乾隆中葉去世，終年不到五十歲。曹雪芹的一生，經歷了其貴族家庭由盛至衰的劇變歷程，這使他對於當時已經腐朽透頂、面臨崩潰的封建社會，具有超過一般文人的深刻認識，這成爲他能夠寫出《紅樓夢》這部不朽巨著的重要條件。

曹雪芹在去世前寫出《紅樓夢》的前八十回，現在的通行一百二十回本，後四十回是高鶚所續。高鶚字蘭墅，漢軍鑲黃旗人，乾隆五十三年舉人，乾隆六十年進士，嘉慶六年曾充順天鄉試同考官。高鶚的續書在思想性和藝術性上均趕不上原作，但不少重要情節處理得不壞，並且由於有了它而使原作的故事不再殘缺，有利於該書的流傳，高鶚的功勞還是應予肯定的。前八十回原來題名《石頭記》，在曹雪芹撰寫、修改過程中就已以抄本形式流傳，乾隆五十六年程偉元把前八十回和後四十回續書，合在一起以活字版排印，並改名《紅樓夢》，從此一百二十回本流行，但前八十回的文字曾有改動。

《紅樓夢》的思想非常深刻。它以賈寶玉、林黛玉的愛情悲劇和賈、王、史、薛四大家族的興衰為線索，揭露了貴族地主的腐朽和封建社會的黑暗，顯示了它們必然走向滅亡的命運，具有鮮明的時代意義。它對貴族地主的奢侈荒淫生活，有淋漓盡致的描繪。在第五十三回關於黑山村佃戶烏計頭納租的描寫，正是賈家吸吮農民血汗的一個特寫鏡頭。在大荒年裏，烏計頭送來了名目繁多的實物地租，還送來了大量的貨幣地租，而賈珍看後卻大不滿意，嚷嚷「這點夠什麼的？」「真真叫我別過了。」「這幾年添了許多花錢的事」，「不和你們要找誰去？」《紅樓夢》中做為重點、進行精雕細刻地描寫的，是封建叛逆者與封建頑固勢力的矛盾衝突。它所塑造的封建叛逆者的典型形象，就是書中的主人公賈寶玉及林黛玉。賈寶玉是賈氏貴族中的公子，但他厭惡一般封建貴族所追求的科場功名、光宗耀祖的人生道路。那些熱衷這條道路的人被他斥為「國賊祿蠹」。林黛玉出身在世襲侯爵的家庭中，鄙視封建文人、厭惡八股功名。共同的思想傾向使賈寶玉和林黛玉產生了真摯的愛情。然而，他們的愛情受到封建家長的壓抑，賈寶玉因為不走讀書科舉做官的人生道路，屢次受到斥責。其戀愛婚姻也成了悲劇，在封建家長的干預下，賈寶玉最後竟沒能與林黛玉成婚，娶來的卻是另一信守封建教條的女子薛寶敘。貴族地主的腐朽、殘暴和墮落，以及由此引起的各種矛盾，造成了他們的統治危機，沒落衰亡的命運不可避免地要降臨在他們頭上。《紅樓夢》全面深刻地反映了封建社會行將崩潰時期的社會面貌，是一部偉大的政治歷史小說。

《紅樓夢》在藝術上同樣成就極大，它非常善於刻畫人物形象。書中寫了許多人物，不管是主要的還是次要的，無不有血有肉，呼之欲出。《紅樓夢》的語言簡潔、準確、自然和富於表現力。其結構嚴密而完整，頭緒雖多但組織得有條不紊，主次分明，情節和章節的轉換，絕無生硬拼湊之感。《紅樓夢》在藝術上的這些成就，實際上是繼承發展了我國古代各種優秀文學作品的優點，從而達到了一個新高度。

(4)、《鏡花緣》

《鏡花緣》也是一部長篇章回小說。作者李汝珍，字松石，直隸大興（今北京市）人。生於乾隆中葉，死於道光十年左右。當過小官吏，博學多才，精通音韻。晚年貧困潦倒，用了十餘年寫成《鏡花緣》。全書一百回，敘述唐敖等遊歷海外十幾個國家的見聞和其女唐閨臣等一百位才女的故事。所寫海外世界和故事，都是出自虛構，但作者的用意是用以反映現實社會，表達作者的愛憎、諷刺和理想。作者在書中突出地表現了要求提高婦女的地位的思想。在藝術手法上，有些地方富於浪漫主義色彩，有些人物形象比較生動。但大部分人物缺乏個性，不能給讀者以鮮明的印象。

二、詩歌和散文

(1)、主要詩人

清代詩人所取得的成就不太突出，但詩人數目不少，風格也互有差異，除了寫出數量不小的作品外，在作詩理論上還提出了一些見解。

順康時期最著名的詩人有錢謙益、吳偉業、王士禎、查慎行、趙執信等人。錢謙益，字牧之，號牧齋，江蘇常熟人，萬曆進士，晚年諂媚馬士英、阮大鋮，清兵南下，率先投降，被留用爲禮部侍郎。其詩在明末已負有盛名，清初與吳偉業、龔鼎孳等被稱爲江左三大家。他提倡宋、元的詩風，推崇蘇東坡和元好問，對於當時詩壇有很大影響。吳偉業，字駿公，號梅村，與錢謙益一樣政治上曾仕明清兩朝。他的詩像〈圓圓曲〉、〈松山哀〉等，反映了明清之際的時事，有的寓有身世之感或暴露統治者對人民的壓榨，有一定感染力，藝術技巧相當高。他崇尙唐詩，對詩壇發生了一定影響。

王士禎是錢謙益、吳偉業之後推崇盛唐詩風而領袖騷壇的著名詩人，字子真，一字貽上，號阮亭，別號漁洋山人，山東新城（今恆臺）人。順治進士，官至刑部尙書。他的詩在早期尙有少數反映生活實際的詩篇，中年以後則多爲粉飾太平、詠懷古蹟、流連風景的作品，脫離現實，內容貧乏。

查慎行和趙執信的生活時代與王士禎基本相同而年輩稍晚。查慎行，字夏重，號初白，浙江海寧人。康熙時舉人，官編修，其五七言古詩學蘇軾，宛轉暢達。近體效法陸游，運意靈活，屬對自然。詩中內容多記行旅，對民間疾苦也有所反映。晚年多歌功頌德之作。

雍正以後，最著名的詩人有沈德潛、厲鶚、翁方綱、鄭燮、袁枚、趙翼、蔣士銓等。

沈德潛，字確士，號歸愚，江南長洲（今江蘇蘇州）人。以詩論和選家著名。乾隆進士，曾任內閣學士兼禮部侍郎。他標榜格調說，認爲詩人在作品中所表達的思想感情，要溫柔敦厚，符合封建的正統觀念，在寫法上，古體詩要宗漢魏，近體詩要宗盛唐。他的主張深得封建統治者的欣賞，在乾隆時期曾極爲顯赫。他的詩選《古詩源》、《唐詩別裁》等，充分體現了他的擬古主義的詩論觀點，但辨析源流、指陳得失，對於古典詩歌的傳播有一定作用。

厲鶚，字太鴻，號樊榭，浙江錢塘（今杭州）人，康熙舉人。他與沈德潛同時研究宋詩，著有《宋詩紀事》一百卷，作詩也取法宋人。他的某些近體詩，刻畫西湖風景，格調幽新孤淡。但缺乏現實內容，形式主義傾向嚴重。

翁方綱的生活時代晚於沈、厲，是嘉慶中詩壇的一位領袖人物，字正三，號覃溪，直隸大興（今北京市）人。官至內閣學士。論詩主張「肌理論」。所謂肌理，是指義理和文理。這種詩論，要求作詩以學問爲根底，使內容質實，形式雅麗，其用意是糾正神韻說和格調說的缺點。他的主張是考據學派盛行的一種產物，是爲當時的考據文士以故紙材料入詩尋找理論根據。他本人擅長經史考據，是金石家，他的詩中，金石考證即錯雜其間，是相當典型的學問詩。

鄭燮，字克柔，號板橋，江蘇興化人。早年家貧，雍正年間中舉，乾隆時進士，曾做過短期縣官，長期在揚州賣畫。他主要以作畫著名，但寫詩也有成就。他反對擬古主義和形式主義的詩風，作詩不矯揉做作，不堆砌典故，格調清新流暢。他的許多詩篇，同情人民的疾苦，憎恨貪官污吏，反映了社會現實。

袁枚與鄭燮同時但年齡稍小，在反對擬古主義和形式主義上，較鄭燮更激烈。袁枚字子才，號簡齋，浙江錢塘（今杭州）人。乾隆進士，做過江寧等地的知縣，三十三歲辭官不做，定居在南京小倉山的隨氏廢園，過自由清狂的生活。他是沈德潛、翁方綱的反對派，論詩主張性靈說，認為寫詩要抒寫胸臆，寫個人的性情遭際和靈感，辭尚自然，提倡獨創，反對崇唐、崇宋，反對「溫柔敦厚」的作詩要求，反對填書塞典、滿紙死氣的學問詩，對於前一時期風靡一時的王士禎「神韻」說，袁枚也表示不滿，認為那種虛無飄渺「神韻」，不過是脫離真性情的假詩。袁枚的性靈說，在當時是比較進步的主張，但由於其思想和生活的限制，其所謂性靈，多屬士大夫的閑情逸致，所謂個人的性情遭際，大多是生活瑣事和風花雪月。其作品不出家居生活和旅行紀事的範圍，很少反映當時的社會生活，其值得稱道的主要是寫得明白通暢，與模擬格調的作品和學問詩相比，風格清新靈巧，意境明晰。

趙翼和蔣士銓是與袁枚齊名的詩人，被稱為江左三大家。趙翼的論詩主張，與袁枚相近，他的〈論詩〉詩說：「李杜詩篇萬口傳，至今已覺不新鮮，江山代有才人出，各領風騷數百年。」這對於盲目崇古的詩論是有力的衝擊。他的詩喜歡發議論，而且含蓄、詼諧，不少詩篇如同說話，隨意寫出，很有特色。蔣士銓，字新餘，鉛山人。作詩甚多，題材廣泛，擅長七言古體。但不少詩有濃厚的說教氣息，涉及人民生活、同情勞動人民的詩篇只是少數。

(2)、主要詞人

在宋代發展到高峰的詞，在元明時期地位有所下降，而到了清代，又出現了「中興」之勢，詞人輩出，詞的創作和詞學的研究都有不少成績。主要詞人有納蘭性德，陳維崧、朱彝尊等。

納蘭性德，原名成德，字容若，滿族人，出身貴族，爲明珠長子。康熙進士，選授三等侍衛，不久升爲一等，他的詞以小令見長，多抒寫離愁別恨和個人哀怨，藝術特點是天然不事雕琢，清淡樸素，感情真摯。由於風格與南唐李後主相似，有人稱他爲清朝的李後主。

陳維崧，字其年，號迦陵，江蘇宜興人。生於明末，少負才名，康熙時，舉博學鴻詞科，授檢討。他是一個多產作家，寫詞約一千六百多闋，計小令、中調和長調四百多調。他的詞模仿蘇軾、辛棄疾，氣魄雄渾豪壯。但有些篇章又能一掃豪放蒼涼之氣，婉麗嫻雅，表現了作者抒寫自如的才能。其詞中內容多係抒寫身世和感舊懷古之情，但也有一些作品反映了民間的疾苦。當時他在詞壇地位很高，以他爲首創立了陽羨派。

朱彝尊，字錫鬯，號竹垞，浙江秀水人。康熙時舉博學鴻詞科，授檢討。曾纂輯唐、五代、宋、金、元詞五百餘家爲《詞綜》，爲詞學研究集中了重要資料。他寫詞效法南宋姜夔、張炎，多在字句聲律上下功夫，細緻綿密，圓轉瀏亮。同時有同鄉友人龔翔麟等五人，與朱彝尊以詞相倡和，大抵亦以姜夔、張炎爲宗。他們與朱一起，被稱爲浙西六家，這便形成了浙西詞派，這一詞派產生後在清代詞壇有一百多年居於統治地位。

(3)、民歌

清代民歌很興盛，其中有許多優秀作品。它們與文人詩詞相比，別具一格。在藝術風格上，民歌樸素爽朗，不事雕琢，洋溢著濃厚的浪漫主義氣氛，形式活潑，語言健康。在思想內容上，許多民歌抨擊了封建社會的不合理現象，斥責了封建禮教，表達了青年男女追求婚姻自主的迫切願望，具有激烈的反封建思想。如有一首民歌說：「十八女兒九歲郎，晚上抱郎上牙床。不是公婆雙雙在，你做兒來我做娘！」這對封建的不合理婚姻制度所加給婦女的痛苦，是多麼深刻的控訴！語言樸實無華，而感情真摯，感染力極其強烈。由於時代的局限，當時的民歌中也有迷信等糟粕。清代文人很喜歡搜集民歌，如乾隆年間王廷紹編有《霓裳續譜》，嘉慶道光年間華廣生編有《白雪遺音》，這些民歌集爲後人研究，提供了方便。

(4)、散文

清初以散文著稱者有魏僖、侯方域等人。魏僖，字冰叔，江西寧都人。生於明末，明亡後，不肯與清合作、康熙十七年舉博學鴻儒，藉口有病不赴。他的散文以人物傳記爲最突出，多表揚抗清志士。「爲文淩厲雄傑，遇忠孝節烈事，則益感激，摹畫淋漓。」（《清史列傳・文苑傳・魏僖傳》）。侯方域，字朝宗，河南商丘人。年少時主盟復社，很有名氣，明亡後參加鄉試，中順治八年副榜。其散文大抵學習《史記》，以才氣見長，但學力欠缺，時見做作。

清中葉以後，出現了一個非常著名的散文流派—桐城派。創始者是方苞，劉大槐、姚鼐等人又進一步加以發展，這一派的成員初期都是安徽桐城人，因而稱為桐城派。方苞論文提倡「義法」，所謂「義」，指文章的中心思想，實際上即是從儒家思想出發的基本觀點；所謂「法」，指表達中心思想或基本觀點的形式技巧。他的文章大抵體現了他的理論主張。有些文章內容語言上也都寫得不錯。劉大櫆，師事方苞，要求作品闡發程朱理學，主張在藝術形式上模仿古人的「神氣」、「音節」、「字句」。他的理論對方苞有所補充，但建樹並不大，其主要作用是在桐城派的系統上，充當橋梁—名聲極大的姚鼐，即出自他的門下。姚鼐，字姬傳，號惜抱。乾隆進士，官至刑部郎中。他提出了「義理」、「考據」、「辭章」合而為一的主張，即是要以「考據」、「辭章」為手段，去闡發儒家的「義理」，進一步發展了桐城派的理論。他的作品多是書序、碑傳之類，大抵以程朱理學為依歸。從桐城派幾個主要代表人物的主張可以看出，這個派別是為維護封建統治效勞的。

桐城派在發展過程中出現了一個支派—陽湖派。其代表人物是惲敬和張惠言。惲敬，字子居，號簡堂，陽湖（江蘇武進）人，乾隆舉人，官吳城同知。他們的論文主張與桐城派基本要同，但其文章比較注意辭藻，氣勢也比較開闊。他們之所以不稱桐城派而稱陽湖派，主要是由於地域不同的緣故。

三、戲曲

清代的戲曲很有成就，出了不少著名的戲劇作家和戲劇理論家，而最值得注意的是地方戲盛行起來，而且產生了舉世聞名的京劇。

(1)、戲劇作家和戲劇理論家

清代著名的戲劇作家和戲劇理論家有李玉、李漁、尤桐、洪昇、孔尚任、楊潮觀和蔣士銓等人。

李玉，字玄玉，號蘇門嘯侶，又號一笠庵主人，江蘇吳縣（今蘇州）人。崇禎間舉人。入清後絕意仕進，專力研究戲曲。他根據徐於室，鈕少雅所輯《北詞九宮譜》，加以擴充，編出《北詞廣正譜》，對於金、元以來的北曲研究很深。其所著劇本相傳有六十多個。寫於明末的其中《一捧雪》、《占花魁》成就最高，與《人獸關》、《永團圓》劇本被合稱爲「一人永占」。在清初寫成的《萬里緣》、《千鍾祿》、《清忠譜》等，思想內容和藝術水平一般都比早期作品爲高。作者善於表現動人的群眾場面，頭緒多而不亂；善於刻畫人物，所塑造的人物形象，性格鮮明，各具特徵。

李漁，字笠鴻，號笠翁，浙江蘭溪人。康熙間流寓金陵，晚年自金陵移家杭州。家中設有戲班，常往各地達官貴人門下演出。他撰寫的劇本常見的是「笠翁十種曲」，有的直到今天還能演出。不過他的作品總的來看，過份追求情節的新奇，趣味偏於低級，思想性不強。他著有《閑情偶寄》，其中卷一和卷二論述戲曲理論。由於他有創作劇本和演出的經驗，所述頗有可取。其所述分爲詞曲和演習兩部，詞曲部尤爲精彩。他重視整個作品的結構，提出要「立主腦」（確定主題），「減頭結」。主張戲曲語言要淺顯易懂，反對一般戲曲作家所追求的典雅華麗。關於科諢，他認爲應該「戒淫褻」、「忌俗惡」、「重關係」、「貴自然」。這些顯然都是難能可貴的。

洪昇，字舫思，號稗畦，浙江錢塘人。出生於順治二年，在社會動蕩不安的清初渡過了其青少年時代。其家庭曾遭清廷的迫害，本人長期滯遲於國子監生的地位，備極坎壈，因而對現實多所不滿，養成了狂放、孤傲的性格。他文學修養極高，善寫詞曲，所撰有《長生殿》、《四嬋娟》、《迴文錦》、《天涯淚》等劇本多種。康熙二十八年，因在佟皇后喪期內演唱《長生殿》，爲人所劾，被革去國子監生的資格。康熙四十三年，於吳興醉後失足落水而死。洪昇的《長生殿》是清代傳奇中最有名的一個。《長生殿》是寫唐明皇和楊貴妃的愛情故事。關於唐明皇和楊貴妃愛情的題材，唐白居易的《長恨歌》、宋樂史的《楊太真外傳》、元白樸的《梧桐雨》和明吳世美的《驚鴻記》就是其中影響很大的作品。洪昇繼承和發展了這些作品的成就，經過十多年的努力，三易其稿，寫成了《長生殿》這部在同類題材中成就最高、影響最大的戲曲作品。《長生殿》抒情的色彩極爲濃厚，曲詞清麗流暢，充滿詩意，遣詞用韻，非常講究。《長生殿》寫出後，經常被演出，在戲曲史上上有一定的地位。

孔尚任，字聘之，又字季重，號東塘，又號岸堂，自稱雲亭山人，山東曲阜人。孔子六十四代孫。康熙二十三年，清聖祖南巡過曲阜，孔尚任進講儒家經典受賞識，因被授爲國子監博士。後遷戶部主事、員外郎等職，康熙三十八年退休。他知識面很廣，既喜詩文，又精通樂律，著有《湖海集》等詩文集。戲曲著作有與別人合寫的劇本《小忽雷》和自寫的《桃花扇》。其中《桃花扇》是與《長生殿》齊名的傳奇作品，在戲曲史上同樣有一定地位。這個傳奇，以復社人侯方域和秦淮名妓李香君離合悲歡的愛情故事爲線索，描寫了南明弘光小朝廷的覆亡悲劇，抒發了作者的興亡之感。這個傳奇的寫作，根據的是實人實事，但又非自然主義地照錄歷史，而是作了精心的藝術安排，達到了歷史的真實和藝術真實的較好結合。劇本場面宏大，結構嚴謹，語言優美，主要人物也塑造得非常成功。

(2)、崑曲的衰落、地方戲和京劇的興起

崑曲是明代嘉靖年間，戲曲音樂家魏良輔等，以崑山一帶流行的戲曲腔調爲基礎，吸收一些其他戲曲的曲調，經過整理加工而形成的一種曲劇種。它以演唱傳奇劇本爲主，曲調細膩婉轉，有「水磨腔」之稱，表演風格優美，富於舞蹈性，在明代中後期非常盛行。但是，入清以後，崑曲在聲腔和文辭上日益脫離群眾，漸漸衰落下去，到乾隆年間，由於有康熙時寫出的《長生殿》和《桃花扇》兩個優秀的傳奇劇本可供演出，再加上乾隆帝的提倡等原因，崑曲曾一度呈復興之狀。但在其整個發展途程之中，這不過是一個餘波而已。代替崑曲而起的，是絢麗多彩的地方戲，這是清代戲曲最突出的成就。

清代流行的地方戲，種類繁多，有秦腔、同州梆子、湘劇、柳子戲，豫劇、徽調、漢調、粵劇、滇劇、川劇等，總數不下數十種。有些劇種在明朝就已在流行，到清更盛，而大部分在清代才開始興起。它們是在民間說唱、舞蹈等藝術基礎上發展起來的，大都文詞通俗，曲調清新，形式活潑，富於地方色彩和生活氣息。乾隆年間，北京和揚州等大城市中的統治者、鹽商和文人，把崑曲視爲雅人韻事，因而稱之爲「雅部」，與之相對，則把日益發達的各地方戲稱爲「花部」。

乾隆、嘉慶年間，三慶、四喜、春臺、和春等四個著名的徽班，先後進入北京演出。道光年間漢調又傳到北京，加入徽班演唱。兩種戲曲在長期互相交流中，逐漸融合，以徽調的二黃和漢調的西皮爲主要腔調，再吸收崑曲、秦腔以及許多民間曲調的劇目、唱腔和表演方法，從而形成一種新劇種——舉世聞名的京劇。它曲調豐富，動作細緻，結構緊湊，故事曲折，是空前完整的漢民族戲曲表演體系，受到各階層群眾的熱烈歡迎。京劇的產生，是中國戲曲史上一件大事。

三、繪畫

(1)、著名的畫家

清代由於階級矛盾和統治階級的內部爭奪都很激烈，統治者對人們的思想控制極嚴，因而有些畫家只能摹仿、沿襲前人的畫法，但也有些人敢於創新，從而使其作品具有獨特的風貌。

清初有被稱爲「清六家」的六個著名山水畫家，即王時敏、王鑒、王翬、王原祁、吳歷、惲壽平，他們就是屬於以摹仿古人爲主的一派。他們把前人的技法成就，當成自己創作的主要規範。他們見過不少前代畫家的手跡，而且不是隨意瀏覽，而是認真琢磨，反覆模仿。他們這種脫離現實、崇尚摹古的作風，在客觀上恰好適合統治者粉飾太平、穩定封建秩序的目的，所以受到了封建統治者的賞識和支持，被奉爲正統。由於經歷和所處環境的差異，清六家相互間不無某些差別，但從主要方面講，他們都具有上述特色。

王時敏、字遜之，號煙客等。江蘇太倉人，家中收藏不少古畫，遇有名人真跡，購買不惜多金，而每得珍品，即閉閣沉思，領會其奧妙。他擅長山水，作品筆法虛靈松秀，墨氣醇厚華滋，「清六家」中以他爲首。但他只知道臨摹，少有創造，終身未能越出元黃公望等人的範圍。

王鑒，字圓照，號湘碧等，也是江蘇太倉人。工畫山水，所作丘壑平穩，擅於烘染，風格華潤，對於青綠設色的方法有獨得之妙。但缺乏獨創，只有工力，而無氣勢。

王翬，字石谷，號耕煙散人等。江蘇常熟人。少時繪山水，王鑒極爲賞識，將之收爲弟子，後又轉師王時敏。山水畫自唐宋以來，由於筆法剛柔的不同，明朝人將它分爲南宗和北宗兩派。王翬創作了混合多樣的技法，使兩宗的痕跡泯滅合而爲一，從而在山水風格上別開生面，當時有稱之爲畫聖。康熙時曾奉命作「南巡圖」。他的作品氣韻生動，有明快感，林木健爽，岩石靈活，渲染得宜，技法很高，但缺乏生活，缺乏真正的寫實主義精神，傳世作品，仍以仿古占多數。

王原祁、字茂京，號麓臺，王時敏的孫子。幼年時曾畫山水一幅粘在牆上，被王時敏誤爲自己往昔的作品，可見他這時已很擅長繪畫。康熙時以畫供奉宮廷，曾任《佩文齋書畫譜》纂輯官。他作畫喜用乾筆焦墨，層層皴擦，蒼渾沉著，很有筆力。其重色作品，青綠朱赭對照鮮明，有其獨到之點。但他也是偏於摹擬，不脫師古窠臼。

吳歷，字漁山，號墨井道人等。江蘇常熟人。他與王翬是同鄉，又一起師事王時敏，晚年二人絕交。他安貧樂道，與王翬不同。其山水畫氣勢雄厚沉韻，爲四王所不及，不過也沒有擺脫師古的風氣。

惲壽平，初名格，字壽平，後以字行，改字正叔，號南田等。江蘇武進人，與王翬是好朋友。他善長沒骨花卉，別開生面，一改舊習，許多人起而仿效，世稱「惲派」，也叫「常州派」。不過，這是他中年以後的情況。最初他與王翬都從元四家奠定山水畫的基礎，筆墨風韻無一不同。後來他感到王翬聲名日盛，自度不及，才由山水改專花卉。他的這一轉變，使他在創作上得以以寫生爲主，避免了被摹古潮流淹沒的危險。

與四王吳惲同時而作畫別具風格的是道濟、朱耷、龔賢、梅清等人。他們不肯遵循正統派的摹古途徑，強調個性，主張以描繪自然對象來抒發自己的思想感情。傳統的技法在他們那裏只是被當作借鑒，其作品不拘成法，頗有獨創精神。他們的政治身分多半是明朝遺民，對清朝懷抱不滿，這是他們在繪畫上得以不同於正統派的思想基礎。在他們當中，表現最突出的是道濟和朱耷。

道濟，本姓朱，名若極，明藩王後裔，籍貫廣西。清兵入關時他尚在幼年，及長，爲僧作掩護。法名道濟，又作原濟，字石濤，號苦瓜和尚，大滌子、清湘老人，瞎尊者等。他主張師法自然，以尖銳鋒利的言詞力攻師古主義。他曾說：「古之鬚眉，不能生在我之面目。古之肺腑，不能安入我之腹腸。我自發我之肺腑，揭我之鬚眉，縱有時觸著某家，是某家就我也，非我故為某家也，天然授之也，我於古何師而不化之有。」他的繪畫成績特出顯著，山水、人物、花果、蘭竹，無不精妙，構圖新穎善變，筆勢縱放，氣韻生動，不僅具有寫實主義的基本手法，而且富有浪漫主義色彩。他的畫風對於後世影響甚大。

朱耷，也是明藩王後裔，籍貫南昌。生於明天啓六年，入清後當了和尚，又當道士，以出世態度表示對清朝的對抗。別名字號極多，有雪個、個山、個山驢、人屋、八大山人等。他的主要精力被用於作畫，擅長水墨淋漓的花鳥畫和山水畫，筆墨放縱，不泥成法。他把繪畫作為抒寫性情、發泄家國怨仇的工具。署名「八大山人」，寫成「哭之笑之」的樣子，含有深意。在他所作的畫面上，物象造型與現實有所不同，被賦予獨特的性格，與作者的主觀意識結合在一起。他筆下的鳥和魚，從眼睛裏放射著怒火，有一種咄咄逼人的堅忍不拔之氣，有的拳足斂羽，忍饑受寒，表達了淒楚的意境。他有一幅「墨荷水鳥圖」，疏花瘦石，孤鳥棲息，意境畫法可見一般。

龔賢，字半千，江蘇崑山人。寓居南京，擅長山水，用墨濃重蒼潤，與另外七個南京畫家合稱「金陵八家」。梅清，號瞿山，安徽宣城人。多寫黃山風景，筆法蒼渾雄奇。

雍正、乾隆年間，金農、羅聘、李方膺、高翔、汪士慎、黃慎、李鱓、鄭燮，聚集在揚州，繼承了道濟、朱耷等人的傳統，進一步突破陳規，創造了反映各自風格的作品。當時保守者把他們看作騷擾畫壇的「怪物」，因而有「揚州八怪」之稱（注：關於「揚州八怪」所包括的畫家，各種記載裏並不一致，這裏從一般說法）。他們基本上不畫山水，不畫工筆花卉，主要畫梅蘭竹菊和寫意花鳥、寫意人物，即使畫山水也多兼有人物。與「四王」的空山無人相異。作畫主要用水墨，著色者少。他們繼承了前人的傳統，但通過深入現實吸取素材，又形成了自己的風格，不與古人雷同，他們相互間關係密切，互相學習，但不抄襲，不模仿，各有個性。他們多是布衣，以賣畫自給，有的雖做過小官，也終因忤大吏而被罷官，不得不藉筆硯生涯聊以糊口，這種身世，使他們憤世疾俗，甚至玩世不恭！這種思想感情在他們的作品上時有表現。不過，他們雖不是大地主大官僚，但也不是生活在社會最下層的勞動人民，也不是清初的明朝遺老遺少，因而他們並不是全有可貴的關心人民疾苦的思想和反民族壓迫的思想意識，他們中的多數人只是爲個人的遭逢不時，生活困苦發發牢騷。對他們的作品的思想傾向不宜作過分的肯定和頌揚。他們的繪畫作品多半配有題詞，並且無題不妙，形成一大特色。這些題或者表現作者的政治思想和人生觀，或者發表作者的藝術觀點和創作意圖，是理解作者及其作品的重要資料。這些題詞不僅在語言組織和文章結構上新穎別致，而且款式也打破了陳規俗套，別開生面，與作品的思想內容配合得恰到好處。他們的繪畫對後世影響極大，定意花鳥畫從他們之後繼續發展，曾執畫界的牛耳。他們最喜歡畫的梅蘭竹菊，在他們之後的所有花卉畫家中，幾乎沒有不兼畫的。在揚州八怪中最突出的是鄭燮。

鄭燮，字克柔，號板橋，江蘇興化人，做過知縣，罷官後居住在揚州賣畫。他特別擅長畫蘭竹，風貌爽朗挺拔。他的詩、書、畫都好，被稱爲三絕。他的許多畫幅題詩不僅是很好的藝術品，而且表現出很高的思想性，如有一首題詩說：「衙齋臥聽蕭蕭竹，疑是民間疾苦聲！些小吾曹州縣吏，一枝一葉總關情。」表現了關心人民疾苦的思想感情。另一首題詩說：「兩竿修竹出重霄，幾葉新篁倒掛梢，本是同根復同氣，有何卑下有何高！」表達了不卑不亢不肯低眉事人的豪氣。

(2)、西洋繪畫技術的傳入

明清之際，隨著中西交通的發展，尤其是隨著西方傳教士的東來，西洋的繪畫技術傳入了中國。來到中國的傳教士，把西方的繪畫（特別是宗教畫）帶到了中國，使中國畫家得以觀摩。這些傳教士中還有許多人本身就會作畫，他們在與中國畫家的接觸中，一方面傳播了西方的繪畫技術，另方面也從中國傳統繪畫藝術中吸取營養，發展了自己的技術。這樣，在當時中國的土地上，就出現了不少融匯中西的畫家和作品，其中有的是中國人，有的則是外國人。

中國古代設有專門爲皇室服務的繪畫機構畫院。清代沒有這樣一個專門機構，但有一個綜合性的如意館，許多爲皇室服務的繪畫者、與從事雕刻工藝等工作的人一起集中在其中。最初這些人多是工匠之類，後來漸用所謂士流。此外，欽天監等機構中也有一些爲皇室服務的畫家。清代這些在不同機構中的御用畫家，一般統稱爲畫院作家。當時，由於畫院作家有較多的機會接觸西洋繪畫和西方傳教士，因此融匯中西繪畫技術的中國人就以他們爲多，而其中最有代表性的是焦秉貞。他是山東濟寧人，官欽天監五官正。他善於畫人物、山水和樓觀，並且利用了西洋畫法中的透視法則。他的最有名的作品是《耕織圖》。此圖是根據康熙帝的命令、模仿南宋樓璹所作《耕織圖》而繪製的。焦圖與樓圖相比，圖幅數量不同，樓圖包括耕圖二十一幅、織圖二十四幅，而焦圖則耕圖、織圖各有二十三幅，風格也不相同，樓圖簡單樸素，而焦圖是纖細麗郁。但兩者最大的不同則是焦圖採用了西洋的透視法，「其位置之自遠而近，由大及小，不爽毫毛。」不過其樹木、廬舍、人物、山水的畫法，仍守中國之舊。因此這是在畫法上揉合中西的作品。焦秉貞之外，融匯中西繪畫術的畫院作家還有冷枚、唐岱、陳枚、羅福旻諸人。至於民間學習西洋技術的畫家，數量雖少，但也有一些人，他們是張恕、曹重、崔鏏等。

清代供奉內廷的西洋傳教士畫家有郎世寧、艾扉蒙、王致誠、潘廷璋、安德義等人，他們就是外國人中融匯中西繪畫術的主要人物，其中郎世寧最爲著名。他是意大利人，康熙五十四年來北京傳教，召爲內廷供奉。他擅長花鳥、肖像，畫馬尤多。他的畫術以西法爲主而參以中法，只是過於刻畫細節、追求形似，未得中國畫形神兼備之長。乾隆年間，他曾與艾扉蒙等奉清高宗之命作平定準噶爾及回部奏凱圖，圖成送法國雕成銅板。從中可以看出中西技法相融匯的特色。（此節參見向達〈明清之際中國美術所受西洋之影響〉載《唐代長安與西域文明》）

(3)、楊柳青和桃花塢年畫

年畫是我國特有的一種繪畫體裁，因於年節時張貼而得名。它起源很早，起碼在宋代已有類似年畫應用的記載。進入清代，木版年畫極爲流行，產地遍及全國，其中天津楊柳青年畫和蘇州桃花塢年畫聲譽最高。

楊柳青年畫的歷史，據說至晚開始於明朝弘治、嘉靖年間。出產地除楊柳青外，還有附近的南鄉炒米店和與它相隔一百多裏的東豐臺。年畫作坊開設最早的是楊柳青，而炒米店一帶是在乾隆以後由楊柳青傳入的，東豐臺更晚一些。比較早的著名作坊有戴廉增和齊健隆兩家，戴家的開業年代可以上溯到明朝崇禎年間。初期刊印的楊柳青年畫已少有存留，今天可看到從明末到清代嘉、道年間的優秀作品，只不過六十多幅。這些作品從內容上來劃分，大體有如下四類：一、仕女娃娃；二、戲曲；三、故事；四、其他。從些作品來看，楊柳青年畫在內容和技法上接受了宋、元、明的繪畫傳統，並受了清代畫院木刻畫和透視畫法的一些影響。如其中的仕女畫，就吸收了宋、元、明畫本的優點。但仔細觀察，這種狀態也並非靜止不變。乾隆前後，變化漸烈，從臨摹發展到根據現實生活進行創造。如在仕女畫中古典美人已不再是主要的表現對象，時裝人物起而代之。嘉慶、道光時期，繼續改進，一方面仍把刻畫人物放在主要地位，但另方面又加強了對背景的描繪，在一張畫面上所出現的人物，數目也越來越多。由雍正到光緒初是楊柳青年畫的興盛時期，清末以後到二十世紀四十年代由於石印術的興起，它漸漸趨於衰落。

桃花塢是蘇州城內偏北的一條市街，桃花塢年畫因產於此處而得名。其開始的時期也是明代。鴉片戰爭前的清代所印行的桃花塢年畫，已發現的有一百多種，包括故事、戲文、仕女、娃娃、風景、花卉、動物、耕織、風俗、時事、歲朝吉慶等幾類。其創作技法，具有與楊柳青年畫不完全相同的風格。它繼承了明代木刻的特點，有的深受西洋銅版畫的影響。如有些桃花塢年畫主要利用細線分出陰陽濃淡，並顯著地描繪陰影。康熙到乾隆時期是這種年畫最發達的時期。後來趨向衰落，其原因也是石印術興起所致。

第四節　哲學政治思想和宗教

清代封建統治者把孔孟之道、程朱理學奉爲正統哲學，大加提倡，企圖以之維護封建制度。但由於階級鬥爭的推動，在地主階級內部也出現了一些進步思想家，他們是黃宗羲、顧炎武、王夫之、傅山、李顒、呂留良、唐甄、顏元、李塨、戴震等人。這些人有的抨擊封建君主專制，有的主張發展手工業和商業，有的具有高尚的民族氣節，有的反對外來侵略。他們的思想主張，在一定程度上反映了人民的要求，反映了工商業向前發展的形勢，帶有資本主義萌芽得到緩慢發展的時代的烙印，並具有民主性的因素。

一、地主階級的正統哲學——孔孟之道、程朱理學

清朝統治者極力宣揚三綱五常，爲鞏固封建統治秩序服務的孔孟之道、程朱理學。順治二年，清世祖福臨爲了宣揚孔孟之道，封給孔子「大成至聖文宣先師」的尊號。清聖祖玄燁吹捧孔子「萬世師表」，康熙二十三年親自到曲阜向孔子致祭，「行三跪九叩禮」。爲了推銷程朱理學，他還重新刊行了明代編纂的《性理大全》，輯刊了《朱子全書》，編寫了《性理精義》。清高宗弘曆上臺後，曾先後九次到曲阜朝拜。他任用的「輔佐大臣」，也都是「理學醇儒」。在清朝統治者的提倡下，孔孟程朱的說教到處泛濫，特別是朱熹的學說最爲風行，他注釋的「四書」在書院學校中被當成教材，在科舉考試時被作爲依據，士子們「非朱子之傳義不敢言，非朱子之家禮不敢行」。誰如果對朱熹有所議論，便會受到封建衛道者們的殘酷打擊，簡直成了神聖不可侵犯的封建權威。

清代前期充當程朱理學鼓吹者，主要有應撝謙、湯斌、陸隴其、熊賜履、李光地、王懋竑等人。清聖祖之御纂《朱子全書》、《性理精義》諸書，其實際主持編纂者即李光地。由於他們打的是順風旗，所以不少人做了高官，得到清朝統治者的欣賞和表彰。

二、清初三大思想家

清朝初年有三個學術地位很高，影響深遠的思想家，他們是黃宗羲、顧炎武和王夫之。

(1)、黃宗羲

黃宗羲，字太沖，號南雷，學者稱梨洲先生，浙江餘姚黃竹浦人。明御史黃尊素之子。黃尊素為東林名士，「以劾魏閹死詔獄」。崇楨初，黃宗羲入都訟冤，積極參加反對閹黨的鬥爭，後來在著名的「南都防亂揭」上簽名時，他被推爲「天啓被難諸家」之首。清兵入關後，黃宗羲又挺身而出，參加抗清鬥爭。熊汝霖等擁魯王監國，他「糾合黃竹浦子弟數百人」響應，被稱爲「世忠營」。在魯王政權中，他先後任職方郎、御史、左副都御史等職，並曾奉魯王之命，與馮京第一起出使日本。魯王政權覆滅後，他回家隱居，「畢力於著述」。康熙時被薦應博學鴻儒試，他堅決拒絕，清政府聘請他入《明史》館任事，又力辭得免，清政府只好下令抄其「所著書關史事者，送入京」。直至康熙三十四年死去，他一直沒有出仕。

黃宗羲具有非常鮮明的反對君主專制的思想，這集中反映在他的《明夷待訪錄》一書中。所謂「明夷」，是《易經》中的一個卦名，意思是「明入地中」，象徵著太陽落山的黃昏時刻，在西方卻光芒猶在，而且第二天太陽還要出來。他用明夷的意思是暗指明朝雖已滅亡，但典章制度依然留存，也還有復興的可能。歷來以「明夷」代表一個人的不得意，黃宗羲這裏還雙關地影射到封建王朝，同時，又暗示著他的學說還是有用的。全書二十一篇，其中十六篇明白提出「有明」、「高皇帝」、「萬曆」、「崇禎」等具體事實，加以評論，然後提出自己的改革意見。所以又是一部他個人的政治思想論集。

在《明夷待訪錄》中，他認爲專制君主給人們帶來了莫大的禍害，他說：專制君主「以爲天下利害之權皆出於我，我以天下之利盡歸於己，以天下之害盡歸於人，亦無不可」，他們「

視天下爲莫大之產業，傳之子孫，享受無窮」。他認爲之所以要設立君主，乃是爲了「治天下也」。好的君主「所畢世而經營者，爲天下也」。因此，人們對於帶來莫大禍害的專制群主怨恨至深，是理所當然的。他說：「今也天下之人，怨惡其君，視爲如寇讎，名之爲獨夫，固其所也。而小儒規規焉以君臣之義無所逃於天地之間，至桀紂之暴，猶謂湯武不當誅之，而妄傳伯夷、叔齊無稽之事。乃兆人萬姓崩潰之血肉，曾不異夫腐鼠。豈天地之大，於兆人萬姓之中，獨私其一人一姓乎！」黃宗羲在當時的條件下，對封建專制君主能作出如此激烈的揭露和否定，顯然是非常有眼光和極爲大膽的。

對於當時的君主專制制度，他也提出了改革辦法。其一是把君主與其他官吏看做一起治理天下的人，反對將之當成高踞於整個社會之上的絕對權威。他說：「原夫作君之意，所以治天下也，天下不能一人而治，則設官以治之，是官者，分身之君也」。黃宗羲所設計出來的君臣共治天下的關係，已經不是君主專制政體下「君爲臣綱」的舊規範，頗有提倡民主的色彩。其二是設置宰相，牽制君主。黃宗羲提出的改革君主專制制度的第三辦法，是把學校辦成議政的機構，加強學校對政治的影響。

在社會經濟方面，黃宗羲的《明夷待訪錄》也發表了一些值得重視的思想主張。他主張減輕賦稅，注意解決土地的占有問題，反對各種不良風俗、封建迷信和奢侈浪費，這些都是有利於生產和國計民生的，具有進步意義。特別值得一提的是，黃宗羲認爲「工商皆本」。他說：「世儒不察，以工商爲末，妄議抑之。夫工固聖王之所欲來，商又使其願出於途者，蓋皆本也。」這種思想，反映了明清之際工商業發展和資本主義萌芽的要求，具有突出的時代特徵。

黃宗羲的哲學思想從師承關係上看淵源於王守仁的陽明學派。他是劉宗周的學生，劉氏時稱蕺山學派，屬王學。但他並沒有沿著王學的主觀唯心主義路線走下去。他曾說：「理爲氣之理，無氣則無理。」這表明，他把物質性的氣看作是第一性的，是精神性的理的根源，而精神性的理則被看作是第二性的，是物質性的氣的派生物。不過，他的哲學思想並沒有完全擺脫王學的束縛。在《明儒學案》的第一篇他就曾鼓吹王陽明的學說挽救了「學者支離眩騖，務華而絕根之病，可謂震霆啓寐，烈耀破迷。自孔孟以來，未有若此之深切著明者也」。他還提出過一些諸如「盈天地皆心」之類的唯心主義命題。全祖望曾說他：「黨人之習氣未盡。蓋少年即入社會，門戶之見深入而不可猝去。」他既與「王學」有師承關係，就難免不把其唯心主義留在自己的哲學思想中。

黃宗羲對明朝的歷史研究極深。他寫的關於明朝的歷史書籍很多。有《明史案》二百四十四卷，它其實就是明朝的歷史。此書全本已佚，只留下了三卷。二十四史中的《明史》他沒有直接參與編寫，但他的學生萬斯同貢獻極大，他的兒子黃百家也參與了這項工作。《明史》編纂過程中很多地方是採用他的意見。此外他還寫了《明儒學案》等有關明史的著作。

除了史學之外，還有《易學象數論》、《律呂新義》、《四明山志》、《宋元學案》、《南雷文集》等。

(2)、顧炎武

在敘述考據學的時候，已對顧炎武堅持抗清的政治立場，以及他在學術上反對空談，提倡經世致用作了介紹。而作爲清初一個大思想家，他還有許多寶貴的思想值得注意。

在政治上，他與黃宗羲一樣具有反對君主專制的民主思想色彩。他對《明夷待訪錄》一書非常欣賞，據說讀後曾讚歎地說：「三代之治可復也！」他自己也明確地說過：「人君之於天下，不能以獨治也。獨治之而刑繁矣，眾治之而刑措矣。」（《日知錄》卷六〈愛百姓故刑罰中〉）他所講的「眾治」是指「天下之宗子各治其族」，以輔佐「人君」，這仍然沒有脫出封建的藩籬，但在當時的歷史條件下，卻是對高度發展的君主專制制度的一個否定。

在〈與友人論學術〉中，顧炎武提出了「博學於文」，「行己有恥」的口號，說這是「聖人之道」。他說：「自一身以至於天下國家，皆學之事也，自子臣弟友以至出入、往來、辭受、取與之間，皆有恥之事也。」這段話集中概括地反映了「博學於文」、「行己有恥」所包含的豐富內容。顧炎武之所以提出這樣的口號，是因爲他反對當時盛行的奢談心性的空疏學風，也是他總結了明朝滅亡的經驗教訓以及分析了明清之際的社會風氣之後而得出的結論。他所強調的「有恥」之中，很重要的一點是與堅持民族氣節、反抗清朝統治的鬥爭相聯繫的，所以仍然具有一定的進步意義。在這種思想的基礎上，他曾把「亡國」、「亡天下」區分開來，認爲「易姓改號謂之亡國，仁義充塞而至於率獸食人、人將相食，謂之亡天下」。保衛一家一姓的國家，是君主及其大臣的事情，而「保天下者，匹夫之賤，與有責焉。」這段話被後人提煉爲「天下興亡，匹夫有責」的名言，並不斷賦與新的含義，在鼓舞人民關心國家大事上發揮了很大作用。

顧炎武沒有寫出專門的哲學著作，但在《日知錄》等著作中對一些哲學問題有過散見的論述。他的哲學思想有很明顯的唯物主義成分。如他提出了「盈天地之間者氣也」的觀點，就是一種唯物主義的解釋。關於物質與精神的關係上，他肯定地指出物質是第一性的而精神是第二性的。他曾說過：「氣之盛者爲神，神者天地之氣，而人之心也。」這就是說，精神「（神）不過是自然界高度發展的產物。對於道與器的關係上，在《日知錄》提道：「形而上者謂之道，形而下者謂之器，非器則道無所寓。」在這裏，他把規律（「道」）看作不能離開具體事物（「器」）而獨立存在的東西，顯然是唯物主義的觀點。顧炎武對其唯物主義的哲學思想沒有進行更多的論證和發揮，這是由於他受到狹隘的經世觀點的局限，這是非常可惜的。

(3)、王夫之

王夫之，字而農，號薑齋，湖南衡陽人。崇禎舉人。清兵入關後從事抗清鬥爭，因大學士瞿式耜的推薦，曾擔任桂王政權的行人司行人職位。抗清失敗後，於晚年隱居湖南衡陽石船山著書，故後人稱爲船山先生。他所自撰的墓志銘中的「抱劉越石之孤忠」、「希張橫渠之正學」兩句話，意思是表明他要像晉朝的劉越石（劉琨）那樣立志恢復漢族的統治，要像張橫渠（張載）那樣實事求是地作學問。這是一個符合實際的自我評價。不過，他雖長期參與反清鬥爭，但不是無前提、無選擇的。康熙年間吳三桂發動三藩之亂反清，他堅決拒絕參與，「作〈祓禊賦〉以示意。」事後，清政府聽說王夫之有此舉動，派人贈送粟帛。王夫之藉口有病，沒有會見清政府派來的人，但只退回了帛，把粟留了下來。這件事是王夫之逝世前不久發生的，它說明王夫之不肯與毫無民族氣節的吳三桂合作反清。王夫之的著作很多，達一百多種，其中代表哲學思想和政治思想的主要著作是：《張子正蒙注》、《周易外傳》、《尙書引義》、《讀四書大全說》、《思問錄》、《黃書》、《噩夢》、《搔首問》、《俟解》、《讀通鑑論》、《宋論》、《老子衍》、《莊子通》、《詩廣傳》等。他的這些著作對宋明以來的主觀唯心主義和客觀唯心主義評論進行了批判，總結和發揮了王充、張載的唯物評論思想，從而建立起超越前人的唯物主義體系，把古代樸素唯物主義推向了新高度。

王夫之認爲物質性的元氣是世界萬物的本體。他說：「陰陽二氣充滿太虛，此外更無他物，亦無間隙」，「凡虛空皆氣也」。這就是說，宇宙間充滿了物質的氣，在宇宙構成上，沒有與氣相對立的其他物質存在。他還認爲，元氣很細微，人的眼睛不能看到。「氣彌淪無涯而希微不形，則人見虛空而不見氣。」但元氣聚集起來形成了物，那就具有了顯著的形狀，就可以被人看到了，「聚而成形」，「聚則顯，顯則人謂之有」。元氣聚集與形成的物，可以有生死變化，但元氣本身並不爲之增多或減少，「聚而成形，散而歸於太虛，氣猶是氣也。」這顯然是一種物質不滅的思想。

在堅持物質世界統一於元氣本體的唯物主義一元論路線的基礎上，王夫之在理、氣關係上，反對朱熹關於物實體之外、之上有所謂精神性的理存在的說法，認爲「理在氣中」，「理即氣之理」，「氣外更無虛託孤立之理」，「氣者，理之依也」。王夫之的觀點，肯定了精神性的理依賴於物質的氣。他在論述道、器關係時，提出了「道者器之道，器者不可謂之道之器也，」以及「據器而道存，離器而道毀」等論點。這些論點翻譯成現代漢語就是：規律（道）是依賴於客觀事物（器）的，有某些事物存在，就有這種事物的規律，離開了某種事物或沒有某種事物，那就不會有這種事物的規律。因此，規律可以說是事物的規律，而事物卻不可說是規律的事物。這樣一種道不離器、道依賴於器的論點顯然也是物質第一性、精神第二性的唯物主義理論。

王夫之在認識論上同樣堅持唯物主義的路線。他說：「形（感覺器官）也，神（精神思維）也，物（客觀對象）也，三相遇而知覺乃發。」「人於所未見未聞者，不能生其心」。這就是說，離開了客觀對象，就不會有認識。他還說：「因所（客體）以發能（主體）」，「能必副其所」，「越有山，而我未至越，不可謂越無山」。這就是說，認識不僅來源於客觀對象，而且必須與之相符合，而客觀對象對於認識來說卻是獨立的。王夫之的上述說法與唯物主義反映論的原理無不相合。

王夫之的世界觀中，包含著豐富的樸素的辯證法思想。他認爲世界上的物質是運動變化的，曾說：「靜者靜動，非不動也」。「方動即靜，方靜旋動，靜即含動，動不捨靜。」這是把動看成絕對的，而靜則看成是相對的。在這種思想的基礎上，他修正了張載「日月之形，萬古不變」的說法，提出了「質日代而形如一」的命題。他說：「江河之水，今猶古也，而非今水之即古水。燈燭之光，昨猶今也，而非昨火之即今火。水火近而易知，日月遠而不察耳。爪髮之日生而舊者消也，人所知也。肌肉之日生而舊者消也，人所未知也。人見形之不變而不知其質之已遷，則疑今茲之日月為邃古之日月，今茲之肌肉為初生之肌肉，惡足以語日新之化哉！」這種發展變化的觀點應用到社會歷史上，就是承認歷史是發展的，主張「今日無他年之道」，這在《讀通鑑論》中有非常明顯的表現。

物質為何不斷運動變化？王夫之認為這是由於物質內部包含有互相對立的陰陽兩方面，他說：「天地之化，人物之生，皆具陰陽二氣」「陰陽之消長隱見不可測，而天地人物屈伸往來之故盡於此」。王夫之看到了事物有矛盾對立的兩個方面，承認事物是要發展變化的，但他又把統一看得比對立更為根本，他說：「一之體立，故兩之用行」，「非有一，則無兩」。此外，他還認為對立面最終的結果不是引起互相轉化，而是「和而解」，「互以相成，無終相敵之理。」這樣，他的辯證法是不徹底的。

王夫之認為事物的發生發展不是孤立的，他說：「萬物之成，以錯綜而成用。」「或始同而終異、或始異而終同，比類相觀，乃知此物所以成彼物之利。金得火而成器，木受鑽而生火。」這種認為事物之間互相聯繫、彼此影響的觀點，也是王夫之樸素辯證法思想中的一個重要內容。

王夫之的政治態度，是基本上站在地主階級一邊。他曾說：「唯人非王者不治，則宜以其力養君子，」肯定人民受剝削是應該的。他對農民群眾很輕視，甚至敵視，對起義農民更是深惡痛絕。一六四三年張獻忠起義軍佔領衡州。吸收當地士紳參加政權，而王夫之卻「走匿南嶽雙髻峰下。」起義軍爲了爭取他出山合作，「執其父以爲質」，他又「引刀自刺其肢體，舁往易父。」起義軍見他態度頑固，只好將他父子二人統統放歸。王夫之主張地主階級對農民的剝削應該有所節制，要「寬以養民」。對於當時農民的賦稅負擔過重問題，他主張採取分別自種與佃耕的辦法加以解決，他提出：「分別自種與佃耕、而差等以爲賦役之制。人所自占爲耕者，有力不得過三百畝，審其子姓丁夫之數，以爲自耕之實，過是皆佃耕之科。輕自耕之賦，而佃耕者信之，以互相損益而協於什一之稅。」。王夫之關於減輕農民負擔、「寬以養民」的主張，是從鞏固地主階級的統治出發的，他認爲對農民壓迫過重，會引起農民造反。「一夫揭竿，而天下響應」，「雖欲弭之，其將能乎？」只有緩和對農民的壓榨，才能使地主階級的國家得到安寧。但是，他的主張畢竟對農民有些好處，具有一定的進步意義。

王夫之在治學方法上主張學與思兼用，他認爲「學非有礙於思，而學愈博則思愈遠；思正有功於學，而思之困則學必勤。」在當時盛行束書不觀、坐談心性的情況下，王夫之的這種治學方法是進步的。他之所以能寫出那樣多有價值的學術著作，與其進步的治學方法不無關係。

三、清前期的其他進步思想家

在黃、顧、王三大思想家的同時或稍後，還有一些進步思想家，他們影響不如前者大，但在歷史上也都占有一定的地位，這些思想家是傅山、李顒、唐甄、顏元、李塨等人。

(1)、傅山

傅山，字青主，陽曲（今屬太原市）人。是明末清初熱心政治活動、具有民族氣節的學者。崇禎時，山西提學袁繼咸被閹黨、山西巡撫張孫振誣陷下獄，他約集本有諸生曹良直等一百多人赴京上書，經過許多曲折，終於使袁冤得雪，他因此而「名聞天下」。明亡後「改黃冠裝，衣朱衣」隱居起來。康熙十七年被薦應博學鴻詞試，拒不答應，「有司強迫、至令役夫舁其床以行」。到達距京師二十里之處，「誓死不入」，舉朝公卿來迎，「臥床不具迎送禮」。皇帝下令，因老病免試，「加內閣中書以寵之」。得允歸鄉之時，他高興地說：「今而後其脫然無累哉！」此後他仍自稱為「民」，有以官銜稱之者，不予答應。康熙二十三年死去，遺囑「以朱衣、黃冠斂」。不與清朝合作的態度至死不變。

自西漢罷黜百家、獨尊儒術以來，儒家處於正統地位，其他學說被視為異端。傅山對這一點非常不滿，他否定儒家的正統地位，將他與諸子百家、佛老學說一樣看待，甚至對儒家，特別是唐宋以後的儒家，多有貶詞，自己還公開以「異端」自命。他說：「經子之爭亦末矣。只因儒者知六經之名，遂以為子不如經之尊，習見之鄙可見」。（《霜紅龕集》卷三八〈雜記〉）「吾以《管子》、《莊子》、《列子》、《楞嚴》、《唯識》、《毗婆》諸論，約略參同，益知所謂儒者之不濟事也。」在否定儒家正統地位的基礎上，他大力開展了對諸子的研究，或者發揮其義理（如解釋老莊管商諸書），或者注解其語義（如注釋《墨子》和《公孫龍子》諸篇）。他的諸子注解，有的是把從來沒有做過注的注明了，有的是把前人注解不清的顯豁了。

這種研究在清初只有傅山一人在進行，他可以說是近代子學研究蹊徑的開拓者。

傅山蔑視儒學的正統地位，表現出不甘束縛的可貴精神。這種精神在他的其他言行中也隨處可見。如對古人他絕不肯盲從，曾說：「一雙空靈眼睛，不唯不許今人瞞過，並不許古人瞞過。」「看書灑脫一番，長進一番，若只在注腳中討分曉，此之謂鉆故紙，此之謂蠹魚。」。在他的著作中，有時還表現出反對專制主義的思想，如在解釋《老子》時曾說：「天下者，非一人之天下，天下之天下也。」傅山的上述不甘束縛和反對專制主義的思想說明，在他的身上還閃爍著一定的民主色彩。

傅山雖然有不少進步思想，但視勞動人民不過是「徒勞賢者忙」的「芻狗」。對於農民起義則敵視、反對，表現了地主階級知識分子的局限性。

傅山除研究諸子百家外，還工書善畫，又懂醫學，著作頗多，但大半佚失，現存者主要有《霜紅龕集》、《兩漢書人名韻》、《荀子評注》等。

(2)、李顒

李顒，字中孚，號二曲、土室病夫，學者稱爲二曲先生，陝西周至人。幼孤家貧，無力從師，自學而成名。顧炎武曾稱讚他說：「艱苦力學，無師而成，吾不如李中孚。」

李顒在哲學上信奉陸九淵、王陽明一派的主觀唯心主義。他把「良知良能」的心性看成是人人生來具有的「本體」，這個「本體」他也稱爲「靈原」，而世界便是這個「靈原」的顯現。他說：「此一點靈原，無少無壯、無老無死，塞天地，貫古今，無須臾之或息。」「通天地萬物上下古今，皆此之靈之實際也。」（《李二曲先生全集》卷二〈學髓〉）基於這種思想，他在認識論上極力教人通過閉目靜坐去認識這個本體。不過，他並沒有門戶之見，並不專主陸、王一派的學說，認爲對於與之相對立的程、朱一派學說也應兼採，兩者應互相補充。

李顒在治學上重視實學，提倡「明體適用」。他自己對「明體適用」解釋說：「窮理致知，反之於內，則識心悟性，實修實證，達之於外，則開物成務，康濟群生，夫是之謂明體適用。」可見，他的「明體適用」的含義，除了談論心性之外，還須解決實際問題。他認爲「明體而不適於用，便是腐儒。」他曾說：「君子於學也，隱而幽獨危微之介，顯而人倫日用之常，以至古今致治機猷，君子小人情僞，及禮、樂、兵、刑、賦役、農屯，皆當一一究極，而可效諸用。」李顒對實學的重視，表明他與顧炎武有相通之處，這也是他們過從甚密的思想基礎。

李顒的著作主要有《李二曲先生全集》和《四書反身錄》。

(3)、唐甄

唐甄，名大陶，字鑄萬，後改名甄，別號圃亭。四川達州（今達縣）人。崇禎十年，年滿八歲，其父中進士任吳江知縣，從此隨父宦游各地。順治十四年，回四川參加鄉試，中舉人。康熙年間，任過山西長子知縣，「甫十月，以逃人詿誤去官。」晚年定居蘇州府城，曾經經過商業，最後破產，坐館授徒，著書賣文。康熙四十三年，做爲一個落魄文人，離開了人間。

唐甄的著作有《潛書》、《毛詩傳箋合義》、《春秋述傳》、《潛文》、《潛詩》、日記等。他著書主張獨立思考，「不肯一字襲古」。他的著作多已散失，今天能夠看到的其完整著作，只有《潛書》一種。這也是他的最主要的著作。此書歷三十年而寫成，共九十七篇，「天道、人事、前古、後今，具備其中。」最初叫《衡書》，「曰衡者，志在權衡天下也。後以連蹇不遇，更名《潛書》。」

唐甄有一系列進步的政治、經濟思想。他與黃宗羲一樣，曾激烈地抨擊專制君主。他說：「自秦以來，凡爲帝王者皆賊也。」「殺一人而取其匹布斗粟，猶謂之賊，殺天下人而盡有其布粟之富，而反不謂之賊乎？」對於君主，他並不想取消，但要求抑制其過尊之勢，打算以此克服君主專制制度的弊病。他說：「聖人定尊卑之分，將使順而率之，非使亢而遠之。」他認爲「位在十人之上者，必處十人之下。位在百人之上者，必處百人之下。位在天下之上者，必處天下之下。」唐甄的這種想法，在當時只能是一種美好的願望，不可能見之於實踐，但在君主專制制度日益反動的時候，他提出改革的意見，仍具有一定的積極意義。

值得注意的是，在城市中他還針對封建社會裏輕視商人的觀念，特別注意提高商賈的地位。他有意將「商」與「農」並提，在《潛書》中「農賈樂業」（《潛書．厚本》）、「農安於田、賈安於市」之類說法比比皆是。他經營商業時，有人勸他改圖生計，而他卻自豪地說：「呂尚賣飯於孟津，唐甄爲牙於吳市，其義一也。」於唐甄的上述經濟思想有利於生產的發展，反映了清代逐漸恢復發展的手工業、商業和資本主義萌芽的需要，顯然很有時代意義。

在學術思想上，唐甄認爲：「儒之爲貴者，能定亂、除暴、安百姓也。若儒者不言功，……但取自完，何以異於匹夫匹婦乎？」這裏將士大夫視作人民的救世主，表現了唐甄的階級局限性，不過他主張事功，卻是可貴的。

(4)、顏元和李塨

顏元，字渾然，號習齋，直隸博野人。生於明末，其父戍遼東衛，死於戍所。他長期生活在農村，參加過一定的生產勞動，教過書，行過醫。主要著作《四存篇》（包括〈存性〉、〈存學〉、〈存治〉、〈存人〉四篇）、《習齋記餘》、《四書正誤》和《朱子語類評》。

顏元是一個樸素唯物論者。他在駁斥唯心主義理學關於「氣惡」的說法時曾說：「若謂氣惡，則理亦惡；若謂理善，則氣亦善。蓋氣即理之氣，理即氣之理；烏得謂理純一善，而氣質偏有惡哉！」（《存性篇》卷一〈駁氣質性惡〉）在這裏，物質性的氣與精神性的理被看作是統一的，互相依存的，這就用唯物主義的一元論根本否定了唯心主義關於「理在氣先」的謬論。

最值得重視的是，顏元的唯物主義認識論閃耀著超越前人的光彩。他說：「知無體，以物爲體，猶之目無體，以形色爲體也。故人目雖明，非視黑視白，明無由用也，人心雖靈，非玩東玩西，靈無由施也。」這就是說，在認識（知）和客觀事物（物）的關係上，客觀事物是認識的根據，只有人的感官接觸到具體事物才產生認識。基於這種樸素的唯物主義反映論，他非常重視習行、踐履，即強調到實際中鍛煉，反對理學家所提倡的讀書靜坐，閉門修養。他說：「吾輩只向習行上作工夫，不可向語言文字上著力。」「惟願主盟儒壇者……垂意於『習』之一字，使爲學爲教，用力於耕讀者一二，加功於習行者八九，則生民幸甚，吾道幸甚。」他指出，理學家提倡的閉門「誦讀」，其結果是只能使人們「耗盡身心氣力，作弱人、病人、無用人」，「讀書愈多，愈惑、審事機愈無識，辦經濟愈無力」，「讀書欲辦天下事，如緣木而求魚也。」顏元所講的習行、踐履，沒有超出封建的經濟事功和個人生活作事的範圍，他沒有達到對實踐的科學理解，把它看作社會的實踐、革命的實踐，反映了他的地主階級的局限性。但他注重感性的直接經驗，與唯心主義理學的先驗論根本對立，並深刻揭露了其嚴重危害，在哲學史上是有很大的積極意義的。

在社會政治思想方面，顏元有很明確的功利主義主張。他認爲「以義爲利，聖賢平正道理也。」漢朝唯心主義哲學家董仲舒宣揚「正其誼不謀其利，明其道不計其功」。顏元對此極爲不滿，爲「矯其偏」，他將之改爲「正其誼以謀其利，明其道而計其功。」從重視功利出發，他對於治理國家，提出了一套自己的主張。他說：「如天不廢予，將以七字富天下：墾荒、均田、興水利；以六字強天下：人皆兵，官皆將；以九字安天下：舉人材、正大經、興禮樂。」這可以說是他提出來的政治、經濟和軍事綱領。其中最應注意的是其「均田」主張。他曾在許多地方對這一主張進行闡述。如在〈存治編〉中，他又把其「均田」主張具體化爲「佃戶分種」之說，「如一富家有田十頃，爲之留一頃。而令九家佃種九頃。耕牛、子種佃戶自備，無者領於官，秋收還。秋熟，以四十畝糧交地主，而以十畝代地主納官。納官者即古什一之徵也。地主用五十畝，則今停分佃戶也；而佃戶自收五十畝。過三十年爲一世，地主之享地利終其身亦可已矣，則地全歸佃戶。」顏元提出的這種辦法，是企圖在照顧地主利益的前提下，逐步解決土地占有不均的問題，這顯然是一種脫離實際、不能實現的幻想。但他畢竟是在想辦法解決當時急待解決的土地占有不均問題，無疑極爲明顯。

顏元的學生李塨，字剛主，號恕谷，直隸蠡縣人，著作有《大學辨業》、《瘳忘錄》等多種。他對顏元的學說曾大力宣傳。他的思想與顏元相比，有若干發展，也有不同之處。如顏元經世之學多半打著復古的旗號，而他則不那麼被古制束縛，甚至提出學習西方的自然科學，他曾說：「吾人行習六藝，必考古準今。禮殘樂闕，當考古而準以今者也。射、御、書有其彷彿，宜準今而稽之古者也。數本於古，而可參以近日西洋諸法者也。」在認識論上，他主張知先行後，說：「以力行爲格物，是行先於知矣。倒矣。」他還曾致力於書本上的考據。這些對於力主習行、踐履的顏元來說，不能不說是一種背師行爲。不過，李塨的思想主張大部分與顏元還是一致的。因此，他們二人被共稱爲「顏李學派」或「四存學派」。

(5)、戴震

戴震是清中期具有鮮明戰鬥性的唯物主義哲學家，他以注釋儒家經典的形式，闡發了自己卓越的哲學思想和社會政治觀點。他認爲世界是物質的「氣」的變化過程。他說：「道猶行也，氣化流行，生生不息，是故謂之道。」這個過程，他還認爲是按照一定的法則進行的，他說：「『一陰一陽』，蓋言天地之化不已也，道也。一陰一陽，其生生乎？其生生而條理乎？……未有生生而不條理者。」對於中國古代哲學中爭論不休的命題「形而上者謂之道，形而下者謂之器」，他也做出了唯物論的解釋，他認爲，「形，謂已成形質，形而上，猶曰形以前，形而下，猶曰形以後」、「陰陽之未成形質，是謂形而上者」，「器，言乎一成而不變。」這就是說，「形而下」的「道」，就是「未成形質」以前的「氣」，「形而下」的器，就是「以成形質」以後的「物」。這兩者都是物質。他的這種解釋。與唯心主義理學關於「形而上」指「理」、「形而下」指「氣」的說法絕不相同，批判了唯心主義理學關於物質世界之外還存在著絕對觀念世界（「形而上」的「理」）謬說。戴震雖然把世界看成是物質性的「氣」的變化過程，但還認爲「氣化生人生物以後，各以類滋生久矣，然類之區別千古如是也，循其故而已矣。」這又陷入了形而上學。可見他的辯證思想是不徹底的。

在認識論上，戴震強調真理的客觀性，他說：「理義非他，可否之而當，是謂理義，然又非心出一意以可否之也。若心出一意以可否之，何異強制之乎？是故就事物言，非事物之外別有理義也。『有物必有則』，以其則正其物，如是而已矣。」對於人的認識能力，他予以充分的肯定。他說：「耳目鼻口之官接於物，而心通其則。」「人之異於物者，人能明於必然，百物之生各遂其然也。」不過，戴震看不到實踐在認識當中的決定作用，曾發出過「重行不先重知，非聖學也」的議論，這是他與顏元等人相比大爲遜色的地方。

戴震思想中最有價值之處，是其關於「理」「欲」的論述。唯心主義理學把天理與人慾看作不可調和的對立物，鼓吹「存天理、去人慾」。戴震對這種反動的觀點進行了猛烈的批判。他認爲人不可能沒欲，有欲卻是必須的。他說：「人與物同有欲；欲也者，性之事也。」「耳目百體之所欲，血氣資之以養，所謂性之欲也，原於天地之化者也。是故在天爲天道，在人咸根於性而見於日用事爲，爲人道。」因此，對欲只能節制、順從，不能硬性禁止，「性，譬則水也，欲，譬則水之流也。節而不過，則爲依乎天理，爲相生養之道，譬則水由地中行也。窮人慾而至於有悖逆詐僞之心，有淫泆作亂之事，譬則洪水橫流、泛濫於中國也。」「聖人治天下，體民之情，遂民之欲，而王道備。」「天下必無捨生養之道而得存者。凡事爲皆有於欲，無欲則無爲矣。有欲而後有爲。有爲而歸於至當不可易之謂理。無欲無爲，又焉有理」。「非以天理爲正、人慾爲邪也。天理者，節其欲而不窮人慾也。」戴震毫不留情地揭露了「存天理、去人慾」說教的危害，他說：「古之言理也，就人之情慾求之，使之無疵之爲理。今之言理也，離人之情慾求之，使之忍而不顧之爲理，此理欲之辨，適以究天下之人盡轉移爲欺僞之人，爲禍何可勝言也！」「尊者以理責卑，長者理責幼，貴者以理貴賤，雖失，謂之順；卑者、幼者、賤者以理爭之，雖得，謂之逆。於是下之人不能以天下之同情、天下之所同欲達之於上。上以理責其下，而在下之罪，人人不勝指數。人死於法，猶有憐者；死於理，其誰憐之！」他甚至一針見血地指出，理學家的所謂「天理」，與酷吏之所謂「法」是相同的，「酷吏以法殺人」，而理學家「以理殺人」，「以理殺人」比「以法殺人」更爲可怕。戴震關於理欲的論壕，沒有超出抽象人性論的範圍，但表現了對人民疾苦的深切同情。此外，他還曾在自己的著作中嚴正指出，人民群眾之所以起來反抗封建統治者，並不是由於他們的本性不好，而是由於封建統治者「貪暴以賊其民所致。」也同樣表現了他的進步政治觀點。這些都是難能可貴的。他的這些進步的社會政治觀點，是資本主義生產關係的萌芽在思想領域中的反映。

四、清代的宗教

(1)、佛教

佛教在清代受到統治者的保護。這是因爲佛教與所有的宗教一樣，是麻醉人民的鴉片煙，它要人們把希望寄託於虛幻的彼岸，看輕現實的苦難，從而削弱人民反封建鬥爭的意志。佛教的存在在一定程度上有助於封建秩序的穩定。乾隆皇帝曾說：「彼爲僧爲道，亦不過營生之一術耳。窮老孤獨，多賴以存活。其勸善戒惡，化導愚頑，亦不無小補。」由此看來，清朝統治者對佛教維護封建統治秩序的作用是非常清楚的，清朝皇帝多與僧人相交往。如順治皇帝先後與名僧憨璞性聰、玉林通琇、茚溪行森和木陳道忞等相交游。順治皇帝本人曾削髮打算出家，他所寵愛的董貴妃在他的影響下，也崇敬三寶、棲心禪學（以上參見陳垣〈湯若望與木陳忞〉、〈語錄與順治宮廷〉，均載《陳垣史學論著選》）。再如康熙皇帝在外出巡，每往名山巨刹，爲之題字撰碑。雍正皇帝也多與佛教徒往來，甚至自稱圓明居士，選編語錄，儼然以禪門宗匠自居。

但是佛教無限制的發展，對封建統治者也有不利。過多的勞動力進入空門，封建政權剝削的對象就會減少，寺院上層兼併土地，發展寺院經濟、就會加強土地集中的程度，激化社會矛盾。一些觸犯了封建法律的人，往往以藏身寺廟作爲躲避懲罰的手段，某些「聚眾爲『匪』之案」，甚至「多由『奸邪』僧道主謀，平時『煽惑』愚民，日漸釀成大案。」所以，清朝統治者一方面保護佛教，另方面又對之加以限制，以免其發展到失去控制的地步。

清朝限制佛教的辦法主要有三個。一是設置僧官，二是實行度牒制度，三是不許擅造寺廟。早在入關前，清朝統治者就已規定設立僧錄司，總管僧人。康熙十三年又具體規定，在京城的僧錄司設「善世、闡教、講經、覺義左右各二人，左善世由右善世補，右善世由左闡教補，左闡教由右闡教補，右闡教由左講經補，左講經由右講經補，右講經由左覺義補，左覺義由右覺義補，右覺義以候補僧官補。」在外地，府設僧綱司，州設僧正司，縣設僧會司。這些僧官的職責是專管天下僧人，使之「恪守戒律清規，違者聽其究治。」實行度牒制度是要加強對僧人的「稽考」，「亦如民間之有保甲，不至藏奸，貢監之有執照，不容假冒。」這一制度也是始自入關前，天聰六年規定，「（僧人）凡通曉經義，恪守清規者，給予度牒。」入關後仍舊實行，如「順治二年定，內外僧道均給度牒，以防奸僞」。「凡寺廟庵觀若干處，僧道若干名，各令住持詳詢籍貫，具結投僧道官，僧道官加具總結。在京城內外者，均令呈部，在直省者赴所在地方官呈送匯申撫按解部，頒給度牒，不許冒充混領，事發罪坐經管官。」對於不領度牒的僧人要處以重罰。如康熙十五年規定，「凡僧尼道士不領度牒私自出家者，杖八十爲民。」領發度牒的制度直至乾隆十九年才由於客觀情況的改變而廢止。關於不許擅造寺廟的規定，清朝統治者不斷作出。如順治二年決定「嚴禁京城內外，不許擅造寺廟佛像，必報部方許建造。」順治十一年又決定「禁止創建寺廟，其修理頹壞寺廟，聽從其便，但不得改建廣大。」

佛教在清朝統治者的限制下不可能得到過分的發展。但由於它也得到清朝統治者的保護，其勢力也不會十分弱小。從總的情況看，它在清代規模聲勢還是相當盛大的。據統計，康熙六年「通計直省敕建大寺廟共六千七十有三，小寺廟共六千四百有九，私建大寺廟共八千四百五十八，小寺廟共五萬八千六百八十有二，僧十有一萬二百九十二名，道二萬一千二百八十六名，尼八千六百十有五名。」這個統計中，寺廟數不全屬佛教，但其中的大部分應屬佛教（**這從僧尼與道士的人數比例可以推知**）。

清代的佛教與以往一樣，仍是教派林立。其中最興盛的是禪宗，其次是淨土宗，再次是天臺、華嚴、律宗、法相等。各派皆有著名僧人，或著書立說，或大量授徒，在佛教史上占有一定的地位。

(2)、民間宗教

清代的民間宗教大多遭到統治者的禁止，因而處在祕密流傳的狀態中，但傳佈的範圍卻很廣泛，當時有人敘述這種情況說：「迨紅巾、白蓮始自元明季世，焚香惑眾種種異名，旋禁旋出，至今日，若皇天、若九門、十門等會，莫可窮詰，家有不梵剎之寺庵，人或不削髮之僧尼，宅不奉無父無君之妖鬼者鮮矣，口不誦無父無君之邪號者鮮矣。」這時的民間宗教，名目不下數十百種，比較常見的有收元教、八卦教、天理教、清水教、離卦教、一炷香離卦教、震卦教、金丹八卦教、弘陽教、混元教、三陽教、先天教、長生教、清茶門教、青蓮教、羅教、老官齋教、無為教、圓教、大同教等。這些名目的教派，相互間有的淵源不同，有的淵源相同而在教義或儀式上有所差別，有的各個方面均無差別而只是互爲別名或支派。從總的情況看，各教派的信仰和組織等並無太大的差異，並且互相吸收，互相混同的趨向極爲明顯。

民間宗教的基本群眾是農民、手工業者、礦工、水手和城市貧民等，也有若干差役、胥吏、下層知識分子，以及個別其他從統治階級中分化出來的人物。教徒平時從事的宗教活動，主要是念經燒香等，以便祈求吉祥、卻病延年，有的還習拳棒、學符咒，企圖健身長藝，準備日後應用。教徒必須向首領交納會費，稱爲「根基錢」、「種福錢」、「香火錢」等，首領的花銷也靠這些會費來支付，教派的活動經費和教徒間的互相接濟經費，也需從中開支，教徒們誦讀的經卷多數以寶卷的形式出現——這是由唐代寺院中的「俗講」發展而成的一種民間文學形式。寶卷的文字通俗易懂（當時官府從對立的角度，詆稱為「鄙陋不堪，恰似戲上發白之語，又似鼓兒詞中之語。」），這當是爲了適應教徒的誦習而來。每部寶卷長的分若干卷，卷分若干品，一卷或一品的最末附有用《駐雲飛》、《清江引》、《紅繡鞋》、《黃鶯兒》、《風入松》等曲牌寫成的小曲。全卷的開始一般是一篇七言的讚和偈，而後則是白語體的散文和韻語相間雜，韻語是五言、七言或三、三、四式的句子，也有的是五言或七言之後，插入一段三、三、四式的句子（參見問達〈明清之際之寶卷文學與白蓮教〉載《唐代長安與西域文明》）。當時最有名、流傳最廣的民間宗教的經卷是所謂「五部六冊」，這是明代山東即墨人羅教的創立者羅清所著的經卷，包括《苦功悟道卷》、《嘆世無爲卷》、《破邪顯證鑰匙卷》、《正信除疑無修證自在寶卷》、《巍巍不動泰山深根結果寶卷》，共五種六冊（其中《破邪顯證鑰匙卷》分上、下兩冊），自明朝末年之後，它們幾乎成了各個民間宗教的共同經典（參見喻松青〈明清時代民間的宗教信仰和祕密結社〉，載《清史研究集》第一輯）。民間宗教經卷的思想內容，大量抄襲佛、道、儒等各家的說教，但也有不同之處。其中宣傳最多的東西，是關於彌勒等神佛下凡和劫變的觀念，以及關於「真空家鄉，無生父母」的信仰。

一般說來，當時的民間宗教都宣稱，宇宙從開創到最後，要經歷三個時期。這三個時期，有的稱爲青陽、紅陽、和白陽，有的稱爲龍華初會、二會和三會。第一、第二時期分別代表過去和現在，第三時期則代表未來。第一、第二時期要發生若干次劫變，在第二時期尤其如此，而第三時期則是經過了末劫後的理想世界。劫變的主要內容是風、水、火、刀兵、饑疫等天災人禍，屆時生民死亡，天地改換形體。生民爲了逃劫，就需皈依他們的教派。當時的民間宗教還宣稱，「真空」是宇宙的根本，「真空家鄉」即天宮，是人們出生之外，也是人們的最後歸宿，「無生老母」是創世主。在初創宇宙時，無生老母打發其九十六億兒女下凡，這些兒女的本性被紅塵迷亂，遭受了人間的種種磨難，需要拯救出苦海，返歸天宮，而民間宗教首領，就是無生老母差遣下凡拯救眾生的，是彌勒佛或其他神佛的化身。羅教把上述思想概括爲「真空家鄉、無生父母」的八字真訣，後來被許多教派所接受，廣泛流傳。民間宗教的所有這些宣傳，無疑是一種封建迷信，它要求人們等待神佛的降臨拯救，是落後、消極的東西。但它否定了現實的封建統治，表達了人民的不滿和抗議，它給人們以安慰和希望，在一定程度上反映了人們要求改變現實願望，因此很易於爲人民所接受，可以成爲組織，號召貧苦群眾參加起義的工具。有些民間宗教，還有明確的「反清復明」思想，如清茶門教宣傳，「清朝以（己）盡，四正文佛落在王門；胡人盡，何人登基；日月復來屬大明，牛八元來是土星。」（見《清代檔案史料叢編》第三輯，第三六頁，一九七九年中華書局出版）這使它們更便於充當組織反清鬥爭的工具。不過，由於民間宗教沒有一貫的徹底明確的政治綱領，因此，靠它們把反封建起義進行到底是不可能的，而且它們的若干消極因素對起義也有不利的影響，它們還往往被利用，成爲其爭奪個人權力地位的工具。

(3)、馬利遜和耶穌教傳入

世界三大宗教之一的基督教，主要包括天主教、東正教和新教各宗派。基督教的這些教派在清代都傳入了中國，其中天主教、東正教傳入中國的情況，前面已經述及，這裏再將新教傳入的情況作一簡單敘述。

新教在中國也叫耶穌教，它在鴉片戰爭前夕隨著英國鴉片貿易的開展而傳入中國。與這段歷史有關的最主要的人物是馬利遜。

十九世紀初，英國鑒於乾隆五十八年派遣使節馬戛爾尼到中國的失敗，又看到法國利用天主教神父在東方活動的成功，因此也想利用宗教的僞善面貌作掩護，派基督教新教教士深入中國作侵略的先遣部隊。嘉慶十年就由倫敦布道會（London Missionary Society）出面，派了一個二十三歲的青年教士到中國來，這個人的名姓是 Robert Morrison，後來他自己譯成中國漢字叫馬禮遜。馬禮遜於乾隆四十七年生在英國諾森伯蘭（Northumber Land），嘉慶三年加入長老會，嘉慶九年入傳教士傳習所訓練，嘉慶十年決定來中國傳教後，在倫敦學習醫學和天文學，並向中國旅英僑胞楊三達（譯音，原作 Yong Samtak ）學習中國漢文。嘉慶十二年他渡大西洋到紐約，又坐帆船渡太平洋來中國，於九月七日到達廣州，後來移住澳門。馬禮遜到中國後，就努力進修中國語文，從事翻譯基督教聖經。嘉慶二十四年十一月新舊約全部譯竣，道光三年在馬六甲出版，共二十一卷。在中國只是零星雕板印行，最早的一本是在嘉慶十五年九月印行的。馬禮遜在澳門翻譯聖經時，同時兼任英國東印度公司的中文通譯員。嘉慶二十一年七月英國第二次派使臣阿美士德來中國，馬禮遜隨之作譯生（ Interpreter ），一同到北京。馬禮遜當時是以「在澳貿易夷商」的資格擔任「譯生」的，但由於他非常活躍，中國的私人記載全誤認爲他是副使。這次通使，因爲京津沒有翻譯人員，「廣東省派來通事（口語翻譯人）尙未到來」，於是馬禮遜成了兩國的共同譯員，中國的文書也交他翻譯。道光四年他回英國一次，曾協助成立倫敦「語言學校」。道光六年再來廣州，道光十四年死在中國。

隨著馬禮遜的來華，基督教新教的信仰被帶進了中國，他是基督教新教在中國傳播的開山祖，又是在中國的倫敦會教會的創始人，也是基督教聖經的最早翻譯者。馬禮遜之後，做鴉片貿易的許多新教徒，陸續來到中國傳教，這一教派的勢力在中國日益增大。

第五節　類書和叢書

清代編纂類書叢書的活動很活躍，這是其文獻編纂學上的一個特點。

一、類書

清代所編的類書甚多。其官修者有張英等編的《淵鑑類函》、何焯等撰的《分類字錦》、張廷玉等編的《子史精華》；私人所輯的有陳元龍編的《格致鏡原》和潘永因編的《宋稗類鈔》等。在清代所編類書中最值得稱道的，是《古今圖書集成》。

《古今圖書集成》是現存部頭最大的類書。其主要編輯者陳夢雷，字則震，一字省齋，福州侯官人。康熙九年成進士，授翰林編修。陳夢雷之編輯《古今圖書集成》在侍誠親王胤祉讀書之時。到康熙四十五年四月，全書初步編成，「分爲彙編者六，爲志三十有二，爲部六千有零，凡在六合之內，巨細畢舉。其在『十三經』、『二十一史』者隻字不遺，其在稗史子集者，十亦只刪一二。以百篇爲一卷，可得三千六百餘卷，若以古人卷帙較之，可得萬餘卷。」（**《松鶴山房文集》卷二〈進彙編啓〉，轉引自謝國楨《明清筆記談叢・陳則震事輯》**），當時爲這部類書起的名稱是「彙編」。

至清世宗即位對陳夢雷獨立編撰《古今圖書集成》初稿的功勞，已經隻字不提。此後，清世宗另任尙書蔣廷錫等「重加編校」，雍正三年全書定稿，「凡釐定三千餘卷，增刪數十萬言」，原來的三十二志改稱三十二典，卷數定爲一萬。雍正四年，清世宗製序，付印。在印本《古今圖書集成》上，記的是蔣廷錫「奉敕撰述」，陳夢雷不曾提及，而實際上對此書貢獻最大的卻是陳夢雷。

雍正四年所印爲清內府銅活字本，雍正六年印畢，共印六十四部，另有樣書一部。（袁同禮〈關於圖書集成之文獻〉載《圖書館學季刊》第六卷第三期）。每部分訂五千零二十冊，裝成五百二十二函，此爲殿本。後來光緒十四年上海點石齋印刷局印過一次鉛字本，共一千五百部，因鉛字稍扁，也稱扁字本。光緒二十年，上海同文書局印過一次影殿本，共一百部，此本與殿本幾乎完全一樣，只是補改了雍正以後的避諱字，增加了《考證》二十四卷。一九三四年上海中華書局又印行縮小影印本。

類書是查閱資料的寶庫，在輯佚和校勘古書上有很大作用，而《古今圖書集成》比一般類書所起的作用尤大。這首先是因爲它體例完善，它分類的層次比一般類書要多。它共分曆象、方輿、明倫、博物、理學和經濟六編，編下又有乾象、歲功等三十二典，典下又有六千一百零九部。每部之下包括匯考、總論、圖表、列傳、藝文、選句、紀事、雜錄、外編等項目。《古今圖書集成》在分類上層次和數目如此之多，而且富於條理和謹嚴性，在按類檢尋資料時它顯然是比其他類書要方便許多的。

《古今圖書集成》包括資料之多既然非其他現存類書所能比擬，它的作用也便與其他類書不可同日而語。

隨著其印本的增多，在國內外越來越受到學者的重視。國外學者往往把它當成資料的根據。有的人爲之作了索引，以便進一步方便利用。國內學者雖一般不以它爲資料的依據，但卻把它當作尋檢線索，由它爲始再追根溯源。今後隨著研究的需要與發展，它將進一步顯示出其價值。

二、叢書

(1)、清代叢書編纂概況

清代叢書的編刊在明代的基礎上進一步發展。其表現首先是注意質量，明人之刻書喜妄爲改動，所刻多有不滿人意者。清人所編的叢書則大爲改進，有的非常注意選擇善本，有的在校讎上下了很大功夫。有的熱心於刊刻罕見之書，以學術價值爲決定取捨的重要依據之一。其次是地域廣，而且數量多。在現存叢書中，有很大部分係清代所編刻。其中著名的叢書有曹溶編輯的《學海類編》，汪士漢校刊的《祕書二十一種》、盧文弨校刊的《抱經堂叢書》、鮑廷博校刊的《知不足齋叢書》等。

(2)、《四庫全書》的編纂

在清代編輯的叢書中，規模最大，影響最深的是乾隆年間所編輯的《四庫全書》。

為了充實皇宮的藏書，早在乾隆六年，清高宗即下令徵書。乾隆三十七年正月和十月，清高宗連續頒詔，重申向各地徵書的命令。乾隆三十八年清高宗下令：「著即派軍機大臣為總裁官，仍於翰林等官內選定員數，責令及時專司查校」。不久，四庫全書館正式於翰林院內成立。遂發展成一場持續十多年的編輯大叢書的壯舉。

擔任編纂任務的四庫全書館是個相當龐大的機構。在這眾多的四庫全書館人員中，而總纂官紀昀、陸錫熊，總校官陸費墀，校勘《永樂大典》纂修兼分校官邵晉涵、戴震、周永年出力尤大。除了三百多個「在事諸臣」外，四庫全書館中還使用了幾千名負責謄錄的人員。

第一部《四庫全書》抄成於乾隆四十六年十二月，藏於文淵閣。第二部抄成於乾隆四十七年十月，藏於文溯閣。第三部抄成於乾隆四十八年冬，藏於文源閣。第四部抄成於乾隆四十九年十一月，藏於文津閣。還抄有三部於乾隆五十二年六月初步抄畢，後因校對錯誤，全部收藏入閣，拖到了乾隆五十五年以後。

(3)、《四庫全書總目》、《四庫全書簡明目錄》和《四庫全書薈要》

《四庫全書總目》於乾隆四十六年完成了初稿，而後進行了反覆修改，於乾隆五十八年冬由武英殿刊出，發七個藏書閣使用。（此據王重民〈論《四庫全書總目》〉，載一九六四年《北京大學學報》）乾隆六十年，浙江把它翻印，從而傳向各地。其中收載各書，都撰有提要，「每書先列作者之爵里以論世知人，次考本書之得失，權眾說之異同。以及文字增刪，篇帙分合，皆詳為訂辨，巨細不遺。而人品學術之醇庇，國紀朝章之法戒」，亦未嘗不加評論褒貶。

當編纂叢書時，所收到的全部書籍，被分成了三類，即應刊、應鈔、應存目三種。其應刊、應鈔者皆收入了《四庫全書》，其應存目者則《四庫全書》未予收入。與這種情況相適應，《四庫全書總目》所收各書，被分成了兩種，其一爲著錄諸書，包括收入《四庫全書》的應刊、應鈔的全部書籍。其二爲存目諸書，是編撰者判爲應存目而不收入《四庫全書》的書籍。據中華書局在解放後影印《四庫全書總目》時統計，其著錄的書共三千四百六十一種，七萬九千三百零九卷，存目中的有六千七百九十三種，九萬三千五百五十一卷。由於七部《四庫全書》在抄寫過程中及抄成以後，有漏抄撤換和增添等情況，七部實收書數相互間不盡一致，《四庫全書總目》所著錄者與他們也都不相同，但相互間出入並不太大，大體說來，都在三千四百種以上。《四庫全書總目》著錄和存目的書籍合計有一萬多種，乾隆以前的中國古代重要著作，基本上被包羅進來，特別是元以前的著作，收輯更爲完備。

乾隆認爲「應於提要之外，另刊《簡明書目》一篇，只載某書若干卷，注某朝某人撰」，這樣就會「篇目不繁而檢查較易，俾學者由書目而尋提要，由提要而得全書。」因此，除去《四庫全書總目》之外，四庫全書館還另撰了《四庫全書簡明目錄》一書。此書共二十卷。

乾隆三十八年正式設立四庫全書館編纂四庫全書時，清高宗年已六十三歲，深恐工程浩大，自己不能親睹其成，因而令于敏中、王際華（二人皆係《四庫全書》總裁）率領有關人員，擇最精粹的書籍，先編一部規模較小的叢書，命名爲《四庫全書薈要》。這部叢書成爲編纂《四庫全書》的又一個副產品。它一共抄寫了兩部，於乾隆四十三年完工，分貯於紫禁城的擒藻堂和圓明園的味腴書屋。其所包括的書籍共有四百六十四種，其中經部一百七十三種，史部七十種，子部八十二種，集部三十九種。每書前皆有提要。其式樣與《四庫全書》相同。（費寅〈記四庫全書〉，載《圖書展望》一九四八年一月出版）。

(4)、《四庫全書》編纂活動的評價

編纂《四庫全書》是一項持續十多年的大規模的文化活動，它在歷史上特別是文化史上，留下了不可磨滅的一頁。它有很大的積極作用，但由於是封建統治者主持進行的，又有嚴重的階級和時代的局限性。

首先，清高宗組織這項活動，是有政治目的的，這使它產生了很大的消極影響。如前所述，清高宗編纂《四庫全書》的原因是爲了充實皇宮內的藏書，以便於他閱讀、揣摩，學習歷代的統治經驗；但這只是其一。另外，他還爲了通過它宣傳封建教條，並藉機對所有的文化典籍進行一次全國性的大清查，把其中不利於清朝統治的部分，諸如漢族的民族思想、不符合封建道德的內容等，統統除掉。這樣，在編纂《四庫全書》的過程中，清高宗一面組織有關人員，把有利於封建統治的書籍，經過整理，編進《四庫全書》之中，另方面，又強迫各地搜查違礙書籍，開展起大規模的運動。這使許多圖書被銷毀、改竄。

其次，清高宗所組織的《四庫全書》之編纂，在學術上也有應予批評之處。其所選書籍偏而不全。如清朝以程朱理學爲正統的學術思想，因此《四庫全書》中對這一派的著作，不問價值，多所收入，而對於陸、王及其他非程朱學派的著作則收入甚少，對於佛道的著作，收入得更少。其所輯《永樂大典》佚書，多數只圖省事，沒有儘可能地參用其他資料，進行必要的校勘，致使有些輯本不甚理想。其他書籍有的本來可以用《永樂大典》進行校補，但也沒有進行。甚至有些收入《四庫全書》的書，已經發現了其殘缺之處，在《四庫全書總目》中也寫了進去，但對原書卻未作更改。《四庫全書》所收的書籍在輯佚、校補外，都要依刊本、鈔本重抄一遍，不要說所據原本不全是善本，即使是善本，經過抄寫，也要發生許多訛誤之處。在最初趕寫《四庫全書總目》初稿時，凡是《永樂大典》的輯本和預擬纂修的官書，其書名、卷數多是預擬的；而當這些書輯成，編定時，又多半重寫了提要，另定了書名、卷數也有更動。可是《總目》中改用新提要時，書名和卷數往往未加更動。這也是一個疏忽。由於《四庫全書總目》在學術上有缺陷，後人為正其謬誤，寫出了一些文章和著作，其中最著名的是余嘉錫撰的《四庫提要辨證》和胡玉縉撰、王欣夫輯的《四庫全書總目提要補正》，他們考證精詳，徵引繁富，是讀《四庫全書總目》的必備參考書。

《四庫全書》的編纂儘管有上述局限性，但其積極作用卻是不可忽視的。通過《四庫全書》的編纂，從《永樂大典》中輯出了幾百種佚書，這在文化史上是很有意義的事情。《四庫全書》編成後，許多已刊、未刊的書籍，被集散為整，這對於保存防失，極為有益。抄成七部（如果加上副本實際上共有八部），分存於華北、東北和江浙，這對於傳播文化，是極大的促進。所撰《四庫全書總目》，介紹了一萬多種書籍，其中雖間或有失誤之處，但大多數考證精詳，是對乾隆以前的學術進行的一次大總結，這對於後人參考，具有極高的價值。這種編寫提要的方法和方式，總結了劉向以來，特別是宋代以來編寫提要的經驗。《四庫全書總目》的分類方法和編排方式也比較恰當，門類細而不煩，編排井井有條，既便於查找，也爲讀者指出了讀書門徑。

後記

鄭天挺先生生前受教育部的委託，親自組織班子編寫這部高校清史教材。不幸，編寫大綱剛剛擬出，鄭先生即故去。鑑於鄭先生生前一直有志編寫一部清史，而且他公開發表的著作、論文和關於清史的講演，已經形成了他對清史的完整系統的見解。我們爲了進一步學習和彙集鄭先生關於清史的見解，並將之公之同好，編寫小組的同志決心繼承鄭先生的遺志，把編寫工作繼續下去。在教育部和南開大學各級領導的關懷下，在天津人民出版社的支持下，經過四年多的努力，這部《清史》現在終於脫稿了。

參加本書編寫的共有十個同志，其各部分的執筆者，緒論爲南炳文，第一章爲王文郁，第二章爲林樹惠，第三章爲陳生璽，第四、五章爲鄭克晟，第六、七章爲汪茂和，第八章爲李憲慶，第九、十、十一章爲傅貴九，第十二、十三章爲林延清，第十四章爲南炳文、李小林。全書最後由南炳文、鄭克晟、林樹惠三人修改、定稿。在編寫過程中，爲了保證全書的觀點上的一致，大家約定以鄭先生的《清史簡述》、《探微集》及其文章和講課筆記等爲編寫依據，但由於我們的理解或有不盡符合原意之外，倘有不妥，當由我們這些編寫人員負責。

本書初稿寫出後，曾由教育部聘請二十一名專家進行審訂，他們是（以姓氏筆劃為序）：王戎笙、王宏鈞、王思治、王鍾翰、馮爾康、劉如仲、孫文良、李洵、李燕光、杜石然、何齡修、楊翼驤、周遠廉、羅明、袁良義、夏家駿、郭松義、魯德才、戴逸、薛虹、魏千志。他們都對本書初入提出了寶貴的意見。本書從編擬提綱到最後定稿，責任編輯殷瑞淵都給予了熱情的幫助，提出了許多中肯的意見，付出了辛勤的勞動。在此一併謹致衷心的感謝。

期待著各位專家和廣大讀者對本書提出批評指正。

編者

一九八六年三月三十一日

中國史研究叢書 ⑦

清　　史

作　　者 ／ 鄭天挺 等編著
發 行 人 ／ 謝俊龍
編　　輯 ／ 李桐豪
製　　作 ／ 雲龍出版
出　　版 ／ 知書房出版社
106 臺北市新生南路三段５８號６樓
Tel：(02)2364-0872　Fax：(02)2364-0873
登 記 證 ／ 行政院新聞局局版臺業字第五三八〇號
總 經 銷 ／ 紅螞蟻圖書有限公司
114 臺北市內湖區舊宗路 2 段 121 巷 28-32 號 4 樓
Tel：(02)2795-3656　Fax：(02) 2795-4100
出版日期 ／ 1998 年　　　初版
2003 年 11 月　初版第三刷
定　　價 ／ 550 元
郵撥帳號 ／ 16039160　　知書房出版社
網　　站 ／ http://www.clio.com.tw
E-mail ／ reader@clio.com.tw

ISBN　986-7938-05-4　　Printed in Taiwan

國家圖書館出版品預行編目資料

清史 / 鄭天挺等編著. --第一版. --臺北市：昭明, 1999 [民 88]
面； 公分. --(昭明文史；5)

ISBN 957-0336-05-6 (平裝)

1. 中國 - 歷史 - 清 (1644-1912)

627 88013176

《先秦史》

翦伯贊 著

初版日期：92/12
ISBN：986-7938-26-7
CIP：621
定價 380 元

內容簡介：

本書爲翦伯贊先生重要的學術專著，原題《中國史綱》第一卷《史前史、殷周史》。修訂由北京大學歷史系學者對內容和文字做了整理校訂，張傳璽先生主其事，並得到鄧廣銘和周一良兩位學者的指導。

此書可說是開中國古史之先河，以實證與闡釋、史料與思想、義理考據與辭章整合完美呈現於世。全書觀點鮮明，對當時的經濟、政治、文化、民族等各個方面，都進行深入細緻的剖析。將中國的歷史看作是多民族國家的歷史，是世界歷史的一個組成部分，不同於幾千年來大漢族主義的、民族孤立主義的歷史觀。

本書大量使用了中國地層上下新舊文物文獻資料，「神話與傳說，絕非好事者之憑空謊造，而皆有其一定的歷史根據」，雖不能「把殷周及其以前的古史，從神話的霉銹中洗刷出來；但至少它已使這一段古史，顯出了它本來的面目」。從中國歷史之出發點述起，將「神的歷史還原爲人的歷史」。

基於時代環境因素，整理本書的原則，以全面核對資料爲主，理論、觀點和文風一律不動，以保持原書的面貌。

《秦漢史》

翦伯贊 著　3
初版日期：92/04
ISBN：986-7938-16-X
CIP：621.9
定價 550 元

作者簡介：

翦伯贊（1898-1968），湖南桃源人，維吾爾族。早年研讀經濟，1925 年冬，自美國加州大學返抵國門，便一直從事文化工作。1949 年起，先後任燕京大學社會學系教授、北京大學歷史學系主任和副校長，並於中央有關民族、歷史、社會、文化等部門任委員及代表。協同籌建了中國史學會，開展史學研究和史料編撰工作。侯外廬讚譽翦伯贊是這個時代「德才學識四者兼備的良史」。主要著作有：《歷史哲學教程》、《中國史綱》（第一、二卷）、《中國史料學》、《中國史論集》（第一、二輯）、《歷史問題論叢》、《翦伯贊歷史論文選集》、《中國歷史概要》（合著）等，主編大學文科教材《中國史綱要》。著作共達四百多萬字。所著《中國史綱》是一部計畫的大型通史，原擬定出版八卷，但只完成了前兩卷，第一卷《史前史・殷周史》（1943），第二卷《秦漢史》（1944）。

內容簡介：

本書爲翦伯贊先生重要的學術專著，原題《中國史綱》第二卷《秦漢史》。由北京大學歷史系學者對內容和文字做了整理校訂，張傳璽先生主其事，並得到鄧廣銘和周一良兩位學者的指導。此書開中國古史之先河，以實證與闡釋、史料與思想、義理考據與辭章整合完美呈現於世。全書觀點鮮明，對當時的經濟、政治、文化、民族等各個方面，都進行深入細緻的剖析。一反長期處於統治地位的大漢族主義歷史觀，以民族平等的態度撰述多民族國家的歷史。撰述資料豐富，充分利用了前四史和四部書籍。不僅如此，考古資料如漢簡、石刻畫像、碑刻、封泥、遺址和墓葬的發掘報告等等，都在使用之列。文獻和考古資料互相參證，互相發明，把秦漢史的研究向前推進了一大步。